普通高等教育"十三五"规划教材

CATIA 机械零件参数化设计

第 2 版

主　编　张学文

副主编　王立才　周德坤

参　编　贾双林　王　月　夏德强

主　审　王向东

机械工业出版社

CATIA 是一种功能强大的 CAD/CAM 软件，已经广泛应用于汽车、航空航天、建筑等诸多领域，大大节省了设计用时，让用户尽情发挥。本书在草图设计、曲面设计、零件设计等模块的基础上介绍了机械零件参数化设计的基本原理和方法。

本书是基于 CATIA V5 R20 编写的，通过设计中常用的典型零件由浅入深地介绍了典型机械零件参数化设计的流程、方法与技巧等内容，每章均以用户熟悉的零件为案例。

本书层次清晰，实例经典，讲述具体，命令采用中英文对照，不仅适合初级用户由浅入深、循序渐进地全面掌握和应用 CATIA 软件，也适合高级用户学习参数化设计的方法和技巧。

本书配套有全程授课视频及全书案例的程序文件模型，读者可到 www.cmpedu.com 网站，搜索本书，获取相关链接。

图书在版编目（CIP）数据

CATIA 机械零件参数化设计/张学文主编. —2 版. —北京：机械工业出版社，2017.6（2025.2 重印）

普通高等教育"十三五"规划教材

ISBN 978-7-111-56885-8

Ⅰ. ①C⋯　Ⅱ. ①张⋯　Ⅲ. ①机械元件 – 计算机辅助设计 – 应用软件 – 高等学校 – 教材　Ⅳ. ①TH13-39

中国版本图书馆 CIP 数据核字（2017）第 108661 号

机械工业出版社（北京市百万庄大街 22 号　邮政编码 100037）
策划编辑：余　皞　责任编辑：余　皞　任正一　张丹丹
责任校对：肖　琳　封面设计：张　静
责任印制：单爱军
北京虎彩文化传播有限公司印刷
2025 年 2 月第 2 版第 2 次印刷
184mm×260mm・24 印张・585 千字
标准书号：ISBN 978-7-111-56885-8
定价：69.80 元

电话服务　　　　　　　　　网络服务
客服电话：010-88361066　　机 工 官 网：www.cmpbook.com
　　　　　010-88379833　　机 工 官 博：weibo.com/cmp1952
　　　　　010-68326294　　金 书 网：www.golden-book.com
封底无防伪标均为盗版　　机工教育服务网：www.cmpedu.com

前　言

CATIA（Computer Aided Tri-dimension Integrated Analysis）软件是航空航天、汽车领域中市场占有率最高的 CAD/CAM 软件之一，在造船、建筑等领域也得到了广泛的应用。它提高了设计效率，缩短了设计周期，一旦用户掌握其参数化设计方法，建立自己的常用零件库，将进一步提高设计效率。

本书介绍了草图设计、零件设计、创成式曲面设计等单元的参数化设计方法，从典型的真实零件入手，使用户能够在学习中得到实际训练。实际设计工作中经常要用到一些标准件和同构零件，掌握了标准件和同构零件三维参数化设计方法后，可以在实际工作中大大节约设计时间，减少不必要的重复劳动，同时可以规避在使用标准零件库时遇到的版权问题。

本书第 1 章结合简单草图绘制介绍了垫圈、销和键等简单标准件的参数化设计，使用户初步认识 CATIA 参数化设计；第 2 章结合压缩弹簧的设计，使用户初步掌握线架与曲面模块；第 3 章通过常用的紧固件设计，使用户初步掌握参数化约束的基本方法；第 4 章通过两种常用的滚动轴承设计，使用户熟悉常用的草图和实体设计中的工具应用和参数设置；第 5 章通过 V 带轮参数化设计，使用户掌握参数类型的设置与应用；第 6 章和第 7 章通过齿条和齿轮参数化设计，使用户达到逐步向高级参数化设计过渡；第 8 章通过蜗轮蜗杆参数化设计，使用户掌握复杂零件几何建模和函数式；第 9 章通过直齿锥齿轮参数化设计，使用户通过几何图形空间变换进入到参数化高级设计阶段；第 10 章通过滚子链轮参数化设计，使用户掌握设计表的应用和参数的关联。

本书由张学文任主编，王立才、周德坤任副主编，贾双林、王月、夏德强为参编，王向东主审。同时感谢北华大学机械工程学院制造技术与机床研究室大学生科研助理曹建、申莹、苟金保等同学。

本书配套有全程授课视频及全书案例程序文件模型，读者可到 www.cmpedu.com 网站搜索本书，获取相关链接。

编　者

目　录

前言

第1章　简单标准件参数化设计 ·· 1
  1.1　垫圈参数化设计 ··· 1
    1.1.1　拉伸挖切法 ·· 1
    1.1.2　拉伸法 ·· 8
    1.1.3　旋转法 ··· 11
  1.2　定位销参数化设计 ··· 15
    1.2.1　圆柱销参数化设计 ·· 15
    1.2.2　圆锥销参数化设计 ·· 19
  1.3　普通平键参数化设计 ··· 24
    1.3.1　B型平键参数化设计 ······································ 24
    1.3.2　A型平键参数化设计 ······································ 27
    1.3.3　C型平键参数化设计 ······································ 31

第2章　弹簧参数化设计 ·· 35
  2.1　压缩弹簧参数设置 ··· 35
  2.2　用法则创建螺旋线 ··· 36
  2.3　扫掠成形 ··· 46
  2.4　修剪端面 ··· 47

第3章　常用紧固件参数化设计 ·· 50
  3.1　六角头螺栓参数化设计 ··· 50
  3.2　六角螺母参数化设计 ··· 62

第4章　常用滚动轴承参数化设计 ······································ 68
  4.1　深沟球轴承设计 ··· 68
    4.1.1　深沟球轴承参数设置 ······································ 68
    4.1.2　外圈设计 ··· 68
    4.1.3　内圈设计 ··· 74
    4.1.4　钢球设计 ··· 80
    4.1.5　保持架设计 ··· 85

4.2　推力球轴承设计 …………………………………………………… 95

4.2.1　推力球轴承参数设置 ………………………………………… 95

4.2.2　推力球滚动体设计 …………………………………………… 96

4.2.3　轴圈设计 ………………………………………………………… 97

4.2.4　座圈设计 ………………………………………………………… 99

第5章　V带轮参数化设计 ……………………………………… **103**

5.1　带轮参数设置 ……………………………………………………… 103

5.1.1　带轮带型设置 ………………………………………………… 103

5.1.2　Y型带槽型设置 ……………………………………………… 105

5.2　带轮草图与实体设计 ……………………………………………… 107

5.2.1　Y型带轮草图设计 …………………………………………… 107

5.2.2　Y型带轮实体设计 …………………………………………… 110

5.3　其他带轮槽型参数设置 …………………………………………… 111

5.4　修改参数设置及设计验证 ………………………………………… 116

第6章　齿条参数化设计 ………………………………………… **117**

6.1　齿条参数设置 ……………………………………………………… 118

6.2　齿条草图设计 ……………………………………………………… 125

6.3　齿条实体设计 ……………………………………………………… 135

第7章　直齿圆柱齿轮参数化设计 ……………………………… **140**

7.1　直齿圆柱齿轮简化画法 …………………………………………… 140

7.1.1　简易画法直齿圆柱齿轮参数设置 …………………………… 140

7.1.2　直齿圆柱齿轮草图设计 ……………………………………… 144

7.1.3　直齿圆柱齿轮实体设计 ……………………………………… 155

7.2　渐开线齿廓直齿圆柱齿轮 ………………………………………… 161

7.2.1　渐开线直齿圆柱齿轮参数设置 ……………………………… 161

7.2.2　渐开线直齿圆柱齿轮齿廓渐开线方程设置 ………………… 165

7.2.3　渐开线直齿圆柱齿轮草图 …………………………………… 168

7.2.4　渐开线直齿圆柱齿轮实体设计 ……………………………… 186

第8章　蜗轮蜗杆参数化设计 …………………………………… **191**

8.1　蜗轮设计 …………………………………………………………… 191

8.1.1　蜗轮参数设置 ………………………………………………… 191

8.1.2　蜗轮曲面设计 ………………………………………………… 201

8.1.3　蜗轮实体设计 ………………………………………………… 228

8.2　蜗杆设计 …………………………………………………………… 231

8.2.1　蜗杆参数设置 ………………………………………………… 231

8.2.2　蜗杆草图与实体设计 ………………………………………… 237

第9章 直齿锥齿轮参数化设计 ·· **257**

9.1 参数设置 ·· 257

9.1.1 直齿锥齿轮参数设置 ·· 257

9.1.2 直齿锥齿轮当量齿廓参数设置 ·· 264

9.2 直齿锥齿轮曲面设计 ·· 265

9.2.1 直齿锥齿轮当量齿廓设计 ·· 265

9.2.2 直齿锥齿轮齿廓线架空间变换 ·· 281

9.2.3 直齿锥齿轮齿廓曲面设计 ·· 304

9.3 直齿锥齿轮实体设计 ·· 314

第10章 滚子链轮参数化设计 ·· **326**

10.1 滚子链轮参数设置 ·· 326

10.2 录入滚子链轮设计表 ·· 339

10.3 滚子链轮草图设计 ·· 343

10.4 滚子链轮曲面设计 ·· 359

10.5 单排滚子链轮实体设计 ·· 370

10.6 多排滚子链轮实体设计 ·· 373

第1章

简单标准件参数化设计

1.1 垫圈参数化设计

在螺纹紧固件中螺栓、螺钉和螺母不可能做得很大，所以，为了减小承压面的压应力，保护被连接件的表面而采用了垫圈。本章主要介绍平垫圈的参数化设计，简单的平垫圈如图 1-1 所示。

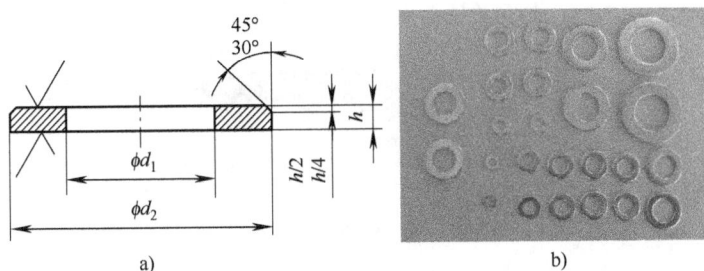

图 1-1　平垫圈

1.1.1　拉伸挖切法

首先打开 CATIA 应用软件，选择【文件 File】→【新建 ... New...】打开一个新建对话框，如图 1-2 和图 1-3 所示，在【类型列表 List of Types】列表框中选择 "Part"（零件），然后单击【确定 OK】按钮，新建零件的树状目录如图 1-4 所示，若无【几何图形集 Geometrical Set】，用户可自行从【插入 Insert】菜单中插入一个几何图形集。

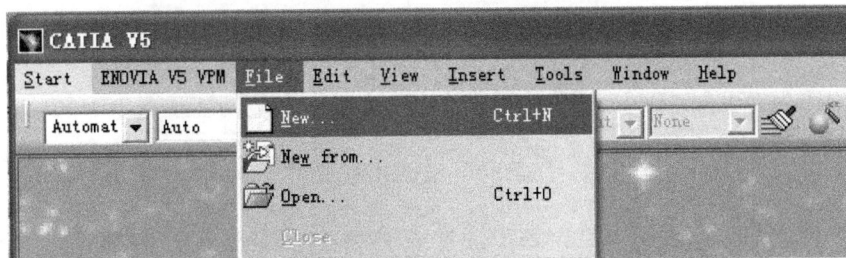

图 1-2　新建零件

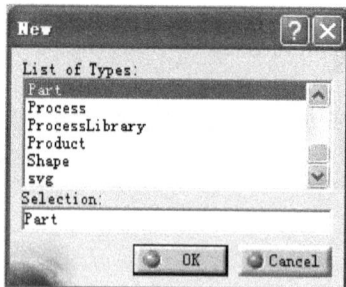

图1-3　新建对话框

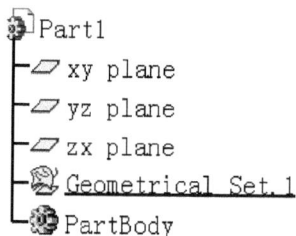

图1-4　新建树状目录

1) 在树状目录上的【零件1 Part1】上单击右键，在弹出的快捷菜单中单击 "Properties"（属性），如图1-5所示。系统自动弹出属性对话框，进入【产品 Product】选项卡，在 "Product" 选项区中，将【零件号 Part Number】修改为 "washer"（垫圈），如图1-6所示。单击【应用 Apply】按钮，然后单击【确定 OK】按钮，树状目录上的 "Part1" 改为 "washer"。

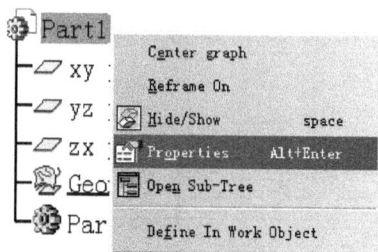

图1-5　属性快捷菜单

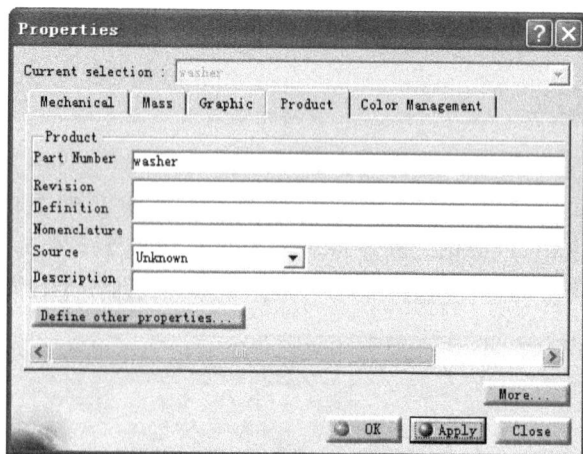

图1-6　属性对话框

2) 确认此刻已经在选项设置中选中【参数 Parameters】【关系 Relations】【带值 With Value】和【带公式 With Formula】复选框，然后即可进行参数化设置，本例为螺栓公称直径 M20。

3）首先在【工具 Tools】下拉菜单中选中"Formula"（公式）选项，或单击工具条中的公式按钮，如图 1-7 所示。

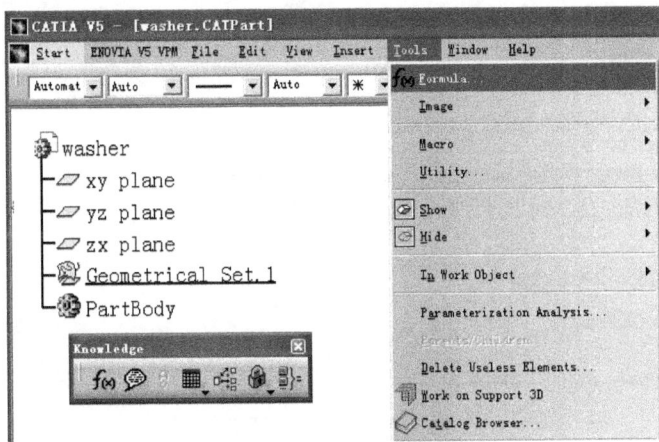

图 1-7　进入公式编辑

4）系统自动弹出公式编辑对话框，将【新参数类型 New Parameter of type】更改为"Angle"（角度），如图 1-8 所示。单击【新参数类型 New Parameter of type】按钮，输入垫圈倒角 $\alpha = 45°$，然后单击【应用 Apply】按钮。

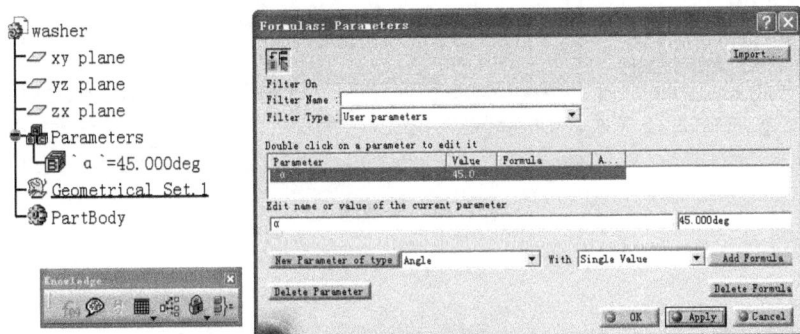

图 1-8　输入垫圈倒角

5）继续输入参数，在【新参数类型 New Parameter of type】下拉列表框设为"Length"（长度），然后按照上一步的步骤输入垫圈厚度 $h = 3\text{mm}$，如图 1-9 所示。用类似方法输入垫圈的内径 $d_1 = 22\text{mm}$ 和外径 $d_2 = 37\text{mm}$，输入过程中和输入后树状目录上的参数如图 1-10 所示。

6）首先将【几何图形集.1 Geometrical Set.1】定义为工作对象，然后进入【yz 平面 yz plane】绘制草图，将【（草图工具）Sketch】中的"Grid"（栅格）"Geometrical Constraints"（几何约束）和"Dimensional Constraints"（尺寸约束）复选框选中，将"Snap to Point"（捕捉点）和"Construction/Standard Element"（构造/标准元素）复选框取消选中，以坐标原点为中心绘制一个整圆，标注圆的半径值，如图 1-11 所示。

7）双击所标注的半径尺寸，系统自动弹出【约束定义 Constraint Definition】对话框。如

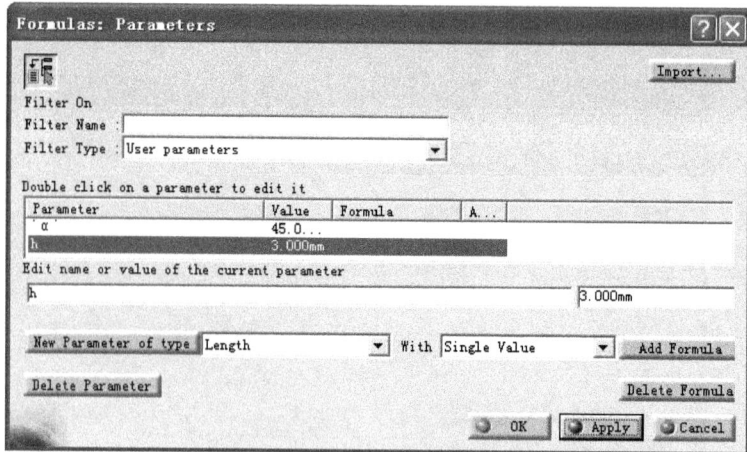

图 1-9　输入垫圈厚度

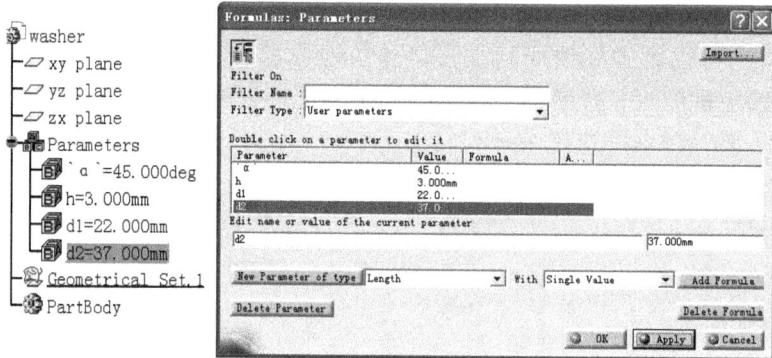

图 1-10　参数输入

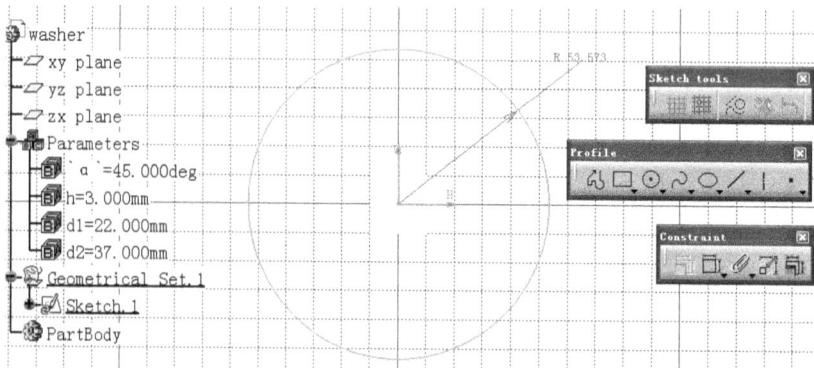

图 1-11　绘制圆并标注半径

果标注的是【直径 Diameter】，用户可以在这里将【尺寸 Dimension】修改成【半径 Radius】，
然后在半径数值上单击右键，在弹出的快捷菜单上单击 "Edit formula..."（编辑公式...），
如图 1-12 所示，在【公式编辑器 Formula Editor】对话框中的【Radius】文本框中输入垫圈

外径 $d_2/2$，如图 1-13 所示。

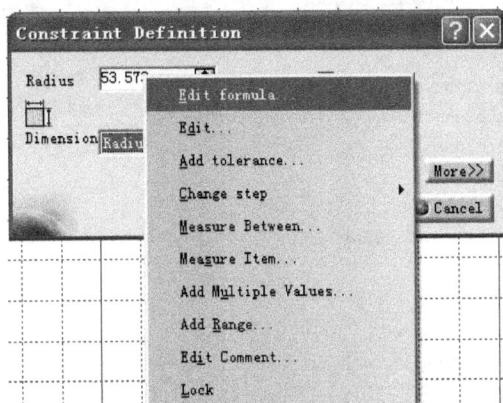

图 1-12　编辑公式快捷菜单

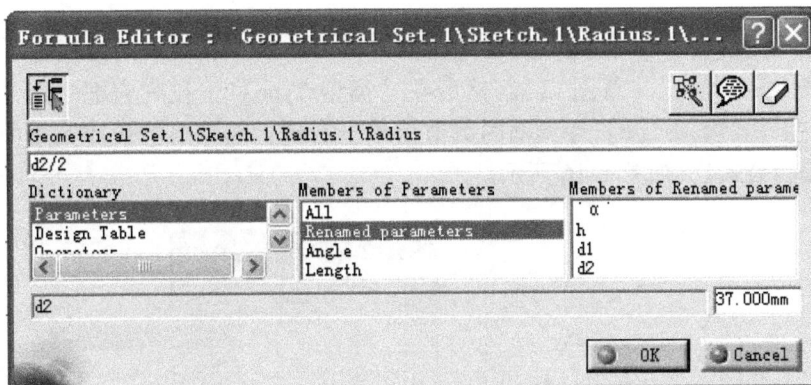

图 1-13　公式编辑器

8）连续单击【确定 OK】按钮，草图中圆的半径已经参数化，树状目录上增加了 "Relations"（关系）项，如图 1-14 所示。

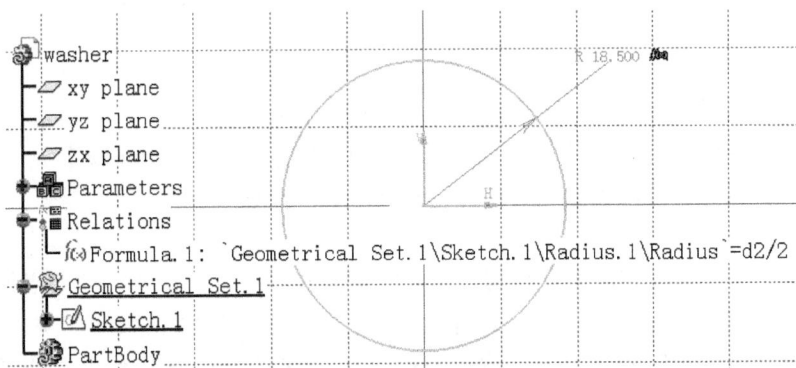

图 1-14　参数关系

9）退出草图工作台，进入零件设计工作台，在【零件几何体 PartBody】上单击右键，在快捷菜单中单击"Define In Work Object"（定义工作对象），如图 1-15 所示。

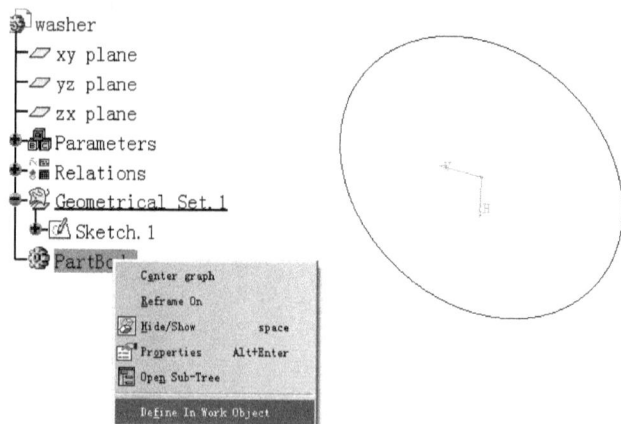

图 1-15　定义实体为工作对象

10）单击【拉伸 Pad】按钮，先在【拉伸定义 Pad Definition】对话框的【选择 Selection】中选择"Sketch.1"（草图.1），然后在【类型 Type】下拉列表框中选"Dimension"（尺寸），再在【长度 Length】微调框的数值上单击右键，在弹出的快捷菜单中选择"Edit formula"（编辑公式），如图 1-16 所示。

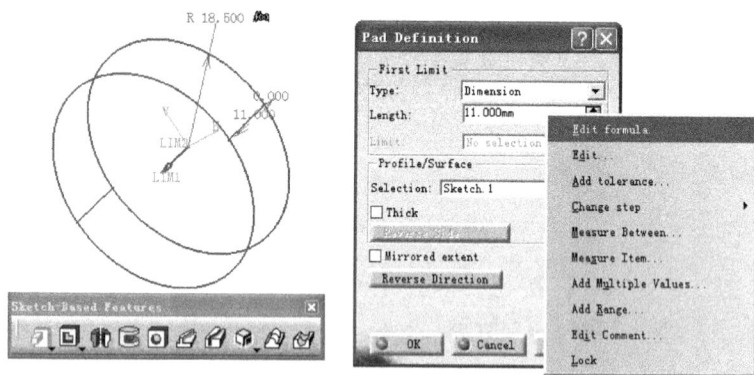

图 1-16　拉伸定义（1）

11）在【公式编辑器 Formula Editor】对话框的【Length】文本框内输入垫圈的厚度 h，如图 1-17 所示。单击【确定 OK】按钮返回到【拉伸定义 Pad Definition】对话框，再单击【预览 Preview】按钮，观察无误后再单击【确定 OK】按钮。

12）再将【几何图形集.1 Geometrical Set.1】定义为工作对象，然后单击实体上的一个平面进入到草图工作台，在原点上绘制一个圆并标注其半径，双击所标注的半径尺寸，系统自动弹出【约束定义 Constraint Definition】对话框，然后在半径数值上单击右键，在弹出的快捷菜单中单击"Edit formula..."（编辑公式...），在【公式编辑器 Formula Editor】对话框的【Radius】文本框中输入垫圈内径 $d_1/2$，如图 1-18 所示。

13）退出草图工作台，进入零件设计工作台，在【零件几何体 PartBody】上单击右键，

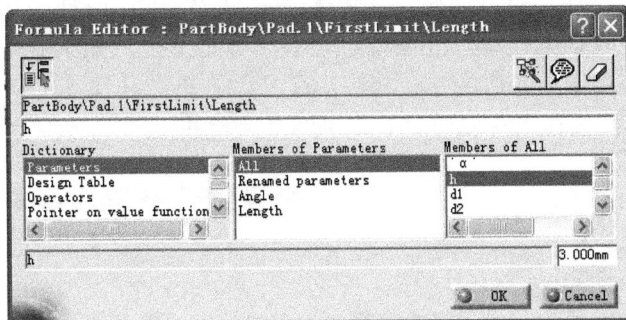

图 1-17　编辑厚度

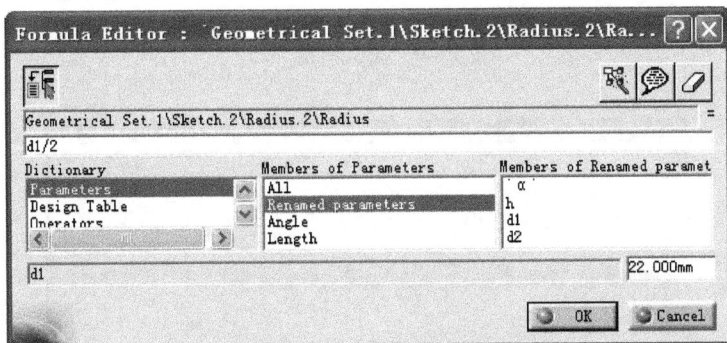

图 1-18　定义垫圈内径

在快捷菜单中选择 "Define In Work Object"（定义工作对象），单击【挖切 Pocket】按钮，先在【挖切定义 Pocket Definition】对话框的【选择 Selection】后选择 "Sketch.2"（草图.2），然后在【类型 Type】下拉列表框中选 "Up to last"（直到最后），单击【预览 Preview】按钮，如图 1-19 所示，观察无误后单击【确定 OK】按钮。

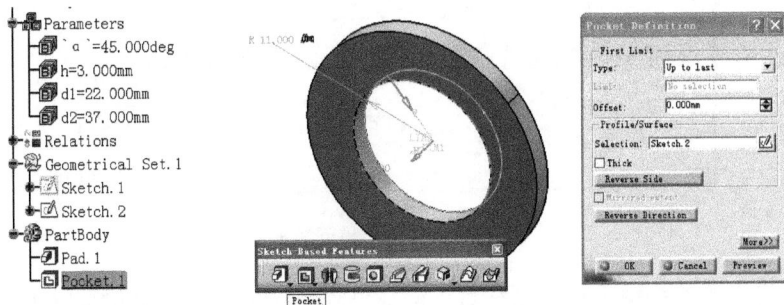

图 1-19　挖切定义

14）单击【倒角 Chamfer】按钮，在随后弹出的【倒角定义 Chamfer Definition】对话框中将【模式 Mode】下拉列表框中设为 "Length1/Angle"（长度 1/角度），如图 1-20 所示。在【长度 1 Length1】微调框的数值上单击右键，在弹出的快捷菜单中选择 "Edit formula..."（编辑公式...），在【公式编辑器 Formula Editor】对话框的文本框中输入垫圈

倒角公式 $h/4$，如图 1-21 所示。同样在【角度 Angle】微调框的数值上单击右键，在弹出的快捷菜单中选择"Edit formula..."（编辑公式...），在【公式编辑器 Formula Editor】对话框的文本框中输入垫圈倒角的角度 α，如图 1-22 所示。单击【预览 Preview】按钮，观察无误后单击【确定 OK】按钮，完成如图 1-23 所示的平垫圈。

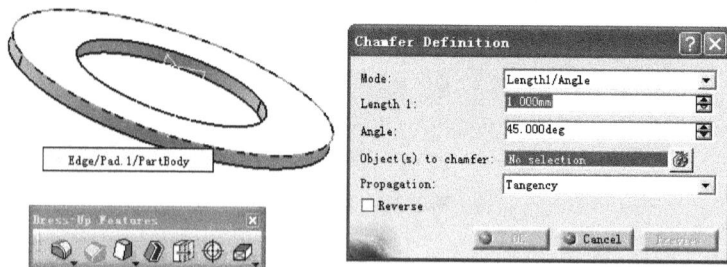

图 1-20　定义倒角（1）

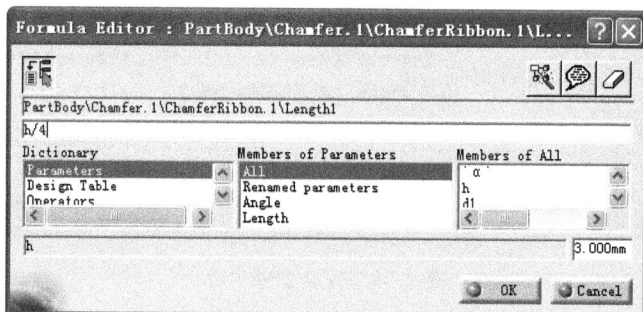

图 1-21　编辑倒角的长度

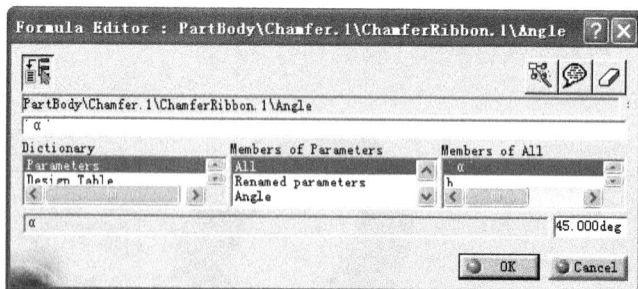

图 1-22　编辑倒角的角度

用户可以将上述的垫圈零件另存在自己的零件库内，使用时只需修改参数即可，这即为最简单的参数化设计实例。

1.1.2　拉伸法

打开 CATIA 应用软件，按照 1.1.1 节中的 1）~5）各步骤操作，为避免文件名相同，将文件中的"washer"改为"washer1"，然后用另一方法创建一个垫圈。

1）进入【yz 平面 yz Plane】绘制两个圆，然后选中这两个圆，再单击【约束 Con-

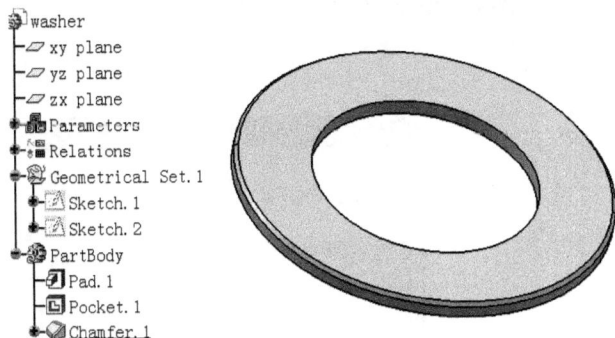

图 1-23　平垫圈完成图

straint】工具栏上的【在对话框中定义约束 Constraints Defined in Dialog Box】按钮，在弹出的【约束定义 Constraint Definition】对话框中选中【同心 Concentricity】复选框，如图 1-24 所示。

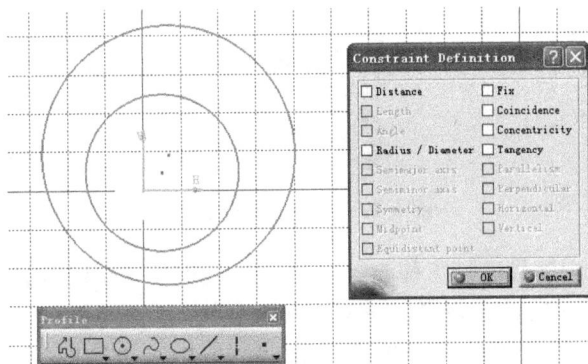

图 1-24　同心约束

2）同时选中圆心和坐标原点，单击【约束 Constraint】工具栏上的【在对话框中定义约束 Constraints Defined in Dialog Box】按钮，在弹出的【约束定义 Constraint Definition】对话框中选中【相合 Coincidence】复选框，如图 1-25 所示。

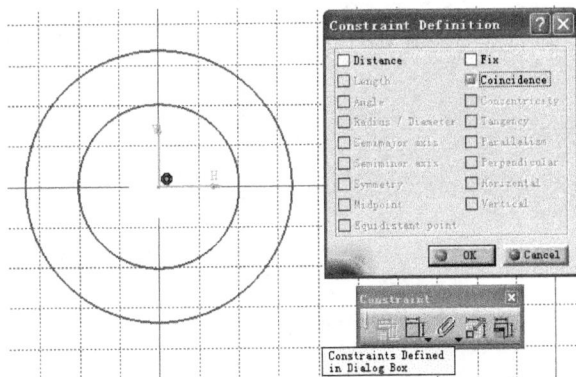

图 1-25　相合约束（1）

3）标注两个圆的半径，然后分别对内外半径进行编辑公式，如图 1-26 和图 1-27 所示，具体步骤与上例 1.1.1 节相同。

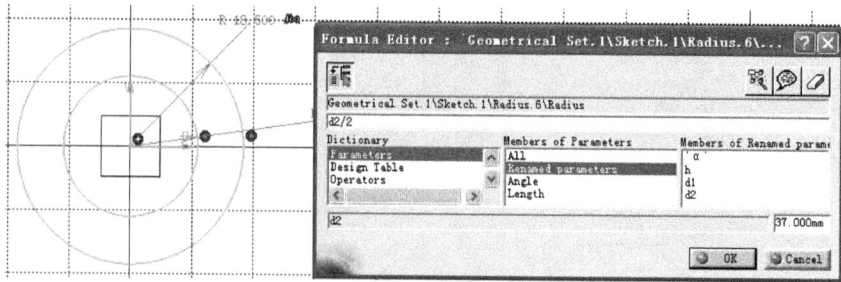

图 1-26　编辑公式（1）

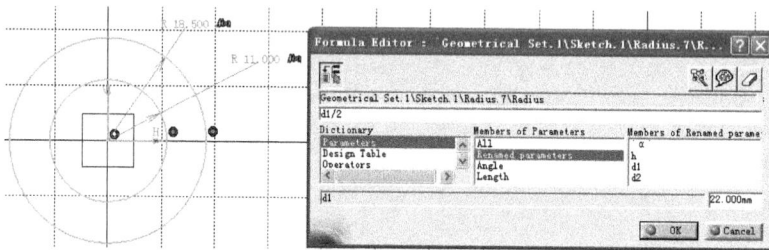

图 1-27　半径参数化约束

4）退出草图，回到零件设计工作台，在【零件几何体 PartBody】上单击右键，在快捷菜单上单击 "Define In Work Object"（定义工作对象），单击【拉伸 Pad】按钮，先在【拉伸定义 Pad Definition】对话框的【选择 Selection】后选择 "Sketch.1"（草图.1）（注意：此例中的草图包含了两个圆），【类型 Type】下拉列表框中是上次操作的默认项 "Dimension"（尺寸），【长度 Length】微调框为上次操作的 3mm，如图 1-28 所示，同上例 1.1.1 节编辑长度，如图 1-29 所示。

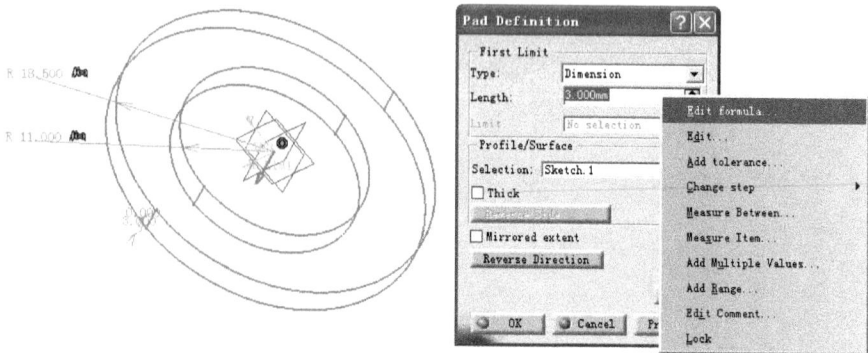

图 1-28　拉伸操作

5）先选中要倒角的棱边，单击【倒角 Chamfer】按钮，在弹出的【倒角定义 Chamfer Definition】对话框中使用默认的【模式 Mode】"Length1/Angle"（长度 1/角度），在【长度 1

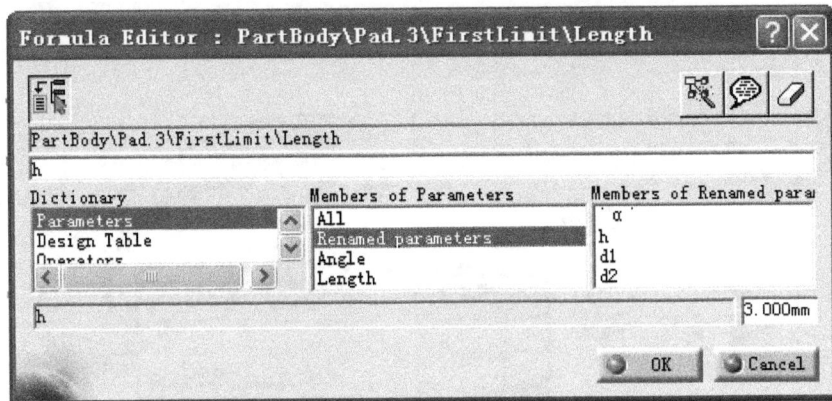

图1-29 编辑垫圈厚度（1）

Length1】微调框内的数值上单击右键，在弹出的快捷菜单上单击"Edit formula..."（编辑公式...），如图1-30所示。在【公式编辑器 Formula Editor】对话框中文本框输入垫圈倒角公式 $h/2$。在【角度 Angle】微调框的数值上单击右键，在弹出的快捷菜单上单击"Edit formula..."（编辑公式...），在【公式编辑器 Formula Editor】对话框的文本框中输入垫圈倒角的角度 α，单击【确定 OK】按钮，返回到倒角定义对话框，单击【预览 Preview】按钮，观察无误后再单击【确定 OK】按钮，完成垫圈的设计。

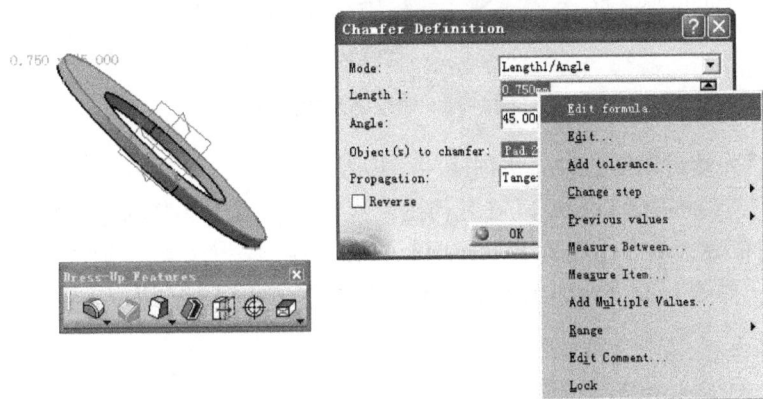

图1-30 编辑倒角公式

6）展开树状目录，在【参数 Parameters】下双击倒角的角度 α，弹出【参数编辑 Edit Parameter】对话框，将当前的45°修改为30°，如图1-31所示，单击【确定 OK】按钮，此刻若系统没有设置为自动更新，则零件显示为红颜色，打开【编辑 Edit】下拉菜单或在界面上直接单击【更新 Update】 按钮进行更新。

7）在树状目录上双击"Chamfer.1"（倒角.1），返回【倒角定义 Chamfer Definition】对话框，直接在图形上单击倒角方向箭头，可以修改倒角的方向，如图1-32所示。

1.1.3　旋转法

打开 CATIA 应用软件，按照1.1.1节中的1）~5）各步骤操作，将文件中的"washer"

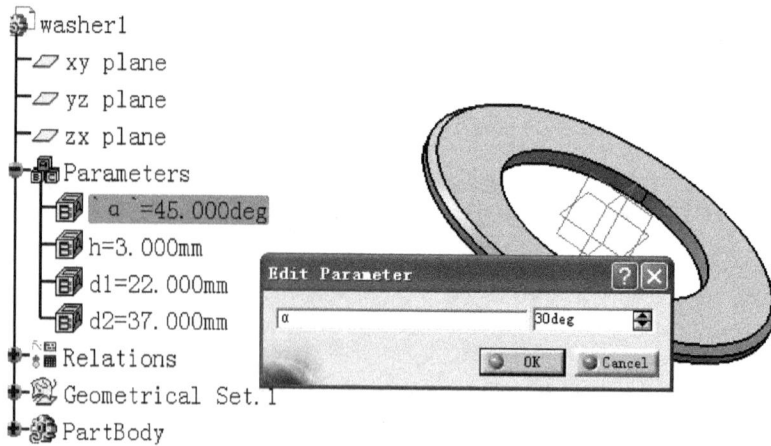

图1-31 修改倒角角度

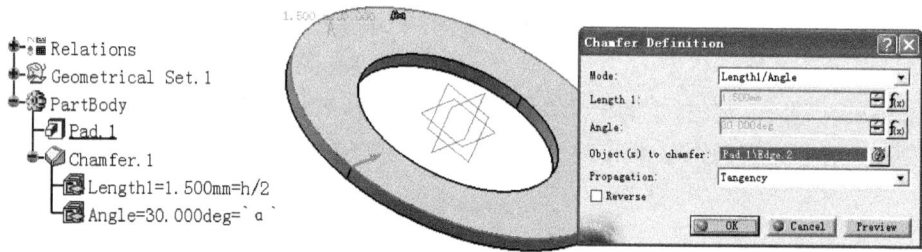

图1-32 修改倒角的方向

改为"washer2",然后用第三种方法创建一个垫圈。

1)首先将"Geometrical Set.1"(几何图形集.1)定义为工作对象,然后进入【yz 平面 yz plane】绘制草图,单击【矩形 Rectangle】按钮,绘制一个矩形,确认【草图工具 Sketch tools】的设置,如图1-33所示,以保证矩形各边的水平和垂直约束。

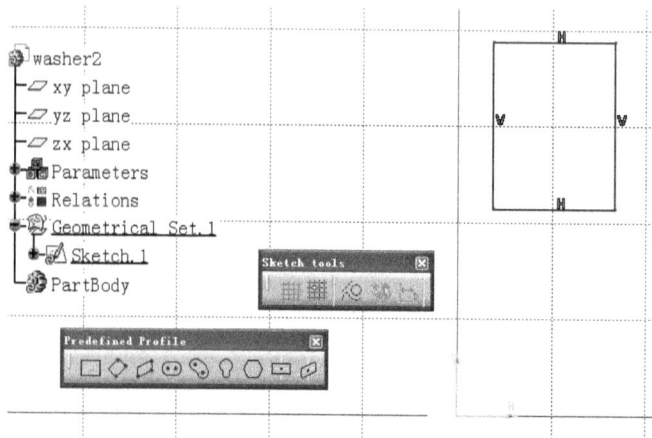

图1-33 绘制矩形

2）按住〈Ctrl〉键，选中坐标系的 V 轴和矩形的一个竖直边，然后单击【约束 Constraint】工具栏上的【在对话框中定义约束 Constraints Defined in Dialog Box】按钮，在弹出的【约束定义 Constraint Definition】对话框中选中"Coincidence"（相合）复选框，如图 1-34 所示。

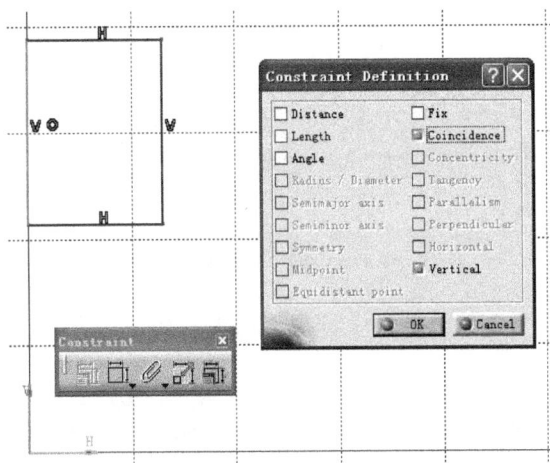

图 1-34 相合约束（2）

3）双击【约束 Constraint】按钮，然后连续标注两条水平边各自到水平轴线 H 的距离及两条垂直线之间的距离，如图 1-35 所示。草图变成绿色，表示图形处于全约束状态。

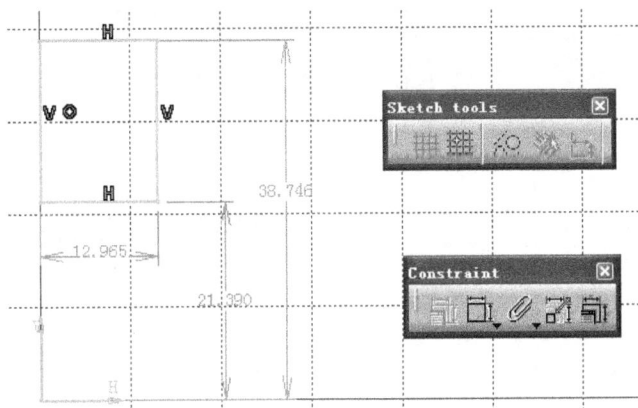

图 1-35 标注矩形的尺寸与位置

4）分别对垫圈的厚度、内径和外径三个尺寸进行参数化编辑，如图 1-36 和图 1-37 所示，全部编辑参数后的草图轮廓如图 1-38 所示。

5）退出草图，回到零件设计工作台，在【零件几何体 PartBody】上单击右键，在快捷菜单上单击【定义工作对象 Define In Work Object】，单击【旋转 Shaft】按钮，先在【旋转定义 Shaft Definition】对话框【Profile/Surface】选项区的【选择 Selection】文本框中设定"Sketch.1"（草图.1），【第一角度 First angle】为 360°，【第二角度 Second angle】为 0°，在

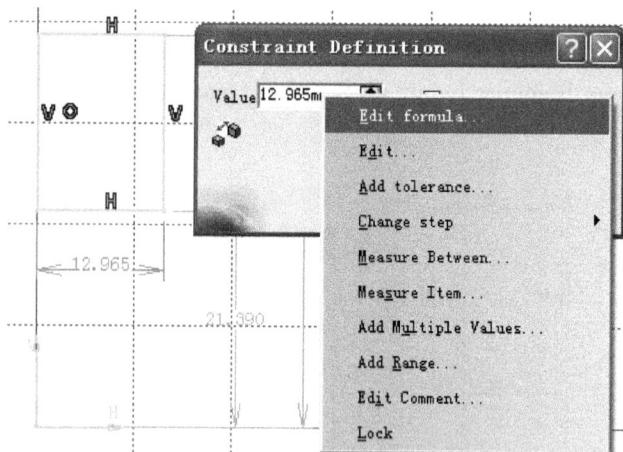

图 1-36　编辑垫圈厚度（2）

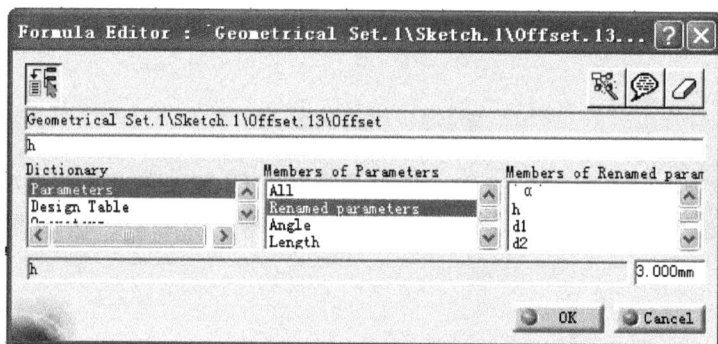

图 1-37　输入垫圈厚度参数

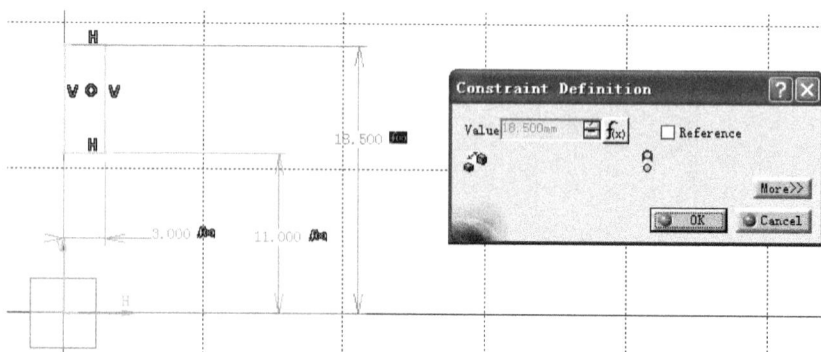

图 1-38　编辑参数后的垫圈草图轮廓

【轴线 Axis】选项区下的【选择 Selection】文本框内单击右键，在弹出的快捷菜单上选择【Y 轴 Y Axis】，如图 1-39 所示。

6）单击【预览 Preview】按钮，观察无误后再单击【确定 OK】按钮，完成垫圈的本体设计后，继续用前述的方法进行倒角，最终生成的垫圈零件实体如图 1-40 所示。

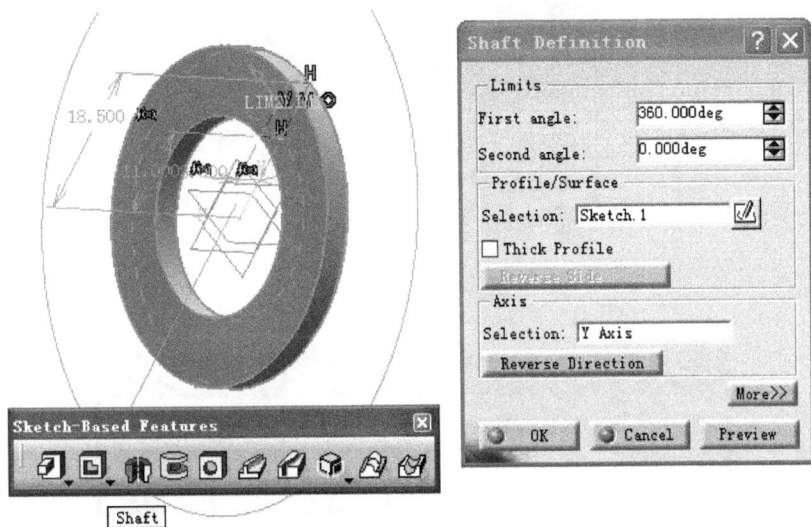

图 1-39　旋转定义（1）

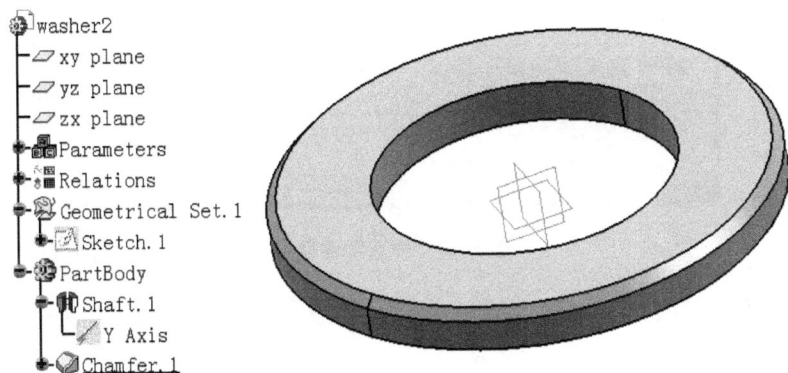

图 1-40　旋转法生成垫圈

1.2　定位销参数化设计

销主要用于定位、联接或锁定零件，还可以作为安全装置中的过载剪断元件。销的类型有圆柱销、圆锥销、带孔销、开口销和安全销等，本节主要介绍圆柱销和圆锥销。圆柱销利用微量过盈固定在销孔中，多次装拆会降低定位精度；圆锥销有 1：50 的锥度，可以自锁，靠锥面挤压作用固定在销孔中，定位精度高，安装也方便，可多次装拆。

1.2.1　圆柱销参数化设计

1）圆柱销的参数化设计准备工作与前述的垫圈参数化设计基本相同，新建一个零件，然后在树状目录"Part1"（零件 1）上单击右键，在弹出的快捷菜单上单击"Properties"（属性），如图 1-41 所示。在【属性 Properties】对话框上将【零件号 Part Number】文本框内改为"pin"（销），如图 1-42 所示。

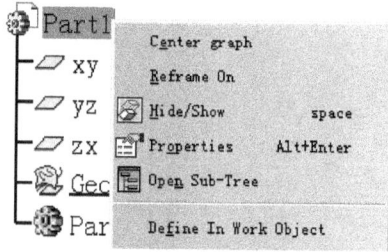

图 1-41　定义属性

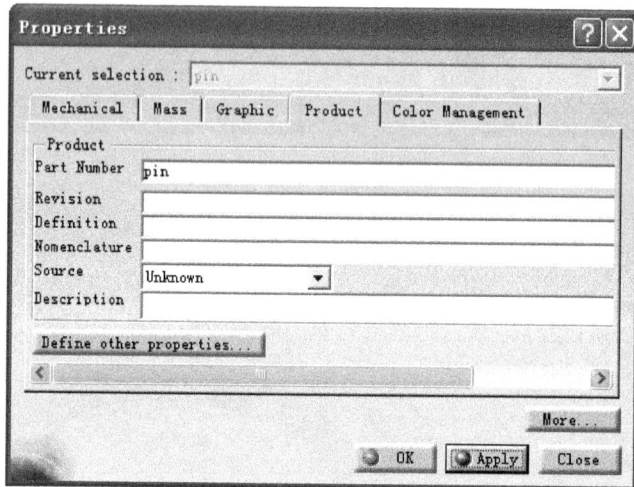

图 1-42　修改零件号

2）进入到【yz 平面 yz plane】绘制一个矩形草图，使左、下两条边分别与 V 轴和 H 轴相合，如图 1-43 所示。

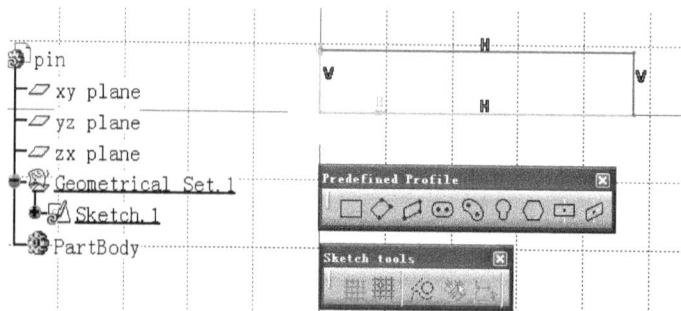

图 1-43　绘制矩形框

3）分别标注两条水平边和两条竖直边之间的距离，如图 1-44 所示。

4）在工具条上单击【公式 Formula】按钮，或单击【工具 Tools】→【公式 Formula】打开公式编辑器，如图 1-45 所示。

5）在公式编辑器中输入圆柱销的参数，直径 $d=5\text{mm}$，长度 $L=50\text{mm}$，倒角 $\alpha=20°$，倒角长度 $c=1\text{mm}$，如图 1-46 所示。

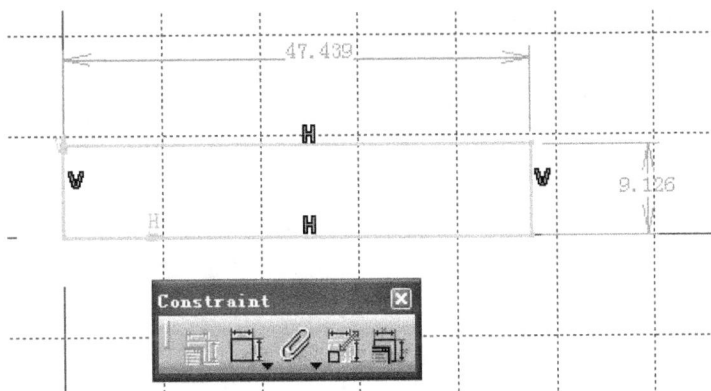

图1-44　标注矩形边

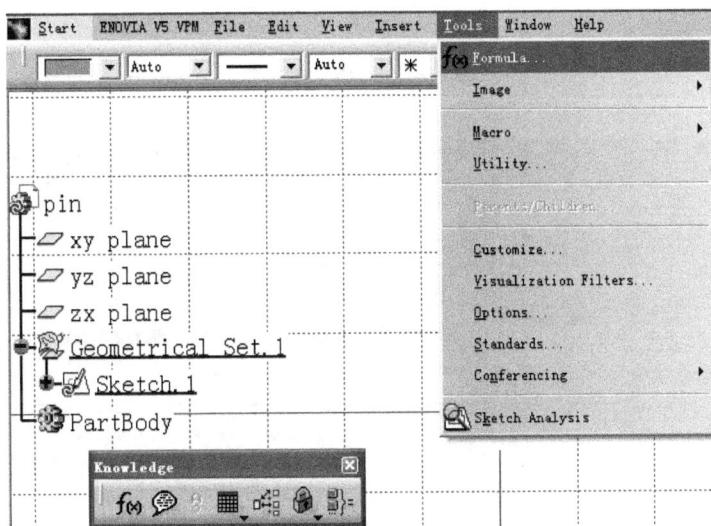

图1-45　打开公式编辑器

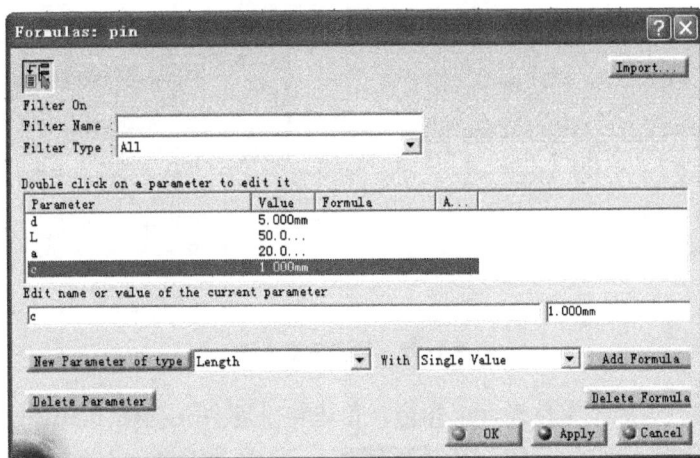

图1-46　定义圆柱销参数

6）在矩形框的长度标注尺寸上双击，然后在【约束定义 Constraint Definition】的【数值 Value】微调框中单击右键，再在弹出的快捷菜单上选择"Edit formula..."（编辑公式...），如图 1-47 所示。在【公式编辑器 Formula Editor】对话框中输入长度符号 L，如图 1-48 所示。

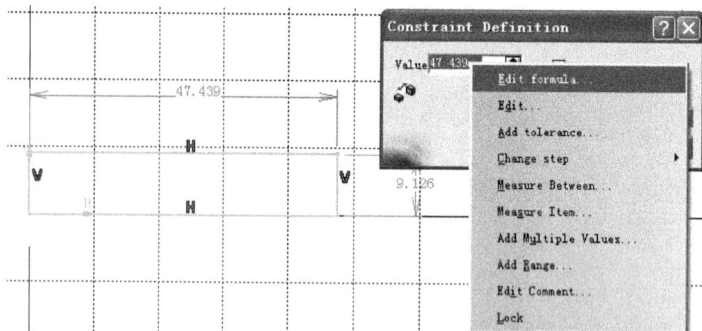

图 1-47　编辑长度参数

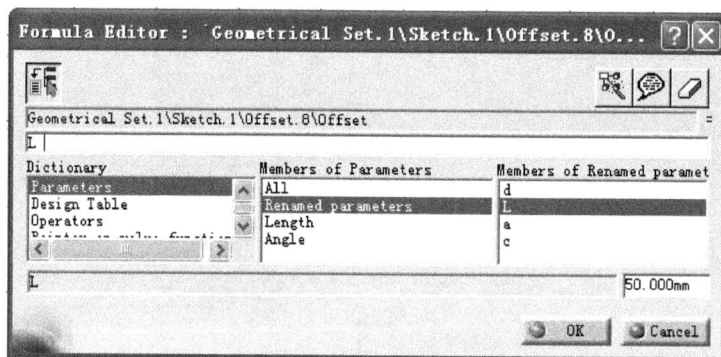

图 1-48　输入长度

7）用同样的方法输入圆柱销的半径公式 $d/2$，如图 1-49 和图 1-50 所示。

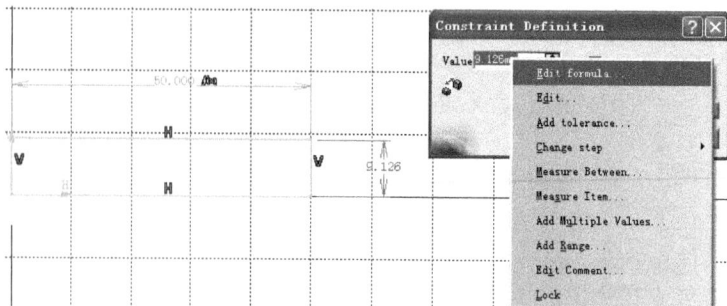

图 1-49　编辑宽度参数

8）退出草图，返回到零件设计工作台，首先将【零件几何体 PartBody】定义为工作对象，然后单击【旋转 Shaft】按钮，在【旋转定义 Shaft Definition】对话框上，【第一角度 First angle】默认为 360°，【第二角度 Second angle】为 0°，在【旋转定义 Shaft Definition】

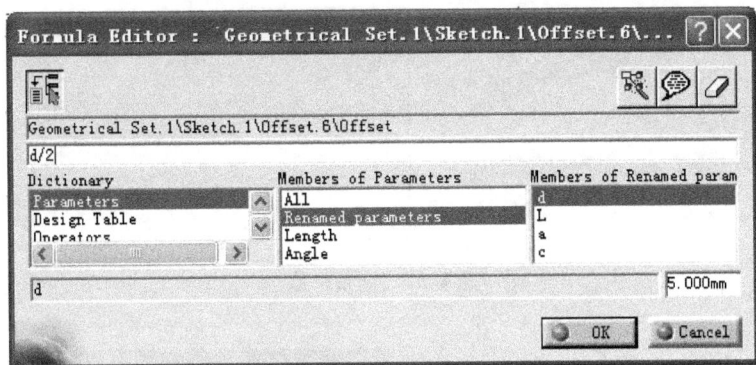

图 1-50　输入圆柱销的半径

对话框【Profile/Suface】选项区的【选择 Selection】文本框中设定 "Sketch. 1"（草图 . 1），即矩形框，在【轴线 Axis】选项区的【选择 Selection】文本框内单击右键，然后在弹出的快捷菜单上选择 "Y Axis"（Y 轴），如图 1-51 所示。

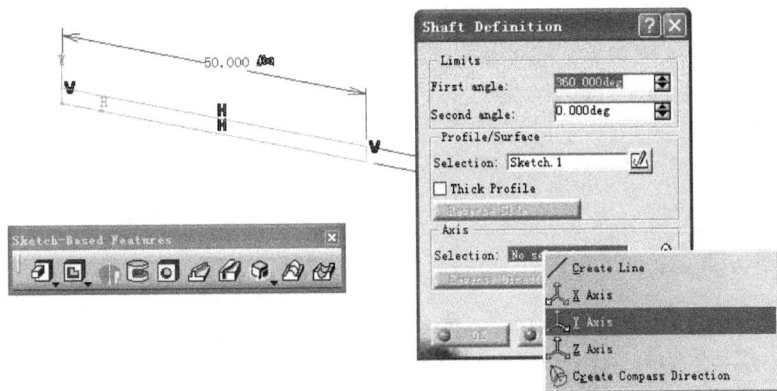

图 1-51　旋转定义（2）

9）单击【倒角 Chamfer】按钮，在随后弹出的【倒角定义 Chamfer Definition】对话框中使用默认的【模式 Mode】（长度 1/角度 Length1/Angle）。在【长度 1 Length1】微调框内的数值上单击右键，在弹出的快捷菜单上单击 "Edit formula..."（编辑公式...），在【公式编辑器 Formula Editor】对话框中输入圆柱销倒角公式 c。在【角度 Angle】微调框内的数值上单击右键，在弹出的快捷菜单上单击 "Edit formula..."（编辑公式...），在【公式编辑器 Formula Editor】对话框中输入圆柱销倒角的角度 α，单击【确定 OK】按钮返回到倒角定义对话框，再单击【预览 Preview】按钮，要求倒角的指示箭头方向与圆柱销的轴线一致，如图 1-52 所示。观察无误后再单击【确定 OK】按钮，完成一端的倒角设计。

用类似的方法对另一端进行倒角，如图 1-53 所示。

1.2.2　圆锥销参数化设计

1）首先建立一个新零件，将零件号修改为 "taper-pin"（圆锥销），编辑圆锥销参数，小端直径 $d=5\mathrm{mm}$，长度 $L=50\mathrm{mm}$，倒角 $c=1\mathrm{mm}$。

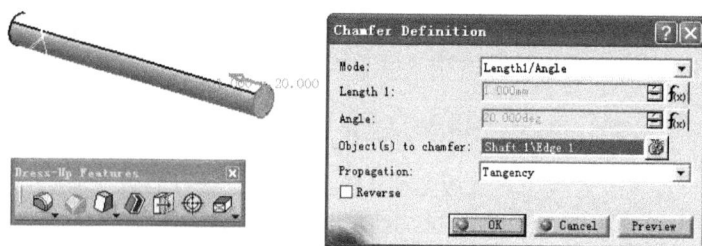

图 1-52　倒角预览

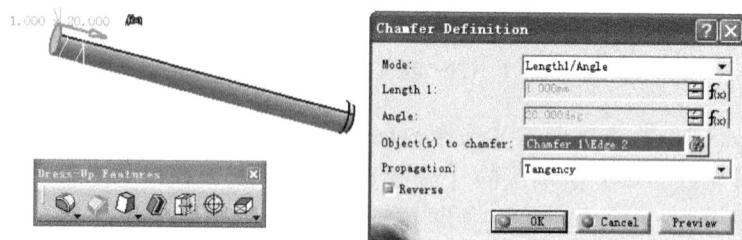

图 1-53　另一端倒角预览

2）进入到【yz 平面 yz plane】绘制一条左低右高的构造线，使构造线的左端与 V 轴相合，如图 1-54 所示。

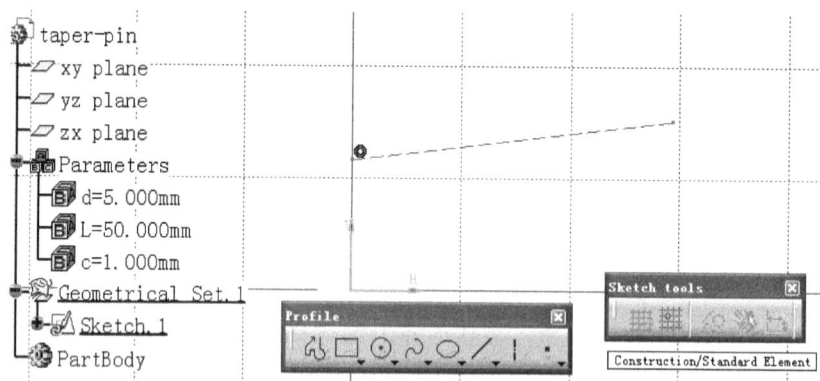

图 1-54　绘制构造线

3）单击【约束 Constraint】按钮，约束构造线，在尺寸数值上单击右键，然后在弹出的快捷菜单中选择 "Horizontal Measure Direction"（水平方向测量），如图 1-55 所示。同样方法再次约束构造线，并做垂直方向测量，如图 1-56 所示。

4）将构造线的水平方向测量尺寸修改为100mm，垂直方向的测量尺寸修改为1mm，此构造线为圆锥销草图斜度的参考线，如图 1-57 所示。

5）绘制一个矩形草图，使左、下两条边分别与 V 轴和 H 轴相合，然后删除上面水平边的水平约束，同时选中上面的水平边和构造线，然后单击【约束 Constraint】工具栏上的【在对话框中定义约束 Constraints Defined in Dialog Box】按钮，在弹出的【约束定义 Constraint Definition】对话框中选中 "Parallelism"（平行）复选框，原来的矩形变成一个梯形，

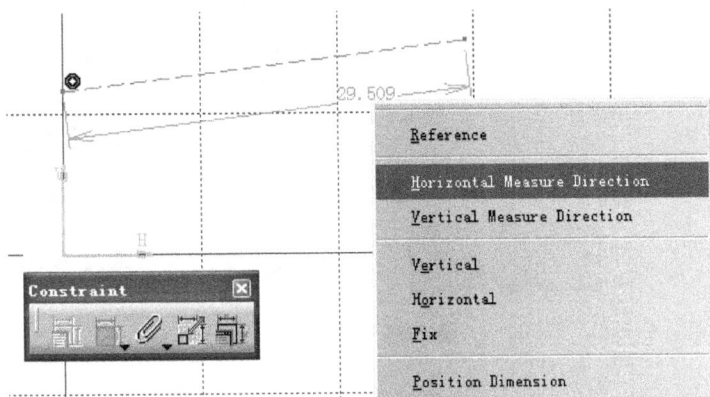

图 1-55　水平方向测量

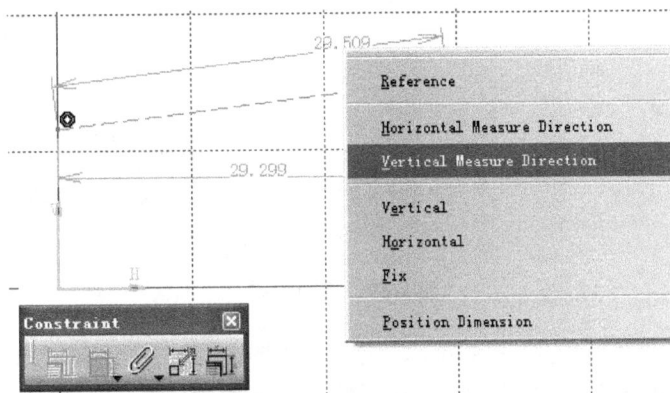

图 1-56　垂直方向测量

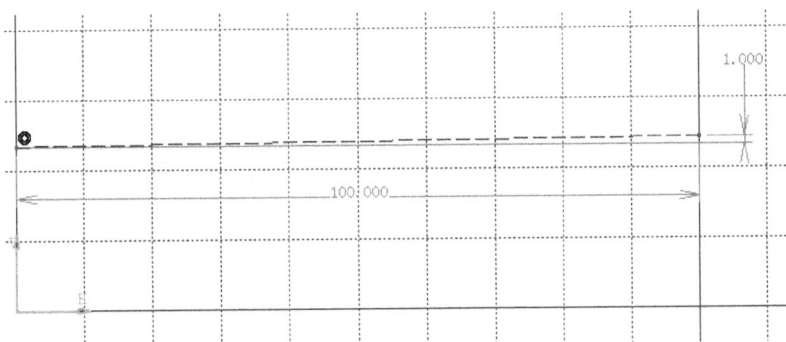

图 1-57　斜度参考线

如图 1-58 所示。

6）单击【约束 Constraint】按钮，分别约束左侧竖直边的长度和下面的水平边长度，如图 1-59 所示。

7）双击左侧竖直边的长度，然后在【约束定义 Constraint Definiton】的【数值 Value】

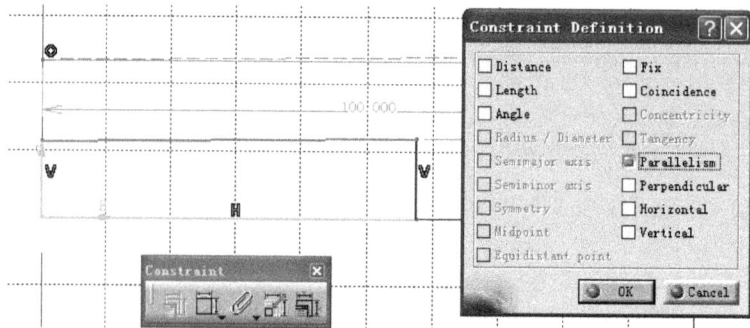

图 1-58　平行约束

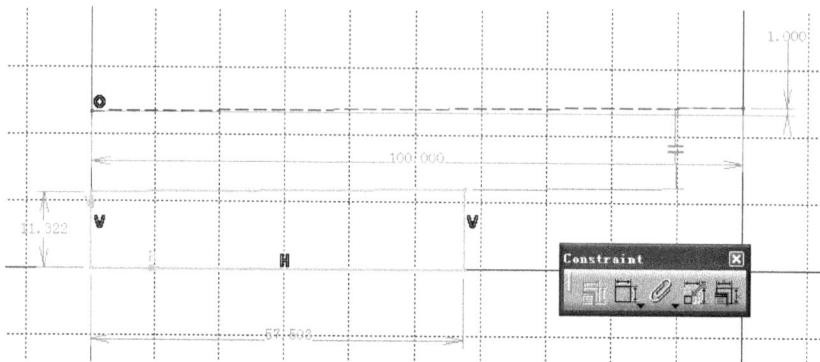

图 1-59　草图约束

微调框内单击右键，在弹出的快捷菜单上单击"Edit formula..."（编辑公式...），如图 1-60 所示。在【公式编辑器 Formula Editor】对话框中输入圆锥销小端半径公式 $d/2$，如图 1-61 所示。用同样的方法编辑下面的水平边长度为 $L = 50\text{mm}$。

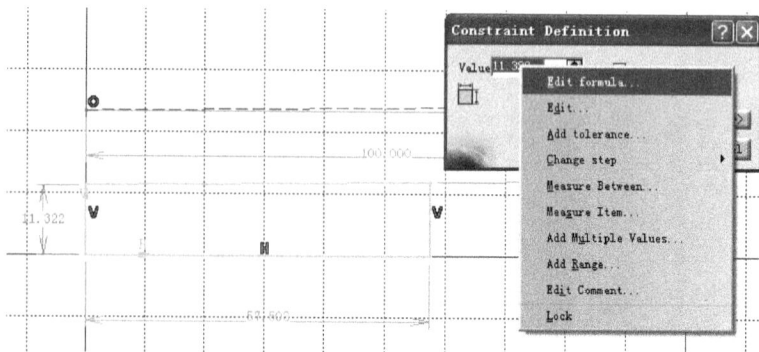

图 1-60　编辑圆锥销半径

8）退出草图，返回零件设计工作台，首先将【零件几何体 PartBody】定义为工作对象，然后单击【旋转 Shaft】按钮，在【旋转定义 Shaft Definition】对话框上，【第一角度 First angle】默认为 360°，【第二角度 Second angle】为 0°，在【旋转定义 Shaft Definition】对话框的【选择 Selection】后选择"Sketch. 1"（草图. 1），即梯形框，在【轴线 Axis】选项区的【选择 Selection】文本框内单击右键，然后在弹出的快捷菜单上选择"Y Axis"（Y

轴），如图1-62所示。

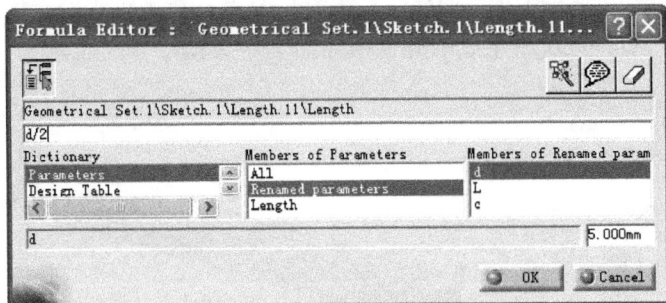

图1-61　输入圆锥销半径公式

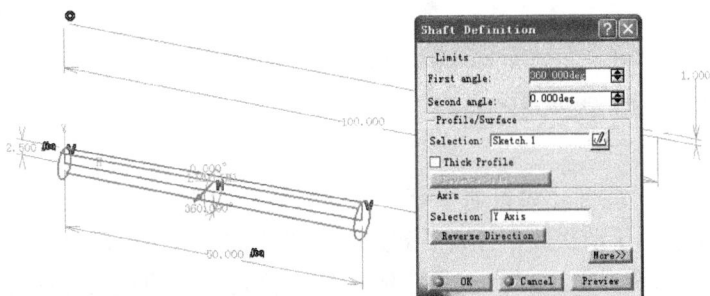

图1-62　旋转定义（3）

9）单击【倒角Chamfer】按钮，在弹出的【倒角定义Chamfer Definition】对话框中使用默认的【模式Mode】（长度1/角度Length1/Angle），在【长度1 Length1】微调框内的数值上单击右键，在弹出的快捷菜单上单击"Edit formula..."（编辑公式...），在【公式编辑器Formula Editor】对话框中输入圆柱销倒角公式*c*。【角度Angle】微调框的数值上选用默认的45°，单击右键，在弹出的快捷菜单上单击"Edit formula..."（编辑公式...），在【倒角对象Object（s）to chamfer】中选中两端的圆边，单击【预览Preview】按钮，如图1-63

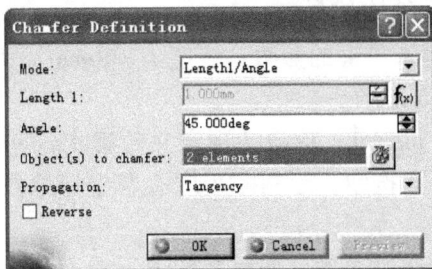

图1-63　定义倒角（2）

所示，观察无误后单击【确定 OK】按钮，完成圆锥销设计。

10）在树状目录上展开"Parameters"（参数）节点，将圆锥销的长度修改为 $L = 30$mm，两端倒角为 $c = 0.3$mm，更新后生成的圆锥销如图 1-64 所示。

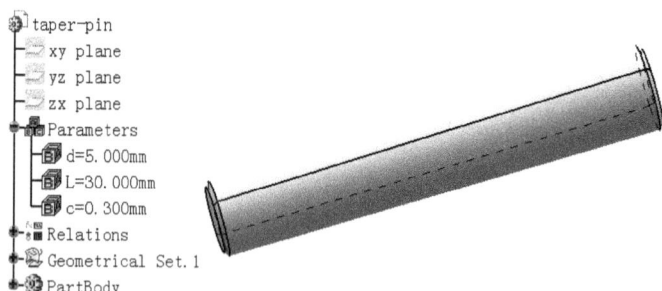

图 1-64　圆锥销

1.3　普通平键参数化设计

根据用途不同，平键可分为普通平键、导向平键和滑键三种。其中普通平键用于静联接，导向平键和滑键用于动联接。普通平键分为 A 型平键、B 型平键和 C 型平键，如图 1-65 所示。A 型平键用端铣刀加工轴上键槽，键在槽中固定好，但应力集中较大，应用广泛；B 型平键用盘铣刀加工轴上键槽，应力集中较小；C 型平键用于轴端。

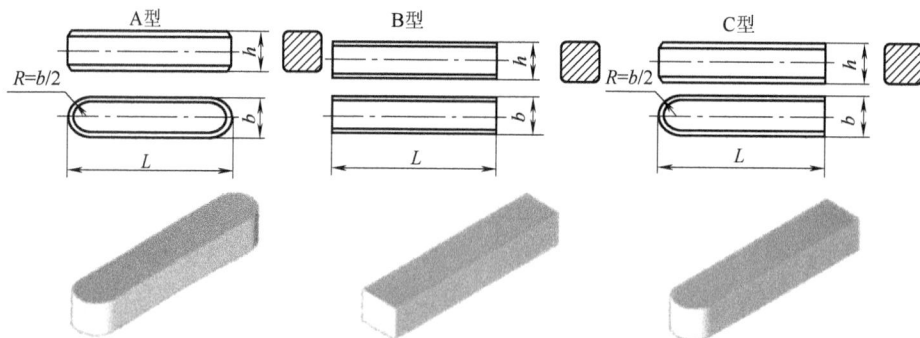

图 1-65　平键

1.3.1　B 型平键参数化设计

1）新建一个零件，输入平键的参数：长度 $L = 60$mm，宽度 $b = 16$mm，高度 $h = 7$mm，倒角 $c = 0.5$mm，如图 1-66 所示。

2）进入【yz 平面 yz plane】，单击【预定义轮廓 Predefined Profile】工具栏上的【中心矩形 Centered Rectangle】按钮，绘制一个中心与坐标原点相合的中心矩形，如图 1-67 所示。

3）分别标注矩形的长度和宽度，如图 1-68 所示。

4）分别将矩形的长度和宽度进行参数化设置，如图 1-69 所示。

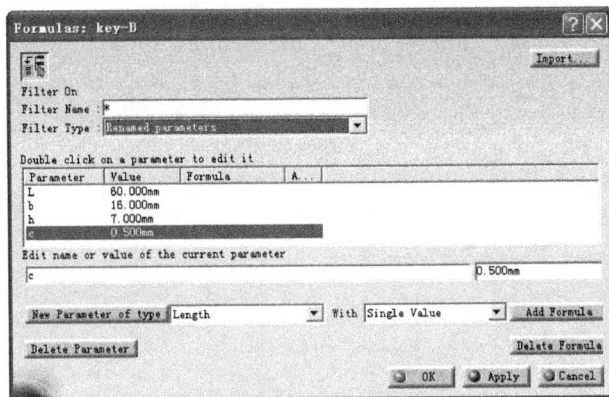

图1-66 平键参数

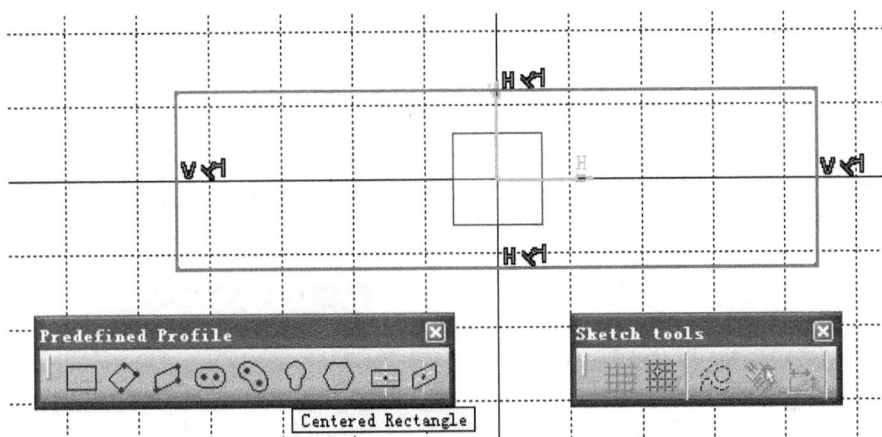

图1-67 中心矩形

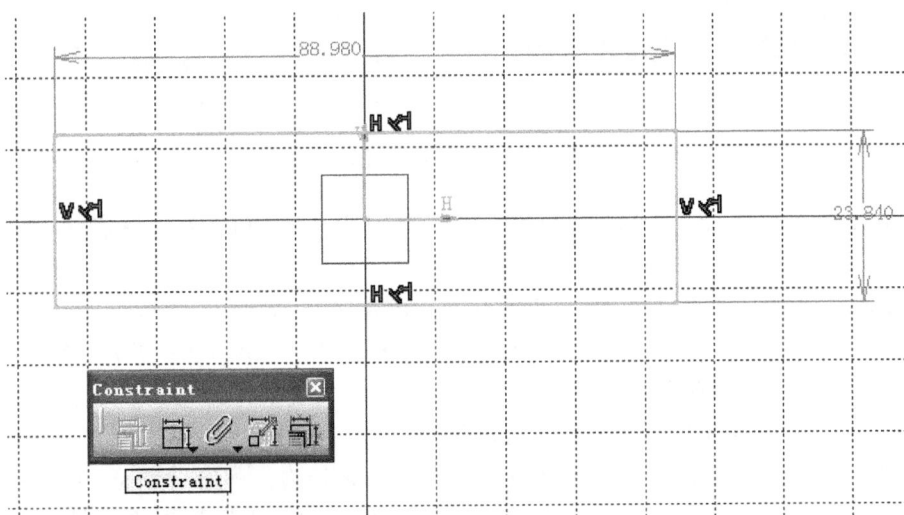

图1-68 约束尺寸

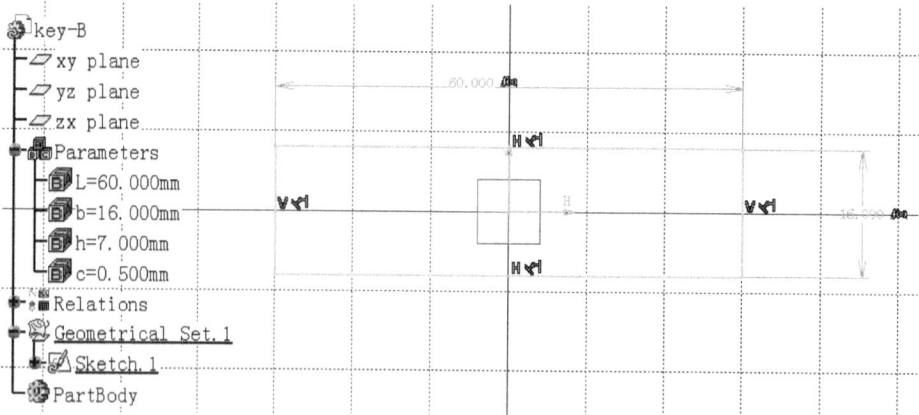

图1-69 设置参数

5）退出草图，返回零件设计工作台，首先将【零件几何体 PartBody】定义为工作对象，然后单击【拉伸 Pad】按钮，在【拉伸定义 Pad Definition】对话框【Profile/Surface】选项区的【选择 Selection】文本框中选择"Sketch. 1"（草图.1），然后在【First Limit】选项区的【类型 Type】下拉列表框中选"Dimension"（尺寸），再在【长度 Length】微调框的数值上单击右键，在弹出的快捷菜单上选择"Edit formula"（编辑公式），如图1-70所示。

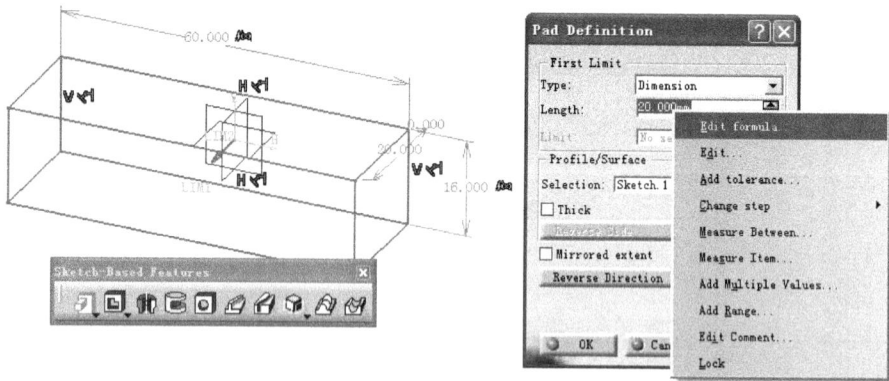

图1-70 拉伸定义（2）

6）在【公式编辑器 Formula Editor】对话框中输入平键的高度参数 h，如图1-71所示。

7）单击【倒角 Chamfer】按钮，在弹出的【倒角定义 Chamfer Definition】对话框中使用默认的【模式 Mode】（长度1/角度 Length1/Angle），在【长度1 Length1】微调框的数值上单击右键，在弹出的快捷菜单上单击"Edit formula..."（编辑公式...），在【公式编辑器 Formula Editor】对话框中输入 B 型平键倒角公式 c。【角度 Angle】微调框中选用默认的45°，在【倒角对象 Object（s）to chamfer】中选中四条长边，单击【预览 Preview】按钮，如图1-72所示，观察无误后再单击【确定 OK】按钮，完成 B 型平键设计，如图1-73所示。

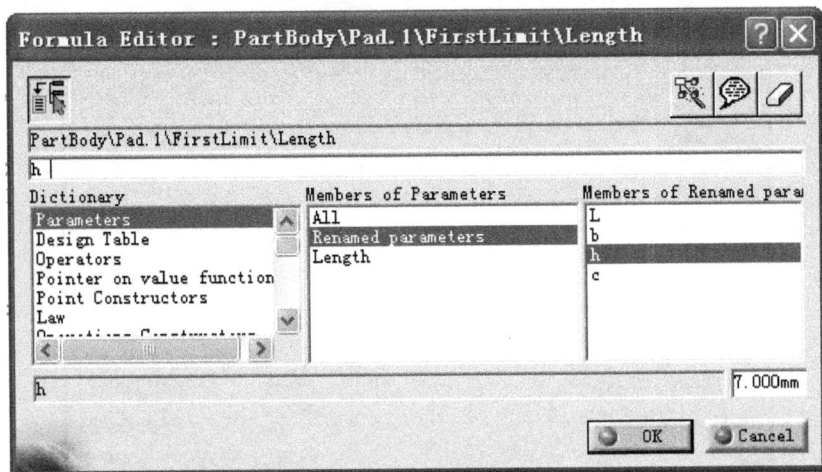

图 1-71 定义拉伸高度

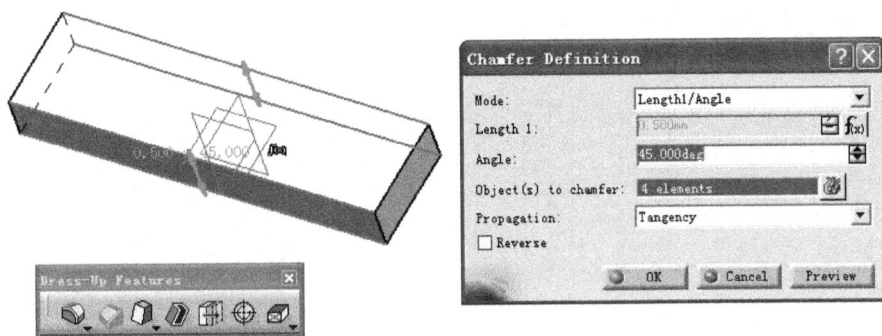

图 1-72 定义倒角 (3)

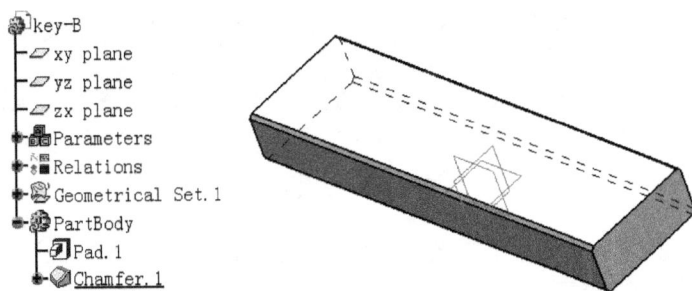

图 1-73 B 型平键

1.3.2 A 型平键参数化设计

1) 新建一个零件，输入 A 型平键的参数：长度 $L = 35\text{mm}$，宽度 $b = 10\text{mm}$，倒角 $c = 0.5\text{mm}$，高度 $h = 6\text{mm}$，如图 1-74 所示。

2) 进入【yz 平面 yz plane】，单击【预定义轮廓 Predefined Profile】工具栏上的【延长

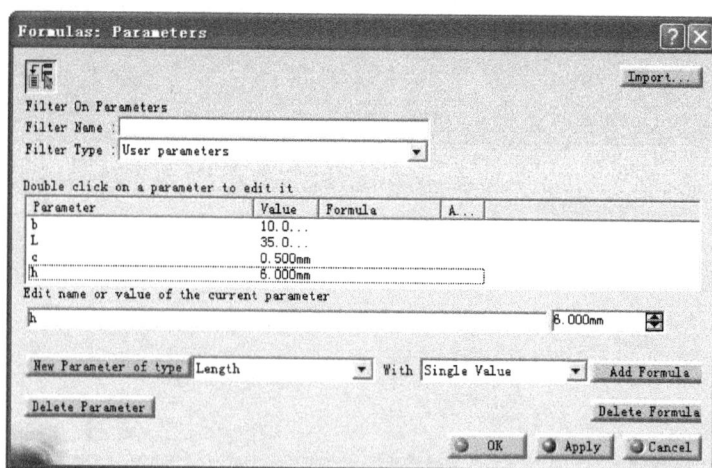

图 1-74　参数设置

孔 Elongated Hole】按钮，绘制一个左端中心与坐标原点相合、右端中心在 H 轴上的延长孔，标注延长孔的半径和两个半圆的中心距，如图 1-75 所示。

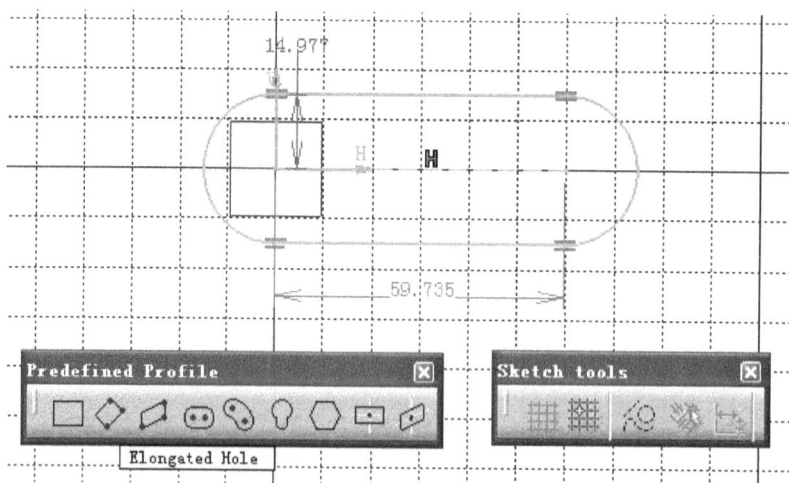

图 1-75　延长孔

3）双击延长孔的半径标注，然后在【约束定义 Constraint Definition】的【数值 Value】上单击右键，在弹出的快捷菜单中单击"Edit formula..."（编辑公式...），如图 1-76 所示。在【公式编辑器 Formula Editor】对话框中输入延长孔半径公式 $b/2$，如图 1-77 所示。

4）用同样的方法编辑延长孔的中心距公式 $L-b$，如图 1-78 和图 1-79 所示。

5）退出草图，返回零件设计工作台，首先将【零件几何体 PartBody】定义为工作对象，然后单击【拉伸 Pad】按钮，在【拉伸定义 Pad Definition】对话框【Profile/Surface】选项区的【选择 Selection】文本框中选择"Sketch.1"（草图.1），然后在【First Limit】选项区的【类型 Type】下拉列表框中选"Dimension"（尺寸），再在【长度 Length】微调框

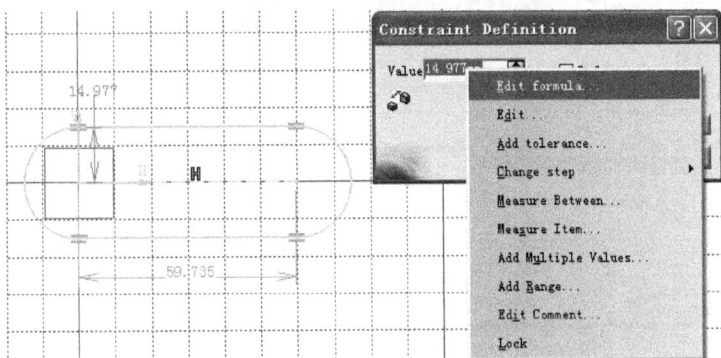

图 1-76　编辑公式（2）

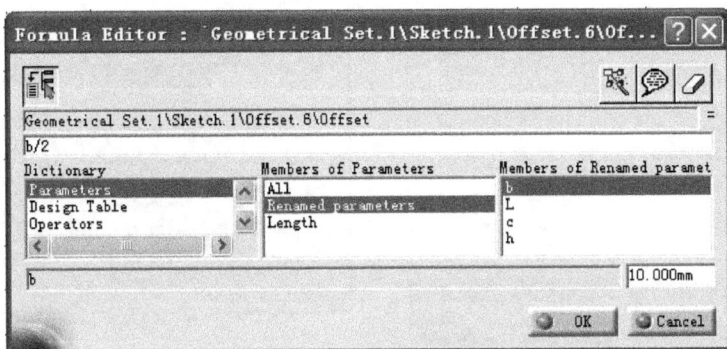

图 1-77　输入公式（1）

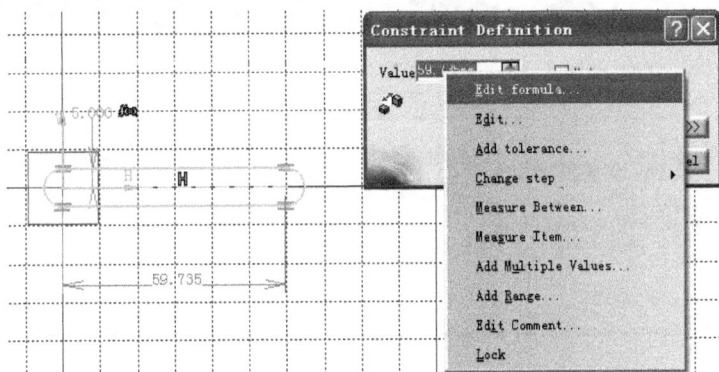

图 1-78　编辑公式（3）

的数值上单击右键，在弹出的快捷菜单上选择"Edit formula"（编辑公式），如图 1-80 所示。

6）在公式编辑器对话框中输入平键的高度参数 h，如图 1-81 所示。

7）单击【倒角 Chamfer】按钮，在弹出的【倒角定义 Chamfer Definition】对话框中使用默认的【模式 Mode】（长度 1/角度 Length1/Angle），在【长度 1 Length1】微调框的数值

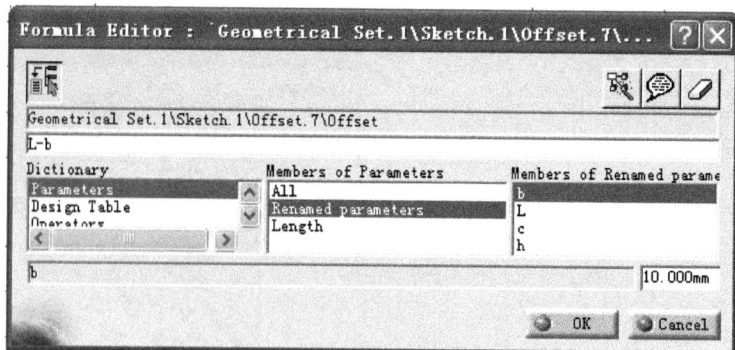

图 1-79　输入公式（2）

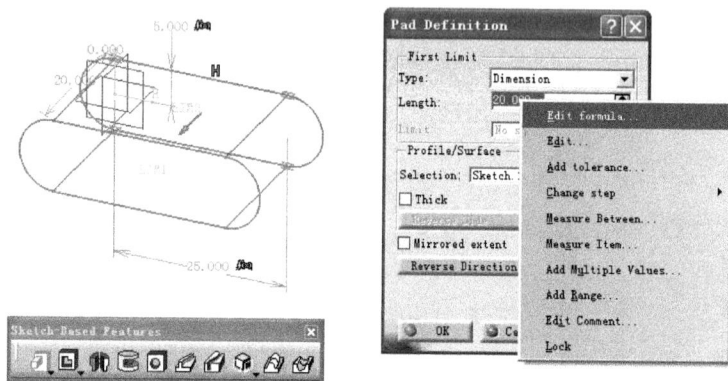

图 1-80　拉伸定义（3）

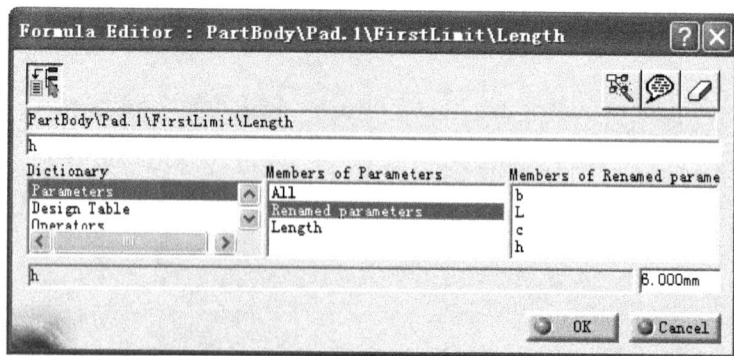

图 1-81　定义高度

上单击右键，在弹出的快捷菜单中单击"Edit formula..."（编辑公式...），在【公式编辑器 Formula Editor】对话框中输入 A 型平键倒角公式 c，如图 1-82 所示。【角度 Angle】微调框中选用默认的 $45°$，在【倒角对象 Object（s）to chamfer】中选中上、下两个面中的各一个边，将【传播 Propagation】下拉列表框中设"Tangency"（相切），单击【预览 Preview】按钮，如图 1-83 所示。观察无误后单击【确定 OK】按钮，完成 A 型平键的设计，如图 1-84 所示。

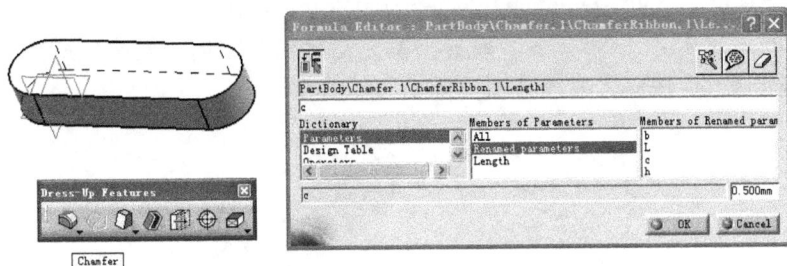

图 1-82　定义倒角参数

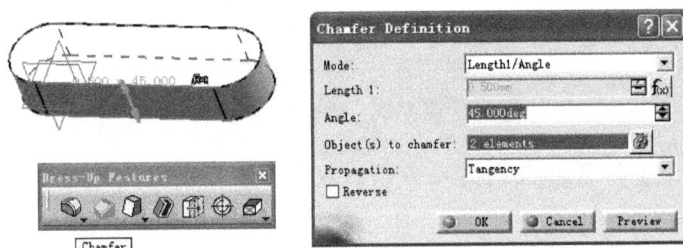

图 1-83　定义倒角（4）

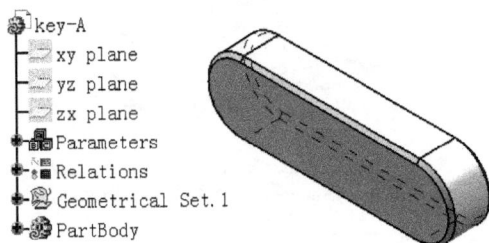

图 1-84　A 型平键

1.3.3　C 型平键参数化设计

1）将 A 型平键另存为"key-C"，并在树状目录上将零件号也修改为"key-C"，单击【分割 Split】按钮，如图 1-85 所示。

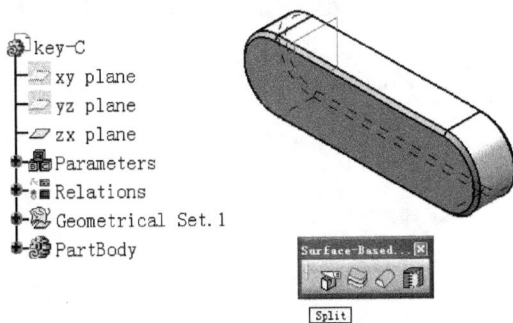

图 1-85　分割操作

2）在【分割定义 Split Definition】对话框中的【分割元素 Splitting Element】文本框内容设为"zx Plane"，如图 1-86 所示。观察分割是指示箭头方向，箭头的所指方向为保留部分，单击【确定 OK】按钮，完成分割操作。

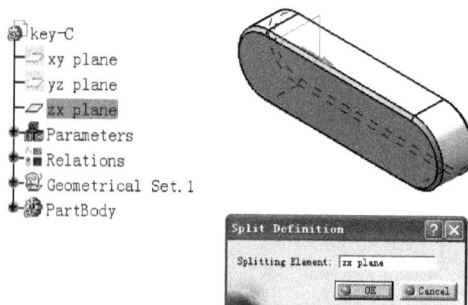

图 1-86 定义分割

3）在树状目录上打开参数和关系节点，双击关系中的"Formula. 2"（公式 . 2），如图 1-87 所示。

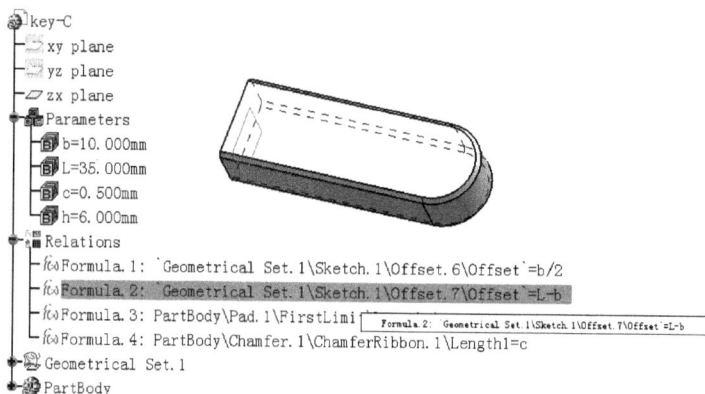

图 1-87 参数与关系

4）在公式编辑器对话框中将 A 型平键的延长孔草图中两孔中心距 $L-b$ 修改为 $L-b/2$，如图 1-88 所示。

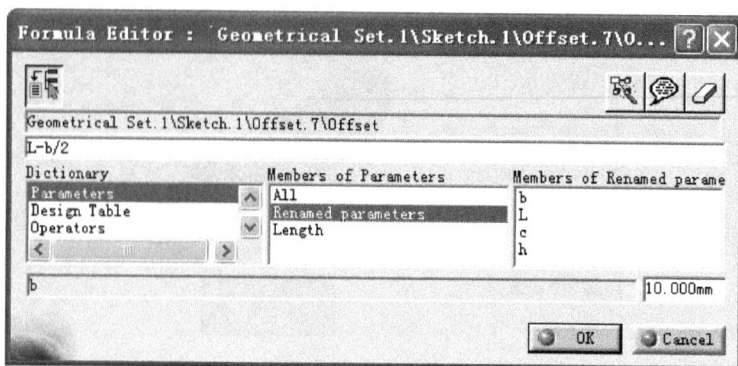

图 1-88 修改参数

5）修改后的树状目录和几何实体如图 1-89 所示，此时几何实体为红颜色，更新后即可得到所要的 C 型平键。

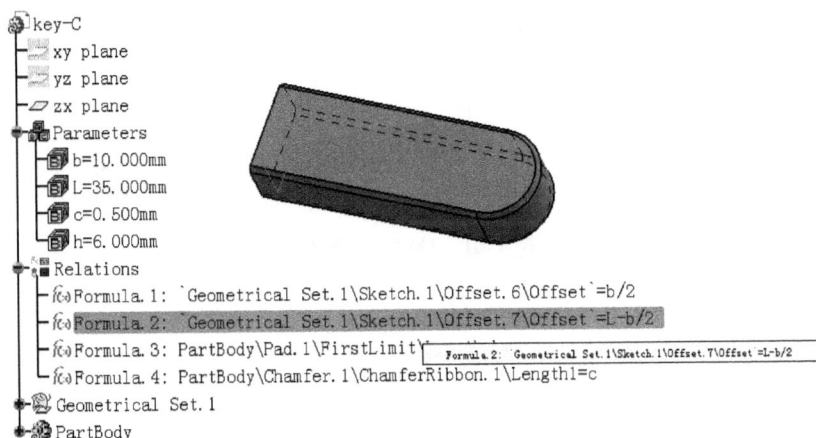

图 1-89　等待更新

6）单击【测量 Measure】按钮，系统弹出如图 1-90 所示的测量对话框，测量 C 型平键圆头中心到另一端的距离，如图 1-91 所示，测量的距离为 30mm，则键的实际长度为 35mm，证明修改正确，完成 C 型平键设计。

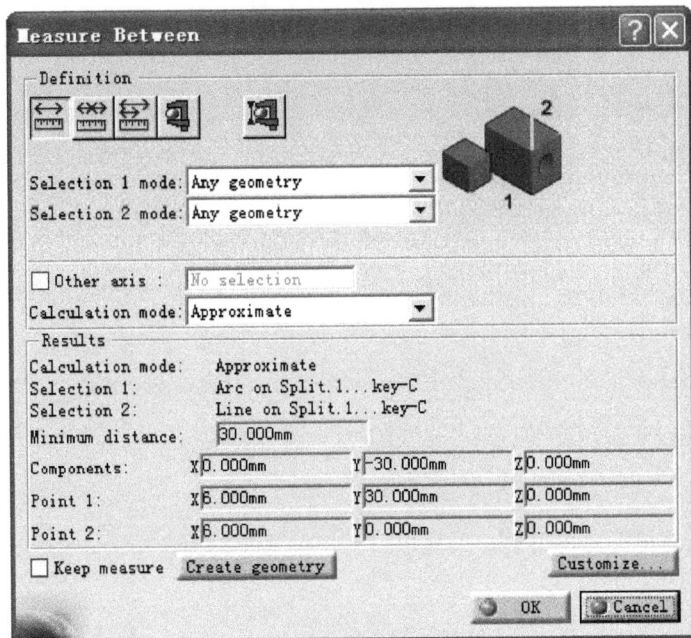

图 1-90　测量对话框

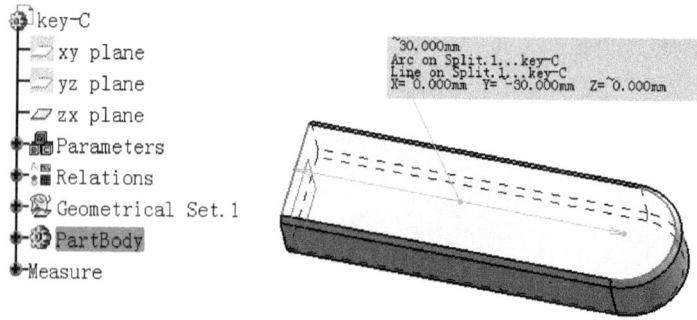

图 1-91 检验分割操作

第2章

弹簧参数化设计

弹簧一般用弹簧钢制成，是一种利用弹性工作的机械零件，用以控制机件的运动、缓和冲击或振动、贮蓄能量、测量力的大小等，广泛用于机器、仪表中。弹簧的种类复杂多样，按形状分为螺旋弹簧、涡卷弹簧、板弹簧等。螺旋弹簧的种类也很多，本章主要以螺旋压缩弹簧为主介绍参数化设计的要领。

2.1　压缩弹簧参数设置

压缩弹簧（压簧）是承受轴向压力的螺旋弹簧，它所用的材料截面多为圆形，也有用矩形和多股钢紊卷制的，弹簧一般为等节距的，压缩弹簧的形状有圆柱形、圆锥形、中凸形和中凹形以及少量的非圆形等，压缩弹簧圈与圈之间有一定的间隙，当受到外载荷作用时弹簧收缩变形，贮存变形能。

本例的圆柱形压缩弹簧中径 $D=30\text{mm}$、簧丝直径 $d=4\text{mm}$、弹簧外径 $D_2=D+d$、弹簧内径 $D_1=D-d$、节距 $t=8\text{mm}$、自由高度 $H_0=65\text{mm}$、总圈数为 n_1、有效圈数为 n、支承圈数 N_z、$n_1=n+N_z$、N_z 一般为 1.5 圈、2 圈、2.5 圈。本例支承圈为一圈并紧、一圈过渡，即 $N_z=2$，两端的并紧圈还需磨平。

1）打开 CATIA 应用软件，新建一个零件，然后将零件号修改为"spring"（弹簧），若树状目录上无【几何图形集 Geometrical Set】，则需另外插入，如图 2-1 所示。

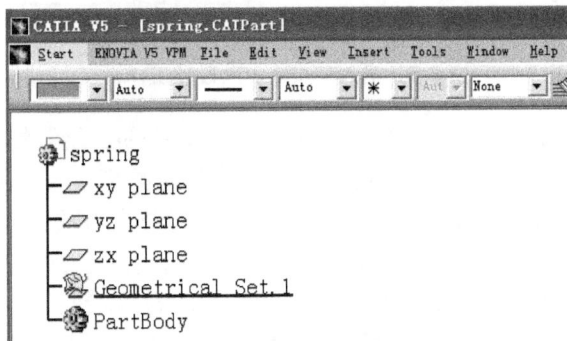

图 2-1　新建弹簧零件

2）单击【公式 Formula】按钮，在公式编辑器对话框中输入簧丝直径 $d=4\text{mm}$，节距 $t=$

8mm，弹簧中径 $D = 30mm$，自由高度 $H_0 = 65mm$ 四个参数，如图 2-2 所示。

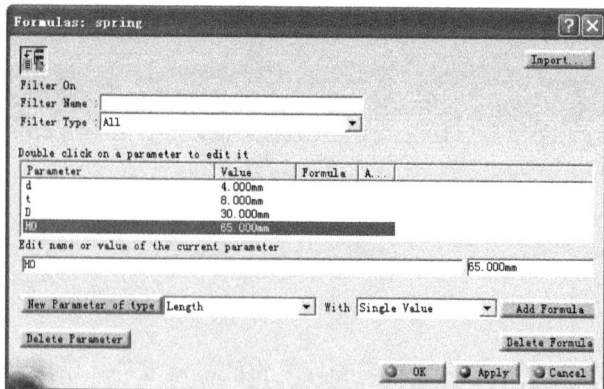

图 2-2　编辑弹簧参数

2.2　用法则创建螺旋线

1）单击【开始 Start】→【形状 Shape】→【创成式曲面设计 Generative Shape Design】，进入创成式曲面设计工作台，如图 2-3 所示。

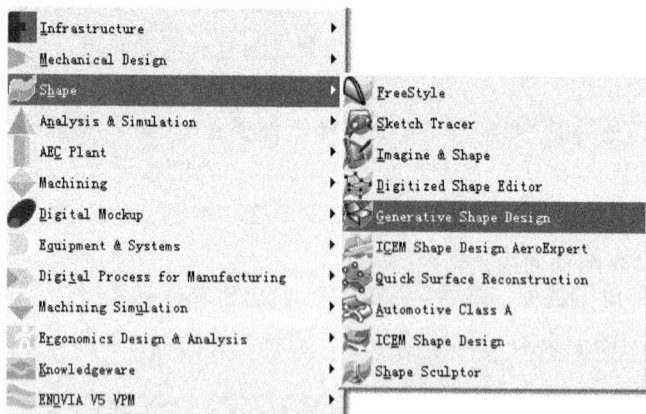

图 2-3　进入创成式曲面设计工作台

2）单击【线框 Wireframe】工具栏上的【点 Point】按钮，绘制螺旋线的起点，如图 2-4 所示，在【点定义 Point Definition】对话框中将【点的类型 Point type】修改为"Coordinates"（坐标），坐标值为 $X = 15mm$，$Y = 0$，$Z = 0$，其余均为默认值，在 X 的值上单击右键，在弹出的快捷菜单上单击编辑公式，在公式编辑器上输入公式 $(D - d)/2$。

3）单击【曲线 Curves】工具栏上的【螺旋线 Helix】按钮，在【螺旋曲线定义 Helix Curve Definition】对话框中将【起始点 Starting Point】选为上面所做的螺旋线起始点，【轴线 Axis】选为 Z 轴，如图 2-5 所示。

4）在【节距 Pitch】微调框内数值上单击右键，在弹出的快捷菜单上单击"Edit formula"（编辑公式），如图 2-6 所示。

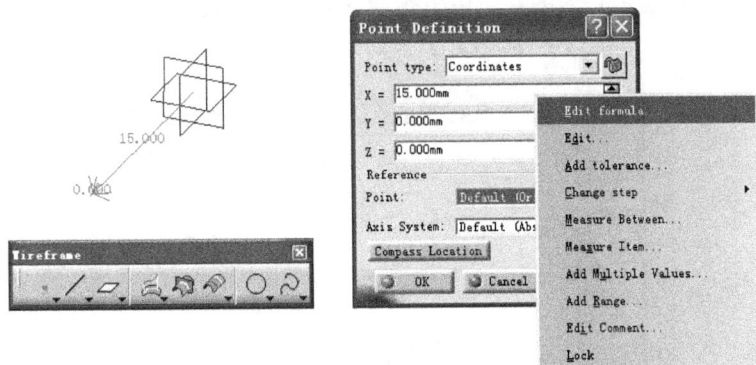

图 2-4 创建螺旋线的起点

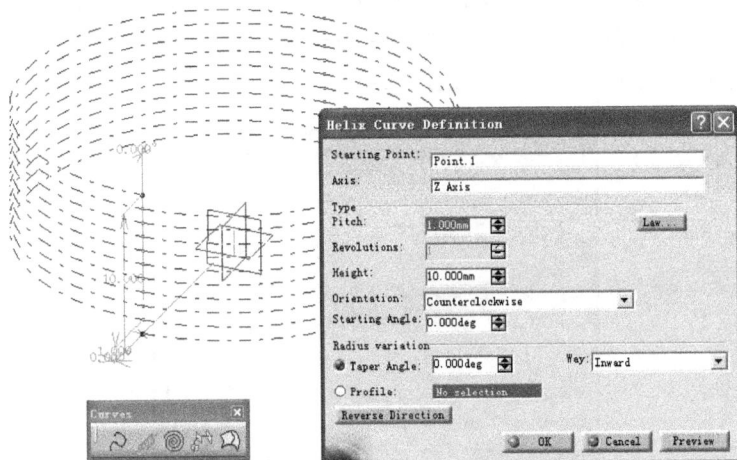

图 2-5 创建螺旋线的起点和轴线

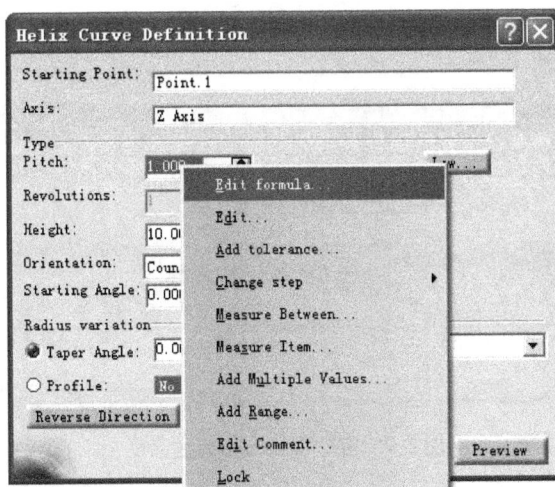

图 2-6 定义节距

5）螺旋线的第一段是并紧的，所以节距应该等于簧丝直径，且仅为一圈，所以在公式编辑器对话框中输入 d，如图 2-7 所示。

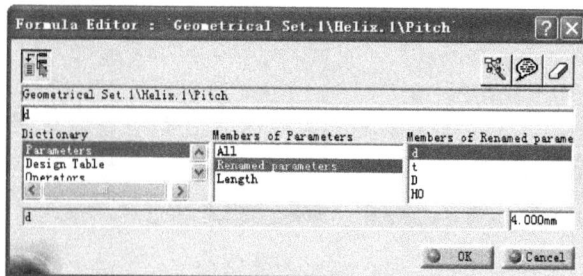

图 2-7　编辑第一段节距

6）同理，在【高度 Height】微调框内单击右键，然后在弹出的快捷菜单中单击 "Edit formula"（编辑公式），如图 2-8 所示。因为仅为一圈，所以高度等于簧丝直径，在公式编辑器对话框中输入 d，如图 2-9 所示，创建的第一段螺旋线如图 2-10 所示。

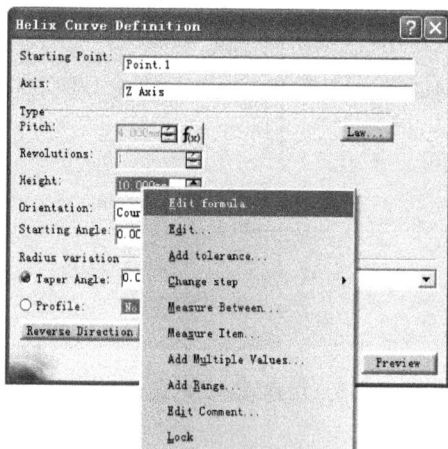

图 2-8　定义高度

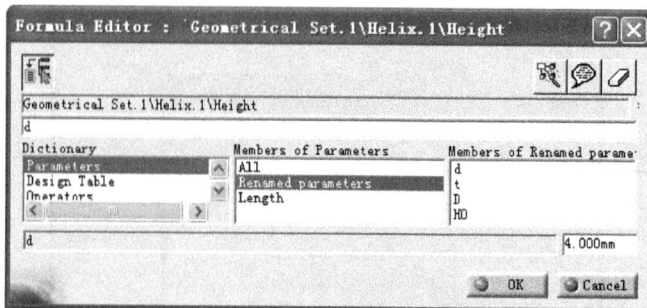

图 2-9　编辑第一段螺旋线高度

7）继续创建第二段螺旋线，即过渡段。单击【曲线 Curves】工具栏上的【螺旋线 Helix】按钮，在【螺旋曲线定义 Helix Curve Definition】对话框中将【起始点 Starting Point】选为第

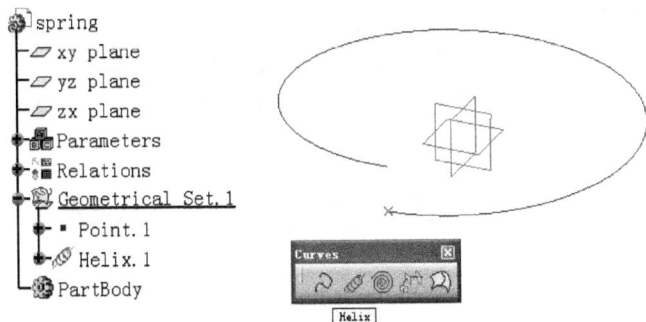

图 2-10　第一段螺旋线

一段螺旋线的结束点，【轴线 Axis】选为 Z 轴，然后单击【法则 Law】按钮，如图 2-11 所示。

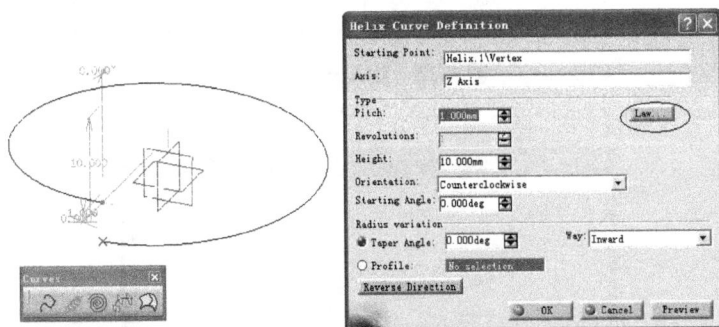

图 2-11　定义第二段螺旋线（1）

8）首先将【法则定义 Law Definition】对话框中的【法则类型 Law type】修改为 "S type"，然后在【起始值 Start value】微调框内的数值上单击右键，在弹出的快捷菜单上单击 "Edit formula"（编辑公式），如图 2-12 所示。

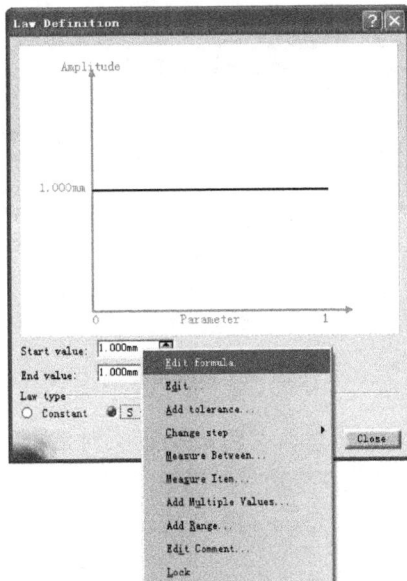

图 2-12　编辑起始值

9）为了让各段螺旋线连续且相切，在公式编辑器对话框中输入起始值仍然为 d，如图 2-13 所示。同样在【结束值 End value】微调框内单击右键，在弹出的快捷菜单中单击 "Edit formula"（编辑公式），如图 2-14 所示，在公式编辑器对话框中输入结束值为 t，如图 2-15 所示，这样就保证了过渡段螺旋线与有效圈螺旋线也是相切的。

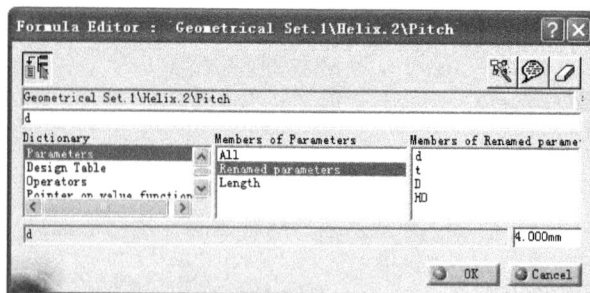

图 2-13　输入参数（1）

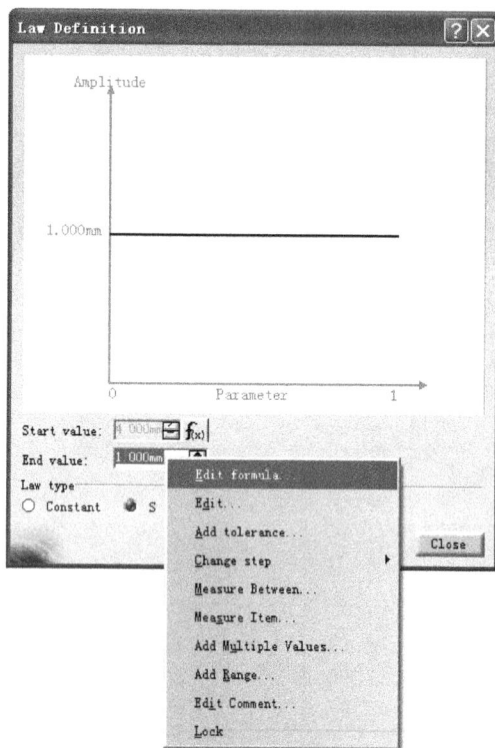

图 2-14　编辑结束值

10）这时法则曲线如图 2-16 所示，关闭法则定义对话框，返回【螺旋曲线定义 Helix Curve Definition】对话框，观察螺旋曲线定义对话框，螺旋线的【圈数 Revolutions】设置为 1，【螺旋方向 Orientation】为默认的 "Counterclockwise"（逆时针），即右旋弹簧，如图 2-17 所示。

11）继续创建第三段螺旋线，即有效段。单击【曲线 Curves】工具栏上的【螺旋线

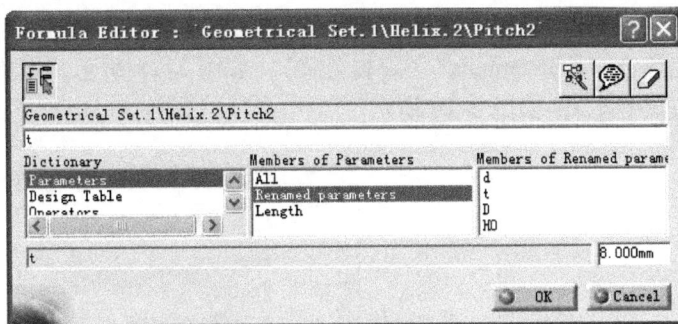

图 2-15　输入参数（2）

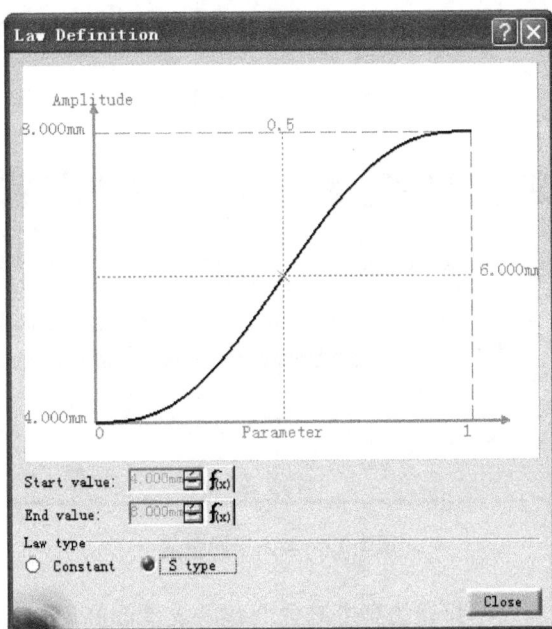

图 2-16　法则曲线

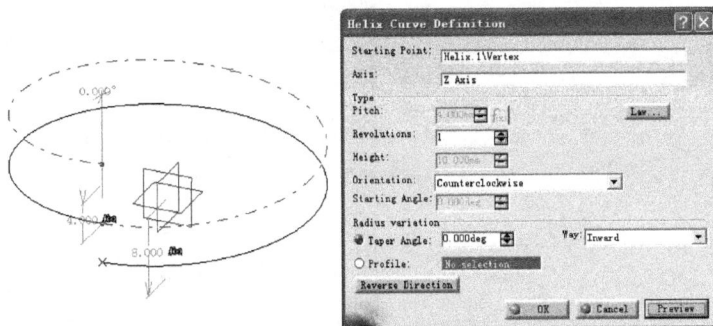

图 2-17　定义第二段螺旋线（2）

Helix】按钮,在【螺旋曲线定义 Helix Curve Definition】对话框中将【起始点 Starting Point】选为第二段螺旋线的结束点,【轴线 Axis】选为 Z 轴。在【节距 Pitch】微调框内单击右键,然后在快捷菜单上单击"Edit formula"(编辑公式),如图 2-18 所示。螺旋线的第三段是有效圈,所以节距应该等于 t,如图 2-19 所示。

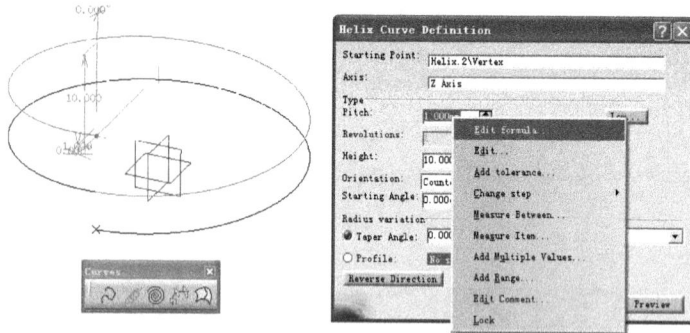

图 2-18 第一节距

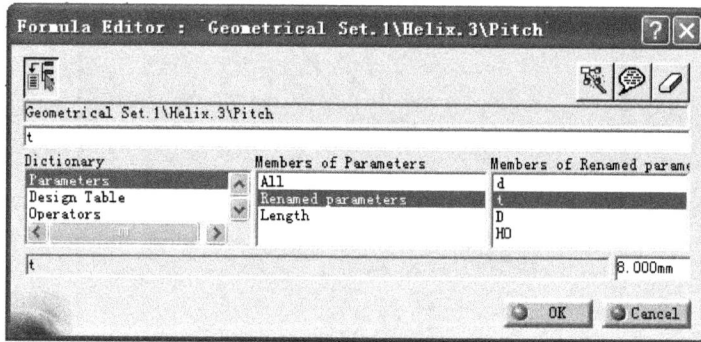

图 2-19 输入节距参数

12)有效圈的高度应该是弹簧的高度减去两端的支承圈高度,如图 2-20 所示。在公式编辑器对话框中输入高度公式 $H_0 - 2 * d - (t + d)$,如图 2-21 所示。

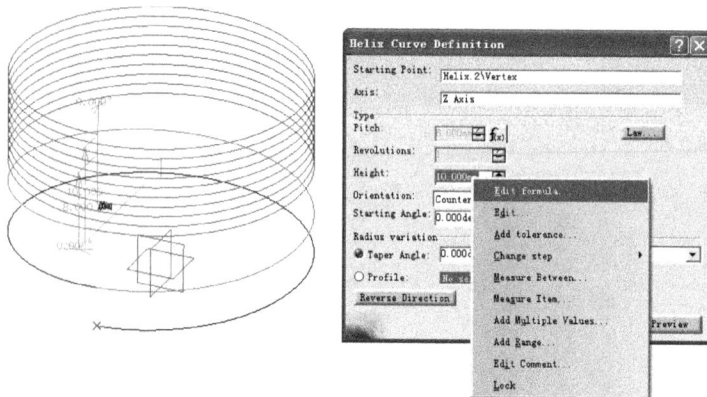

图 2-20 编辑螺旋线高度参数

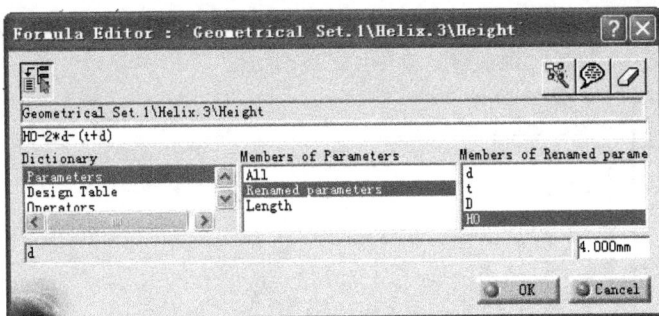

图 2-21　输入参数公式

13）创建的三段螺旋线如图 2-22 所示，用类似的方法创建另一端的支承圈螺旋线，只是作为过渡段的第四段螺旋线的螺距是从 t 过渡到 d，如图 2-23 所示。

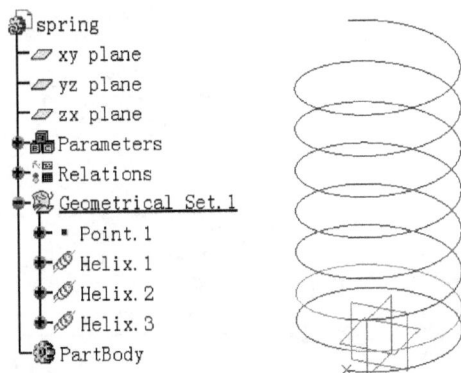

图 2-22　三段螺旋线

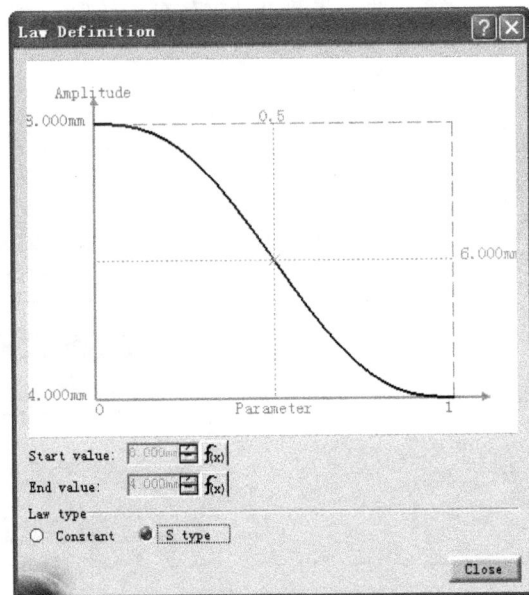

图 2-23　第四段螺旋线的法则曲线

14）创建的五段螺旋线如图 2-24 所示，单击【接合 Join】按钮，在【要接合的元素 Elements To Join】中选中五段螺旋线，如图 2-25 所示。

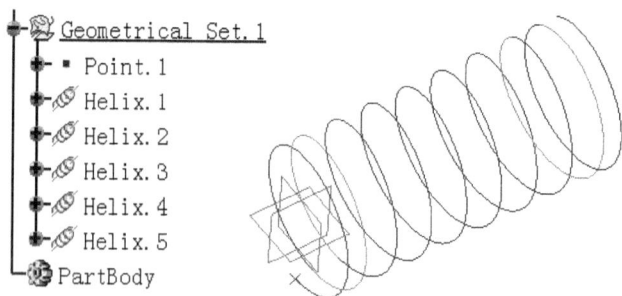

图 2-24　五段螺旋线

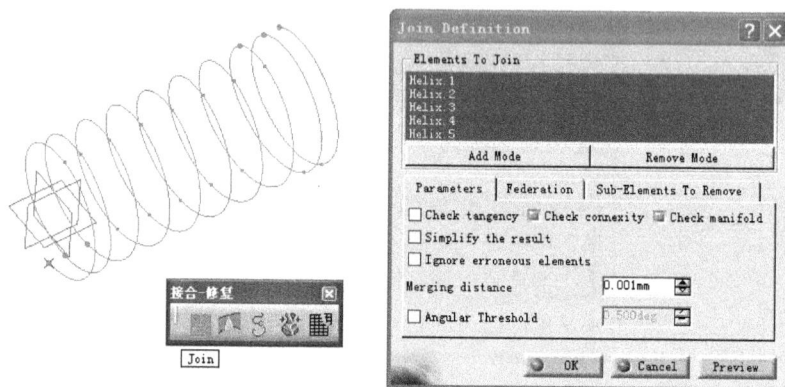

图 2-25　接合操作

15）单击【zx 平面 zx plane】，进入草图设计工作台，绘制一个圆，然后标注其半径值，如图 2-26 所示。

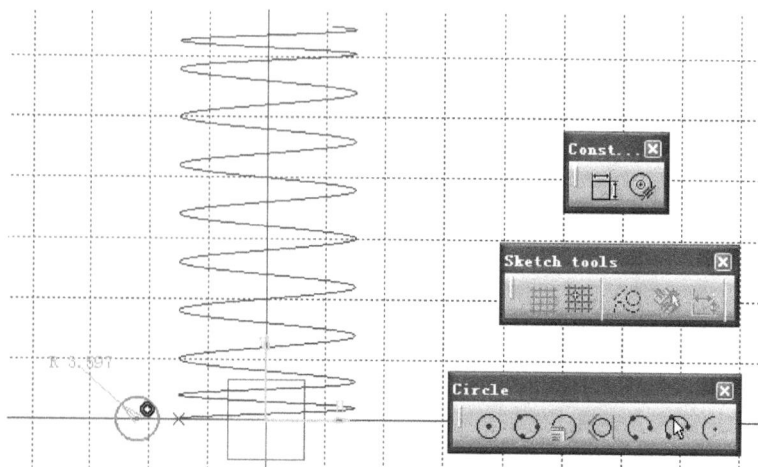

图 2-26　设计簧丝草图

16）同时选中小圆的圆心和螺旋线起点，然后单击【约束 Constraint】工具栏上的【在对话框中定义约束 Constraints Defined in Dialog Box】按钮，在弹出的【约束定义 Constraint Definition】对话框中选中【相合 Coincidence】复选框，如图 2-27 所示。

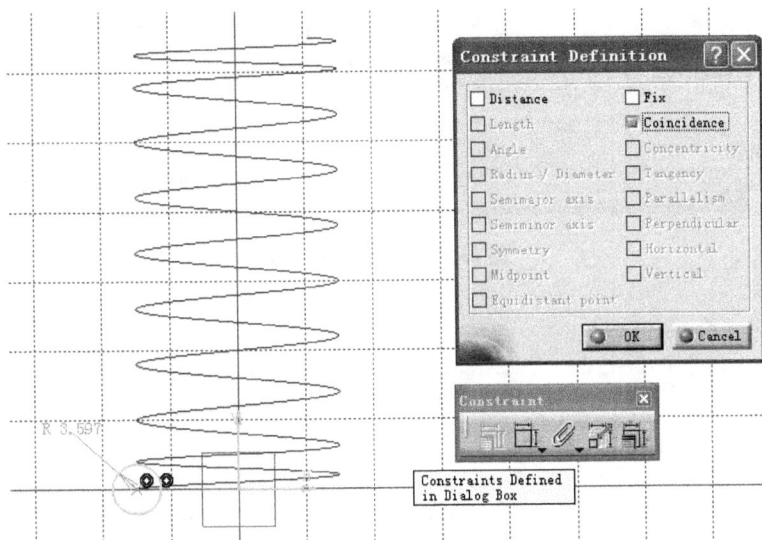

图 2-27 弹簧的同心约束

17）双击所标注的半径，然后在【约束定义 Constraint Definition】的【半径 Radius】微调框内单击右键，在弹出的快捷菜单上单击 "Edit formula..."（编辑公式 ...），如图 2-28 所示。在【公式编辑器 Formula Editor】对话框中输入簧丝半径公式 $d/2$，如图 2-29 所示。

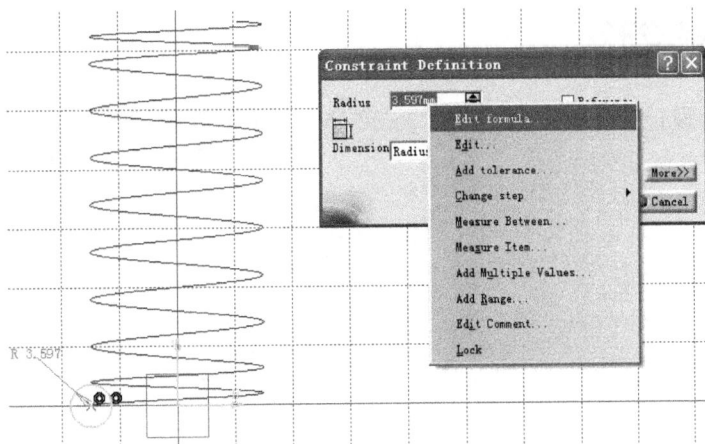

图 2-28 编辑簧丝半径参数

18）展开树状目录上的 "Relations"（关系）节点，如图 2-30 所示，观察全部设计所用的公式，确定无误后退出草图。

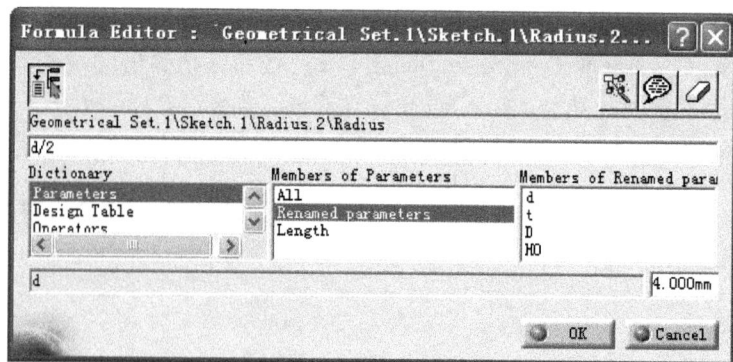

图 2-29 输入参数（3）

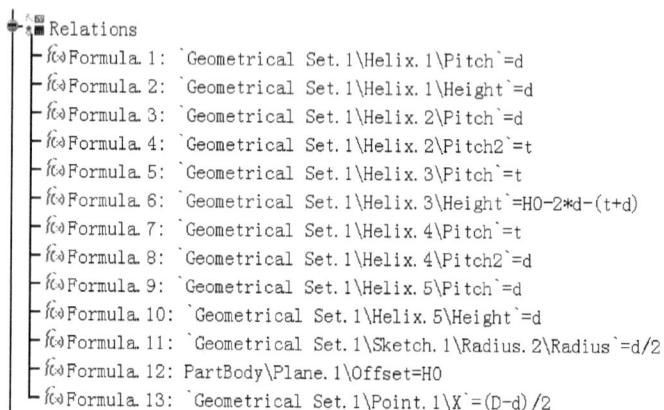

图 2-30 关系树

2.3 扫掠成形

1）进入零件设计工作台，然后将"PartBody"（零件几何体）定义为工作对象，单击【肋 Rib】按钮，如图 2-31 所示。

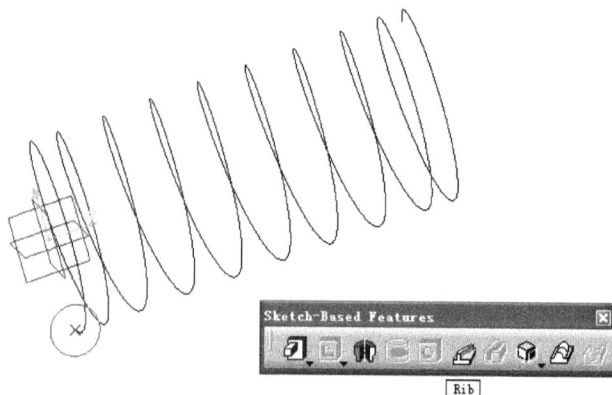

图 2-31 扫掠操作

2）在【肋定义 Rib Definition】对话框中将【轮廓 Profile】选择为小圆，即"Sketch.1"（草图.1），【中心曲线 Center curve】选择为接合后的螺旋线。即"Join.1"（接合.1），【轮廓控制 Profile control】选择为"Reference surface"（参考曲面），然后在【选择 Selection】中选择"xy plane"（xy 平面），单击【预览 Preview】按钮观察所称生成的弹簧，如图 2-32 所示。

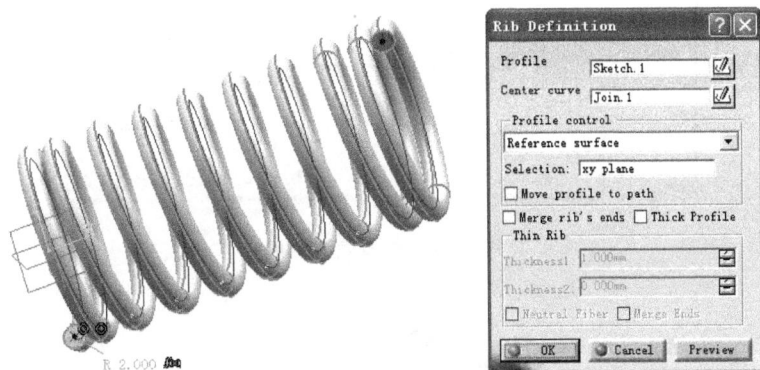

图 2-32　肋操作定义

2.4　修剪端面

1）通过修剪弹簧的两个端面得到支承圈并保证弹簧的长度。单击【参考元素 Reference】工具栏中的【平面 Plane】按钮，创建一个用于分割操作的参考平面。在【平面定义 Plane Definition】对话框中将【平面类型 Plane type】修改为"Offset from plane"（偏移平面），【参考 Reference】选择为"xy plane"（xy 平面），在【偏移量 Offset】微调框的数值上单击右键，然后在弹出的快捷菜单中单击"Edit formula…"（编辑公式…），如图 2-33 所示，在偏移平面编辑公式对话框中输入自由高度 H_0，如图 2-34 所示。

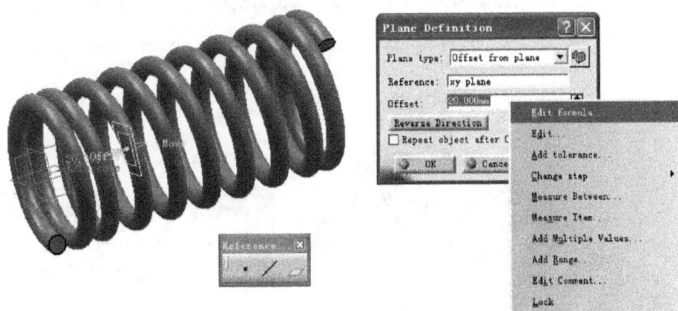

图 2-33　创建参考平面

2）单击【分割 Split】按钮，在【分割定义 Split Definition】对话框中的【分割元素 Splitting Element】后选中刚创建的参考平面，即"Plane.1"（平面.1），如图 2-35 所示，观察分割指示箭头的方向，箭头的所指方向为保留部分，单击【确定 OK】按钮，完成分割操作。

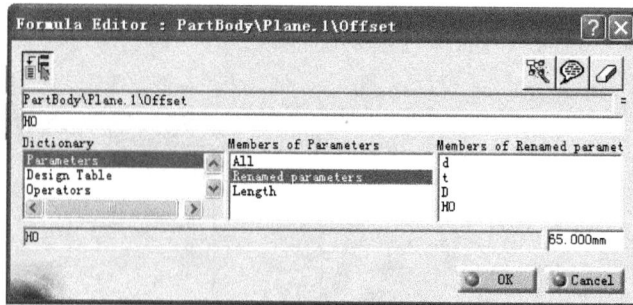

图 2-34   设置偏移距离

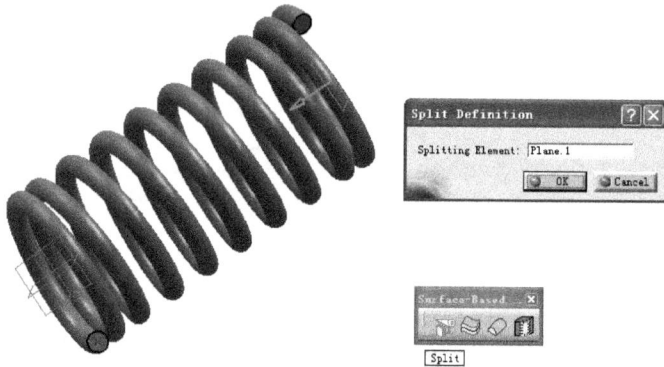

图 2-35   分割操作（1）

3）用同样的方法对弹簧另一端进行分割操作，单击【分割 Split】按钮，在【分割定义 Split Definition】对话框中的【分割元素 Splitting Element】后选中"xy plane"（xy 平面），如图 2-36 所示。观察分割指示箭头的方向，箭头的所指方向为保留部分，单击【确定 OK】按钮，完成分割操作，如图 2-37 所示，至此完成圆柱螺旋压缩弹簧设计。

图 2-36   分割操作（2）

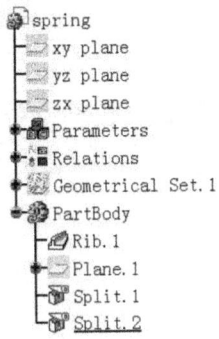

图 2-37　弹簧

第3章

常用紧固件参数化设计

本章主要介绍机械零件中用于联接可拆卸的最常用标准零件，如螺栓、螺母等，CATIA 应用程序中自带的材料库中一般都包含有这些零件供用户随时调用，这里主要介绍一些简单的零件参数化设计方法，用户学习后可以在今后的工作中制作自己的材料库。

3.1 六角头螺栓参数化设计

由于实际设计中螺栓采用的是外购的标准件，所以本例采用简化方法设计一个标准的六角头螺栓，根据国家标准 GB/T 5782—2016，螺纹规格 d = M12、公称长度 l = 80mm，螺纹长度 b = 30mm、圆角半径 r = 0.6mm。

1）打开 CATIA 应用软件，新建一个零件，若树状目录上无【几何图形集 Geometrical Set】，则需另外插入，然后将零件号修改为"hex-bolt"（六角头螺栓），如图 3-1 所示。

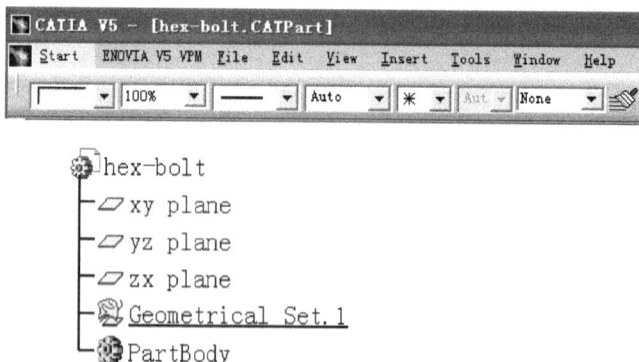

图 3-1 创建六角头螺栓

2）进入零件设计工作台，单击【公式 Formula】按钮，在公式编辑器对话框中输入螺纹规格 d = 12mm、公称长度 l = 80mm，螺纹长度 b = 30mm、圆角半径 r = 0.6mm，如图 3-2 所示。

3）进入【yz 平面 yz plane】，单击【预定义轮廓 Predefined Profile】工具栏上的【六边形 Hexagon】按钮，绘制一个中心与坐标原点相合的六边形，注意六边形的各个边或顶点的位置一定与图示相同，如图 3-3 所示。

4）标注六边形外接圆半径，如图 3-4 所示。在【半径数值 Radius】微调框上双击，系统自动弹出【约束定义 Constraint Definition】对话框，然后在半径数值上单击右键，在弹出

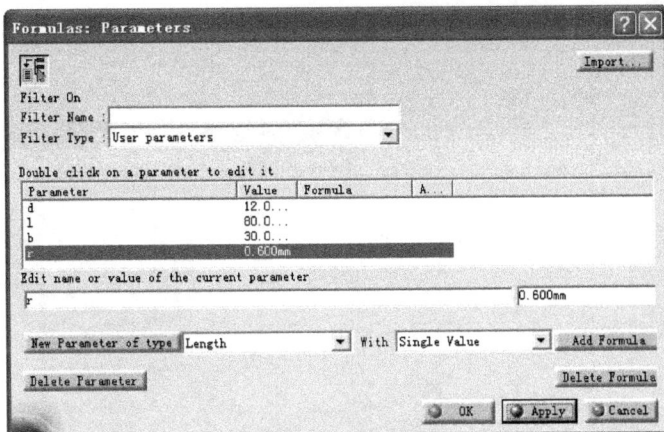

图 3-2　设置参数

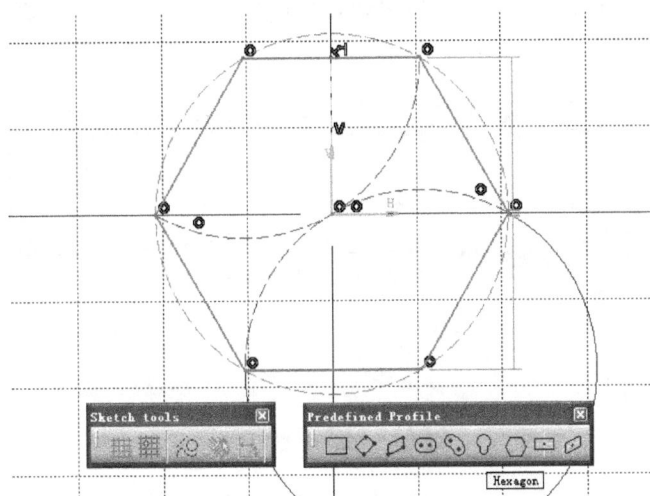

图 3-3　绘制六边形

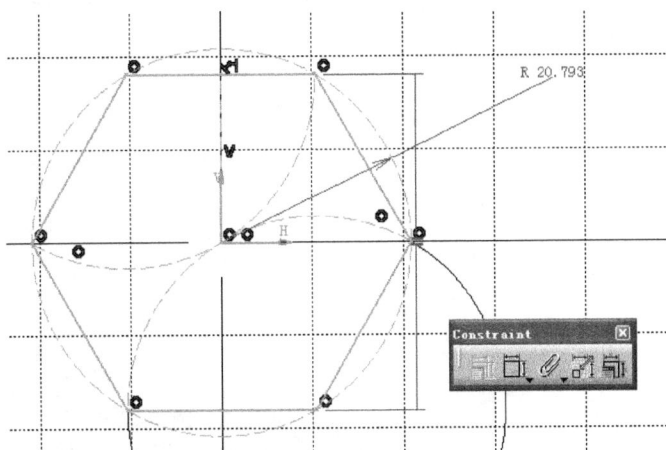

图 3-4　约束六边形

的快捷菜单中单击"Edit formula..."（编辑公式...），如图 3-5 所示。

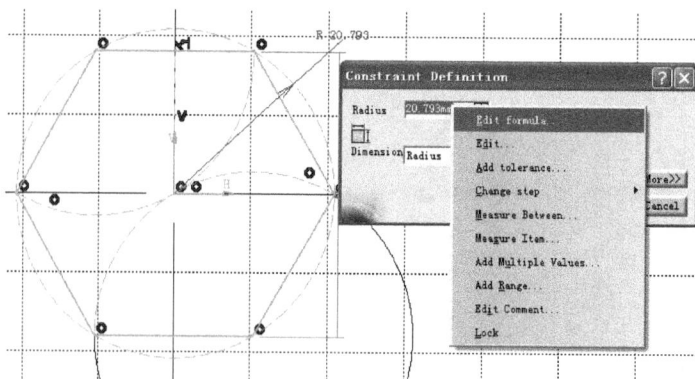

图 3-5　编辑六边形参数

5）六角头螺栓头部的外接圆半径等于螺栓的螺纹公称值，所以在【公式编辑器 Formula Editor】对话框中输入 d，如图 3-6 所示。

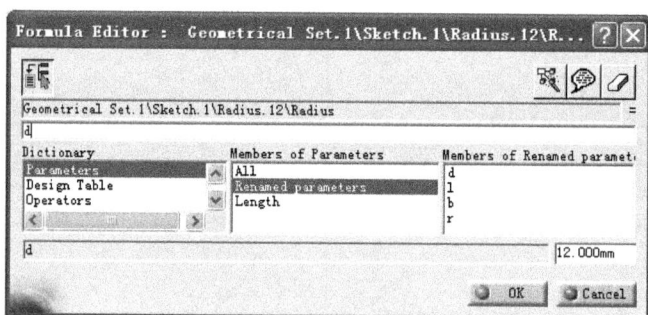

图 3-6　输入参数（1）

6）退出草图工作台，进入零件设计工作台，定义【零件几何体 PartBody】为工作对象，单击【拉伸 Pad】按钮，先在【拉伸定义 Pad Definition】对话框的【选择 Selection】文本框值设为"Sketch.1"（草图.1），在【类型 Type】下拉列表框中选择"Dimension"（尺寸），如图 3-7 所示。

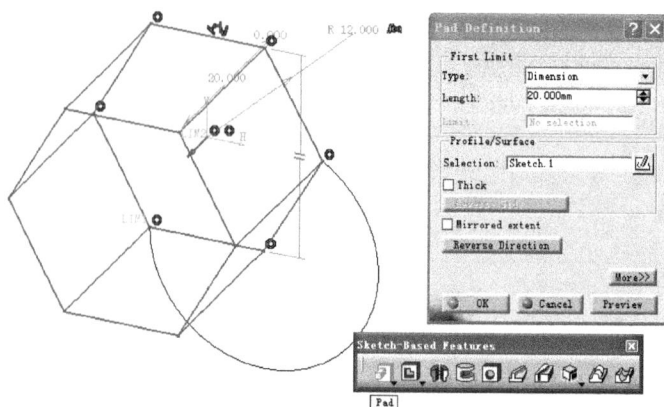

图 3-7　拉伸六棱柱

7）在【长度 Length】微调框内的数值上单击右键，在弹出的快捷菜单上选择"Edit formula"（编辑公式），如图 3-8 所示。在【公式编辑器 Formula Editor】对话框内输入厚度公式 $0.7*d$，如图 3-9 所示。单击【确定 OK】按钮返回【拉伸定义 Pad Definition】对话框，再单击【预览 Preview】按钮，观察无误后单击【确定 OK】按钮。

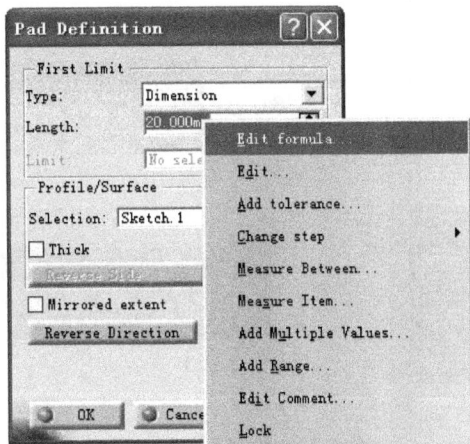

图 3-8　编辑六棱柱高度

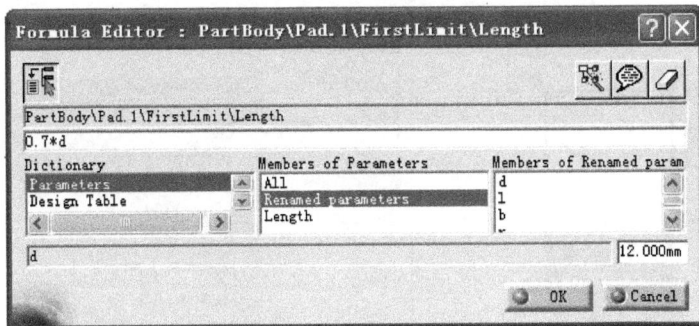

图 3-9　输入参数（2）

8）将【几何图形集. 1 Geometrical Set. 1】定义为工作对象，然后单击【zx 平面 zx plane】进入草图工作台，单击【轮廓 Profile】按钮，在图示位置上绘制一个直角三角形，注意竖直边与 V 轴重合，如图 3-10 所示。

9）约束三角形竖直边与斜边的角度，然后在角度值上双击，在弹出的【约束定义 Constraint Definition】对话框中将角度值修改为 30°。在标注竖直边的长度，然后在长度数值上单击右键，在弹出的快捷菜单中单击"Edit formula..."（编辑公式 ...），如图 3-11 所示。在公式编辑器对话框中输入长度值 d，如图 3-12 所示。

10）同时选中三角形下面的顶点和六棱柱最上面的面，再单击【约束 Constraint】工具栏上的【在对话框中定义约束 Constraints Defined in Dialog Box】按钮，在弹出的【约束定义 Constraint Definition】对话框中选中【相合 Coincidence】复选框，如图 3-13 所示。

11）退出草图工作台，进入零件设计工作台，定义【零件几何体 PartBody】为工作对

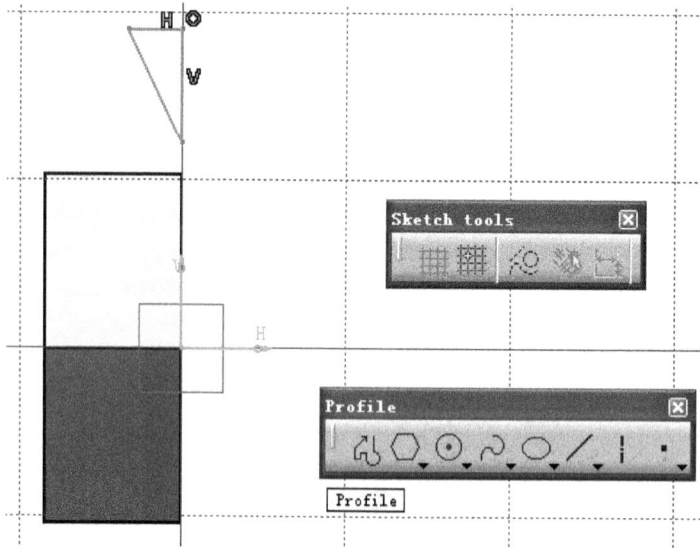

图 3-10　绘制三角形（1）

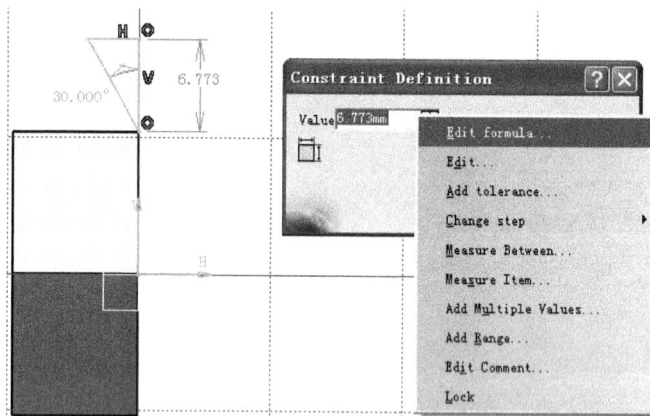

图 3-11　约束三角形

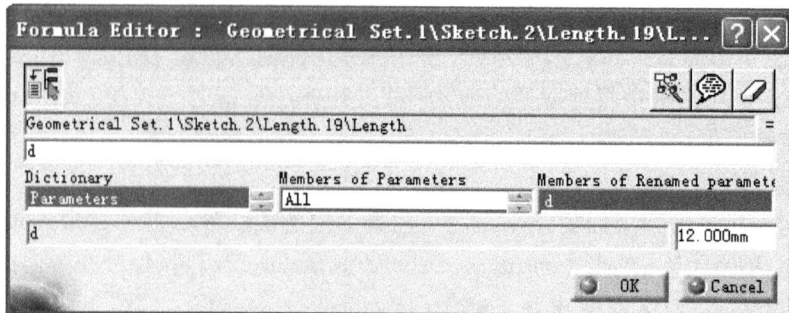

图 3-12　输入参数（3）

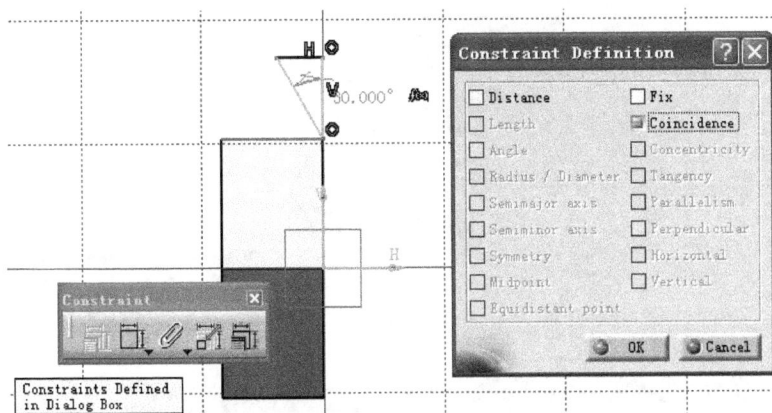

图3-13 相合约束

象，单击【旋转槽 Groove】按钮，先在【旋转槽定义 Groove Definition】对话框【Profile/Surface】选项区的【选择 Selection】文本框中选择"Sketch. 2"（草图. 2），【Limits】选项区中【第一角度 First angle】设为360°，【旋转轴 Axis】为 X 轴，如图3-14所示。

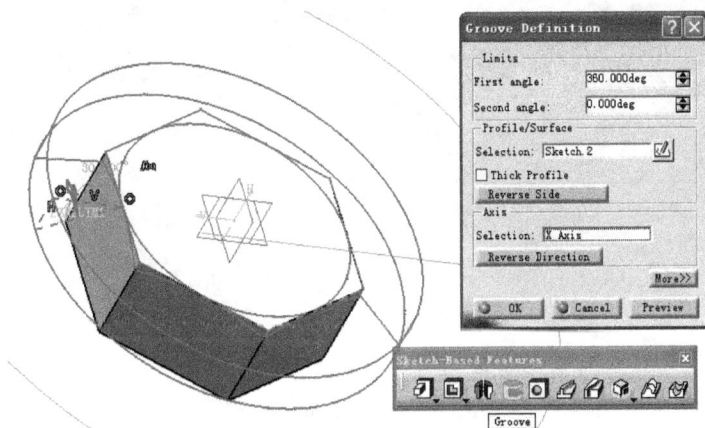

图3-14 倒角操作

12）单击下面的六边形平面，进入草图设计工作台，定义工作对象，绘制一个与坐标原点相合的圆，并约束圆的半径，如图3-15所示。

13）双击所标注的半径尺寸，系统自动弹出【约束定义 Constraint Definition】对话框，然后在【半径 Radius】微调框数值上单击右键，在弹出的快捷菜单中单击"Edit formula..."（编辑公式...），如图3-16所示。在【公式编辑器 Formula Editor】对话框中输入半径值 $d/2$，如图3-17所示。

14）退出草图工作台，进入零件设计工作台，定义【零件几何体 PartBody】为工作对象，单击【拉伸 Pad】按钮，先在【拉伸定义 Pad Definition】对话框的【选择 Selection】文本框选择"Sketch. 3"（草图. 3），【类型 Type】下拉列表中选择"Dimension"（尺寸），在【长度 Length】微调框内的数值上单击右键，在弹出的快捷菜单中单击"Edit formula..."（编

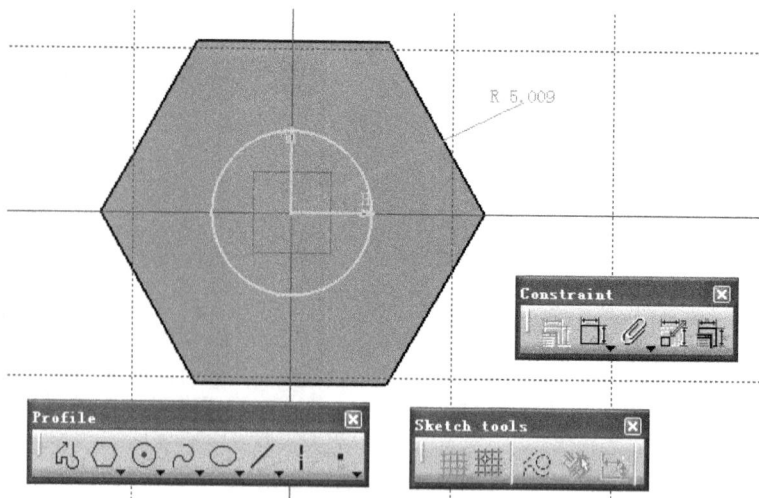

图 3-15 绘制同心圆

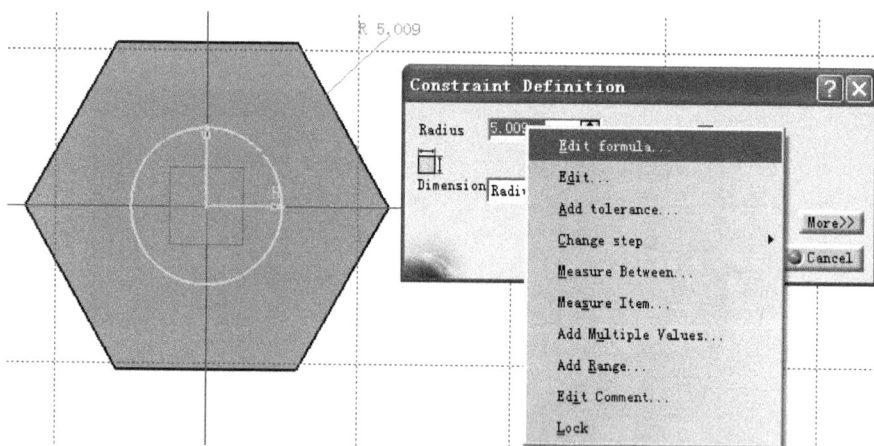

图 3-16 约束圆的半径

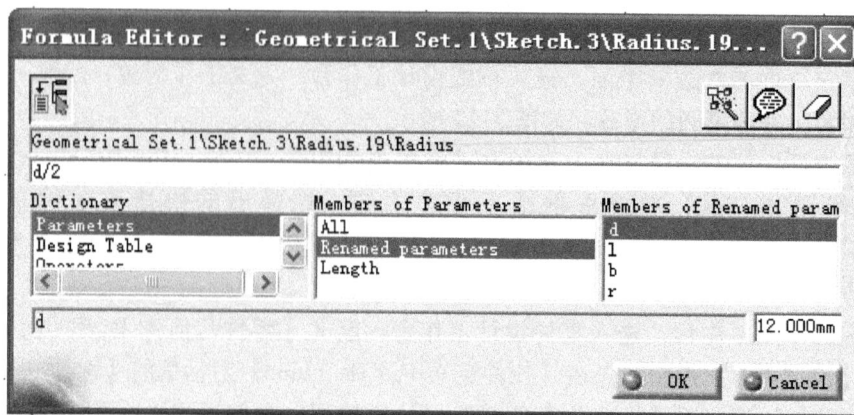

图 3-17 输入参数（4）

辑公式 ...），如图 3-18 所示。在【公式编辑器 Formula Editor】对话框中输入公称长度 l，如图 3-19 所示。

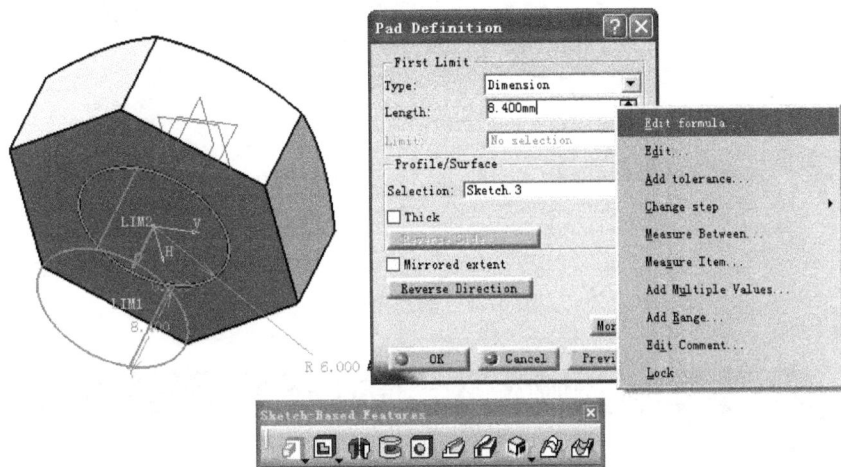

图 3-18　拉伸螺杆

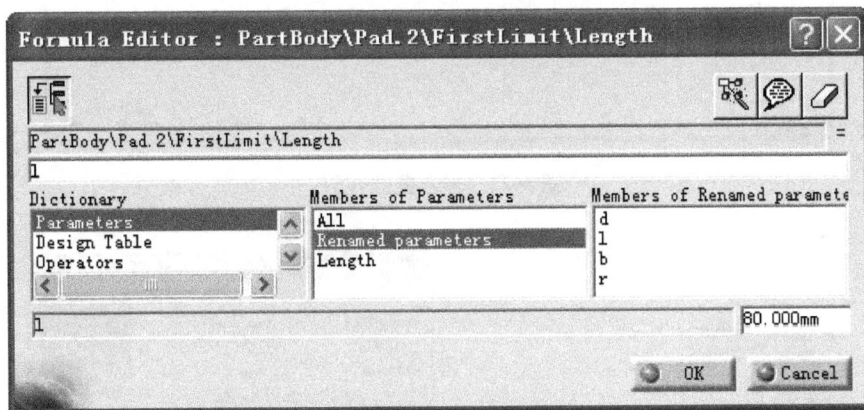

图 3-19　输入公称长度参数

15）单击【圆角 Edge Fillet】按钮，系统弹出【圆角定义 Edge Fillet Definition】对话框，在【圆角对象 Object（s）to fillet】选择螺栓的根部交线，在【半径 Radius】微调框的数值上单击右键，在弹出的快捷菜单中单击 "Edit formula..."（编辑公式 ...），如图 3-20 所示。在【公式编辑器 Formula Editor】对话框中输入圆角半径 r，如图 3-21 所示。

16）在【修饰特征 Dress- Up Features】工具条上单击【螺纹 Thread/Tap】按钮，系统弹出【螺纹定义 Thread/Tap Definition】对话框，在【几何定义 Geometrical Definition】选项区的【侧面 Lateral Face】选择螺栓的圆柱面，【限制面 Limit Face】选择圆柱的端面，选中【螺纹 Thread】单选按钮。在【数值定义 Numerical Definition】选项区将【类型 Type】定义为 "Metric Thick Pitch"（米制粗牙螺纹），【螺纹种类 Thread Description】下拉列表中选择 "M12"，选中【右旋螺纹 Right- Threaded】单选按钮，如图 3-22 所示。

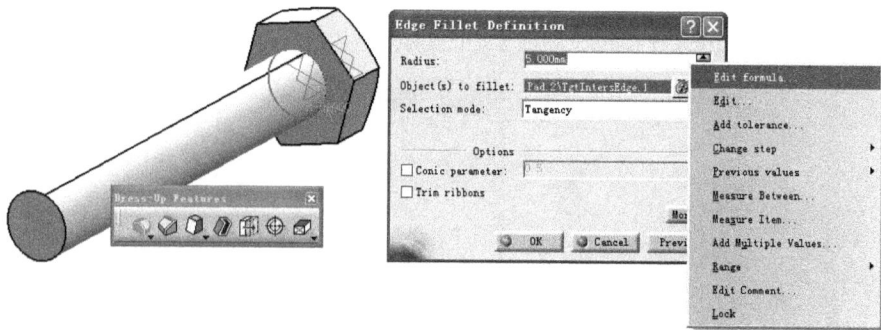

图 3-20　倒圆角操作

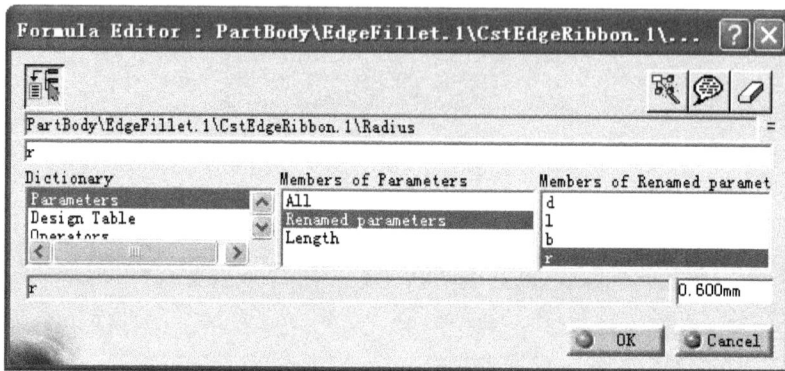

图 3-21　输入参数 (5)

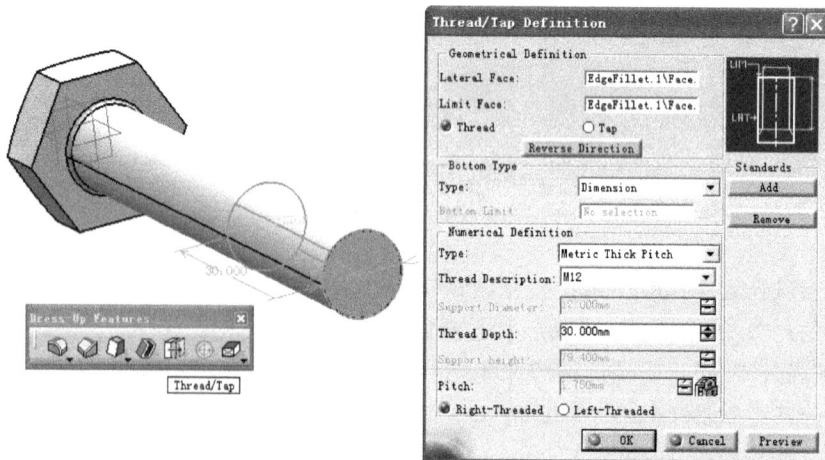

图 3-22　定义螺纹

17）继续在图 3-22 中的【螺纹深度 Thread Depth】微调框内的数值上单击右键，在弹出的快捷菜单中单击 "Edit formula..."（编辑公式...），在【公式编辑器 Formula Editor】对话框中输入螺纹长度 b，如图 3-23 所示。

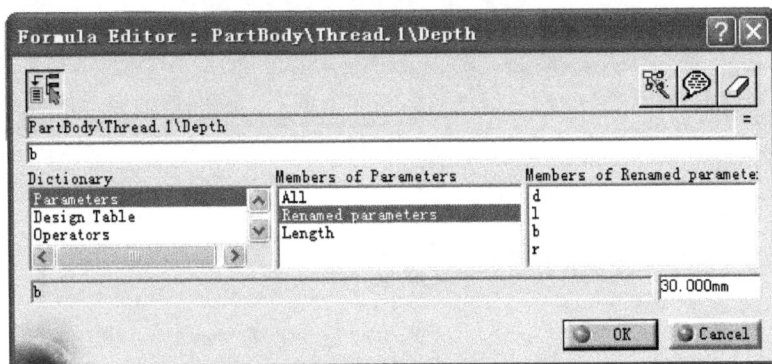

图 3-23　输入参数（6）

18）完成的螺栓如图 3-24 所示。用户在设计过程中可随时调用此螺栓，然后根据具体情况进行参数修改及增加倒角操作。细心的用户可能发现 CATIA 创建的三维实体中并没有显示螺纹，这可以在转换二维工程中进行设置。

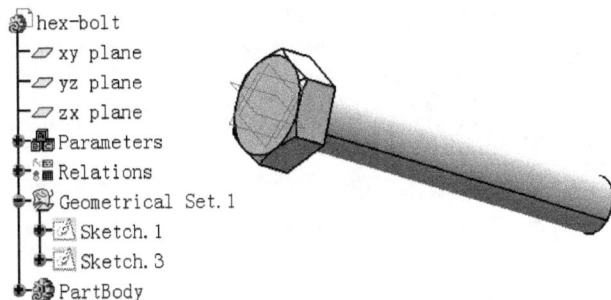

图 3-24　六角头螺栓

19）将螺纹的端面作 C1 倒角，并将公称长度修改为 $l = 50\text{mm}$，如图 3-25 所示。然后选择【开始 Start】→【机械设计 Mechanical Design】→【工程图 Drafting】命令，进入工程图设计平台，如图 3-26 所示。

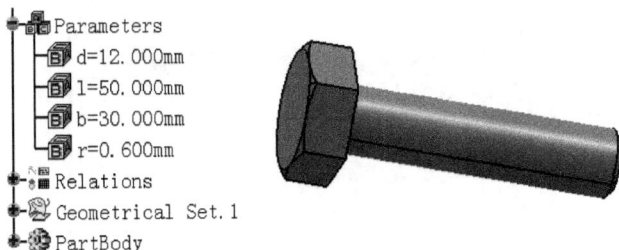

图 3-25　修改参数

20）在图 3-27 所示的【创建新视图 New Drawing Creation】对话框中单击【修改...Modify...】按钮，在图 3-28 所示的【新视图 New Drawing】对话框中将图纸设置为

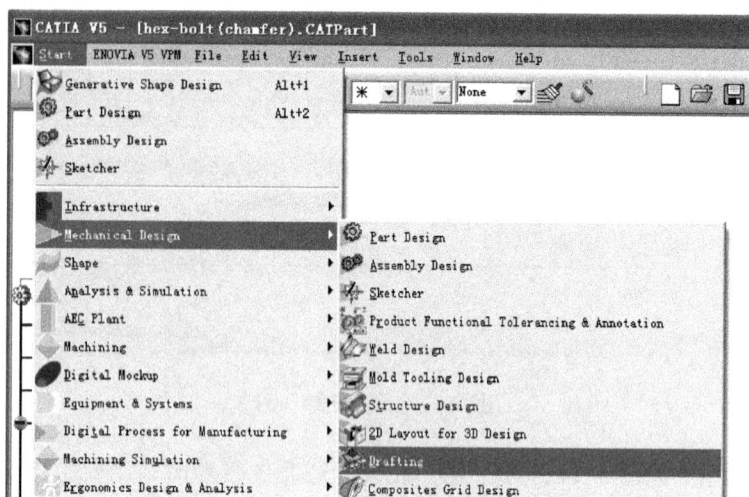

图 3-26 进入工程图模块

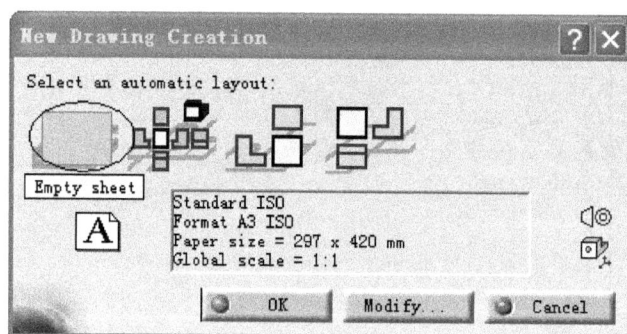

图 3-27 创建新工程图

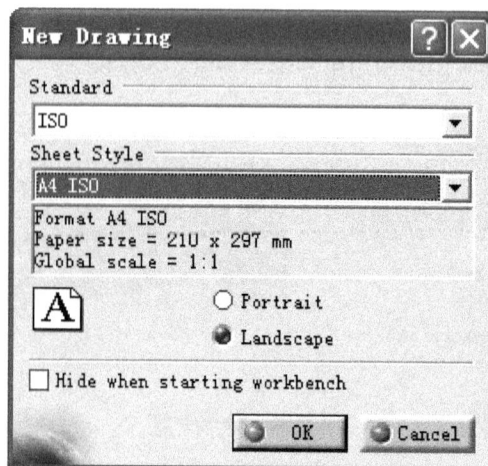

图 3-28 修改图幅

A4 ISO，返回图 3-27，单击【空白图纸 Empty sheet】，再单击【确定 OK】按钮，进入工程图设计平台。

21）在【投影 Projections】工具条上单击【主视图 Front View】按钮，如图 3-29 所示。回到螺栓的三维零件图中，单击任意一个平面，系统自动返回工程图工作台并投影出螺栓的主视图，如图 3-30 所示。使用罗盘调整视图的方向，如图 3-31 所示。

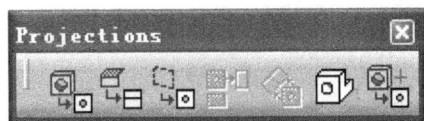

图 3-29　投影工具条

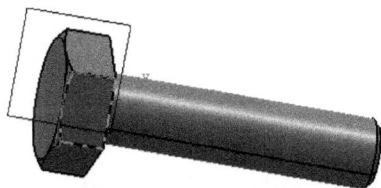

图 3-30　选择投影面

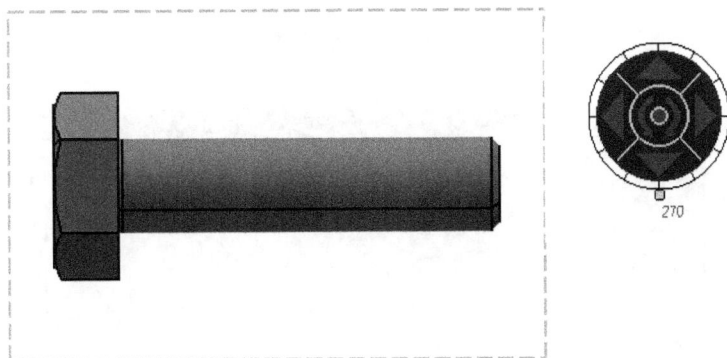

图 3-31　调整视图

22）单击视图或罗盘的中心，即可生成图 3-32 所示的螺栓，如果此时仍没有显示螺纹牙底线，则在左侧的树状目录上右键单击"Front View"（主视图），在弹出的快捷菜单中单击"Properties"（属性），如图 3-33 所示。然后在属性对话框中选中【螺纹 Thread】复选框，如图 3-34 所示。

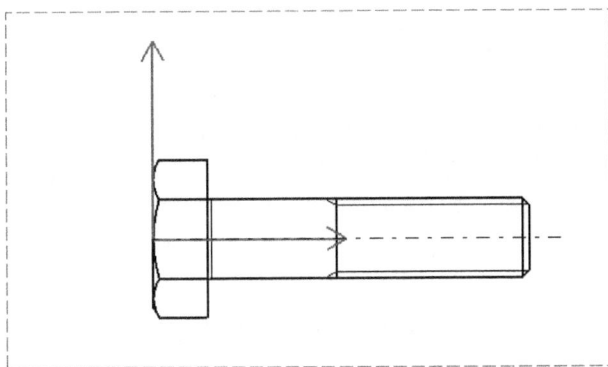

图 3-32　螺栓的投影视图

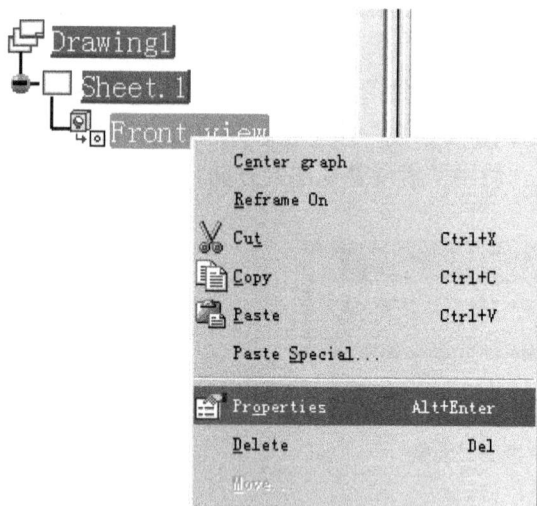

图 3-33　修改属性

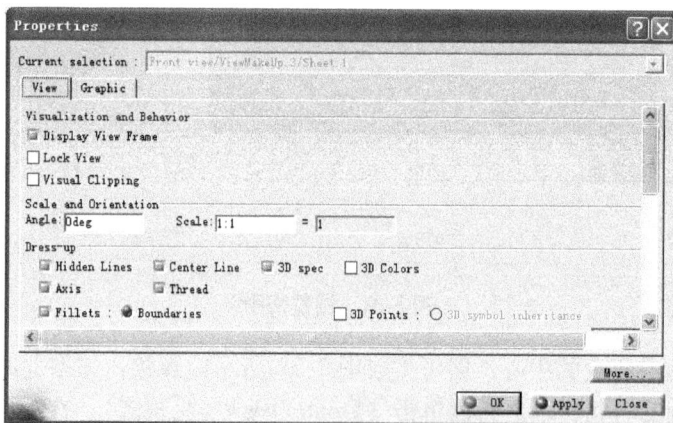

图 3-34　视图选项板

3.2　六角螺母参数化设计

六角螺母的设计有很多步骤与六角头螺栓设计相同，所以这里将简化部分设计过程。

1）打开 CATIA 应用软件，新建一个零件，若树状目录上无【几何图形集 Geometrical Set】，则需另外插入，然后将零件号修改为"hex-nut"（六角螺母）。

2）进入零件设计工作台，单击【公式 Formula】按钮，在公式编辑器对话框中输入螺纹规格 $d = 12$mm。

3）进入到【yz 平面 yz plane】，单击【预定义轮廓 Predefined Profile】工具栏上的【六边形 Hexagon】按钮，绘制一个中心与坐标原点相合的六边形。

4）标注六边形外接圆的半径，如图 3-4 所示，在半径数值上双击，系统自动弹出【约束定义 Constraint Definition】对话框，然后在半径数值上单击右键，在弹出的快捷菜单中单击"Edit formula..."（编辑公式...）。

5）六角螺母的外接圆半径等于螺母的螺纹公称值，在【公式编辑器 Formula Editor】对话框中输入 d。

6）退出草图工作台，进入零件设计工作台，定义【零件几何体 PartBody】为工作对象，单击【拉伸 Pad】按钮，先在【拉伸定义 Pad Definition】对话框的【选择 Selection】中选择"Sketch.1"（草图.1），【类型 Type】中选择"Dimension"（尺寸）。

7）在【长度 Length】微调框内的数值上单击右键，在弹出的快捷菜单中选择"Edit formula"（编辑公式），如图 3-35 所示。在【公式编辑器 Formula Editor】对话框内输入厚度公式 $0.8*d$，如图 3-36 所示。单击【确定 OK】按钮返回【拉伸定义 Pad Definition】对话框，再单击【预览 Preview】按钮，观察无误后单击【确定 OK】按钮。

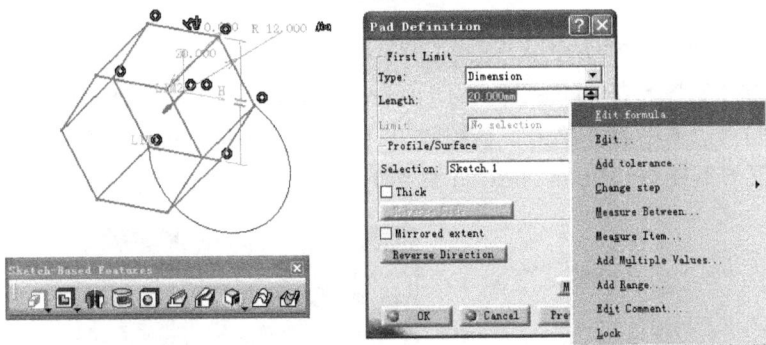

图 3-35　拉伸定义

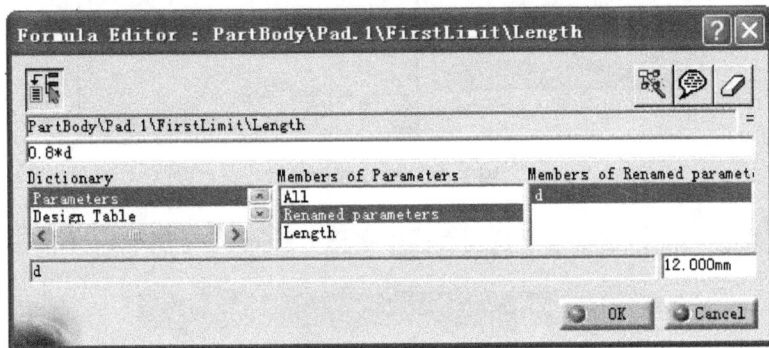

图 3-36　输入参数（7）

8）将【几何图形集.1 Geometrical Set.1】定义为工作对象，然后单击【zx 平面 zx plane】进入草图工作台，单击【轮廓 Profile】按钮，在图示位置上绘制一个直角三角形，注意竖直边与 V 轴重合，下面的顶点和六棱柱最上面的面相合，竖直边的长度约束及角度值约束与螺栓头部相同，如图 3-37 所示。

9）退出草图工作台，进入零件设计工作台，定义【零件几何体 PartBody】为工作对象，单击【旋转槽 Groove】按钮，先在【旋转槽定义 Groove Definition】对话框的【选择 Selection】后选择"Sketch.2"（草图.2），【第一角度 First angle】为 360°，【旋转轴 Axis】

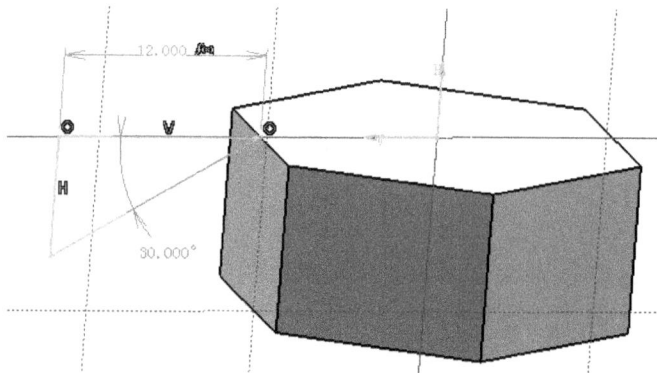

图 3-37　绘制三角形（2）

为 *X* 轴，生成六角螺母的实体。

10）在【基于草图特征 Sketch-Based Features】工具条上单击【孔 Hole】工具按钮，然后在经过倒角的六边形平面上单击，系统弹出【孔定义 Hole Definition】对话框，在【扩展 Extension】选项卡下选择"Up to Next"（直到下一个），如图 3-38 所示。

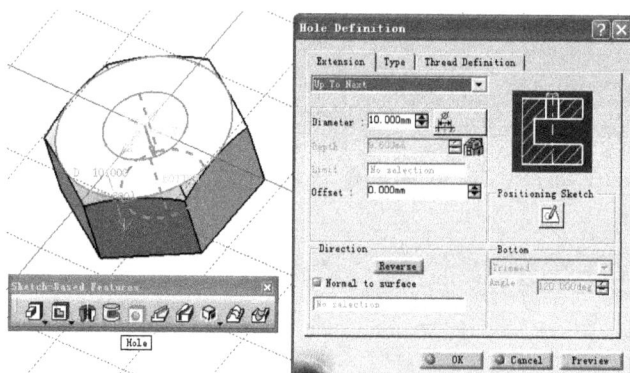

图 3-38　定义螺纹孔

11）在【类型 Type】选项卡下拉列表框中选择"Simple"（简单），如图 3-39 所示。

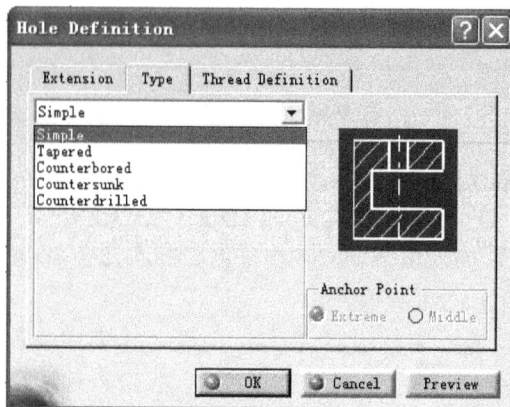

图 3-39　定义孔的类型

12）在【螺纹定义 Thread Definition】选项卡下拉列表框中选中【螺纹 Thread】复选框和【右旋螺纹 Right-Threaded】单选按钮，将【类型 Type】定义为"Metric Thick Pitch"（米制粗牙螺纹），【螺纹种类 Thread Description】下拉列表中选择"M12"，如图 3-40 所示。

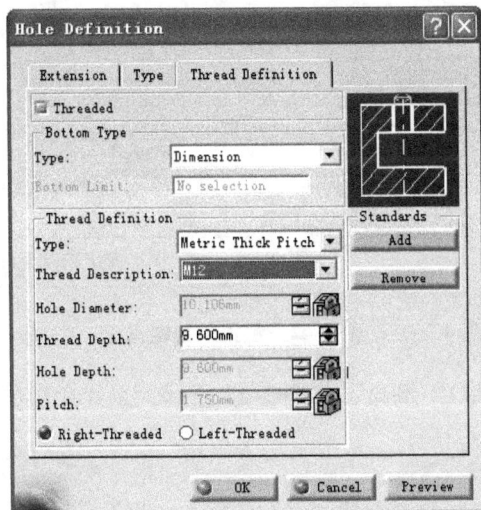

图 3-40　定义螺纹规格

13）回到【扩展 Extension】选项卡，如图 3-38 所示，单击【定位草图 Positioning Sketch】按钮，进入草图设计工作台，如图 3-41 所示。同时选中倒角所生成的圆和代表孔中心的"*"号，然后单击【约束 Constraint】工具栏上的【在对话框中定义约束 Constraints Defined in Dialog Box】按钮，在弹出的【约束定义 Constraint Definition】对话框中选中【同心 Concentricity】复选框。

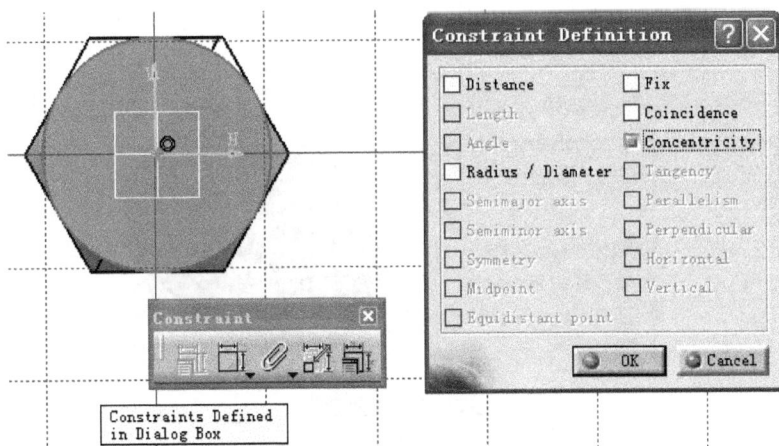

图 3-41　草图定位

14）单击【预览 Preview】按钮，如图 3-42 所示，再单击【确定 OK】按钮，完成六角螺母初步设计。

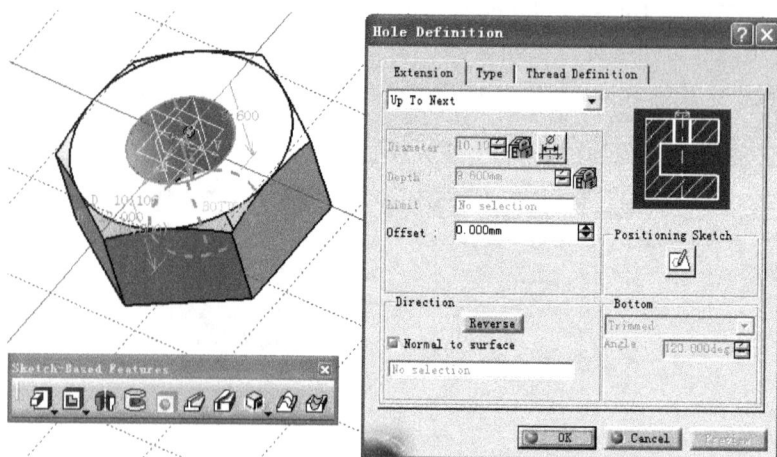

图 3-42　预览六角螺母

15）将螺纹孔的两端作 C1 倒角，如图 3-43 所示，最终生成的六角螺母如图 3-44 所示。

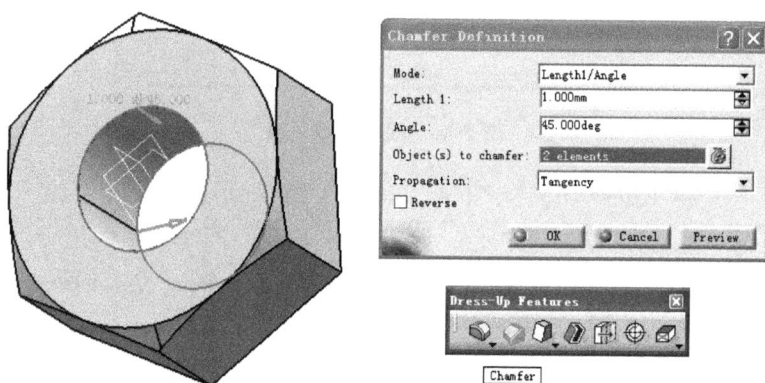

图 3-43　倒角

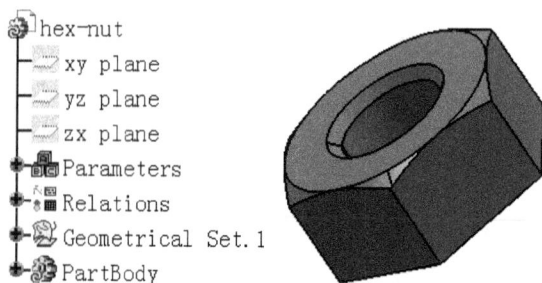

图 3-44　六角螺母

16）与螺栓的工程图投影方法相同，先投影出一个主视图，然后单击【剖视图 Offset Section View】按钮，在主视图上方垂直轴线上单击，向左移动鼠标到适当的位置，界面上出现一个随鼠标移动的剖视图轮廓，如图 3-45 所示。单击即可确定，生成六角螺母的剖视图，如图 3-46 所示。

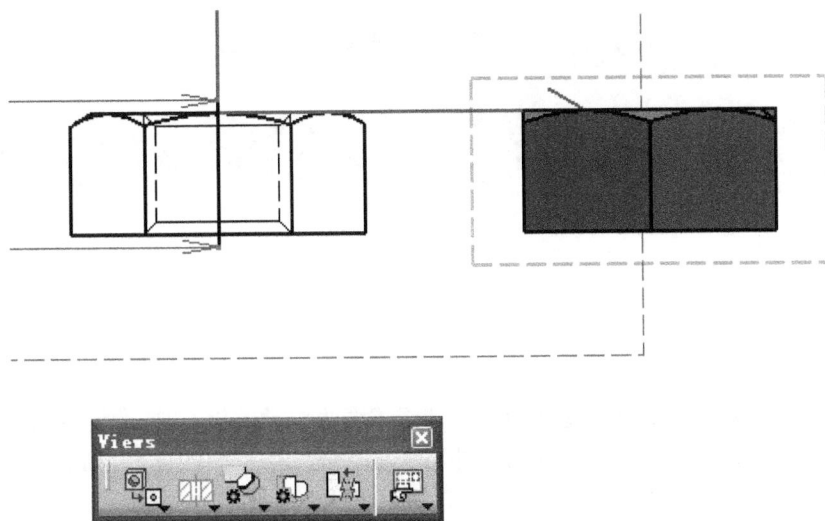

图 3-45　剖切视图

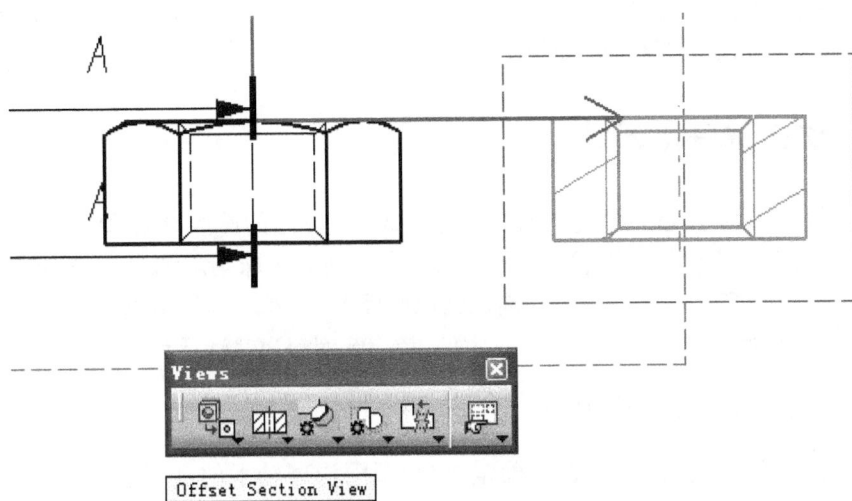

图 3-46　六角螺母剖视图

第4章

常用滚动轴承参数化设计

滚动轴承是将运转的轴与轴座之间的滑动摩擦变为滚动摩擦，从而减少摩擦损失的一种精密的机械零件。滚动轴承一般由内圈、外圈、滚动体和保持架四部分组成。内圈的作用是与轴相配合并与轴一起旋转；外圈的作用是与轴承座相配合，起支承作用；滚动体是借助保持架均匀地将滚动体分布在内圈和外圈之间的，其形状大小和数量直接影响滚动轴承的使用性能和寿命；保持架能使滚动体均匀分布，防止滚动体脱落，引导滚动体旋转润滑。本章主要介绍深沟球轴承和推力球轴承的设计，用户可以通过本章的学习后自行设计其他类型的轴承，如向心推力球轴承，圆柱滚子轴承等。

4.1 深沟球轴承设计

深沟球轴承是滚动轴承中最为普通的一种类型。基本型的深沟球轴承由一个外圈、一个内圈、一组钢球和一组保持架构成。深沟球轴承有单列深沟球轴承和双列深沟球轴承两种，单列深沟球轴承类型代号为6，双列深沟球轴承代号为4。深沟球轴承结构简单，使用方便，是生产最普遍，应用最广泛的一类轴承，本例以6206型深沟球轴承为例。

4.1.1 深沟球轴承参数设置

按照国家标准规定的画法，首先确定6206型深沟球轴承的基本参数，其内径为 $d = 30\text{mm}$、外径为 $D = 62\text{mm}$、宽度为 $B = 16\text{mm}$。

1）首先打开CATIA应用软件，新建一个零件，若树状目录上无【几何图形集 Geometrical Set】，则需另外插入，然后将零件号修改为 "ball-bearing"，再连续插入三个【零件几何体 PartBody】，将四个零件几何体的名字分别修改为 "out-ring"（外圈）、"inner-ring"（内圈）、"ball"（钢球）和 "frame"（保持架），如图4-1所示。

2）单击【公式 Formula】按钮，在编辑器中输入内径为 $d = 30\text{mm}$，外径为 $D = 62\text{mm}$，宽度为 $B = 16\text{mm}$ 三个参数，如图4-2所示。

4.1.2 外圈设计

1）首先定义【几何图形集.1 Geometrical Set.1】为工作对象，选中【yz平面 yz plane】进入【草图 Sketch】绘制工作台，单击【预定义轮廓 Predefined Profile】工具栏上的【中心矩形 Centered Rectangle】按钮，绘制一个中心在水平轴 H 上侧且与垂直轴 V 相合的中心矩形，如图 4-3 所示。

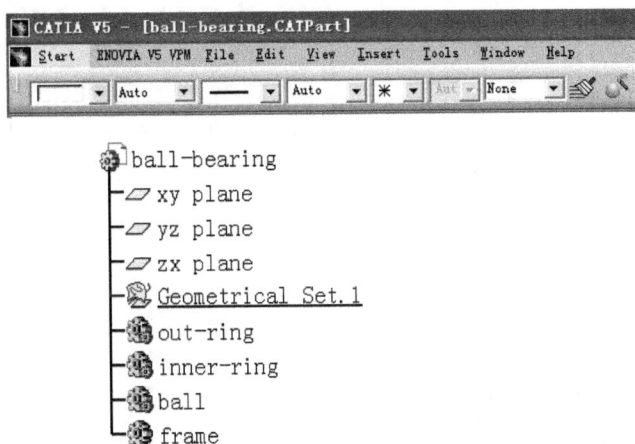

图 4-1 新建零件

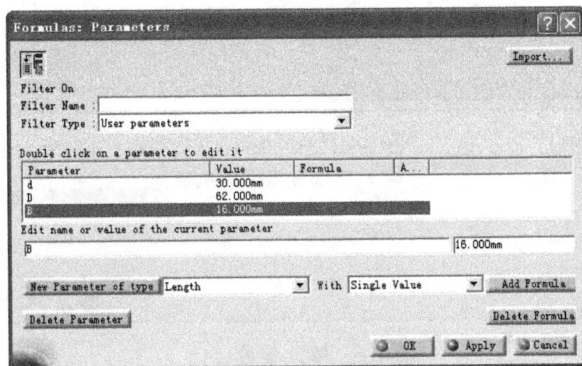

图 4-2 设置参数

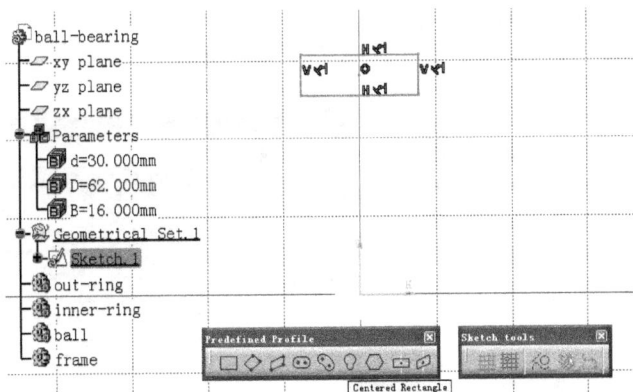

图 4-3 绘制草图（1）

2）标注所绘制的矩形宽度，然后双击尺寸数值，在弹出的【约束定义 Constraint Definition】对话框中的编辑宽度值为轴承的宽度 B，如图 4-4 和图 4-5 所示。

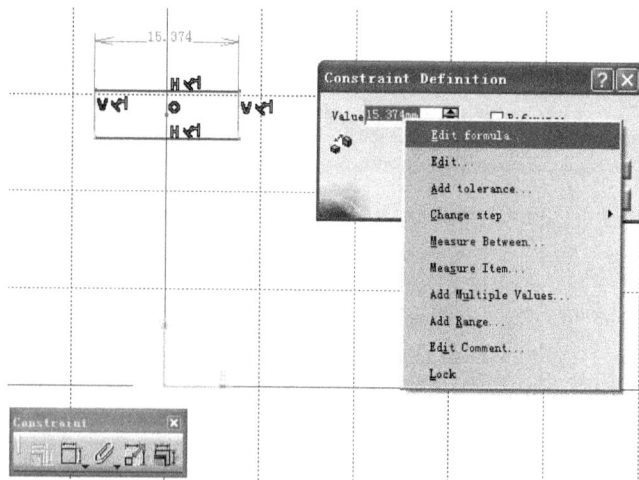

图4-4　约束草图（1）

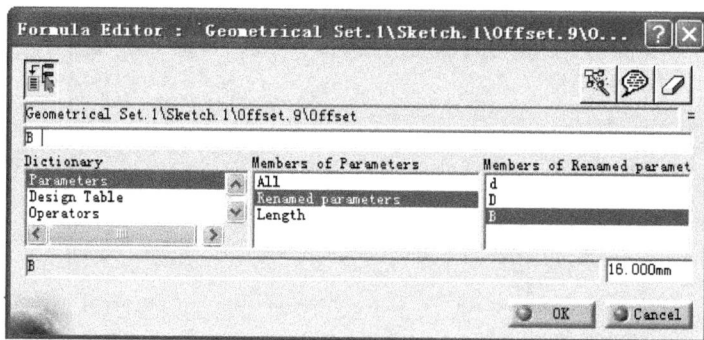

图4-5　输入参数（1）

3）单击【预定义轮廓 Predefined Profile】工具栏上的【圆 Circle】按钮，绘制一个中心在水平轴 H 上侧且与垂直轴 V 相合的整圆，如图4-6所示。标注圆的半径，然后编辑半径的参数值公式为 $(D-d)/8$，如图4-7所示。

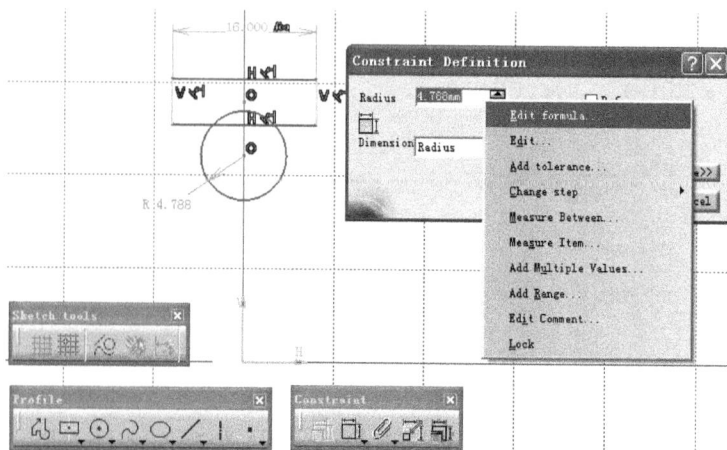

图4-6　绘制圆（1）

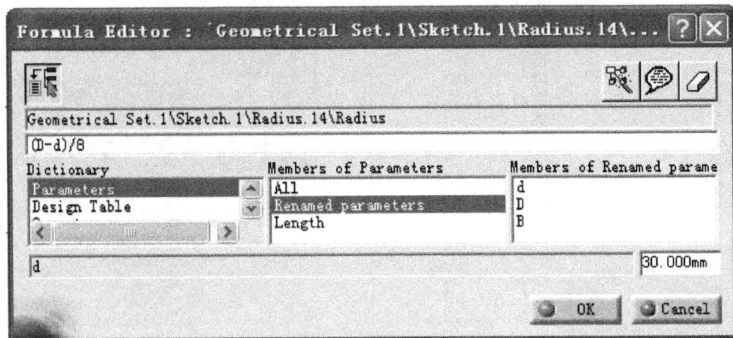

图 4-7　输入参数（2）

4）标注圆的中心到水平轴 H 的距离，然后编辑参数公式为 $(D+d)/4$，如图 4-8 和图 4-9 所示。

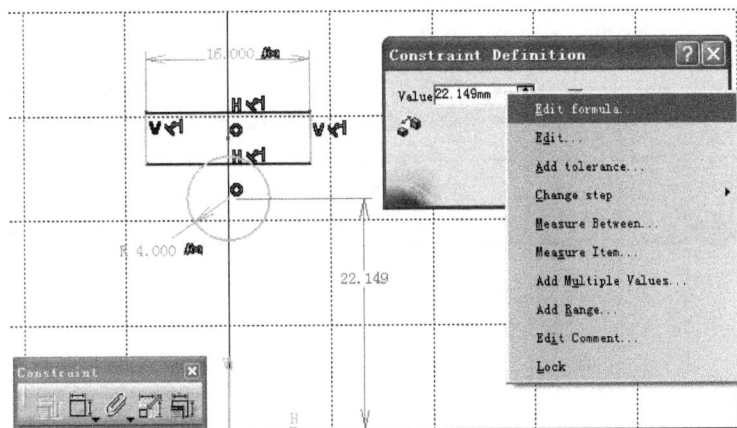

图 4-8　编辑圆的位置

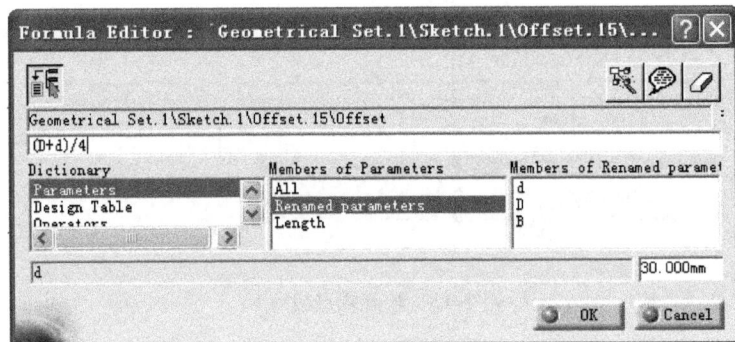

图 4-9　输入参数（3）

5）标注矩形上边到水平轴 H 的距离，然后编辑参数公式为 $D/2$，如图 4-10 和图 4-11 所示。

6）调整矩形下边到适当的位置，激活构造线，过圆心绘制一条构造线，如图 4-12 所示，约束构造线与垂直轴 V 的夹角为 60°，如图 4-13 所示。

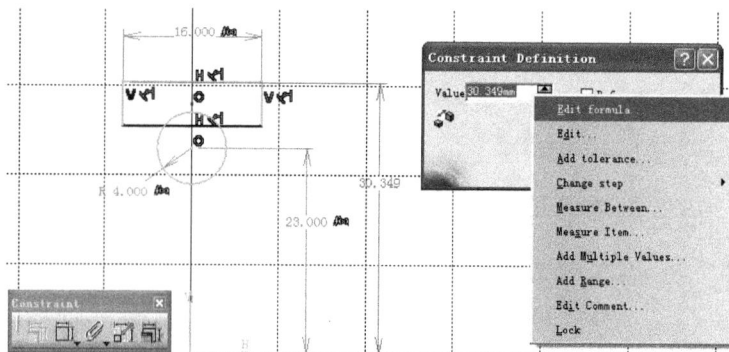

图 4-10　编辑公式

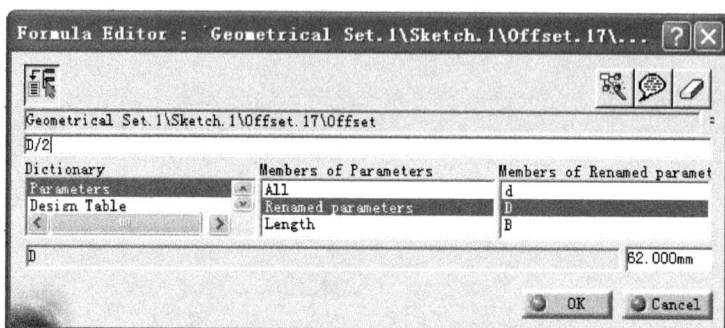

图 4-11　输入参数（4）

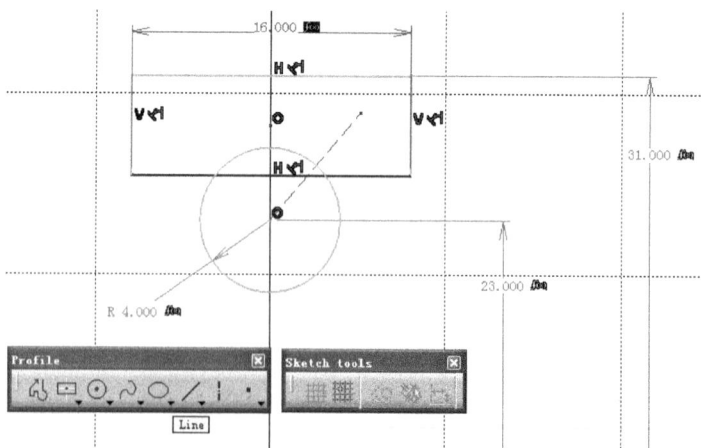

图 4-12　绘制构造线（1）

7）单击【交点 Intersection Point】按钮，然后同时选中矩形的下边和圆，得到两个交点，如图 4-14 所示。同时选中其中的一个交点和构造线，再单击【约束 Constraint】工具栏上的【在对话框中定义约束 Constraints Defined in Dialog Box】按钮，在弹出的【约束定义 Constraint Definition】对话框中选中【相合 Coincidence】复选框，如图 4-15 所示。最后用【快速修剪 Quick Trim】工具进行修剪，如图 4-16 所示。

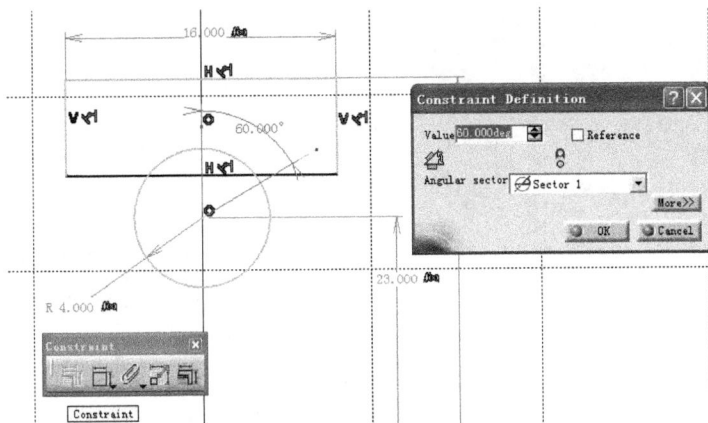

图 4-13　约束构造线

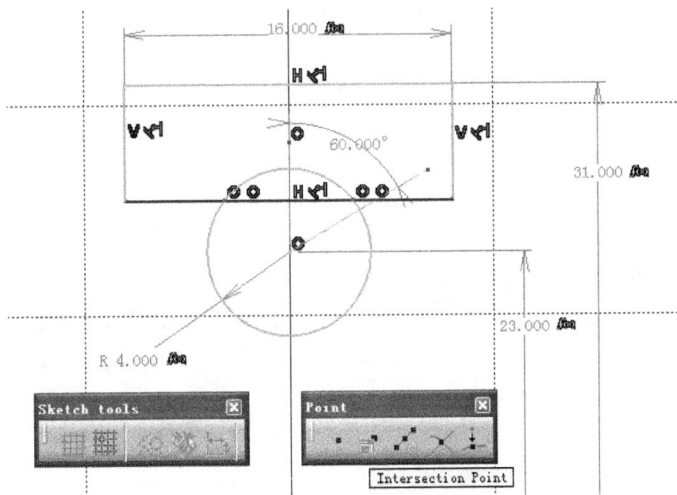

图 4-14　求交点（1）

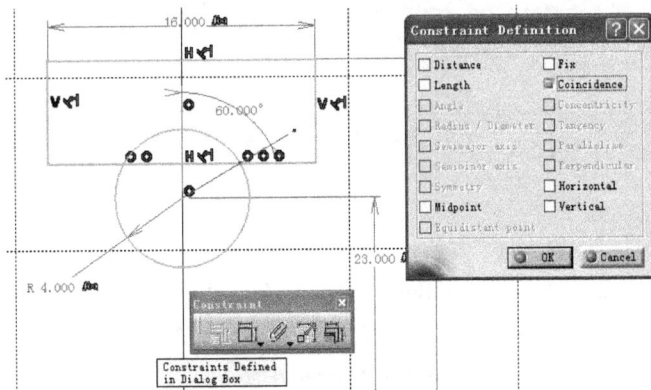

图 4-15　相合约束（1）

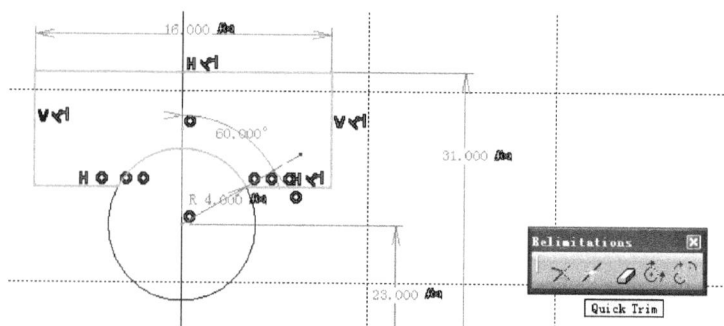

图 4-16　快速修剪 (1)

8）退出草图，回到零件设计工作台，在零件几何体"out-ring"（外圈）上单击右键，在弹出的快捷菜单上单击【定义工作对象 Define In Work Object】，单击【旋转 Shaft】按钮，先在【旋转定义 Shaft Definition】对话框【Profile/Surface】选项区的【选择 Selection】文本框中设为"Sketch. 1"（草图 . 1），【第一角度 First angle】设为 360°，【第二角度 Second angle】设为 0°，在【轴线 Axis】选项区的【选择 Selection】文本框内单击右键，在弹出的快捷菜单上选择"Y Axis"（Y 轴），如图 4-17 所示，预览后确定，即完成了轴承外圈的设计。

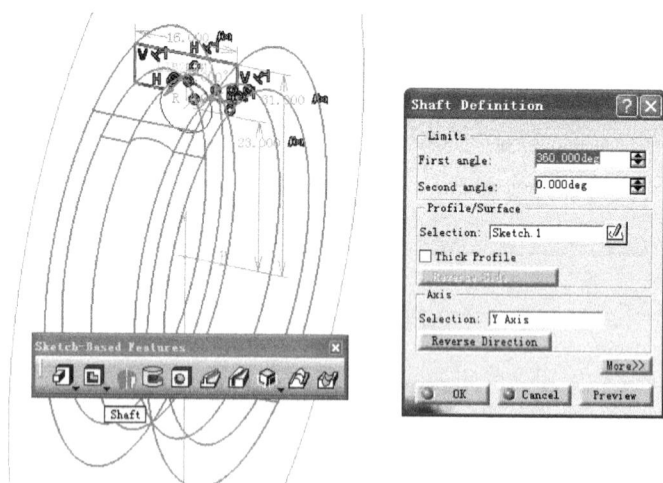

图 4-17　创建外圈

4.1.3　内圈设计

1）内圈设计的方法与外圈基本相同，首先定义【几何图形集 . 1 Geometrical Set. 1】为工作对象，选中【yz 平面 yz plane】进入【草图 Sketch】绘制工作台，单击【预定义轮廓 Predefined Profile】工具栏上的【中心矩形 Centered Rectangle】按钮，绘制一个中心在水平轴 H 上侧且与垂直轴 V 相合的中心矩形，如图 4-18 所示。标注矩形下边到水平轴 H 的距离，然后编辑参数公式为 $d/2$，如图 4-19 所示。

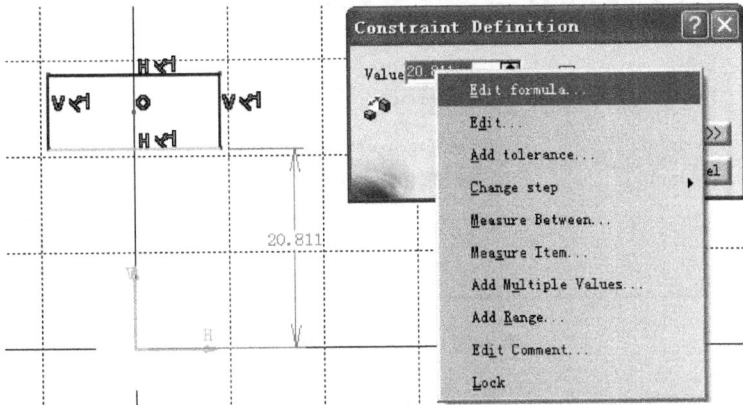

图 4-18　绘制矩形草图

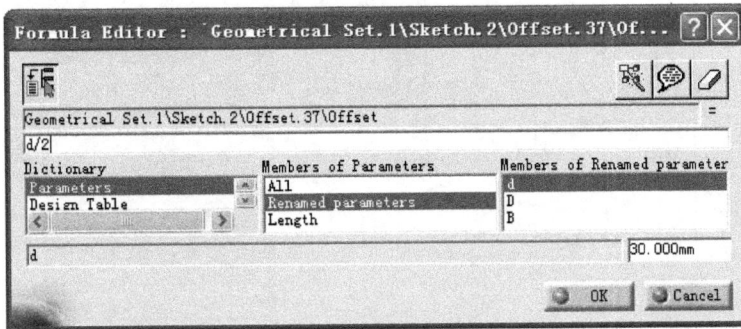

图 4-19　输入参数（5）

2）标注矩形的宽度，然后编辑宽度的参数公式为 B，如图 4-20 和图 4-21 所示。

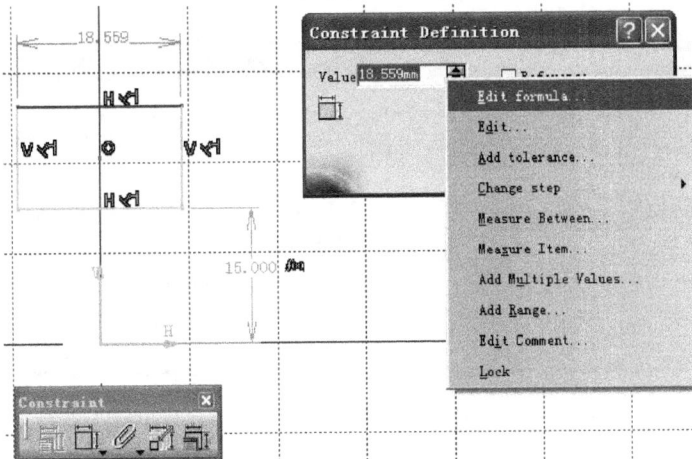

图 4-20　约束矩形宽度

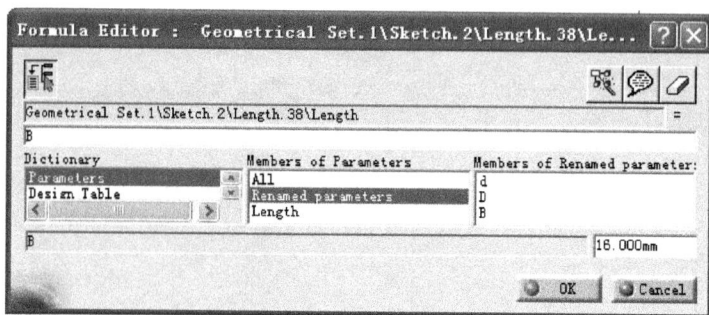

图 4-21 输入内圈宽度参数

3）在矩形的上面绘制一个中心在水平轴 H 上侧且与垂直轴 V 相合的整圆，如图 4-22 所示。标注圆的半径，然后编辑半径的参数值公式为 $(D-d)/8$，如图 4-23 所示。

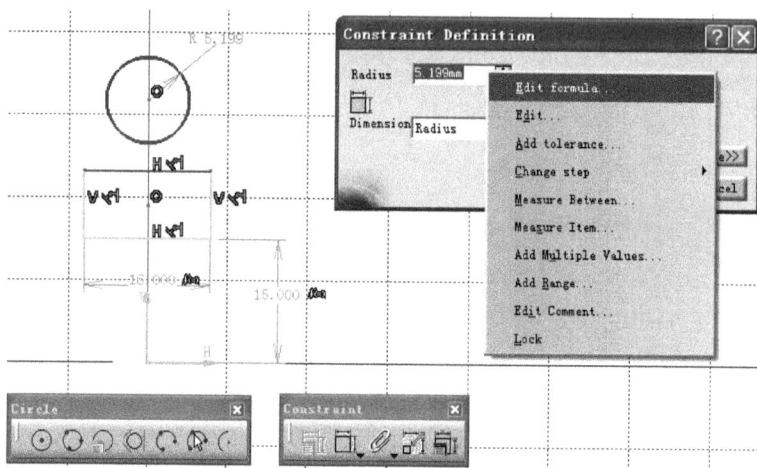

图 4-22 绘制圆（2）

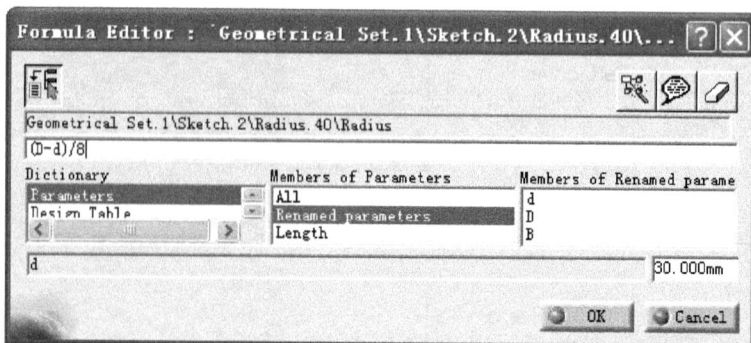

图 4-23 输入参数（6）

4）标注圆的中心到水平轴 H 的距离，然后编辑参数公式为 $(D+d)/4$，如图 4-24 和图 4-25 所示。

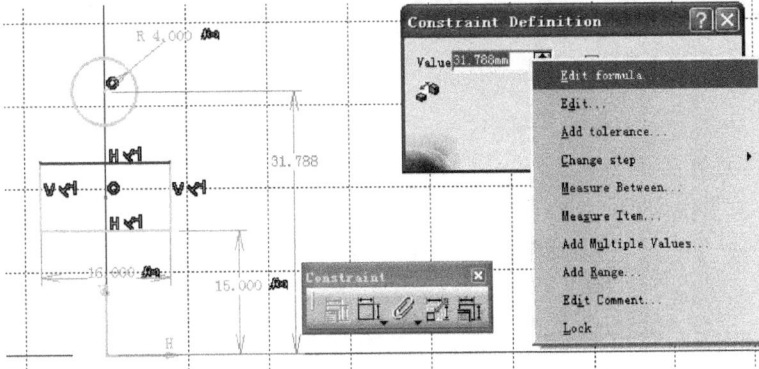

图 4-24　约束圆

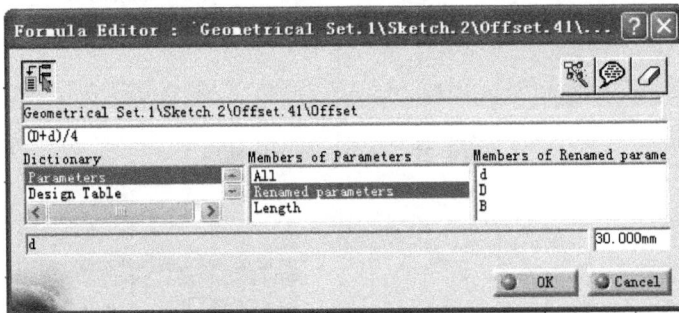

图 4-25　输入参数（7）

5）拖动矩形的上边使之与圆的下弦相交，然后求出两个交点，如图 4-26 所示，注意把交点修改为构造点。

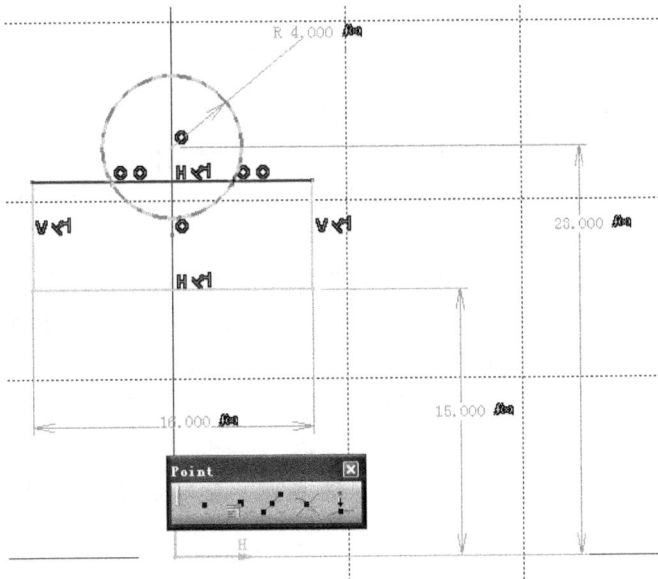

图 4-26　求交点（2）

6）从圆心开始向右下方向作一条构造线，并约束角度，如图 4-27 所示。将该角度值定义为 60°，如图 4-28 所示。

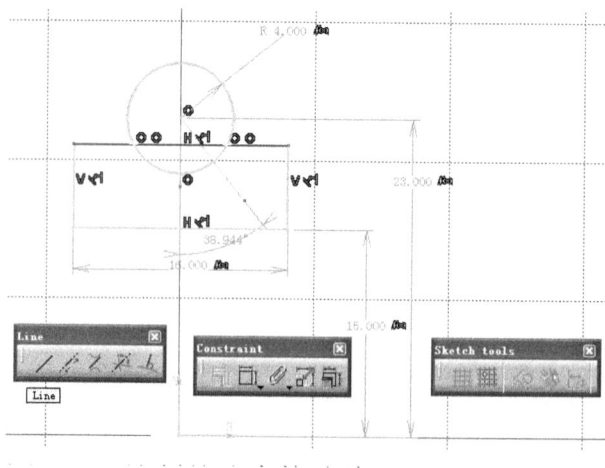

图 4-27　绘制并约束构造线

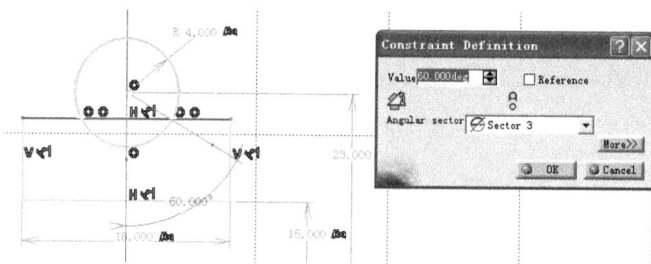

图 4-28　约束角度

7）同时选中右侧的交点和构造线，再单击【约束 Constraint】工具栏上的【在对话框中定义约束 Constraints Defined in Dialog Box】按钮，在弹出的【约束定义 Constraint Definition】对话框中选中【相合 Coincidence】复选框，如图 4-29 所示。最后用【快速修剪 Quick Trim】工具进行修剪，如图 4-30 所示。

8）退出草图，回到零件设计工作台，在零件几何体"inner-ring"（内圈）上单击右键，在弹出的快捷菜单中单击"Define In Work Object"（定义工作对象），单击【旋转 Shaft】按钮，先在【旋转定义 Shaft Definition】对话框【Profile/Surface】选项区的【选择 Selection】文本框内设定"Sketch.2"（草图.2），【第一角度 First angle】设为 360°，【第二角度 Second angle】设为 0°，在【轴线 Axis】选项区的【选择 Selection】文本框内单击右键，在弹出的快捷菜单上选择"Y Axis"（Y 轴），如图 4-31 所示，预览后确定，即完成了轴承内圈的设计。

9）上述的内外圈如图 4-32 所示。

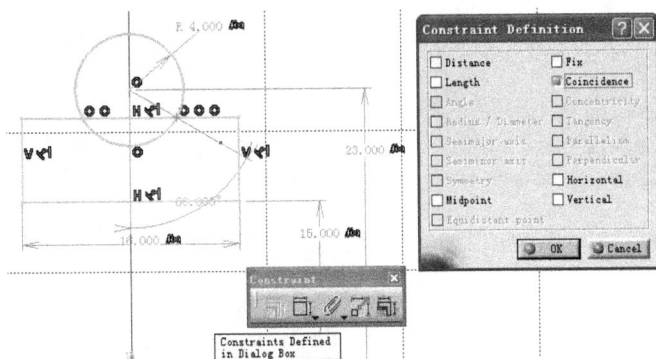

图 4-29　相合约束（2）

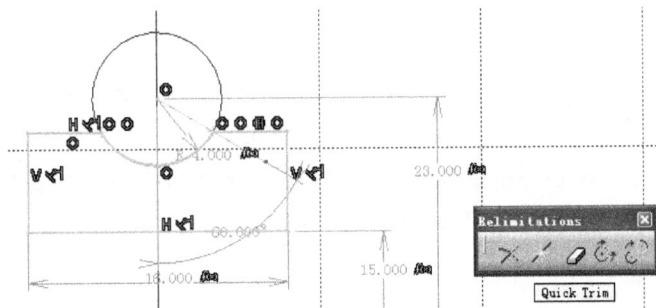

图 4-30　快速修剪（2）

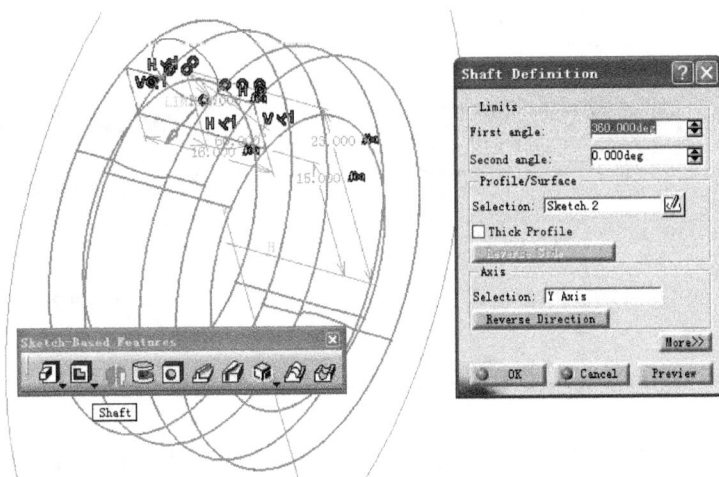

图 4-31　定义旋转增料（1）

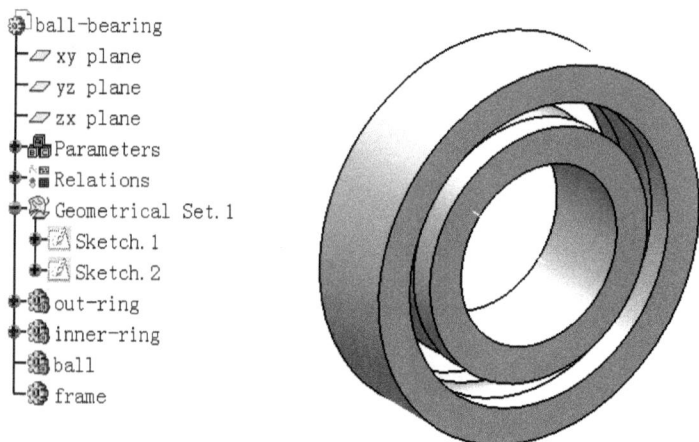

图 4-32 内外圈

4.1.4 钢球设计

1）首先定义【几何图形集 . 1 Geometrical Set. 1】为工作对象，选中【yz 平面 yz plane】进入【草图 Sketch】绘制工作台，单击【预定义轮廓 Predefined Profile】工具栏上的【圆 Circle】按钮，绘制一个中心在水平轴 H 上侧且与垂直轴 V 相合的半圆，如图 4-33 所示，在绘制一条竖直的直线将半圆封闭，如图 4-34 所示。

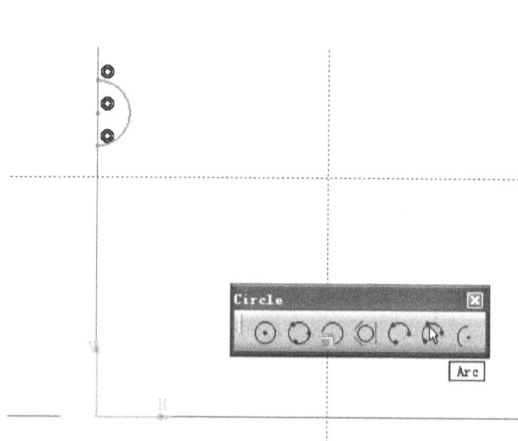

图 4-33 绘制半圆草图

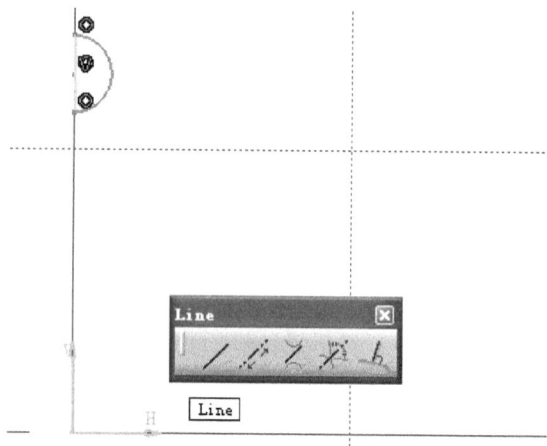

图 4-34 封闭半圆

2）标注半圆的半径，然后编辑钢球的半径参数为 $(D - d)/8$，如图 4-35 和图 4-36 所示。

3）标注半圆中心到水平轴 H 的距离，然后编辑参数公式为 $(D + d)/4$，如图 4-37 和图 4-38 所示。

4）退出草图，回到零件设计工作台，将零件几何体 "ball"（钢球）定义为工作对象，单击【旋转 Shaft】按钮，先在【旋转定义 Shaft Definition】对话框【Profile/Surface】选项区的【选择 Selection】文本框选择 "Sketch. 3"（草图 . 3），【第一角度 First angle】设为 360°，

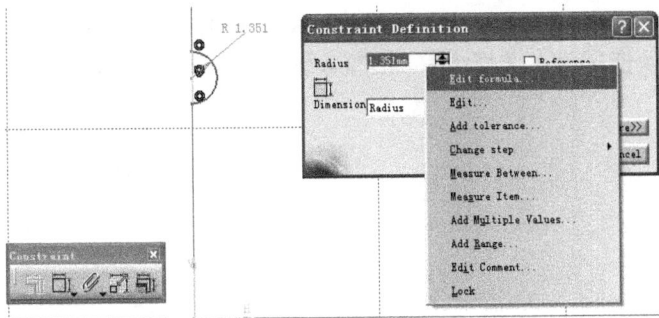

图 4-35　约束半径

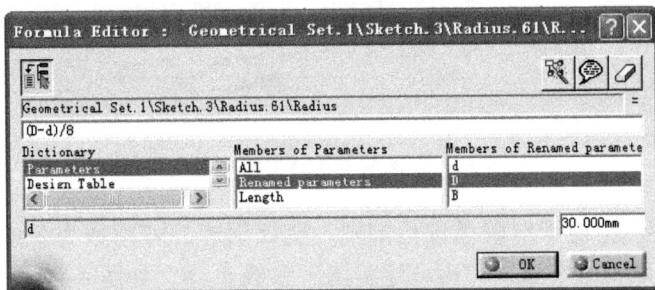

图 4-36　输入参数（8）

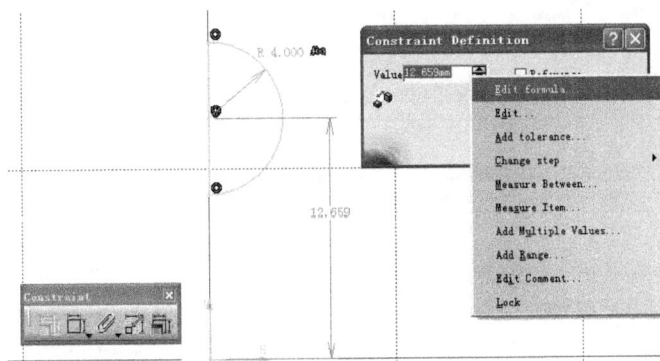

图 4-37　约束圆心位置

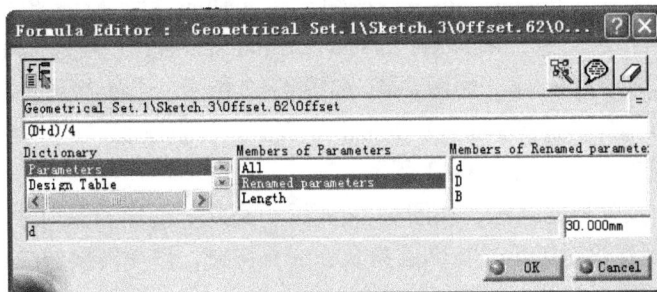

图 4-38　输入参数（9）

【第二角度 Second angle】设为 0°，在【轴线 Axis】选项区的【选择 Selection】文本框内单击右键，在弹出的快捷菜单上选择 "Z Axis"（Z 轴），如图 4-39 所示，预览后确定，即完成了单个钢球的设计。

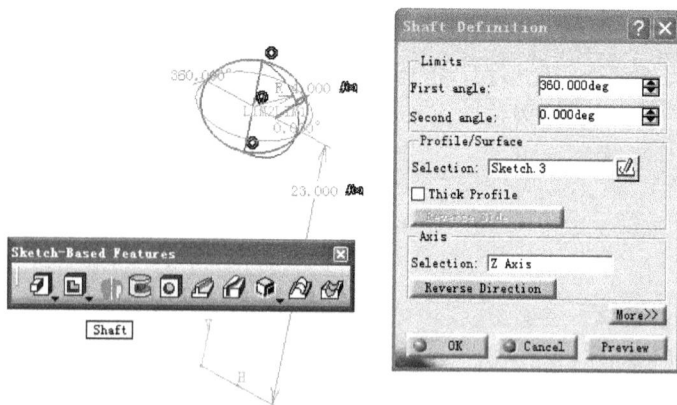

图 4-39　生成钢球

5）为了在工程图中便于对轴承进行剖视，建议钢球的阵列数为 8 或 12，单击【公式 Formula】按钮，在编辑器中输入 "Real"（实型）参数 $n = 8$，如图 4-40 所示。

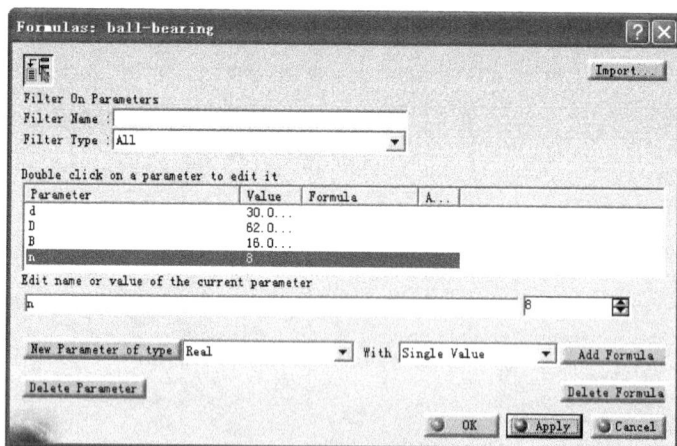

图 4-40　设置钢球的数量

6）单击【环形阵列 Circular Pattern】按钮，在【轴向参考 Axial Reference】选项区中将【参数 Parameters】定义为 "Instance（s）& angular spacing"（实例与角度间隔），【实例 Instance（s）】定义为参数 $n = 8$，如图 4-41 和图 4-42 所示，【参考元素 Reference element】定义为 "Y Axis"（Y 轴），【阵列对象 Object to Pattern】选项区中【对象 Object】选择为 "Current Solid"（当前实体），如图 4-43 所示。

7）显示内外圈及阵列的钢球，如图 4-44 所示。到此所创建的深沟球轴承基本完成，用户在设计过程中，不建议对轴承进行倒圆角及添加保持架，避免转换成二维工程图时出现过多的乱线，影响工程图样的视觉效果。

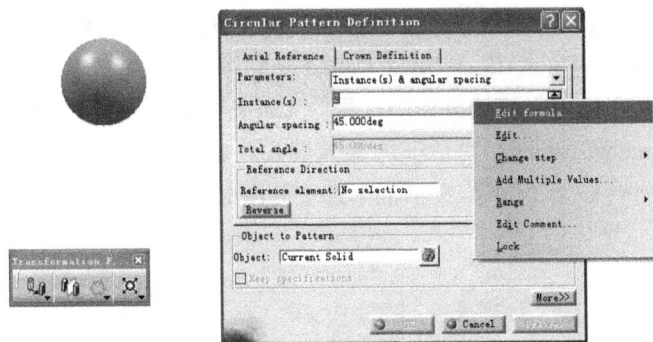

图 4-41 定义钢球的阵列

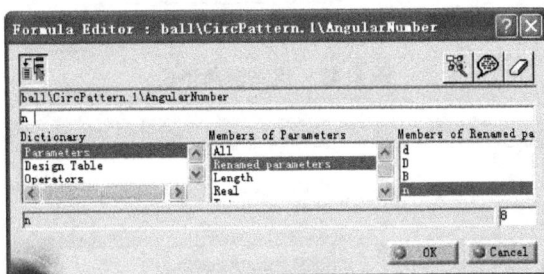

图 4-42 输入参数 (10)

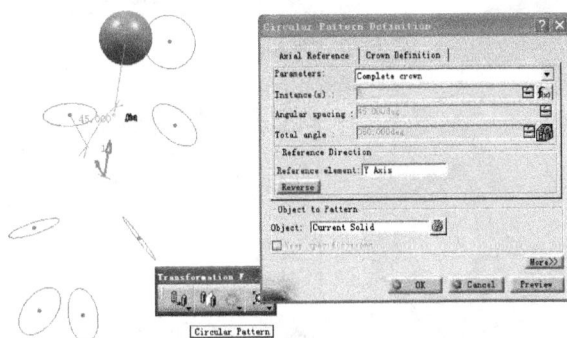

图 4-43 定义旋转轴线和阵列实体

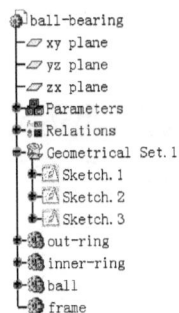

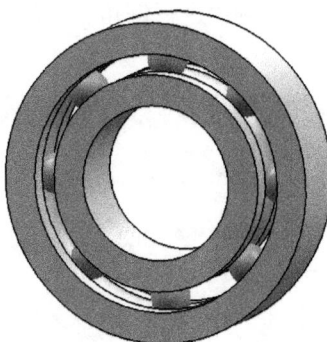

图 4-44 深沟球轴承 (1)

8）以下内容供有能力的用户进一步了解参数化设计的方法和技巧。单击【边倒角 Edge Fillet】按钮，在【边倒角定义 Edge Fillet Definition】对话框中的【半径 Radius】微调框内的数值上单击右键，在弹出的快捷菜单中选择"Edit formula"（编辑公式），如图 4-45 所示，在【公式编辑器 Formula Editor】对话框内输入圆角半径公式 $(D - d)/80$，如图 4-46 所示。在【倒角对象 Object（s）to fillet】文本框中选中外圈的内孔边线，如图 4-47 所示。

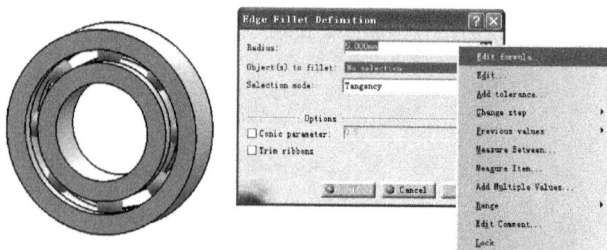

图 4-45　定义圆角半径

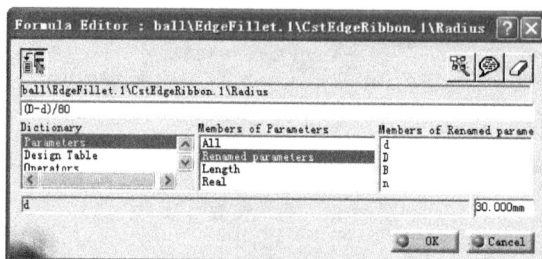

图 4-46　输入参数（11）

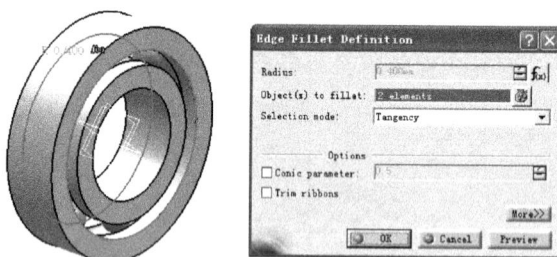

图 4-47　选中圆角对象

9）同样，对外圈的外侧棱边进行倒角，编辑倒角的参数公式为 $(D - d)/40$，如图 4-48 和图 4-49 所示。

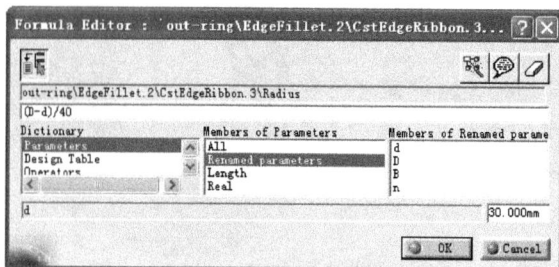

图 4-48　输入参数（12）

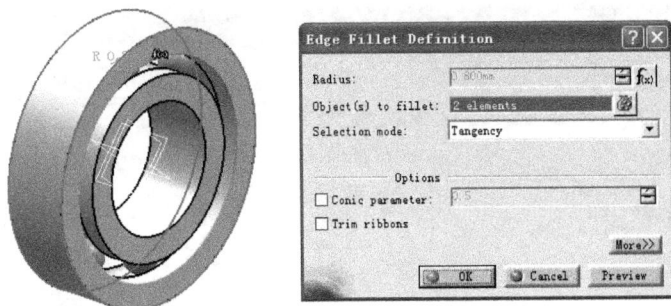

图 4-49　倒外圈圆角

10）经过倒角修饰的深沟球轴承如图 4-50 所示。

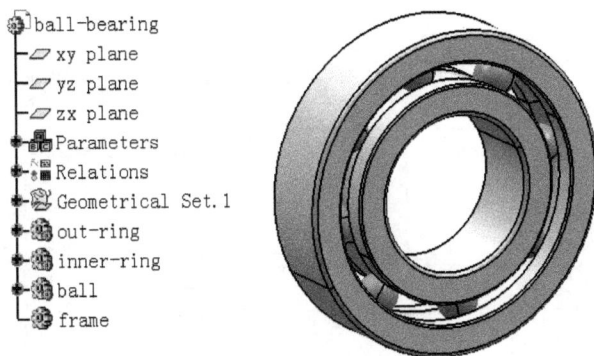

图 4-50　倒角修饰后的深沟球轴承

4.1.5　保持架设计

1）与钢球设计方法相似，进入【yz 平面 yz plane】绘制一个封闭的半圆，并标注圆心到水平轴 H 的距离，编辑距离的参数公式为 $(D+d)/4$，如图 4-51 和图 4-52 所示。

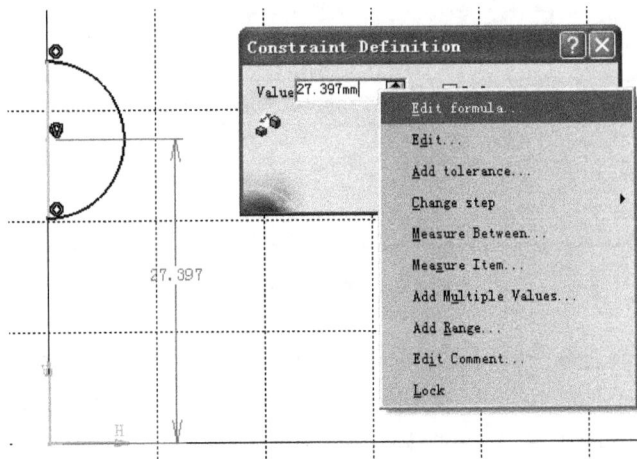

图 4-51　绘制封闭半圆草图

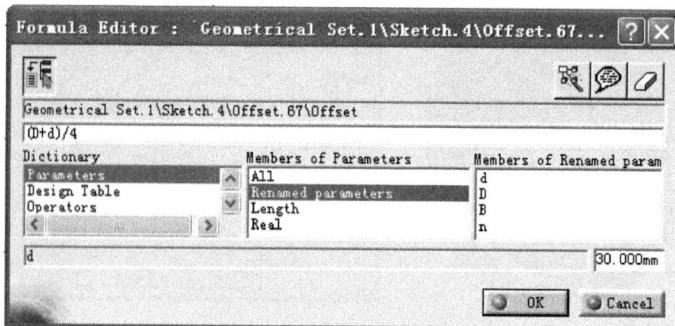

图 4-52 输入参数（13）

2）标注半圆的半径，然后编辑半径参数为 $(D-d)/8+0.25\text{mm}$，如图 4-53 和图 4-54 所示。

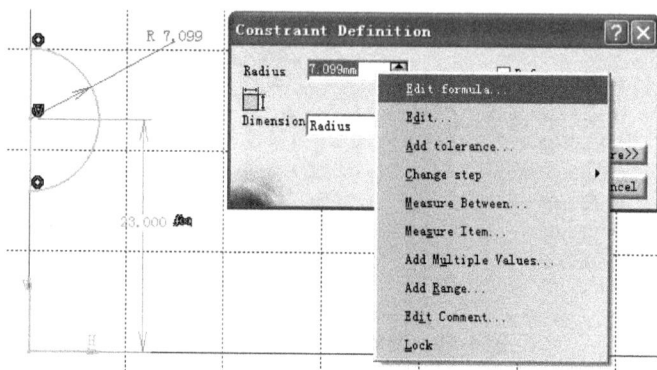

图 4-53 约束定义

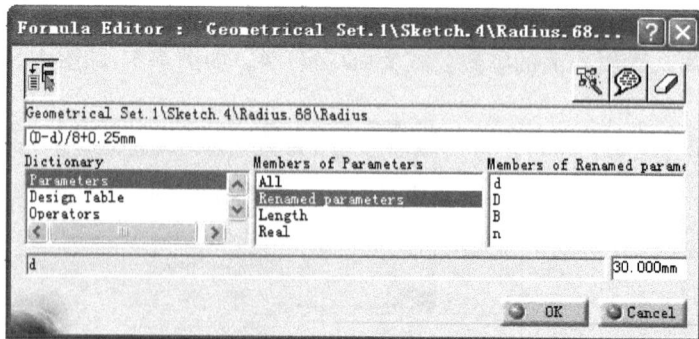

图 4-54 输入参数（14）

3）退出草图，回到零件设计工作台，在零件几何体"frame"（保持架）定义为工作对象，单击【旋转 Shaft】按钮，先在【旋转定义 Shaft Definition】对话框【Profile/Surface】选项区的【选择 Selection】中选择"Sketch. 4"（草图 . 4），【Limits】选项区的【第一角度 First angle】设为 360°，【第二角度 Second angle】设为 0°，在【轴线 Axis】选项区的【选择 Selection】文本框内单击右键，在弹出的快捷菜单上选择"Z Axis"（Z 轴），如图 4-55 所示，预览后确定，即完成了单个钢球的设计。

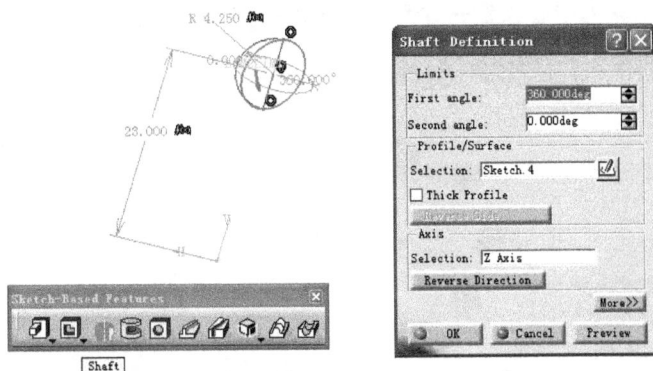

图 4-55 定义旋转增料（2）

4）单击【环形阵列 Circular Pattern】按钮，在【轴向参考 Axial Reference】选项卡中将【参数 Parameters】定义为"Complete crown"（完全阵列），【实例 Instance（s）】定义为参数 $n=8$，【参考元素 Reference element】定义为"Y Axis"（Y 轴），在【阵列对象 Object to Pattern】选项区中【对象 Object】选择为"Current Solid"（当前实体），如图 4-56 和图 4-57所示。

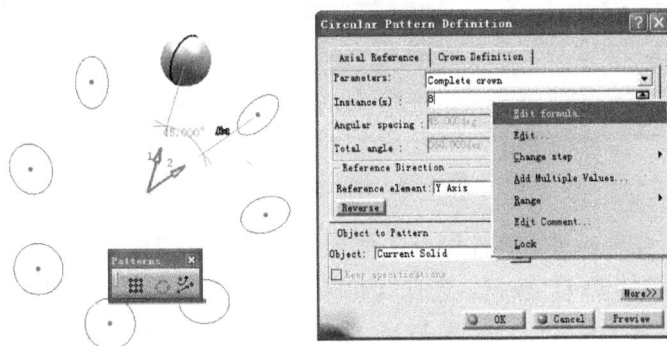

图 4-56 圆环阵列

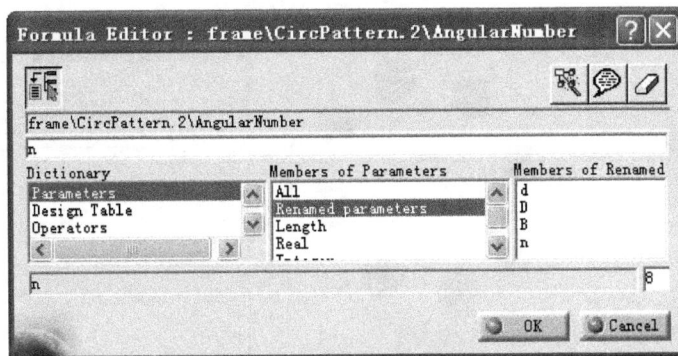

图 4-57 输入参数（15）

5）退出零件设计工作台，定义几何图形集为工作对象，然后进入【zx 平面 zx plane】绘制草图，以坐标原点为中心绘制一个整圆，标注圆的半径值，如图 4-58 所示，然后编辑半径参数为 $D/2$，如图 4-59 所示。

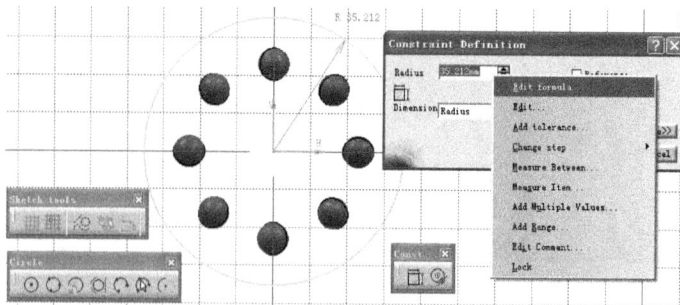

图 4-58　绘制草图（2）

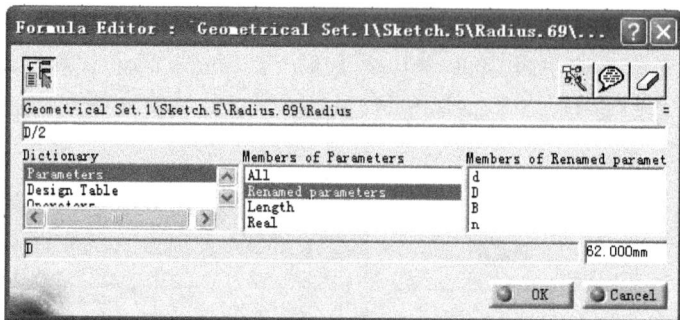

图 4-59　输入参数（16）

6）退出草图工作台，进入零件设计工作台，将零件几何体"frame"（保持架）定义为工作对象，单击【拉伸 Pad】按钮，先在【拉伸定义 Pad Definition】对话框的【选择 Selection】选择"Sketch.5"（草图.5），然后在【类型 Type】下拉列表中选"Dimension"（尺寸），再将【长度 Length】微调框中的数值修改为 0.25mm，选中【镜像范围 Mirrored extent】复选框，如图 4-60 所示。

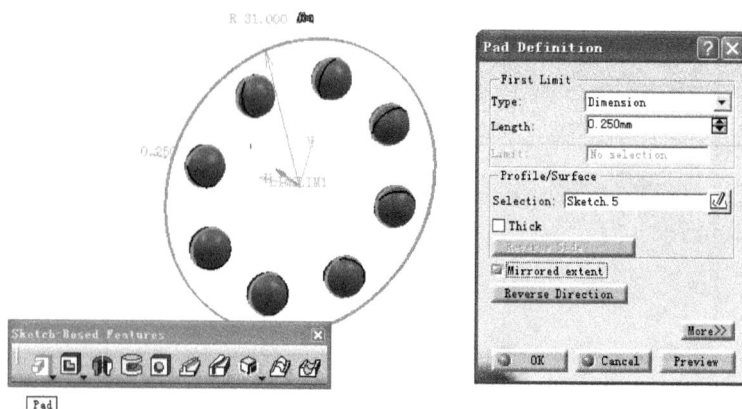

图 4-60　拉伸定义

7）退出零件设计工作台，定义几何图形集为工作对象，然后进入【zx 平面 zx plane】绘制草图，以坐标原点为中心绘制一个封闭的半圆，标注圆的半径值，如图 4-61 所示。然后编辑半径参数为 $(D+d)/4+3*(D-d)/64$，如图 4-62 所示。

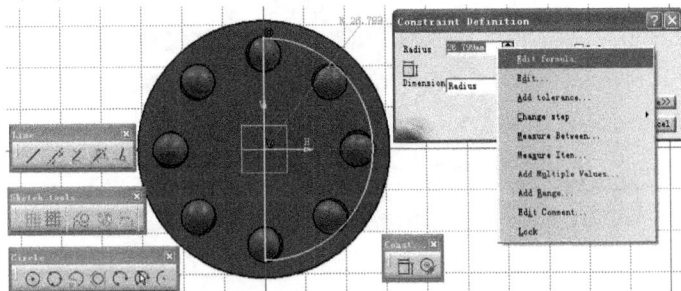

图 4-61 绘制草图（3）

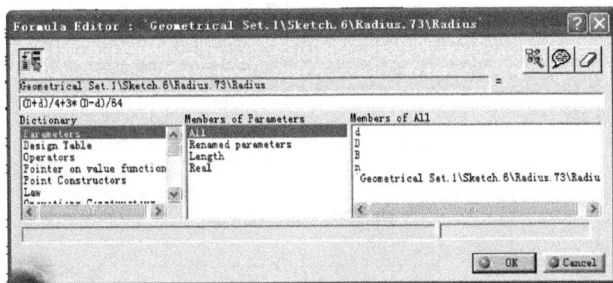

图 4-62 输入参数（17）

8）退出草图工作台，进入零件设计工作台，将零件几何体"frame"（保持架）定义为工作对象，单击【旋转槽 Groove】按钮，先在【旋转槽定义 Groove Definition】对话框【Profile/Surface】选项区的【选择 Selection】中选择"Sketch.6"（草图.6），【Limits】选项区中【第一角度 First angle】设为360°，【第二角度 Second angle】设为0°，【轴线 Axis】定义为"Z Axis"（Z 轴），单击【反转边 Reverse Side】按钮，观察除料的方向和范围，如图 4-63所示。再单击【预览 Preview】按钮，观察无误后单击【确定 OK】按钮。

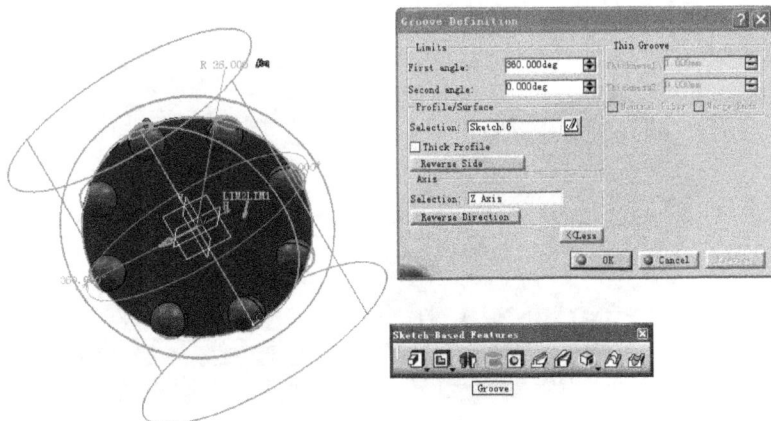

图 4-63 反向旋转除料

9）退出零件设计工作台，定义几何图形集为工作对象，然后进入【zx 平面 zx plane】绘制草图，以坐标原点为中心绘制一个封闭的半圆，标注圆的半径值，如图 4-64 所示，然后编辑半径参数为 $(D+d)/4-3*(D-d)/64$，如图 4-65 所示。

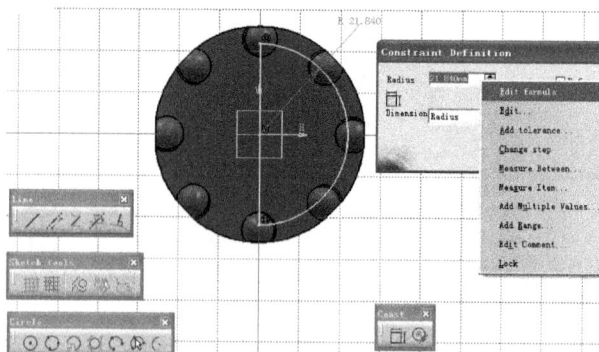

图 4-64　绘制草图（4）

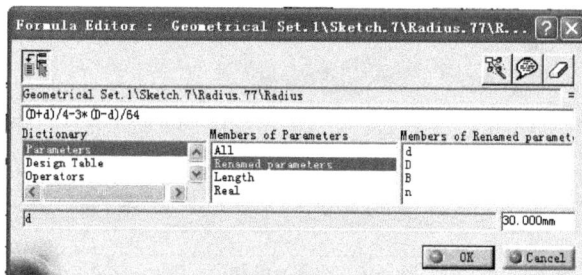

图 4-65　输入参数（18）

10）退出草图工作台，进入零件设计工作台，将零件几何体"frame"（保持架）定义为工作对象，单击【旋转槽 Groove】按钮，先在【旋转槽定义 Groove Definition】对话框【Profile/Surface】选项区的【选择 Selection】中选择"Sketch.7"（草图.7），【Limits】选项区中【第一角度 First angle】设为 360°，【第二角度 Second angle】设为 0°，【轴线 Axis】定义为"Z Axis"（Z 轴），如图 4-66 所示。再单击【预览 Preview】按钮，观察无误后单击【确定 OK】按钮，保持架的基本轮廓如图 4-67 所示。

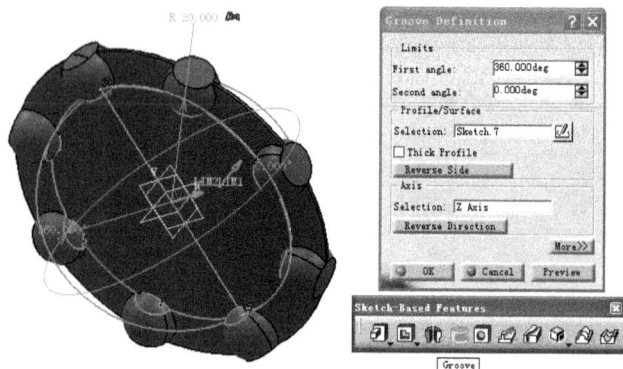

图 4-66　旋转除料（1）

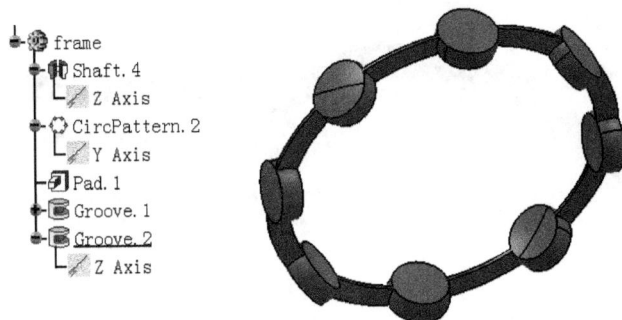

图 4-67 保持架的基本轮廓

11）退出零件设计工作台，定义几何图形集为工作对象，然后进入【zx 平面 zx plane】绘制草图，在垂直轴 V 上绘制一个封闭的半圆，标注圆的半径值，如图 4-68 所示。然后编辑半径参数为 $(D-d)/8$，如图 4-69 所示。

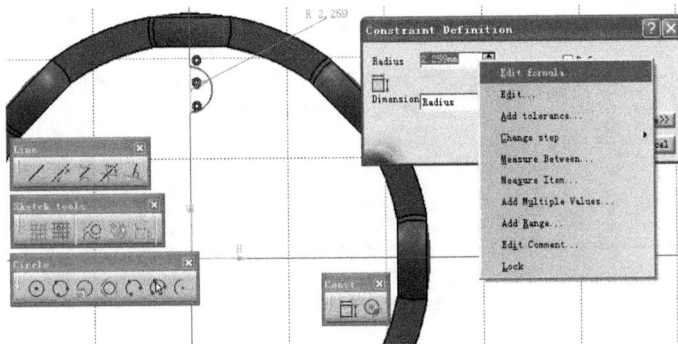

图 4-68 绘制草图（5）

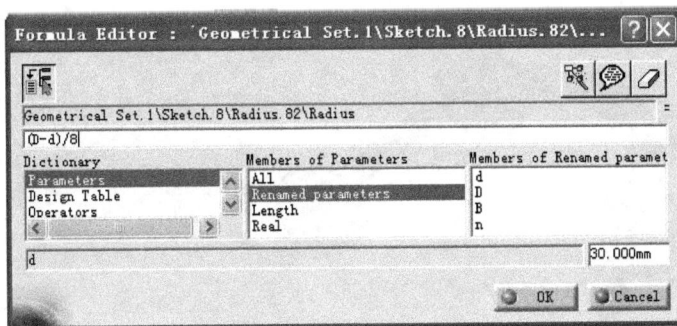

图 4-69 输入参数（19）

12）标注圆心到水平轴 H 的距离，编辑距离的参数公式为 $(D+d)/4$，如图 4-70 和图 4-71 所示。

13）退出草图工作台，进入零件设计工作台，将零件几何体"frame"（保持架）定义为工作对象，单击【旋转槽 Groove】按钮，先在【旋转槽定义 Groove Definition】对话框【Profile/Surface】选项区的【选择 Selection】中选择"Sketch.8"（草图.8），【Limits】选项区

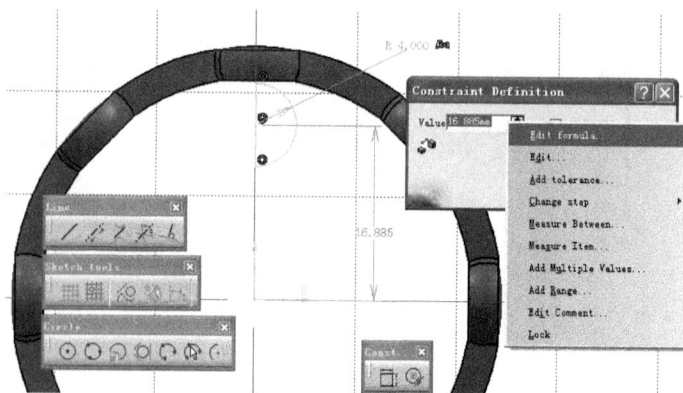

图 4-70　定义约束

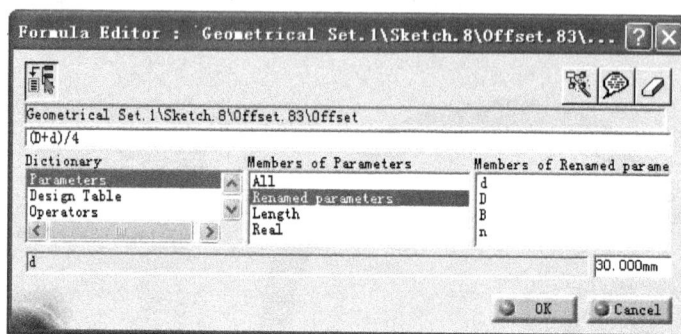

图 4-71　输入参数（20）

【第一角度 First angle】设为360°，【第二角度 Second angle】设为0°，【轴线 Axis】定义为"Z Axis"（Z轴），如图4-72所示。再单击【预览 Preview】按钮，观察无误后单击【确定 OK】按钮。

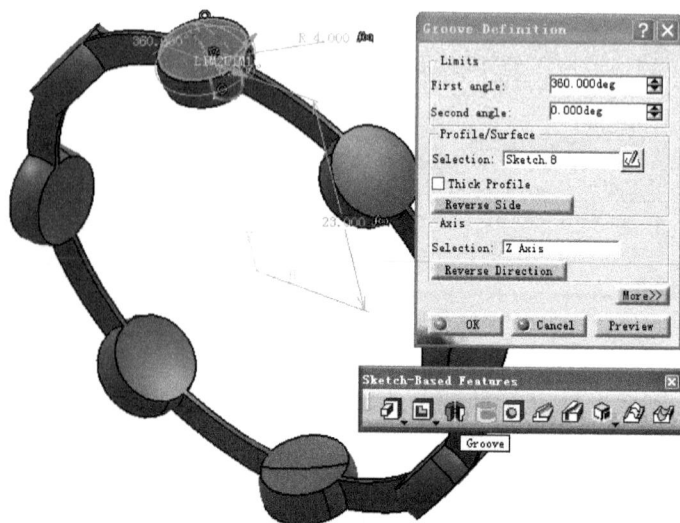

图 4-72　旋转除料（2）

14）单击【环形阵列 Circular Pattern】按钮，在【轴向参考 Axial Reference】选项卡中将【参数 Parameters】定义为 "Complete crown"（完全阵列），【实例 Instance（s）】定义为参数 $n = 8$，【参考元素 Reference element】定义为 "Y Axis"（Y轴），在【阵列对象 Object to Pattern】选项区中【对象 Object】选择为 "Groove. 3"（旋转槽），如图 4-73 和图 4-74 所示。单击【预览 Preview】按钮，观察无误后再单击【确定 OK】按钮，完整的保持架如图 4-75 所示。

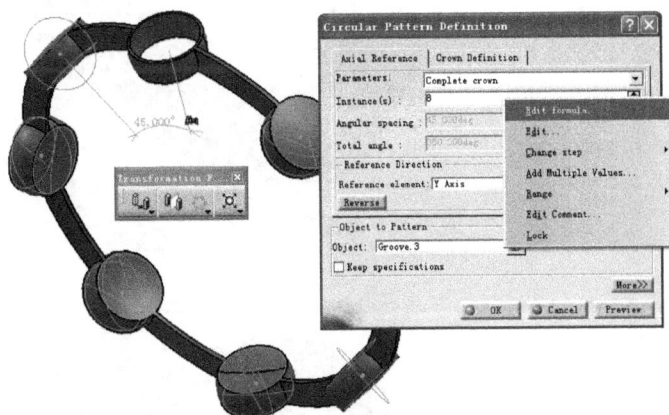

图 4-73 阵列

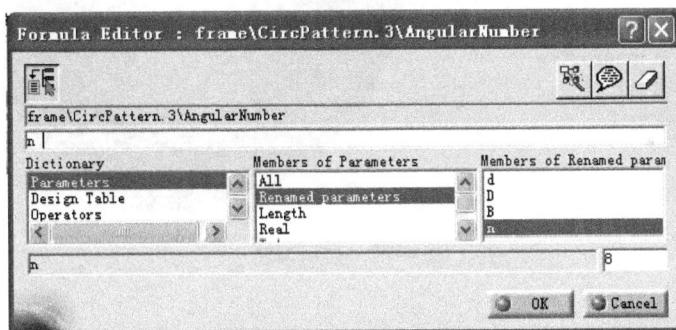

图 4-74 输入阵列参数

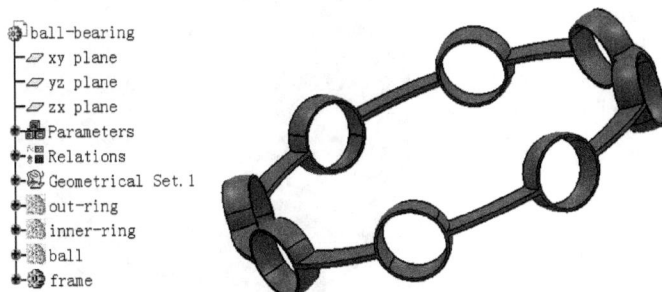

图 4-75 保持架

15）显示轴承的外圈，如图 4-76 所示。再显示钢球，如图 4-77 所示。最终完成的深沟球轴承如图 4-78 所示。

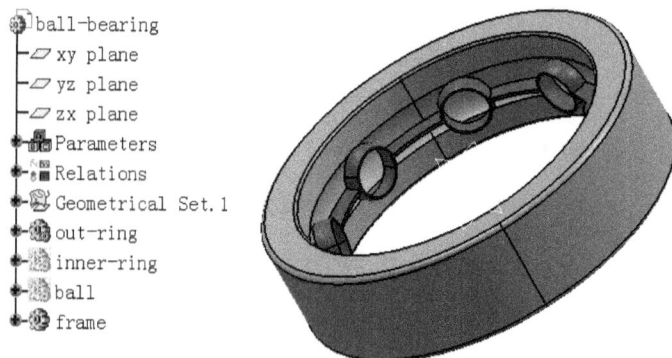

图 4-76　外圈与保持架

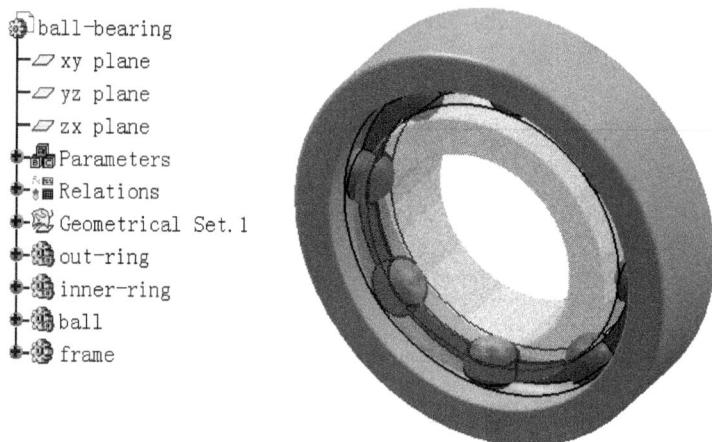

图 4-77　显示钢球

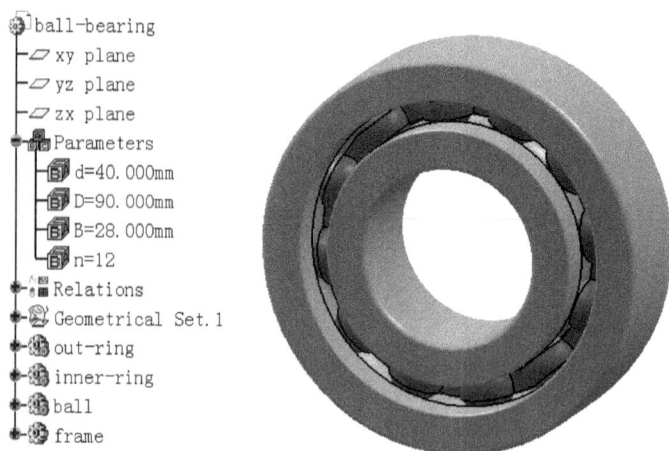

图 4-78　深沟球轴承（2）

4.2　推力球轴承设计

推力球轴承由座圈、轴圈和钢球及保持架组件四部分构成。与轴配合的称轴圈，与外壳配合的称座圈，如图4-79所示，本例以51206型推力球轴承为例。

图4-79　推力球轴承（1）

4.2.1　推力球轴承参数设置

按照国家标准规定的画法，首先确定51206型推力球轴承的基本参数，其外径为 $D=52$mm、轴圈内径为 $d=30$mm、座圈内径为 $d_1=32$mm、厚度为 $T=16$mm。

1）首先打开 CATIA 应用软件，新建一个零件。若树状目录上无【几何图形集 Geometrical Set】，则需另外插入，然后将零件号修改为"thrust ball bearing"，再连续插入两个【几何体 Body】，将三个零件几何体的名字分别修改为"轴圈""座圈"和"钢球"，如图4-80所示。

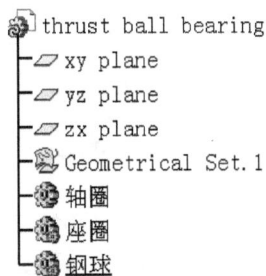

图4-80　插入几何体

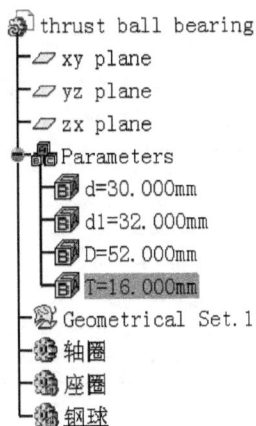

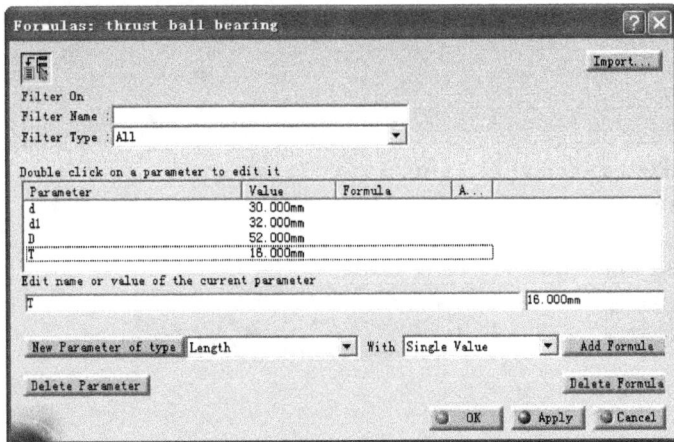

2）单击【公式 Formula】按钮，在编辑器中输入轴圈内径为 $d=30$mm、座圈内径 $d_1=32$mm、外径 $D=52$mm、厚度 $T=16$mm 四个参数，如图4-81所示。

图4-81　设置推力球轴承参数

4.2.2 推力球滚动体设计

1) 51206 型推力球轴承的滚动体即为钢球，首先定义【几何图形集.1 Geometrical Set.1】为工作对象，进入【yz 平面 yz plane】，单击【预定义轮廓 Predefined Profile】工具栏上的【圆 Circle】按钮，绘制一个中心在水平轴 H 上侧且与垂直轴 V 相合的半圆，将钢球的半径参数设置为 $T/4$，钢球圆心到水平轴 H 的距离参数设置为 $(D+d)/4$，如图4-82所示。

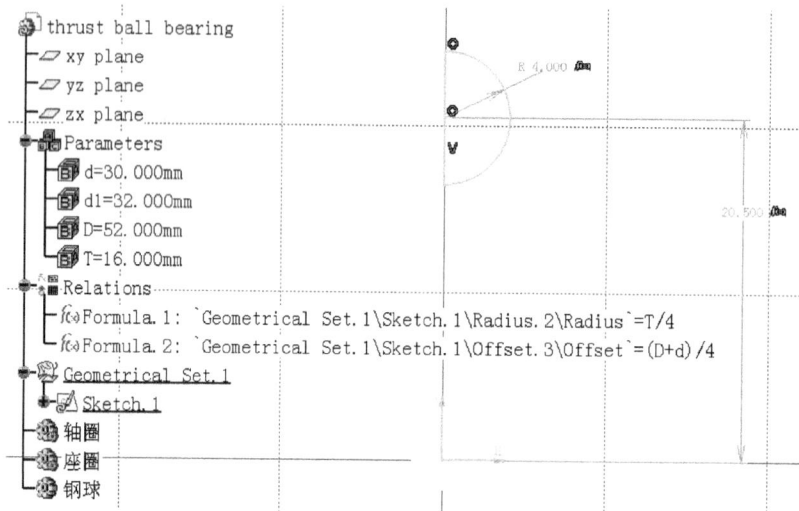

图 4-82   绘制并约束草图

2) 退出草图，回到零件设计工作台，将零件几何体钢球定义为工作对象，单击【旋转 Shaft】按钮，先在【旋转定义 Shaft Definition】对话框【Profile/Surface】选项区的【选择 Selection】中选择 "Sketch.1"（草图.1），【Limits】选项区的【第一角度 First angle】设为 360°，【第二角度 Second angle】设为 0°，在【轴线 Axis】选项区的【选择 Selection】文本框内单击右键，然后在弹出的快捷菜单中选择 "Z Axis"（Z轴），如图4-83所示，预览后确定，即完成了单个钢球的设计。

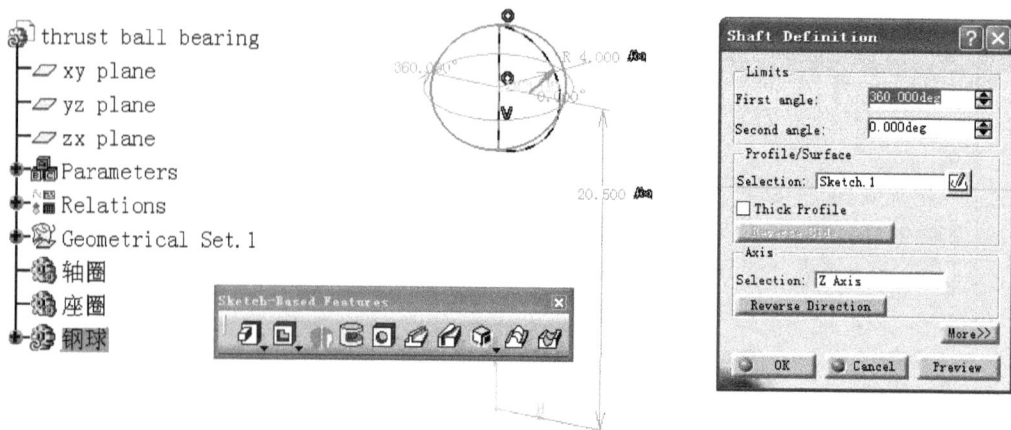

图 4-83   生成钢球实体

3）单击【环形阵列 Circular Pattern】按钮，在【轴向参考 Axial Reference】选项卡中将【参数 Parameters】设置为"Instance（s）& angular spacing"（实例与角度间隔），【实例 Instance（s）】设置为参数 $n = 8$，用户亦可自行将阵列数参数化设置，【参考元素 Reference element】设置为"Y Axis"（Y 轴），将【阵列对象 Object to Pattern】选项区中【对象 Object】选择为"Current Solid"（当前实体），单击【预览 Preview】按钮，如图 4-84 所示。

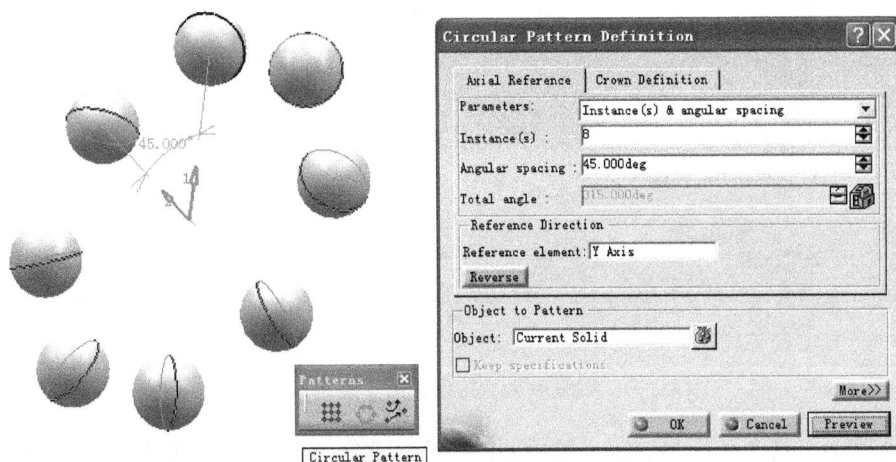

图 4-84　阵列钢球

4）在树状目录上的钢球上单击右键，然后在弹出的快捷菜单中选"Hide/Show"（隐藏/显示）将钢球隐藏。

4.2.3　轴圈设计

1）将几何图形集定义为工作对象，进入【yz 平面 yz plane】，单击【预定义轮廓 Predefined Profile】工具栏上的【圆 Circle】按钮，绘制一个中心在水平轴 H 上侧且与垂直轴 V 相合的圆，再单击【矩形 Rectangle】按钮，在圆的右侧绘制一个与圆相交的矩形，标注圆的半径、圆心到水平轴的距离以及矩形上、下边到水平轴的距离和矩形右边到垂直轴的距离，如图 4-85 所示。

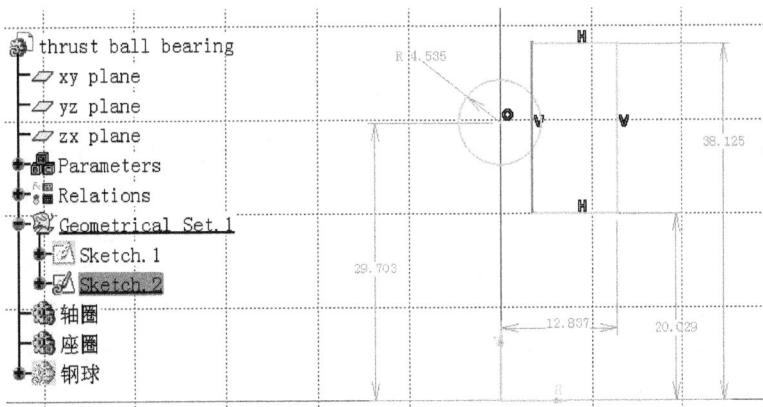

图 4-85　绘制轴圈草图

2）将所标注的尺寸进行参数化设置，圆的半径参数设置为 $T/4$，圆心到水平轴 H 的距离参数设置为$(D+d)/4$，矩形上边到水平轴 H 的距离参数设置为 $D/2$，矩形下边到水平轴 H 的距离参数设置为 $d/2$，矩形右边到垂直轴 V 的距离参数设置为 $T/2$，如图 4-86 所示。

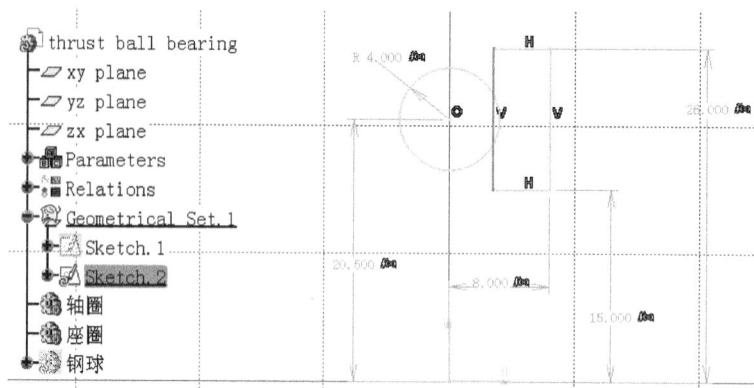

图 4-86　约束轴圈草图

3）在草图工具中激活构造线，然后同时选中矩形的左边和圆，求出两者的交点，再绘制一条经过圆心向右的构造线，休眠构造线，约束构造线与垂直轴的夹角为 60°，最后约束构造线与上面的交点相合，如图 4-87 所示。

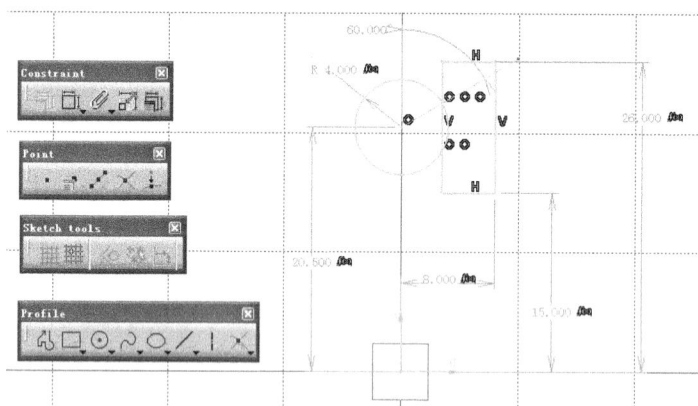

图 4-87　绘制构造线（2）

4）用【快速修剪 Quick Trim】工具对图形进行快速修剪，如图 4-88 所示。

5）退出草图，回到零件设计工作台，在零件几何体中的轴圈定义为工作对象，单击【旋转 Shaft】按钮，先在【旋转定义 Shaft Definition】对话框【Profile/Surface】选项区中将【选择 Selection】选择 "Sketch.2"（草图.2），【Limits】选项区【第一角度 First angle】设为 360°，【第二角度 Second angle】设为 0°，在【轴线 Axis】选项区中的【选择 Selection】文本框内单击右键，然后在弹出的快捷菜单上选择 "Y Axis"（Y 轴），如图 4-89 所示，预览后确定，即完成了轴圈的设计。

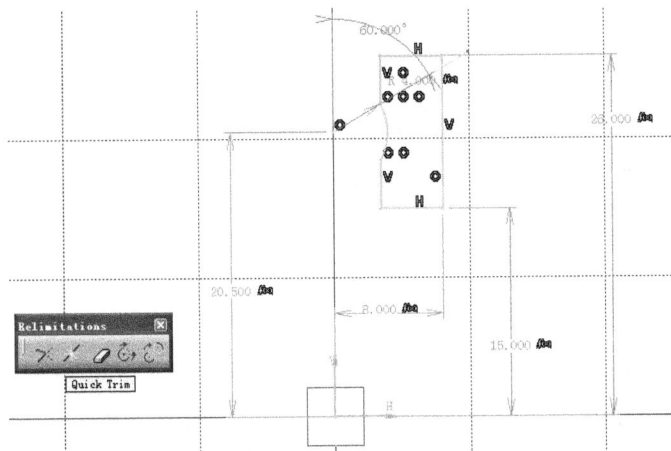

图 4-88　修剪草图

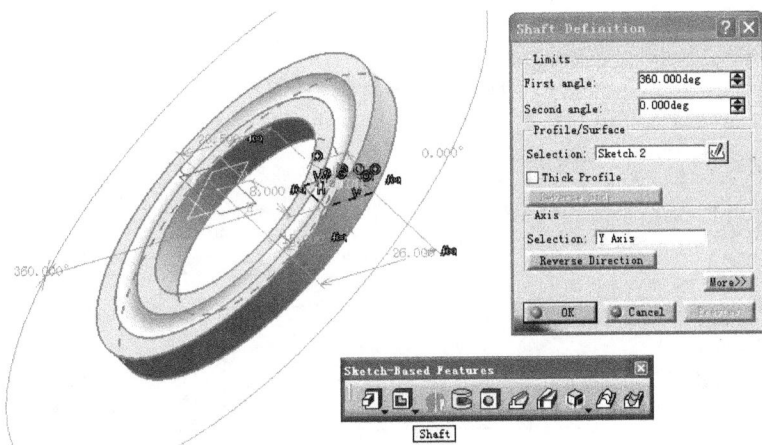

图 4-89　生成轴圈

4.2.4　座圈设计

1）先将所创建的轴圈隐藏，再将几何图形集定义为工作对象。进入【yz 平面 yz plane】，单击【预定义轮廓 Predefined Profile】工具栏上的【圆 Circle】按钮，绘制一个中心在水平轴 H 上侧且与垂直轴 V 相合的圆，再单击【矩形 Rectangle】按钮，在圆的左侧绘制一个与圆相交的矩形，标注圆的半径、圆心到水平轴的距离以及矩形上、下边到水平轴的距离和矩形右边到垂直轴的距离。

2）将所标注的尺寸进行参数化设置，圆的半径参数设置为 $T/4$，圆心到水平轴 H 的距离参数设置为 $(D+d)/4$，矩形上边到水平轴 H 的距离参数设置为 $D/2$，矩形下边到水平轴 H 的距离参数设置为 $d_1/2$，矩形左边到垂直轴 V 的距离参数设置为 $T/2$，如图 4-90 所示。

3）在草图工具中激活构造线，然后同时选中矩形的右边和圆，求出两者的交点，再绘制一条经过圆心向左的构造线，休眠构造线，约束构造线与垂直轴的夹角为 60°，最后约束构造线与上面的交点相合，如图 4-91 所示。

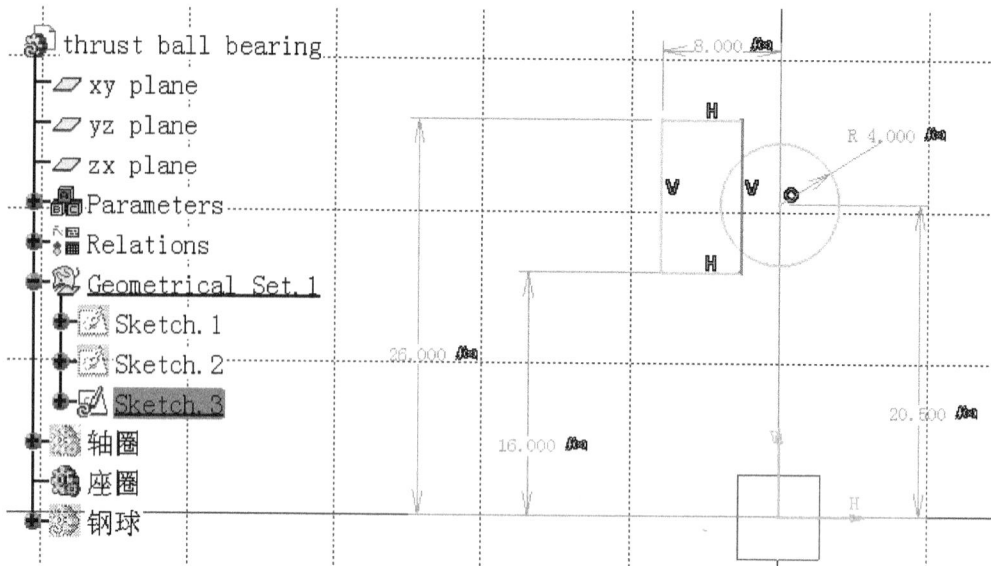

图 4-90　绘制座圈草图

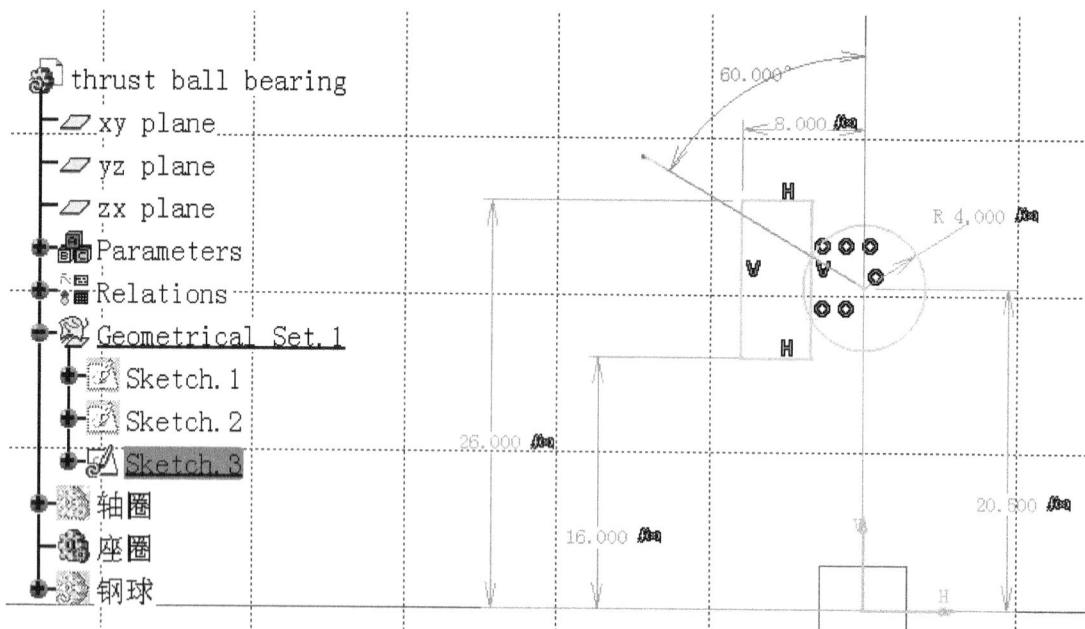

图 4-91　约束草图（2）

4）用【快速修剪 Quick Trim】工具对图形进行快速修剪，如图 4-92 所示。

5）退出草图，回到零件设计工作台，在零件几何体中的座圈定义为工作对象，单击【旋转 Shaft】按钮，先在【旋转定义 Shaft Definition】对话框【Profile/Surface】选项区中将【选择 Selection】选择"Sketch.3"（草图.3），【Limits】选项区【第一角度 First angle】设为 360°，【第二角度 Second angle】设为 0°，在【轴线 Axis】选项区中的【选择 Selection】文本框内单击右键，然后在弹出的快捷菜单中选择 "Y Axis"（Y 轴），如图 4-93 所示，预览后确定，即完成了座圈的设计。

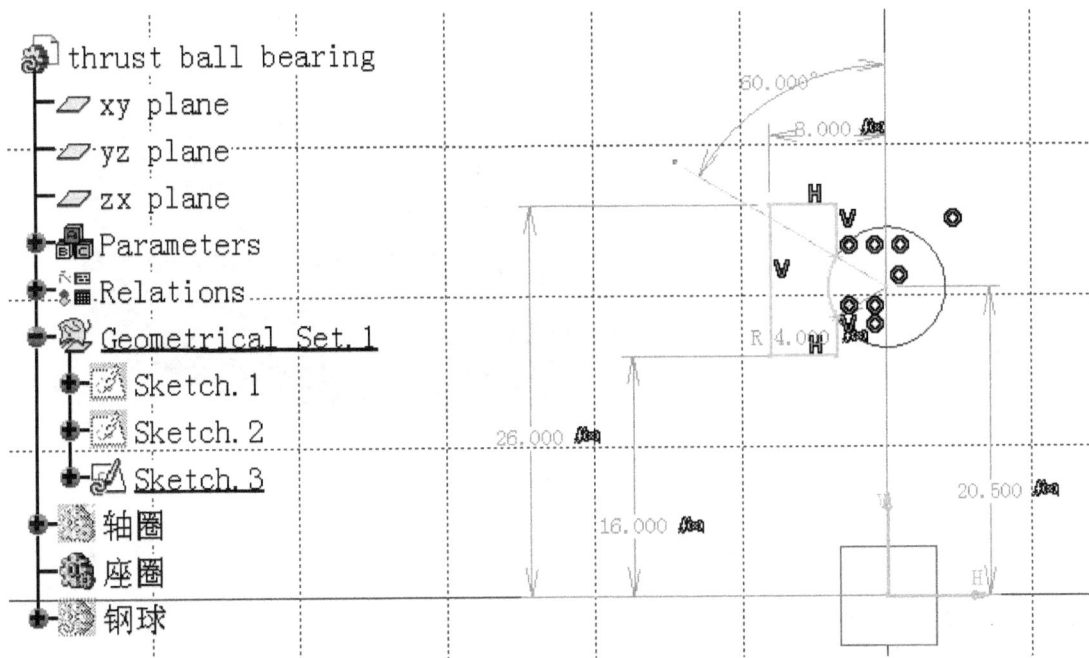

图 4-92　快速修剪草图

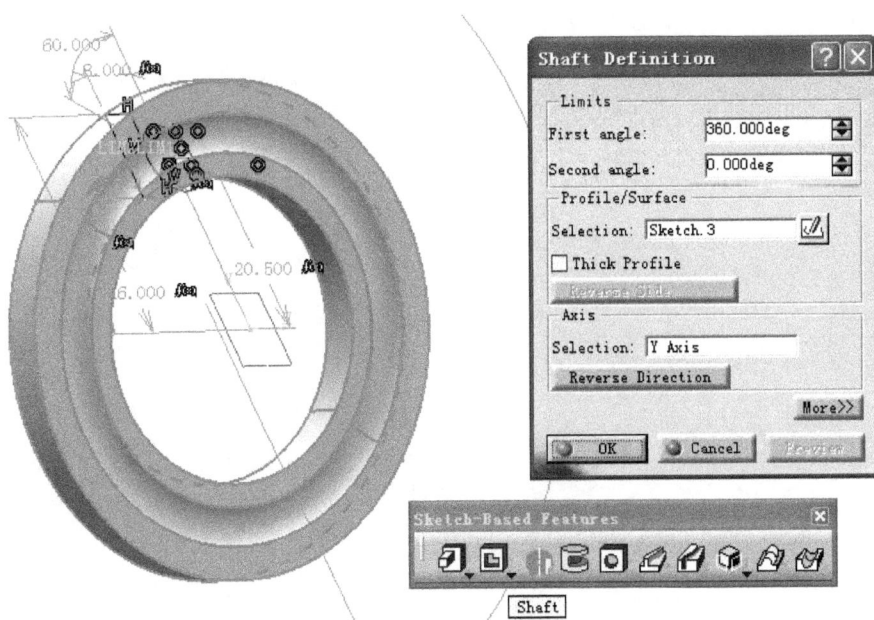

图 4-93　生成座圈

将隐藏的钢球和轴圈都显示出来，所创建的推力球轴承如图 4-94 所示，实际应用中不必进行倒角操作，也没有必要创建保持架。用户在装配过程中注意保证让钢球通过剖切面即可。对于复杂的旋转剖视，可以通过改变钢球的阵列数保证剖切面通过钢球，装配过程一定要注意轴圈和座圈不要装错位置。

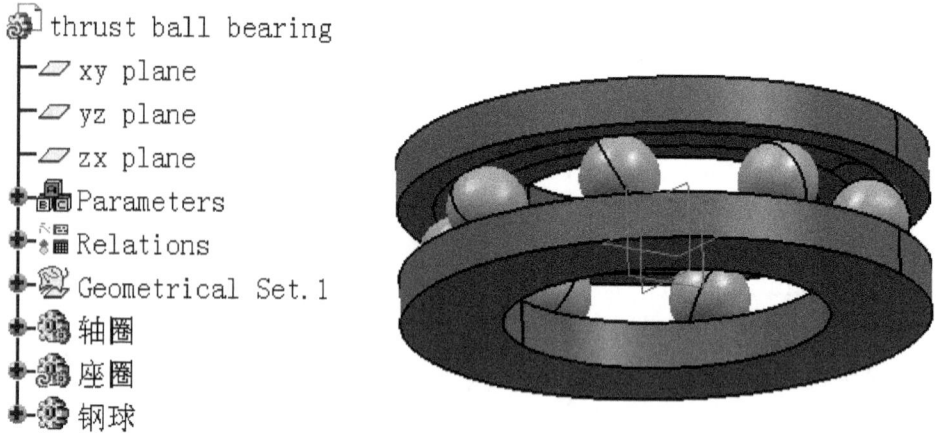

图 4-94　推力球轴承（2）

第5章

V带轮参数化设计

5.1 带轮参数设置

本实例采用的为基准宽度制带轮，相关尺寸参照化学工业出版社出版的成大先主编的《机械设计手册》第三版，带轮的带型截面图如图5-1所示。

5.1.1 带轮带型设置

1）首先打开 CATIA 应用软件，单击【文件 File】→【新建…New…】打开一个新建对话框，在【类型列表 List of Type】中选择【零件 Part】，然后单击【确定 OK】按钮，若新建的零件树状目录上无【几何图形集 Geometrical Set】，用户可自行从【插入 Insert】菜单中插入一个几何图形集。

2）单击【工具 Tools】→【选项…Options…】→【常规 General】→【参数与测量 Parameters and Measure】→【知识工程 Knowledge】，选中【带值 With value】和【带公式 With formula】两个复选框。继续单击【基础结构 Infrastructure】→【零件基础结构 Part infrastructure】→【显示 Display】，选中【关系 Relations】和【参数 Parameters】两个复选框。

3）首先在【工具 Tools】下拉菜单中选中【公式…Formula…】选项，或单击工具条中的公式图标，如图5-2所示。

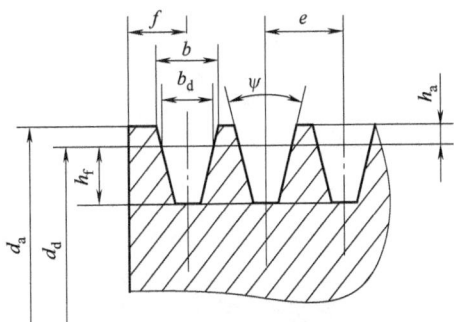

图5-1 带轮带型截面图

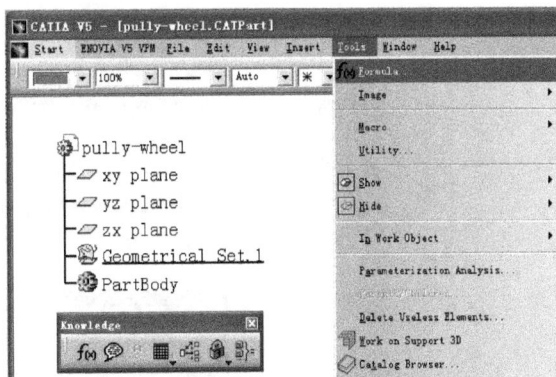

图5-2 打开公式编辑器

4）系统自动弹出公式编辑对话框，如图 5-3 所示，将【新参数类型 New Parameter of type】更改为"String"，将【With】由"单值 Single Value"修改为"多值 Multiple Values"。单击【新参数类型 New Parameter of type】按钮，系统自动弹出【值列表 Value List】对话框，依次输入 Y、Z、A、B、C、D 和 E，如图 5-4 所示，单击【确定 OK】按钮，返回公式编辑器对话框，如图 5-5 所示。单击【应用 Apply】按钮，然后单击【确定 OK】按钮。

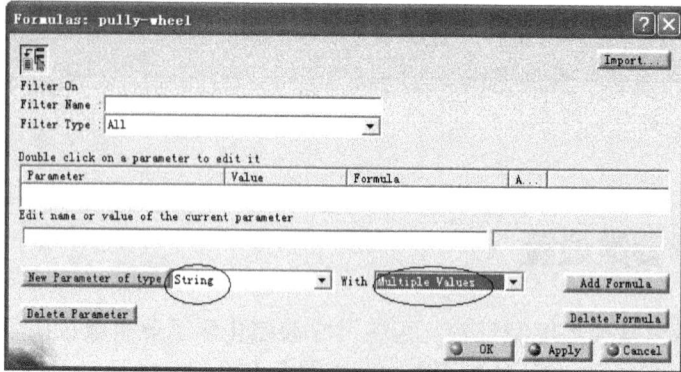

图 5-3　修改参数类型

图 5-4　录入字符串

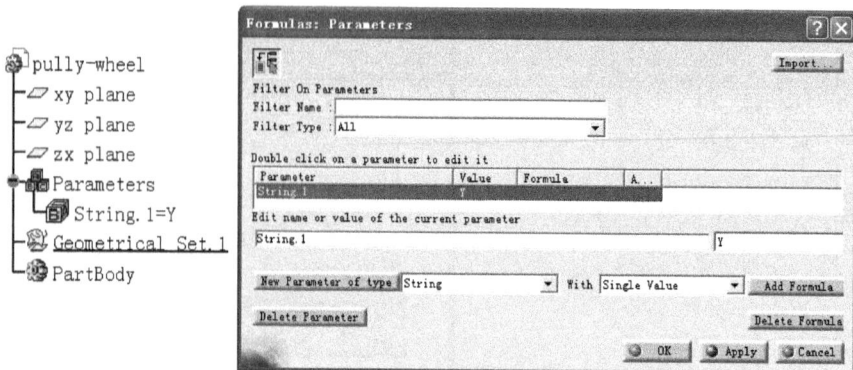

图 5-5　设置字符串类型参数

5.1.2　Y 型带槽型设置

1) 右键单击树状目录上的【参数 Parameters】中的【字符串.1 String.1】，然后在弹出的快捷菜单中选中【属性 Properties】，如图 5-6 所示，在属性对话框中将【Local name】文本框的值修改为【带型】，如图 5-7 所示。

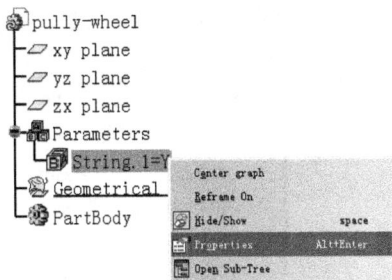

图 5-6　修改属性

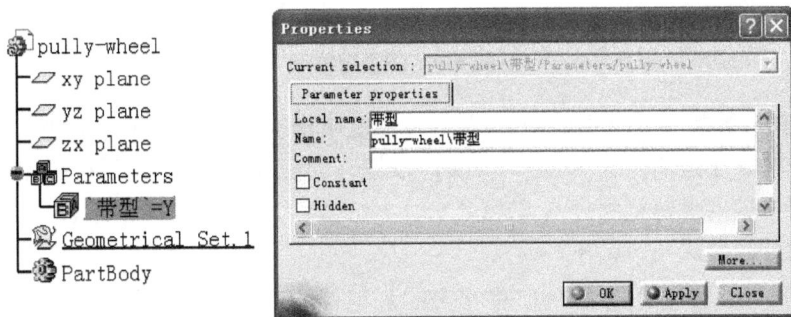

图 5-7　修改参数名称

2) 本例以 Y 型带槽为例，继续输入参数，将【新参数类型 New Parameter of type】更改为 "Length"（长度），然后依次输入带轮的计算直径 $d_d = 85\text{mm}$、顶高 $h_a = 1.6\text{mm}$、根高 $h_f = 4.7\text{mm}$、第一个槽中心的边距 $f = 6\text{mm}$、槽的间距 $e = 8\text{mm}$、带槽的计算宽度 $b_d = 5.3\text{mm}$、槽的最大宽度 $b = 6.3\text{mm}$、圆角半径 $r_1 = 0.35\text{mm}$、$r_2 = 0.75\text{mm}$，如图 5-8 所示。

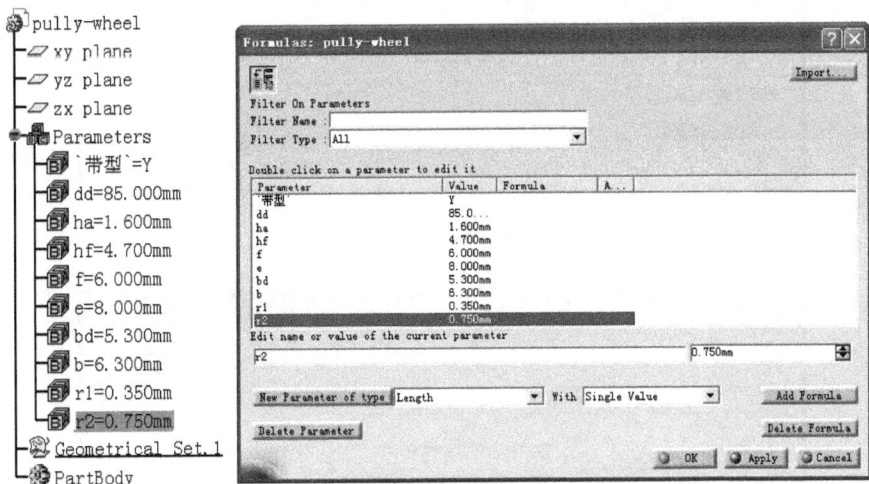

图 5-8　设置槽型参数

3) 将【新参数类型 New Parameter of type】更改为 "Real"（实型），然后输入带轮的槽数 $Z = 3$，如图 5-9 所示。

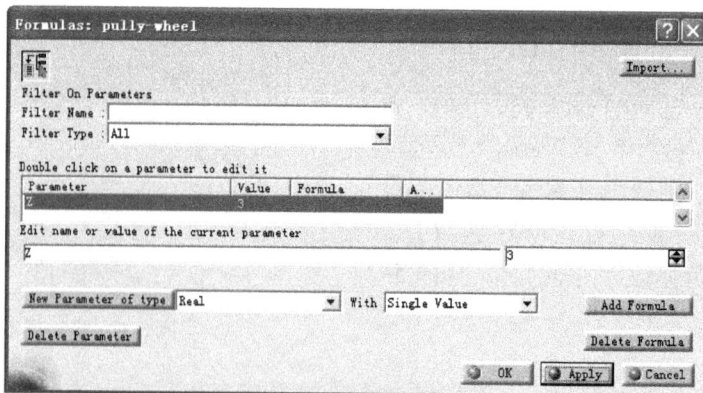

图 5-9　设置槽数

4）将【新参数类型 New Parameter of type】重新修改为"Length"（长度），输入带轮的宽度 B，然后单击【添加公式 Add Formula】按钮，如图 5-10 所示。系统弹出公式编辑器，在公式编辑器中输入带轮宽度公式 $B = (Z-1) * e + 2 * f$，如图 5-11 所示，用同样的方法输入带轮的最大外径公式 $d_a = d_d + 2 * h_a$。

5）将【新参数类型 New Parameter of type】修改为"Angle"（角度），输入带槽的角度 $\phi = 36°$，到此初步完成带轮的参数设置，如图 5-12 所示。

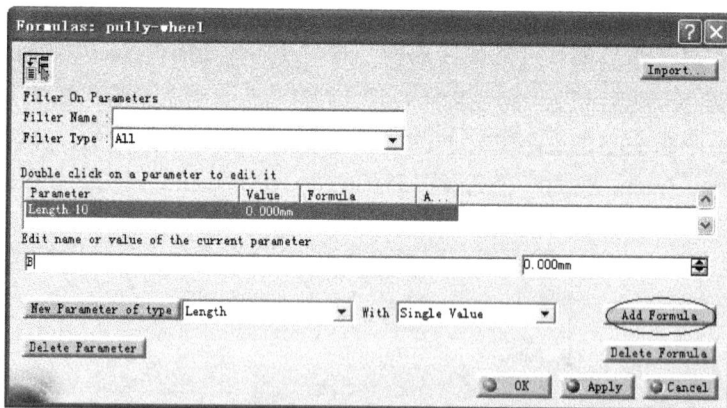

图 5-10　添加公式

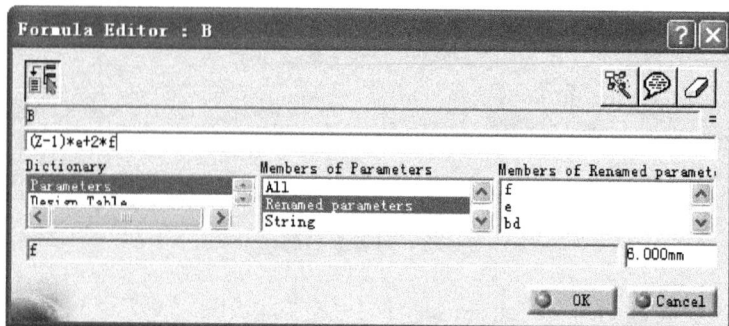

图 5-11　输入公式

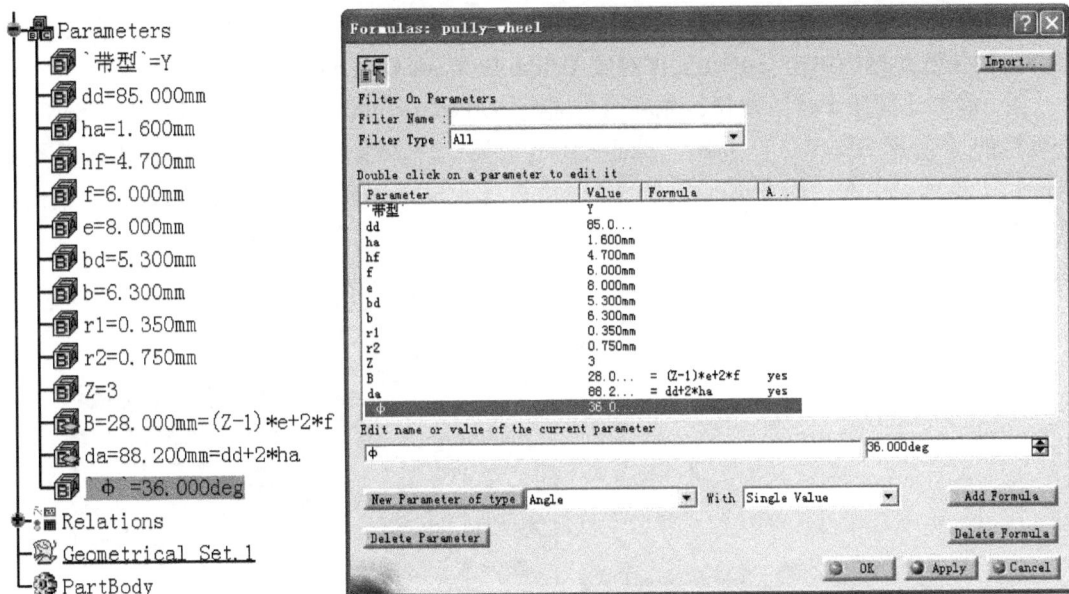

图 5-12　设置带槽夹角参数

5.2　带轮草图与实体设计

5.2.1　Y 型带轮草图设计

1）首先将【几何图形集.1 Geometrical Set.1】定义为工作对象，然后进入【yz 平面 yz plane】绘制草图，将【草图工具 Sketch】中的【栅格 Grid】【几何约束 Geometrical Constraints】和【尺寸约束 Dimensional Constraints】激活为高亮，休眠【捕捉点 Snap to Point】和【构造/标准元素 Construction/Standard Element】，以坐标原点为中心绘制一个整圆并标注圆的半径值，将圆的半径参数设置为 $d_a/2$，如图 5-13 所示。

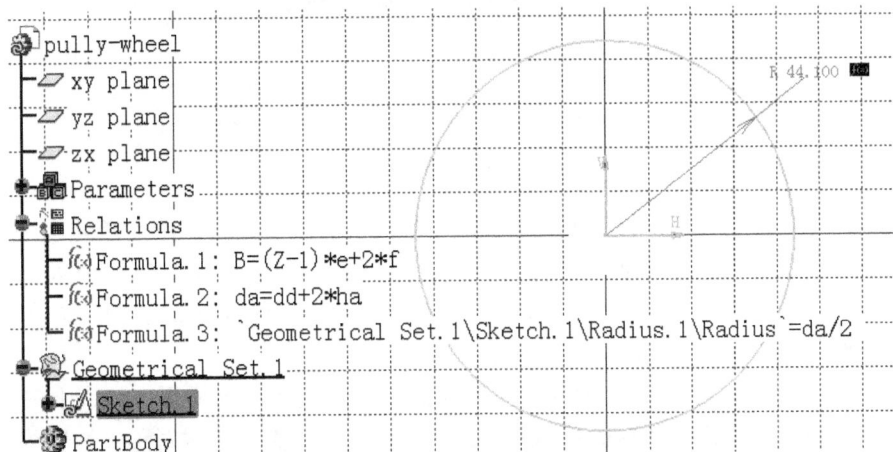

图 5-13　绘制草图

2）退出草图工作台，进入零件设计工作台，在【零件几何体 PartBody】上单击右键，在弹出的快捷菜单中单击【定义工作对象 Define In Work Object】。

3）单击【拉伸 Pad】按钮，先在【拉伸定义 Pad Definition】对话框【Profile/Surface】选项区的【选择 Selection】选择"Sketch.1"（草图.1），然后在【Limits】选项区【类型 Type】下拉列表中选"Dimension"（尺寸），再在【长度 Length】微调框内的数值上单击右键，在弹出的快捷菜单中选择"Edit formula"（编辑公式），如图 5-14 所示。

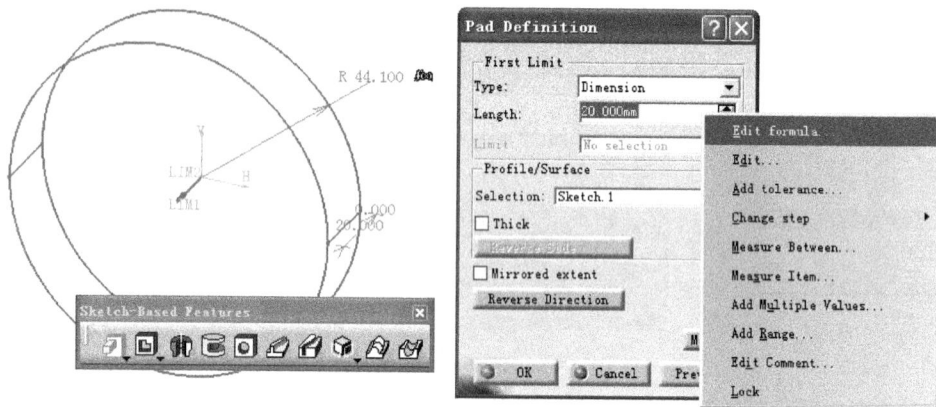

图 5-14　拉伸实体

4）在【公式编辑器 Formula Editor】内输入带轮的宽度 B，如图 5-15 所示。单击【确定 OK】按钮返回【拉伸定义 Pad Definition】对话框，再单击【预览 Preview】按钮，观察无误后单击【确定 OK】按钮。

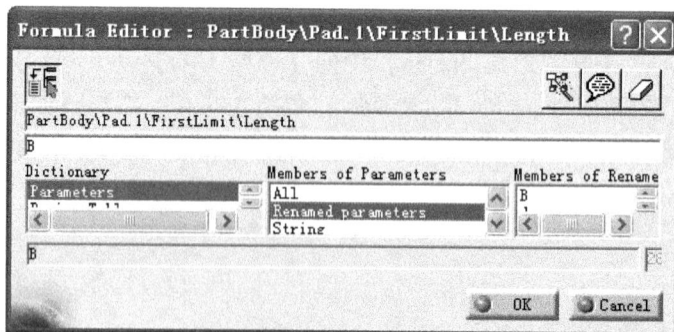

图 5-15　输入参数

5）将【几何图形集.1 Geometrical Set.1】定义为工作对象，然后单击【zx 平面 zx plane】进入草图工作台，水平轴 H 上方绘制一条水平构造线，约束构造线到水平轴线的距离，然后编辑参数公式为 $d_d/2$，再绘制一条垂直的构造线，约束构造线到拉伸实体左端面的距离，编辑参数公式为 f，如图 5-16 所示。

6）休眠构造线，用【轮廓 Profile】工具绘制一个上大下小的梯形，约束上底边到水平构造线的距离和下底边到水平构造线的距离，两条斜边与垂直构造线对称，最后约束两条斜边的夹角，如图 5-17 所示。

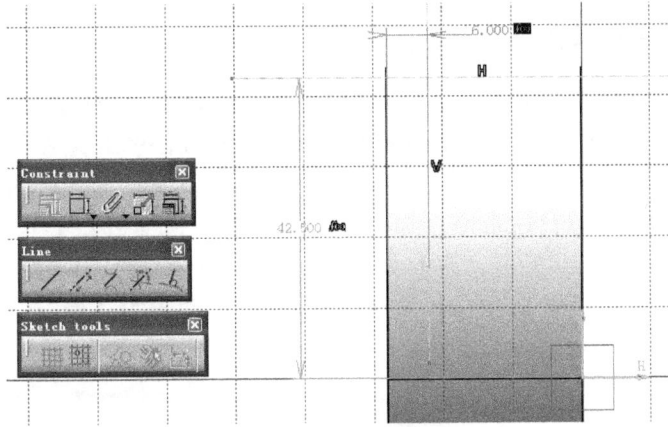

图 5-16　绘制构造线

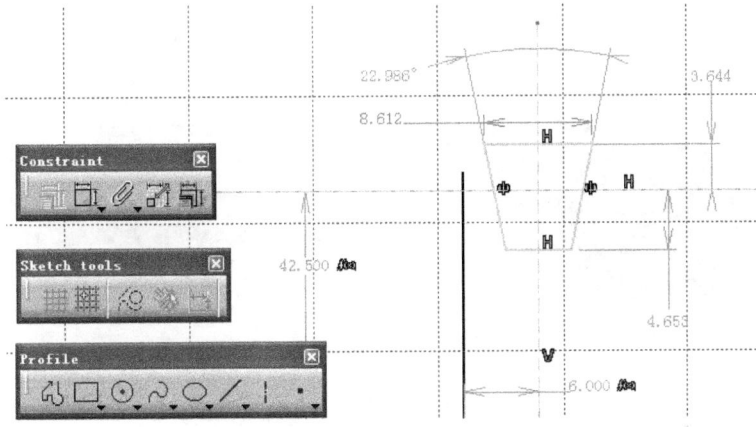

图 5-17　绘制槽型

7）编辑角度参数为 ϕ，编辑带槽的最大宽度为 b、顶高为 h_a、根高为 h_f，如图 5-18 所示。

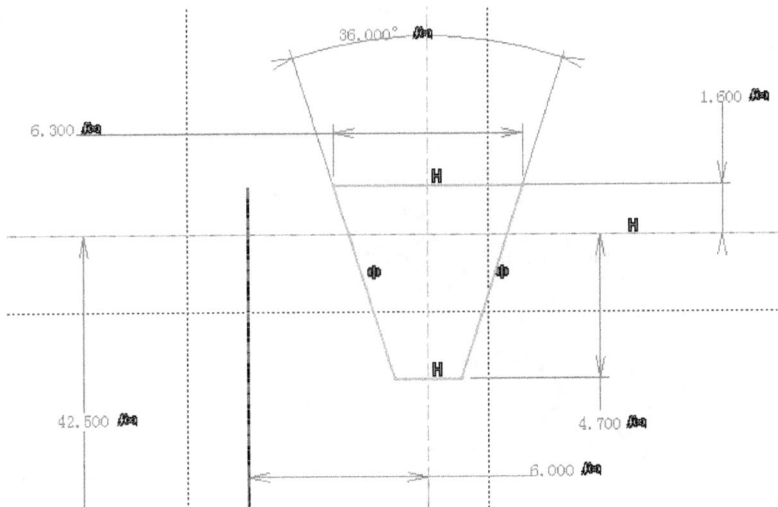

图 5-18　约束草图

5.2.2　Y型带轮实体设计

1）退出草图，回到零件设计工作台，在【零件几何体 PartBody】上单击右键，在弹出的快捷菜单中选择【定义工作对象 Define In Work Object】，单击【旋转槽 Groove】按钮，先在【旋转槽定义 Groove Definition】对话框【Profile/Surface】选项区的【选择 Selection】选择 "Sketch. 2"（草图.2），【Limits】选项区【第一角度 First angle】设为360°，【第二角度 Second angle】设为0°，【轴线 Axis】定义为 "X Axis"（X轴），观察除料的方向和范围，如图5-19所示。单击【预览 Preview】按钮，观察无误后再单击【确定 OK】按钮。

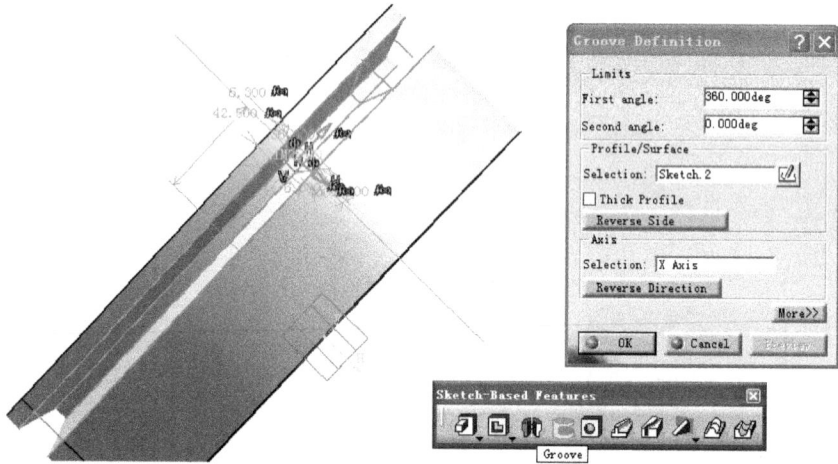

图5-19　生成带槽

2）单击【矩形阵列 Rectangular Pattern】按钮，系统弹出【矩形阵列定义 Rectangular Pattern Definition】对话框，将【参数 Parameters】设置为 "Instance（s）& Spacing"（实例与间隔），【实例 Instance（s）】参数设置为 $Z = 3$，【间隔 Spacing】参数设置为 $e = 8mm$，【参考元素 Reference element】定义为 "X Axis"（X轴），【阵列对象 Object to Pattern】选项区中的【对象 Object】选择为 "Groove.1"（旋转槽.1），单击【反向 Reverse】按钮，调整阵列的方向，如图5-20所示。

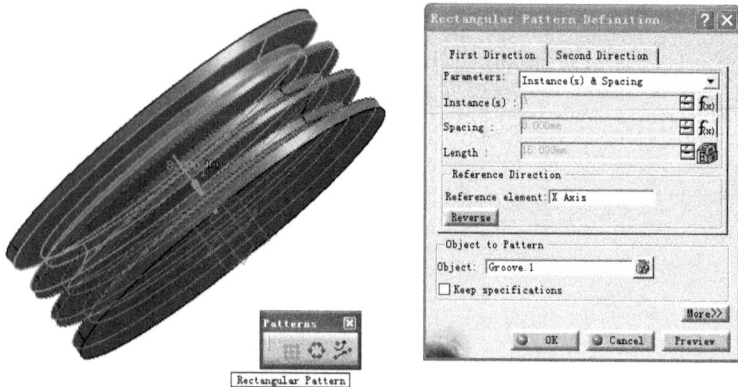

图5-20　阵列带槽

3）到此完成了 Y 型带轮的初步设计，圆角、轴孔及键槽暂不设置参数，留待用户在实际应用中另行设计，如图 5-21 所示。

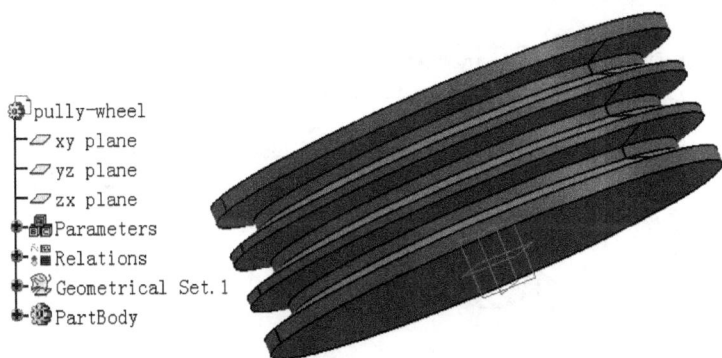

图 5-21　三槽 Y 型带轮

5.3　其他带轮槽型参数设置

1）单击【开始 Start】→【知识工程 Knowledgeware】→【知识专家 Knowledge Advisor】，进入知识专家工作台，如图 5-22 所示。

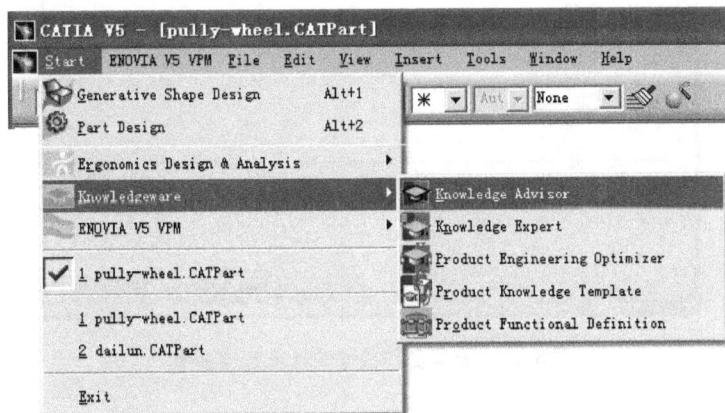

图 5-22　打开知识专家平台

2）单击【法则 Rule】按钮，在【法则编辑器 Rule Editor】中将【法则名称 Name of Rule】修改为 b_d，如图 5-23 所示，然后单击【确定 OK】按钮。

3）在法则编辑器中依次编辑 Y、Z、A、B、C、D、E 型带槽的计算宽度 b_d 值的法则条件语句，如图 5-24 所示。

4）用同样的方法依次输入各型带轮的顶高 h_a、根高 h_f、槽的最大宽度 b，第一个槽中心的边距 f、槽的间距 e，如图 5-25 ~ 图 5-34 所示。

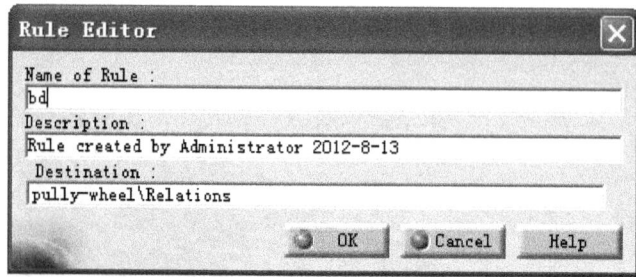

图 5-23　打开法则编辑器

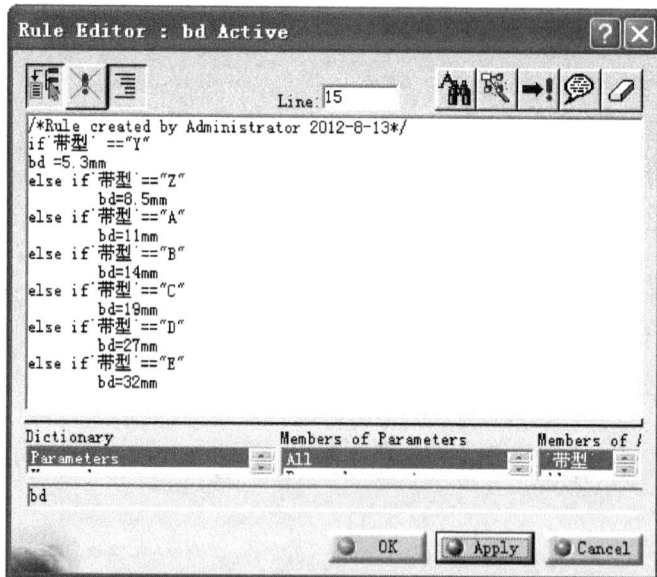

图 5-24　设置各种槽型的计算宽度参数

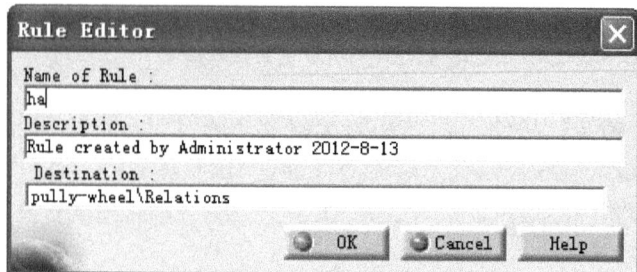

图 5-25　法则编辑器（1）

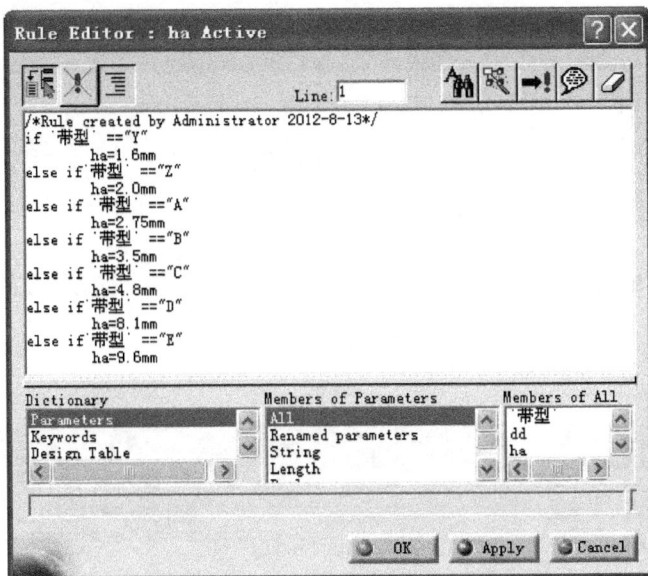

图 5-26　设置各种槽型的顶高

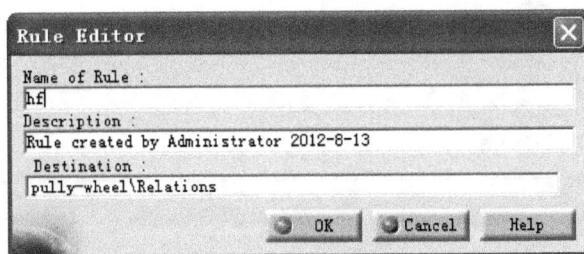

图 5-27　法则编辑器（2）

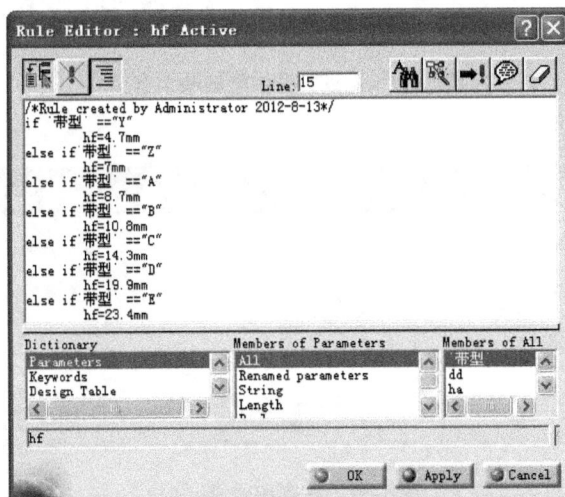

图 5-28　设置各种槽型的底高

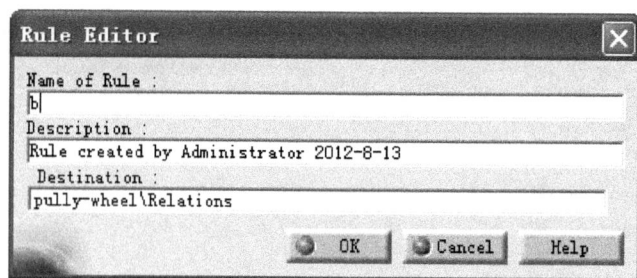

图 5-29　法则编辑器（3）

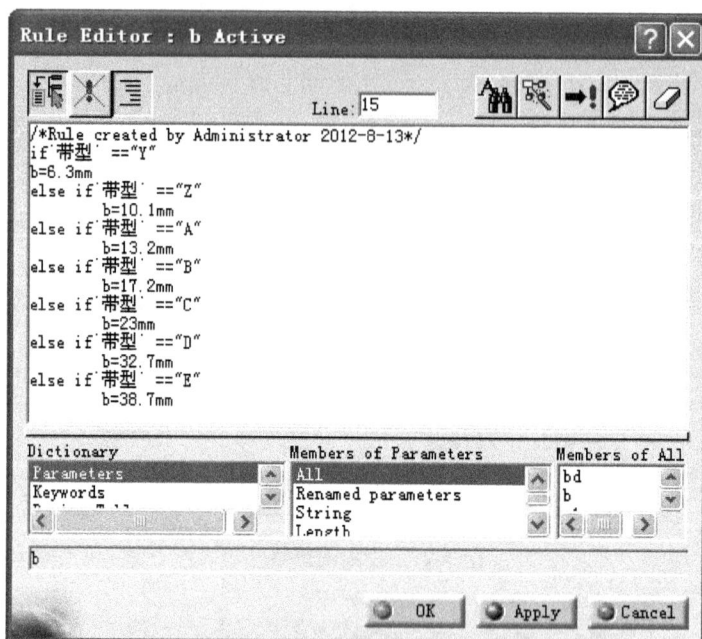

图 5-30　设置各种槽型的最大宽度

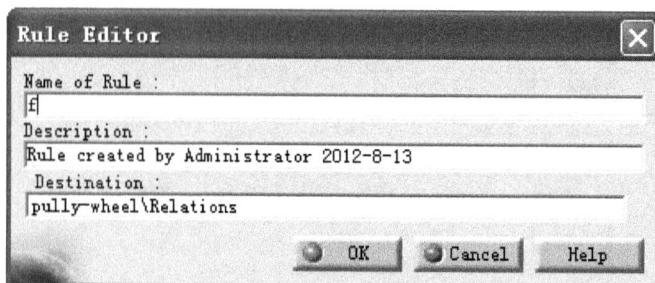

图 5-31　法则编辑器（4）

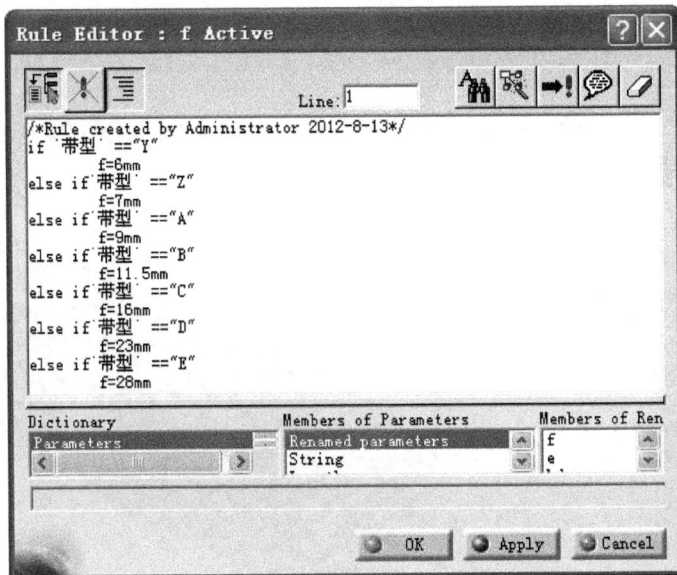

图 5-32　设置各种槽型第一个槽中心的边距

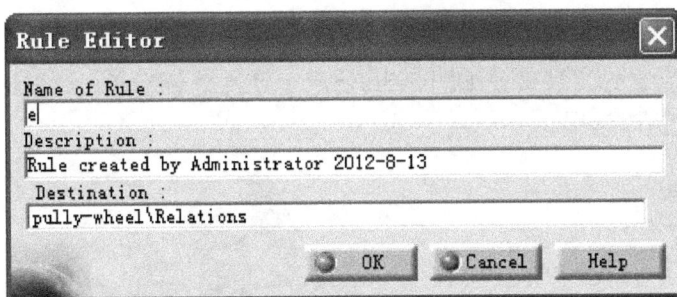

图 5-33　法则编辑器（5）

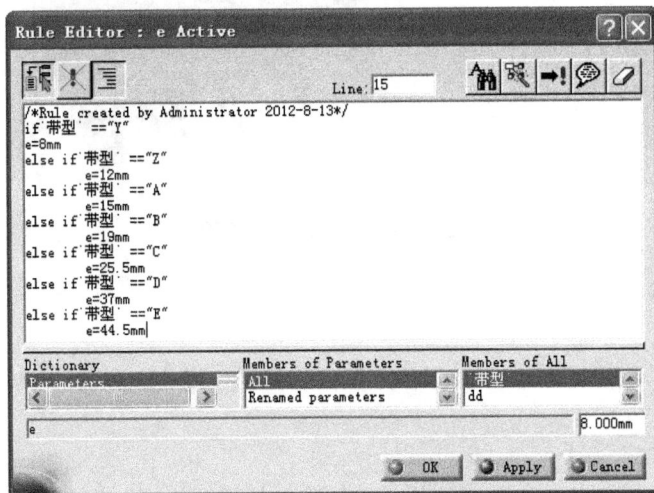

图 5-34　设置各种槽型的间距

5.4 修改参数设置及设计验证

1）在完成的 Y 型带轮的树状目录中将带型修改为 B 型，带轮的计算直径修改为 $d_d = 125\text{mm}$，槽数修改为 $Z = 4$，如图 5-35 所示。

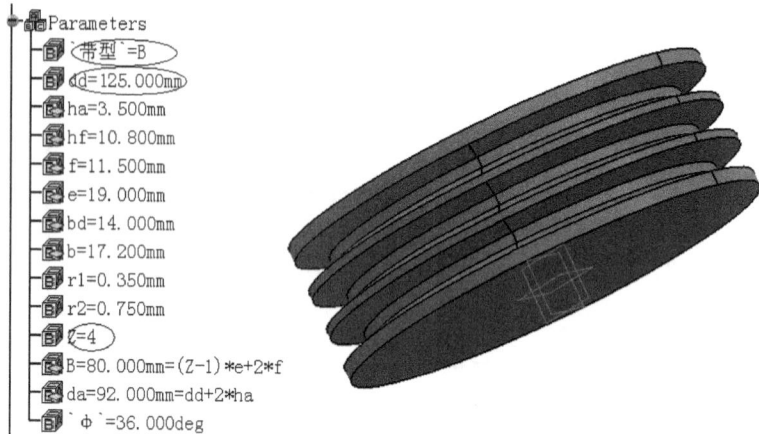

图 5-35 修改带型与参数

2）更新后所生成的 B 型带轮如图 5-36 所示。经过更新验证，此设计无错误，保存后可以在设计过程中随时调用。

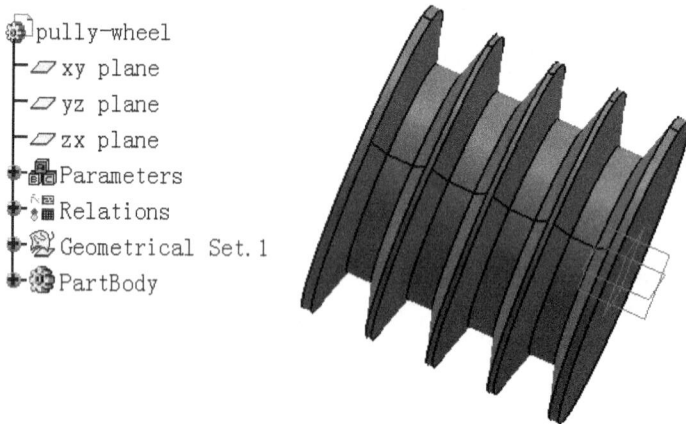

图 5-36 四槽 B 型平带轮

第6章

齿条参数化设计

齿条可以视为是半径无限大的正齿轮的一部分，如图6-1所示。它可以将旋转运动改变为直线运动或者相反，如图6-2所示。齿条的端面经过加工可以连接起来使用，如车床床身导轨下的纵向进给齿条就是由三段或更多段连接而成的齿条，它们广泛应用于工作机械、印刷机械及机器人等各种自动装置、搬运机械上。齿条的三大参数分别为模数 m、压力角 α 和齿距 p，齿条的齿廓端面轮廓如图6-3所示，充分了解齿条的参数和形状可以更方便地设置设计参数。

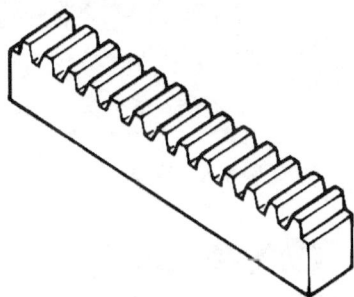

图6-1 齿条（1）

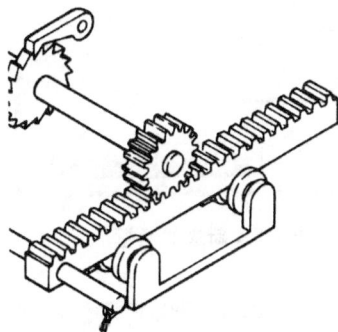

图6-2 齿条应用

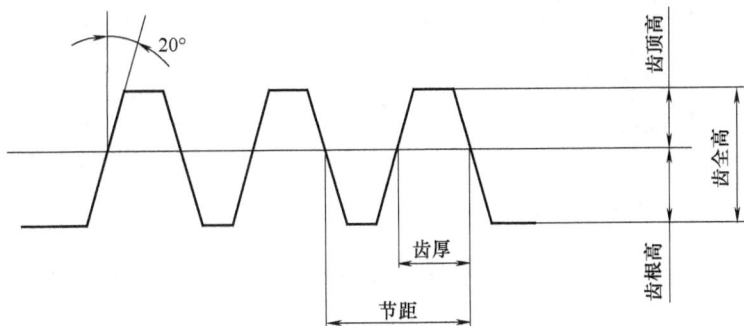

图6-3 齿条齿廓草图

6.1 齿条参数设置

1）首先打开 CATIA 应用程序，然后在【文件 File】下拉菜单中选择【新建...New...】，如图 6-4 所示。在系统弹出的新建对话框中选择"Part"（零件），如图 6-5 所示。单击【确定 OK】按钮后，在树状目录"Part.1"（零件.1）上单击右键，然后在弹出的快捷菜单中选择"Properties"（属性），如图 6-6 所示。在系统自动弹出的【属性 Properties】对话框中修改【零件号 Part Number】为"rack"，如图 6-7 所示，此时树状目录也被相应修改。

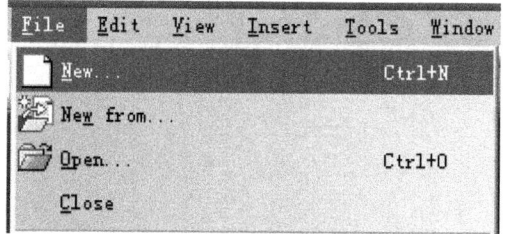

图 6-4 文件下拉菜单

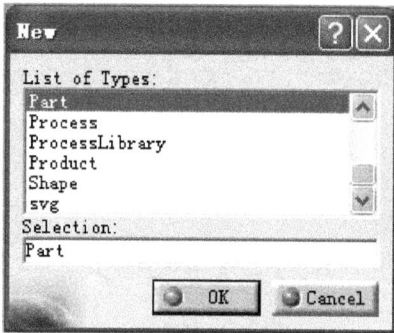

图 6-5 新建对话框

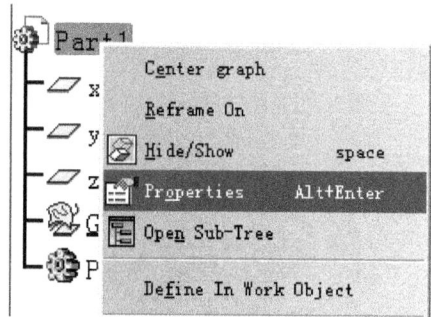

图 6-6 快捷菜单（1）

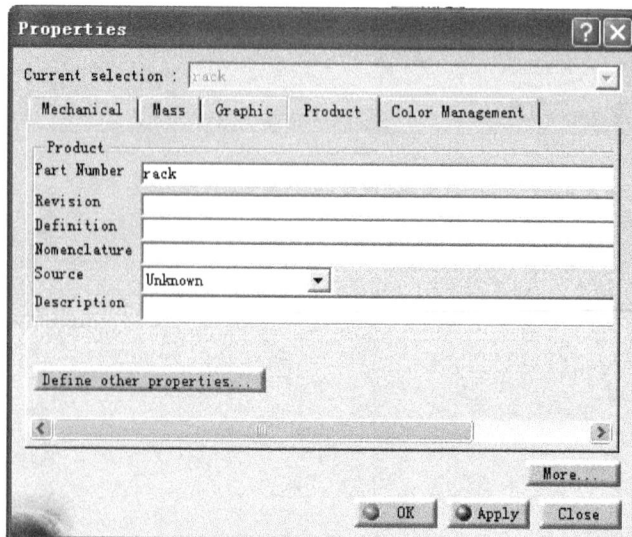

图 6-7 属性对话框（1）

2）在树状目录【PartBody】上单击右键，然后在弹出的快捷菜单中选择【属性 Properties】，修改【特征属性 Feature Properties】选项卡中的【特征名称 Feature Name】为"齿条实体"，如图 6-8 和图 6-9 所示，此时树状目录也被相应修改。

3）在【工具 Tools】下拉菜单中选择【选项… Options…】，如图 6-10 所示。在系统弹出的【选项 Options】对话框中选中【参数 Parameters】和【关系 Relations】两个复选项，如图 6-11 所示，继续在对话框中选中【带值 With value】和【带公式 With formula】两个复选项，如图 6-12 所示，单击【确定 OK】按钮确认。

4）参数化设置首先在【工具 Tools】下拉菜单中选中【公式…Formula…】选项，或单击工具条中的公式图标，如图 6-13 所示。

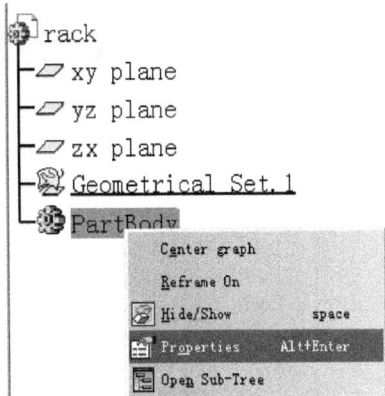

图 6-8 快捷菜单（2）

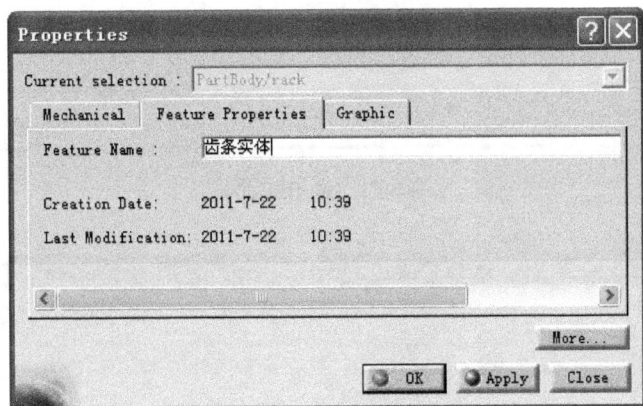

图 6-9 属性对话框（2）

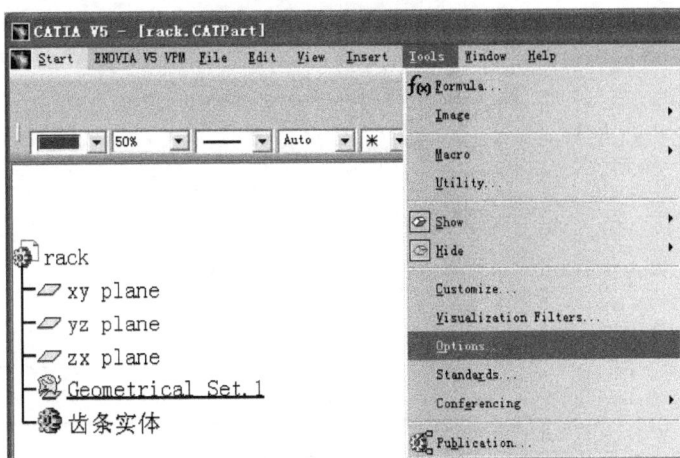

图 6-10 工具下拉菜单（1）

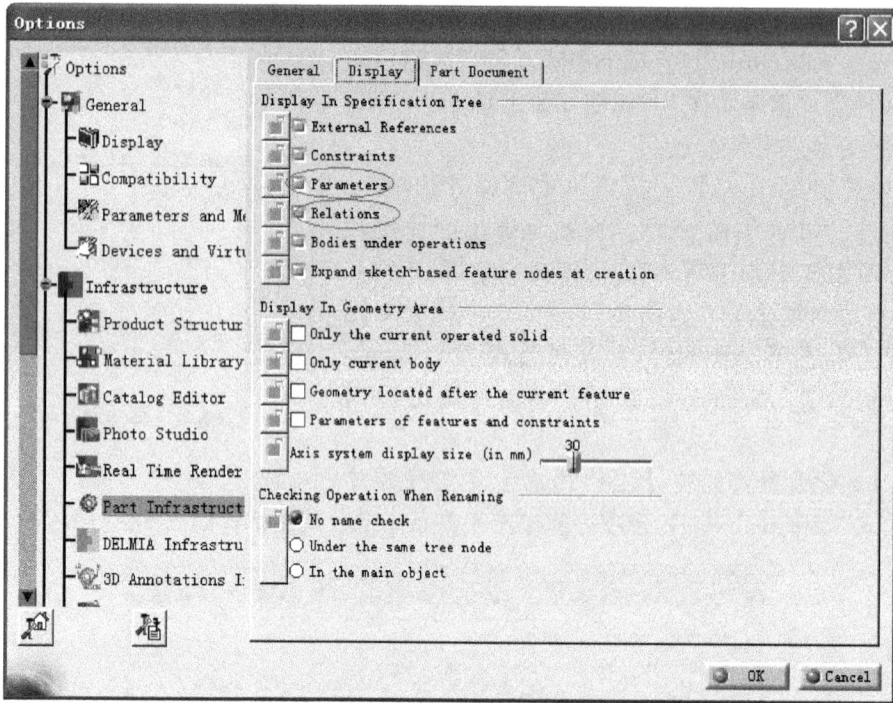

图 6-11　显示选项卡

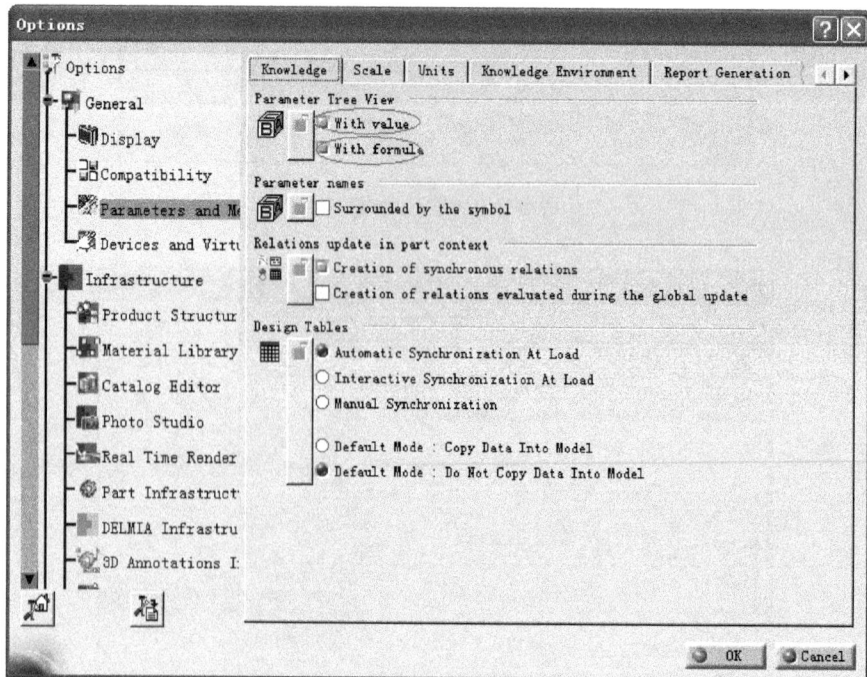

图 6-12　参数与测量选项卡

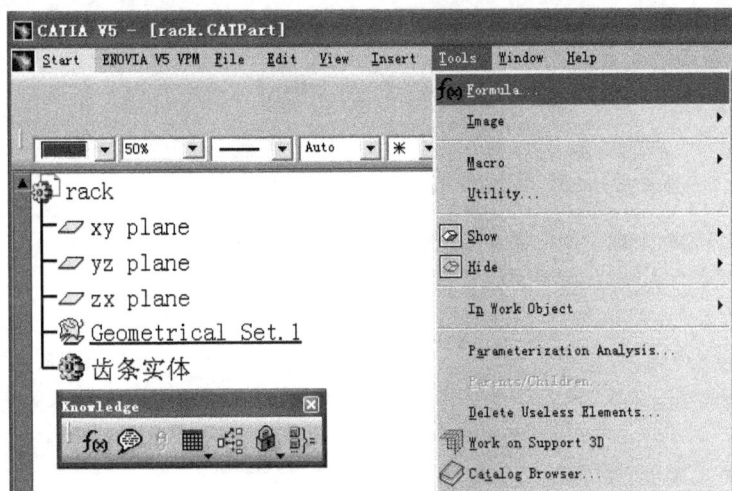

图6-13　工具下拉菜单（2）

5）系统自动弹出公式编辑对话框，将【新参数类型 New Parameter of type】更改为"Angle"（角度），如图6-14所示。单击【新参数类型 New Parameter of type】按钮，输入齿条的齿形压力角 $\alpha = 20°$，然后按【应用 Apply】按钮。

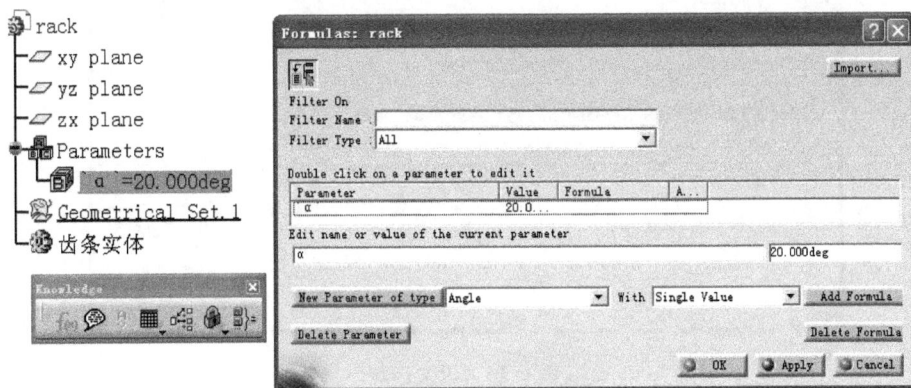

图6-14　设置压力角参数

6）继续输入参数，将【新参数类型 New Parameter of type】更改为"Length"（长度），然后按照上面的步骤输入齿条的模数 $m = 3.5$，如图6-15所示。

7）单击【新参数类型 New Parameter of type】按钮，先输入齿条的齿距 p，然后按【添加公式 Add Formula】按钮，如图6-16所示。系统自动弹出【公式编辑器 Formulas Editor】对话框，在其中输入齿条的齿距公式 $p = \pi m$，注意输入的公式格式，将 π 录入为 PI，如图6-17所示。单击【确定 OK】按钮返回到公式编辑器界面，单击【应用 Apply】按钮确认。

8）继续用类似的方法输入齿顶高公式 $h_a = m$、齿根高公式 $h_f = 1.25m$，如图6-18和图6-19所示。

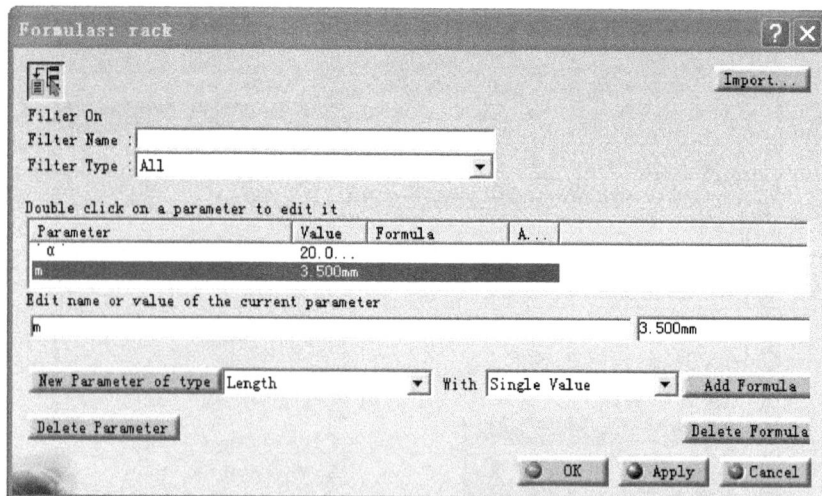

图 6-15　设置模数

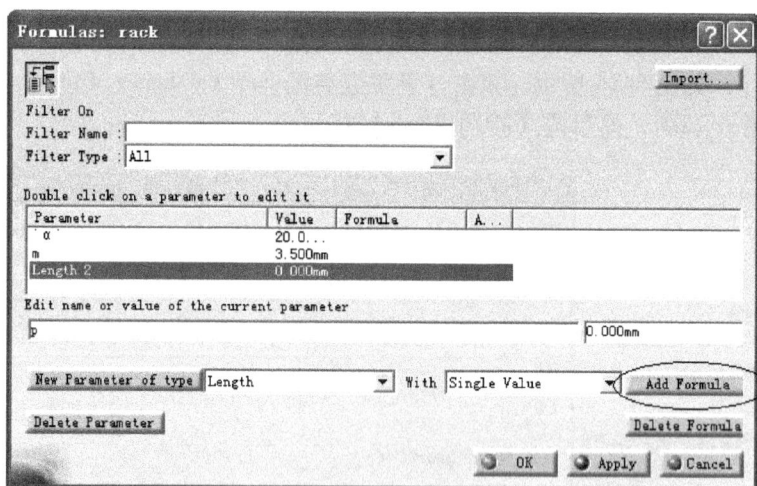

图 6-16　设置齿距

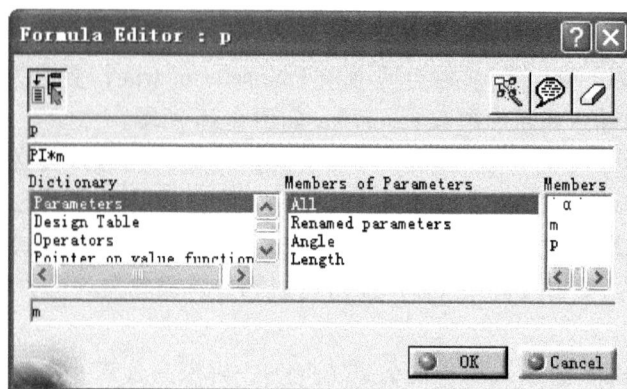

图 6-17　添加公式

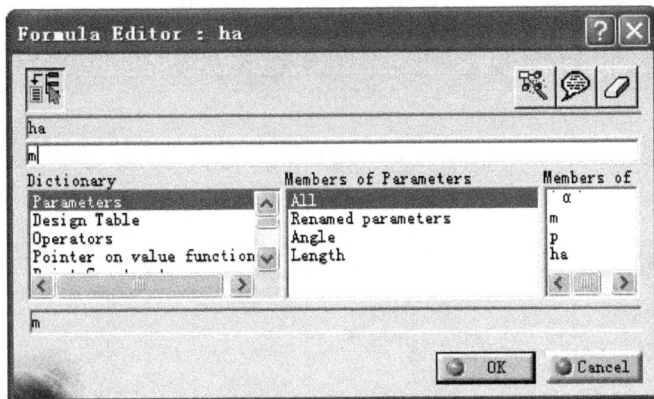

图 6-18　设置齿顶高

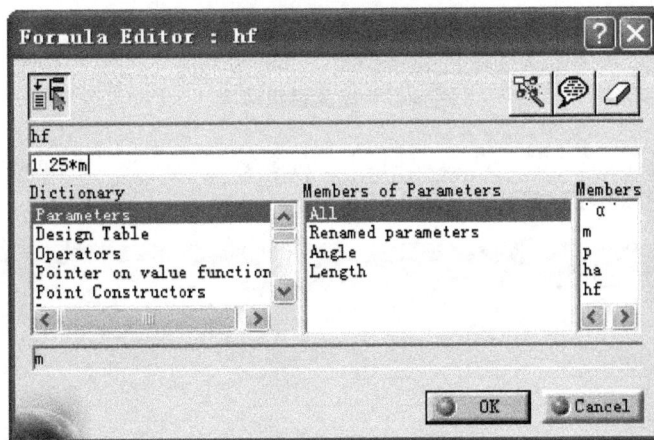

图 6-19　设置齿根高

9）同样输入参数化的齿条高度公式 $H = 2.5p$ 和齿条厚度公式 $B = 3m$，如图 6-20 和图 6-21所示。

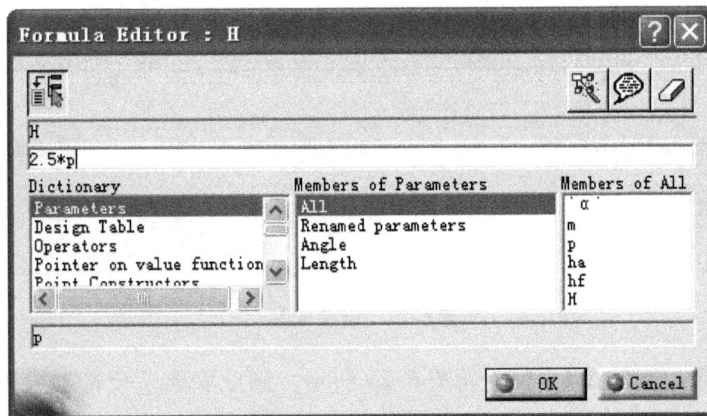

图 6-20　设置齿条高度

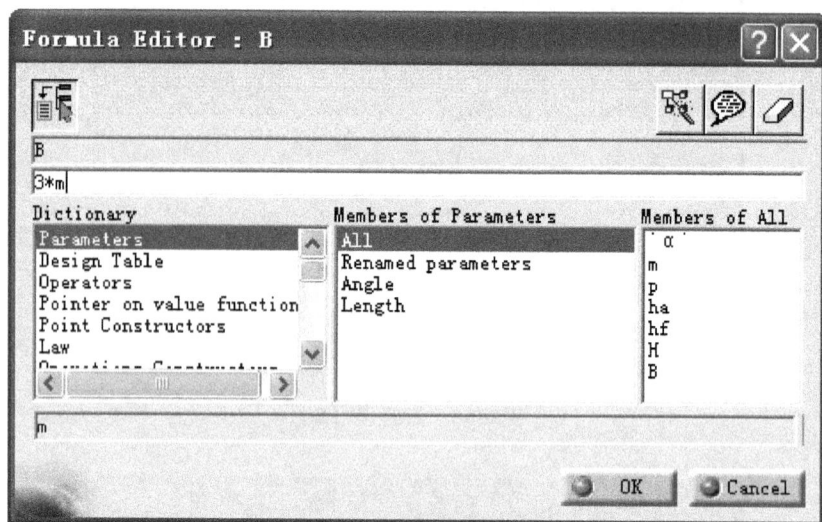

图6-21 设置齿条厚度

10）输入齿数公式 $Z = 25$，注意此时的【新参数类型 New Parameter of type】应该为"Real"（实型），如图6-22所示。

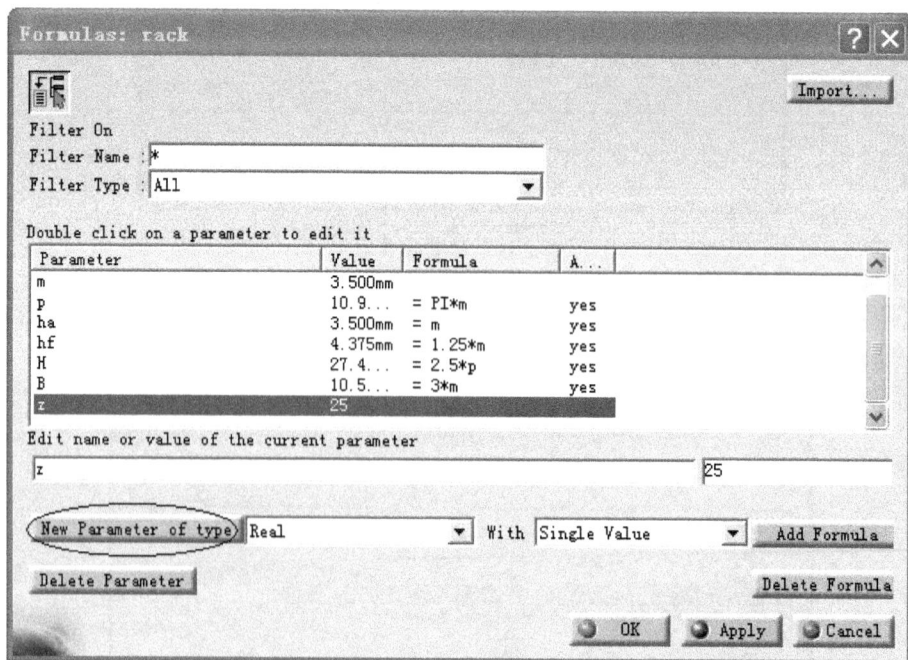

图6-22 设置齿数

11）输入齿条长度公式 $L = pz$，如图6-23所示。到此完成了全部参数设置，如图6-24所示，单击【确定 OK】按钮确定。

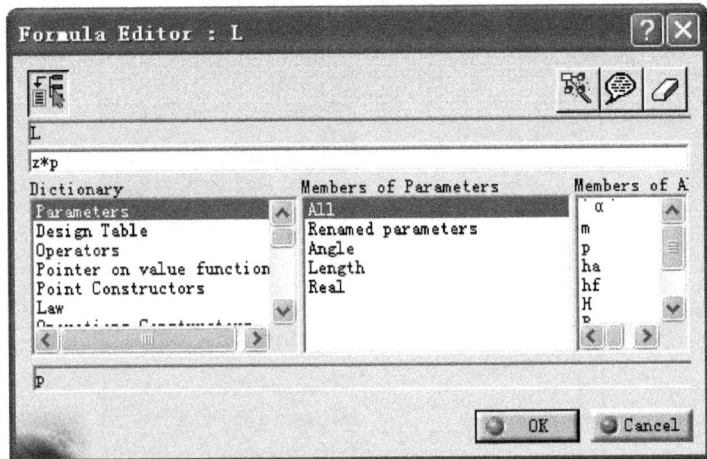

图 6-23 设置齿条长度

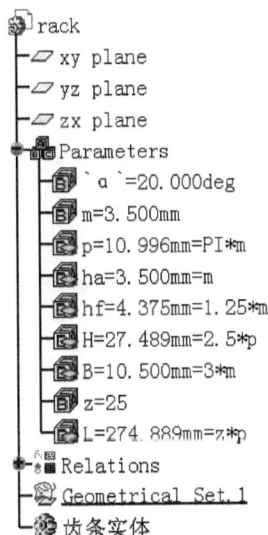

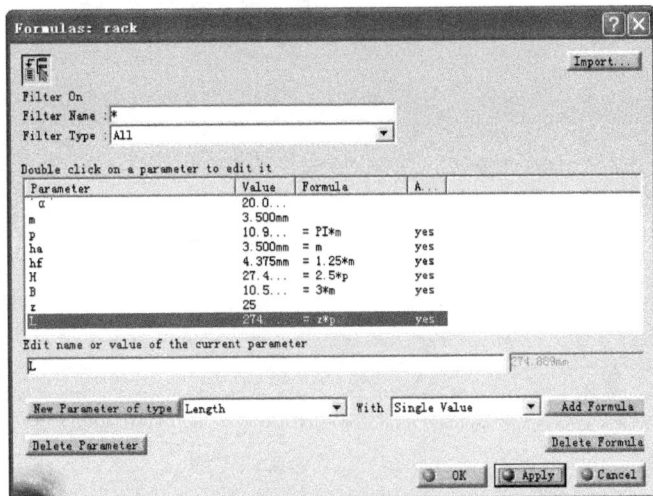

图 6-24 齿条参数

6.2 齿条草图设计

1）在树状目录的【几何图形集 . 1 Geometrical Set. 1】上单击右键，然后在弹出的快捷菜单中选择"Define In Work Object"（定义工作对象），如图 6-25 所示。

2）在零件设计平台选择 yz 平面，单击【草图 Sketcher】工具栏上的 ![icon] 按钮，进入草图绘制工作台，此时 yz 平面为当前的草图绘制平面。单击【轮廓 Profile】工具条中的【矩形 Rectangle】按钮下的黑色三角符号，拖拽出【定制图形 Predefined Profile】工具条，单击其上的【矩形 Rectangle】按钮，在图上的 H 轴下绘制图 6-26 所示的图形，几何位置约束如图所示。

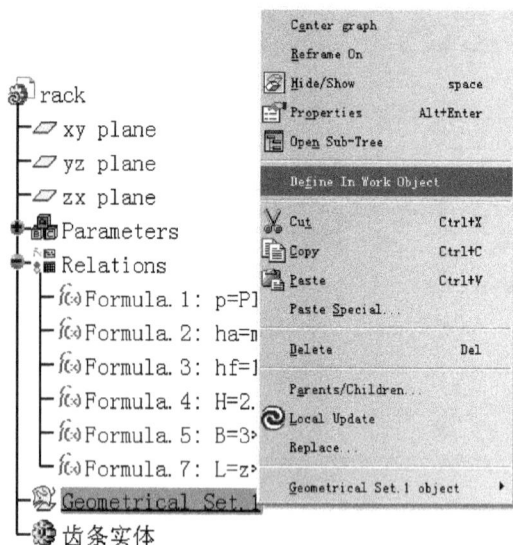

图 6-25　定义工作对象

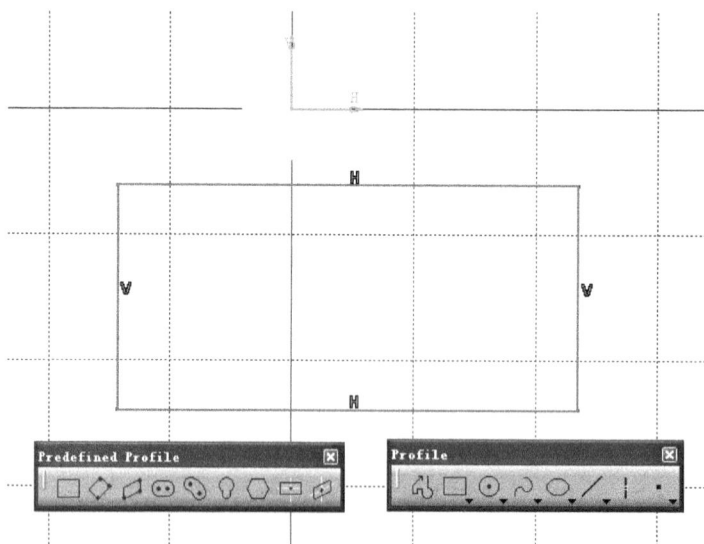

图 6-26　绘制矩形

3）用同样的方法找到直线绘制命令，单击【直线 Line】命令按钮，在 H 轴上方绘制一条水平线，如图 6-27 所示。

4）单击【约束 Constraint】按钮，标注直线与 H 轴之间的距离，如图 6-28 所示，在图示的尺寸约束上双击，系统自动弹出【约束定义 Constraint Definition】对话框，在【数值 Value】微调框内的数字上单击右键，在弹出的快捷菜单中单击【编辑公式 ... 】（Edit formula...），如图 6-29 所示。系统弹出【公式编辑器 Formulas Editor】对话框，输入齿顶高公式 $h_a = m$，如图 6-30 所示。单击【确定 OK】按钮确认，返回【约束定义 Constraint Definition】对话框，再单击【确定 OK】按钮确认，此时齿顶高值发生了变化，且与公式发生关联。

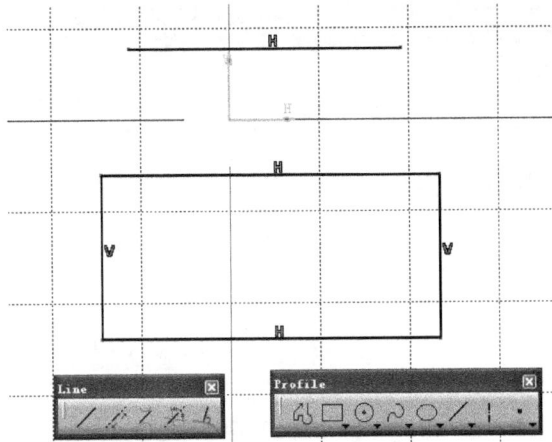

图 6-27 绘制水平线

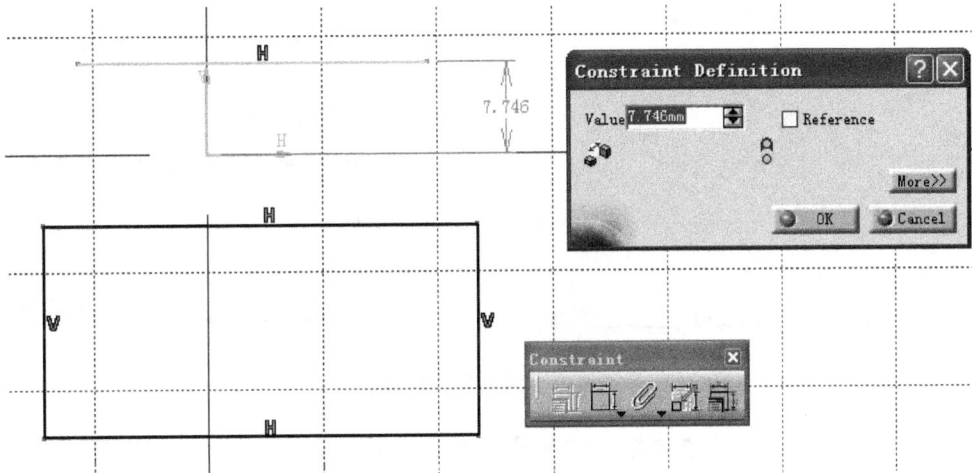

图 6-28 约束水平线

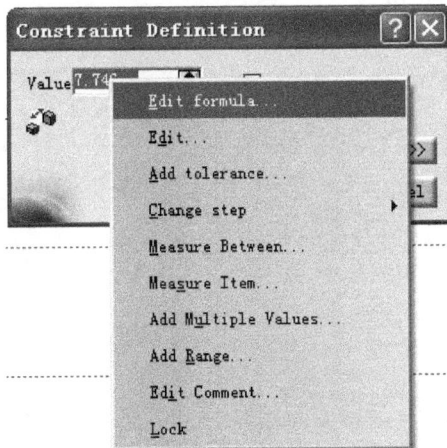

图 6-29 快捷菜单（3）

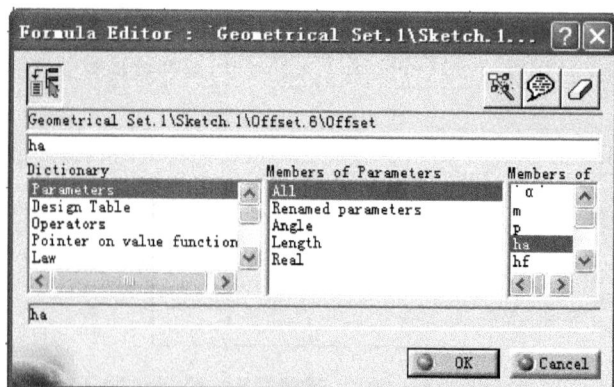

图 6-30   输入齿顶高参数

5）用同样的方法约束矩形上边到 H 轴的距离，输入齿根高公式 $h_f = 1.25m$，如图 6-31 所示。

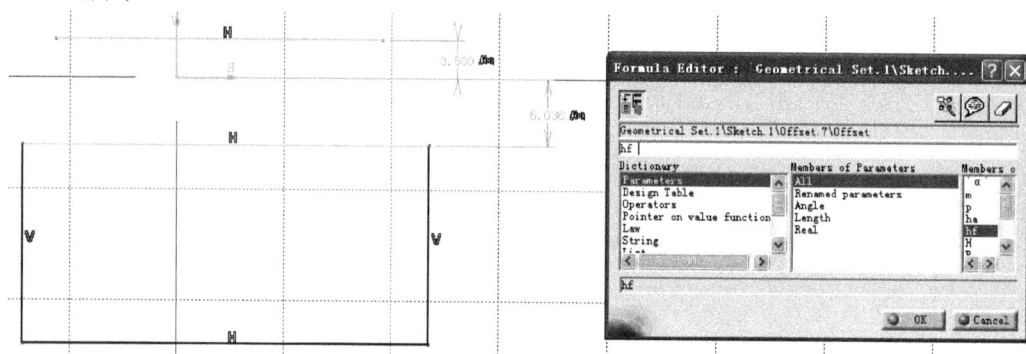

图 6-31   输入齿根高参数

6）按住〈Ctrl〉键，先选中矩形的两条竖直边，再选中 V 轴，单击【约束 Constraint】工具条上的【在对话框中约束定义 Constraints Defined in Dialog Box】按钮，在弹出的【约束定义 Constraint Definition】对话框中选中【对称 Symmetry】复选框，如图 6-32 所示，单击【确定 OK】按钮确认创建的约束。

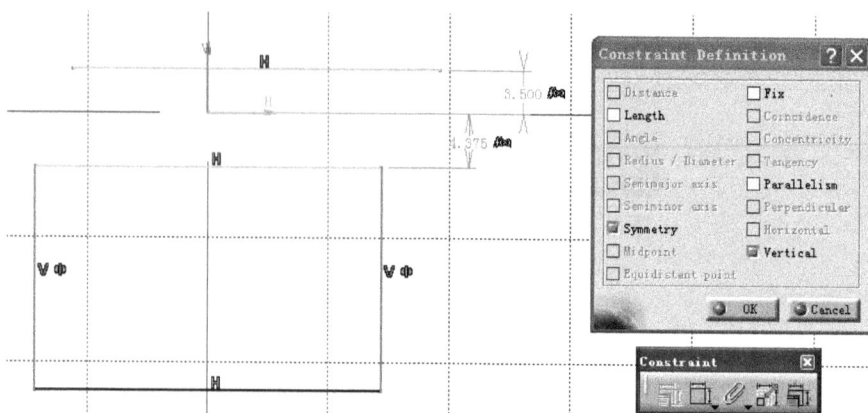

图 6-32   对称约束

7）先标注矩形的宽度，再双击尺寸值，在弹出的【约束定义 Constraint Definition】对话框中单击右键调整值上的数字，在弹出的快捷菜单中选"Edit formula"（编辑公式），如图 6-33 所示。系统弹出【公式编辑器 Formulas Editor】对话框，输入齿距公式 p，如图 6-34 所示。单击【确定 OK】按钮确认，返回【约束定义 Constraint Definition】对话框，再单击【确定 OK】按钮确认，此时齿距值发生了变化，且与公式发生关联。

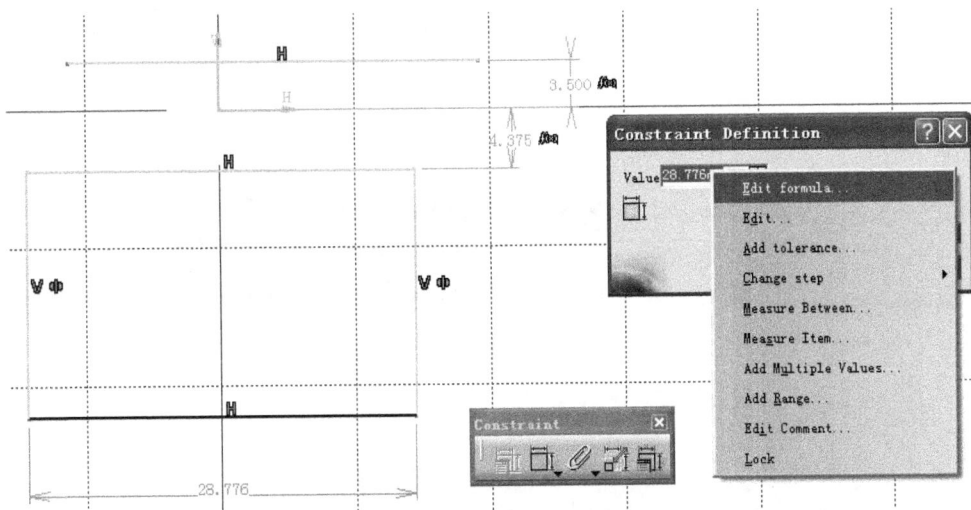

图 6-33　约束矩形宽度

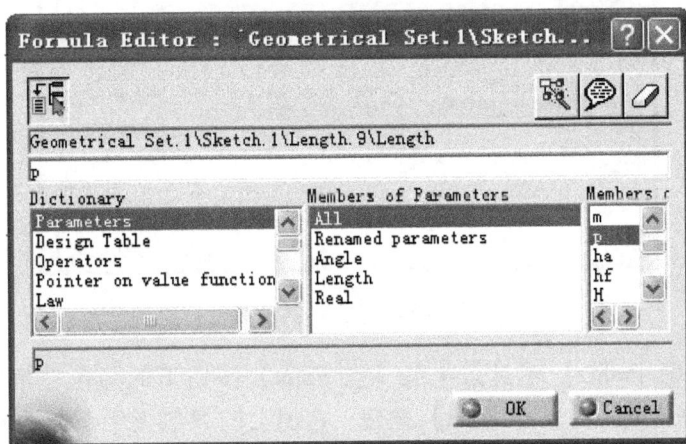

图 6-34　输入参数（1）

8）单击【约束 Constrain】按钮，标注直线与矩形的底边之间的距离，如图 6-35 所示。在图示的尺寸约束上双击，系统自动弹出【约束定义 Constraint Definition】对话框，右键单击【数值 Value】微调框内的数字，在弹出的快捷菜单中选择"Edit formula..."（编辑公式...），系统弹出【公式编辑器 Formula Editor】对话框，输入齿条高公式 H，如图 6-36 所示。单击【确定 OK】按钮确认，返回【约束定义 Constraint Definition】对话框，再单击【确定 OK】按钮确认。

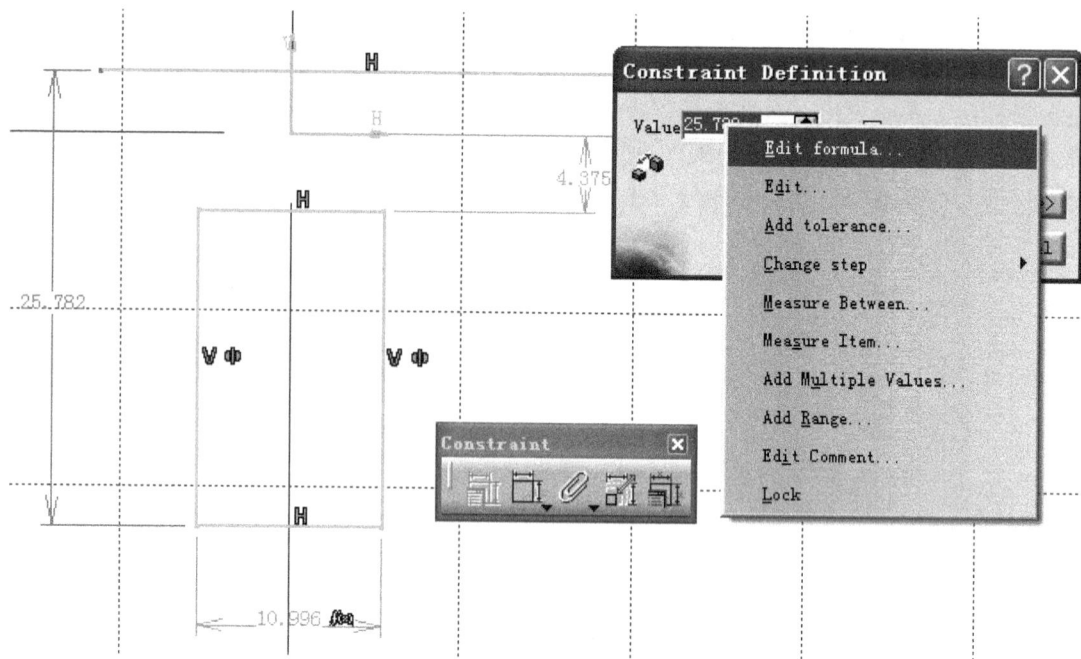

图 6-35   约束齿条高度

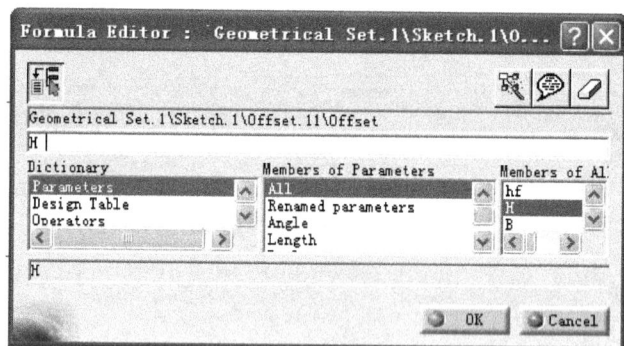

图 6-36   输入参数（2）

9）单击【轮廓 Profile】工具条中的【点 Point】按钮下的黑色三角块，拖拽出【点 Point】工具条，单击其上的【点 Point】按钮，在图上的 H 轴上绘制图 6-37 所示的点，几何位置约束如图所示。

10）单击【约束 Constraint】按钮，约束刚绘制的点与 V 轴之间的距离，如图 6-38 所示。在图示的尺寸约束上双击，系统自动弹出【约束定义 Constraint Definition】对话框，右键单击【数值 Value】微调框内的数字，在弹出的快捷菜单中选择"Edit formula..."（编辑公式...），系统弹出【公式编辑器 Formula Editor】对话框，输入一半齿厚的公式 $p/4$，如图 6-39 所示。单击【确定 OK】按钮确认，返回【约束定义 Constraint Definition】对话框，再单击【确定 OK】按钮确认。

11）绘制图 6-40 所示的直线，然后使直线与点相合约束，如图 6-41 所示。

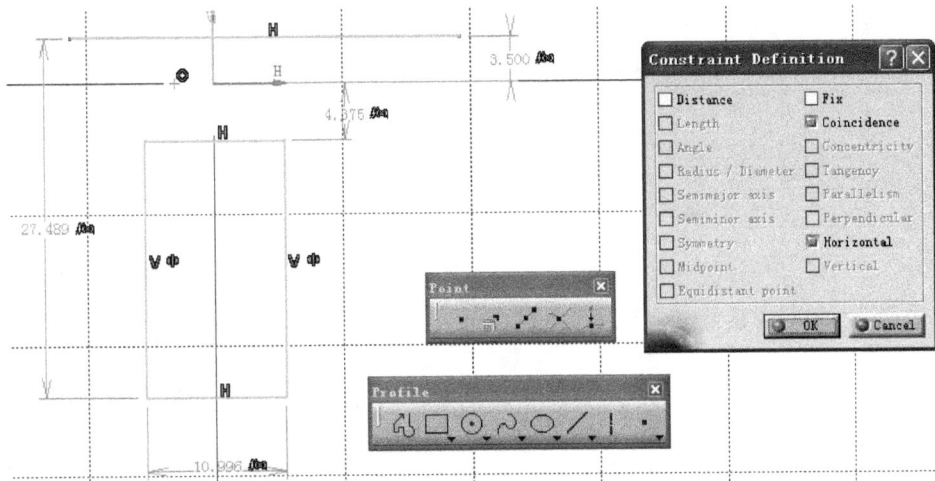

图 6-37　绘制点

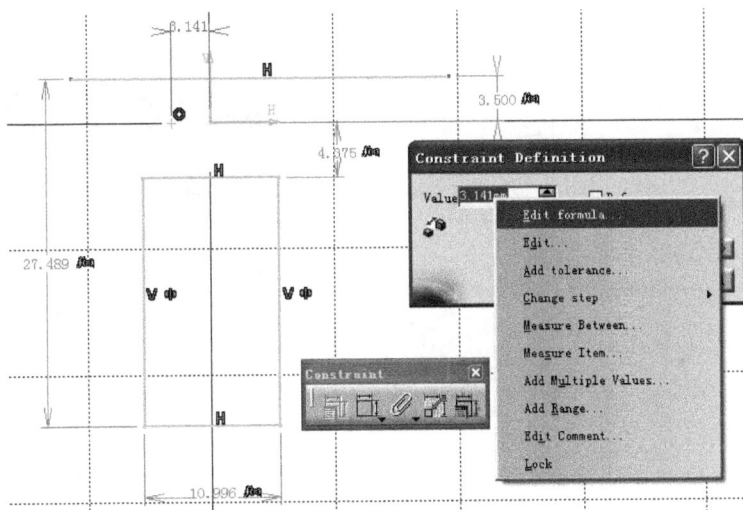

图 6-38　约束点

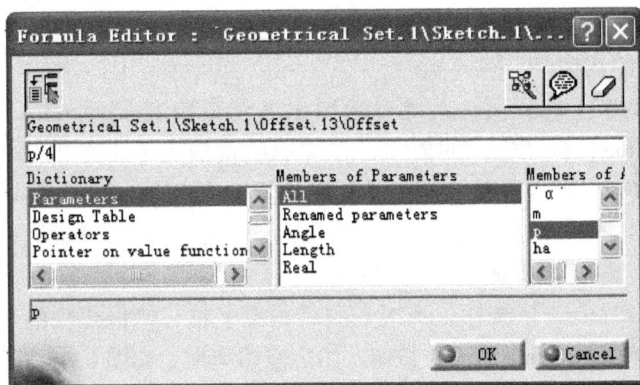

图 6-39　输入参数（3）

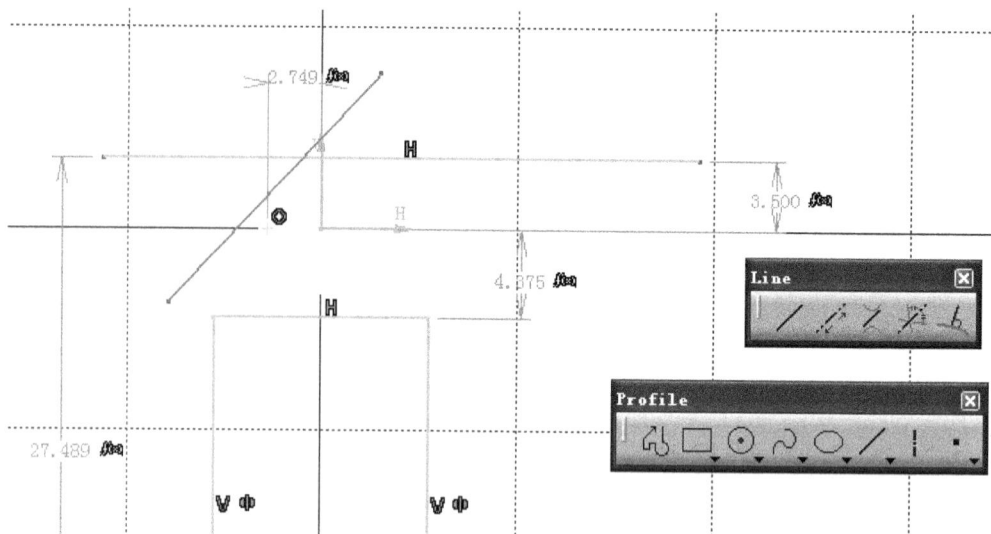

图 6-40 绘制直线

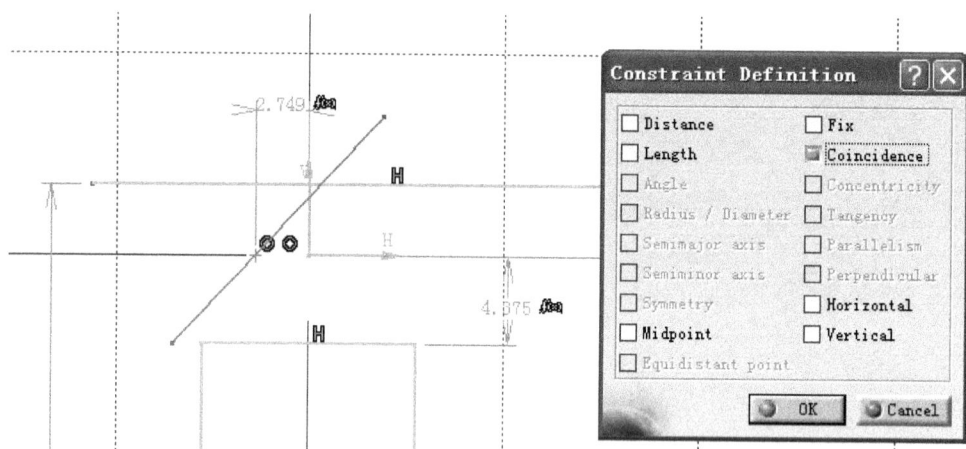

图 6-41 相合约束

12）按住〈Ctrl〉键，先选中直线和 *V* 轴，单击【约束 Constraint】工具条上的【约束定义 Constraint Definition】按钮，标注直线与 *V* 轴之间的夹角，如图 6-42 所示，单击【确定 OK】按钮确认创建的约束。

13）双击角度约束上的数值，系统自动弹出【约束定义 Constraint Definition】对话框，右键单击【数值 Value】微调框内的数字，在弹出的快捷菜单中单击 "Edit formula..."（编辑公式...），如图 6-43 所示。系统弹出【公式编辑器 Formula Editor】对话框，输入齿形压力角公式 $\alpha = 20°$，如图 6-44 所示。单击【确定 OK】按钮确认，返回【约束定义 Constraint Definition】对话框，再单击【确定 OK】按钮确认。

14）单击【镜像 Mirror】按钮，选中直线后再选 *V* 轴，镜像操作的结果如图 6-45 所示。

15）单击【快速修剪 Quick Trim】按钮，然后修剪齿形，如图 6-46 所示。在树状目录上选中 "Point.7"（点.7），然后单击【草图工具 Sketch tools】中的【结构要素 Construction/Standard Element】按钮，如图 6-47 所示。退出草图界面，进入零件设计平台，如图 6-48 所示。

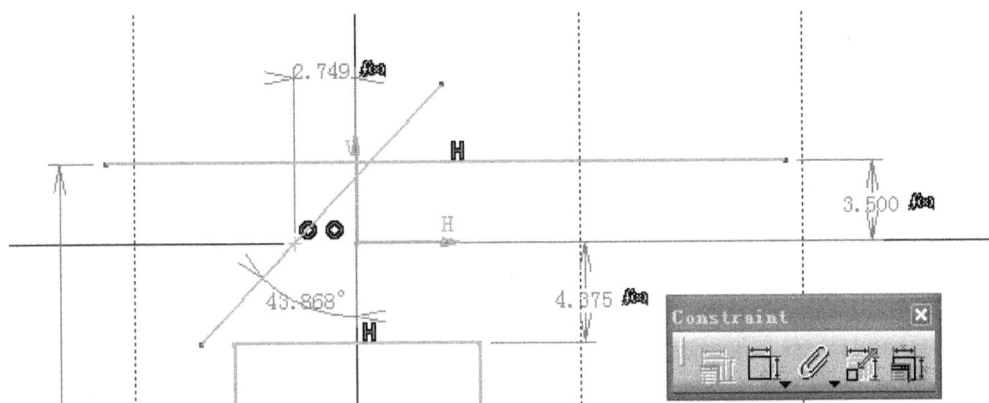

图6-42 约束角度

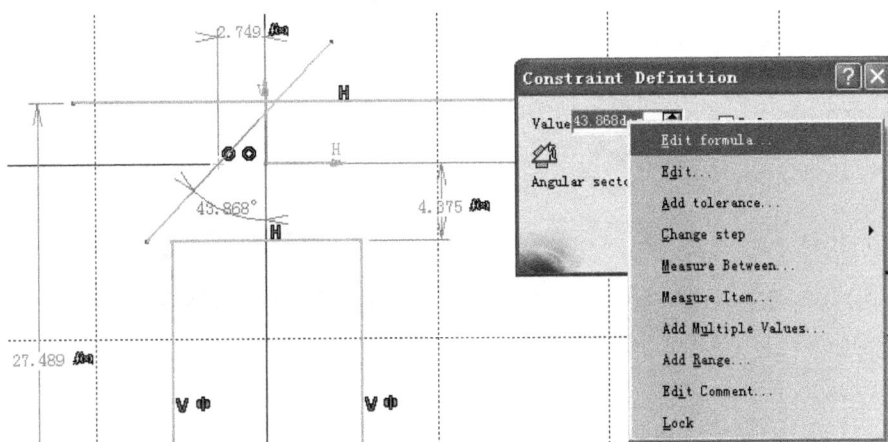

图6-43 快捷菜单（4）

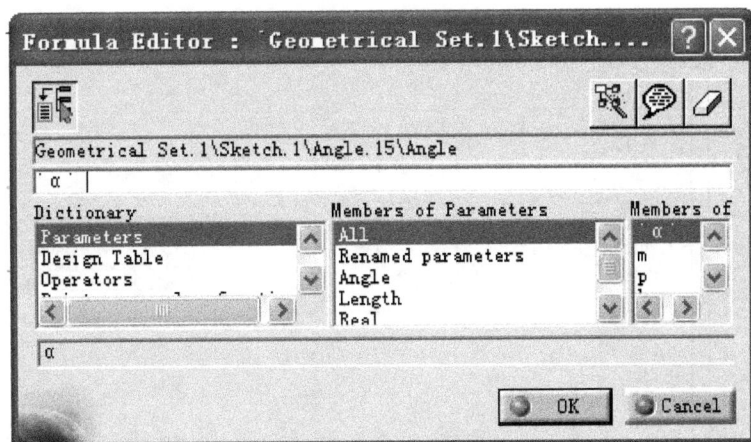

图6-44 输入角度参数

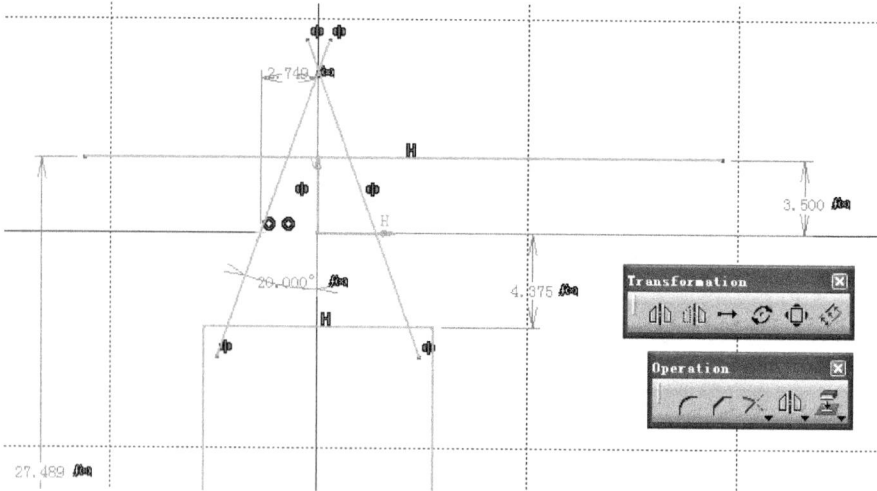

图 6-45　镜像操作

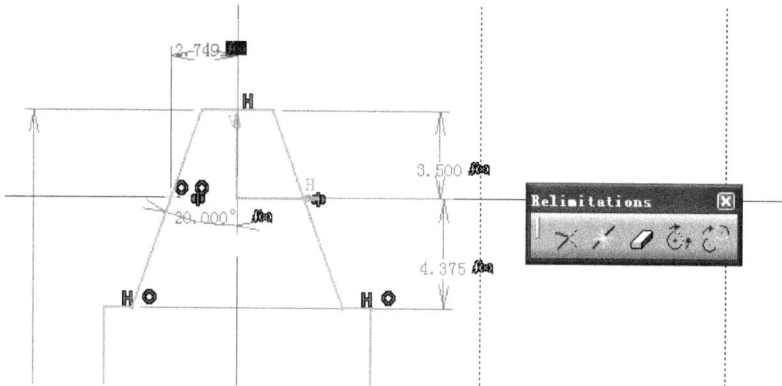

图 6-46　快速修剪

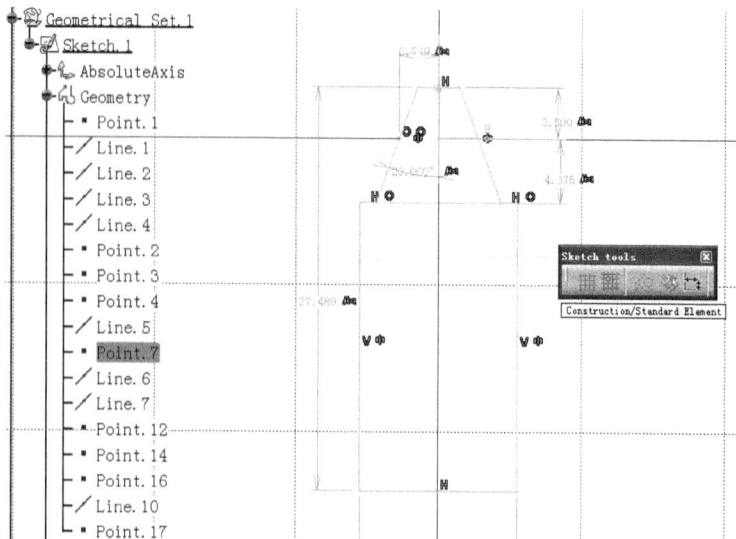

图 6-47　齿廓草图

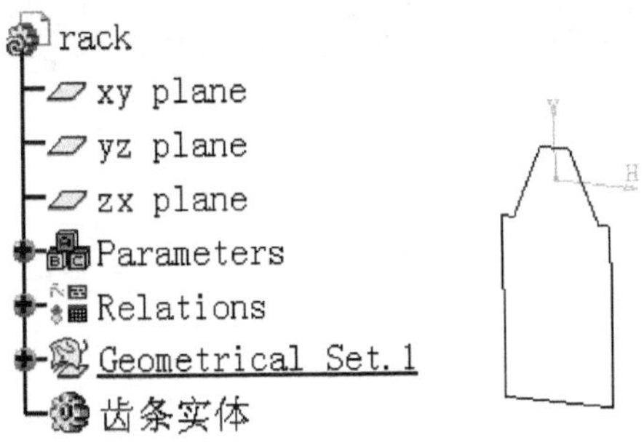

图 6-48　零件设计平台

6.3　齿条实体设计

1）在零件设计平台中，定义齿条实体为工作对象，选中【草图 . 1 Sketch. 1】，然后单击【拉伸 Pad】按钮，系统弹出【拉伸定义 Pad Definition】对话框，右键单击【长度 Length】微调框中默认的数值，在系统弹出的快捷菜单中单击"Edit formula"（编辑公式），如图 6-49 所示。系统弹出【公式编辑器 Formula Editor】对话框，输入齿条厚度公式 $B = 3m$，如图 6-50 所示。单击【确定 OK】按钮确认，返回【拉伸定义 Pad Definition】对话框，再单击【确定 OK】按钮确认。

2）按住〈Ctrl〉键，先选中图 6-51 所示的两条齿根线，在【特征修饰 Dress-Up Features】工具条中单击【圆角 Edge Fillet】命令，然后在弹出的【圆角定义 Edge Fillet Definition】对话框中的【半径 Radius】微调框内数值上单击右键，在弹出的快捷菜单中单击"Edit formula..."（编辑公式...），如图 6-51 所示。系统弹出【公式编辑器 Formula Editor】对话框，输入齿条的齿根圆角半径公式 $0.38 * m$，如图 6-52 所示。单击【确定 OK】按钮确认，返回【圆角定义 Edge Fillet Definition】对话框，再单击【确定 OK】按钮，完成倒圆角操作。

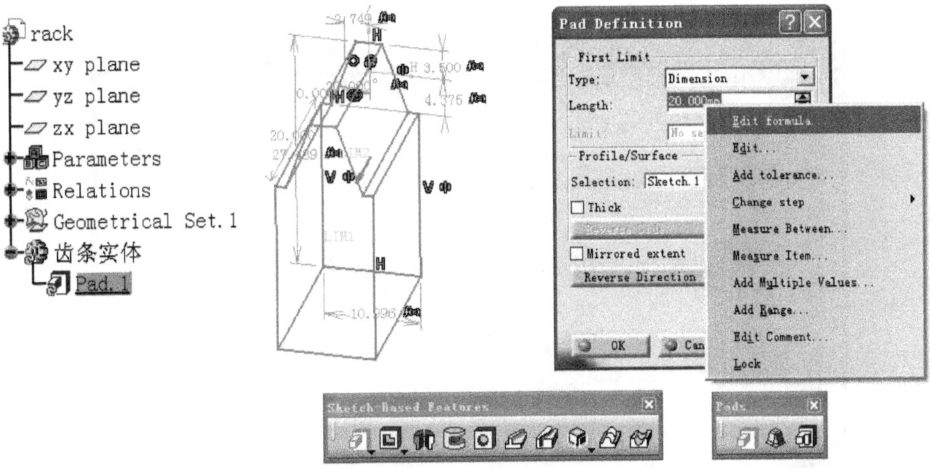

图 6-49　拉伸齿廓实体

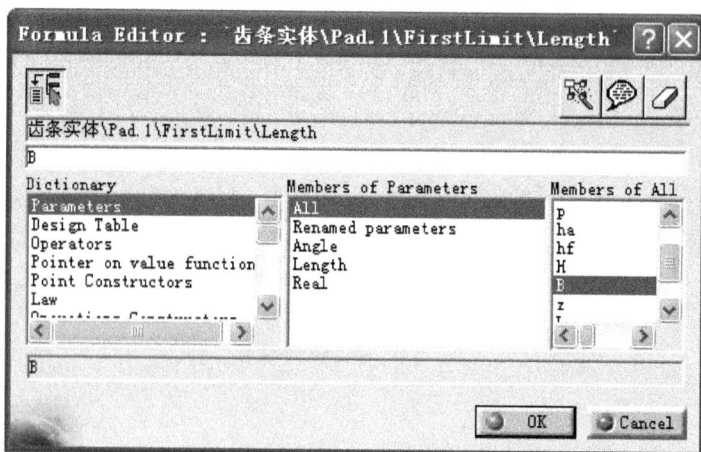

图 6-50 输入参数（4）

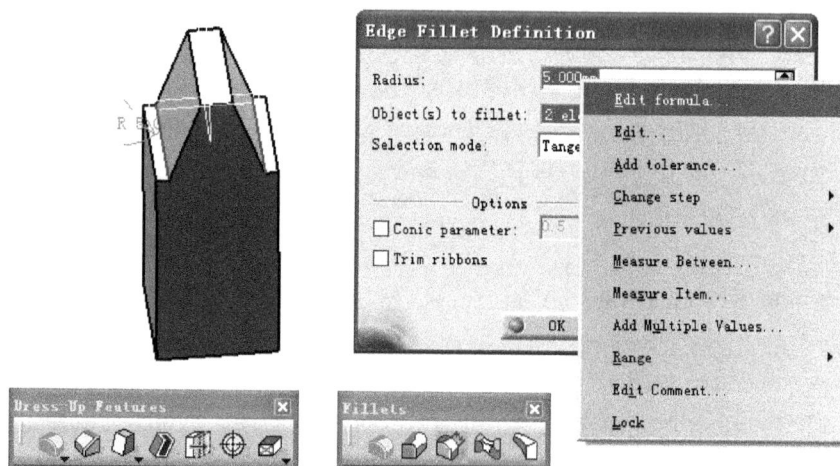

图 6-51 倒圆角操作

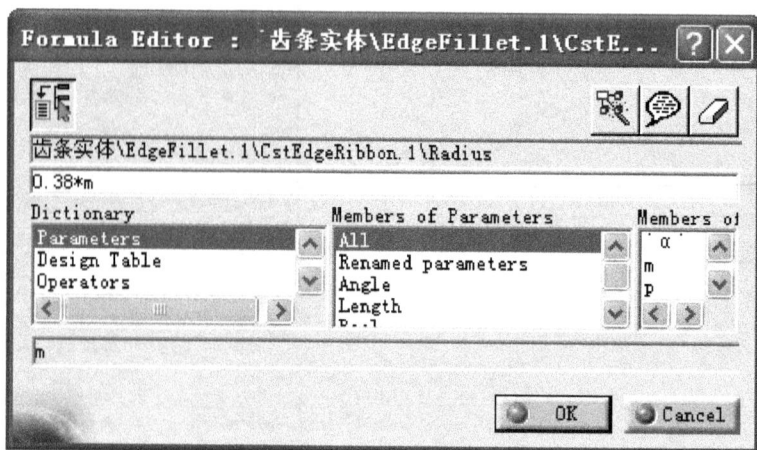

图 6-52 输入参数（5）

3）单击【矩形阵列 Rectangular Pattern】按钮，系统弹出【矩形阵列定义 Rectangular Pattern Definition】对话框，在【第一方向 First Direction】选项卡上，【参数 Parameters】选项中选择"Instance（s）& Spacing"（实例与间隔），在【实例 Instance（s）】微调框中的数值上单击右键，在弹出的快捷菜单中单击"Edit formula"（编辑公式），如图 6-53 所示。系统弹出【公式编辑器 Formula Editor】对话框，输入齿条的齿数公式 $z = 25$，如图 6-54 所示。单击【确定 OK】按钮确认，返回【矩形阵列定义 Rectangular Pattern Definition】对话框。

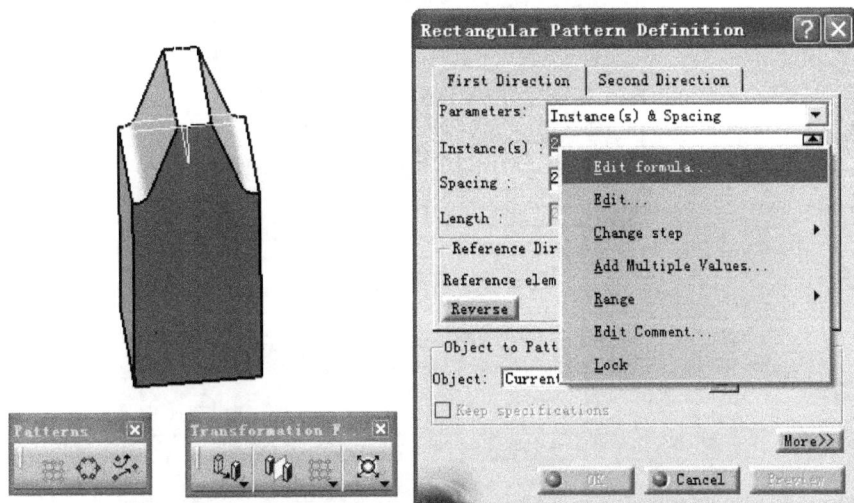

图 6-53　矩形阵列设置

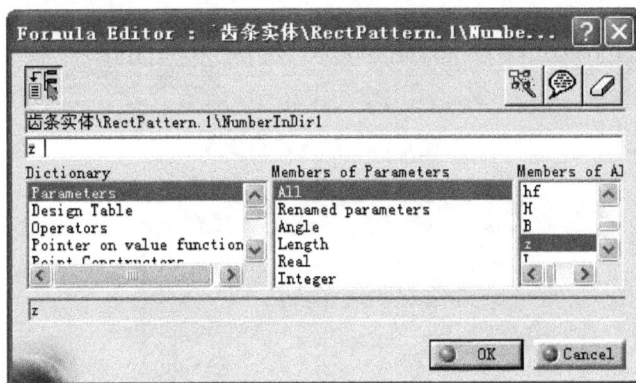

图 6-54　输入阵列个数参数

4）右键单击【间隔 Spacing】微调框中的数值，在弹出的快捷菜单中单击"Edit formula..."（编辑公式...），如图 6-55 所示。系统弹出【公式编辑器 Formula Editor】对话框，输入齿条的齿距公式 $p = m\pi$，如图 6-56 所示。单击【确定 OK】按钮确认，系统又返回【矩形阵列定义 Rectangular Pattern Definition】对话框。

5）在【参考元素 Reference Element】文本框中右键单击，在弹出的快捷菜单中单击 Y 轴，如图 6-57 所示。单击【预览 Preview】按钮，观察生成的齿条，如图 6-58 所示。单击【确定 OK】按钮确认，完成齿条的轮廓造型设计，如图 6-59 所示。

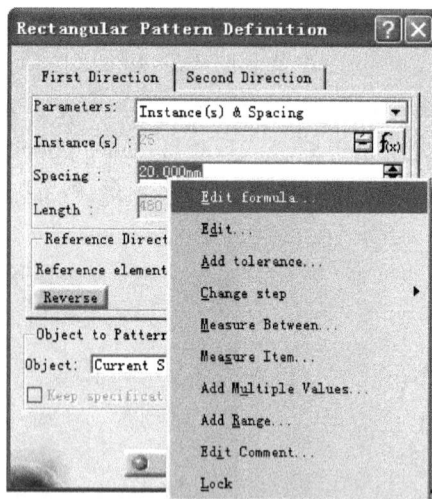

图 6-55 阵列间距设置

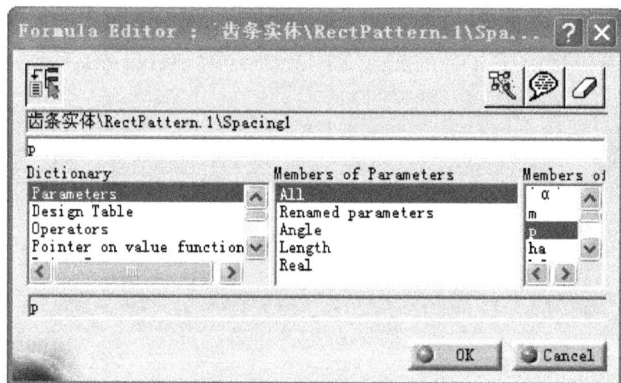

图 6-56 输入齿距参数

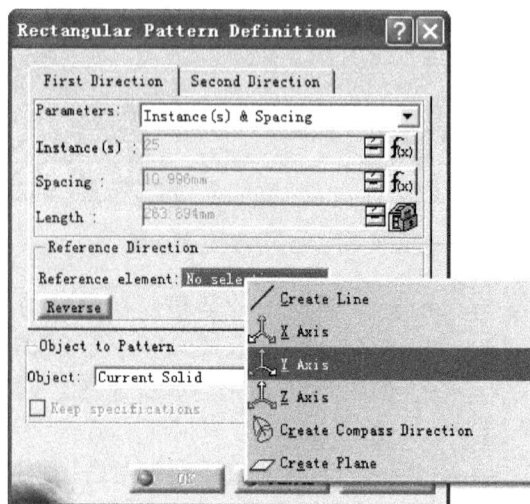

图 6-57 定义参考元素

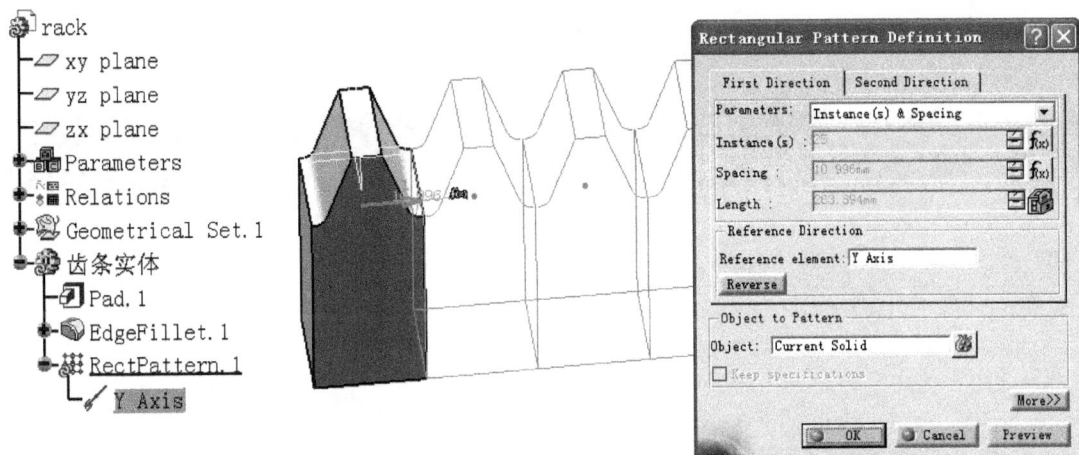

图 6-58　预览

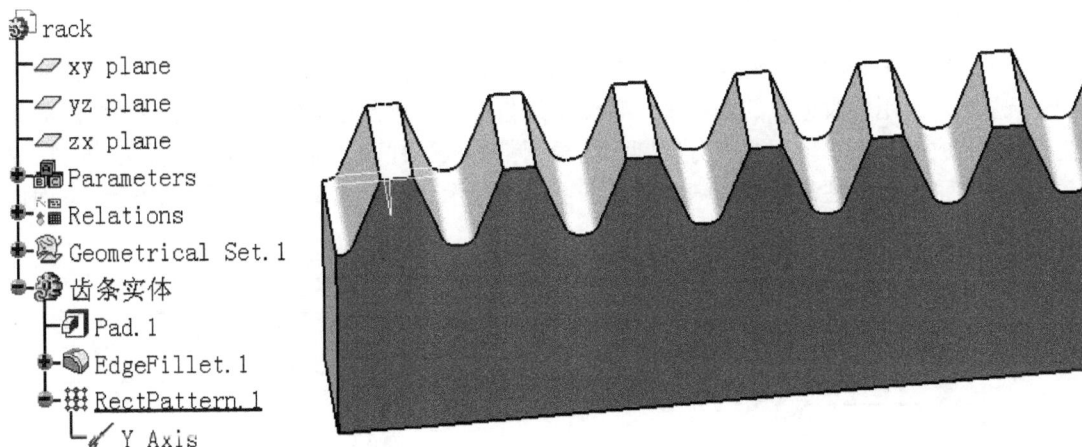

图 6-59　齿条（2）

6）打开树状目录，在【参数 Parameters】下修改齿数和模数，然后更新，到此完成齿条参数化设计，如图 6-60 所示。

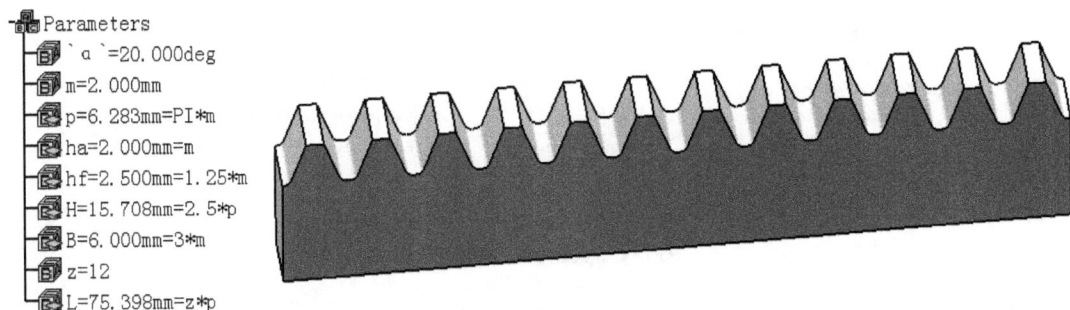

图 6-60　修改参数

第7章

直齿圆柱齿轮参数化设计

7.1 直齿圆柱齿轮简化画法

7.1.1 简易画法直齿圆柱齿轮参数设置

圆柱齿轮通常是用来传递两平行轴之间的运动，齿轮的齿廓为渐开线，本例为了让初学者便于理解，采用一段近似的圆弧来代替渐开线齿廓。由于圆柱齿轮的齿形是在圆柱面的基础上加工而成的，所以齿顶圆、分度圆和齿根圆都形成了柱面。为了设计和制造方便，国家标准中规定了直齿圆柱齿轮的模数等参数，图7-1所示为一个典型的直齿圆柱齿轮，下面以这个齿轮为例介绍其三维建模方法。

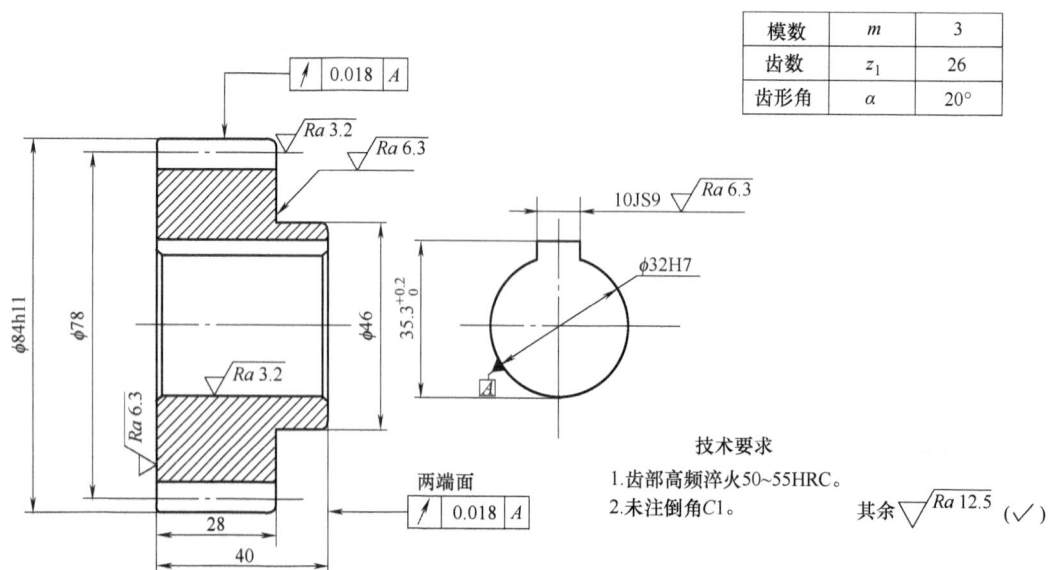

模数	m	3
齿数	z_1	26
齿形角	α	20°

图 7-1　直齿圆柱齿轮（1）

1）首先打开 CATIA 应用程序，然后在【文件 File】下拉菜单中选择【新建... New...】，在系统弹出的新建对话框中选择【零件 Part】，单击【确定 OK】按钮后，在树状目录"Part.1"（零件.1）上单击右键，然后在弹出的快捷菜单中选择【属性 Properties】，在系统自动弹出的【属性 Properties】对话框中修改【零件号 Part Number】为 "spur gear"，如图 7-2 所示，此时树状目录也被相应修改。继续在【Geometrical Set.1】上单击右键，同样在弹出的快捷菜单中选择 "Properties"（属性），修改【特征属性 Feature Properties】为 "齿轮草图"，如图 7-3 所示。

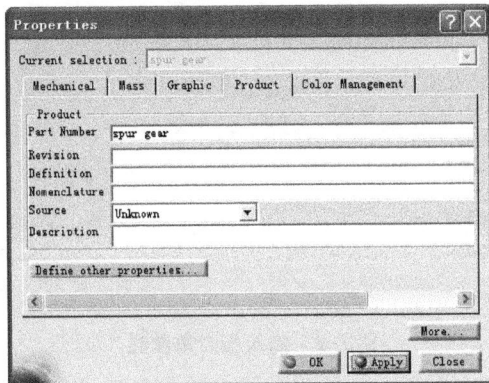

图 7-2　修改零件名

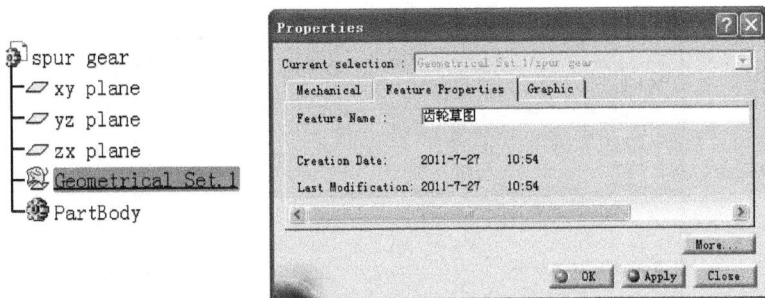

图 7-3　修改几何图形集特征名称

2）参数设置首先在【工具 Tools】下拉菜单中选中 "Formula"（公式）选项，或单击工具条中的公式图标，如图 7-4 所示。

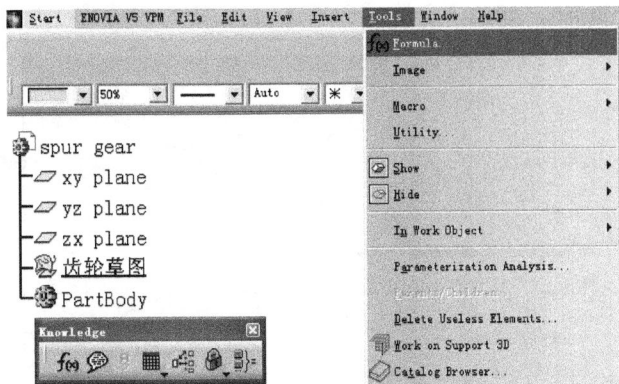

图 7-4　工具下拉菜单

3）系统自动弹出公式编辑对话框，如图 7-5 所示，将更改【新参数类型 New Parameter of type】为 "Angle"（角度）。单击【新参数类型 New Parameter of type】按钮，输入齿轮的压力角 $\alpha = 20°$，单击【应用 Apply】按钮。

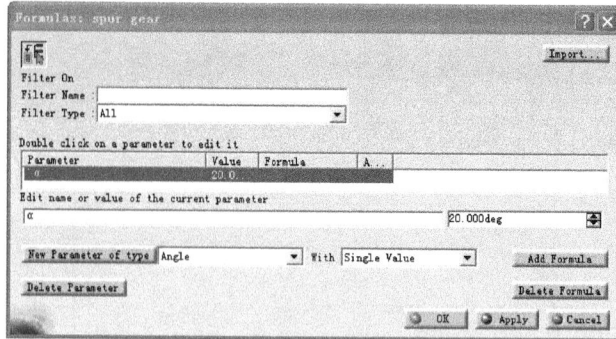

图7-5　输入压力角参数

4）继续输入齿轮的齿数为 $Z = 26$，注意此时的【新参数类型 New Parameter of type】应该为 "Real"（实型），如图 7-6 所示，单击【应用 Apply】按钮。

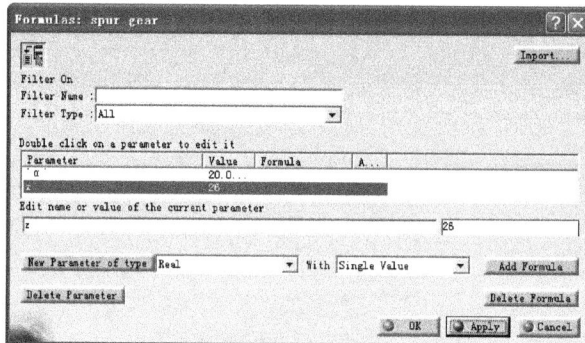

图7-6　输入齿数参数（1）

5）将【新参数类型 New Parameter of type】更改为 "Length"（长度），然后按照上面的步骤输入齿轮的模数 $m = 3$，如图 7-7 所示，单击【应用 Apply】按钮。

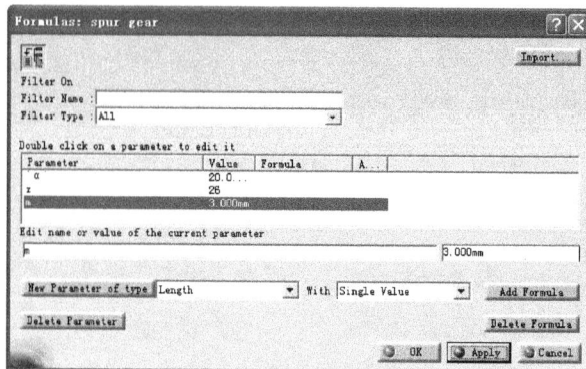

图7-7　输入模数参数

6）输入齿顶高公式 $h_a = m$，单击【新参数类型 New Parameter of type】按钮，输入 h_a，如图 7-8 所示，在图示的选项卡上单击【添加公式 Add Formula】按钮，系统自动弹出图 7-9 所示的【公式编辑器 Formulas Editor】对话框，然后输入公式 m，单击【确定 OK】按钮确认，确认后树状目录和公式编辑器如图 7-10 所示，注意此时公式编辑器的公式录入格式。

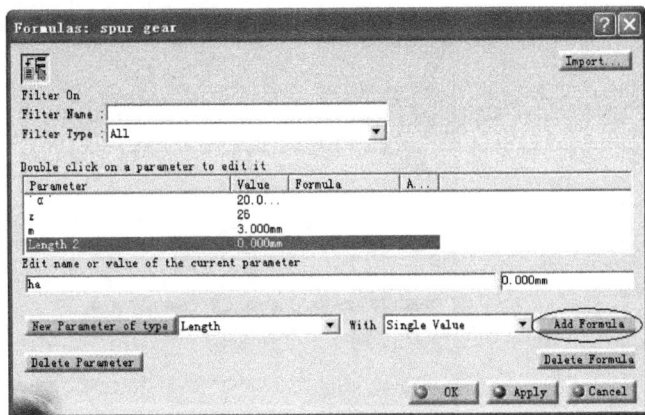

图 7-8 添加公式（1）

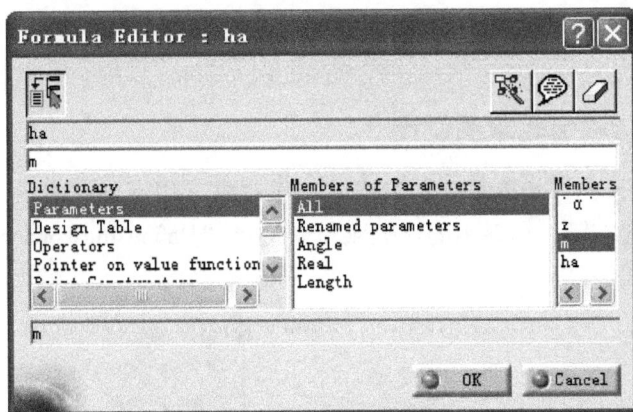

图 7-9 输入齿顶高参数

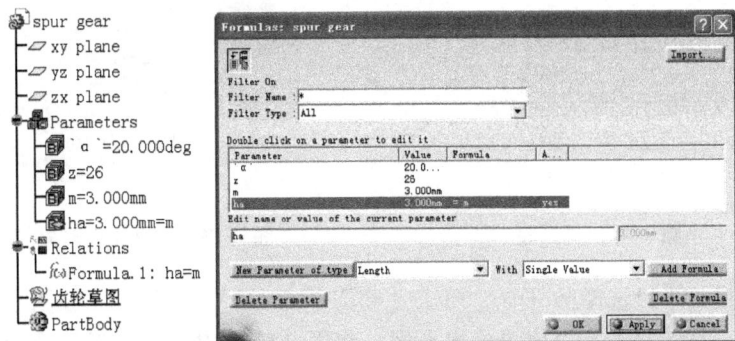

图 7-10 树状目录和公式编辑器

7）继续用类似的方法输入齿根高 $h_f = 1.2m$、分度圆半径 $r = mz/2$、齿顶圆半径 $r_a = r + h_a$、齿根圆半径 $r_f = r - h_f$、基圆半径 $r_b = r\cos(\alpha)$、齿距 $p = m\pi$、齿轮宽度 $L = 3m$。输入公式的过程与树状目录上的显示效果如图 7-11 所示，此时如果在树状目录上展开 "Relations"（关系），全部输入公式及格式如图 7-12 所示，可以在此处进行检查和修改。

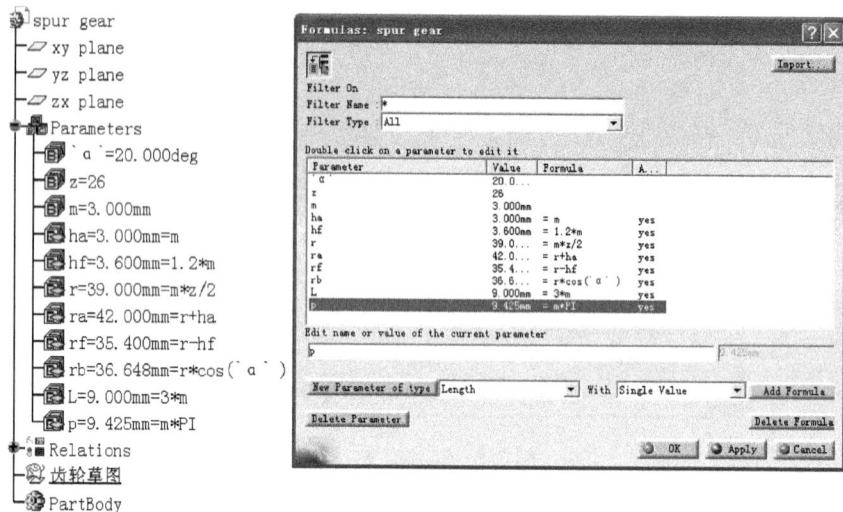

图 7-11　参数目录

7.1.2　直齿圆柱齿轮草图设计

1）此时树状目录的【齿轮草图】为当前工作对象（用下划线表示），如果不是当前工作对象，在其上单击右键，在弹出的快捷菜单中选择 "Define In Work Object"（定义工作对象），如图 7-13 所示。

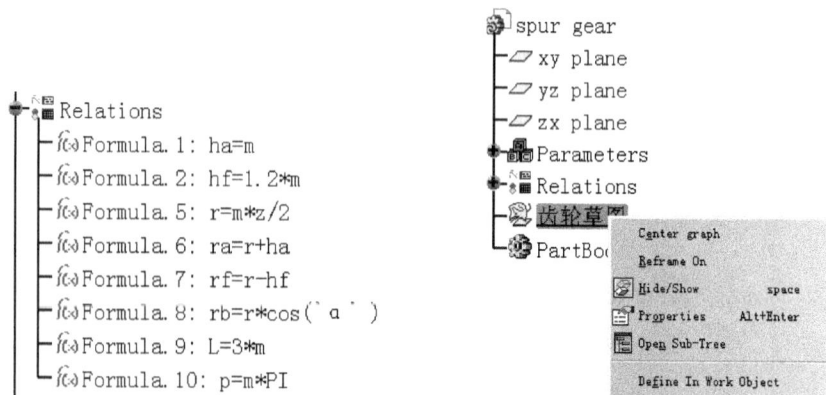

图 7-12　关系树

图 7-13　定义工作对象（1）

2）在零件设计平台选择 yz 平面，单击【草图 Sketcher】工具栏上的 ，进入到草图绘制工作台，此时 yz 平面为当前的草图绘制平面。使用【轮廓 Profile】工具条中的【圆 Circle】命令，绘制如图 7-14 所示的图形，圆心与坐标原点重合，然后对所绘制的圆进行尺寸约束。

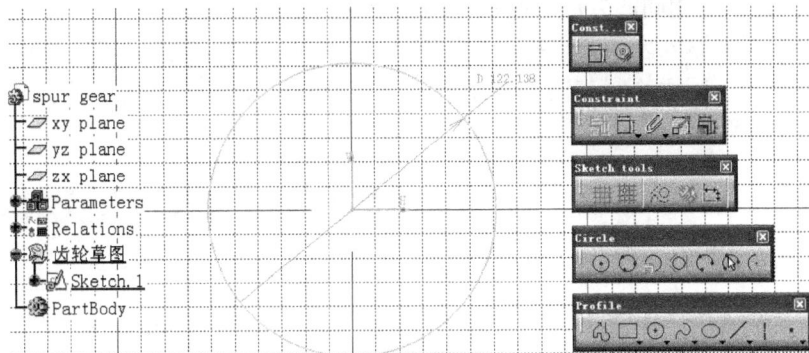

图 7-14　绘制圆（1）

3）在图 7-14 所示的尺寸约束上双击，系统自动弹出【约束定 Constraint Definition】对话框，在【尺寸 Dimension】选项上将"Diameter"修改为"Radius"，如图 7-15 所示。继续在【半径 Radius】微调框内的数字上单击右键，在弹出的快捷菜单中单击"Edit formula"（编辑公式），系统弹出【公式编辑器 Formulas Editor】对话框，输入分度圆半径 r，如图 7-16 所示。单击【确定 OK】按钮确认，此时分度圆半径值发生了变化，且与公式发生关联，返回【约束定 Constraint Definition】对话框，再次单击【确定 OK】按钮确认，完成基圆的绘制。

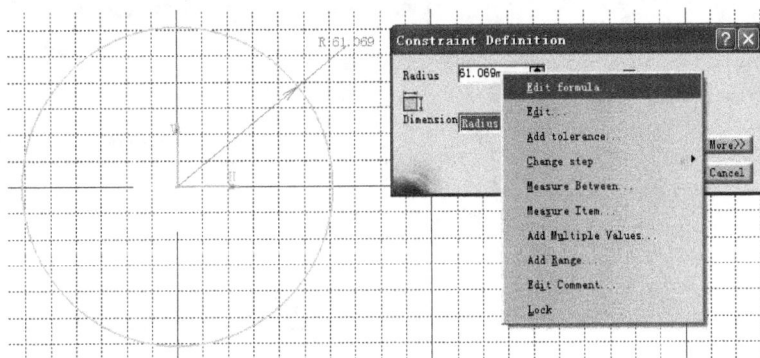

图 7-15　快捷菜单

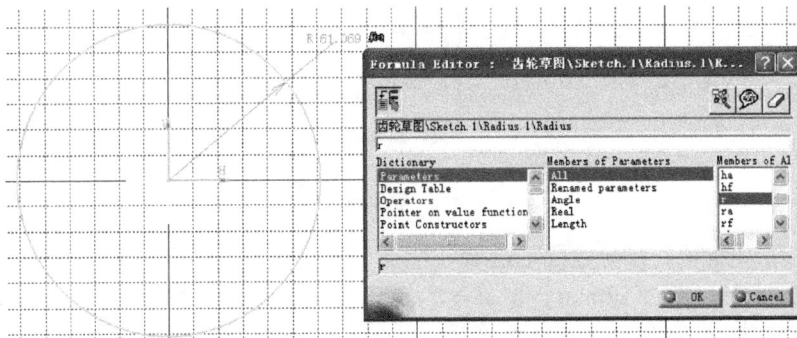

图 7-16　输入分度圆半径参数

4）用与上述步骤相同的方法绘制一个同心圆并标注尺寸，然后在【公式编辑器 Formulas Editor】对话框中输入齿顶圆半径 r_a，如图 7-17 所示。连续单击【确定 OK】按钮确认，完成齿顶圆的绘制。同样绘制基圆和齿根圆，约束后输入基圆半径 r_b 和齿根圆半径 r_f，如图 7-18 和图 7-19 所示。

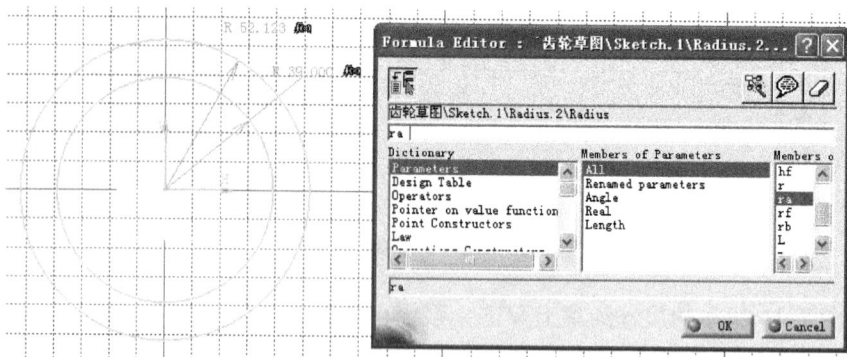

图 7-17　绘制齿顶圆

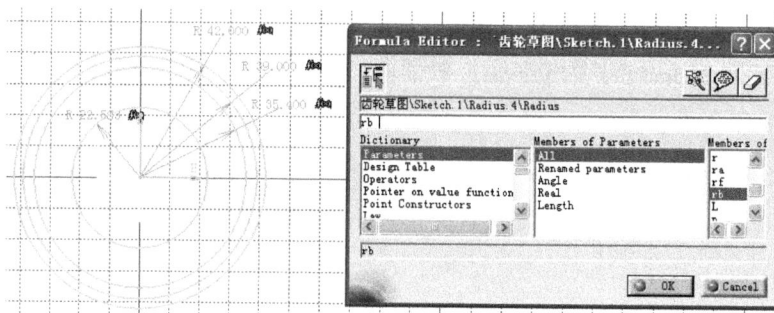

图 7-18　绘制基圆

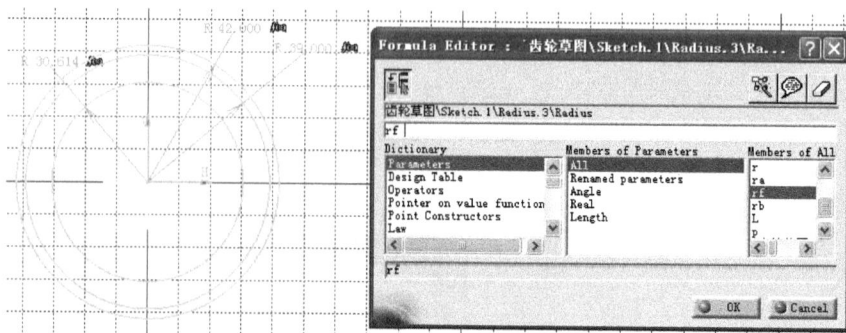

图 7-19　绘制齿根圆

5）如图 7-20 所示，在分度圆上绘制一个点，然后按住〈Ctrl〉键的同时选中刚绘制的点和 V 轴，单击【约束 Constraint】工具条中的【在对话框中约束定义 Constraints Defined in Dialog Box】按钮，在弹出的【约束定义 Constraint Definition】对话框中选中 "Coincidence"（相合）复选框，如图 7-21 所示。单击【确定 OK】按钮确认创建的约束。

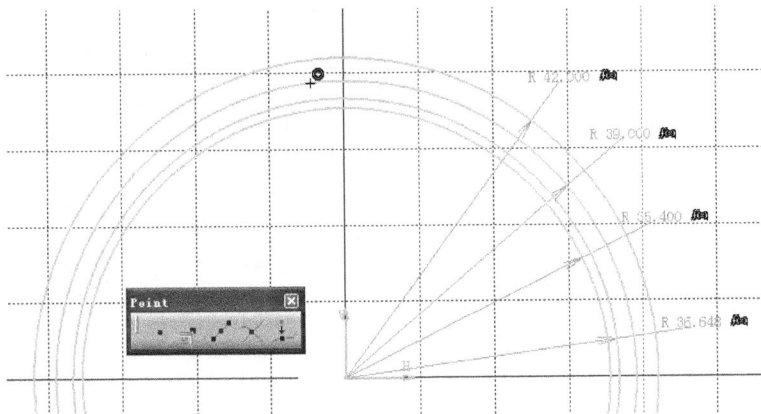

图 7-20　绘制点

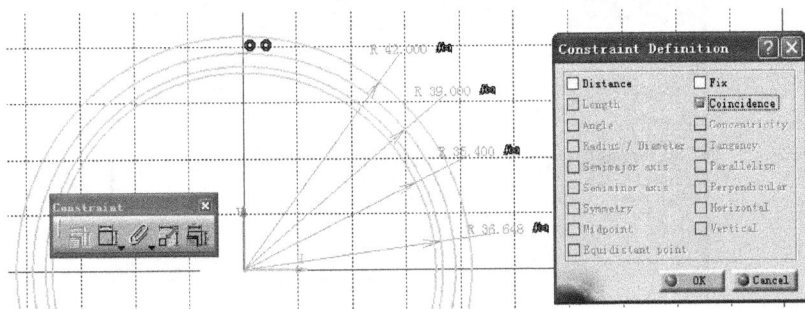

图 7-21　相合约束

6）过原点绘制一条构造线，如图 7-22 所示。标注这条构造线与 V 轴的夹角，在标注的角度值上双击，如图 7-23 所示。系统弹出【约束定义 Constraint Definition】对话框，在【数值 Value】微调框内的数值上单击右键，在弹出的快捷菜单中单击 "Edit formula"（编辑公式），系统弹出【公式编辑器 Formulas Editor】对话框，输入公式 $90°/z$，如图 7-24 所示，单击【确定 OK】按钮确认，此时角度值发生了变化，且与公式发生联系，返回【约束定义 Constraint Definition】对话框，单击【确定 OK】按钮，完成角度约束。

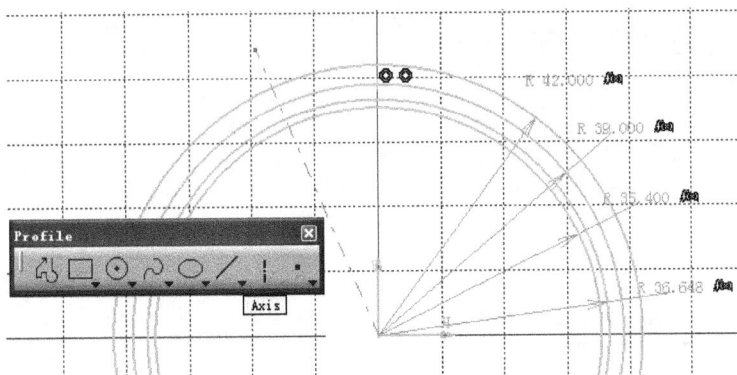

图 7-22　绘制构造线

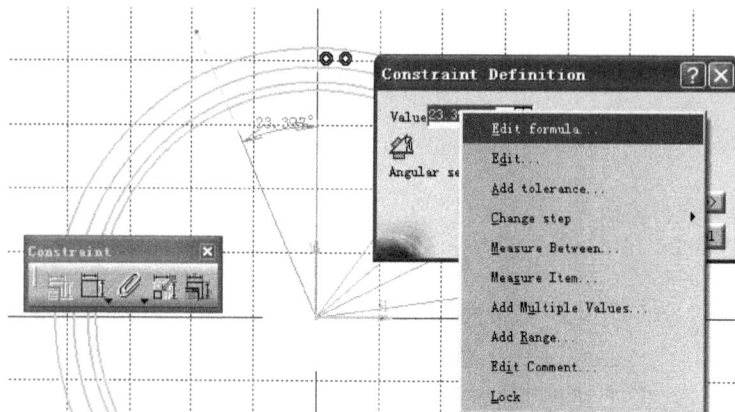

图7-23　约束角度

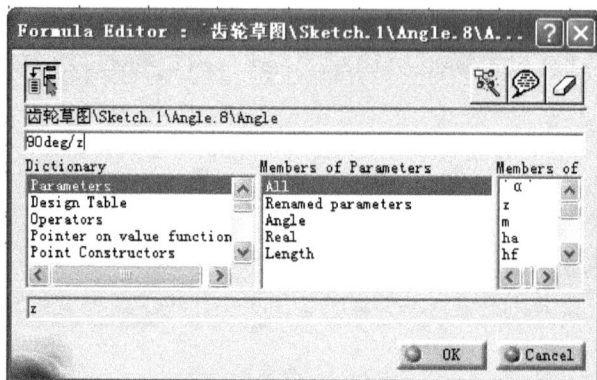

图7-24　输入参数（1）

7）按住〈Ctrl〉键的同时选中刚绘制的构造线的端点和分度圆，然后单击【约束 Constraint】工具条中的【在对话框中约束定义 Constraints Defined in Dialog Box】按钮，在弹出的【约束定义 Constraint Definition】对话框中选中"Coincidence"（相合）复选框，求出一个交点，如图7-25 所示。

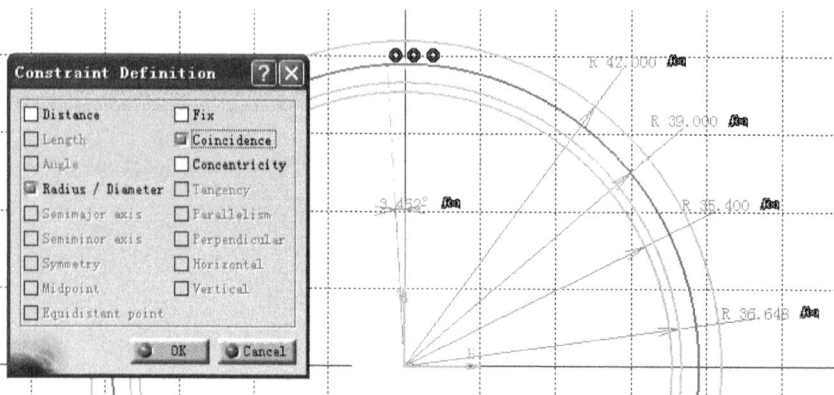

图7-25　用相合约束求交点

8）绘制一个圆，如图 7-26 所示。按住〈Ctrl〉键的同时选中刚绘制的圆的圆心和刚约束过的构造线的端点，然后单击【约束 Constraint】工具条中的【在对话框中约束定义 Constraints Defined in Dialog Box】按钮，在弹出的【约束定义 Constraint Definition】对话框中选中 "Coincidence"（相合）复选框，如图 7-27 所示。单击【确定 OK】按钮确认。

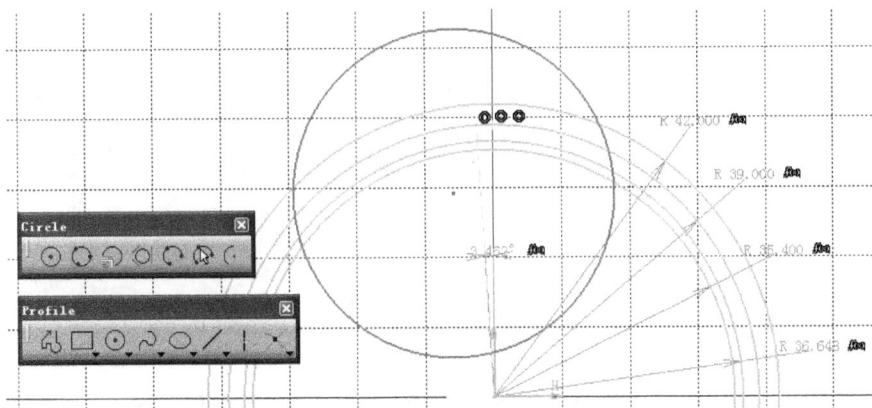

图 7-26　绘制圆（2）

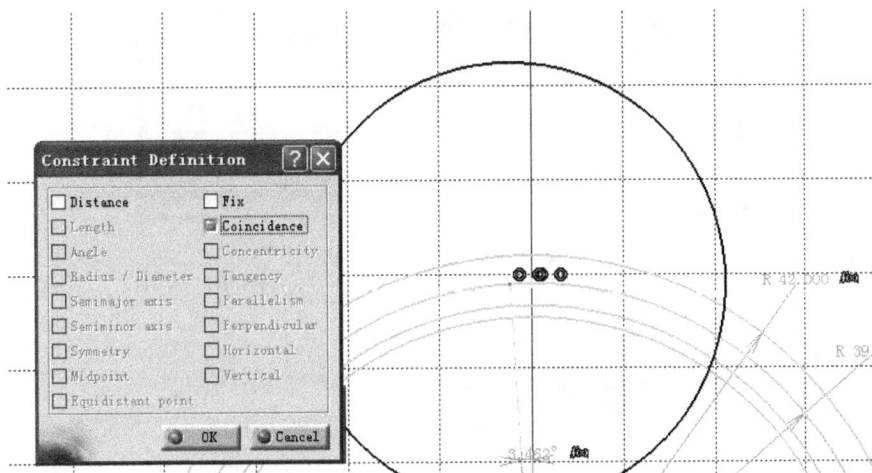

图 7-27　约束圆心

9）标注刚绘制的圆的半径，如图 7-28 所示。在半径值上双击，系统弹出【约束定义 Constraint Definition】对话框，在【数值 Value】微调框内的数值上单击右键，在弹出的快捷菜单中单击 "Edit formula"（编辑公式），系统弹出【公式编辑器 Formulas Editor】对话框，输入公式 $r/3$，如图 7-29 所示。单击【确定 OK】按钮确认，此时圆的半径值发生了变化，且与公式发生联系，返回【约束定义 Constraint Definition】对话框，单击【确定 OK】按钮，完成圆的约束。

10）退出草图工作台，单击【开始 Start】→【机械设计 Mechanical Design】，进入【线架与曲面 Wireframe and Surface Design】设计工作台，如图 7-30 所示。

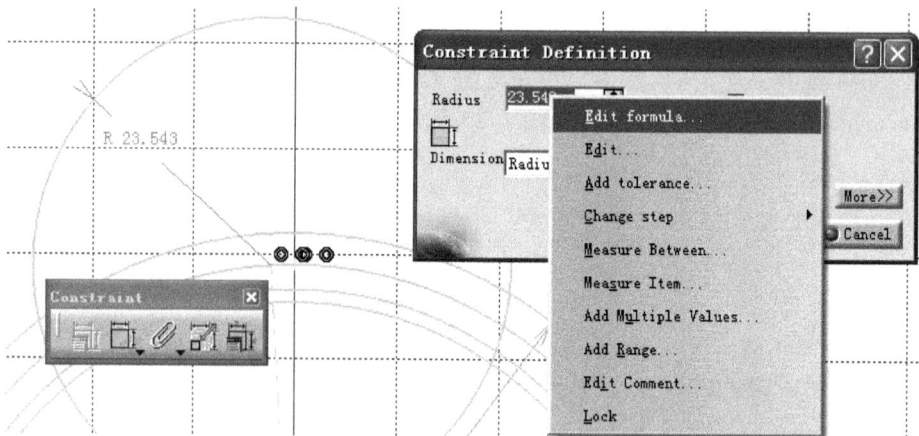

图 7-28　约束圆的半径

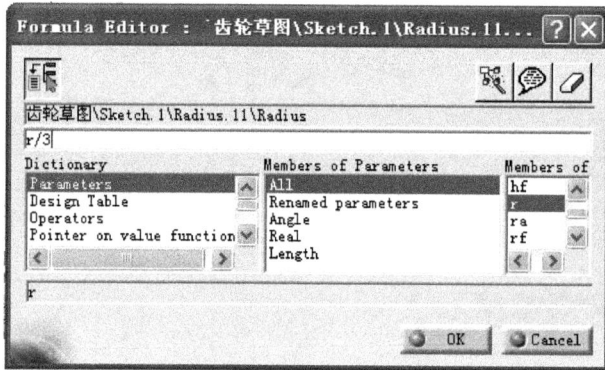

图 7-29　输入参数（2）

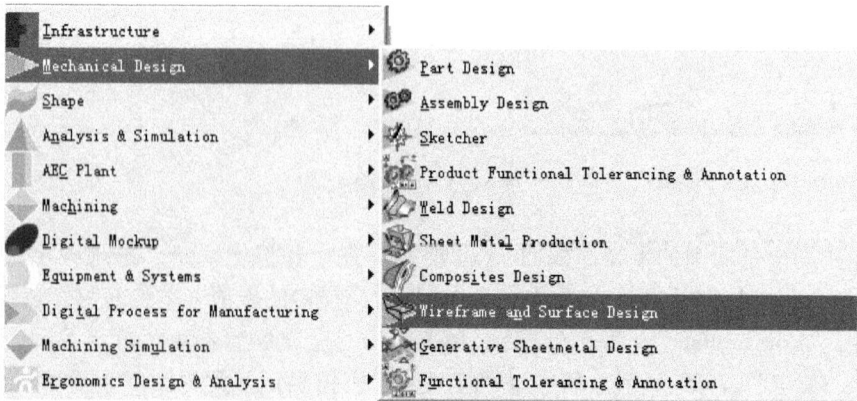

图 7-30　进入线架与曲面设计工作台

11）在【线架与曲面 Wireframe and Surface Design】设计工作台上单击【相交 Intersection】按钮，如图 7-31 所示，系统弹出【相交定义 Intersection Definition】对话框，在【第一元素

First Element】中选所绘制的小圆，在【第二元素 Second Element】选中基圆，在【结果 Result】中选【点 Point】单选按钮，然后单击【预览 Preview】按钮，如图7-32所示。不难看出交点不止一个，所以系统弹出【多重结果管理 Multi-Result Management】对话框，选中【只保留一个析取出的子元素 Keep only one sub-element using an Extract】单选按钮，如图7-33所示。单击【确定 OK】按钮，系统弹出【析取定义 Extract Definition】对话框，选中要保留的元素，如图7-34 所示。

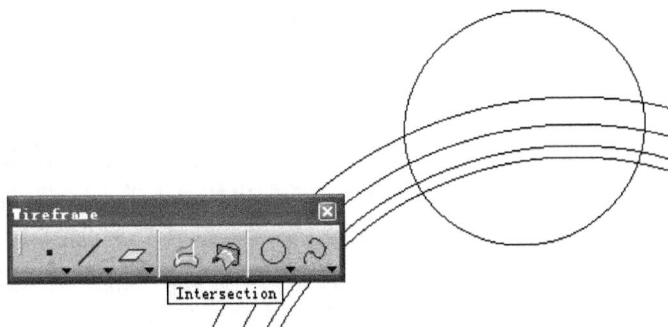

图7-31　求交点（1）

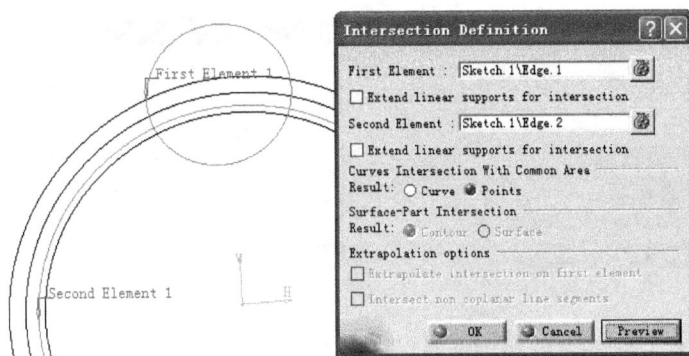

图7-32　相交定义

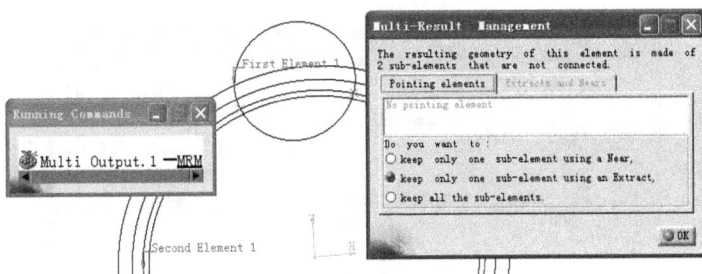

图7-33　析取子元素

12）单击【圆 Circle】按钮，系统弹出【圆定义 Circle Definition】对话框，如图7-35所示。在【圆的类型 Circle type】下拉列表框中选 "Center and radius"（中心与半径），在【中心 Center】中选刚析取的点 "Extract.1"（析取.1），在【支持 Support】中选 yz 平面，

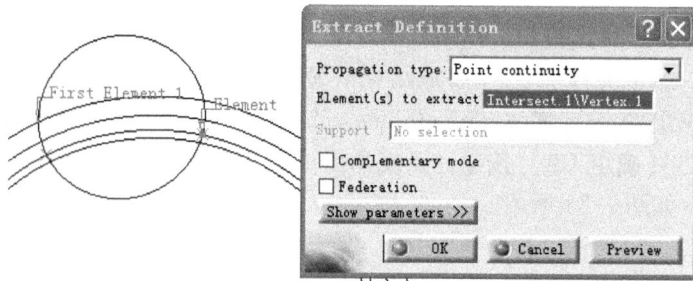

图 7-34　析取定义

在【圆的限制 Circle Limitation】中选 "Part arc"（部分弧），在【起始角度 Start】中选 90°，【结束角度 End】选 270°。在【半径 Radius】微调框内数值上单击右键，在弹出的快捷菜单中单击 "Edit formula"（编辑公式），系统弹出【公式编辑器 Formulas Editor】对话框，输入公式 $r/3$，如图 7-36 所示。单击【确定 OK】按钮确认，此时圆的半径值发生了变化，且与公式发生关联，返回【圆定义 Circle Definition】对话框后再单击【确定 OK】按钮，完成圆弧的绘制。所绘制的圆弧用于近似代替齿形渐开线，这就是齿轮近似建模的关键。

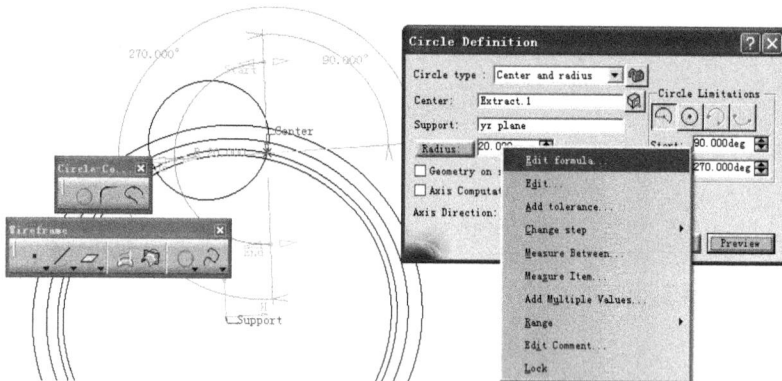

图 7-35　定义圆

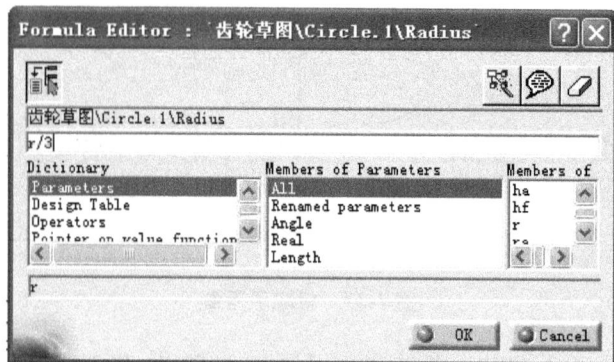

图 7-36　输入圆的半径参数

13）单击【分割 Split】按钮，系统弹出【分割定义 Split Definition】对话框，在【要切割的元素 Element to cut】中选近似渐开线的替代圆"Circle. 1"（圆.1），在【切割元素 Cutting elements】中选齿顶圆，预览后用【另一侧 Other side】按钮调整要保留的部分，如图 7-37 所示。最后单击【确定 OK】按钮，完成分割操作。同样，用齿根圆对近似渐开线的圆弧做图 7-38 所示的分割。

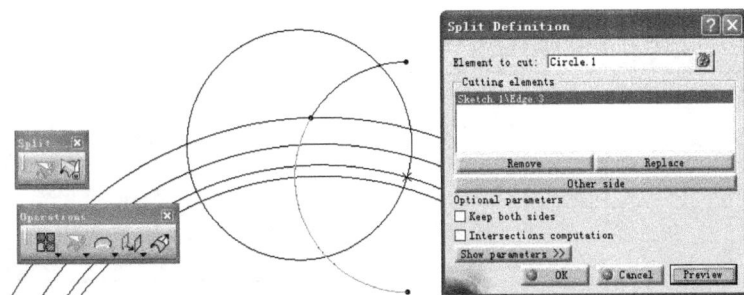

图 7-37　分割齿顶

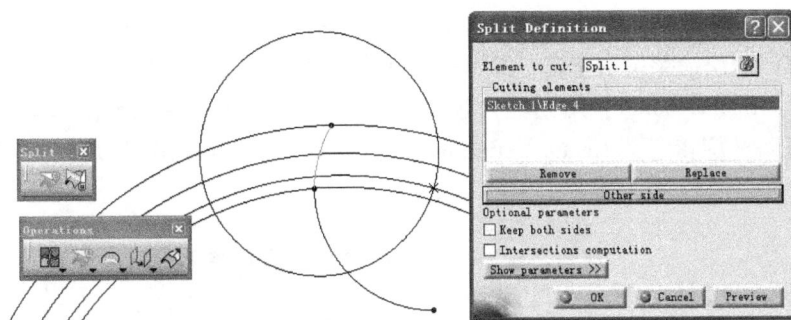

图 7-38　分割齿根

14）单击【对称 Symmetry】按钮，系统弹出【对称定义 Symmetry Definition】对话框，在【元素 Element】中选刚分割的近似渐开线的替代圆"Split. 2"（分割.2），在【参考 Reference】中选 Z 轴，如图 7-39 所示。最后单击【确定 OK】按钮，完成对称操作，初步可见齿轮的渐开线齿形。

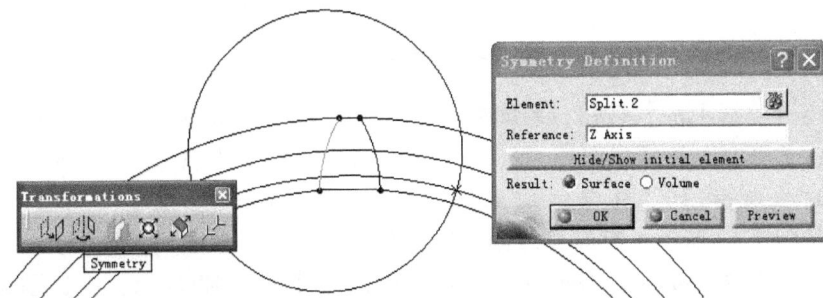

图 7-39　对称操作（1）

15）单击【分割 Split】按钮，系统弹出【分割定义 Split Definition】对话框，在【要切割的元素 Element to cut】中选中齿顶圆，在【切割元素 Cutting Elements】中选两条齿廓线，预览后用【另一侧 Other side】按钮调整要保留的部分，如图 7-40 所示。最后单击【确定 OK】按钮，完成分割操作。

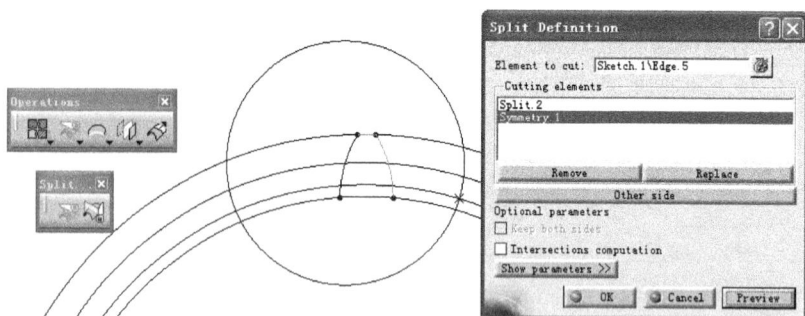

图 7-40　分割齿顶圆

16）选中在分度圆上所作的点，然后单击【旋转 Rotate】按钮，系统弹出【旋转定义 Rotate Definition】对话框，在【轴线 Axis】中选 X 轴，在【角度 Angle】微调框内数值上单击右键，在弹出的快捷菜单中单击 "Edit formula"（编辑公式），如图 7-41 所示。系统弹出【公式编辑器 Formulas Editor】对话框，输入公式 $180°/z$，如图 7-42 所示。单击【确定 OK】按钮确认，返回【旋转定义 Rotate Definition】对话框后再单击【确定 OK】按钮，完成点的旋转操作。

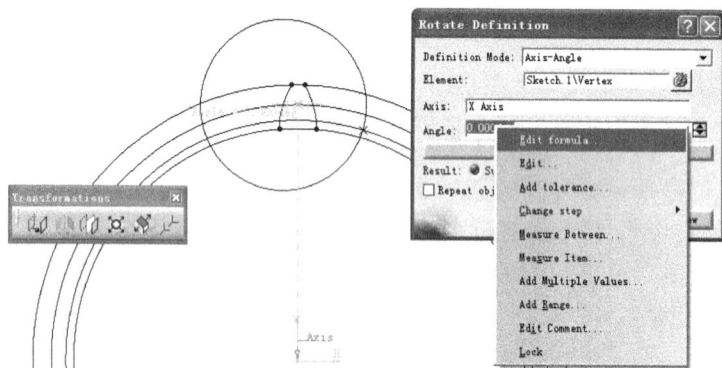

图 7-41　旋转定义（1）

17）单击【直线 Line】按钮，系统弹出【直线定义 Line Definition】对话框，在【直线类型 Line type】下拉列表框中选择 "Point-Point"（点-点），在【点.1 Point.1】中选旋转点 "Rotate.1"（旋转.1），在【点.2 Point.2】中选 "Origin"（原点），单击【确定 OK】按钮确认，如图 7-43 所示。完成直线创建后进行对称操作，单击【对称 Symmetry】按钮，系统弹出【对称定义 Symmetry Definition】对话框，在【元素 Element】中选刚绘制的直线 "Line.1"（直线.1），在【参考 Reference】中选 Z 轴，最后单击【确定 OK】按钮，完成对称操作，如图 7-44 所示。

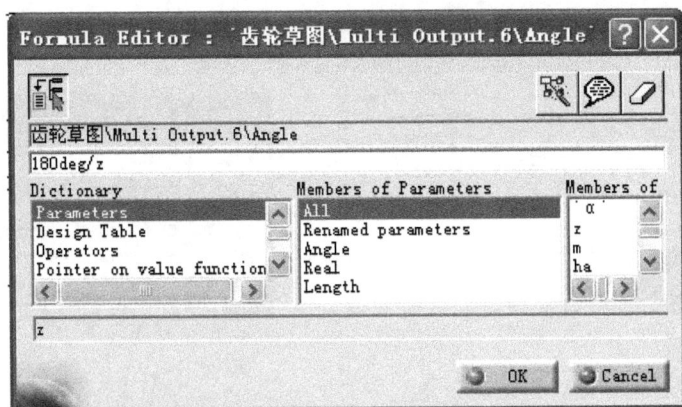

图 7-42　定义旋转角度（1）

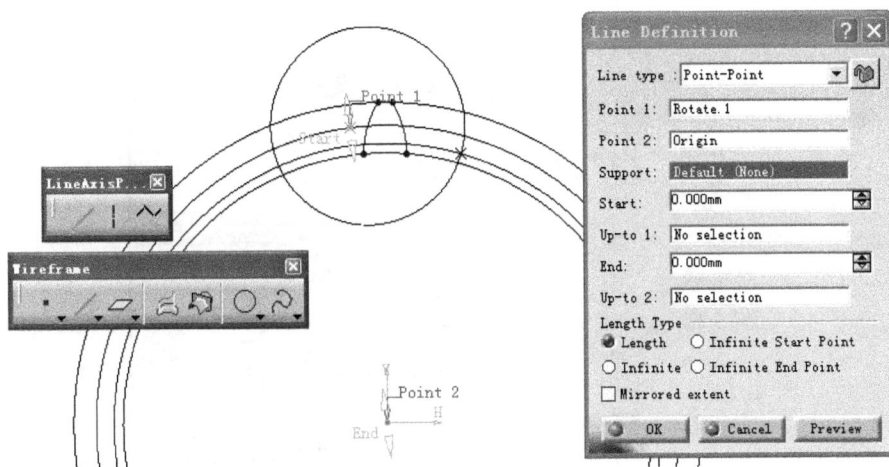

图 7-43　绘制直线（1）

18）单击【修剪 Trim】按钮，系统弹出【修剪定义 Trim Definition】对话框，对两条直线和齿根圆进行修剪，用【另一侧 Other side】按钮调整要保留的部分，最后单击【确定 OK】按钮确认，如图 7-45 所示。隐藏所有的辅助曲线和点，仅保留单个齿坯的轮廓。

19）单击【分割 Split】按钮，系统弹出【分割定义 Split Definition】对话框，在【要切割的元素 Element to cut】中选中"Trim.1"（修剪.1），在【切割元素 Cutting elements】中选两条齿廓线，预览后用【另一侧 Other side】按钮调整要保留的部分，如图 7-46 所示。最后单击【确定 OK】按钮，完成分割操作。单击【接合 Join】按钮，选中图 7-47 所示的全部轮廓，单击【确定 OK】按钮完成接合操作。

7.1.3　直齿圆柱齿轮实体设计

1）退出【线架与曲面 Wireframe and Surface Design】设计工作台，进入【零件设计 Part Design】工作台，定义零件几何体为工作对象。首先选中【接合.1 Join.1】，然后单击【拉伸 Pad】按钮，系统弹出【拉伸定义 Pad Definition】对话框，在【类型 Type】下拉列表中

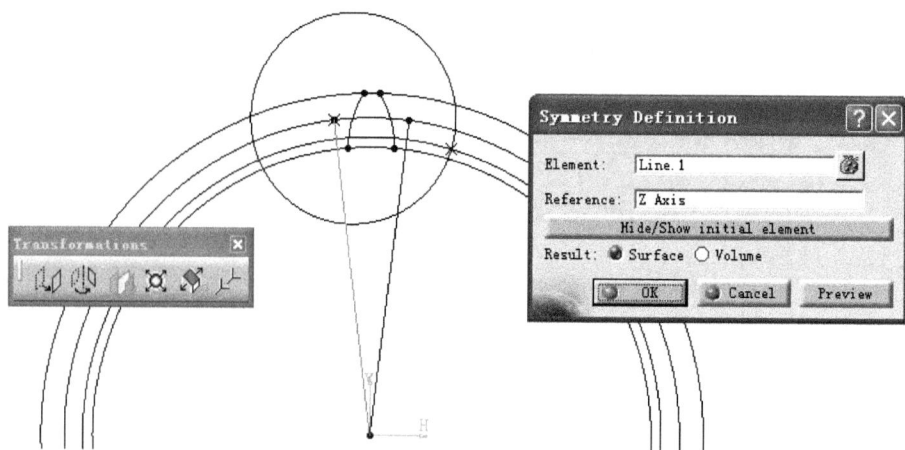

图 7-44 对称操作（2）

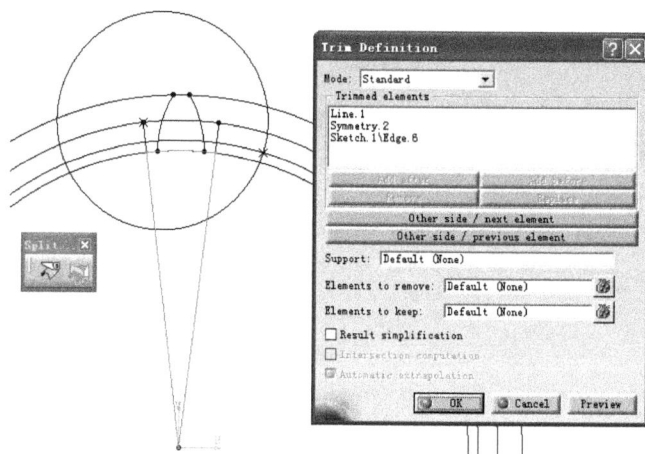

图 7-45 修剪操作

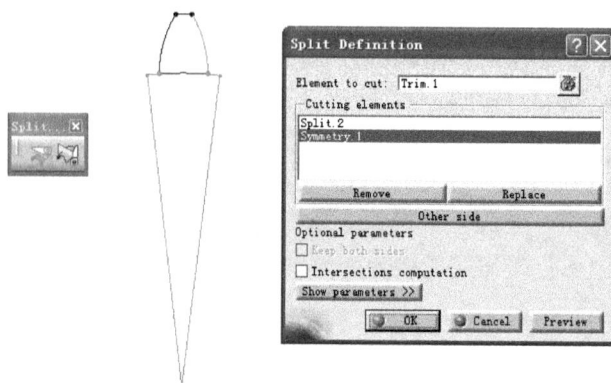

图 7-46 分割操作

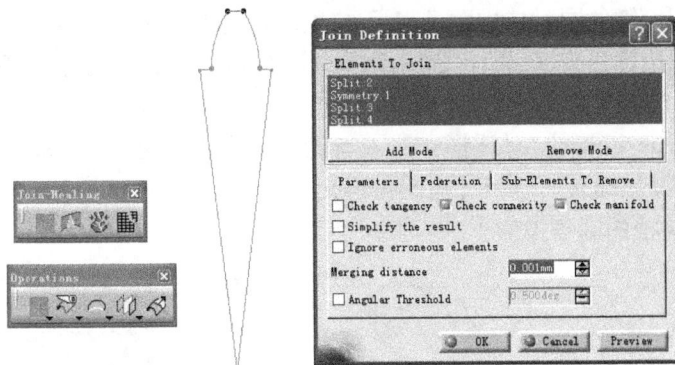

图 7-47 接合操作

选"Dimension"（尺寸），在【长度 Length】微调框内数值单击右键，在弹出的快捷菜单中单击"Edit formula"（编辑公式），如图 7-48 所示，系统弹出【公式编辑器 Formula Editor】对话框，输入齿轮的厚度（或长度）L，如图 7-49 所示。单击【确定 OK】按钮确认，返回【拉伸定义 Pad Definition】对话框后再单击【确定 OK】按钮，完成单个齿坯操作。

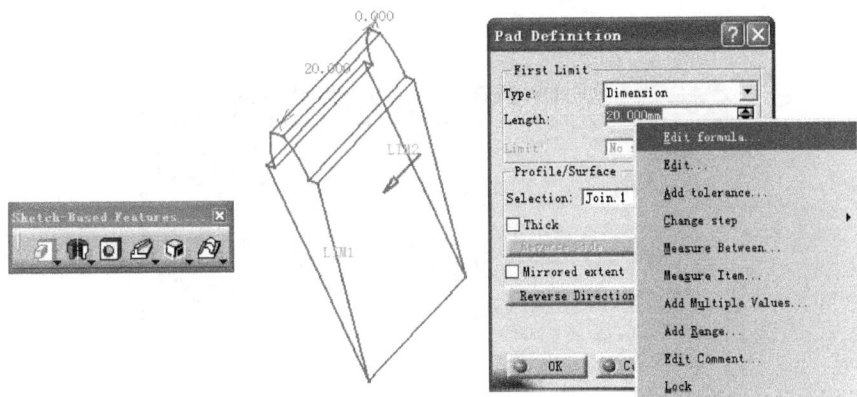

图 7-48 拉伸齿坯

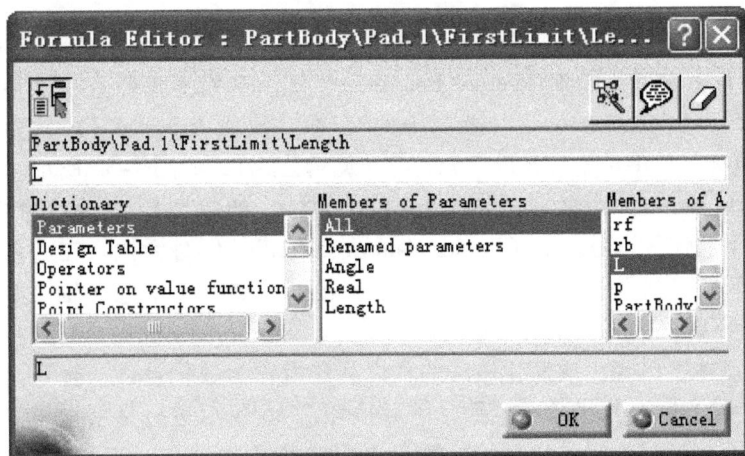

图 7-49 定义齿厚

2）按住＜Ctrl＞键的同时选中两条齿根处的交线，如图 7-50 所示。单击【圆角 Fillets】按钮，系统弹出【边圆角定义 Edge Fillet Definition】对话框，在【半径 Radius】微调框内数值上单击右键，然后在弹出的快捷菜单中单击 "Edit formula"（编辑公式），系统弹出【公式编辑器 Formula Editor】对话框，输入齿轮的齿根圆角公式 $0.38m$，如图 7-51 所示。单击【确定 OK】按钮确认，返回【边圆角定义 Edge Fillet Definition】对话框，单击【确定 OK】按钮，完成齿根的圆角操作。

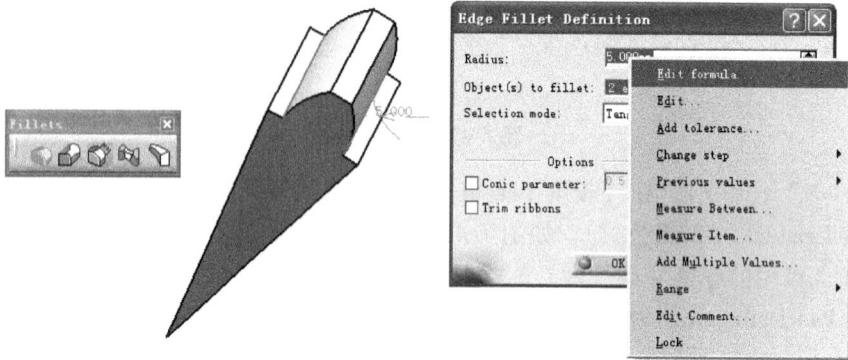

图 7-50　定义圆角

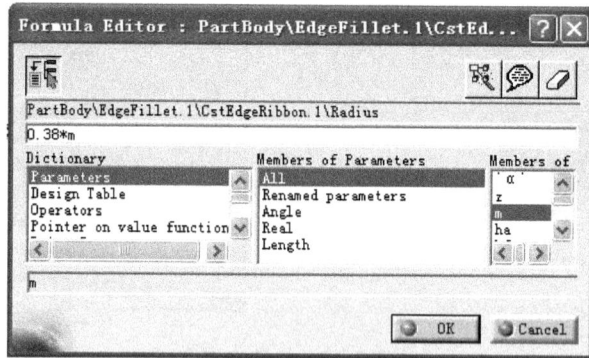

图 7-51　输入圆角参数

3）单击【圆环阵列 Circular Pattern】按钮，系统弹出【圆环阵列定义 Circular Pattern Definition】对话框，在【轴向参考 Axial Reference】选项卡设置参数。在【参数 Parameters】下拉列表框选择 "Complete crown"（圆周排列），在【实例 Instance（s）】微调框内单击右键，在弹出的快捷菜单中单击 "Edit formula"（编辑公式），如图 7-52 所示。系统弹出【公式编辑器 Formula Editor】对话框，输入齿轮的齿数 z，如图 7-53 所示。单击【确定 OK】按钮确认，返回【圆环阵列定义 Circular Pattern Definition】对话框。在【参考元素 Reference element】下拉列表框中单击右键，然后在弹出的快捷菜单中选 X 轴，如图 7-54 所示。最后单击【确定 OK】按钮，完成齿形的阵列操作，如图 7-55 所示。

4）到此，基本上已经完成简化做法的直齿圆柱齿轮参数化设计，打开树状目录上的参数节点，修改齿轮参数，如齿数和模数，然后按图 7-56 所示进行更新操作，最后再添加材料属性，最终得到图 7-57 所示的齿轮，用户可以在此基础上进一步对其进行修改和设计，如添加轴孔和键槽等。

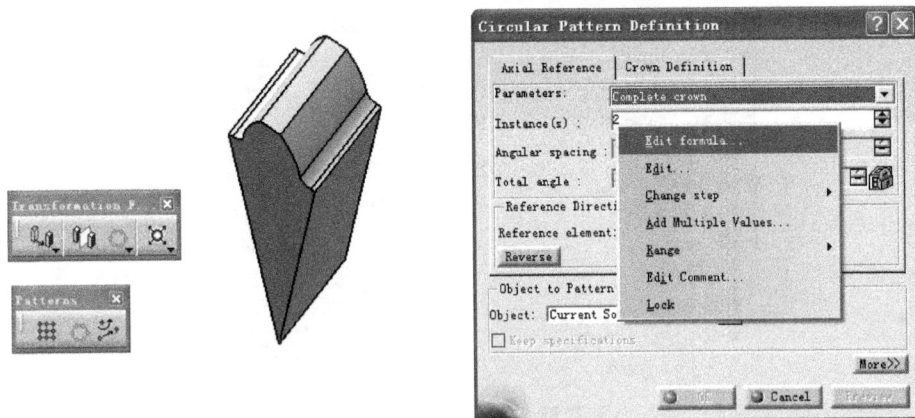

图 7-52　环形阵列

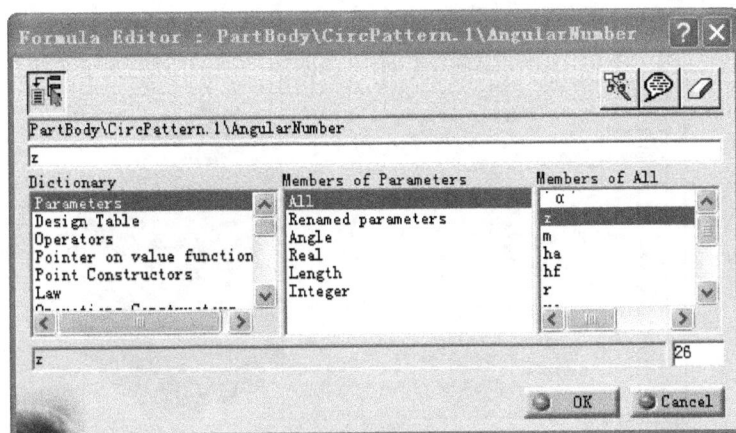

图 7-53　输入阵列数

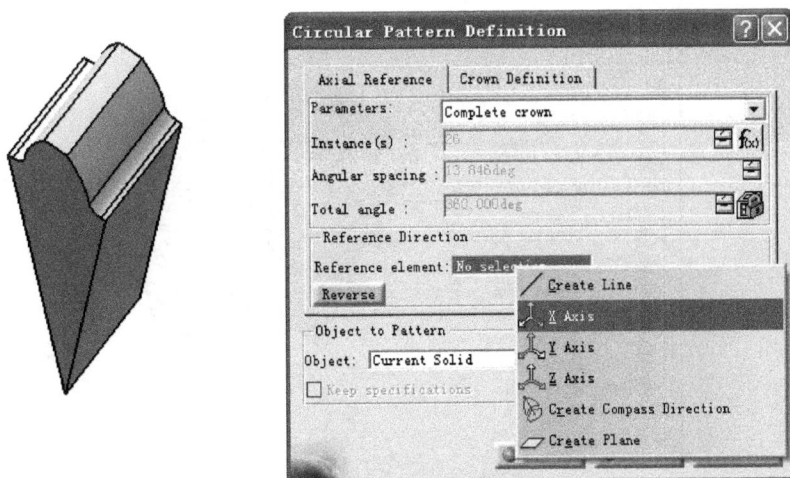

图 7-54　定义参考轴

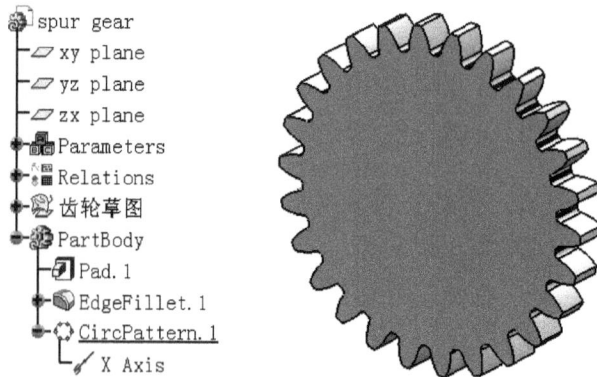

图 7-55　直齿圆柱齿轮（2）

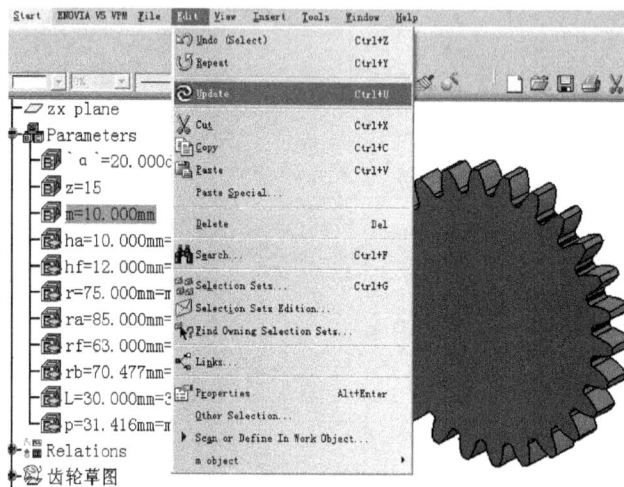

图 7-56　更新

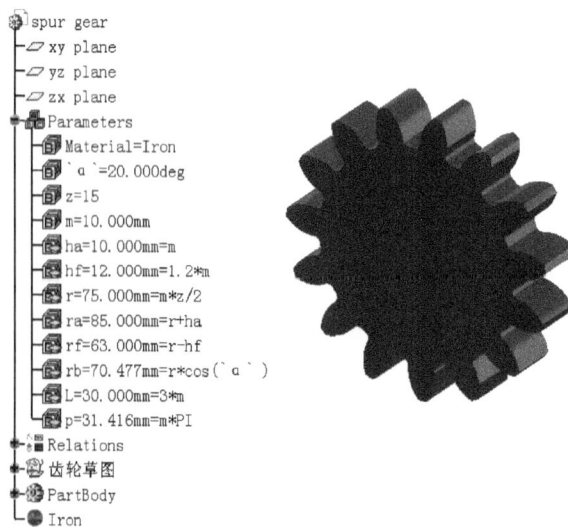

图 7-57　直齿圆柱齿轮（3）

7.2　渐开线齿廓直齿圆柱齿轮

7.2.1　渐开线直齿圆柱齿轮参数设置

本例所设计的齿轮参数与 7.1 节相同，主要区别是本例齿轮的齿廓采用渐开线形，下面介绍其三维建模的方法。

1）首先打开 CATIA 应用程序，然后在【文件 File】下拉菜单中选择【新建… New…】，如图 7-58 所示。在系统弹出的新建对话框中选择 "Part"（零件），如图 7-59 所示。单击【确定 OK】按钮后，在树状目录 "Part.1"（零件.1）上单击右键，然后在弹出的快捷菜单中选择 "Properties"（属性），如图 7-60 所示，在系统自动弹出的 "Properties"（属性）对话框中修改 "Part Number"（零件号）为 "spur gear（1）"，即直齿轮，此时树状目录也被相应修改，如图 7-61 所示。继续在【Geometrical Set.1】上单击右键，同样在弹出的快捷菜单中选择 "Properties"（属性），修改【特征属性 Feature Properties】为 "齿轮草图"，如图 7-62 和图 7-63 所示。

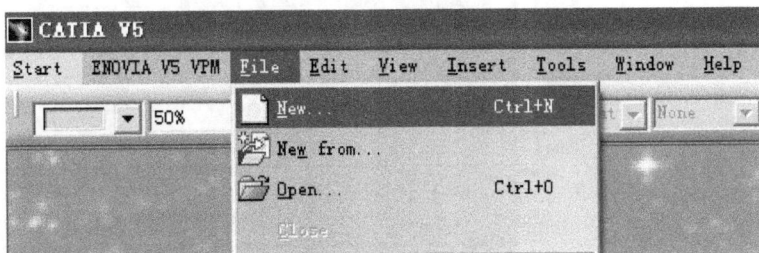

图 7-58　新建

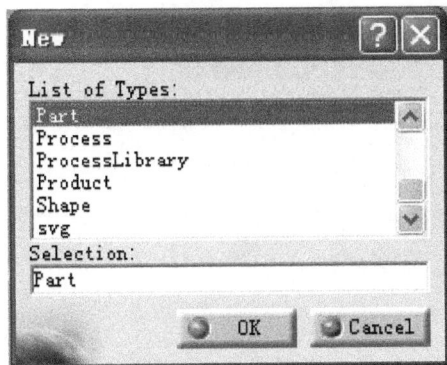

图 7-59　新建零件

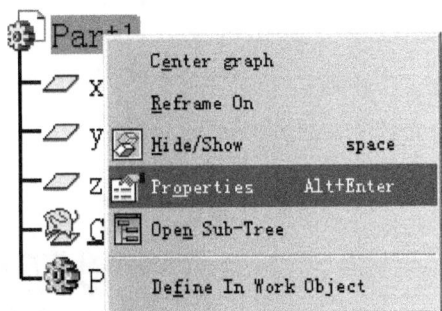

图 7-60　修改属性（1）

2）下面进行参数化设置，首先在【工具 Tools】下拉菜单中选择【公式… Formula…】，或单击工具条中的公式图标，如图 7-64 所示。

3）系统自动弹出公式编辑对话框，如图 7-65 所示，将更改【新参数类型 New Parameter of type】改为 "Angle"（角度）。单击【新参数类型 New Parameter of type】按钮，输入齿轮的压力角 $\alpha = 20°$，单击【应用 Apply】按钮。

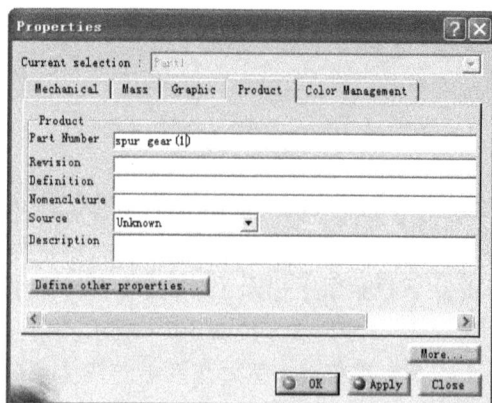

图 7-61 零件号

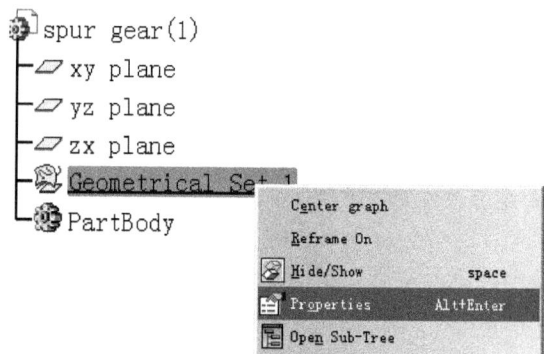

图 7-62 属性快捷菜单

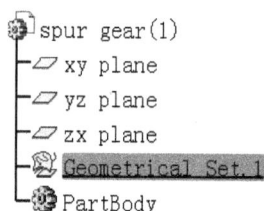

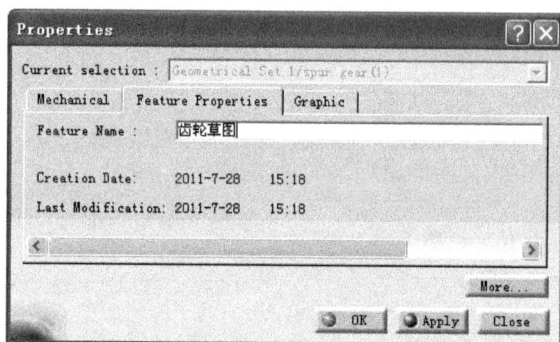

图 7-63 齿轮草图

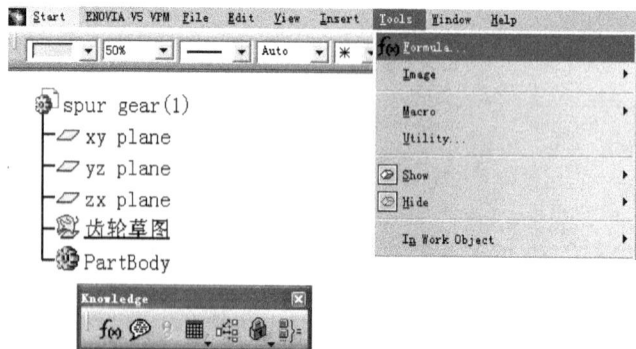

图 7-64 启动公式

4）继续输入齿轮的齿数 $z = 26$，注意此时的【新参数类型 New Parameter of type】应该为 "Real"（实型），单击【应用 Apply】按钮，如图 7-66 所示。

5）将【新参数类型 New Parameter of type】更改为 "Length"（长度），然后按上面的步骤输入齿轮模数 $m = 3$，单击【应用 Apply】按钮，如图 7-67 所示。

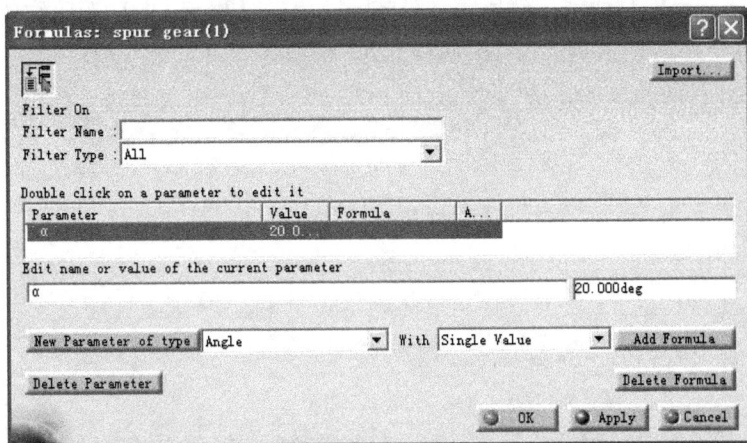

图 7-65　输入压力角

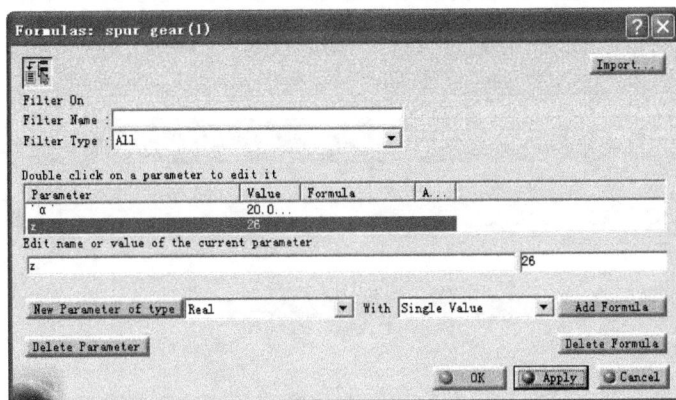

图 7-66　输入齿数

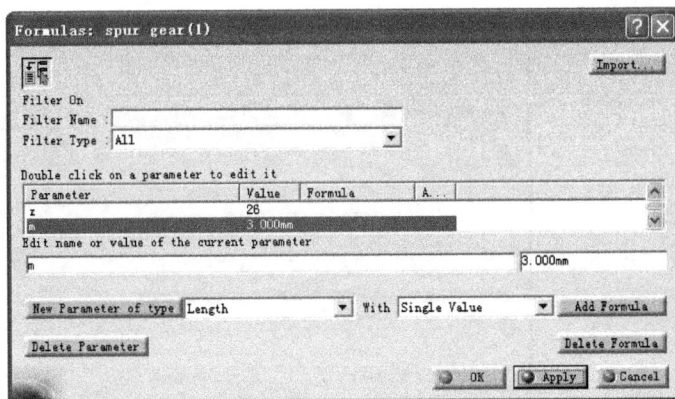

图 7-67　输入模数

6）输入齿顶高公式 $h_a = m$，单击【新参数类型 New Parameter of type】按钮输入 h_a，如图 7-68 所示。单击【添加公式 Add Formula】按钮，系统自动弹出如图 7-69 所示的【公式编辑器 Formula Editor】对话框，然后输入公式 m，单击【确定 OK】按钮确认，确认后树状目录和公式编辑器如图 7-70 所示。注意此时公式编辑器的公式录入格式。

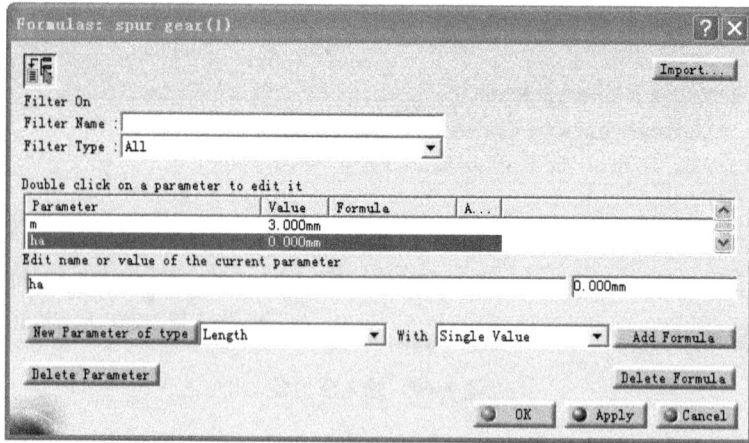

图 7-68　定义齿高

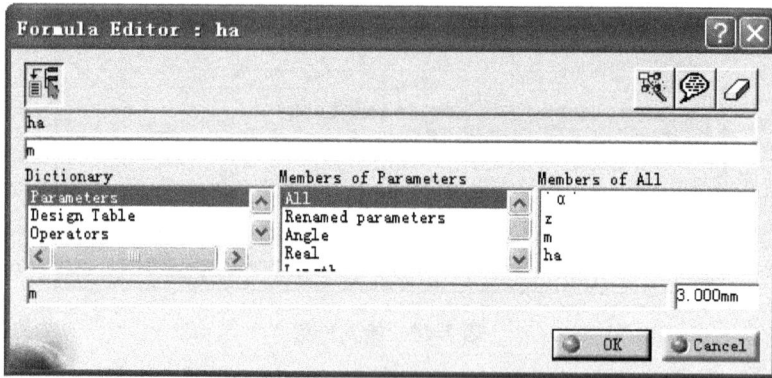

图 7-69　添加公式（2）

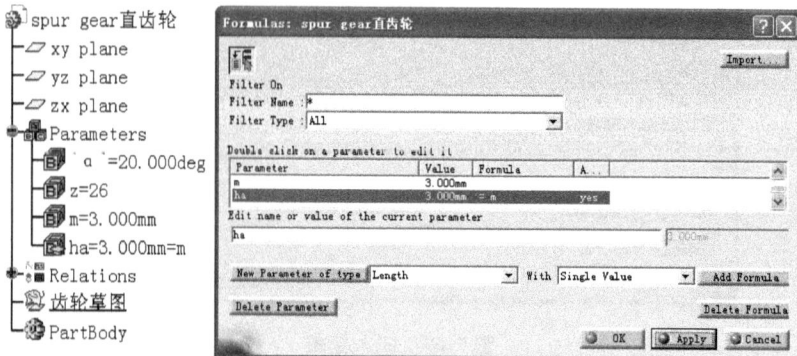

图 7-70　观察参数

7）继续用类似的方法输入齿根高 $h_f = 1.2m$、分度圆半径 $r = mz/2$、齿顶圆半径 $r_a = r + h_a$、齿根圆半径 $r_f = r - h_f$、基圆半径 $r_b = r\cos\alpha$、齿距 $p = m\pi$、齿宽 $L = 3m$。输入公式的过程与树状目录上的显示效果如图 7-71 所示，如果此时在树状目录上展开【关系 Relations】，全部输入公式及格式如图 7-72 所示，可以在此处进行检查和修改。

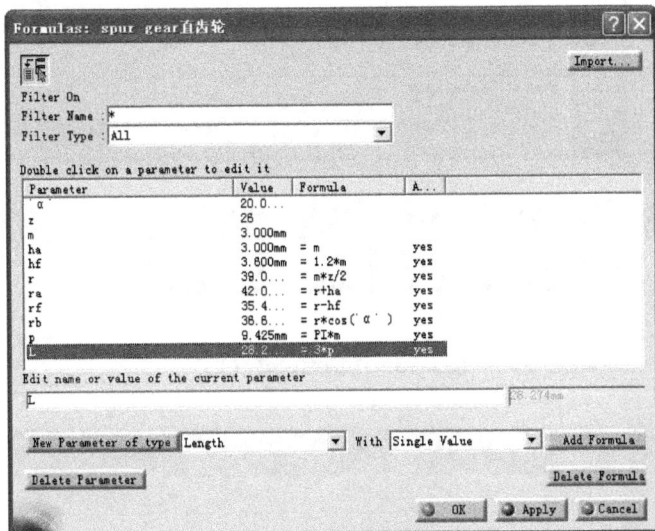

图 7-71　直齿轮参数

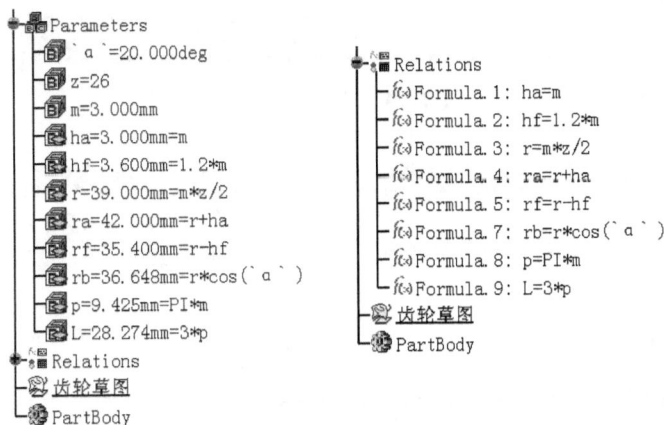

图 7-72　参数与关系树

7.2.2　渐开线直齿圆柱齿轮齿廓渐开线方程设置

1）本例为采用渐开线的参数化方法绘制齿轮的齿廓，所以首先应建立渐开线的参数化方程：

$$x_d = r_b * \sin(t * \mathrm{PI} * 1\mathrm{rad}) - r_b * t * \mathrm{PI} * \cos(t * \mathrm{PI} * 1\mathrm{rad})$$
$$y_d = r_b * \cos(t * \mathrm{PI} * 1\mathrm{rad}) + r_b * t * \mathrm{PI} * \sin(t * \mathrm{PI} * 1\mathrm{rad})$$

单击【法则 Law】按钮，系统弹出【法则编辑器 Law Editor】对话框，如图 7-73 所示。

在【法则名称 Name of Law】文本框中输入渐开线参数方程的 X 轴坐标 x_d，如图 7-74 所示，然后单击【确定 OK】按钮，系统转入如图 7-75 所示的法则编辑器。

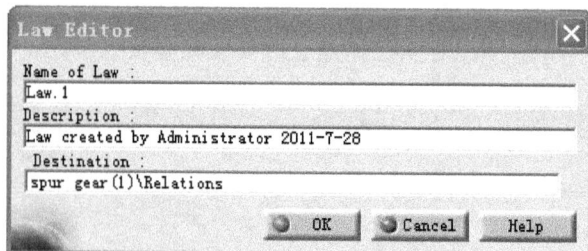

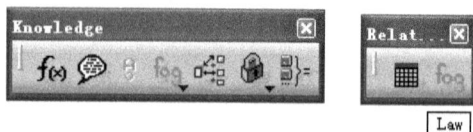

图 7-73 法则编辑器（1）

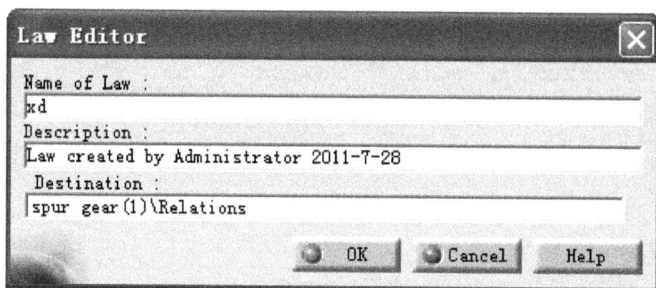

图 7-74 输入公式（1）

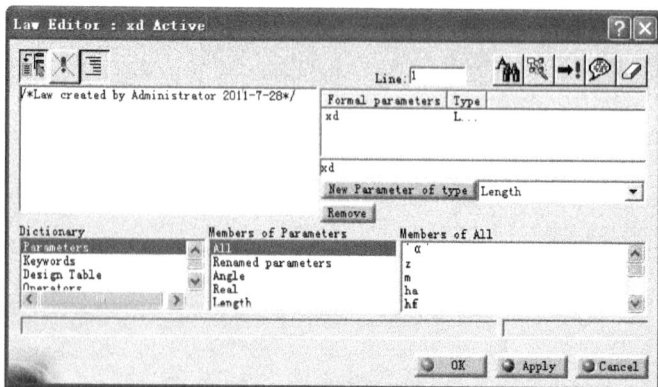

图 7-75 定义参数类型（1）

2）将【新参数类型 New Parameter of type】设置为"Length"（长度），然后单击【新参数类型 New Parameter of type】按钮，输入 x_d，单击【应用 Apply】按钮，输入的结果如图 7-75 所示。

3）将【新参数类型 New Parameter of type】更改为"Real"（实型），然后单击【新参

数类型 New Parameter of type】按钮，输入 t，单击【应用 Apply】按钮，输入的结果如图 7-76 所示。

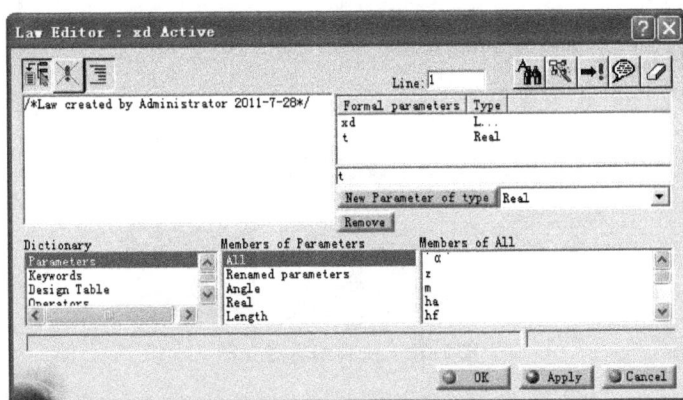

图 7-76　定义参数类型（2）

4）输入公式 $x_d = r_b * \sin(t * \text{PI} * 1\text{rad}) - r_b * t * \text{PI} * \cos(t * \text{PI} * 1\text{rad})$，如图 7-77 所示，然后单击【确定 OK】按钮，完成一个公式的录入。

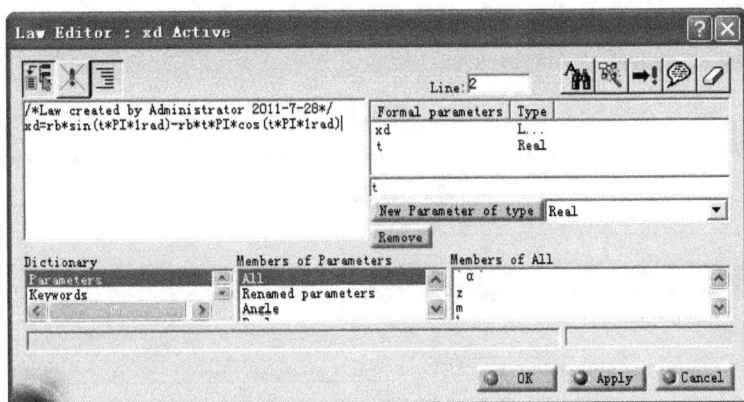

图 7-77　输入公式（2）

5）同样方法，单击【法则 Law】按钮，系统弹出【法则编辑器 Low Editor】对话框，如图 7-78 所示。在【法则名称 Name of Low】中输入渐开线参数方程的 Y 轴坐标 y_d，如图 7-79 所示，然后单击【确定 OK】按钮，系统转入如图 7-80 所示的法则编辑器。

6）将【新参数类型 New Parameter of type】设置为"Length"（长度），然后单击【新参数类型 New Parameter of type】按钮，输入 y_d，单击【应用 Apply】按钮，输入的结果如图 7-80 所示。

7）将【新参数类型 New Parameter of type】更改为"Real"（实型），然后单击【新参数类型 New Parameter of type】按钮，输入 t，单击【应用 Apply】按钮，输入的结果如图 7-81 所示。

8）输入公式 $y_d = r_b * \cos(t * \text{PI} * 1\text{rad}) + r_b * t * \text{PI} * \sin(t * \text{PI} * 1\text{rad})$，如图 7-82 所示，

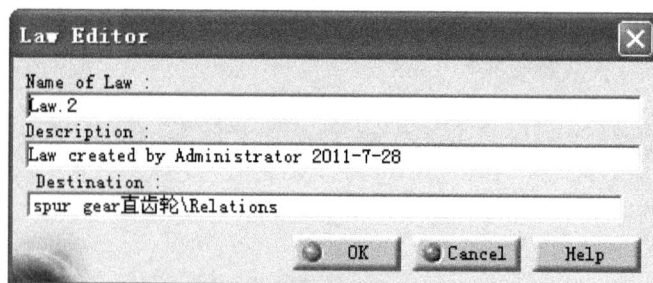

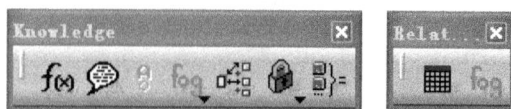

图 7-78 法则编辑器（2）

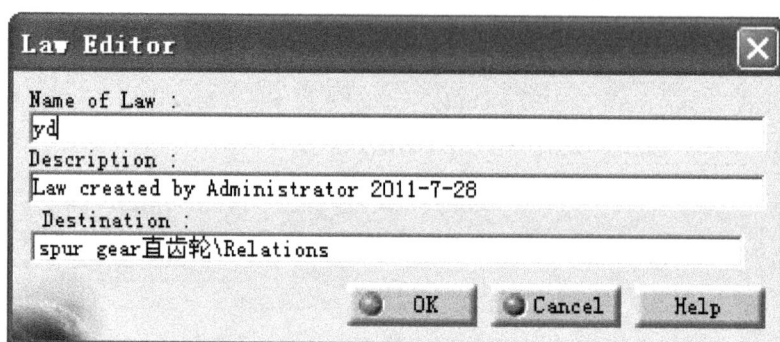

图 7-79 输入公式（3）

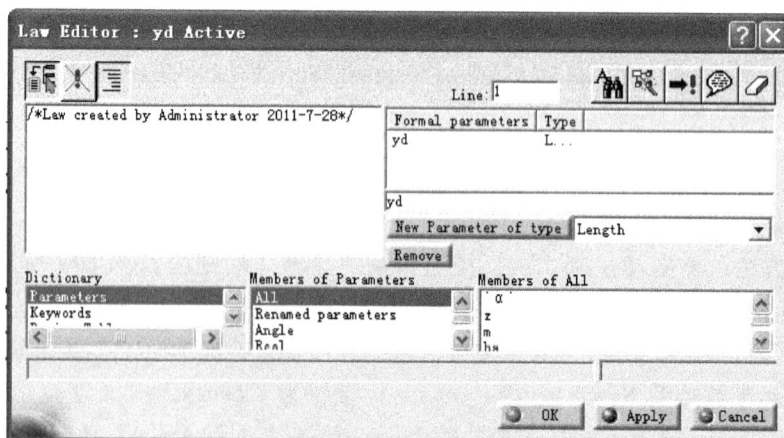

图 7-80 定义参数类型（3）

然后单击【确定 OK】按钮，完成另一个公式的录入。

7.2.3 渐开线直齿圆柱齿轮草图

1）此时树状目录的【齿轮草图】为当前工作对象（用下划线表示），如果不是当前工

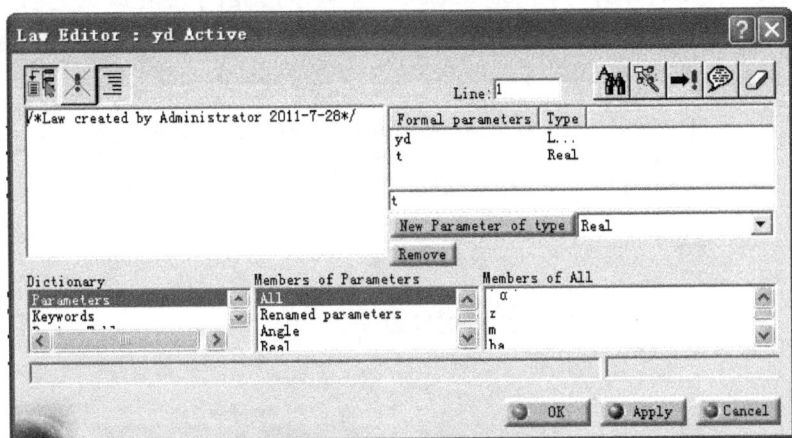

图 7-81 定义参数类型（4）

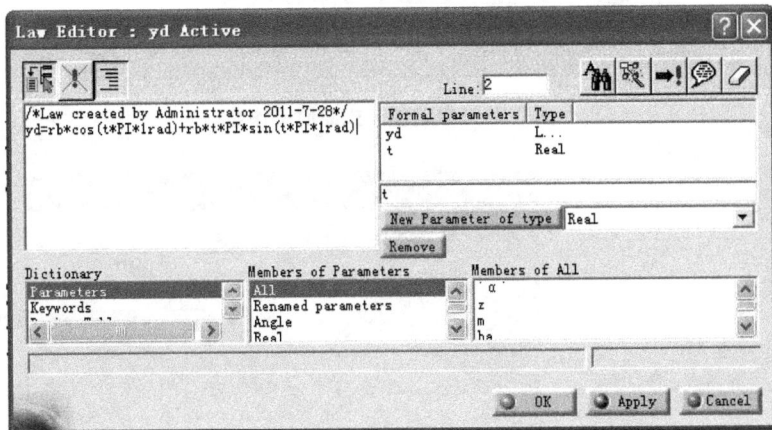

图 7-82 输入公式（4）

作对象，在其上单击右键，然后在弹出的快捷菜单中选择【定义工作对象 Define In Work Object】，如图 7-83 所示。

2）单击【开始 Start】→【曲面 Shape】→【创成式曲面设计 Generative Shape Design】，如图 7-84 所示。单击【圆 Circle】按钮，系统弹出【圆定义 Circle Definition】对话框，在【圆类型 Circle type】下拉列表框中选 "Center and radius"（中心和半径），在【圆的限制 Circle Limitations】选项区中选 "Whole Circle"（整圆），在【支持 Support】文本框上单击右键，然后在弹出的快捷菜单上选 yz 平面，如图 7-85 所示。在【中心 Center】文本框上单击右键，系统弹出快捷菜单，如图 7-86 所示。选择【创建点 Create Point】，系统继续弹出【点定义 Point Definition】对话框，

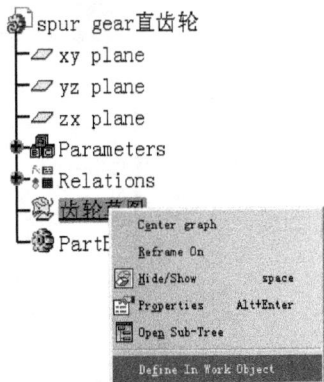

图 7-83 定义工作对象（2）

系统默认【点类型 Point type】为"Coordinates"（坐标），由于要在原点上创建点，所以默认三个坐标值均为零即可，如图 7-87 所示。单击【确定 OK】按钮，返回【圆定义 Circle Definition】对话框。

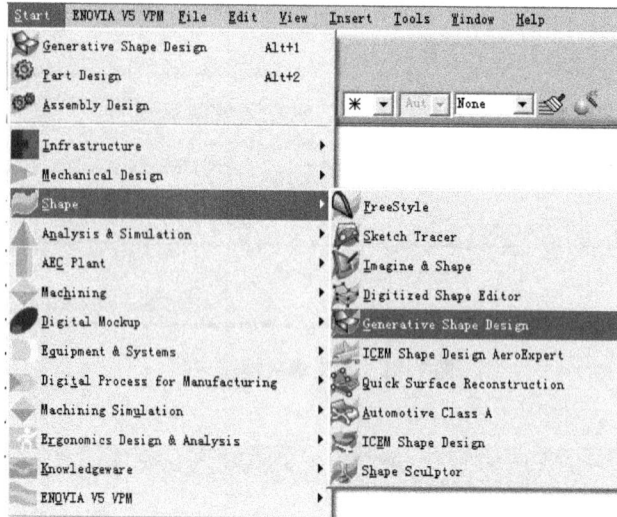

图 7-84　启动创成式曲面工作台

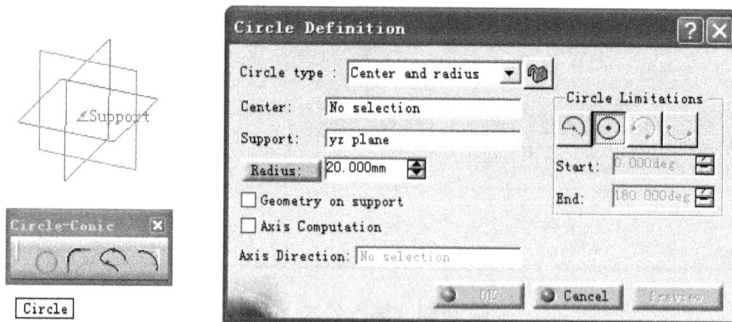

图 7-85　绘制圆 (3)

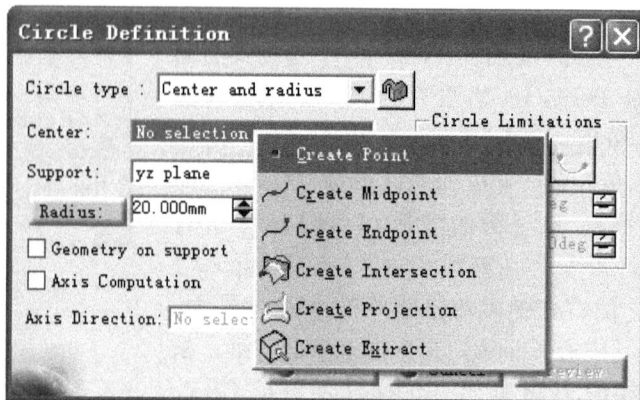

图 7-86　创建圆心

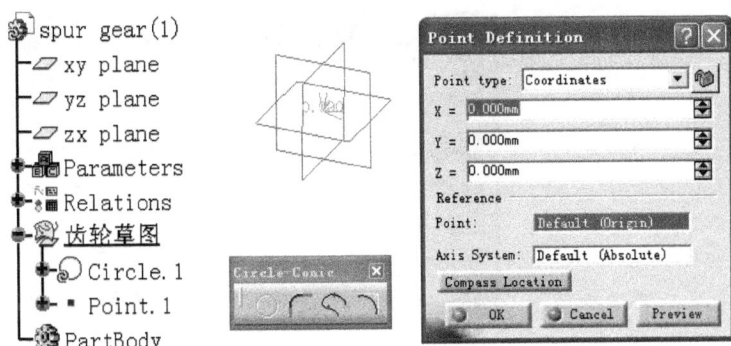

图 7-87　定义圆心坐标

3）在【半径 Radius】微调框内的数字上单击右键，然后在弹出的快捷菜单中单击【编辑公式…Edit formula…】，如图 7-88 所示。系统弹出【公式编辑器 Formula Editor】对话框，输入分度圆半径 r，如图 7-89 所示。单击【确定 OK】按钮确认，此时分度圆半径值发生了变化，且与公式发生关联，返回【圆定义 Circle Definition】对话框，再次单击【确定OK】按钮确认，完成分度圆的绘制。

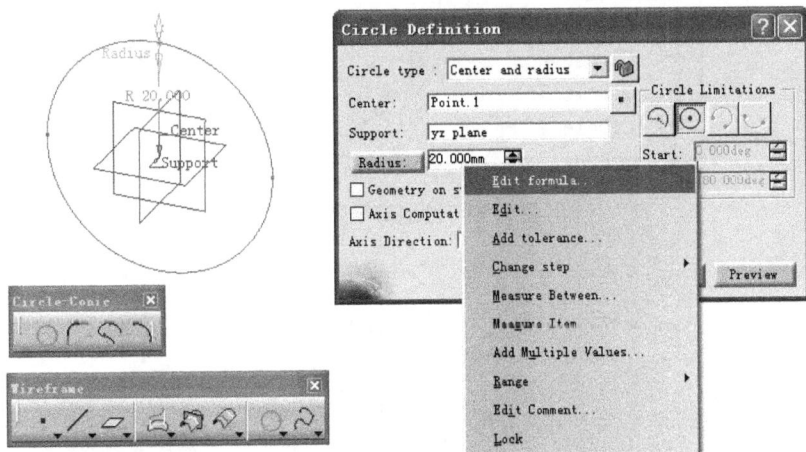

图 7-88　编辑圆的半径

4）用与上述步骤相同的方法绘制另外三个同心圆，依次为齿顶圆、齿根圆和基圆，其半径分别为 r_a、r_f 和 r_b，如图 7-90 所示。

5）单击【点 Point】按钮，系统弹出【点定义 Point Definition】对话框，将【点类型Point type】设置为 "On plane"（在平面上），参考点为原点，在【平面 Plane】文本框上单击右键，然后在弹出的快捷菜单中选 YZ 平面，如图 7-91 所示。

6）在界面上的圆内任意位置上单击，然后在 H 微调框内数值上单击右键，在弹出的快捷菜单中选 "Edit formula"（编辑公式），如图 7-92 所示，系统弹出图 7-93 所示的【公式编辑器 Formula Editor】对话框。

7）打开树状目录的【关系 Relations】节点，首先在树上双击渐开线函数 x_d，如图 7-93

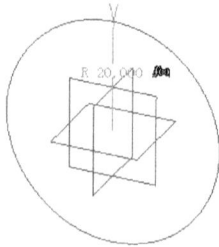

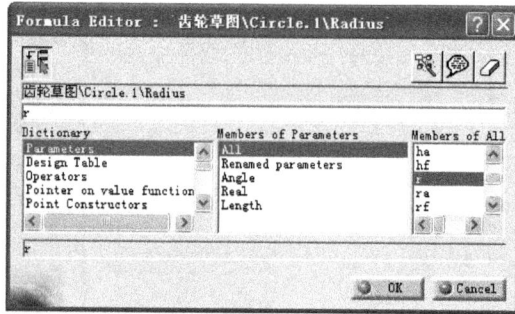

图7-89 输入分度圆半径

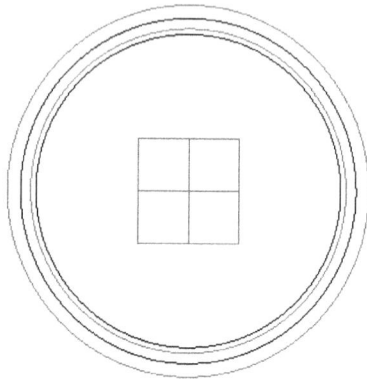

图7-90 绘制四个同心圆

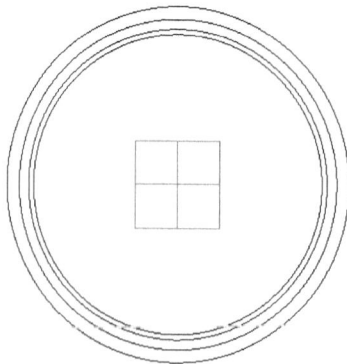

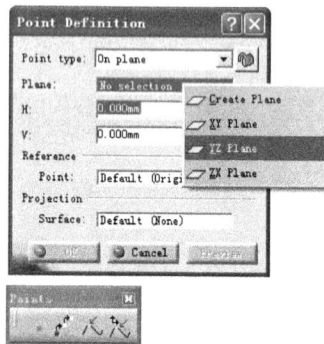

图7-91 定义点

所示。然后在的【公式编辑器 Formula Editor】对话框中的【字典 Dictionary】列表框中选中"Law"（法则），然后双击【法则成员 Members of Law】列表框中新弹出的公式，最后在【求值 Evaluate】公式中输入参数化渐开线第一点的 t 值，此处为零，即 $t=0$，如图7-94所示。单击【确定 OK】按钮，返回【点定义 Point Definition】对话框。

8）继续在 V 微调框内单击右键，在弹出的快捷菜单中选"Edit formula"（编辑公式），

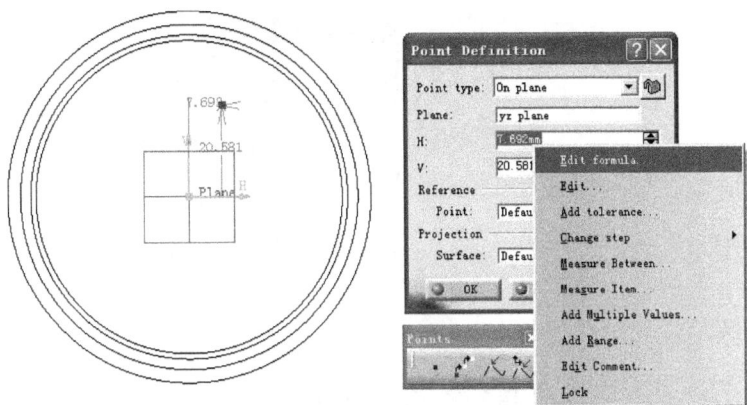

图 7-92　编辑点的水平坐标

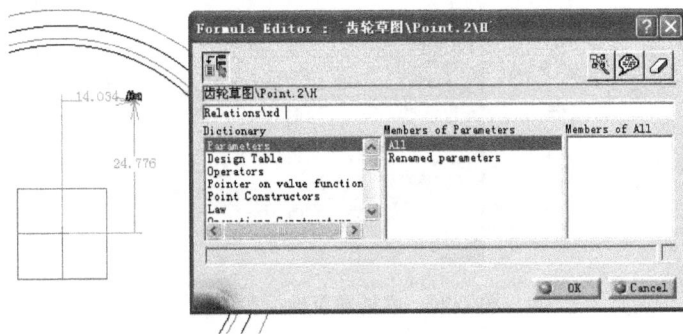

图 7-93　点的水平坐标参数化

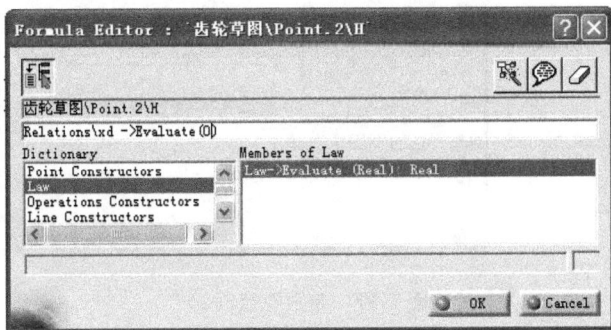

图 7-94　参数赋值（1）

如图 7-95 所示。系统弹出【公式编辑器 Formula Editor】对话框，在树状目录的【关系 Relations】节点下双击渐开线函数 y_d，如图 7-96 所示。然后在【公式编辑器 Formula Editor】对话框的【字典 Dictionary】列表框中选中"Law"（法则），然后双击【法则成员 Members of Law】列表框中新弹出的公式，最后在【求值 Evaluate】公式中输入参数化渐开线第一点的 t 值，此处也为零，即 $t = 0$，如图 7-97 所示。单击【确定 OK】按钮，返回【点定义 Point Definition】对话框，再次单击【确定 OK】按钮，完成渐开线上的起始点创建。

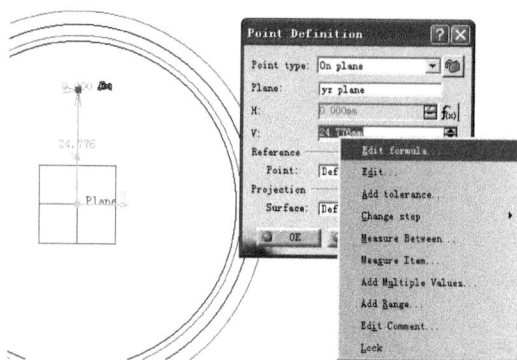

图 7-95　编辑点的垂直坐标

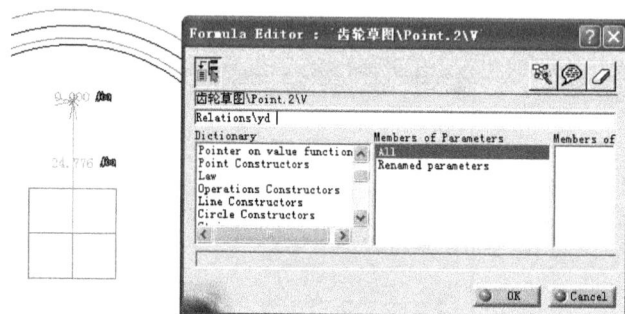

图 7-96　点的垂直坐标参数化

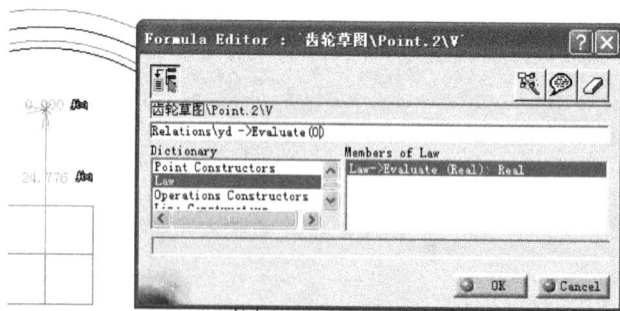

图 7-97　参数赋值（2）

9）创建第二点的方式与第一点的创建方式相同。单击【点 Point】按钮，系统弹出【点定义 Point Definition】对话框，在【点类型 Point type】下拉列表框中选 "On plane"（在平面上），在【平面 Plane】文本框设为 "yz plane"，在界面上的圆内任意位置上单击，然后在 H 微调框内单击右键，在弹出的快捷菜单中选【编辑公式... Edit formula...】，如图 7-98 所示。系统弹出图 7-99 所示的【公式编辑器 Formula Editor】对话框。同样打开树状目录的【关系 Relations】节点，首先在树上双击渐开线函数 x_d，然后在【公式编辑器 Formula Editor】对话框的【字典 Dictionary】列表框中选中 "Law"（法则），然后双击【法则成员

【Members of Law】列表框中新弹出的公式，最后在【求值 Evaluate】公式中输入参数化渐开线第二点的 t 值，此处为 $t = 0.085$。单击【确定 OK】按钮，返回【点定义 Point Definition】对话框。

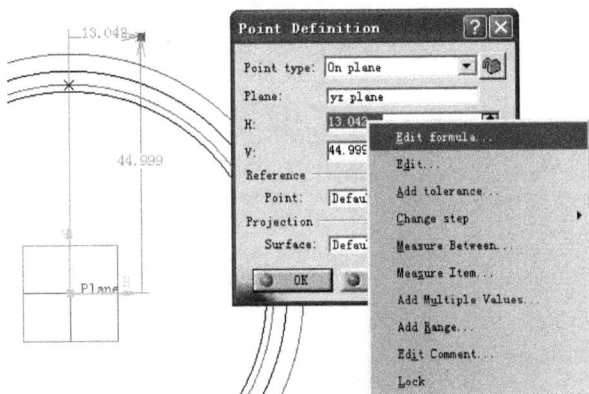

图 7-98　编辑第二个点的水平坐标

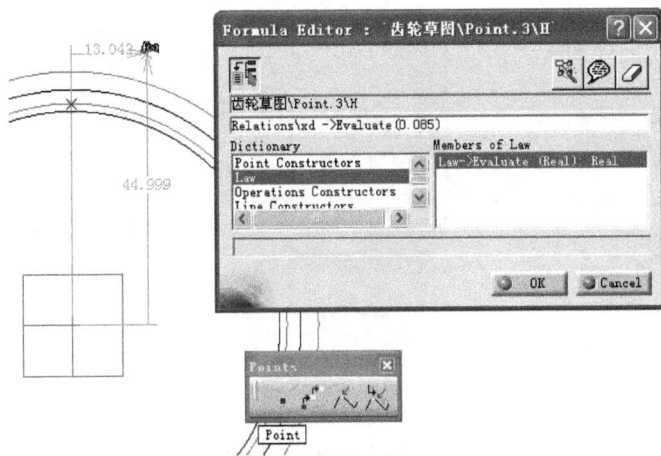

图 7-99　参数赋值（3）

10）继续在 V 微调框内数值上单击右键，在弹出的快捷菜单中选 "Edit formula"（编辑公式），系统弹出【公式编辑器 Formula Editor】对话框，在树状目录的【关系 Relations】节点下双击渐开线函数 y_d，如图 7-100 所示。然后在的【公式编辑器 Formula Editor】对话框的【字典 Dictionary】列表框中选中 "Law"（法则），然后双击【法则成员 Members of Law】列表框中新弹出的公式，最后在【求值 Evaluate】公式中输入参数化渐开线第二点的 t 值，此处 $t = 0.085$，如图 7-101 所示。单击【确定 OK】按钮，返回【点定义 Point Definition】对话框，再次单击【确定 OK】按钮，完成渐开线上的第二个点创建。

11）创建渐开线上的第三个点，创建第三个点在 H 轴方向的坐标值，此时 $t = 0.11$，如图 7-102 和图 7-103 所示；创建第三个点的在 V 轴方向的坐标值，同样 $t = 0.11$，如图 7-104 和图 7-105 所示，所创建的三个渐开线上点如图 7-106 所示。

12）继续用相同的方法绘制第四点到第七点，分别对应 $t = 0.13$、$t = 0.16$、$t = 0.185$ 和

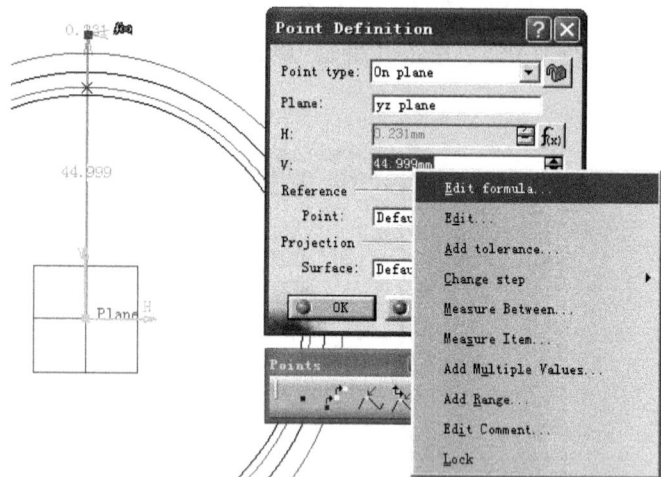

图 7-100 编辑第二个点的垂直坐标

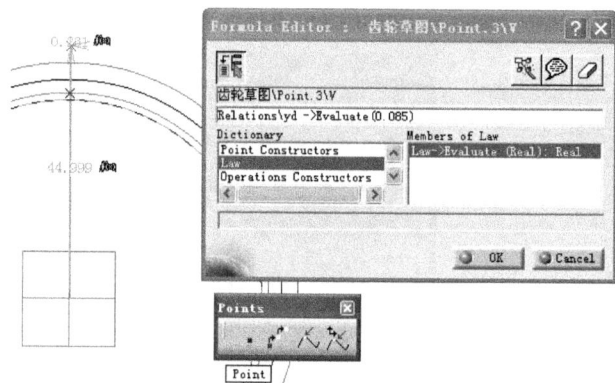

图 7-101 参数赋值（4）

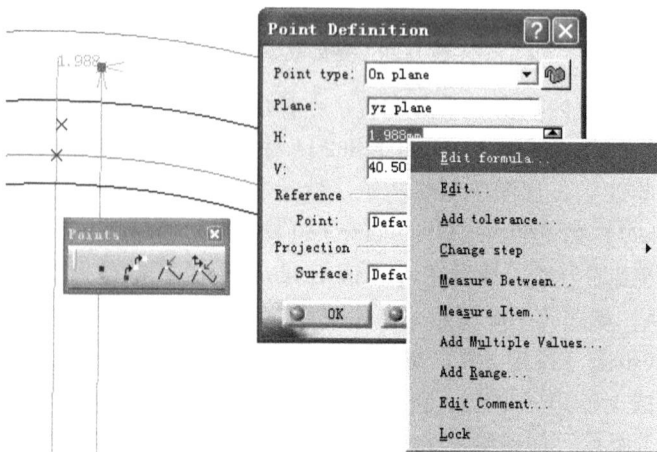

图 7-102 编辑第三个点的水平坐标

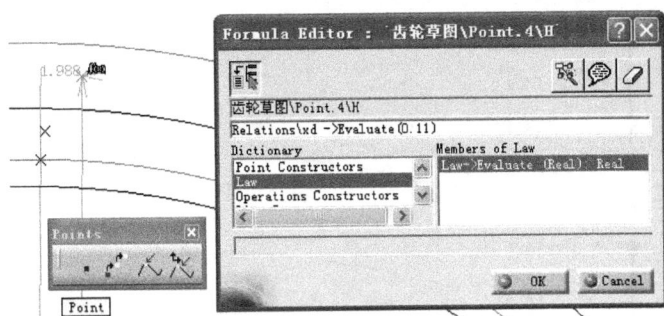

图 7-103　参数赋值（5）

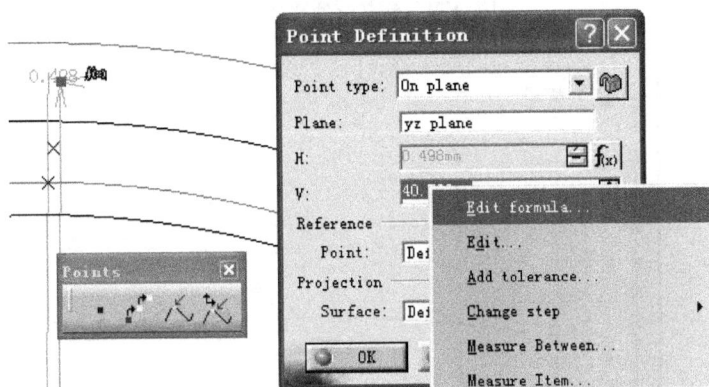

图 7-104　编辑第三个点的垂直坐标

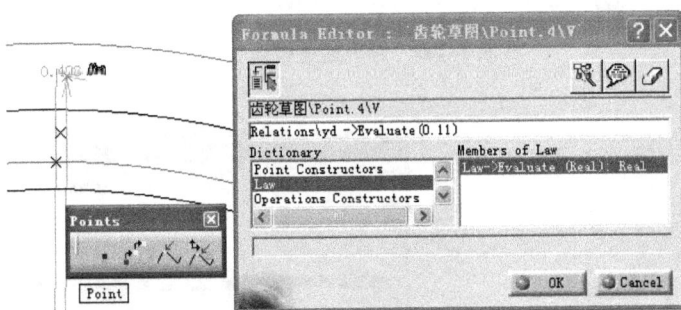

图 7-105　参数赋值（6）

$t = 0.21$，如图 7-107 所示。共建立了七个点，第一点在基圆上，第六、第七点在齿顶圆的外面。一般当 $t = 0.21$ 时，对应的点基本上在齿顶圆之外，如果修改齿数和模数，第六个点的位置可能变化到齿顶圆之内。

13）单击【样条线 Spline】按钮，系统弹出【样条线定义 Spline Definition】对话框，依次选取七个点，预览后单击【确定 OK】按钮，完成渐开线创建，如图 7-108 所示。

14）为了保证修改齿轮参数时不影响所构建的曲面线架，可将绘制的渐开线进行适当的延长。单击【外延 Extrapolate】按钮，系统弹出【外延定义 Extrapolate Definition】对话

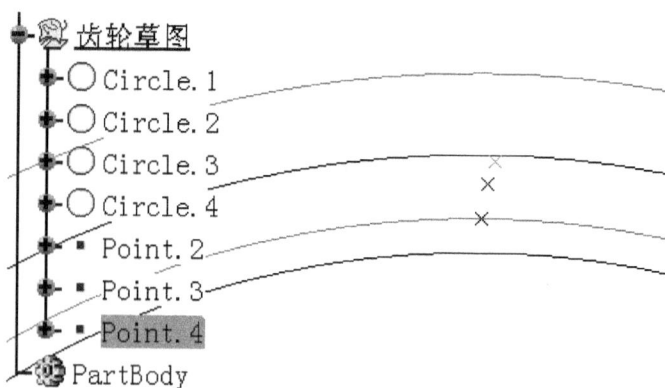

图 7-106　渐开线通过点（1）

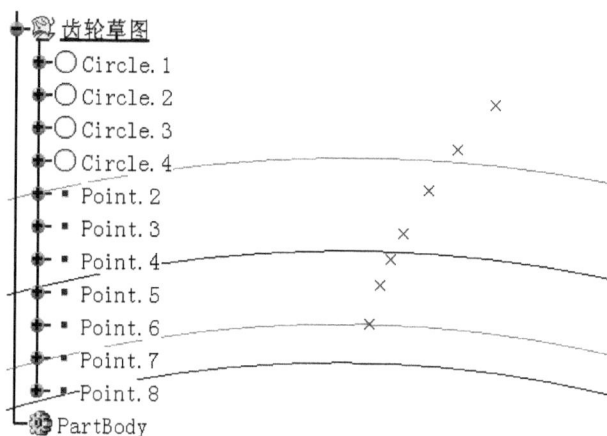

图 7-107　渐开线通过点（2）

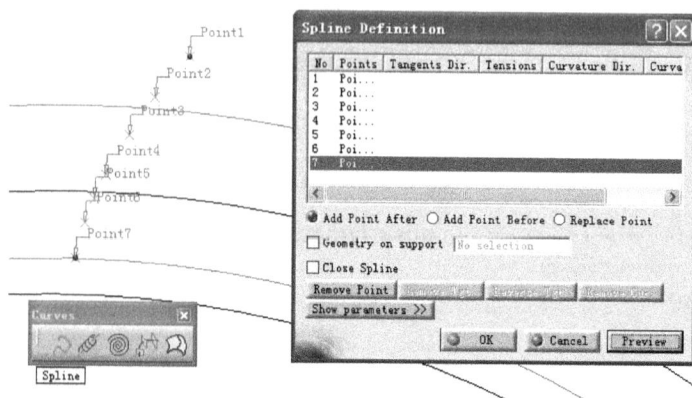

图 7-108　定义样条线

框，在【边界 Boundary】文本框中设定渐开线的第一个点（在基圆上）"Point. 2"（点. 2），在【外延要素 Extrapolated】文本框中设定刚绘制的渐开线"Spline. 1"（样条线. 1），在

【Limit】选项区的限制类型【TyPe】下拉列表框中选 "Length"（长度），在【长度 Length】的微调框内单击右键，然后在弹出的快捷菜单中选择 "Edit formula"（编辑公式），如图 7-109 所示。系统弹出【公式编辑器 Formula Editor】对话框，输入外延参数为齿根高值 h_f，如图 7-110 所示。单击【确定 OK】按钮，返回【外延定义 Extrapolate Definition】对话框，再次单击【确定 OK】按钮，完成齿廓向下外延操作。

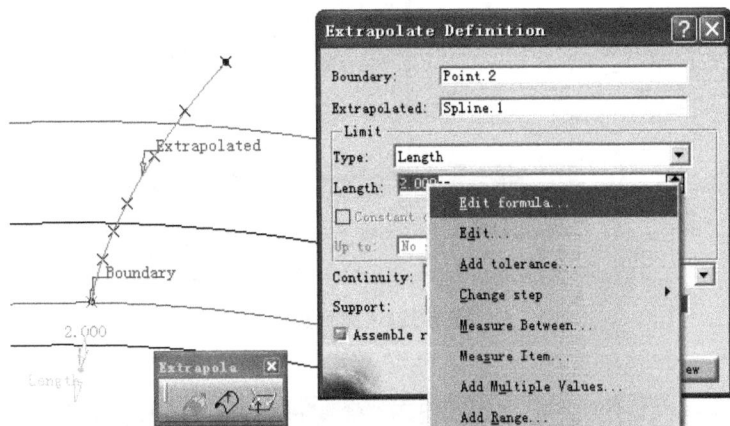

图 7-109　向内延伸

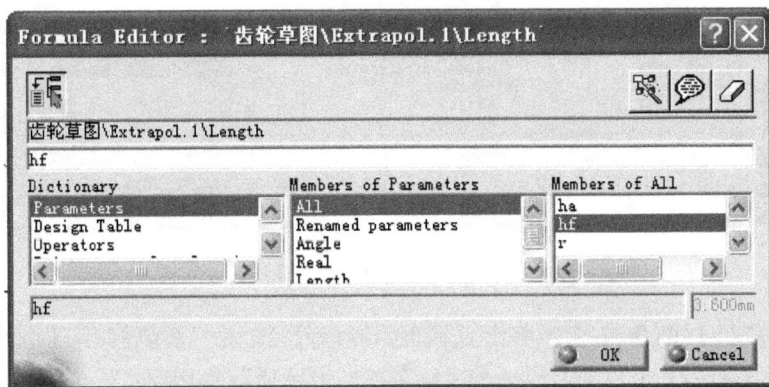

图 7-110　延伸参数（1）

15）同样对渐开线做向上延长操作，单击【外延 Extrapolate】按钮，系统弹出【外延定义 Extrapolate Definition】对话框，在【边界 Boundary】文本框中选择渐开线的最上点【点.8 Point.8】，在【外延要素 Extrapolated】文本框中选择刚做延长操作的渐开线【外延.1 Extrapol.1】，在【Limit】选项区的限制类型【TyPe】下拉列表框中选 "Length"（长度），在【长度 Length】的微调框内单击右键，然后在弹出的快捷菜单中选择 "Edit formula"（编辑公式），如图 7-111 所示。系统弹出【公式编辑器 Formula Editor】对话框，输入外延参数为齿顶高值 h_a，如图 7-112 所示。单击【确定 OK】按钮，返回【外延定义 Extrapolate Definition】对话框，再次单击【确定 OK】按钮，完成齿廓向上外延操作。

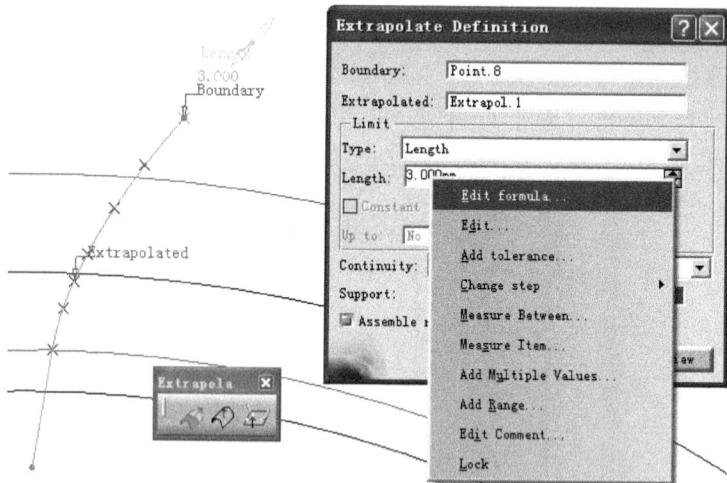

图 7-111 向外延伸

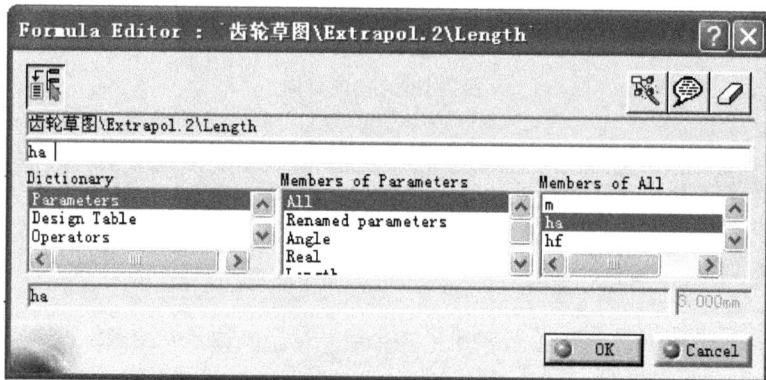

图 7-112 延伸参数（2）

16）对齿根进行圆角操作，单击【圆角 Corner】按钮，系统弹出【圆角定义 Corner Definition】对话框，在【元素 1 Element1】文本框中选择"Extrapol. 2"（外延.2），并选中【修剪元素 1 Trim element1】复选框；在【元素 2 Element2】文本框中选择齿根圆"Circle. 3"（圆.3），取消对【修剪元素 2 Trim element2】复选框的选择，用【下一个解 Next Solution】按钮选择要保留的圆角，如图 7-113 所示。

17）在【半径 Radius】的微调框内数值上单击右键，系统弹出快捷菜单，选择"Edit formula"（编辑公式），如图 7-114 所示。系统弹出【公式编辑器 Formula Editor】对话框，输入齿根圆角半径公式 $0.38m$，如图 7-115 所示。单击【确定 OK】按钮，返回【圆角定义 Corner Definition】对话框，再次单击【确定 OK】按钮，完成齿根圆角操作。

18）隐藏渐开线上所有点，然后作渐开线与分度圆的交点。单击【相交 Intersection】按钮，系统弹出【相交定义 Intersection Definition】对话框，在【第一元素 First Element】文本框中选择渐开线"Corner. 1"（圆角.1），在【第二元素 Second Element】文本框中选择分度圆"Circle. 1"（圆.1），在【结果 Result】中选中【点 Points】单选按钮，单击【预览

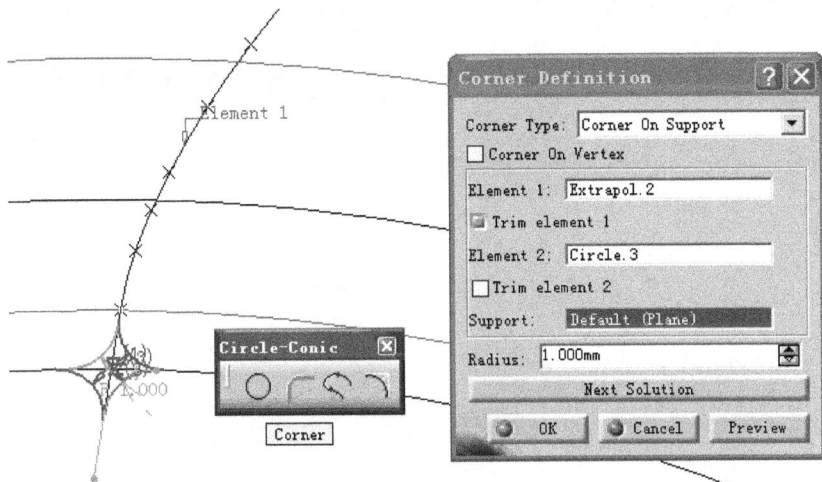

图 7-113　齿根圆角

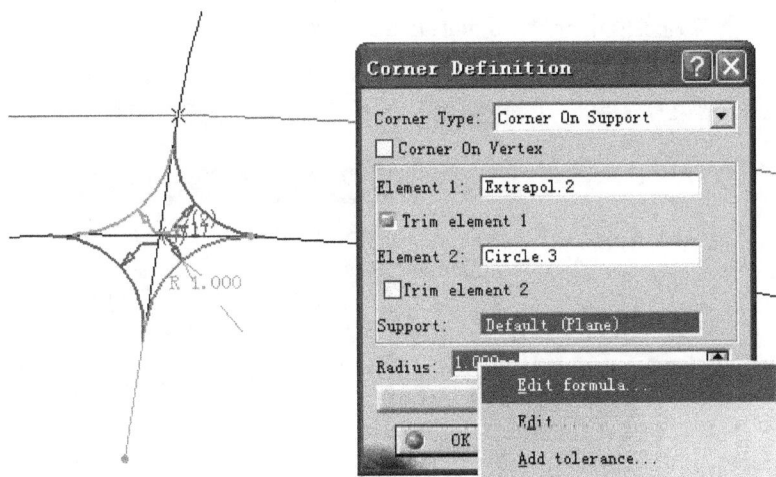

图 7-114　编辑圆角参数

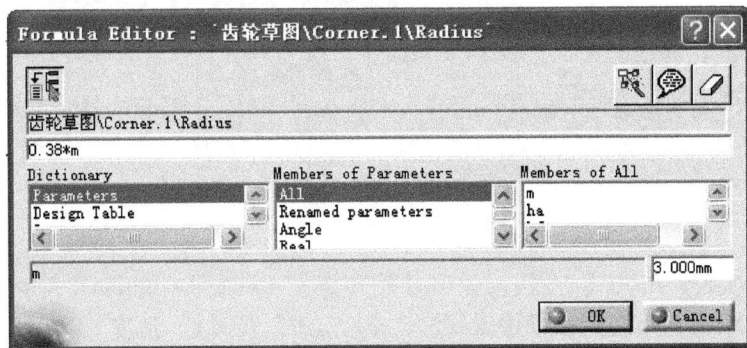

图 7-115　输入圆角参数公式

Preview】按钮进行观察，如图 7-116 所示，确认无误后单击【确定 OK】按钮确认。

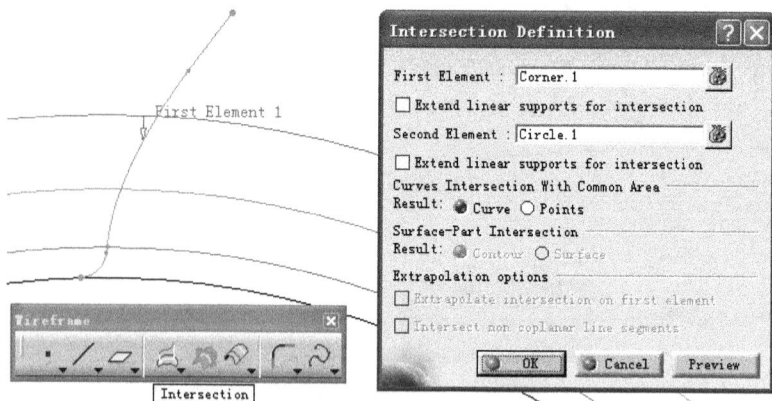

图 7-116　求交点（2）

19）单击【直线 Line】按钮，系统弹出【直线定义 Line Definition】对话框，在【直线类型 Line type】下拉列表框中选择"Point-Point"（点-点），在【点.1 Point1】文本框中选择刚作的交点"Intersect.1"（相交.1），在【点 2 Point2】文本框中选择原点"Point.1"（点.1）为直线的结束点，单击【确定 OK】按钮完成直线创建，如图 7-117 所示。

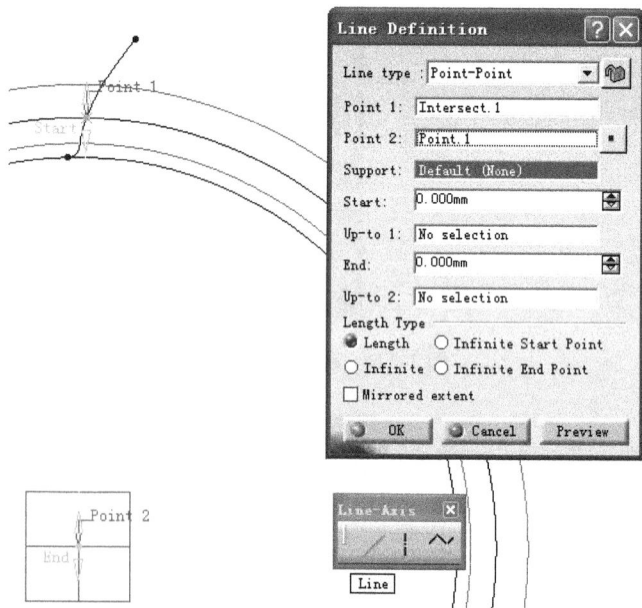

图 7-117　绘制直线（2）

20）单击【旋转 Rotate】按钮，弹出【旋转定义 Rotate Definition】对话框，在【定义模式 Definition Mode】下拉列表框中选择"Axis-Angle"（轴线-角度），在【元素 Element】文本框中选刚绘制的直线"Line.1"（直线.1），在【轴线 Axis】文本框中选 X 轴，然后在【角度 Angle】微调中单击右键，在弹出的快捷菜单中选"Edit formula"（编辑公式），如

图7-118所示。系统自动弹出【公式编辑器 Formula Editor】对话框，输入公式90°/z，连续两次单击【确定 OK】按钮确认，如图7-119 所示。

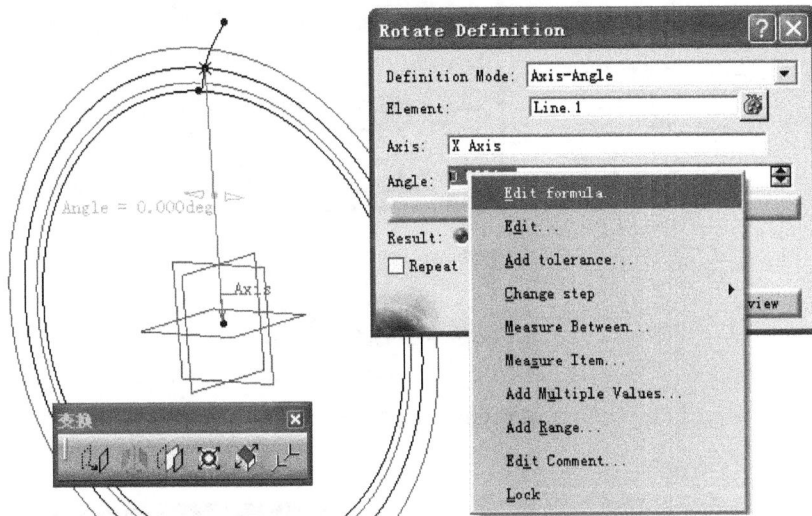

图7-118　旋转定义（2）

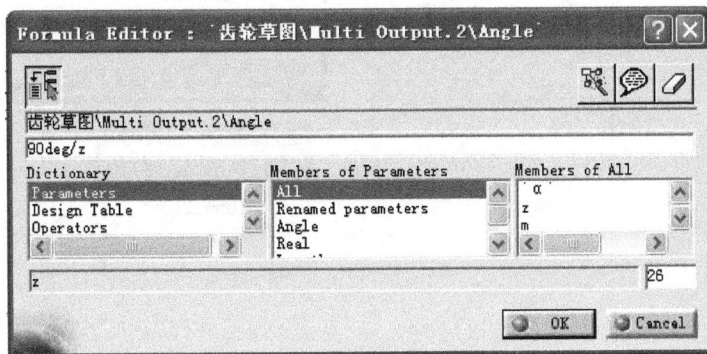

图7-119　定义旋转角度（2）

21）单击【对称 Symmetry】按钮，系统弹出【对称定义 Symmetry Definition】对话框，在【元素 Element】文本框中选择旋转后的直线 "Rotate.1"（旋转.1），在【参考 Reference】文本框中选择刚绘制的直线 "Line.1"（直线.1），最后单击【确定 OK】按钮，完成对称操作，如图7-120 所示。

22）单击【对称 Symmetry】按钮，系统弹出【对称定义 Symmetry Definition】对话框，在【元素 Element】文本框中还是选 "Rotate.1"（旋转.1），在【参考 Reference】文本框中选刚对称后的直线 "Symmetry.1"（对称.1），如图7-121 所示，最后单击【确定 OK】按钮，完成对称操作。

23）对渐开线齿廓进行对称操作，单击【对称 Symmetry】按钮，系统弹出【对称定义 Symmetry Definition】对话框，在【元素 Element】文本框中选择渐开线齿廓 "Corner.1"（圆角.1），在【参考 Reference】文本框中选择 "Symmetry.1"（对称.1），最后单击【确定 OK】按钮，完成对称操作，如图7-122 所示。

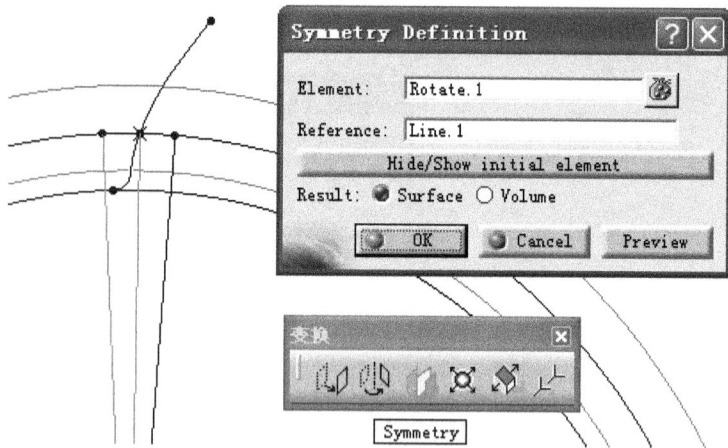

图 7-120　对称操作（3）

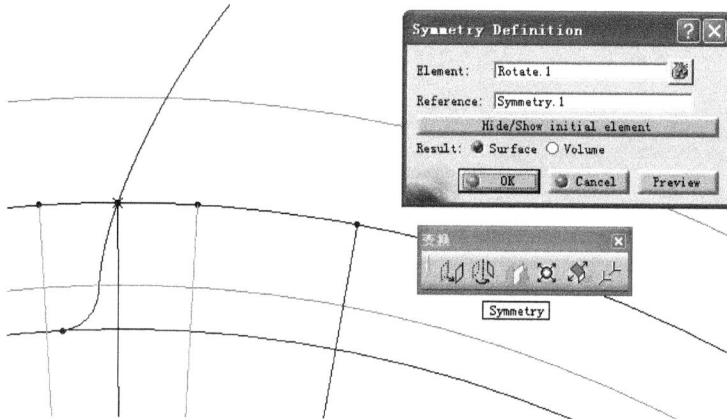

图 7-121　对称操作（4）

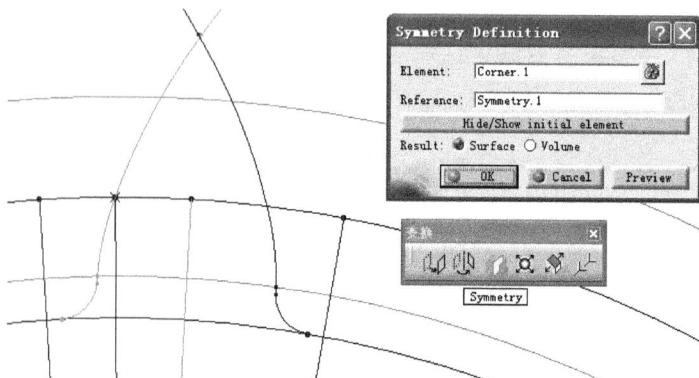

图 7-122　对称操作（5）

24）隐藏不必要的点和线，然后对齿廓进行修剪，单击【修剪 Trim】按钮，系统弹出【修剪定义 Trim Definition】对话框，对两条齿廓线 "Corner.1" "Symmetry.3" 和齿顶圆 "Circle.2" 进行修剪，用【另一侧 Other side】按钮调整要保留的部分，最后单击【确定 OK】按钮确认，如图 7-123 所示。

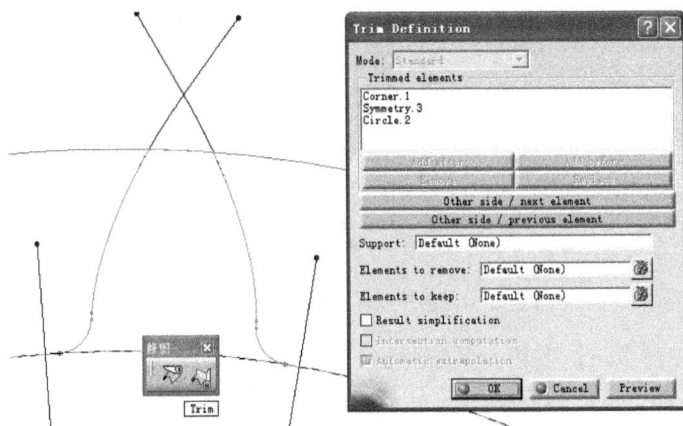

图 7-123 修剪齿顶轮廓

25）继续对齿廓进行修剪，单击【修剪 Trim】按钮，系统弹出【修剪定义 Trim Definition】对话框，对两条直线 "Rotate.1" "Symmetry.2" 和齿根圆 "Circle.3" 进行修剪，用【另一侧 Other side】按钮调整要保留的部分，最后单击【确定 OK】按钮确认，如图 7-124 所示。

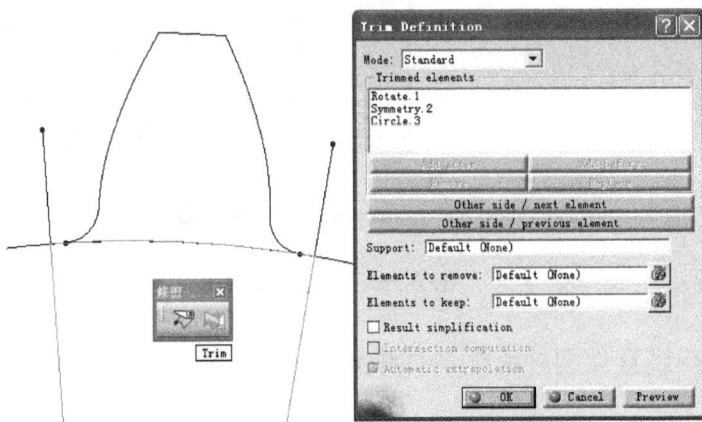

图 7-124 修剪齿根轮廓

26）对剩余部分的齿根圆进行分割，单击【分割 Split】按钮，系统弹出【分割定义 Split Definition】对话框，在【要切割的元素 Element to cut】文本框中选择剩余部分的齿根圆 "Trim.2" （修剪 .2），在【切割元素 Cutting elements】列表框中选择齿廓 "Trim.1" （修剪 .1），预览后，用【另一侧 Other side】按钮调整要保留的部分，最后单击【确定 OK】按钮，完成分割操作，如图 7-125 所示。

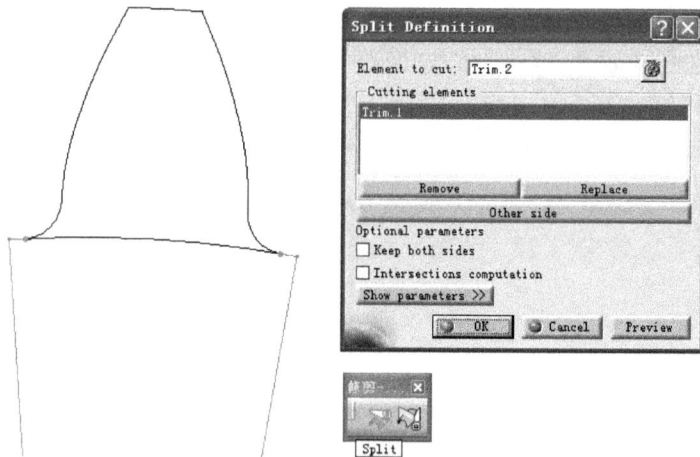

图 7-125　分割草图

27）单击【接合 Join】按钮，系统弹出【接合定义 Join Definition】对话框，在【要接合的元素 Element To Join】列表框中选中"Split.1"（切割.1）和"Trim.1"（修剪.1），预览后单击确定按钮，完成接合操作，如图 7-126 所示。

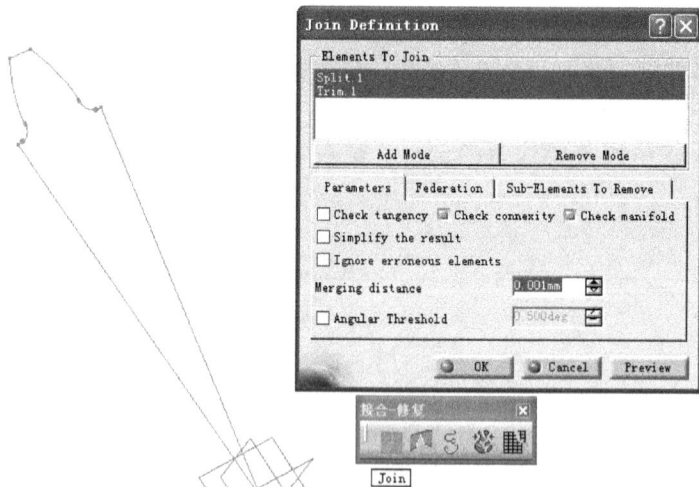

图 7-126　草图接合

7.2.4　渐开线直齿圆柱齿轮实体设计

1）退出【创成式曲面设计 Generative Surface Design】工作台，进入【零件设计 Part Design】工作台，在树状目录上的【零件实体 PartBody】上单击右键，在弹出的快捷菜单中选择"Properties"（属性），如图 7-127 所示。在系统自动弹出的【属性 Properties】对话框中将【特征属性 Feature Properties】文本框中设为"齿轮实体"，如图 7-128 所示。

2）首先将"齿轮实体"定义为当前工作对象，然后单击【拉伸 Pad】按钮，系统弹出【拉伸定义 Pad Definition】对话框，在【类型 Type】下拉列表框中选"Dimension"（尺寸），在【Selection】文本框中设为"Joint.1"，如图 7-129 所示。在【长度 Length】微调框内单击右键，在弹出的快捷菜单中单击"Edit formula"（编辑公式），如图 7-130 所示。系统弹

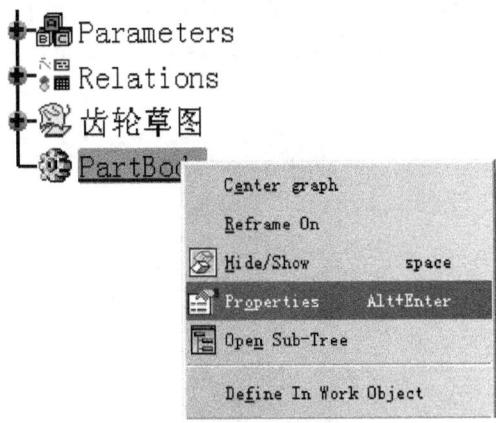

图 7-127 定义工作对象（3）

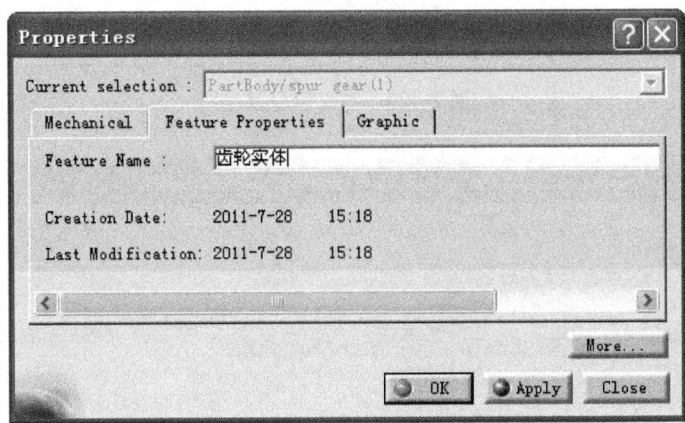

图 7-128 修改属性（2）

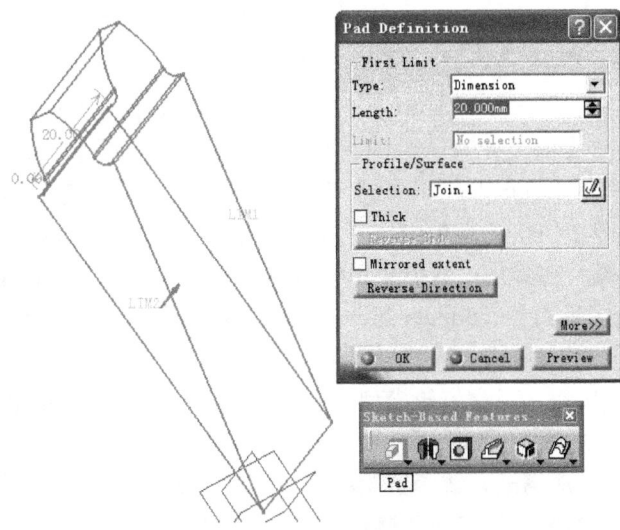

图 7-129 齿坯拉伸

出【公式编辑器 Formula Editor】对话框，输入齿轮的厚度（或长度）L，如图 7-131 所示。单击【确定 OK】按钮确认，返回到【拉伸定义 Pad Definition】对话框，单击【确定 OK】按钮，完成单个齿坯操作。

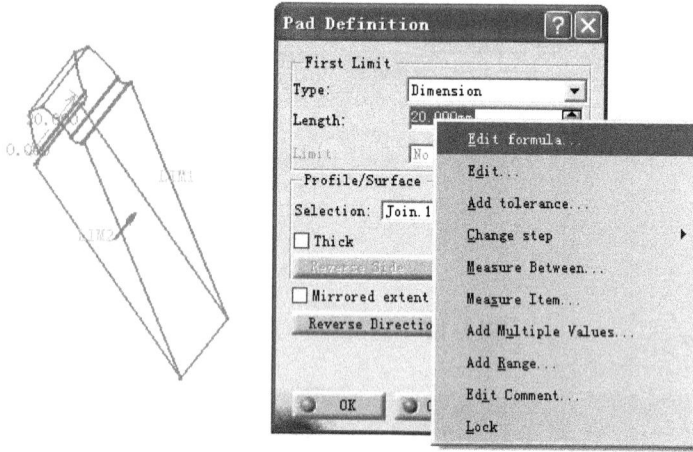

图 7-130　定义齿轮厚度

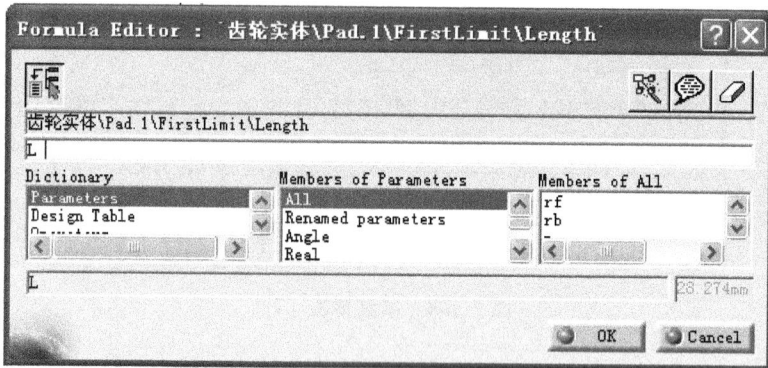

图 7-131　输入厚度参数

3）单击【圆环阵列 Circular Pattern】按钮，系统弹出【圆环阵列定义 Circular Pattern Definition】对话框。在【轴向参考 Axial Reference】选项卡上设置参数，在【参数 Parameters】下拉列表框中选择 "Complete Crown"（圆周排列），在【参考元素 Reference element】中单击右键，然后在弹出的快捷菜单中选 X 轴，如图 7-132 所示。在【实例 Instance（s）】中的微调框内单击右键，在弹出的快捷菜单中单击 "Edit formula"（编辑公式），如图 7-133 所示。系统弹出【公式编辑器 Formula Editor】对话框，输入齿轮的齿数 z，如图 7-134 所示。单击【确定 OK】按钮确认，返回【圆环阵列定义 Circular Pattern Definition】对话框，单击【预览 Preview】按钮，观察齿轮模型，如图 7-135 所示。最后单击【确定 OK】按钮，完成齿形的阵列操作，如图 7-136 所示。

4）到此，基本上完成用渐开线函数绘制直齿圆柱齿轮的参数化设计，打开树状目录上的参数节点，修改齿轮参数，如齿数和模数，然后按照图 7-137 所示进行更新操作，此设计可达到的最小齿数为 12 齿。

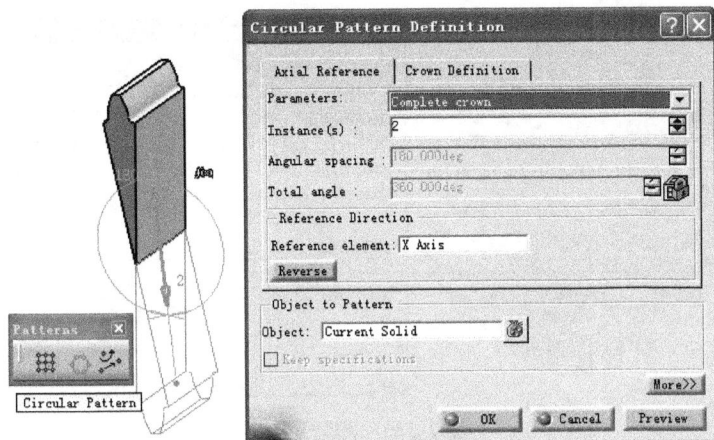

图 7-132 阵列定义

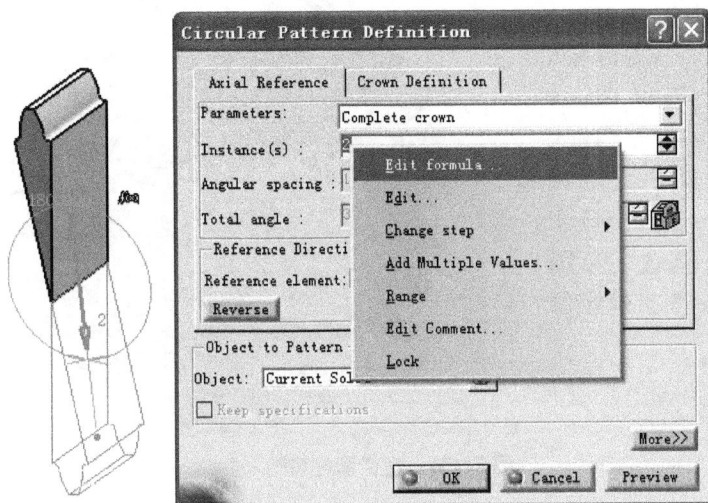

图 7-133 编辑阵列齿数

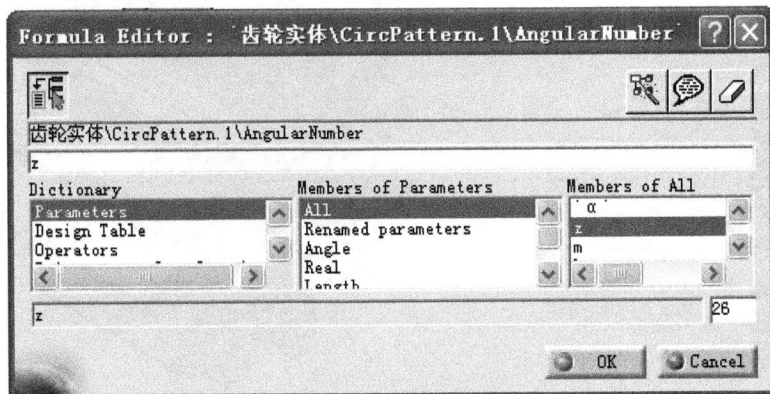

图 7-134 输入齿数参数（2）

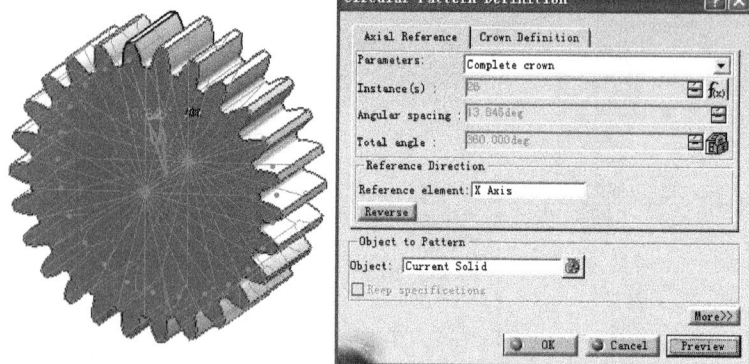

图 7-135　阵列预览

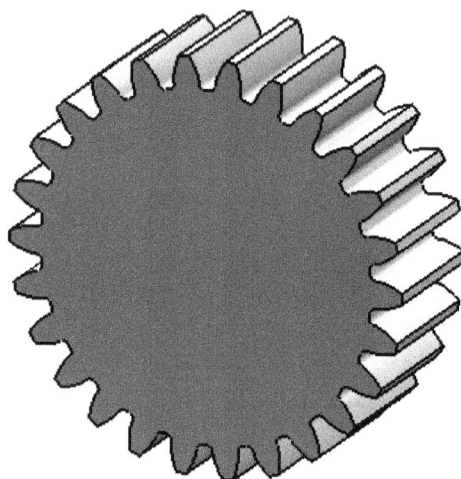

图 7-136　直齿圆柱齿轮（4）

图 7-137　修改齿轮参数

第8章

蜗轮蜗杆参数化设计

8.1 蜗轮设计

8.1.1 蜗轮参数设置

1）首先打开 CATIA 应用程序，创建一个新零件，然后在树状目录【零件.1 Part.1】上单击右键，然后在弹出的快捷菜单中选择"Properties"（属性），如图 8-1 所示。在系统自动弹出的【属性 Properties】对话框中修改【零件号 Part Number】为"worm wheel"，如图 8-2所示。

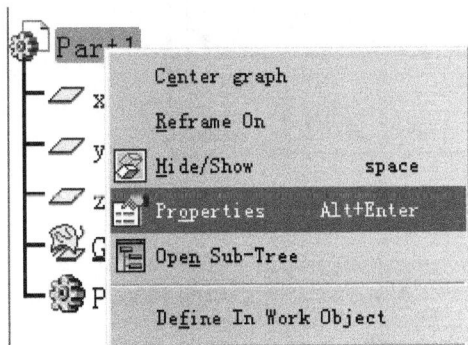

图8-1　属性快捷菜单（1）

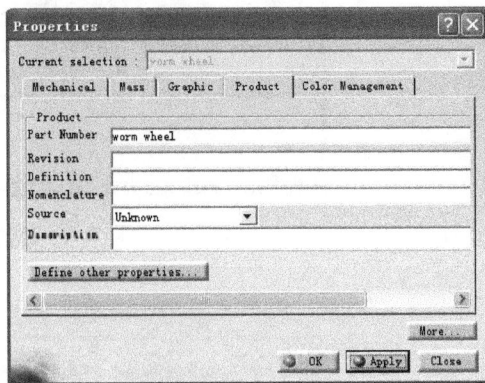

图8-2　修改零件号（1）

2）在树状目录【PartBody】上单击右键，然后在弹出的快捷菜单中选择"Properties"（属性），将【特征属性 Feature Properties】选项卡上的【特征名称 Feature Name】修改为"蜗轮实体"，如图 8-3 和图 8-4 所示，此时树状目录也被相应修改。

3）下面进行参数化设置，首先在【工具 Tools】下拉菜单中单击"Formula"（公式）选项，或单击工具条中的公式按钮，如图 8-5 所示。

4）系统自动弹出公式编辑对话框，如图 8-6 所示。将【新参数类型 New Parameter of type】更改为"Real"（实型），单击【新参数类型 New Parameter of type】按钮，输入蜗杆的头数公式 $z_1 = 3$。单击【应用 Apply】按钮确认，再次单击【新参数类型 New Parameter of type】按钮，同样输入蜗轮的齿数 $z_2 = 40$，如图 8-7 所示。

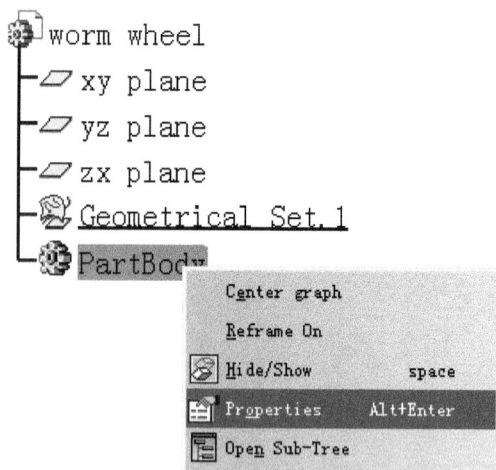

图 8-3 属性快捷菜单（2）

图 8-4 修改零件实体名称

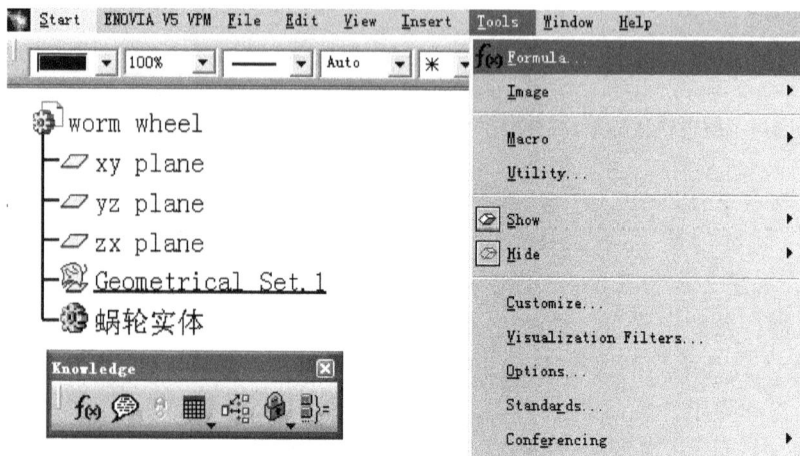

图 8-5 工具下拉菜单（1）

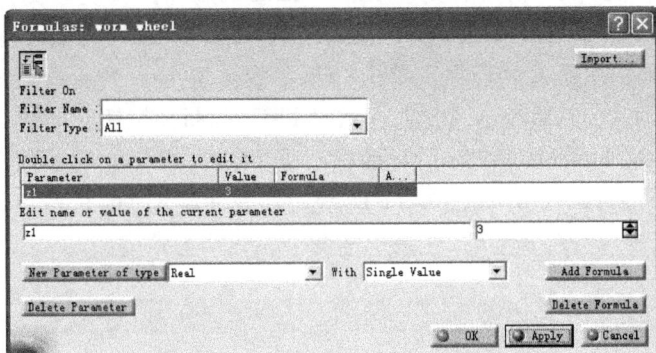

图 8-6　输入蜗杆头数（1）

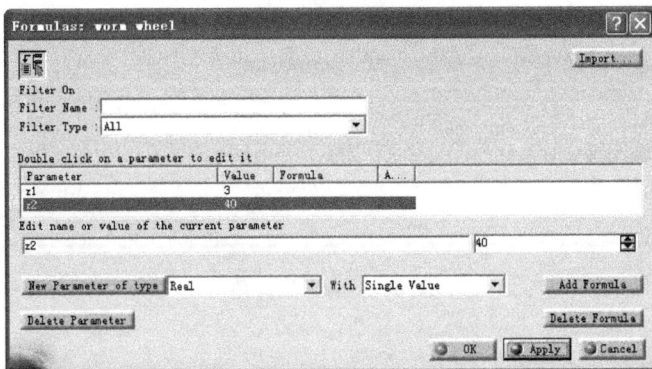

图 8-7　输入蜗轮齿数（1）

5）继续单击【新参数类型 New Parameter of type】按钮，输入蜗杆的特性系数公式 $q=11$，然后单击【应用 Apply】按钮确认，如图 8-8 所示。注意上述二个参数均为实型，特性系数的选取要根据蜗杆的头数查表取得，在修改模数时，特性系数也要同时进行修改，否则系统会报错。

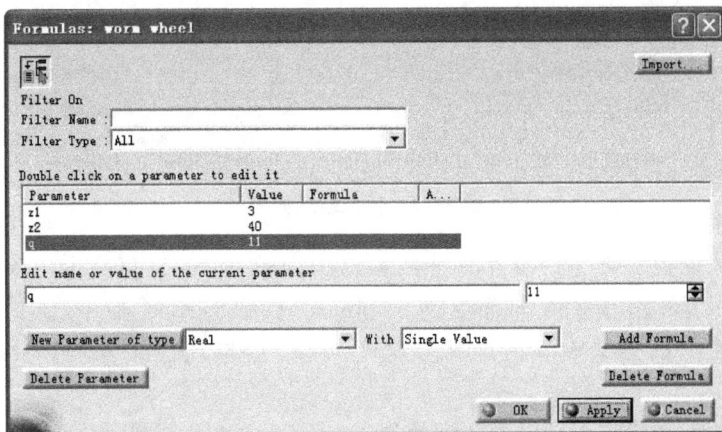

图 8-8　输入特性系数（1）

6）如图 8-9 所示，将【新参数类型 New Parameter of type】更改为 "Angle"（角度）。单击【新参数类型 New Parameter of type】按钮，输入蜗轮和蜗杆的轴面齿形压力角 $\alpha = 20°$，然后按【应用 Apply】按钮确认。再次单击【新参数类型 New Parameter of type】按钮，输入蜗杆的螺旋线升角 λ，然后单击【添加公式 Add Formula】按钮，如图 8-10 所示。系统自动弹出【公式编辑器 Formula Editor】对话框，然后输入蜗杆的螺旋线升角公式 $\lambda = \alpha \tan(z_1/q)$，注意输入的公式格式，如图 8-11 所示。单击【确定 OK】按钮返回公式编辑器界面，单击【应用 Apply】按钮确认，注意上述两个参数均为角度型。

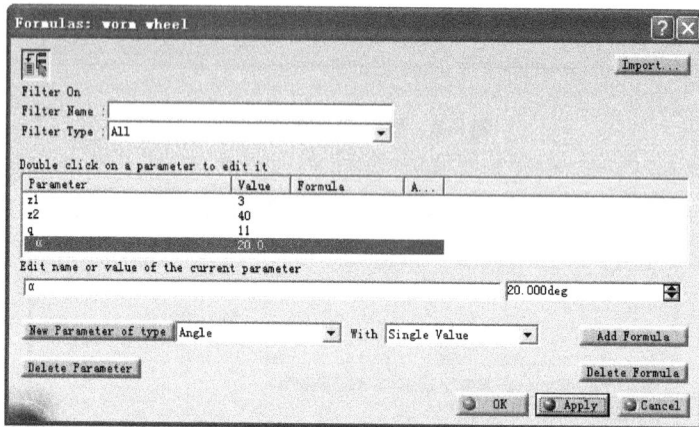

图 8-9　输入压力角

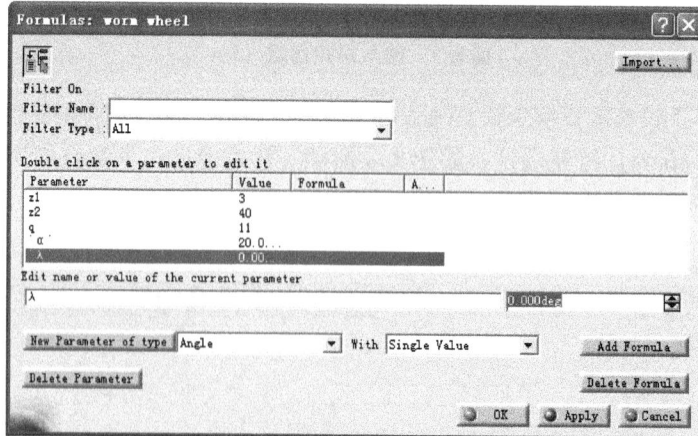

图 8-10　输入螺旋升角

7）继续输入参数，将【新参数类型 New Parameter of type】更改为 "Length"（长度），然后按照上面的步骤输入蜗杆的轴面模数 $m = 4mm$，如图 8-12 所示。

8）继续用类似的方法输入齿顶高公式 $h_a = m$、齿根高公式 $h_f = 1.2m$，如图 8-13 ~ 图 8-16 所示。

9）同样录入参数化的蜗杆分度圆半径公式 $r_1 = mq/2$ 和齿顶圆半径公式 $r_{a1} = r_1 + h_a$，如图 8-17 ~ 图 8-20 所示。

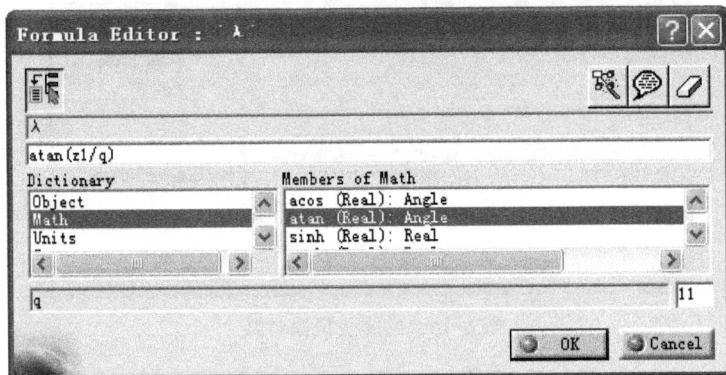

图 8-11　添加螺旋升角公式

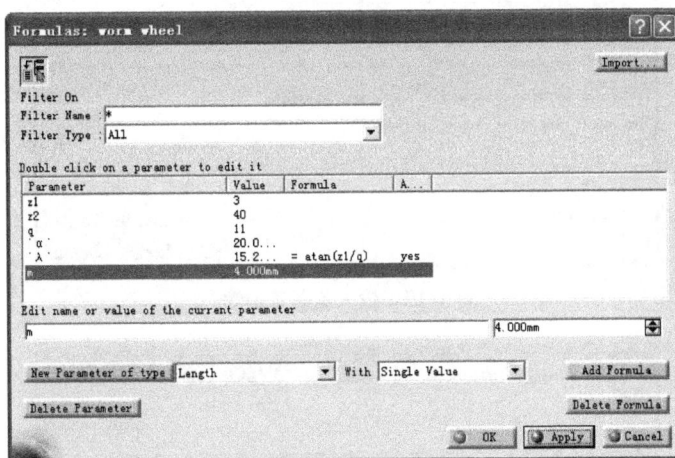

图 8-12　输入模数

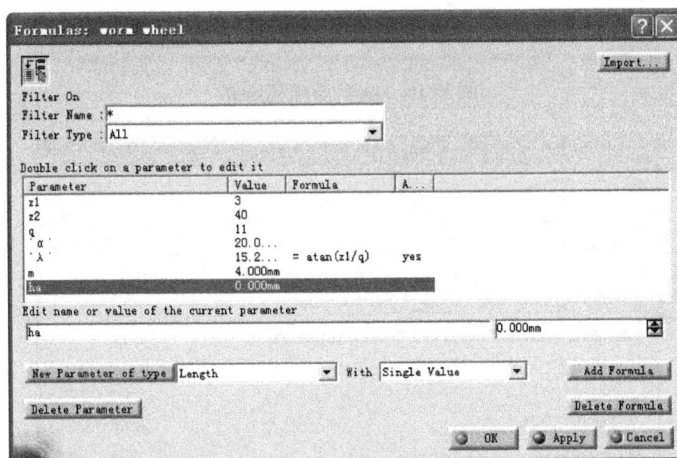

图 8-13　输入齿顶高参数

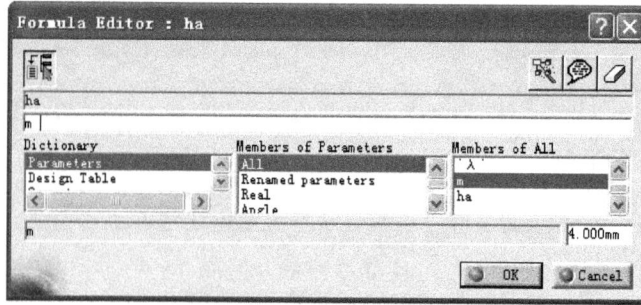

图 8-14　编辑齿顶高参数

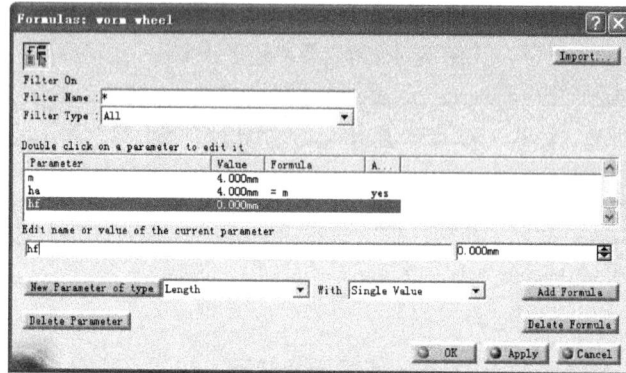

图 8-15　输入齿根高参数

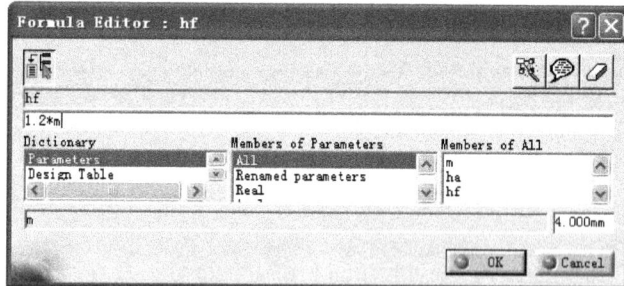

图 8-16　编辑齿根高参数

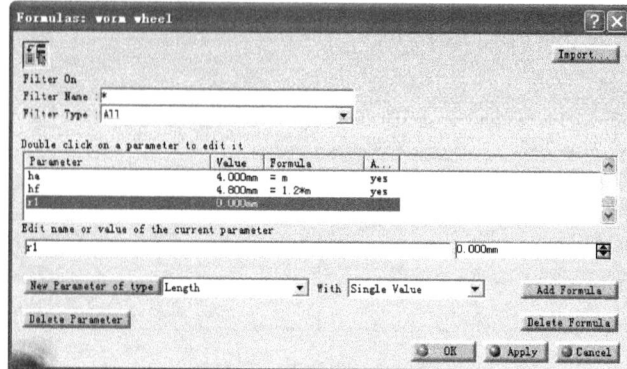

图 8-17　输入分度圆半径（1）

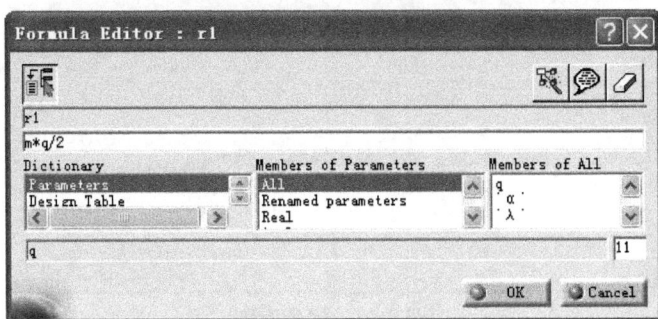

图 8-18 编辑分度圆半径

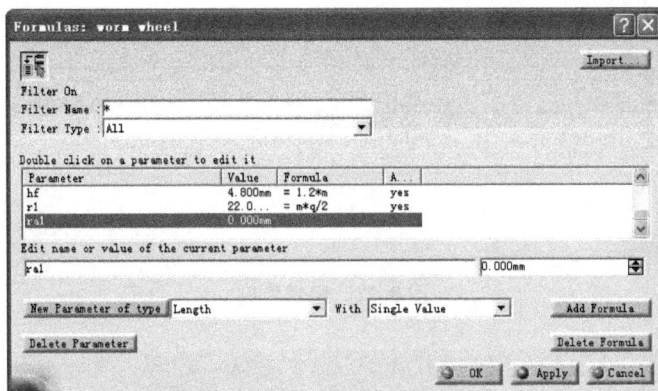

图 8-19 输入齿顶圆半径（1）

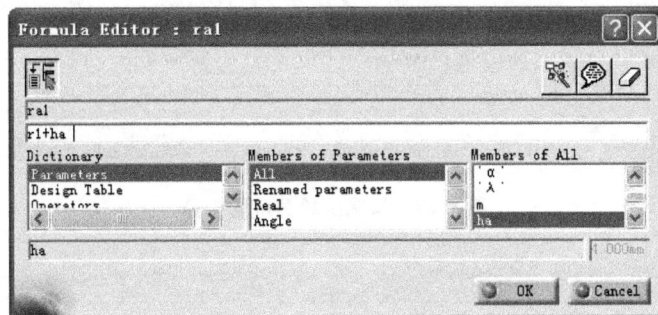

图 8-20 编辑齿顶圆半径

10）继续输入蜗轮的齿距公式 $p = m\pi$ 和导程公式 $h = pz_2/\tan(z_1/q)$，如图 8-21 和图 8-22 所示。

11）输入蜗轮的分度圆半径公式 $r_2 = mz_2/2$、蜗轮齿顶圆的半径公式 $r_{a2} = r_2 + h_a$、蜗轮齿根圆半径公式 $r_{f2} = r_2 - h_f$、蜗轮基圆半径公式 $r_{b2} = r_2\cos(\alpha)$、蜗轮最大外圆半径公式 $r_{w2} = r_2 + 1.5m$，如图 8-23 ~ 图 8-27 所示。

12）继续输入蜗轮宽度公式 $B = 1.3r_{a1}$、蜗轮喉径半径公式 $r_t = r_1 - m$、蜗轮齿根圆弧半

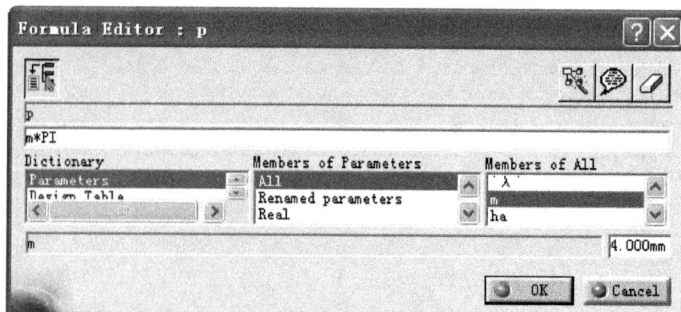

图 8-21　编辑齿距

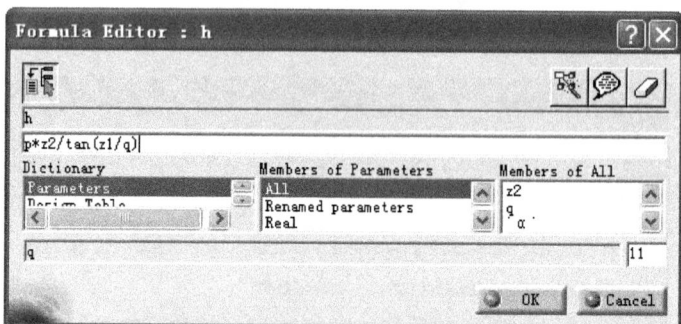

图 8-22　编辑导程

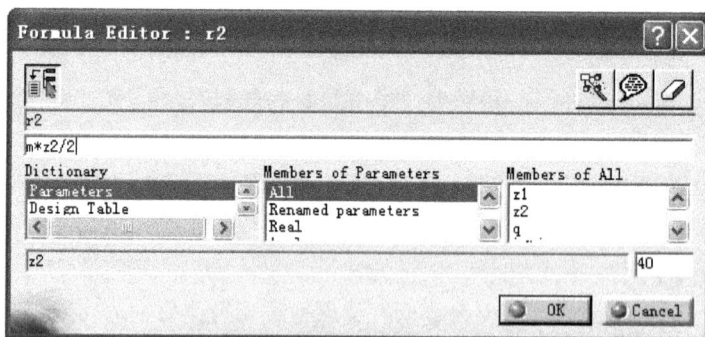

图 8-23　编辑蜗轮分度圆半径

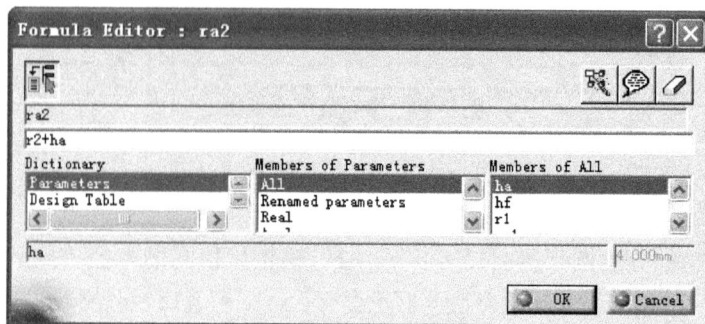

图 8-24　编辑蜗轮齿顶圆半径

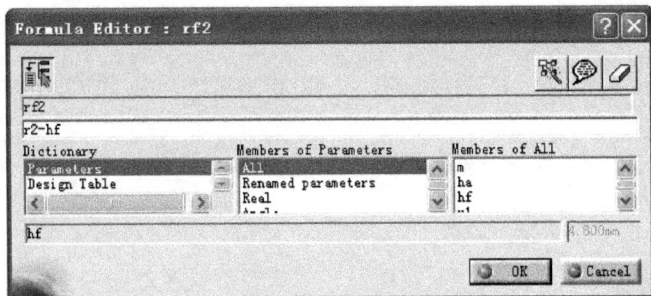

图 8-25　编辑蜗轮齿根圆半径

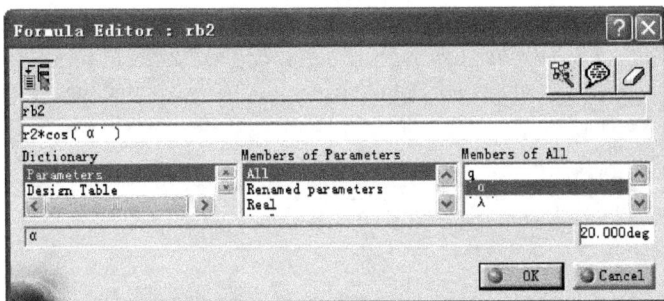

图 8-26　编辑蜗轮基圆半径

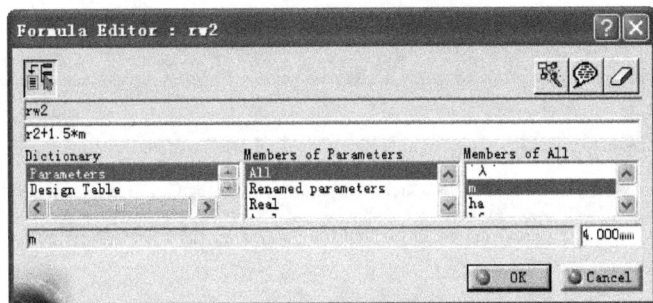

图 8-27　编辑蜗轮最大外圆半径

径公式 $R_{f2} = r_{a1} + 0.2m$、中心距公式 $A = r_1 + r_2$ 和齿根圆角半径公式 $r_r = 0.38m$，如图 8-28 ～ 图 8-32 所示。

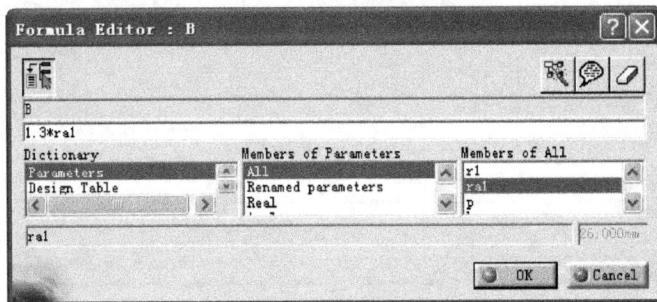

图 8-28　编辑蜗轮宽度

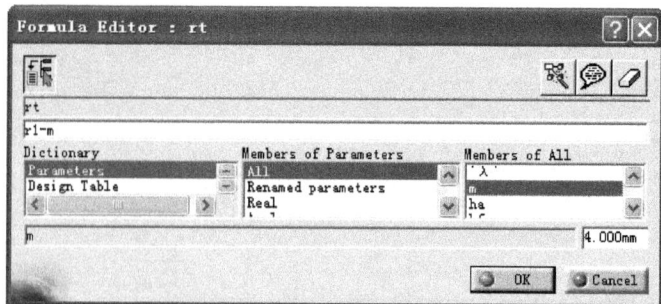

图 8-29　编辑蜗轮喉径半径（1）

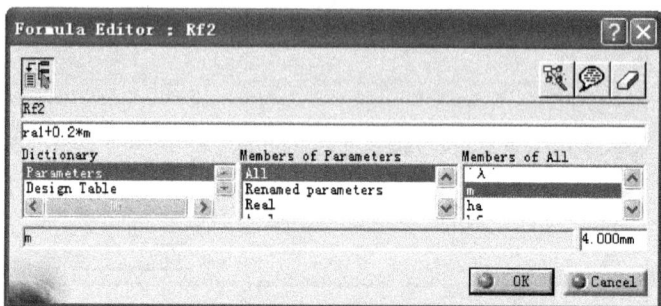

图 8-30　编辑蜗轮齿根圆弧半径

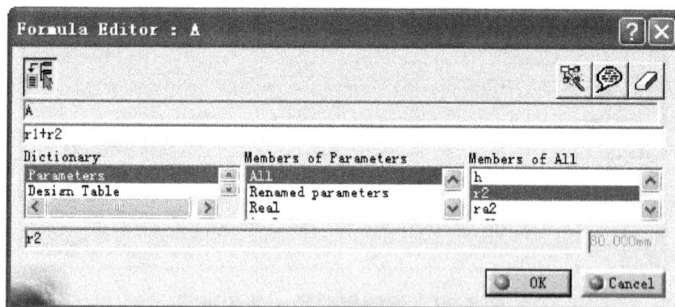

图 8-31　编辑中心距公式

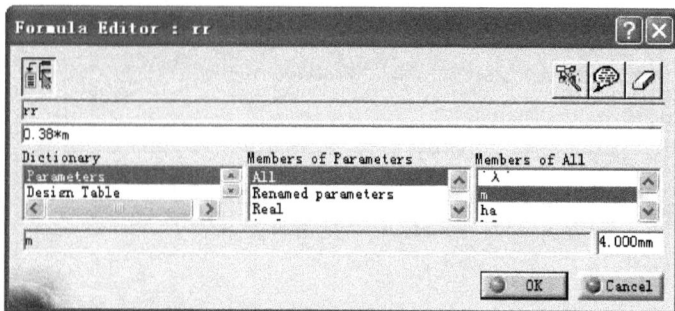

图 8-32　编辑齿根圆角半径公式

13）在树状目录上展开参数和关系节点，观察参数设置，如有错误可以在这里修改，如图 8-33 所示。在【几何图形集 . 1 Geometrical Set. 1】上单击右键，然后在弹出的快捷菜单中选择 "Define In Work Object"（定义工作对象），如图 8-34 所示。

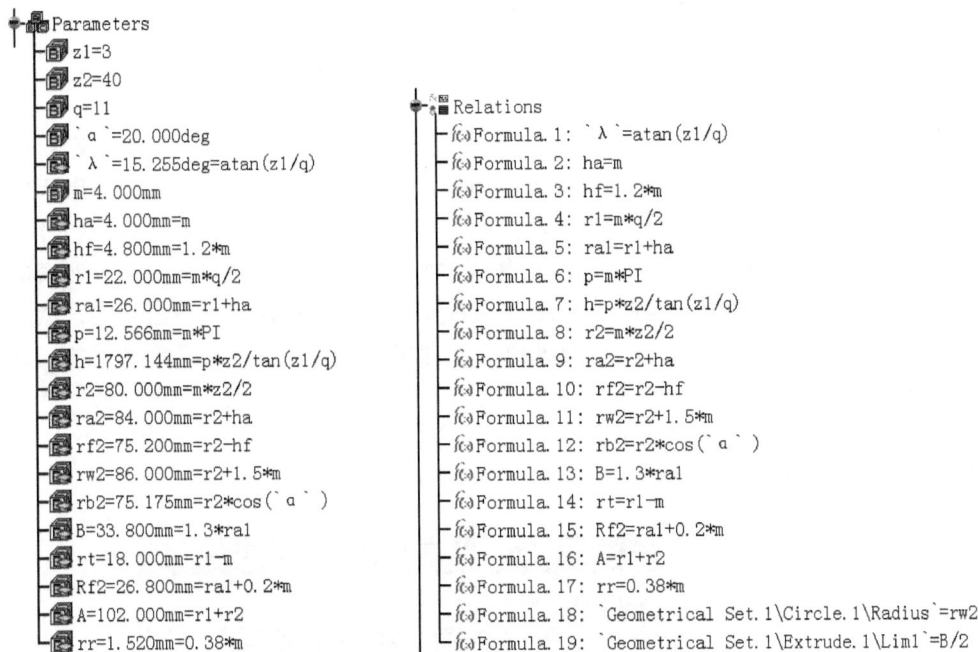

Parameters
- z1=3
- z2=40
- q=11
- `α`=20.000deg
- `λ`=15.255deg=atan(z1/q)
- m=4.000mm
- ha=4.000mm=m
- hf=4.800mm=1.2*m
- r1=22.000mm=m*q/2
- ra1=26.000mm=r1+ha
- p=12.566mm=m*PI
- h=1797.144mm=p*z2/tan(z1/q)
- r2=80.000mm=m*z2/2
- ra2=84.000mm=r2+ha
- rf2=75.200mm=r2-hf
- rw2=86.000mm=r2+1.5*m
- rb2=75.175mm=r2*cos(`α`)
- B=33.800mm=1.3*ra1
- rt=18.000mm=r1-m
- Rf2=26.800mm=ra1+0.2*m
- A=102.000mm=r1+r2
- rr=1.520mm=0.38*m

Relations
- Formula. 1: `λ`=atan(z1/q)
- Formula. 2: ha=m
- Formula. 3: hf=1.2*m
- Formula. 4: r1=m*q/2
- Formula. 5: ra1=r1+ha
- Formula. 6: p=m*PI
- Formula. 7: h=p*z2/tan(z1/q)
- Formula. 8: r2=m*z2/2
- Formula. 9: ra2=r2+ha
- Formula. 10: rf2=r2-hf
- Formula. 11: rw2=r2+1.5*m
- Formula. 12: rb2=r2*cos(`α`)
- Formula. 13: B=1.3*ra1
- Formula. 14: rt=r1-m
- Formula. 15: Rf2=ra1+0.2*m
- Formula. 16: A=r1+r2
- Formula. 17: rr=0.38*m
- Formula. 18: `Geometrical Set.1\Circle.1\Radius`=rw2
- Formula. 19: `Geometrical Set.1\Extrude.1\Lim1`=B/2

图 8-33　参数和关系树

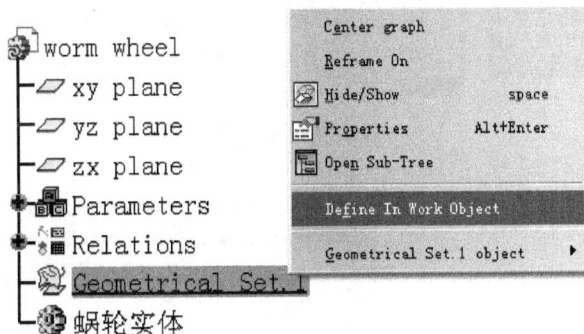

worm wheel
- xy plane
- yz plane
- zx plane
- Parameters
- Relations
- Geometrical Set.1
- 蜗轮实体

Center graph
Reframe On
Hide/Show　　　space
Properties　　　Alt+Enter
Open Sub-Tree
Define In Work Object
Geometrical Set.1 object ▶

图 8-34　定义工作对象（1）

8.1.2　蜗轮曲面设计

1）单击【开始 Start】菜单，打开【创成式曲面设计 Generative Shape Design】工作台，如图 8-35 所示。

2）单击【圆 Circle】按钮，系统弹出【圆定义 Circle Definition】对话框，在【圆类型 Circle type】下拉列表框中选择 "Center and radius"（中心和半径），在【支持 Support】上单击右键，然后在弹出的快捷菜单上选 yz 平面，在【中心 Center】上单击右键，系统弹出

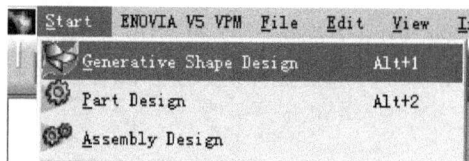

图 8-35 启动创成式曲面设计工作台

快捷菜单，如图 8-36 所示。选择 "Create Point"（创建点），系统继续弹出【点定义 Point Definition】对话框，系统默认【点类型 Point type】为 "Coordinates"（坐标）。由于要在原点上创建点，所以默认三个坐标值均为零即可，如图 8-37 所示。单击【确定 OK】按钮，返回【圆定义 Circle Definition】对话框，在【圆的限制 Circle Limitations】下拉列表框中选择 "Whole Circle"（整圆），继续在【半径 Radius】微调框内的数字上单击右键，然后在弹出的快捷菜单中单击 "Edit formula"（编辑公式），如图 8-38 所示。系统弹出【公式编辑器 Formula Editor】对话框，输入蜗轮最大外圆半径 $r_{w2} = r_2 + 1.5m$，如图 8-39 所示。单击【确定 OK】按钮确认，返回【圆定义 Circle Definition】对话框，再次单击【确定 OK】按钮确认，完成蜗轮最大外圆的绘制。

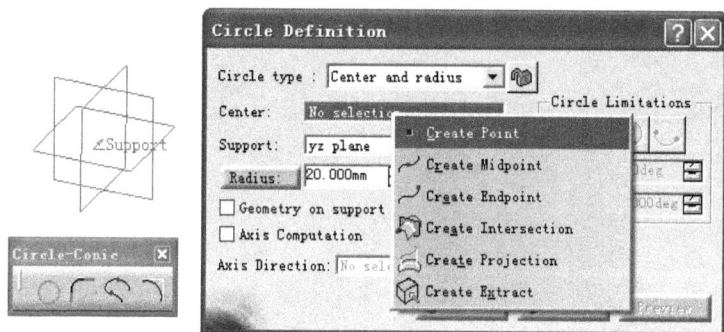

图 8-36 定义圆

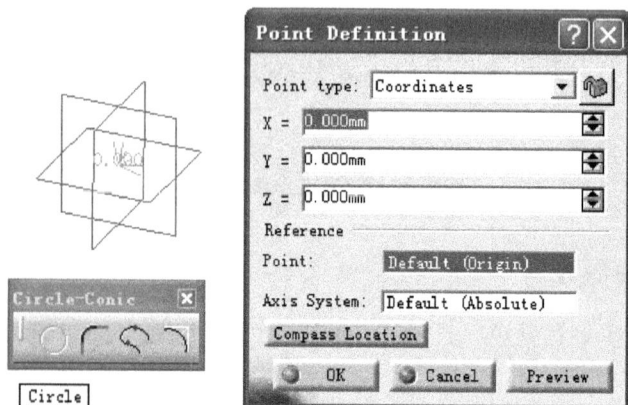

图 8-37 定义圆心（1）

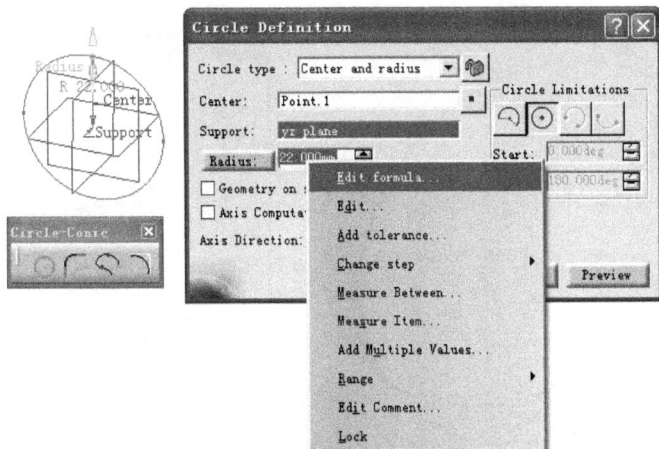

图 8-38　编辑半径（1）

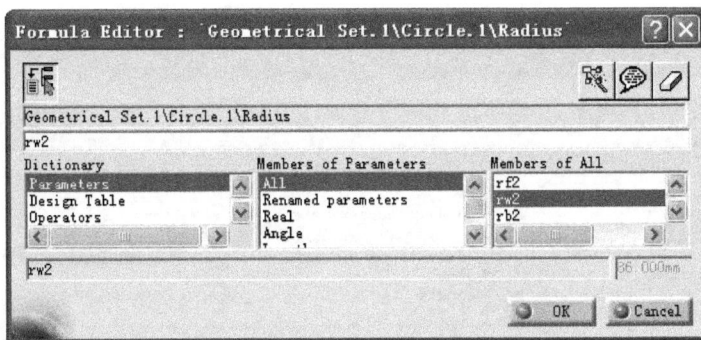

图 8-39　输入蜗轮最大外圆半径

3）单击【拉出 Extrude】按钮，系统弹出【拉出定义 Extruded Surface Definition】对话框，选中【镜像范围 Mirror extent】选项，拉出的限制【类型 Type】为 "Dimension"（尺寸），拉出的轮廓为 "Circle.1"（圆.1），方向为 X 方向。然后在【尺寸 Dimension】微调框内单击右键，在弹出的快捷菜单中单击 "Edit formula"（编辑公式），如图 8-40 所示。系统弹出【公式编辑器 Formula Editor】对话框，输入蜗轮宽度一半的公式 B/2，如图 8-41 所示。单击【确定 OK】按钮确认，返回【拉出定义 Extruded Surface Definition】对话框，单击【预览 Preview】按钮，再单击【确定 OK】按钮确认创建的蜗轮宽度。

4）单击【圆 Circle】按钮，系统弹出【圆定义 Circle Definition】对话框，在【圆类型 Circle type】下拉列表框中选 "Center and radius"（中心和半径），在【中心 Center】微调框上单击右键，系统弹出快捷菜单，选择 "Create Point"（创建点），如图 8-42 所示。系统继续弹出【点定义 Point Definition】对话框，系统默认【点类型 Point type】为 "Coordinates"（坐标），参考点默认为原点，默认 X 坐标和 Y 坐标值均为零即可，在 Z 坐标值上单击右键，然后在弹出的快捷菜单中单击 "Edit formula"（编辑公式），如图 8-43 所示。系统弹出【公式编辑器 Formula Editor】对话框，输入蜗轮蜗杆之间的中心距公式 A，如图 8-44 所示。单击【确定 OK】按钮，返回【圆定义 Circle Definition】对话框，在【支持 Support】上单击

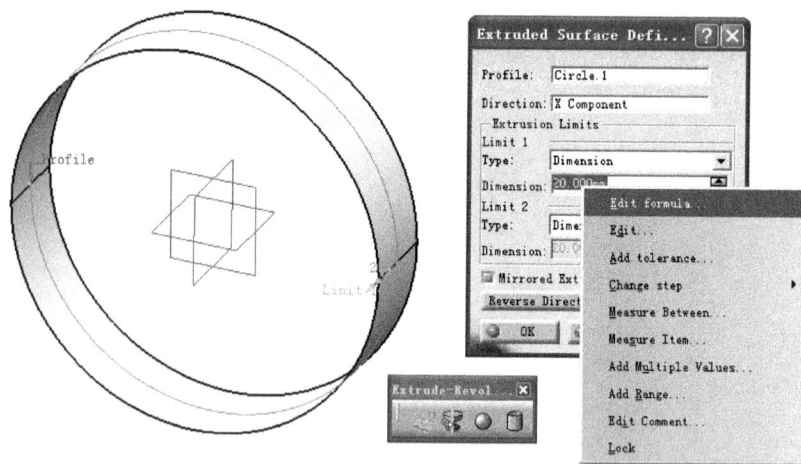

图 8-40　曲面拉出定义

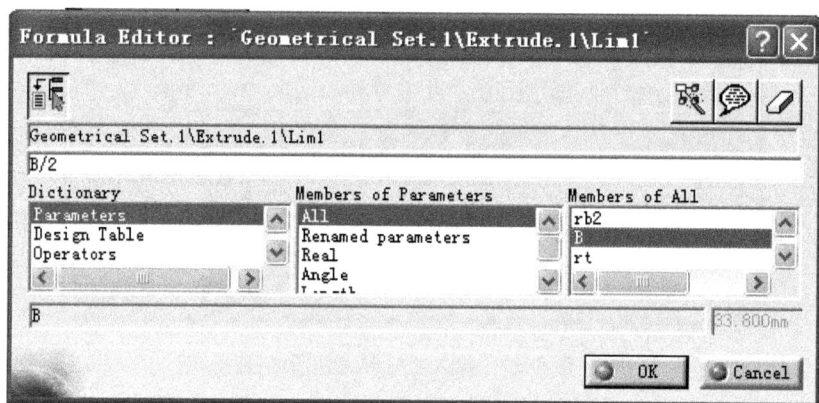

图 8-41　定义拉出宽度

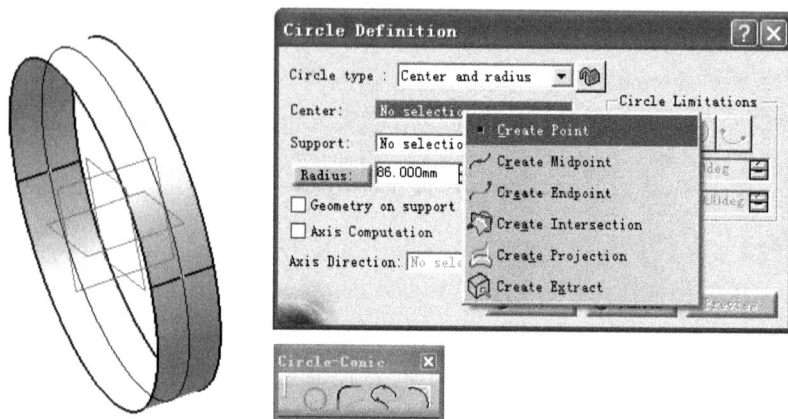

图 8-42　定义圆心 (2)

右键，然后在弹出的快捷菜单中选 *zx* 平面，在【圆的限制 Circle Limitations】中选【整圆 Whole Circle】，继续在【半径 Radius】微调框内的数值上单击右键，然后在弹出的快捷菜单中单击"Edit formula"（编辑公式），如图 8-45 所示。系统弹出【公式编辑器 Formula Editor】对话框，输入蜗轮喉径的半径 r_t，如图 8-46 所示。单击【确定 OK】按钮确认，返回【圆定义 Circle Definition】对话框，再次单击【确定 OK】按钮确认，完成蜗轮喉径的绘制。

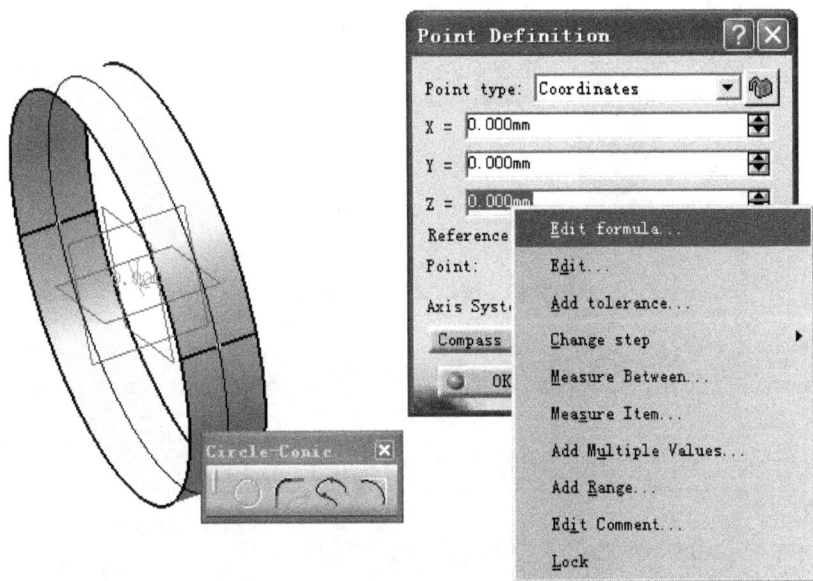

图 8-43　定义圆心的坐标

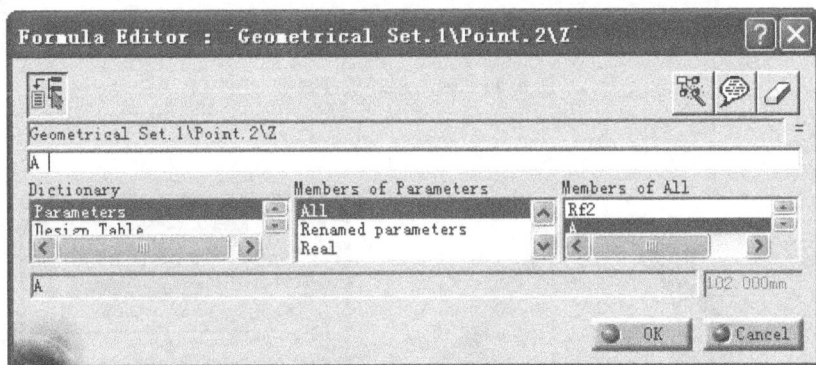

图 8-44　编辑中心距

5）单击【旋转 Revolve】按钮，系统弹出【旋转曲面定义 Revolve Surface Definition】对话框，在【轮廓 Profile】中选择"Circle.2"（圆.2），在【旋转轴 Revolution axis】中选择 *X* 轴，【角度限制 Angular Limits】为整圆，即【角度限制 Angular Limits】之和为 360°，单击【确定 OK】按钮确认，如图 8-47 所示。

6）单击【修剪 Trim】按钮，系统弹出【修剪定义 Trim Definition】对话框，在【修剪元素 Trimmed elements】中选择圆柱面"Extrude.1"（拉出.1）和圆环面"Revolute.1"（旋

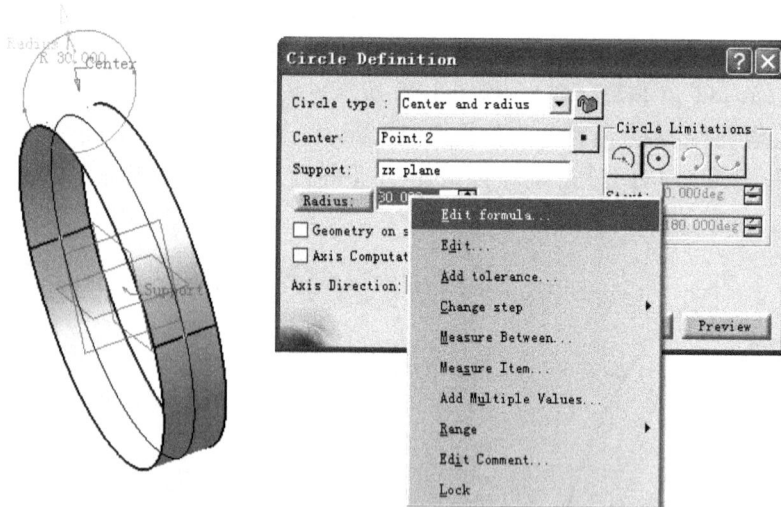

图 8-45 编辑蜗轮喉径半径（2）

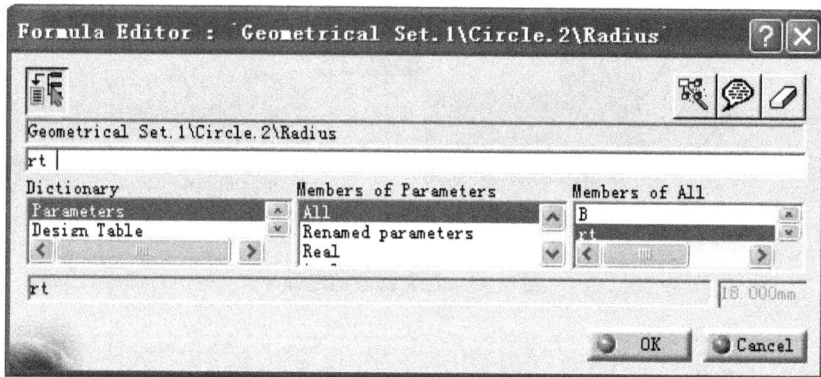

图 8-46 输入蜗轮喉径半径

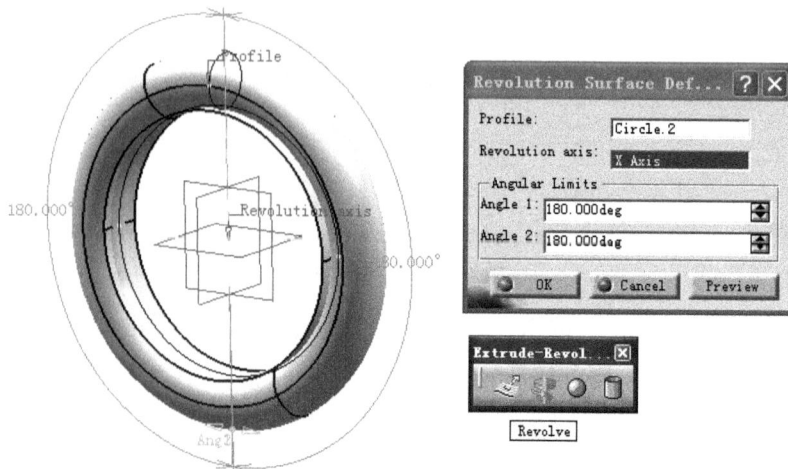

图 8-47 旋转曲面定义（1）

转 . 1），用【另一侧 Other side】按钮调整要保留的曲面部分，单击【确定 OK】按钮确认，如图 8-48 所示。

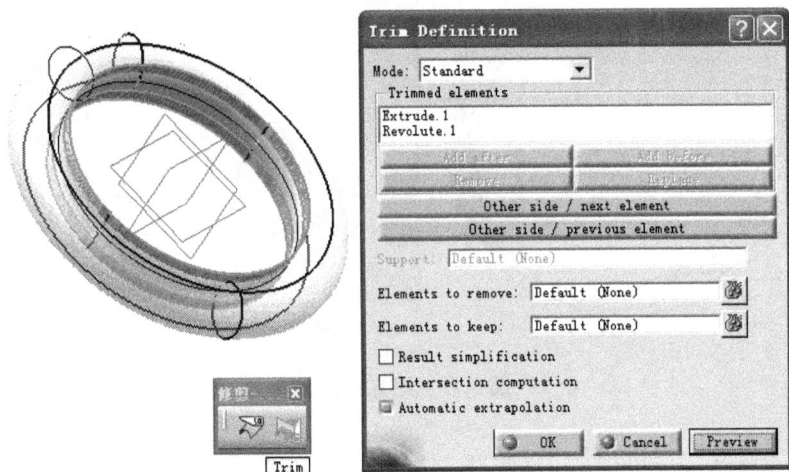

图 8-48　修剪定义

7）单击【接合 Join】按钮，系统弹出【接合定义 Join Definition】对话框，在【要接合的元素 Elements To Join】中选择修剪面"Trim.1"（修剪 . 1），这样做的目的是便于以后的操作，单击【确定 OK】按钮确认，如图 8-49 所示。

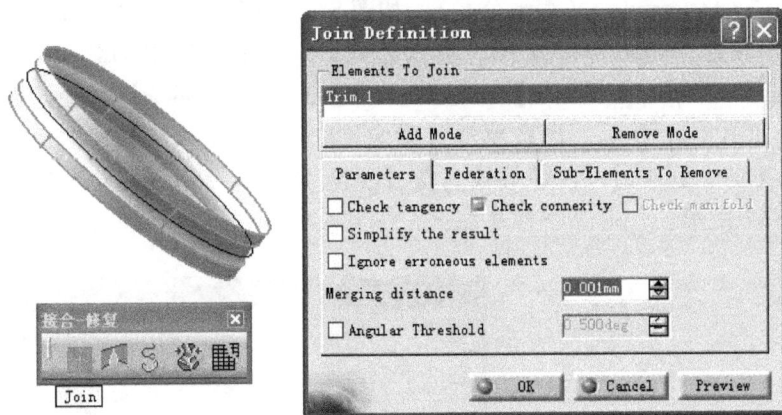

图 8-49　接合定义

8）单击【点 Point】工具条上的【极点 Extremum】按钮，系统弹出【极点定义 Extremum Definition】对话框，将【元素 Element】设置为蜗轮的最大外圆"Circle.1"（圆 . 1），在【方向 Direction】文本框内单击右键，然后在弹出的快捷菜单中选 Z 轴，选中【最大 Max】单选项，预览后单击【确定 OK】按钮，在蜗轮最大外圆上的 Z 轴方向创建一个极值点，如图 8-50 所示。

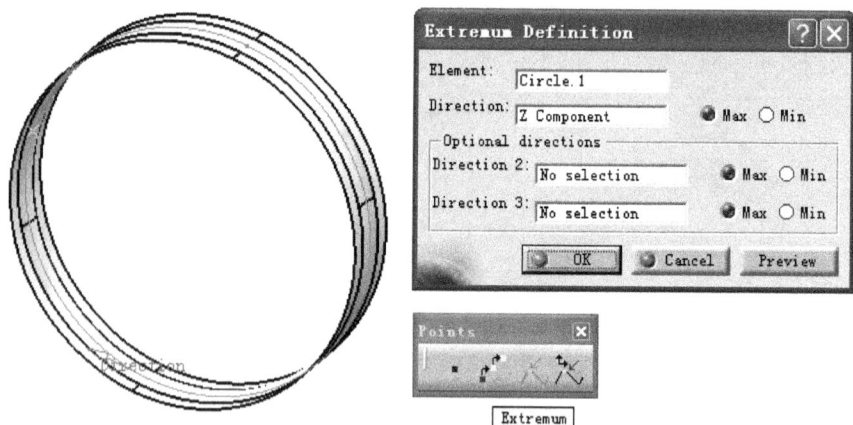

图 8-50 定义极值点

9）隐藏【接合 . 1 Join. 1】，仅显示两个圆和一个极值点。单击【螺旋线 Helix】按钮，系统自动弹出【螺旋线定义 Helix Curve Definition】对话框，【起始点 Starting Point】选择刚绘制的极值点"Extremum. 1"（极点 . 1），【轴线 Axis】选择 X 轴，如图 8-51 所示。在【导程 Pitch】微调框内单击右键，然后在系统弹出的快捷菜单中单击"Edit formula"（编辑公式），如图 8-52 所示。系统弹出【公式编辑器 Formula Editor】对话框，如图 8-53 所示。输入公式 h，单击【确定 OK】按钮，返回【螺旋线定义 Helix Curve Definition】对话框，在螺旋线【高度 Height】微调框内的数值上单击右键，在系统弹出的快捷菜单中单击"Edit formula"（编辑公式），如图 8-54 所示。系统弹出【公式编辑器 Formula Editor】对话框，如图 8-55 所示。输入公式 B，单击【确定 OK】按钮确认，返回【螺旋线定义 Helix Curve Definition】对话框，单击【预览 Preview】按钮，此时可见所绘制的螺旋线，如图 8-56 所示。再次单击【确定 OK】按钮确认所创建的螺旋线。用同样的方法在相反方向上创建另一段螺旋线，按【反向 Reverse Direction】按钮改变螺旋线的方向，如图 8-57 所示。

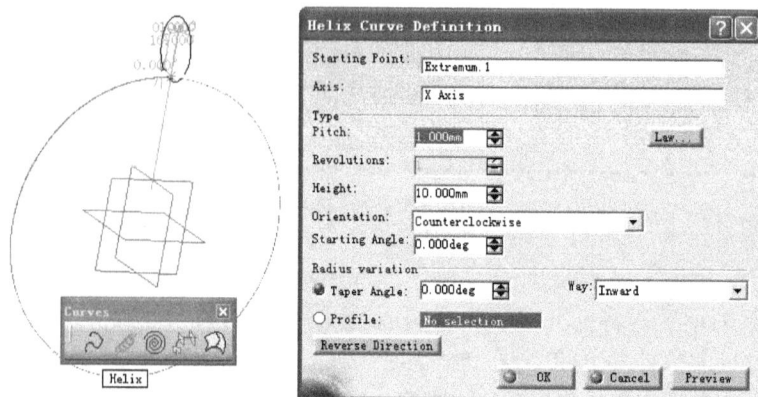

图 8-51 定义螺旋线（1）

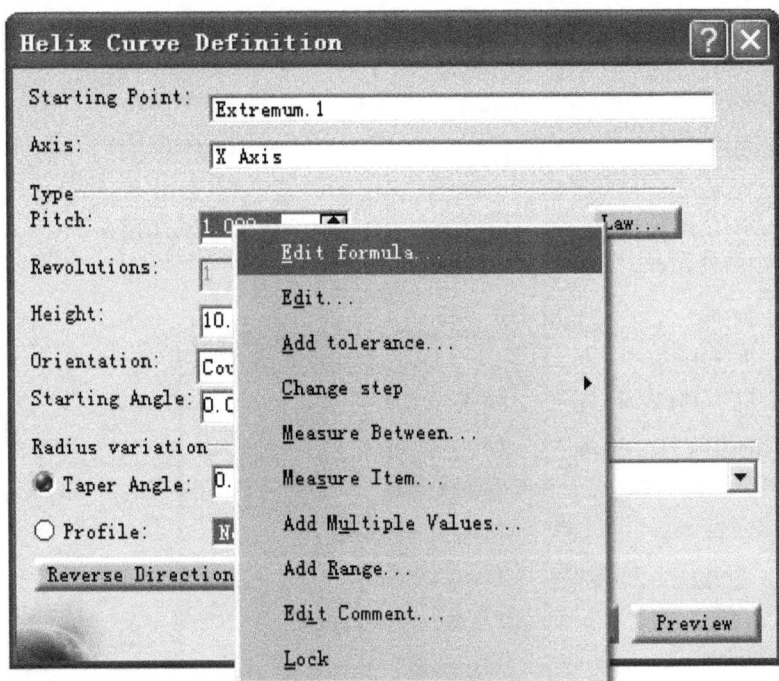

图 8-52　定义螺旋线齿距

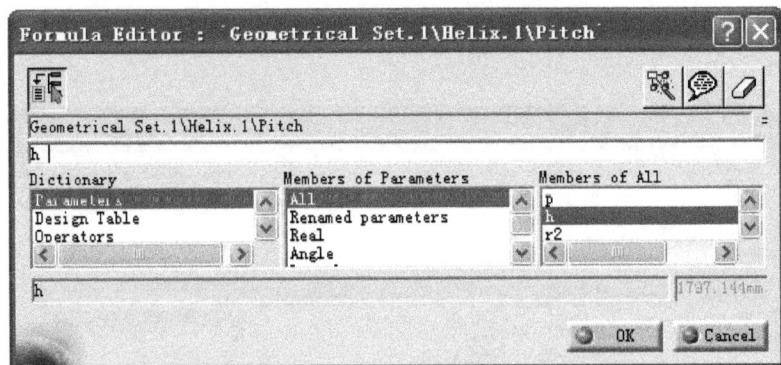

图 8-53　输入齿距参数

10) 单击【接合 Join】按钮，系统弹出【接合定义 Join Definition】对话框，在【要接合的元素 Elements To Join】中选择两段螺旋线 "Helix.1"（螺旋线.1）和 "Helix.2"（螺旋线.2），这样做的目的也是便于以后的操作，单击【确定 OK】按钮确认，如图 8-58 所示。

11) 单击【直线 Line】按钮，系统弹出【直线定义 Line Definition】对话框，在【直线类型 Line type】中选择 "Point-Point"（点-点），在【点 1 Point 1】中选择原点 "Point.1"（点.1），在【点 2 Point2】中选择极值点 "Extremum.1"（极点.1）为直线的结束点，在直线的结束点【结束 End】微调框内单击右键，然后在弹出的快捷菜单上选 "Edit formula"

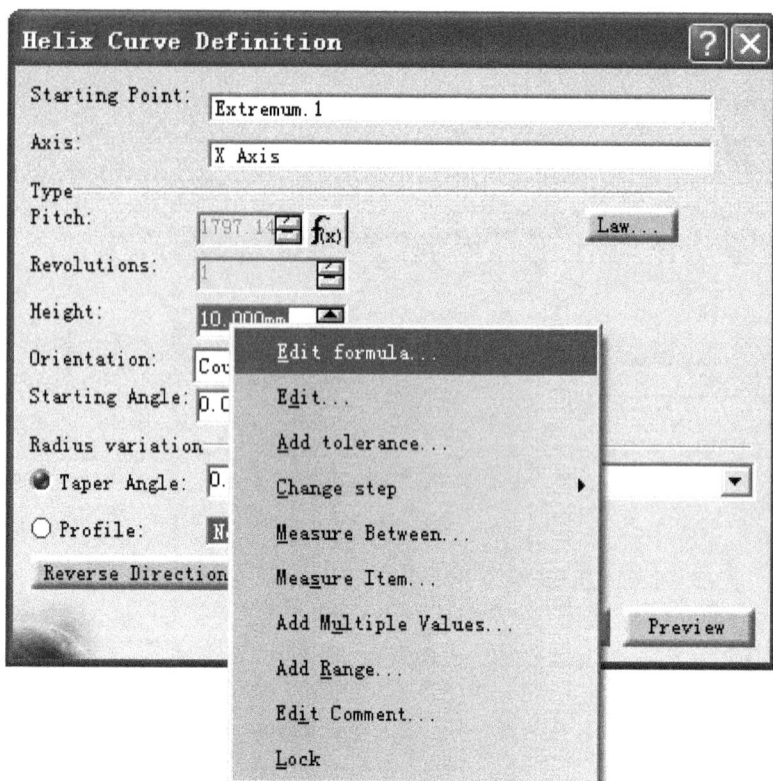

图 8-54　定义螺旋线高度

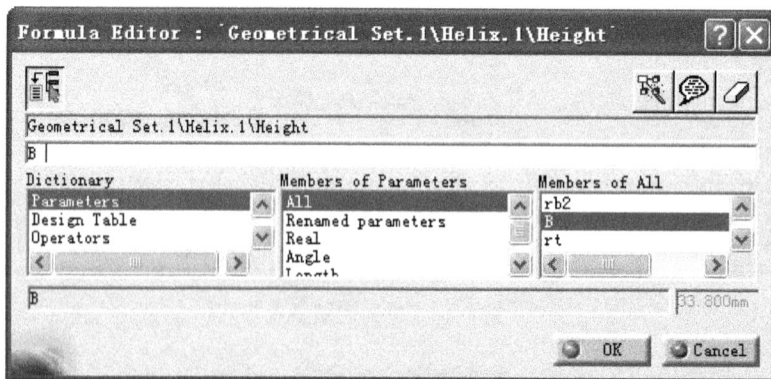

图 8-55　输入螺旋线齿距高度参数

（编辑公式），如图 8-59 所示。系统弹出【公式编辑器 Formula Editor】对话框，输入齿距 p，如图 8-60 所示。单击【确定 OK】按钮，返回【直线定义 Line Definition】对话框，再次单击【确定 OK】按钮完成直线创建。该直线作为扫掠时的轮廓线。

12）单击【扫掠 Sweep】按钮，系统弹出【扫掠曲面定义 Swept Surface Definition】对话框，【轮廓类型 Profile type】选择为 "Explicit"（明确），【子类型 Subtype】选择为 "With two guide curves"（使用两条引导线），【轮廓 Profile】选择为外延后的直线 "Line. 1"（直

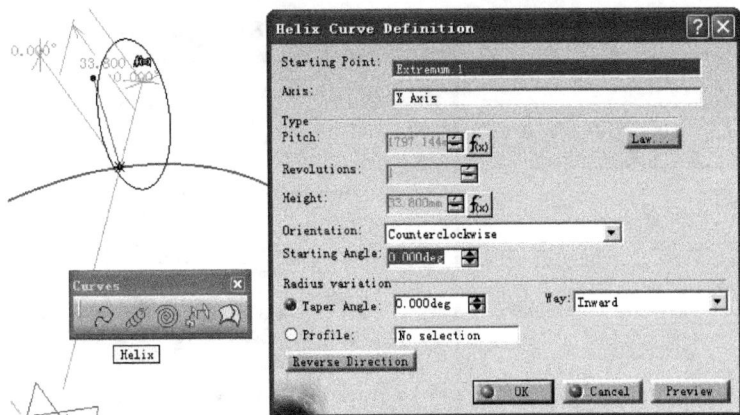

图 8-56 预览螺旋线（1）

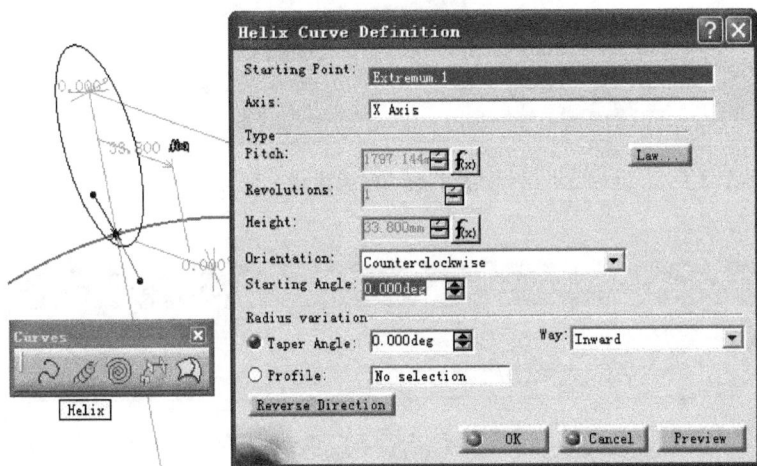

图 8-57 改变螺旋线方向

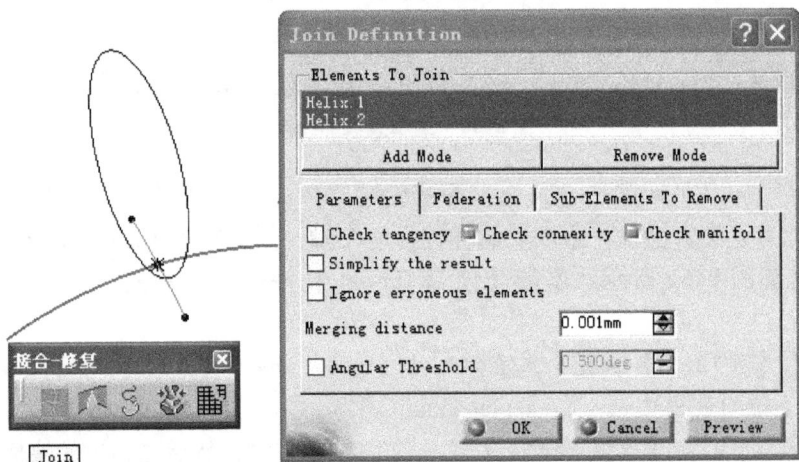

图 8-58 接合操作

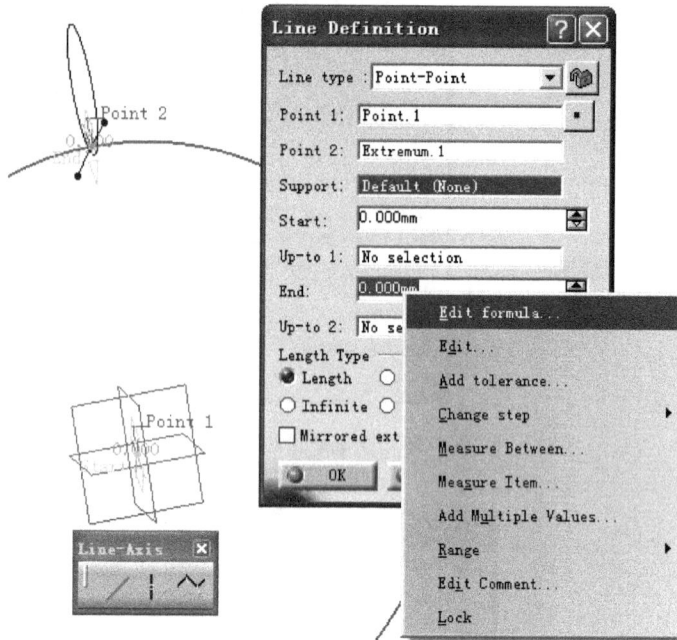

图 8-59　创建直线

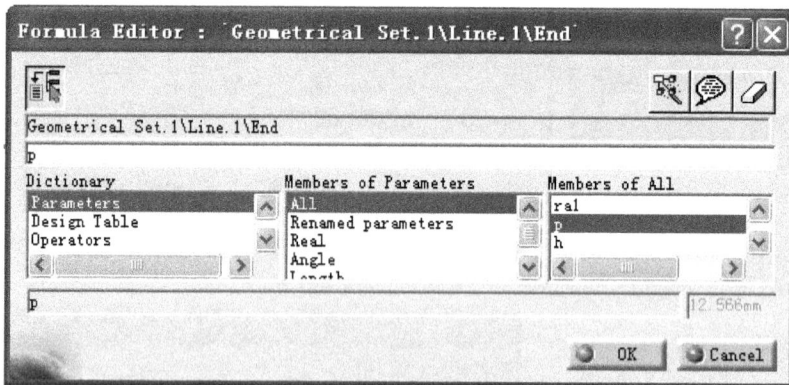

图 8-60　编辑直线的终点

线.1），【引导线 1 Guide curve 1】选择为螺旋线"Join.2"（接合.2），【引导线 2 Guide curve 2】选择为 X 轴，【脊线 Spine】同样选择为 X 轴，【锚点.1 Anchor point.1】选择为直线的结束点，如图 8-61 所示。单击【预览 Preview】按钮进行观察，无误后单击【确定 OK】按钮确认。

13）单击【圆 Circle】按钮，系统弹出【圆定义 Circle Definition】对话框，在【圆类型 Circle type】下拉列表框中选"Center and radius"（中心和半径），【中心 Center】选择"Point.2"（点.2），在【支持 Support】文本框内单击右键，然后在弹出的快捷菜单上选 zx 平面，在【圆的限制 Circle Limitations】中选"Part Arc"（部分圆），起始角度为 180°，结束角度为 360°。继续在【半径 Radius】微调框内的数字上单击右键，然后在弹出的快捷菜

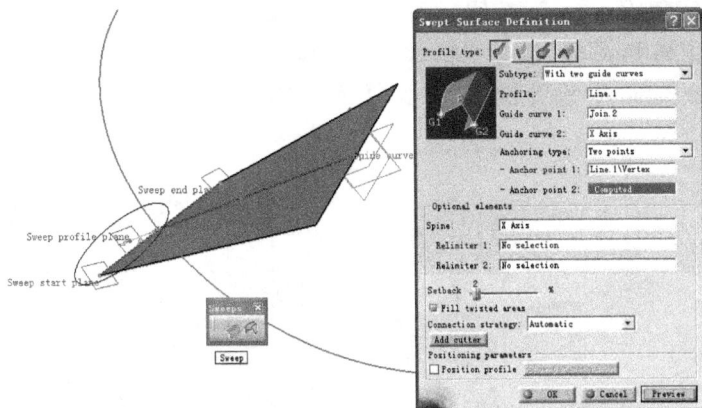

图 8-61　定义扫掠曲面

单中单击"Edit formula"（编辑公式），如图 8-62 所示。系统弹出【公式编辑器 Formula Editor】对话框，输入蜗杆分度圆的半径 r_1，如图 8-63 所示。单击【确定 OK】按钮确认，返回【圆定义 Circle Definition】对话框，再次单击【确定 OK】按钮确认，完成蜗轮分度圆环曲面半径的绘制。

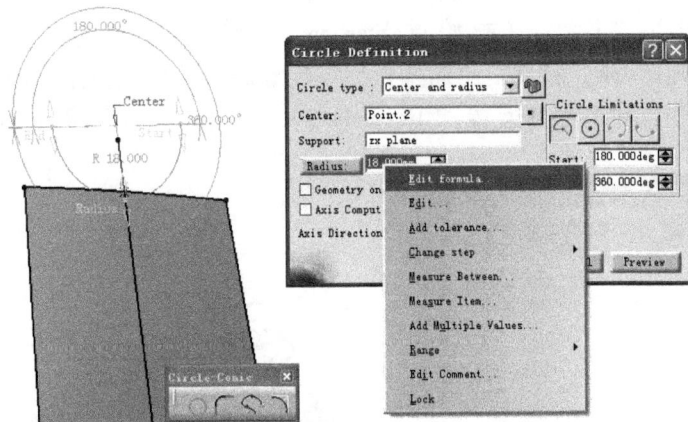

图 8-62　定义圆弧

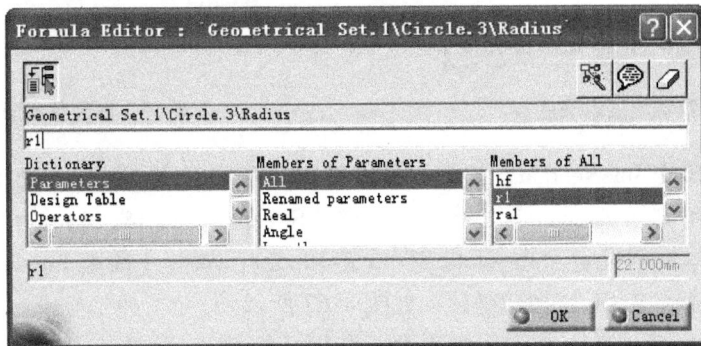

图 8-63　输入圆弧的半径

14）单击【旋转 Revolve】按钮，系统弹出【旋转曲面定义 Revolution Surface Definition】对话框，【轮廓 Profile】选择"Circle.3"（圆.3），【旋转轴 Revolution axis】为 X 轴，【角度限制 Angular Limits】设为整圆，单击【确定 OK】按钮确认，如图 8-64 所示。

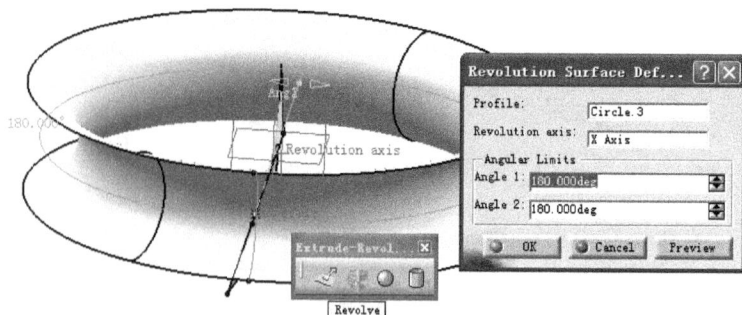

图 8-64　旋转曲面定义（2）

15）此时观察圆环面和螺旋面，发现螺旋面比较短，不能与圆环面完全相交。在树状目录上双击"Helix.1"（螺旋线.1），弹出图 8-65 所示的对话框，将【起始点 Starting Point】中极值点修改为"Point.2"（点.2），单击【确定 OK】按钮。同样在树状目录上双击【螺旋线.2 Helix.2】，将【起始点 Starting Point】中极值点也修改为"Point.2"（点.2），单击【确定 OK】按钮。更新操作后发现螺旋线的位置发生了向外移动，扫掠面【扫掠.1 Sweep.1】与圆环面【旋转.2 Revolute.2】完全相交，如图 8-66 所示。

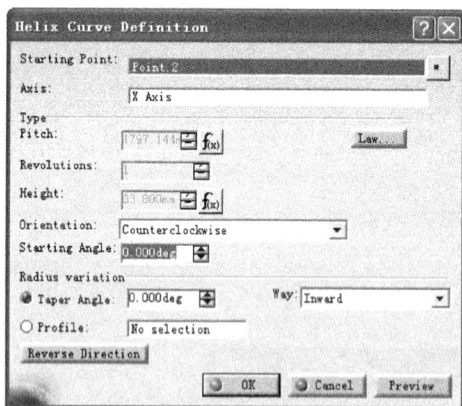

图 8-65　修改螺旋线的端点

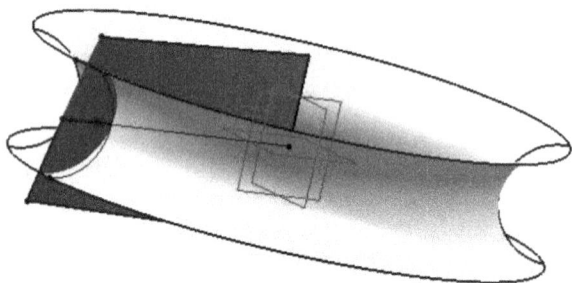

图 8-66　曲面更新预览

16）单击【相交 Intersection】按钮，系统弹出【相交定义 Intersection Definition】对话框，在【第一元素 First Element】文本框中设定"Sweep.1"（扫略.1），在【第二元素 Second Element】文本框中设定"Revolute.2"（旋转.2），单击【预览 Preview】按钮进行观察，无误后单击【确定 OK】按钮确认，如图 8-67 所示。

17）单击 yz 平面，进入草图绘制平台。使用【轮廓 Profile】工具条中的【圆 Circle】命令，用构造线绘制图 8-68 所示的图形，圆心与坐标原点重合，然后对所绘制的圆进行尺寸约束。在尺寸约束上双击，系统自动弹出【约束定 Constraint Definition】对话框，将【尺

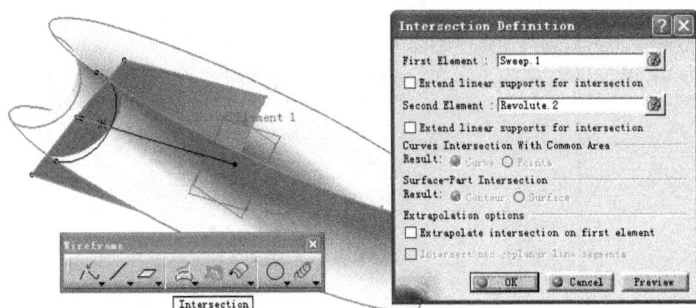

图 8-67　曲面相交定义

寸 Dimension】修改成"Radius"（半径），继续在【半径 Radius】微调框内的数字上单击右键，在弹出的快捷菜单中单击"Edit formula"（编辑公式）。系统弹出【公式编辑器 Formula Editor】对话框，输入蜗轮分度圆半径 r_2，如图 8-69 所示。单击【确定 OK】按钮确认，返回【约束定 Constraint Definition】对话框，再次单击【确定 OK】按钮确认，完成分度圆的绘制。

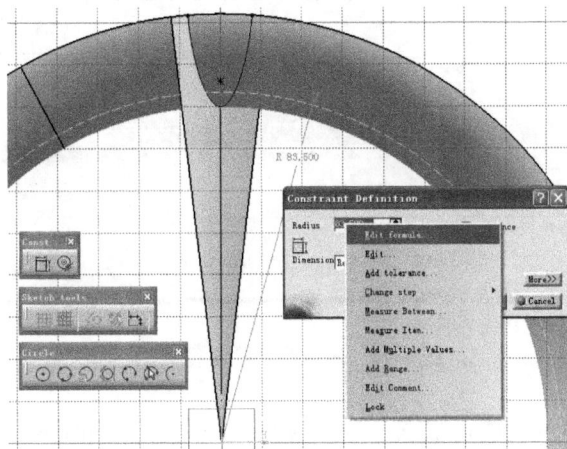

图 8-68　绘制蜗轮的分度圆

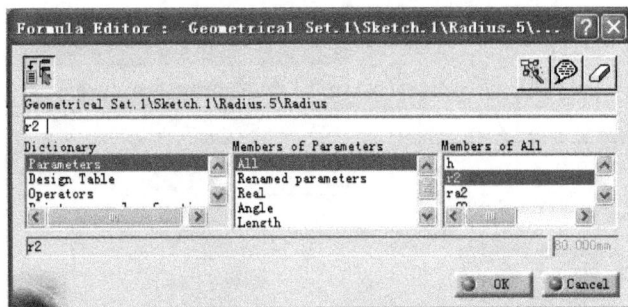

图 8-69　输入分度圆半径（2）

为便于观察，隐藏扫掠曲面和回转曲面，用相同的方法绘制蜗轮的齿顶圆，半径为 r_{a2}，如图 8-70 和图 8-71 所示。

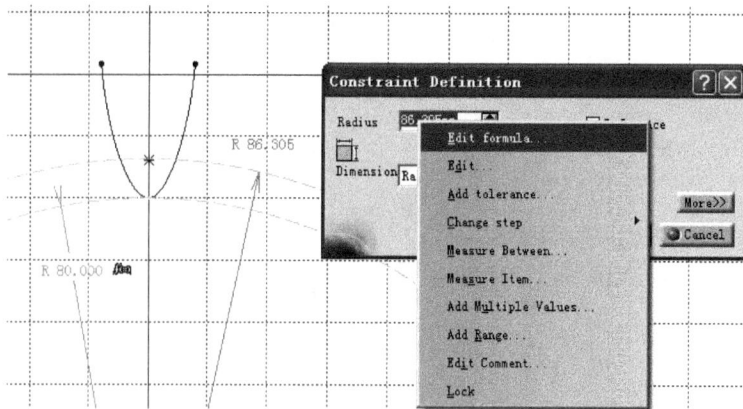

图 8-70　绘制蜗轮的齿顶圆

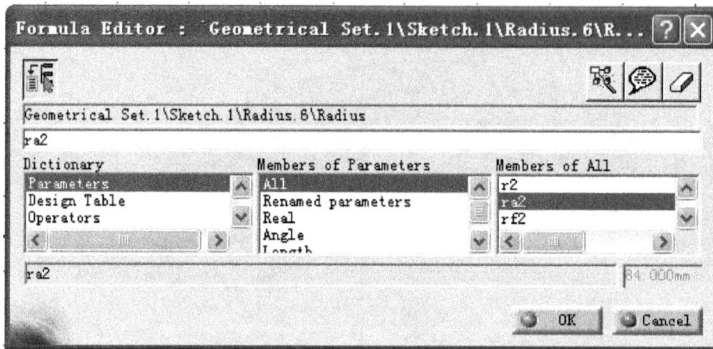

图 8-71　输入齿顶圆半径（2）

18）用标准线绘制蜗轮的齿根圆，半径为 r_{f2}，如图 8-72 和图 8-73 所示。改用构造线绘制蜗轮的基圆，半径为 r_{b2}，如图 8-74 和图 8-75 所示。注意上述的四个圆必须同心且圆心在原点处约束。

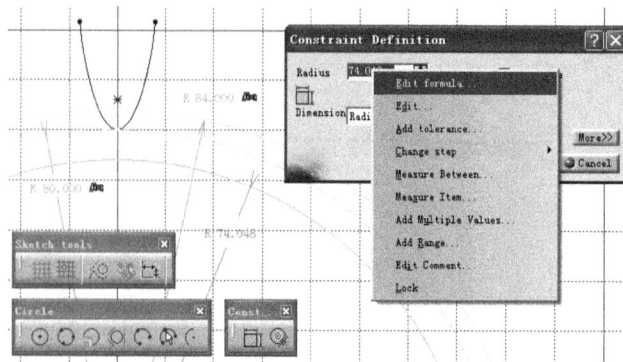

图 8-72　绘制蜗轮的齿根圆

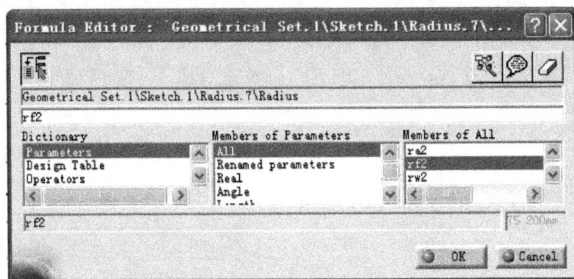

图 8-73　输入齿根圆半径

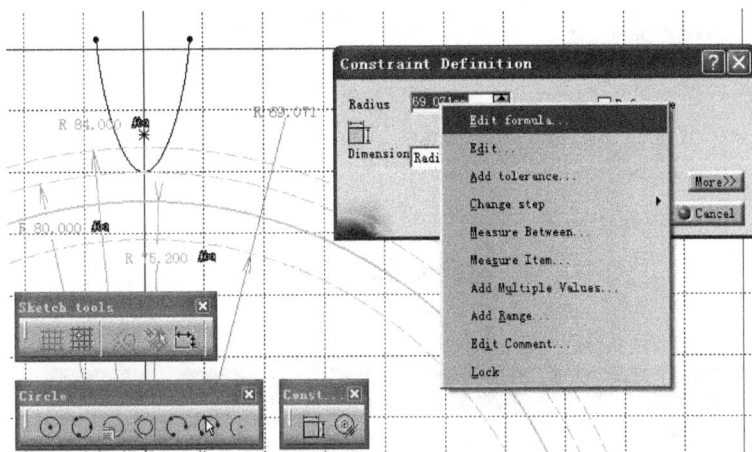

图 8-74　绘制蜗轮的基圆

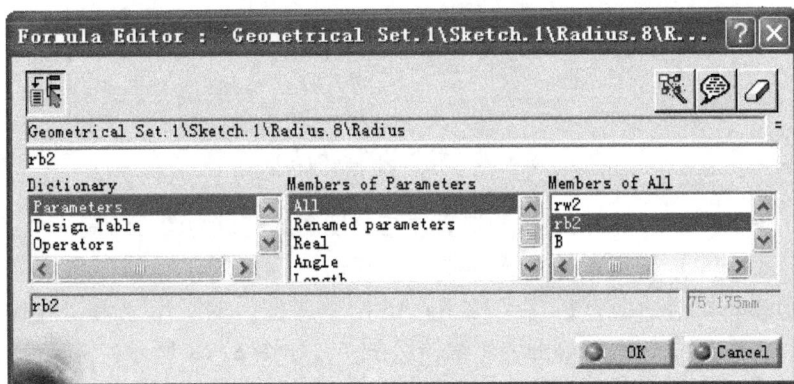

图 8-75　输入基圆半径

19）基圆与齿根圆的直径非常接近，为了便于观察，将齿根圆先隐藏起来。单击【直线 Line】按钮，过原点和分度圆上的一个点绘制一条构造直线，然后单击【约束 Constraint】按钮，标注直线与 V 轴之间的夹角，在标注的角度值上双击，系统弹出【约束定义

Constraint Definition】对话框，在【数值 Value】微调框内的数字上单击右键，然后在弹出的快捷菜单中单击"Edit formula"（编辑公式），如图 8-76 所示。系统弹出【公式编辑器 Formula Editor】对话框，输入公式 $90°/z_2$，单击【确定 OK】按钮确认，如图 8-77 所示。

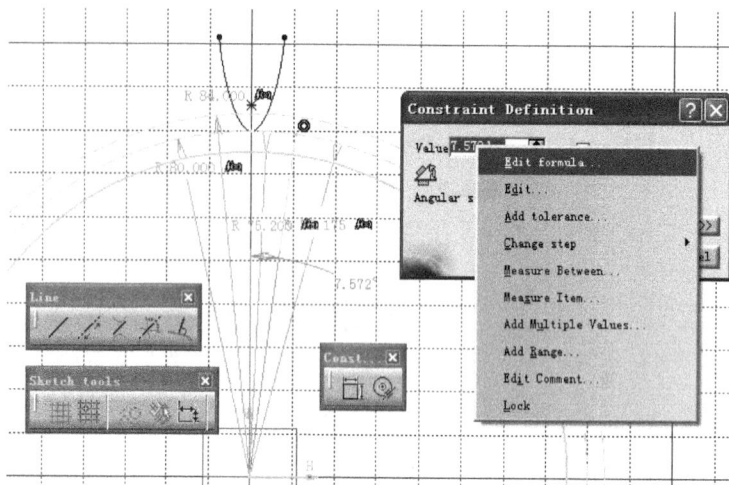

图 8-76　绘制构造线

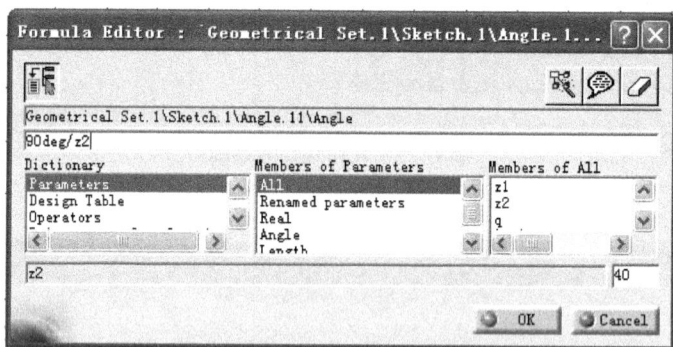

图 8-77　输入构造线的角度

20）单击【圆 Circle】按钮，以构造直线与分度圆的交点为圆心绘制一个标准圆，然后单击【约束 Constraint】按钮，标注圆的半径。双击所标注的半径值，系统弹出【约束定 Constraint Definition】对话框，在【半径 Radius】微调框内的数字上单击右键，然后在弹出的快捷菜单中单击"Edit formula"（编辑公式），如图 8-78 所示。系统弹出【公式编辑器 Formula Editor】对话框，输入公式 $r_2/3$，单击【确定 OK】按钮确认，如图 8-79 所示。

21）单击【交点 Intersection Point】按钮，然后选中刚绘制的标准圆和基圆，生成两个构造交点，如图 8-80 所示。以右侧的交点为圆心绘制一个圆，然后标注尺寸，同样标注其半径为 $r_2/3$，这个圆作为近似的齿廓渐开线，如图 8-81 和图 8-82 所示。

22）将基圆转化为构造线并隐藏，显示出齿根圆【圆 . 3 Circle. 3】。双击【快速修剪

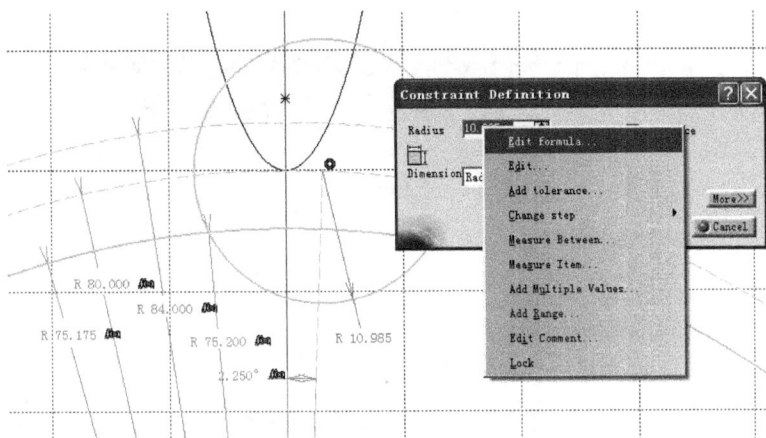

图 8-78　绘制圆（1）

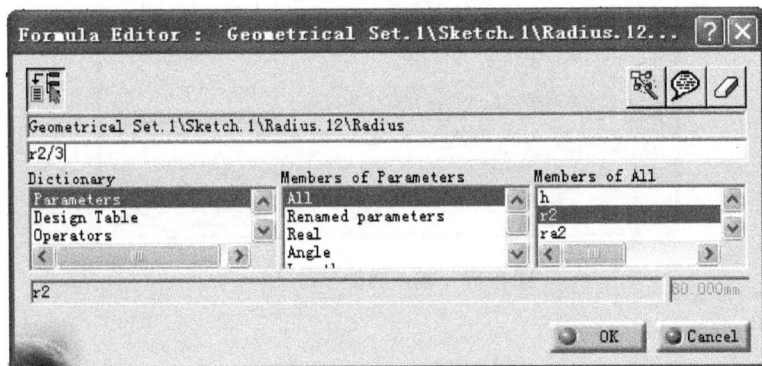

图 8-79　输入圆的半径（1）

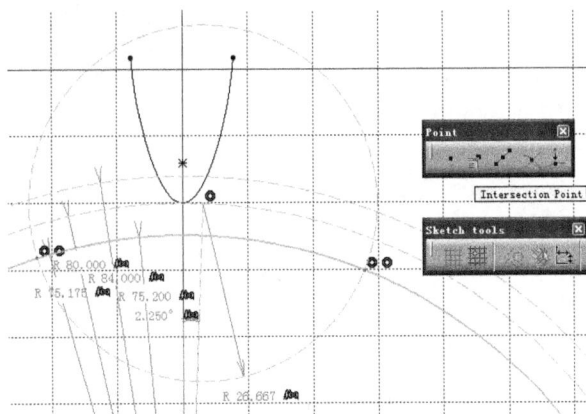

图 8-80　求出交点

Quick Trim】按钮，修剪近似的齿廓渐开线替代圆，如图 8-83 所示。

23）选中修剪后剩余的齿廓曲线，单击【镜像 Mirror】按钮，再选中 V 轴，镜像操作后

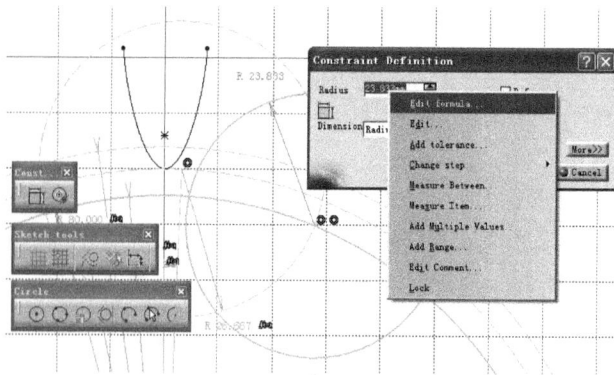

图 8-81　以交点为圆心绘制圆

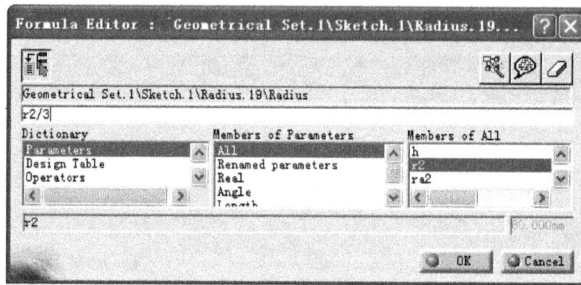

图 8-82　输入圆的半径（2）

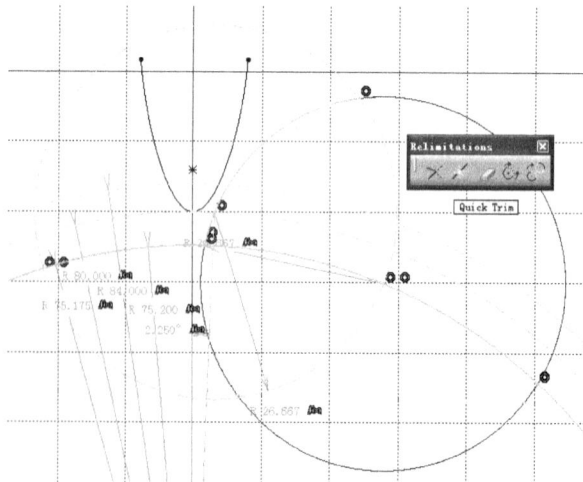

图 8-83　修剪近似的齿廓渐开线替代圆

的齿廓如图 8-84 所示。

24）双击【快速修剪 Quick Trim】按钮，修剪齿根圆【圆.3 Circle.3】，保留两段齿廓之间的线段，如图 8-85 所示。

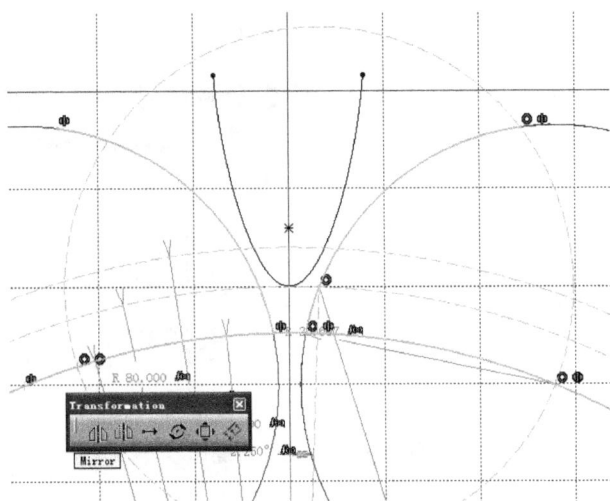

图 8-84　镜像操作（1）

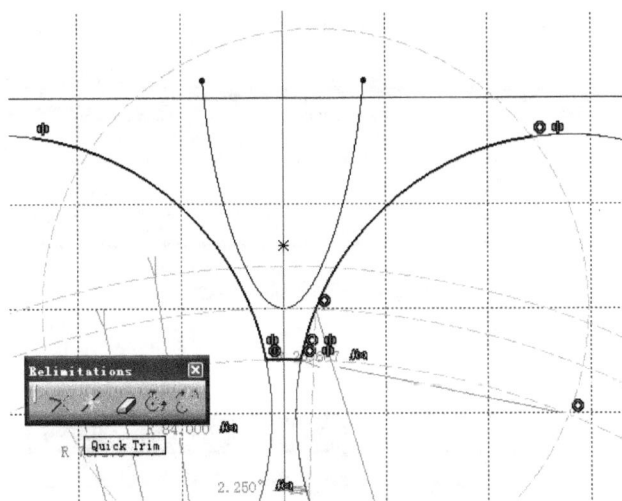

图 8-85　快速修剪齿根圆

25）单击【圆角 Corner】按钮，然后单击左侧圆弧和齿根圆弧，进行圆角操作，再单击【约束 Constraint】按钮，标注圆角的半径。双击圆角半径数值，系统弹出系统弹出【约束定义 Constraint Definition】对话框，在【半径 Radius】微调框内的数字上单击右键，然后在弹出的快捷菜单中单击 "Edit formula"（编辑公式），如图 8-86 所示。系统弹出【公式编辑器 Formula Editor】对话框，输入公式 $0.38m$，单击【确定 OK】按钮确认，如图 8-87 所示。用同样的方法对另一侧进行圆角操作，并设置参数。

26）显示出【接合.1 Join.1】曲面，单击【填充 Fill】按钮，对图 8-88 所示的轮廓进行填充操作，然后在对另一侧进行填充操作，如图 8-89 所示。

27）单击【接合 Join】按钮，将【接合.1 Join.1】【填充.1 Fill.1】和【填充.2 Fill.2】做接合操作，如图 8-90 所示。

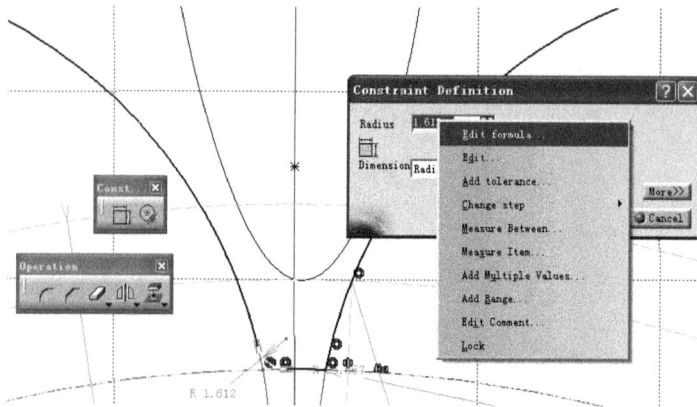

图 8-86　齿根圆角操作

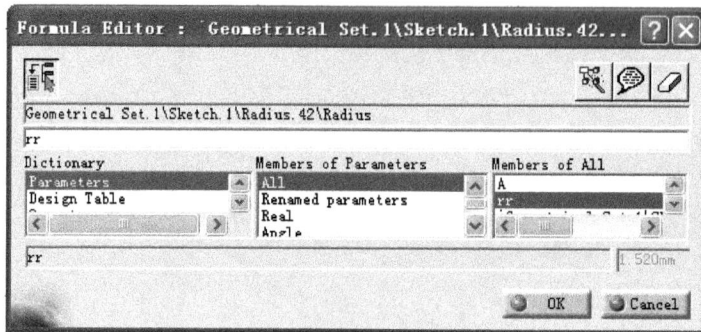

图 8-87　输入圆角半径

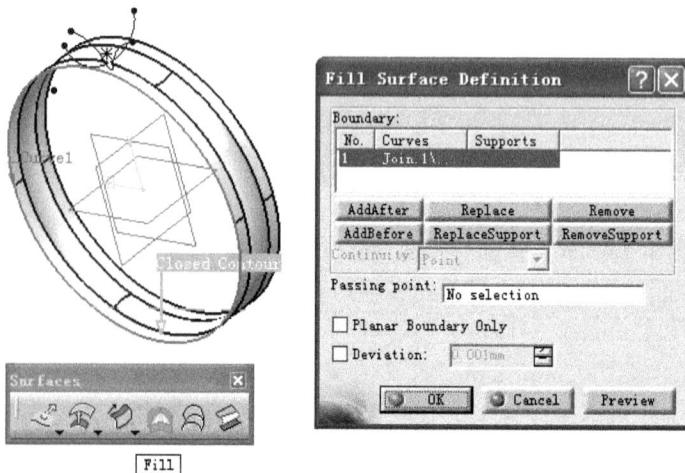

图 8-88　填充操作

28）同样对修整圆角后的齿廓曲线也做接合操作，如图 8-91 所示。

29）单击【扫掠 Sweep】按钮，系统弹出【扫掠曲面定义 Swept Surface Definition】对

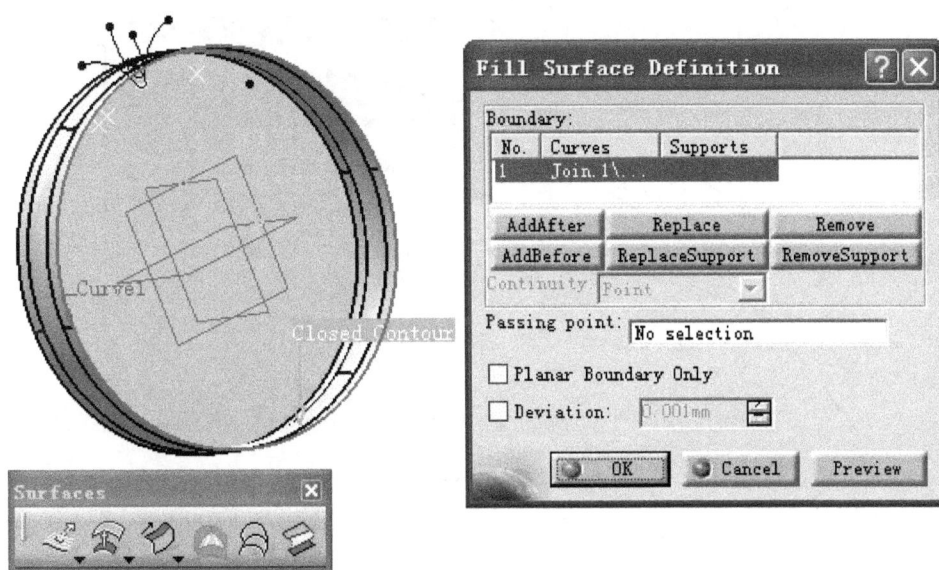

图 8-89　填充另一侧

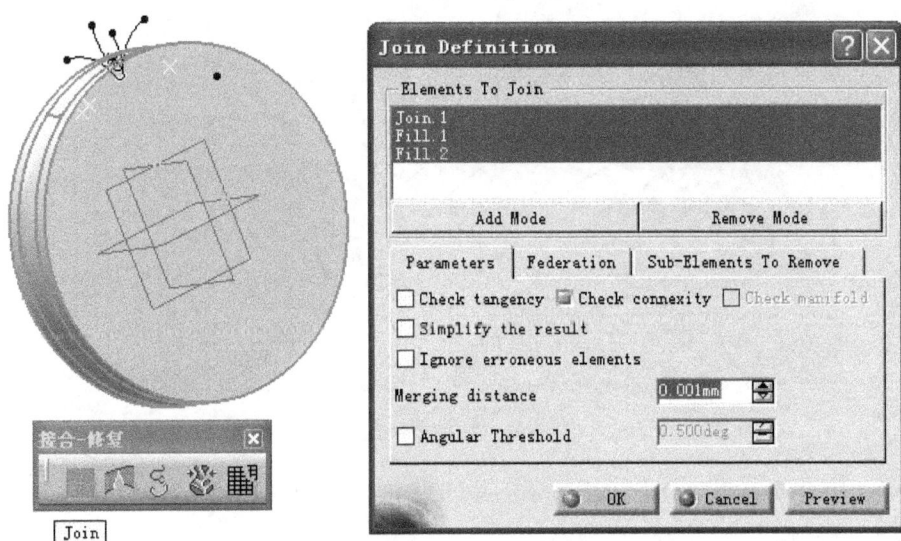

图 8-90　曲面接合

话框，【轮廓类型 Profile type】选择【明确型 Explicit】，【子类型 Subtype】选择 "With two guide curves"（使用两条引导线），【轮廓 Profile】选择 "Join.4"（接合 4），【引导线.1 Guide curve.1】选螺旋线 "Intersection.1（交线.1），【引导线.2 Guide curve.2】选 X 轴，脊线也选择为 X 轴，如图 8-92 所示。单击【预览 Preview】按钮，观察无误后单击【确定 OK】按钮确认扫掠操作。

30）单击【修剪 Trim】按钮，系统弹出【修剪定义 Trim Definition】对话框，在【修剪元素 Trimmed elements】中选择蜗轮齿坯曲面 "Join.3"（接合.3）和齿廓曲面 "Sweep.2"

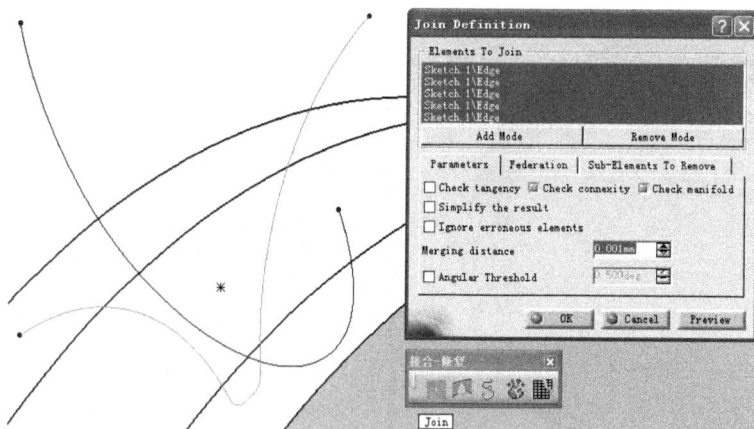

图 8-91 曲线接合

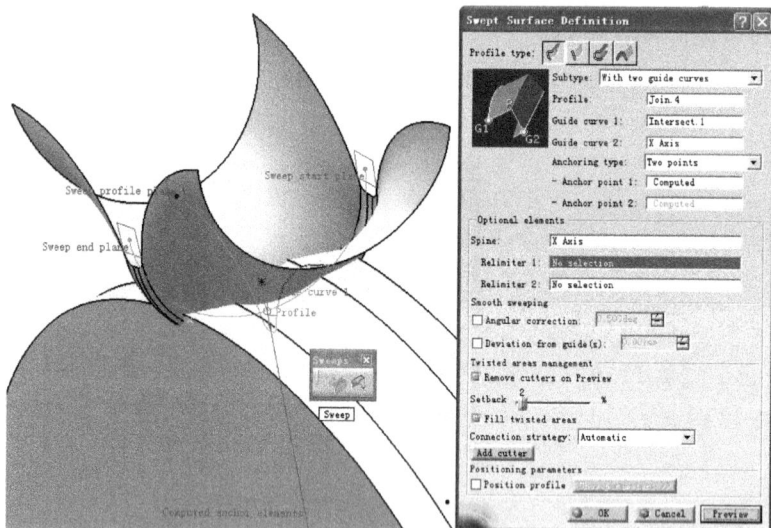

图 8-92 扫掠曲面定义

（扫掠.2），用【另一侧 Other side/previous element】按钮调整要保留的曲面部分，单击【确定 OK】按钮确认，如图 8-93 所示。

31）选中 yz 平面，进入草图绘制工作台。单击【直线 Line】按钮，过原点绘制一条标准直线，然后单击【约束 Constraint】按钮，系统弹出【约束定 Constraint Definition】对话框，在【数值 Value】微调框内的数字上单击右键，在弹出的快捷菜单中单击 "Edit formula"（编辑公式），如图 8-94 所示。系统弹出【公式编辑器 Formula Editor】对话框，输入公式 $r_{w2} + h_a$，单击【确定 OK】按钮确认，如图 8-95 所示。

32）标注直线与 V 轴之间的夹角，在标注的角度值上双击，系统弹出【约束定 Constraint Definition】对话框，在【数值 Value】微调框内的数字上单击右键，在弹出的快捷菜单中单击 "Edit formula"（编辑公式），如图 8-96 所示。系统弹出【公式编辑器 Formula Editor】对话框，输入公式 $180°/z_2$，单击【确定 OK】按钮确认，如图 8-97 所示。

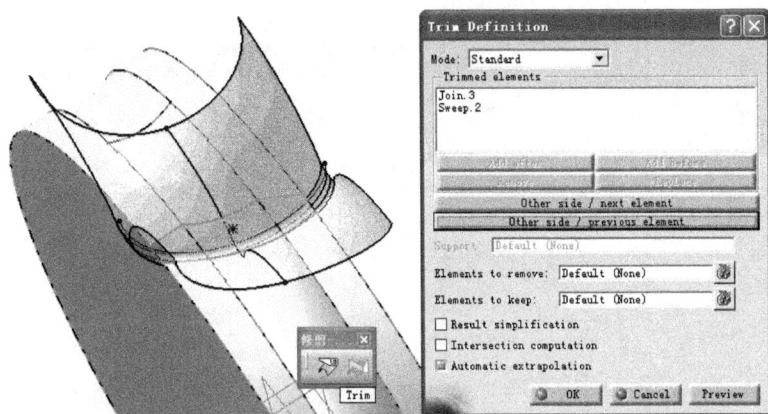

图 8-93　修剪曲面

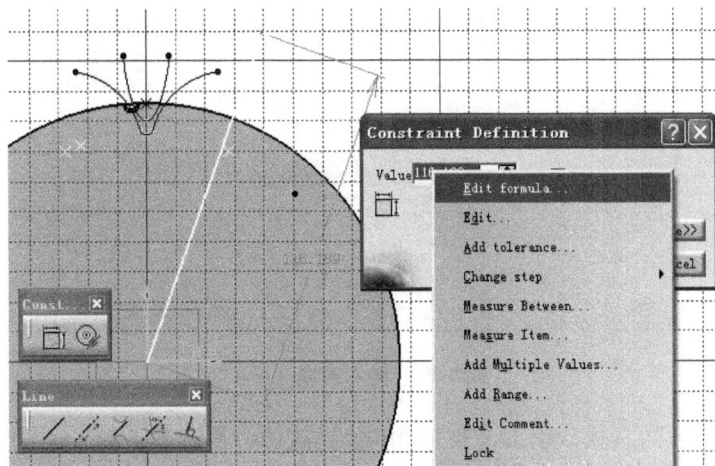

图 8-94　绘制直线

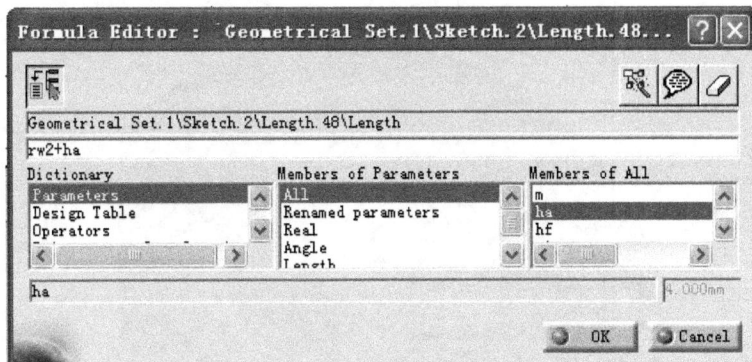

图 8-95　输入参数（1）

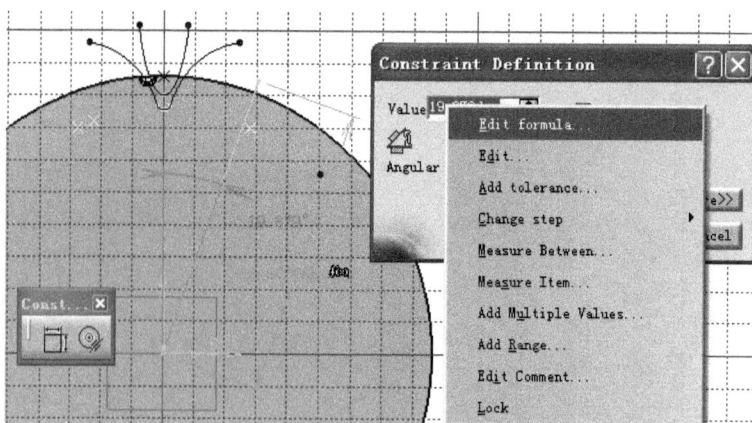

图8-96 约束直线角度

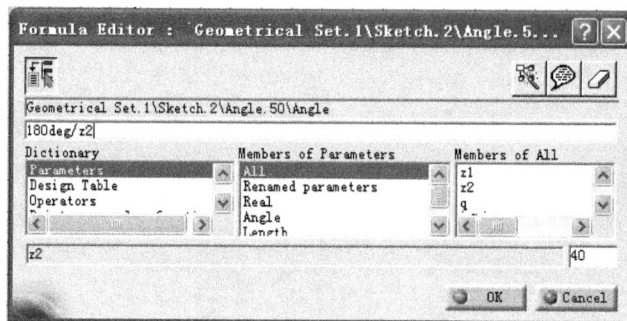

图8-97 输入角度（1）

33）选中约束后的直线，单击【镜像 Mirror】按钮，再选中 V 轴，镜像操作后的单个齿坯所夹范围如图8-98所示。

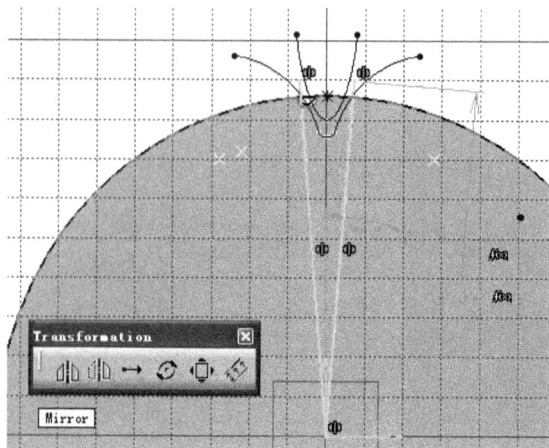

图8-98 镜像操作（2）

34）退出草图，进入创成式曲面设计工作台。单击【扫掠 Sweep】按钮，系统弹出【扫掠曲面定义 Swept Surface Definition】对话框，【轮廓类型 Profile type】选择为"Explicit"（明确），【子类型 Subtype】选择为"With two guide curves"（使用两条引导线），【轮廓 Profile】选择为蜗轮的齿廓轮廓线"Sketch.2"（草图.2），【引导线.1 Guide curve.1】选 X 轴，这样就可以使脊线也默认为 X 轴，【引导线.2 Guide curve.2】选螺旋线"Intersection.1"（交线.1），如图 8-99 所示。单击【预览 Preview】按钮，观察无误后单击【确定 OK】按钮确认扫掠操作，如图 8-100 所示。

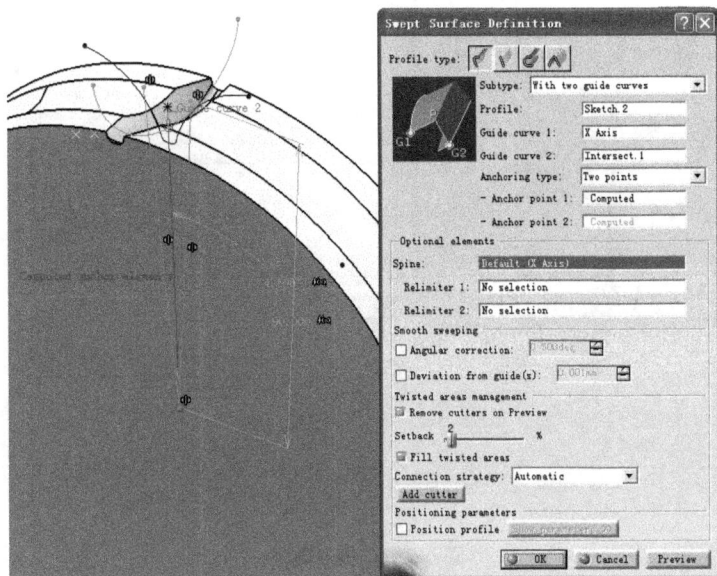

图 8-99　曲面扫掠定义

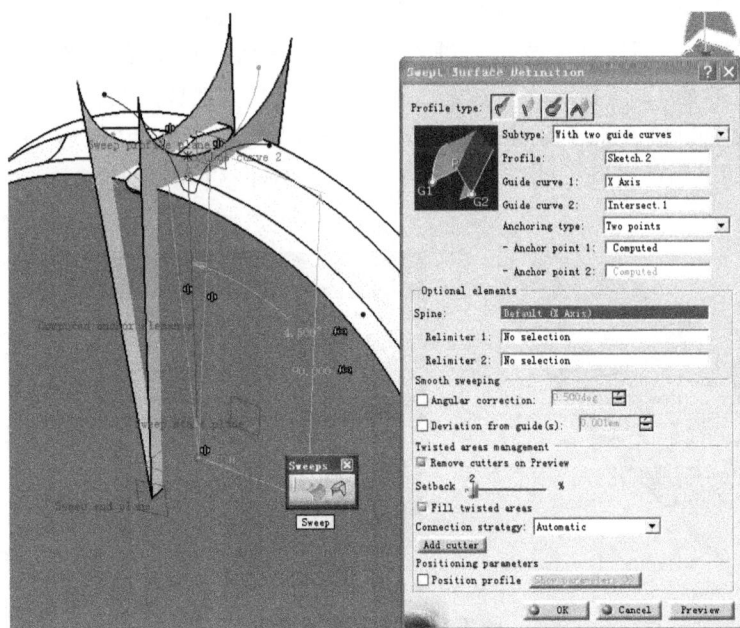

图 8-100　扫掠预览

35）单击【修剪 Trim】按钮，系统弹出【修剪定义 Trim Definition】对话框，在【修剪元素 Trimmed elements】中选择 "Sweep.3"（扫掠.3）和 "Trim.2"（修剪.2），用【另一侧 Other side previous element】按钮调整要保留的曲面部分，单击【确定 OK】按钮确认，如图 8-101 所示。

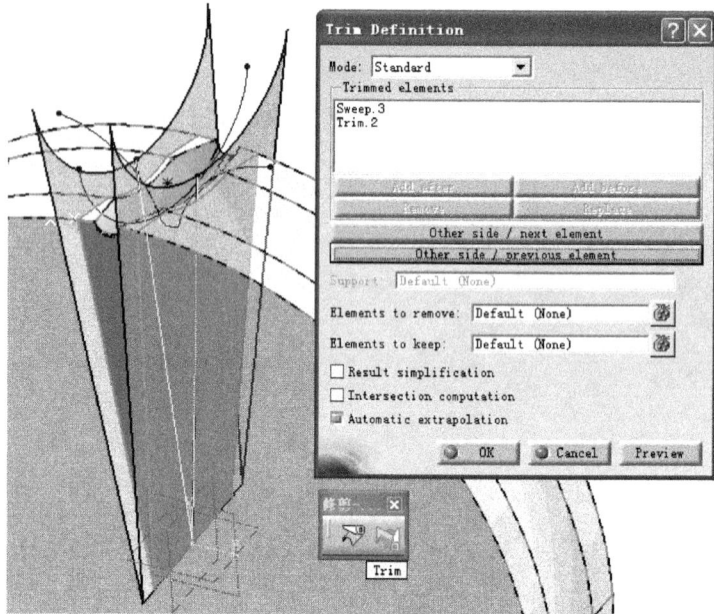

图 8-101 修剪操作

8.1.3 蜗轮实体设计

1）退出创成式曲面设计工作台，进入零件设计平台，将蜗轮实体定义为当前工作对象。单击【填充曲面 Close Surface】按钮，系统弹出【填充曲面定义 CloseSurface Definition】对话框，在【填充对象 Object to close】文本框中选择 "Trim.3"（修剪.3），单击【确定 OK】按钮，如图 8-102 所示。然后将曲面【修剪.3 Trim.3】隐藏起来。

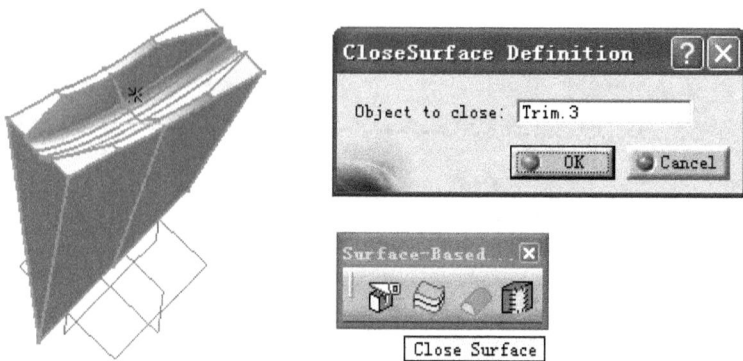

图 8-102 封闭曲面操作

2）按住＜Ctrl＞键，同时选中图 8-103 所示的四条边，然后单击【倒角 Chamfer】按钮，系统弹出【倒角定义 Chamfer Definition】对话框，系统默认的角度为 45°，在【长度 1 Length1】微调框内的数字上单击右键，然后在弹出的快捷菜单中单击"Edit formula"（编辑公式），系统弹出【公式编辑器 Formula Editor】对话框，输入公式 m，单击【确定 OK】按钮确认，如图 8-104 所示。

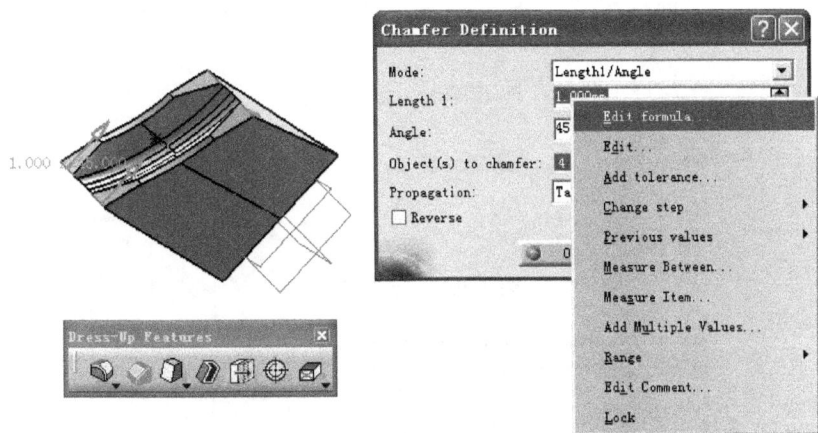

图 8-103　倒角操作

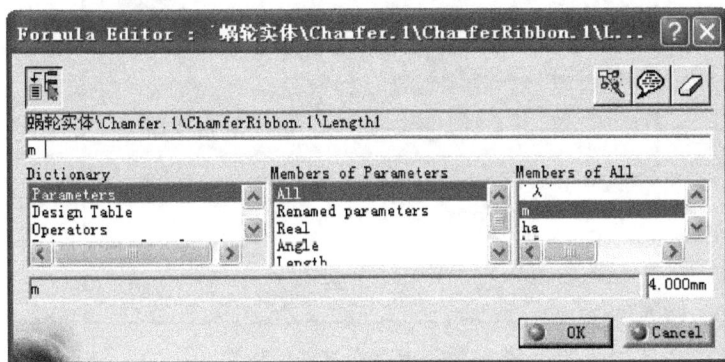

图 8-104　输入参数（2）

3）单击【圆环阵列 Circular Pattern】按钮，系统弹出【圆环阵列定义 Circular Pattern Definition】对话框，在【轴向参考 Axial Reference】选项卡上设置参数，在【参数 Parameters】下拉列表框中选择"Complete Crown"（圆周排列），在【参考元素 Reference element】中单击右键，然后在弹出的快捷菜单中选 X 轴，如图 8-105 所示。在【实例 Instance（s）】微调框内单击右键，然后在弹出的快捷菜单中单击"Edit formula"（编辑公式），如图 8-106 所示。系统弹出【公式编辑器 Formula Editor】对话框，输入蜗轮的齿数 z_2，如图 8-107 所示。单击【确定 OK】按钮确认，返回【圆环阵列定义 Circular Pattern Definition】对话框。单击【预览 Preview】按钮，如图 8-108 所示。最后单击【确定 OK】按钮，完成齿形的阵列操作，如图 8-109 所示。

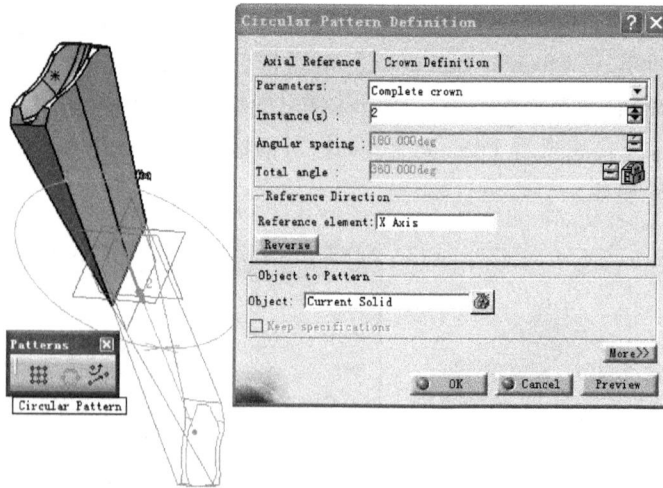

图 8-105　环形阵列

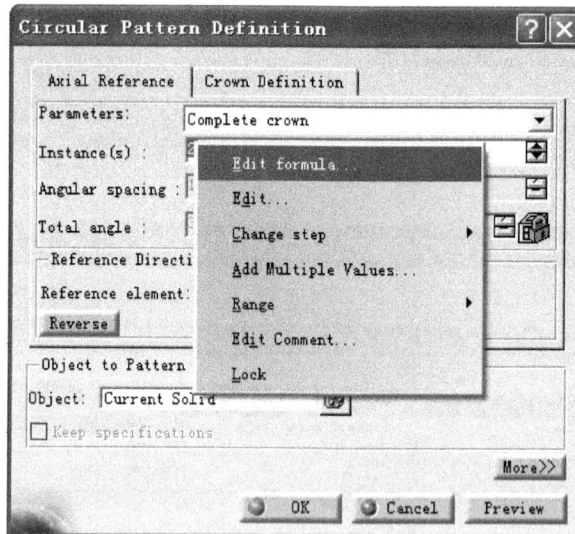

图 8-106　编辑公式快捷菜单

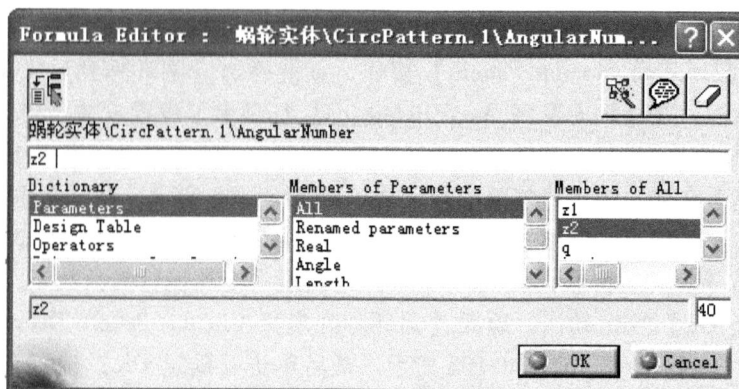

图 8-107　输入阵列参数

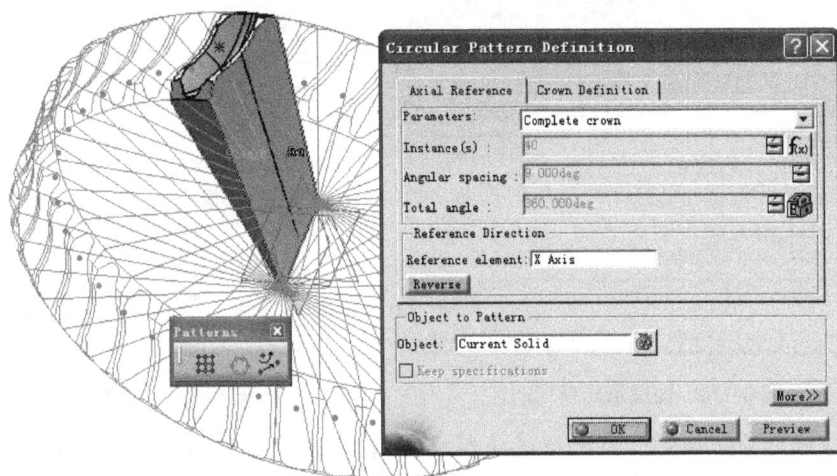

图 8-108　阵列预览

图 8-109　蜗轮

8.2　蜗杆设计

8.2.1　蜗杆参数设置

1）同设计蜗轮一样，首先打开 CATIA 应用程序，创建一个新的零件，然后在【属性 Properties】对话框中将【零件号 Part Number】改为"worm"，如图 8-110 所示。

2）在树状目录【PartBody】上单击右键，然后在弹出的快捷菜单中选择"Properties"（属性），修改【特征属性 Feature Properties】选项卡中的【特征名称 Feature Name】为"蜗杆实体"，此时树状目录也被相应修改，如图 8-111 和图 8-112 所示。

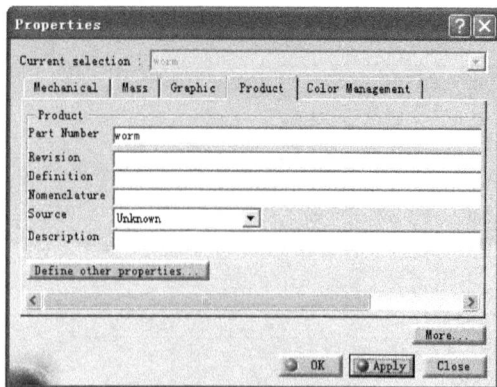

图 8-110 修改零件号（2）

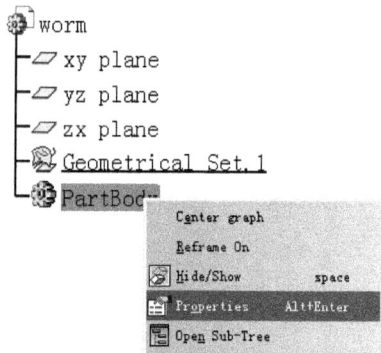

图 8-111 快捷菜单

3）然后进行参数设置，首先在【工具 Tools】下拉菜单中选中 "Formula"（公式）选项，或单击工具条中的公式图标，如图 8-113 所示。

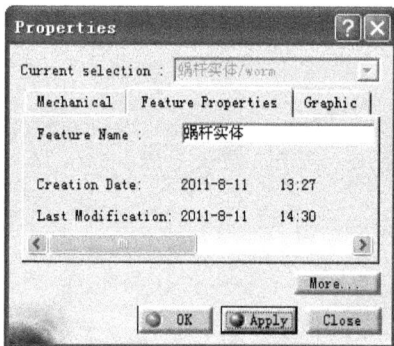

图 8-112 修改属性

图 8-113 工具下拉菜单（2）

4）系统自动弹出公式编辑对话框，如图 8-114 所示。将【新参数类型 New Parameter of type】更改为 "Real"（实型），单击【新参数类型 New Parameter of type】按钮，输入蜗杆的头数公式 $z_1 = 3$。单击【应用 Apply】按钮确认，再次单击【新参数类型 New Parameter of type】按钮，同样输入蜗轮的齿数 $z_2 = 40$，如图 8-115 所示。

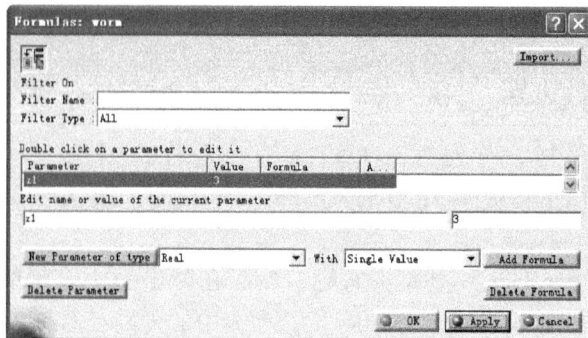

图 8-114 输入蜗杆头数（2）

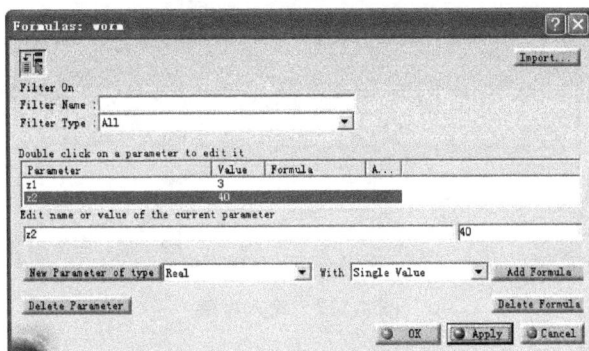

图 8-115　输入蜗轮齿数（2）

5）继续单击【新参数类型 New Parameter of type】按钮，输入蜗杆的特性系数公式 $q = 11$，如图 8-116 所示。然后单击【应用 Apply】按钮确认，到此完成了实数型参数设置。

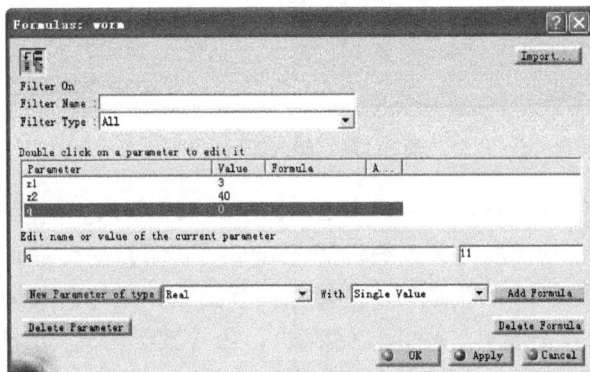

图 8-116　输入特性系数（2）

6）将【新参数类型 New Parameter of type】更改为"Angle"（角度）。单击【新参数类型 New Parameter of type】按钮，输入蜗杆的轴面齿形压力角 $\alpha = 20°$，然后按【应用 Apply】按钮确认。再次单击【新参数类型 New Parameter of type】按钮，输入蜗杆的螺旋线升角 λ，然后单击【添加公式 Add Formula】按钮，系统自动弹出【公式编辑器 Formula Editor】对话框，输入蜗杆的螺旋线升角公式 $\lambda = \alpha\tan(z_1/q)$，注意输入的公式格式，单击【确定 OK】按钮返回公式编辑器界面，单击【应用 Apply】按钮确认，注意上述两个参数均为角度型。

7）继续输入参数，将【新参数类型 New Parameter of type】更改为"Length"（长度），然后按照上面的步骤输入蜗杆的轴面模数 $m = 4$。继续用类似的方法输入齿顶高公式 $h_a = m$、齿根高公式 $h_f = 1.2m$。同样输入参数化的蜗杆分度圆半径公式 $r = mq/2$、齿顶圆半径公式 $r_{a1} = r + h_a$ 和齿根圆半径公式 $r_{f1} = r - h_f$。

8）继续输入蜗杆的齿距公式 $p = m\pi$ 和导程公式 $S = pz_1$，如图 8-117 和图 8-118 所示。

9）输入蜗杆的长度公式，当头数为 $1 \sim 2$ 时，$L_{1 \sim 2} > (11 + 0.06z_2)m$；当头数为 $3 \sim 4$ 时，$L_{3 \sim 4} > (12.5 + 0.09z_2)m$。根据实际经验，取 $L_{1 \sim 2} = 1.5m(11 + 0.06z_2)$，$L_{3 \sim 4} = 1.5m(12.5 + 0.09z_2)$。单击【新参数类型 New Parameter of type】按钮，输入头数为 $z_1 = 1$

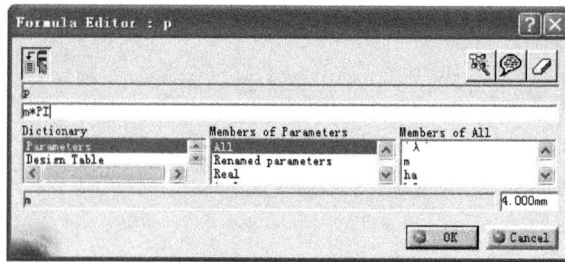

图 8-117 输入齿距

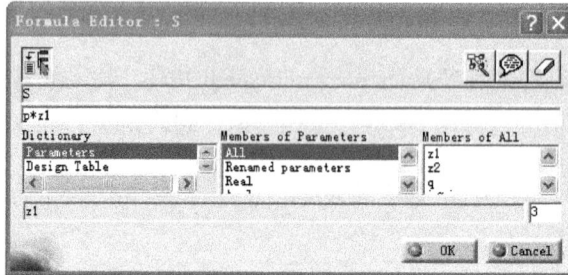

图 8-118 输入导程（1）

或 2 时，蜗杆螺旋部分长度公式的符号 L12，如图 8-119 所示。然后单击【添加公式 Add Formula】按钮，系统自动弹出【公式编辑器 Formula Editor】对话框，如图 8-120 所示。为了保证公式的计算结果为 10 的整数倍，应使用圆整函数。在【公式编辑器 Formula Editor】中的【字典 Dictionary】中选中"Math"（数学），在【数学公式 Members of Math】中选择"round（Real，String，Integer）：Real"（圆整函数（实型，字符串，整数）：实型），注意输入的公式格式，然后输入公式：Round（$1.5 * m * (11 + 0.06 * z_2)/100 + 0.05$mm，"mm"，1）$* 100$，单击【确定 OK】按钮确认，返回公式编辑器界面。

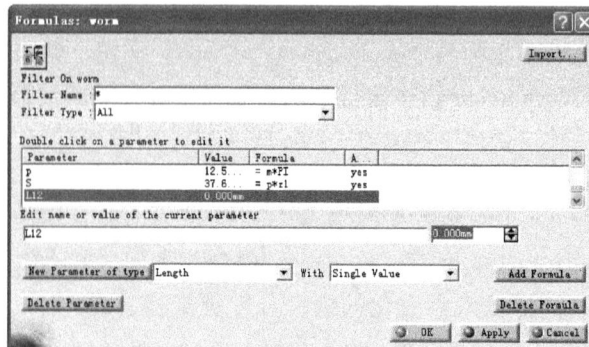

图 8-119 输入蜗杆螺旋部分长度（1）

10）继续用相同的方法输入头数为 $z_1 = 3$ 或 4 时，蜗杆螺旋部分长度公式的符号 L34，如图 8-121 所示。然后单击【添加公式 Add Formula】按钮，系统自动弹出【公式编辑器

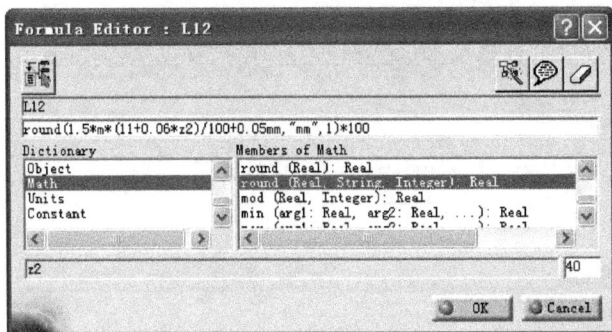

图8-120 添加圆整公式（1）

Formula Editor】对话框，如图8-122所示。然后输入公式：Round $(1.5 * m * (12.5 + 0.09 * z_2))/$ $100 + 0.05\text{mm}$, ''mm'', 1$) * 100$，单击【确定 OK】按钮确认，返回公式编辑器界面。到此完成了全部参数设置，单击【确定 OK】按钮确定，退出参数设置。

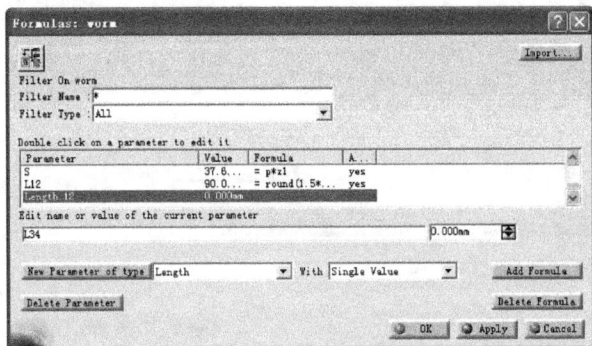

图8-121 输入蜗杆螺旋部分长度（2）

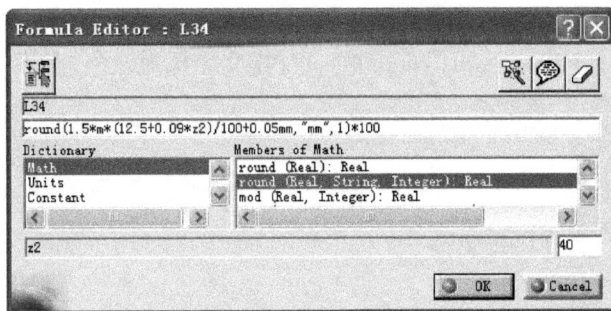

图8-122 添加圆整公式（2）

11）为了使系统能自动识别不同头数时使用哪一个公式，还需要编制【法则 Law】。单击【法则 Law】按钮，系统自动弹出【法则编辑器 Law Editor】对话框，定义【法则名称 Name of Law】为 k，如图8-123所示。单击【确定 OK】按钮，系统转入图8-124所示的界面，单击【新参数类型 New Parameter of type】按钮，定义新参数 L 为长度型，k 为实型。在编制法则语句：if $k < 3$ $L = L12$ else $L = L34$，最后单击【确定 OK】按钮，完成创建法则。

12）在树状目录上展开参数和关系节点，如图8-125和图8-126所示。观察参数设置，

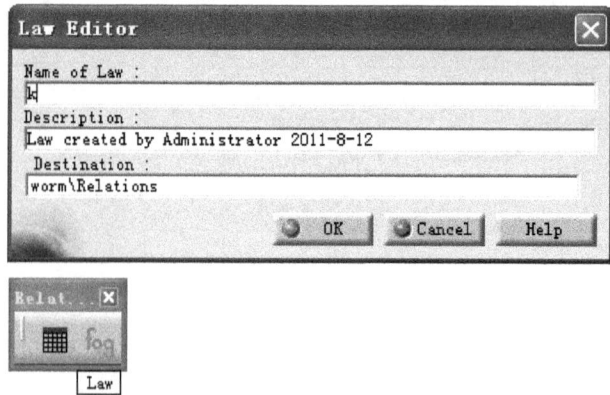

图 8-123　法则编辑器

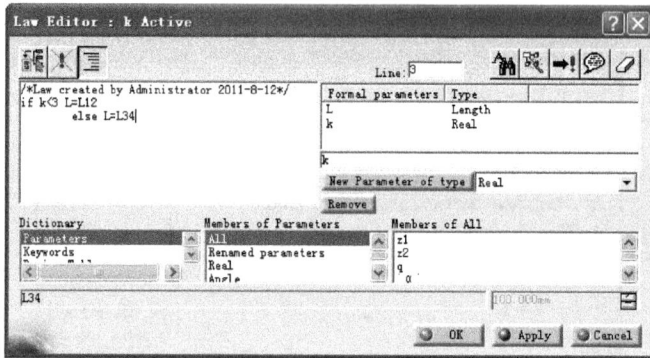

图 8-124　编辑法则语句

如有错误可以在这里修改。在"Geometrical Set. 1"（几何图形集.1）上单击右键，然后在弹出的快捷菜单中选择"Define In Work Object"（定义工作对象），如图 8-127 所示。

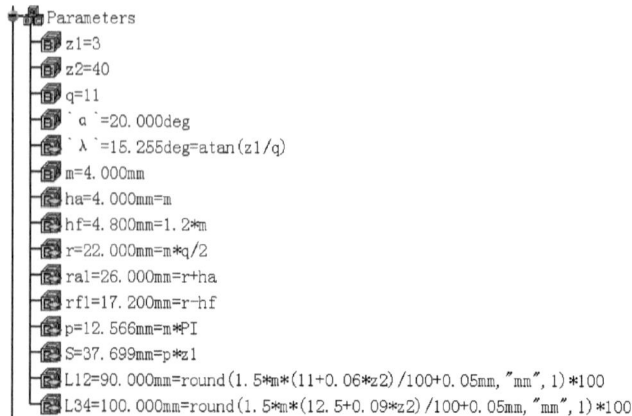

图 8-125　参数目录

```
Relations
  Formula.1: `λ`=atan(z1/q)
  Formula.2: ha=m
  Formula.3: hf=1.2*m
  Formula.4: r=m*q/2
  Formula.5: ra1=r+ha
  Formula.6: rf1=r-hf
  Formula.7: p=m*PI
  Formula.8: S=p*z1
  Formula.9: L12=round(1.5*m*(11+0.06*z2)/100+0.05mm,"mm",1)*100
  Formula.10: L34=round(1.5*m*(12.5+0.09*z2)/100+0.05mm,"mm",1)*100
  k
```

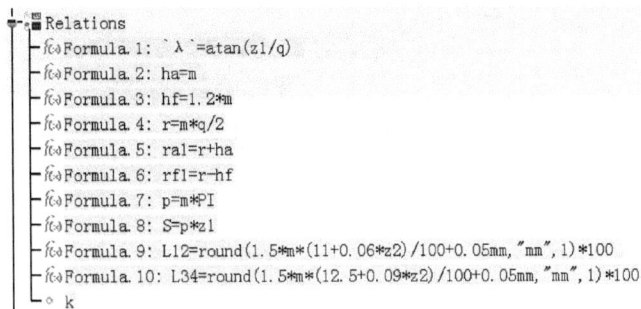

图 8-126　关系目录

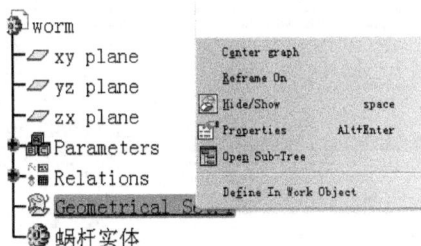

```
worm
  xy plane
  yz plane
  zx plane
  Parameters
  Relations
  Geometrical S...
  蜗杆实体
```

```
Center graph
Reframe On
Hide/Show          space
Properties       Alt+Enter
Open Sub-Tree
Define In Work Object
```

图 8-127　定义工作对象（2）

8.2.2　蜗杆草图与实体设计

1）在零件设计平台选择 yz 平面，单击【草图 Sketcher】工具栏上的 按钮，进入草图绘制工作台，此时 yz 平面为当前的草图绘制平面。单击【轮廓 Profile】工具条中【圆 Circle】按钮下的黑色三角符号，拖拽出【圆 Circle】工具条，单击【圆 Circle】按钮，经过原点绘制一个整圆，然后标注圆的直径，在标注的直径尺寸上双击，系统弹出【约束定义 Constraint Definition】对话框，在【尺寸 Dimension】下拉列表框中选 "Radius"（半径），如图 8-128 所示。然后在【半径 Radius】微调框内单击右键，在弹出的快捷菜单中单击 "Edit formula"（编辑公式），如图 8-129 所示。系统弹出【公式编辑器 Formula Editor】对话框，输入蜗杆的半径公式 r_{a1}，如图 8-130 所示。单击【确定 OK】按钮确认，返回【约束定义 Constraint Definition】对话框，再单击【确定 OK】按钮确认创建的齿顶圆。注意：必须选中圆心，将圆的中心原点进行相合约束操作，以免在后续的操作中使圆的发生移动。

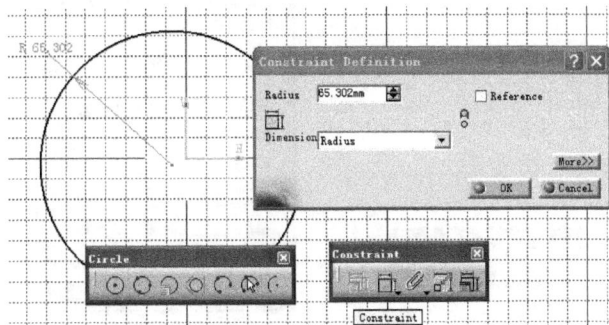

```
Constraint Definition                    ? ×
Radius   65.302mm            □ Reference
Dimension Radius    ▼
                              OK    Cancel
```

```
Circle                ×
○ ⊙ ○ ○ ● ○ ◐ ◑
```

```
Constraint            ×
     Constraint
```

图 8-128　绘制圆（2）

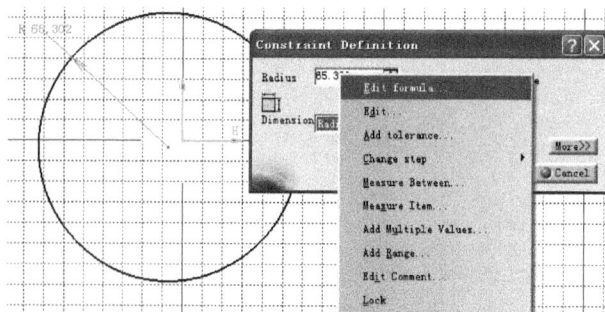

图 8-129　编辑半径（2）

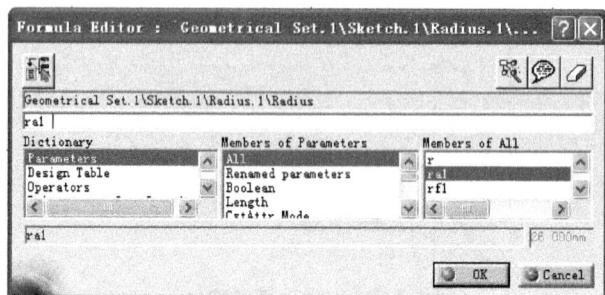

图 8-130　输入半径参数

2）退出草图绘制工作台，进入零件设计工作台，将【蜗杆实体】定义为当前的工作对象。单击【拉伸 Pad】按钮，系统弹出【拉伸定义 Pad Definition】对话框，取消选中【镜像长度 Mirrored extent】复选框，【First Limit】选项区【类型 Type】下拉列表框选"Dimension"（尺寸），【选择 Selection】轮廓值选"Sketch.1"（草图.1），如图 8-131 所示。然后在【长度 Length】微调框内单击右键，在弹出的快捷菜单中单击"Edit formula"（编辑公式），如图 8-132 所示。系统弹出【公式编辑器 Formula Editor】对话框，如图 8-133 所示。打开树状目录的【关系 Relations】节点，首先在树状目录上双击法则函数 k，在【字典 Dictionary】列表框中选择"Law"（法则），然后双击【法则公式 Members of Law】中新弹出的公式，最后在【求值 Evaluate】公式中输入蜗杆头数 z_1，如图 8-134 所示。单击【确定 OK】按钮确认，返回【拉伸定义 Pad Definition】对话框，单击【预览 Preview】按钮，如图 8-135 所示，再单击【确定 OK】按钮确认创建的蜗杆坯料。

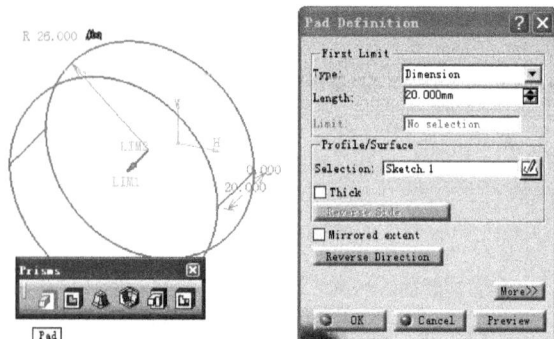

图 8-131　拉伸定义

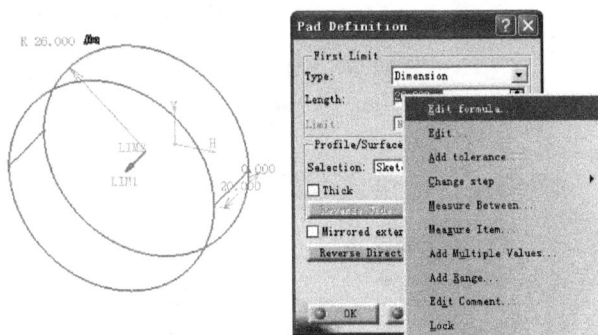

图 8-132　编辑长度

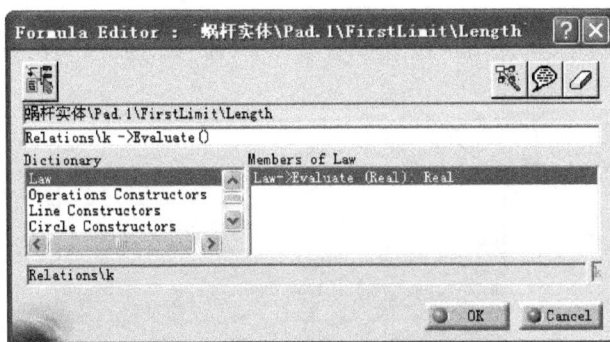

图 8-133　编辑法则公式（1）

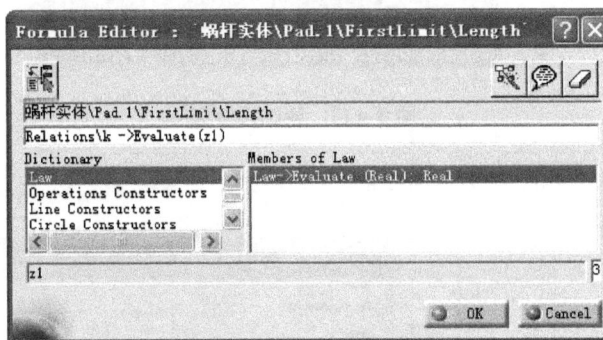

图 8-134　输入蜗杆头数（3）

3）在【几何图形集 . 1 Geometrical Set. 1】上单击右键，在弹出的快捷菜单中选择 "Define In Work Object"（定义工作对象），在树状目录上单击 zx 平面，退出零件设计工作平台，进入草图设计平台。单击【轮廓 Profile】按钮，绘制图 8-136 所示的直角三角形，作为蜗杆的端面倒角草图，两条直角边分别做垂直与平行约束。单击【约束 Constraint】按钮，然后标注竖直边与斜边之间的角度，在所标注的角度值上双击，系统弹出【约束定义 Constraint Definition】对话框，然后在【数值 Value】微调整框内将角度值调整为 30°，单击

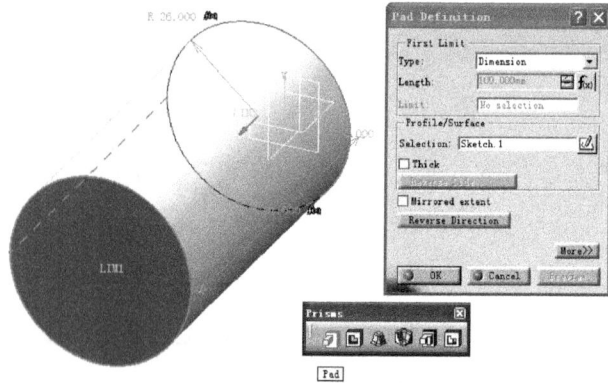

图 8-135　拉伸预览

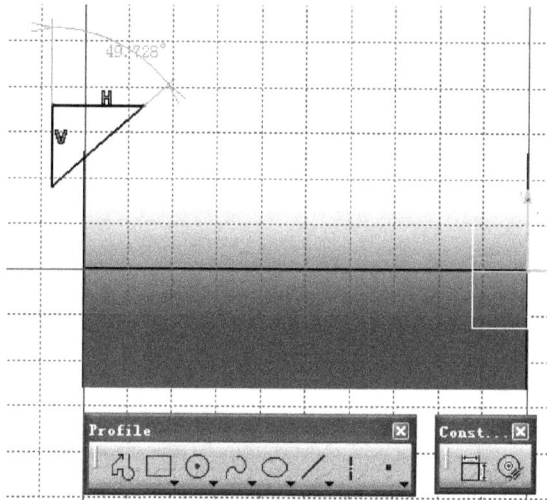

图 8-136　绘制三角形

【确定 OK】按钮确认，如图 8-137 所示。

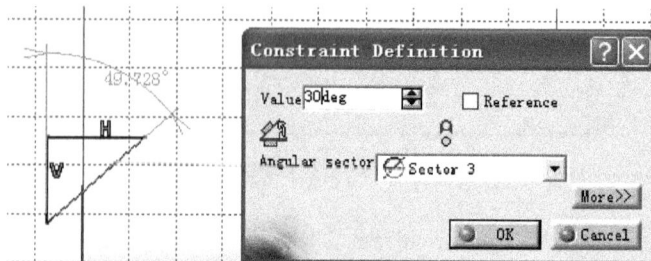

图 8-137　约束角度（1）

4）单击【约束 Constraint】按钮，标注竖直边的下端点到水平轴 H 的距离，如图 8-138 所示。双击所标注的尺寸值，系统弹出【约束定义 Constraint Definition】对话框，然后在【数值 Value】微调框内单击右键，在弹出的快捷菜单中单击"Edit formula"（编辑公式），系统弹出【公式编辑器 Formula Editor】对话框，输入齿根圆的半径公式 r_{f1}，如图 8-139 所示。单击【确定 OK】按钮确认，返回【约束定义 Constraint Definition】对话框，再单击【确定 OK】按钮确认。用同样的方法约束三角形水平直角边到 H 轴的距离，输入蜗杆的齿顶圆半径公式 r_{a1}，如图 8-140 和图 8-141 所示。

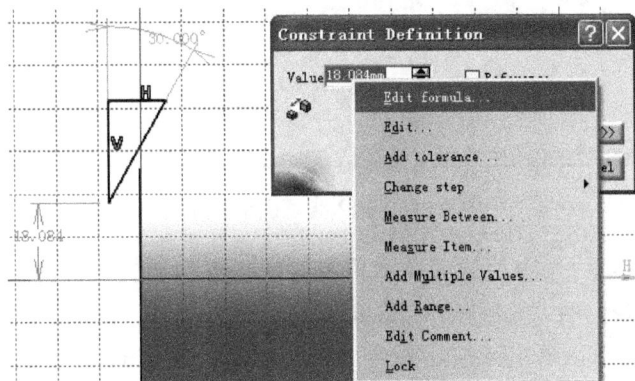

图 8-138　约束三角形的顶点

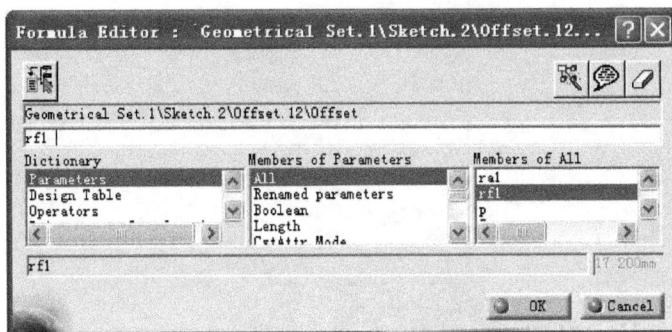

图 8-139　输入齿根半径

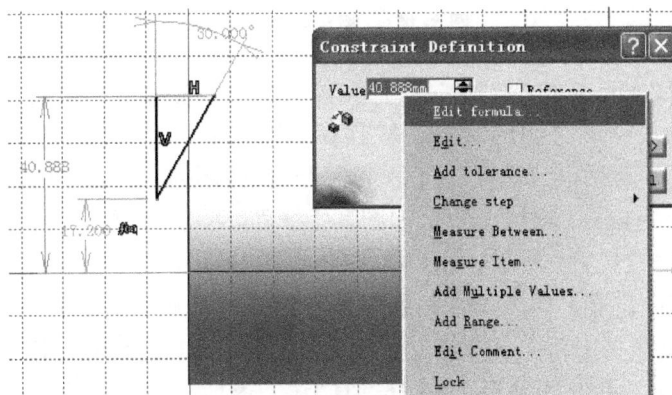

图 8-140　编辑公式

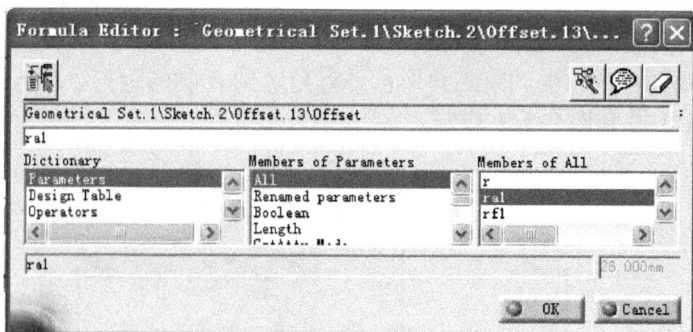

图 8-141 输入齿顶圆半径 (3)

5) 按住 < Ctrl > 键，选中拉伸的实体轮廓左侧竖直边和三角形的竖直边，再单击【约束 Constraint】工具条上的 "Constraints Defined in Dialog Box" 按钮，在弹出的【约束定义 Constraint Definition】对话框中选中【相合 Coincidence】复选框，单击【确定 OK】按钮确认创建的约束，如图 8-142 所示。

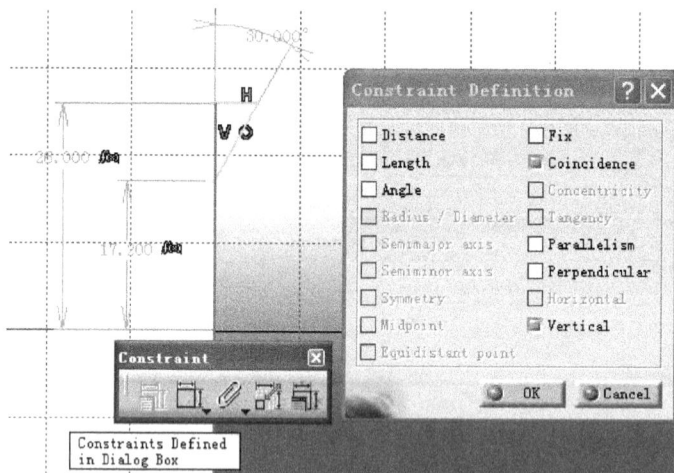

图 8-142 相合约束 (1)

6) 单击【直线 Line】按钮，通过拉伸实体的中间部位绘制一条垂直的构造线，约束这条直线与垂直轴线 V 轴之间的距离，然后双击所标注的尺寸值，系统弹出【约束定义 Constraint Definition】对话框，然后在【数值 Value】微调框内单击右键，在弹出的快捷菜单中单击 "Edit formula" (编辑公式)，如图 8-143 所示。系统弹出【公式编辑器 Formula Editor】对话框，如图 8-144 所示。打开树状目录的 "Relations" (关系) 节点，首先在树上双击法则函数 k，在【字典 Dictionary】列表框中选择【法则 Law】，然后双击【法则公式 Members of Law】列表框中新弹出的公式，在【求值 Evaluate】公式中输入蜗杆头数 z_1，最后将整个公式除以 2。单击【确定 OK】按钮确认，返回【约束定义 Constraint Definition】对话框，单击【预览 Preview】按钮，此时可见所绘制的构造线位于蜗杆螺旋体的中点，供装配时做参考线使用，再单击【确定 OK】按钮确认创建的参考线。

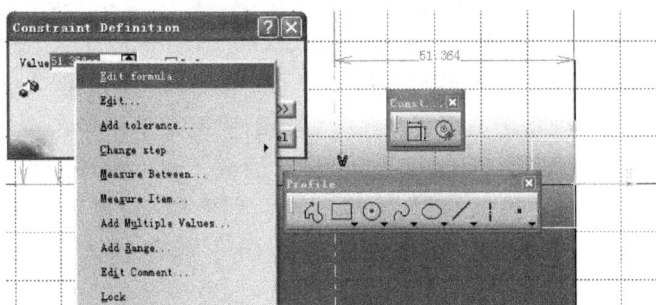

图 8-143　约束构造线

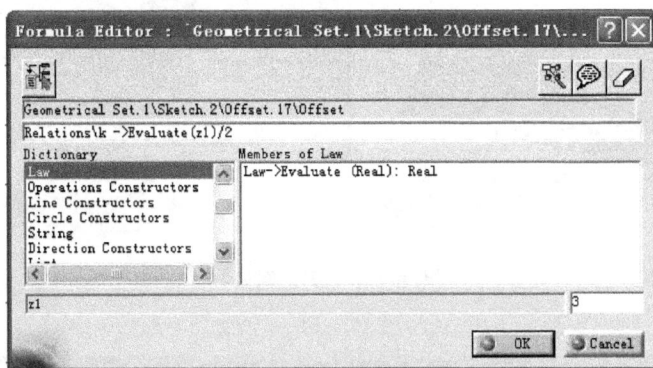

图 8-144　编辑法则公式（2）

　　7）退出草图绘制工作台，进入零件设计工作台，将【蜗杆实体】定义为当前的工作对象。单击【旋转槽 Groove】按钮，系统弹出【旋转槽定义 Groove Definition】对话框，角度限制中的【第一角度 First angle】设置为 360°，轮廓选项区中【Selection】选择为"Sketch.2"（草图.2），【轴线 Axis】选项区中【Selection】选择为 X 轴，如图 8-145 所示。单击【预览 Preview】按钮，观察倒角效果，最后单击【确定 OK】按钮确认。

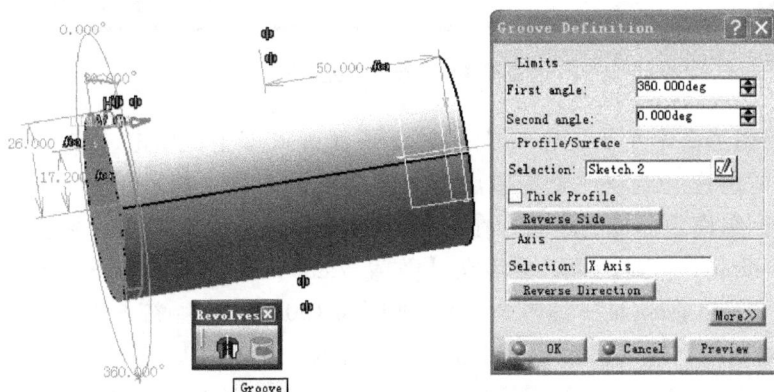

图 8-145　旋转切槽操作

8）这里用另一种方法对另一端做同样的倒角操作，选中图8-146所示的棱边，然后单击【倒角 Chamfer】按钮，系统弹出【倒角定义 Chamfer Definition】对话框，将倒角【模式 Mode】下拉列表框中选择为"Length/Angle"（长度/角度），【角度 Angle】设为30°，在【长度1 Length 1】微调框内单击右键，在系统弹出的快捷菜单中单击"Edit formula"（编辑公式），系统弹出【公式编辑器 Formula Editor】对话框，输入齿顶圆半径与齿根圆半径之差，如图8-147所示。单击【确定 OK】按钮确认，返回【倒角定义 Chamfer Definition】对话框，单击【预览 Preview】按钮，再单击【确定 OK】按钮确认另一端的倒角操作，如图8-148所示。

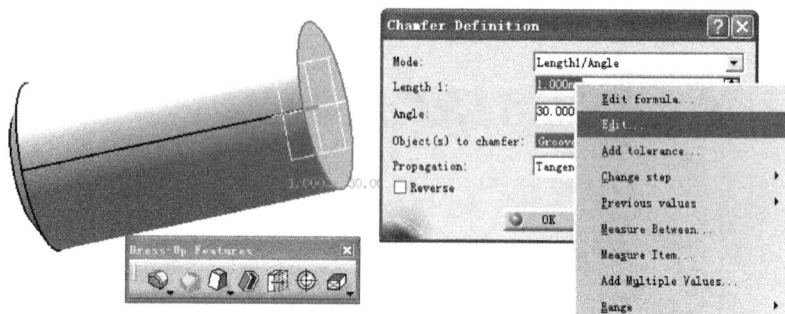

图8-146 定义倒角

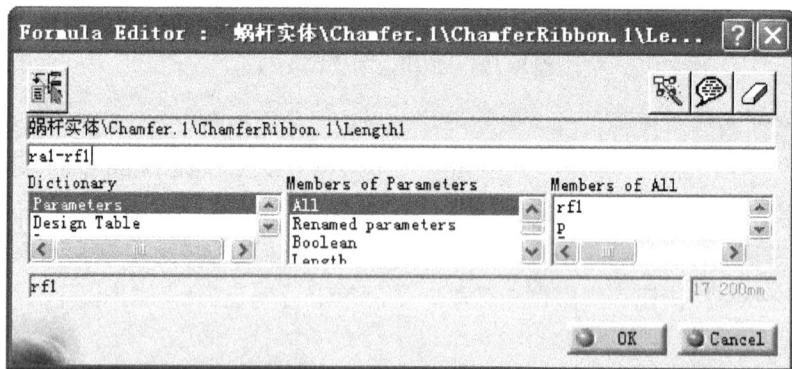

图8-147 输入参数（3）

9）将几何图形集定义为工作对象，在 zx 平面进入草图，单击【点 Point】按钮，在图8-149所示的位置上绘制一个构造点作为螺旋线的起点，然后单击【约束 Constraint】按钮，标注点到纵横坐标轴的距离。在所标注的横向坐标值上双击，系统弹出【约束定义 Constraint Definition】对话框，然后在【数值 Value】微调框内单击右键，在弹出的快捷菜单中单击"Edit formula"（编辑公式），如图8-150所示。系统弹出【公式编辑器 Formula Editor】对话框，输入齿距 p，如图8-151所示。单击【确定 OK】按钮确认，返回【约束定义 Constraint Definition】对话框，再单击【确定 OK】按钮确认操作。用同样的方法设置点的垂直距离参数，此时输入分度圆半径 r，如图8-152和图8-153所示，然后退出草图工作台。

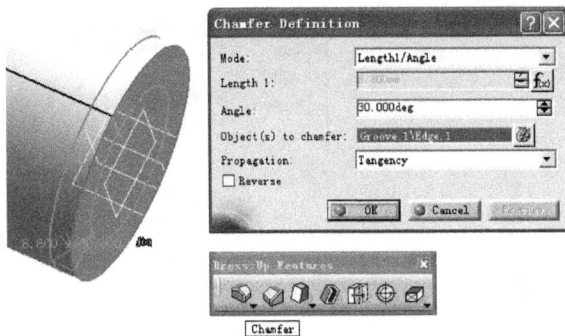

图 8-148　预览倒角

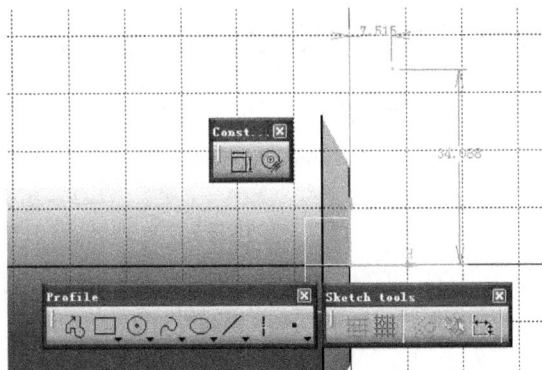

图 8-149　绘制螺旋线起点

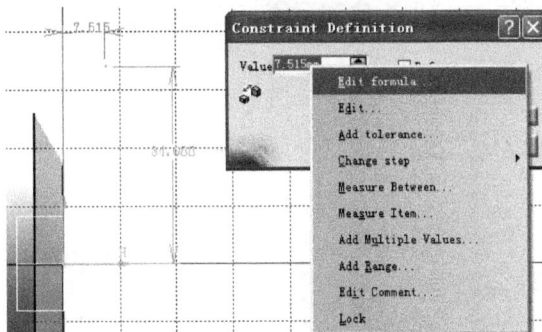

图 8-150　约束起点（1）

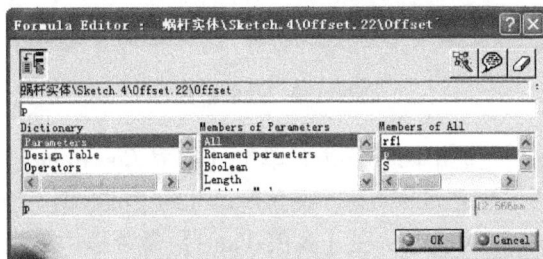

图 8-151　输入参数（4）

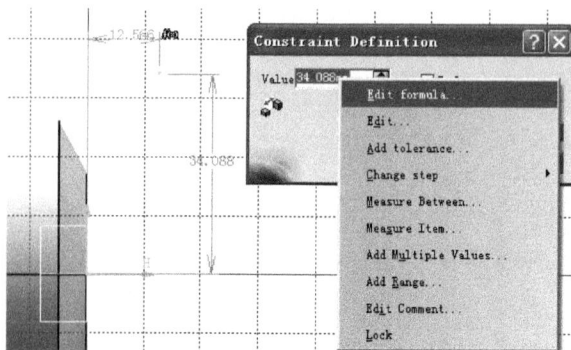

图 8-152　约束起点（2）

图 8-153　输入参数（5）

10）重新进入草图工作台，单击【轮廓 Profile】按钮，围绕螺旋线的起始点绘制图 8-154 所示的梯形。作为蜗杆的轴面齿廓草图，梯形的上底和下底均为水平线。单击【约束 Constraint】按钮，分别标注梯形上底和下底与起始点轴之间的距离。

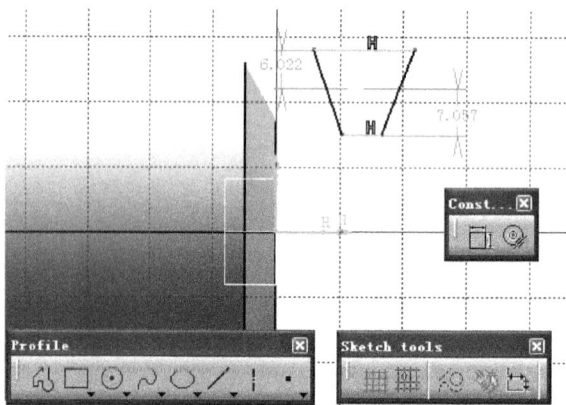

图 8-154　绘制梯形

11）按住＜Ctrl＞键，先选中两条斜边，单击【约束 Constraint】工具条上的"Constraint Definition"按钮，标注两条线之间的夹角。在角度尺寸约束的数值上双击，系统自动弹出【约束定义 Constraint Definition】对话框，在【数值 Value】微调框内的数字上单击右键，在弹出的快捷菜单中单击"Edit formula"（编辑公式），如图 8-155 所示。系统弹出【公式编辑器 Formula Editor】对话框，输入齿形轴面夹角公式 2α，如图 8-156 所示。单击【确定 OK】按钮确认，返回【约束定义 Constraint Definition】对话框，再单击【确定 OK】按钮确认。

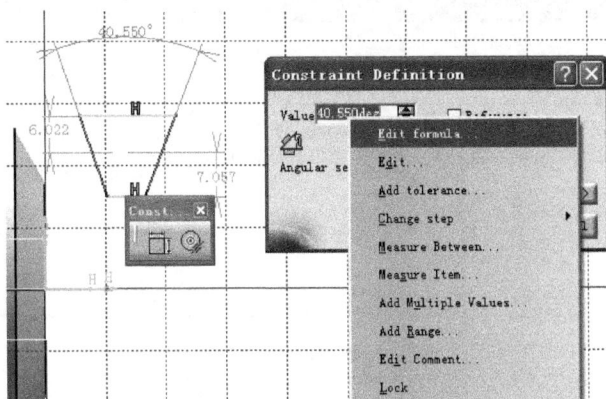

图 8-155 约束角度（2）

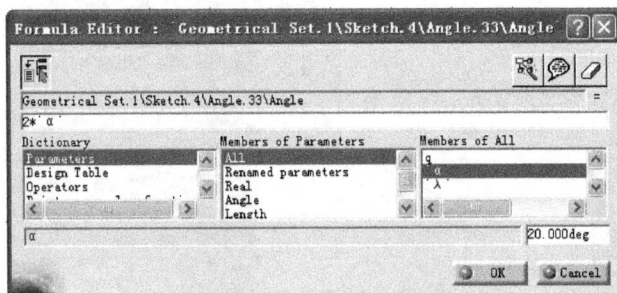

图 8-156 输入角度（2）

12）在底边到螺旋线起始点的尺寸约束数值上双击，系统自动弹出【约束定义 Constraint Definition】对话框，在【数值 Value】微调框内的数字上单击右键，在弹出的快捷菜单中单击 "Edit formula"（编辑公式），如图 8-157 所示。系统弹出【公式编辑器 Formula Editor】对话框，输入齿根高公式 h_f，如图 8-158 所示。单击【确定 OK】按钮确认，返回【约束定义 Constraint Definition】对话框，再单击【确定 OK】按钮确认。用同样的方法约束梯形上底边到螺旋线起始点距离，输入蜗杆的齿顶高公式 h_a，如图 8-159 和图 8-160 所示。

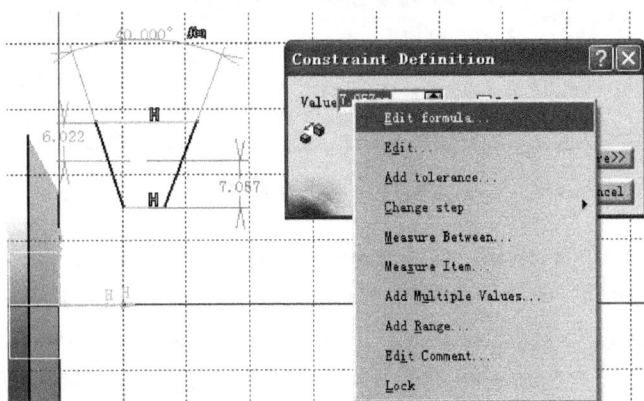

图 8-157 约束牙底线

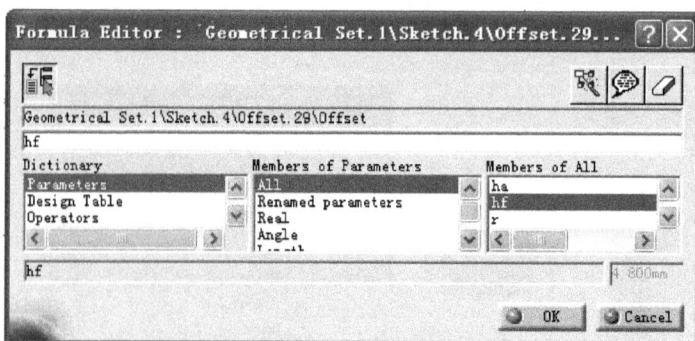

图 8-158　输入参数（6）

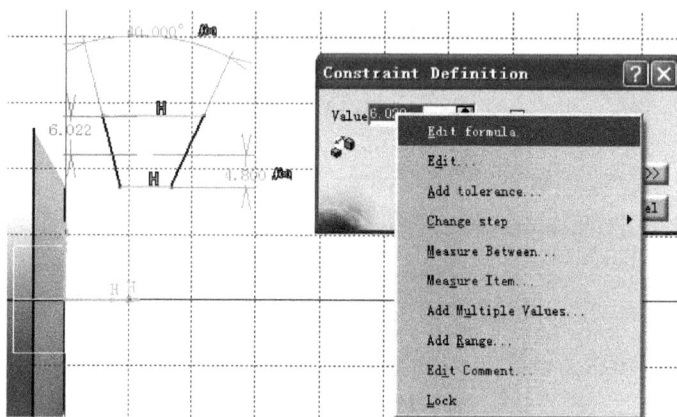

图 8-159　约束齿顶

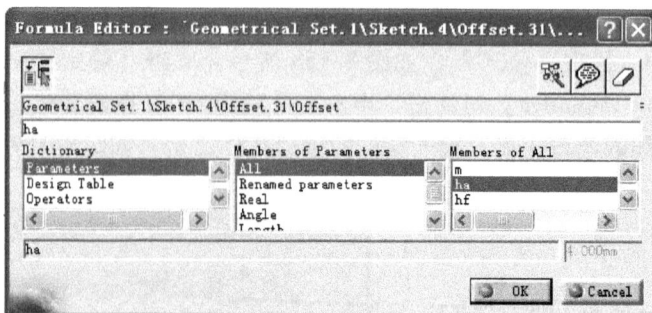

图 8-160　输入参数（7）

13）单击【直线 Line】按钮，绘制一条垂直的构造线，使这条直线与螺旋线起始点之间的约束为相合，如图 8-161 所示。按住 < Ctrl > 键，先选中梯形的两条斜边，再选中刚绘制的垂直构造线，单击【约束 Constraint】工具条上的"Constraints Defined in Dialog Box"按钮，在弹出的【约束定义 Constraint Definition】对话框中选中【对称 Symmetry】复选框，单击【确定 OK】按钮确认创建的约束，如图 8-162 所示。

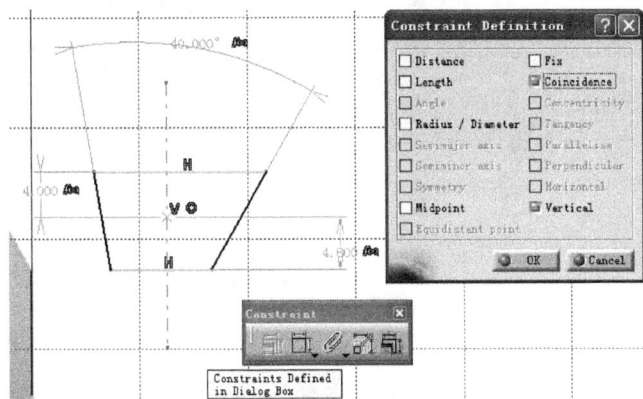

图 8-161 相合约束（2）

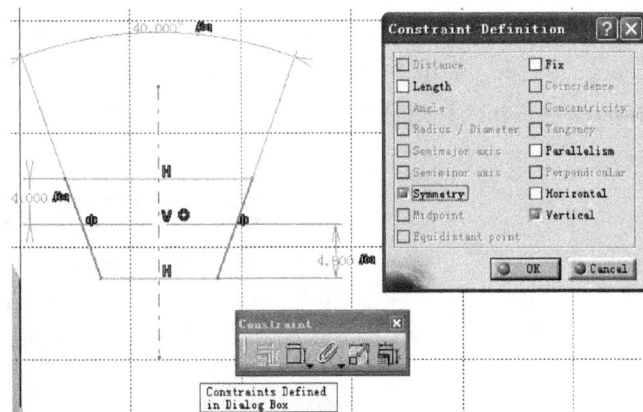

图 8-162 对称约束

14）单击【直线 Line】按钮，在梯形框内绘制一条水平的构造线，如图 8-163 所示。使这条水平构造线右端点与螺旋线起始点之间的约束为相合，再使水平构造线左端点与梯形的左侧斜边相合，如图 8-164 所示。

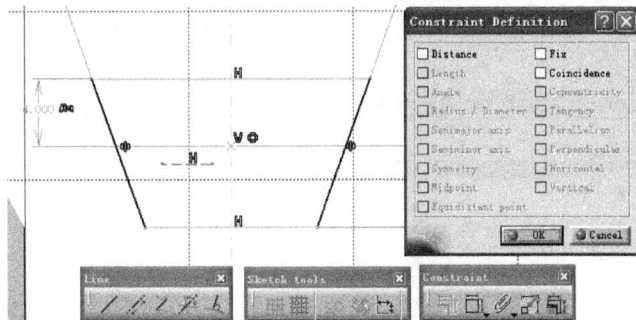

图 8-163 绘制水平构造线

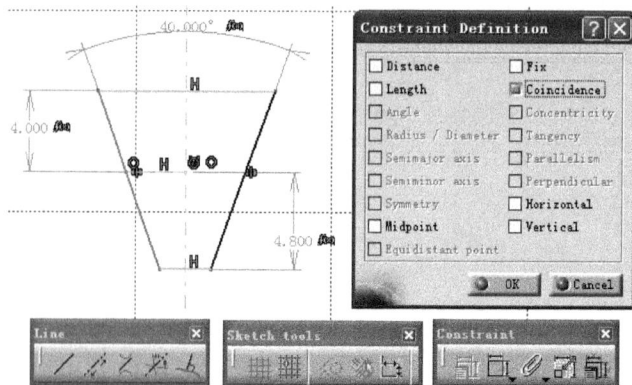

图 8-164   相合约束（3）

15）单击【约束 Constraint】按钮，标注水平构造线的长度，双击所标注的尺寸数值，系统弹出【约束定义 Constraint Definition】对话框，然后在【数值 Value】微调框内单击右键，在弹出的快捷菜单中单击"Edit formula..."（编辑公式...），如图 8-165 所示。系统弹出【公式编辑器 Formula Editor】对话框，如图 8-166 所示。输入公式 $p/4$，单击【确定 OK】按钮，返回【约束定义 Constraint Definition】对话框，再次单击【确定 OK】按钮确认创建的约束。

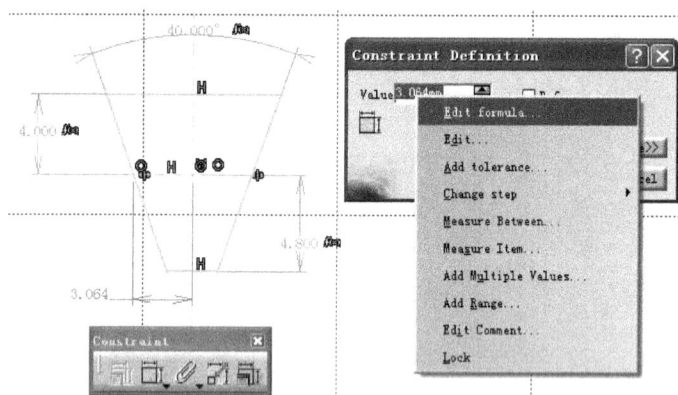

图 8-165   约束齿距

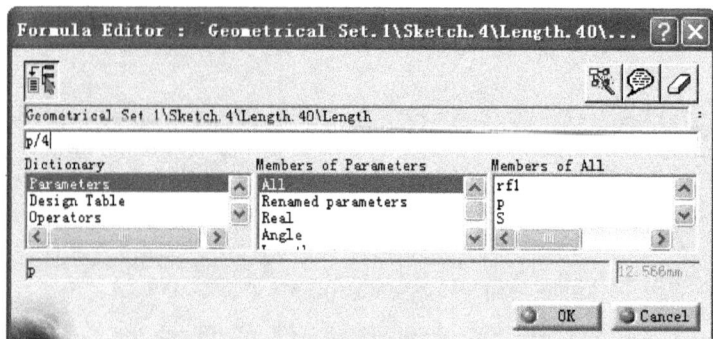

图 8-166   输入参数（8）

16）退出草图绘制工作台，进入【线架与曲面设计 Wireframe and Surface Design】工作台，单击【螺旋线 Helix】按钮，系统自动弹出【螺旋线定义 Helix Curve Definition】对话框，【起始点 Starting Point】选择刚绘制的螺旋线起始点 "Sketch.3"（草图.3），【轴线 Axis】选择 X 轴，在【导程 Pitch】微调整框内单击右键，在弹出的快捷菜单中单击 "Edit formula"（编辑公式），如图 8-167 所示。系统弹出【公式编辑器 Formula Editor】对话框，如图 8-168 所示。输入公式 z_1p，单击【确定 OK】按钮，返回【螺旋线定义 Helix Curve Definition】对话框，在螺旋线【高度 Height】微调框内单击右键，再次在弹出的快捷菜单中单击 "Edit formula"（编辑公式），如图 8-169 所示。系统弹出【公式编辑器 Formula Editor】对话框，如图 8-170 所示。打开树状目录的 "Relations"（关系）节点，首先在树上双击法则函数 k，在【字典 Dictionary】列表框中选择 "Law"（法则），然后双击【法则公式 Members of Law】列表框中新弹出的公式，在【求值 Evaluate】公式中输入蜗杆头数 z_1，为了保证切槽完整，再加上一个 $2p$。单击【确定 OK】按钮确认，返回【螺旋线定义 Helix Curve Definition】对话框，单击【预览 Preview】按钮，此时可见所绘制的螺旋线，再次单击【确定 OK】按钮确认所创建的螺旋线，如图 8-171 所示。

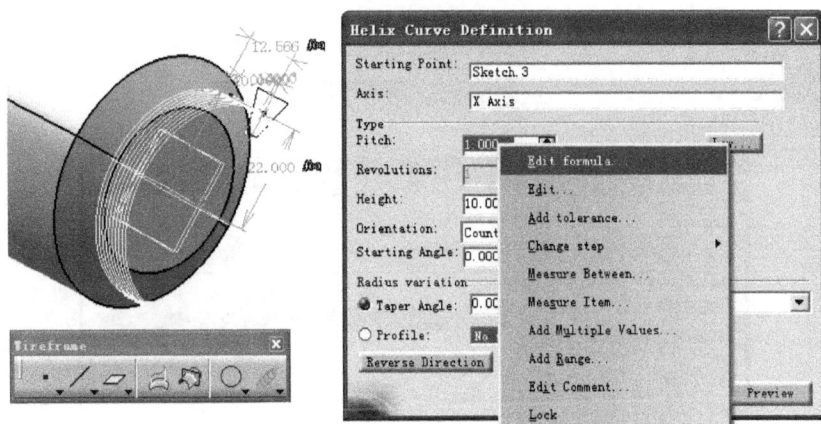

图 8-167　定义螺旋线（2）

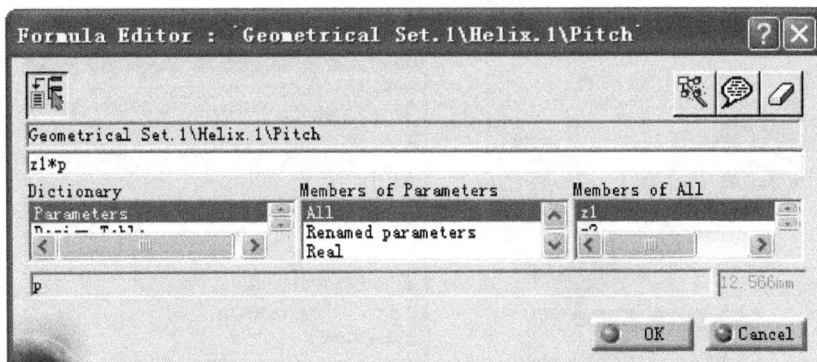

图 8-168　输入导程（2）

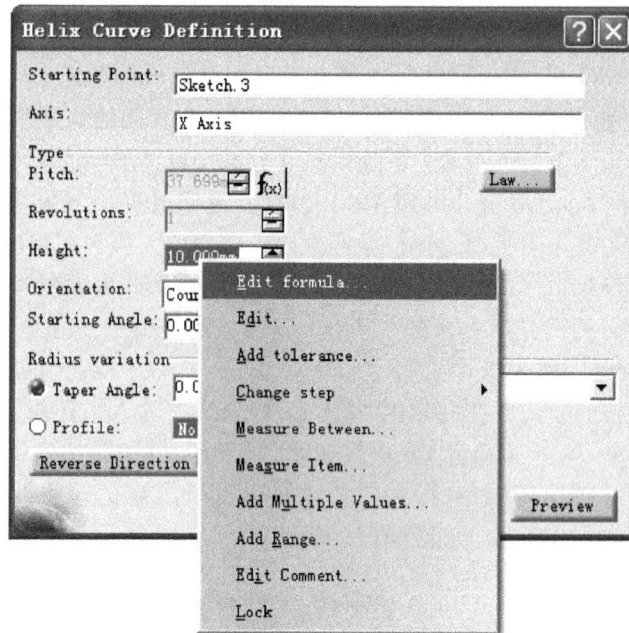

图 8-169　编辑高度

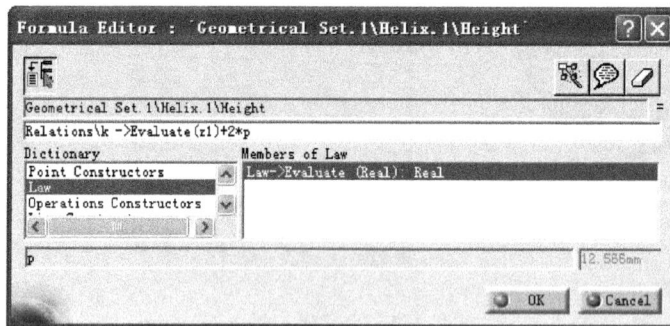

图 8-170　编辑法则公式（3）

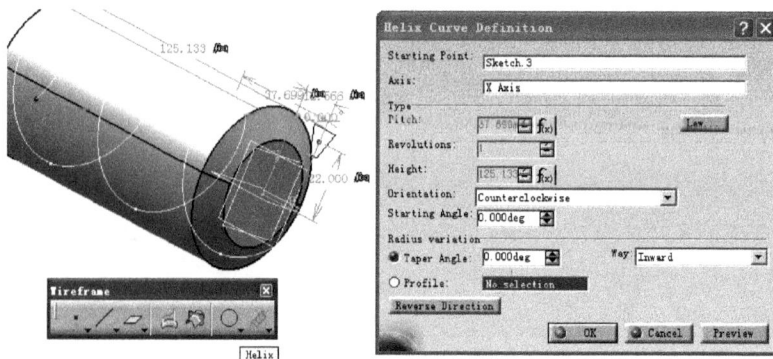

图 8-171　预览螺旋线（2）

17）退出【线架与曲面设计 Wireframe and Surface Design】工作台，进入零件设计工作台，将【蜗杆实体】设置为当前工作对象。单击【开槽 Slot】按钮，系统弹出【开槽定义 Slot Definition】对话框，在【轮廓 Profile】文本框中选择梯形 "Sketch.4"（草图.4）作为蜗杆的轴面齿廓，【中心曲线 Center curve】文本框选择 "Helix.1"（螺旋线.1），【轮廓控制 Profile control】选择 "Pulling direction"（拉出方向），方向为 X 轴，单击【预览 Preview】按钮，如图 8-172 所示。单击【确定 OK】按钮，蜗杆的单个齿槽如图 8-173 所示。

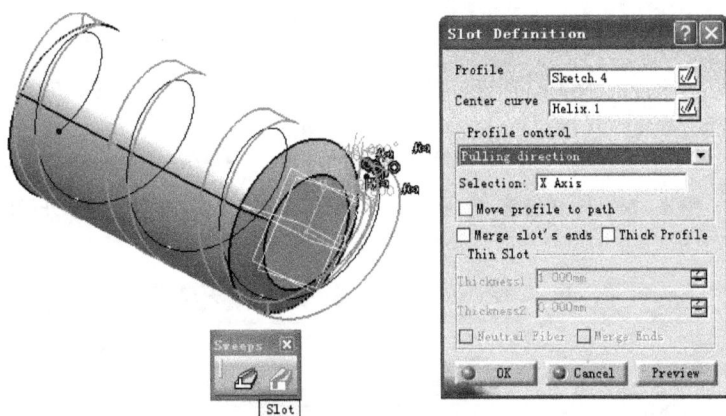

图 8-172　开槽操作

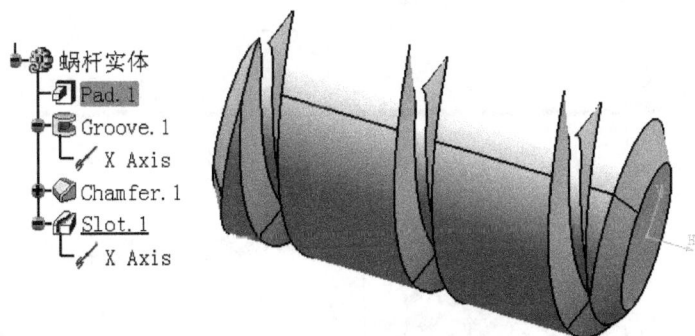

图 8-173　蜗杆的单个齿槽

18）选中【齿槽.1 Slot.1】，单击【圆环阵列 Circular Pattern】按钮，系统弹出【圆环阵列定义 Circular Pattern Definition】对话框，在【轴向参考 Axial Reference】选项卡上设置参数，在【参数 Parameters】下拉列表框中选择 "Instance（s）&Angular spacing"（实例与角度空间），【实例 Instance（s）】微调框中的数值默认为4，本设计蜗杆的头数为 $z_1 = 3$，所以够大，如图 8-174 所示。在【角度空间 Angular spacing】微调框内单击右键，然后在弹出的快捷菜单中单击 "Edit formula"（编辑公式），如图 8-175 所示。系统弹出【公式编辑器 Formula Editor】对话框，输入开槽的分布角度公式 $360°/z_1$，如图 8-176 所示。单击【确定 OK】按钮确认，返回【圆环阵列定义 Circular Pattern Definition】对话框，单击【预览 Preview】按钮，观察三头蜗杆模型，如图 8-177 所示。最后，单击【确定 OK】按钮，完成齿形的阵列操作。

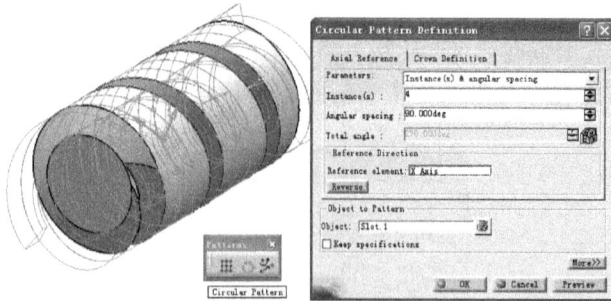

图 8-174　阵列齿槽

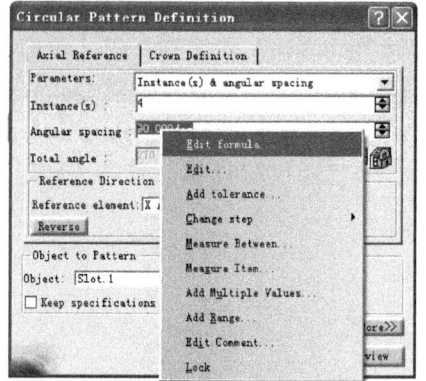

图 8-175　编辑开槽的分布角度公式

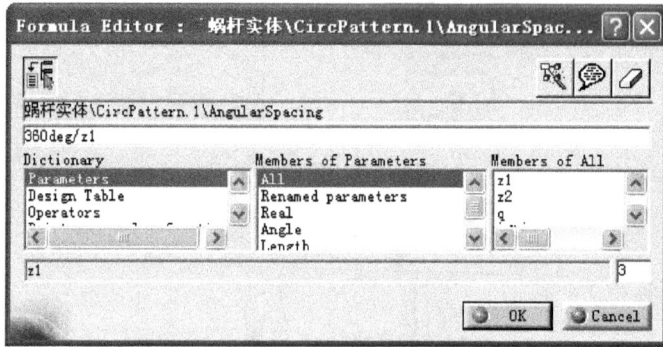

图 8-176　输入开槽的分布角度公式

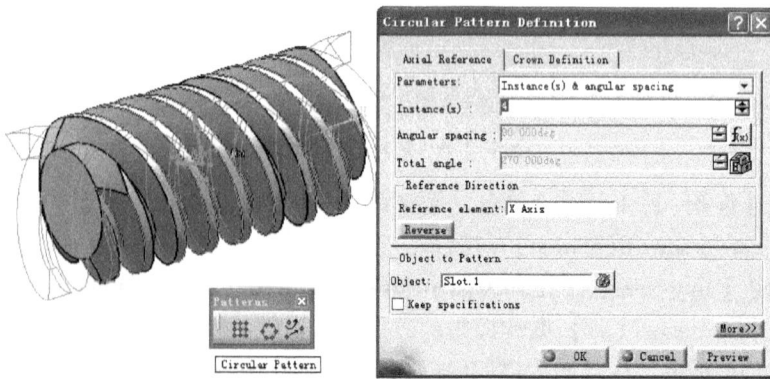

图 8-177　环形阵列预览

　　19）创建完成的蜗杆螺旋体如图 8-178 所示，将蜗杆的头数修改 4，更新后的模型如图 8-179 所示。将头数分别修改为 1 和 2 时，更新操作后的模型如图 8-180 和图 8-181 所示，到此基本上完成了蜗杆的螺旋体设计。

worm
— xy plane
— yz plane
— zx plane
— Parameters
— Relations
— Geometrical Set.1
— 蜗杆实体

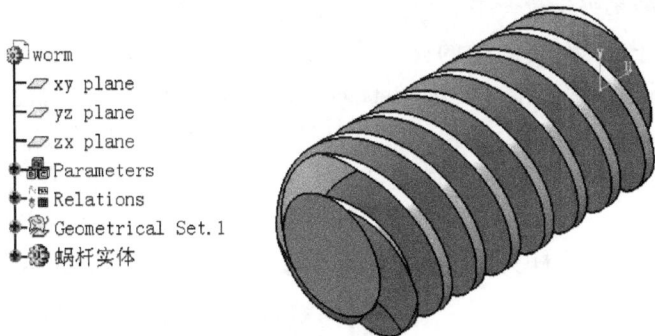

图 8-178　三头蜗杆

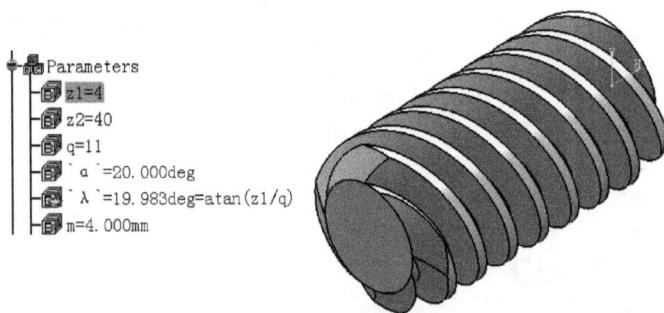

Parameters
— z1=4
— z2=40
— q=11
— `α`=20.000deg
— `λ`=19.983deg=atan(z1/q)
— m=4.000mm

图 8-179　四头蜗杆

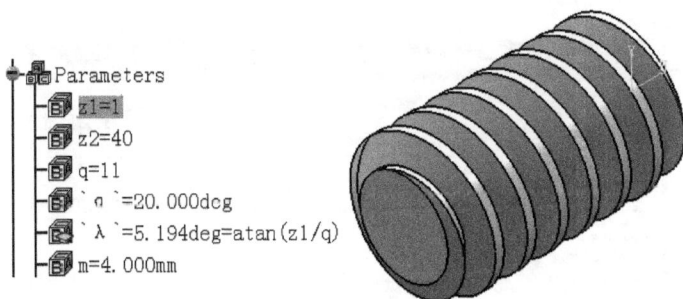

Parameters
— z1=1
— z2=40
— q=11
— `α`=20.000dcg
— `λ`=5.194deg=atan(z1/q)
— m=4.000mm

图 8-180　单头蜗杆

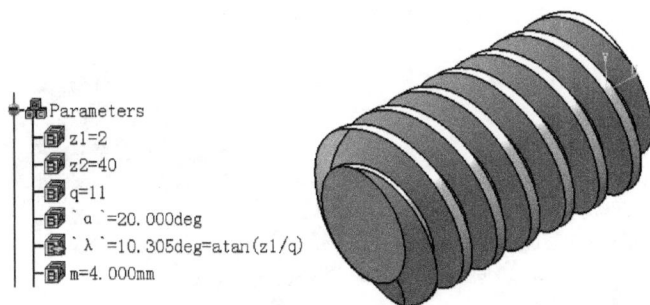

Parameters
— z1=2
— z2=40
— q=11
— `α`=20.000deg
— `λ`=10.305deg=atan(z1/q)
— m=4.000mm

图 8-181　双头蜗杆

20）值得注意的是当头数大于 4 时，系统会报错，原因是【实例 Instance（s）】中的数值设置应小于或等于 4。解决问题的办法是在树状目录中双击 "Circular Pattern"（圆环阵列），如图 8-182 所示。然后在【实例 Instance（s）】微调框内单击右键，在弹出的快捷菜单中单击 "Edit formula"（编辑公式），如图 8-183 所示。系统弹出【公式编辑器 Formula Editor】对话框，输入蜗杆的头数 z_1，如图 8-184 所示。单击【确定 OK】按钮确认，返回【圆环阵列定义 Circular Pattern Definition】对话框，最后单击【确定 OK】按钮，完成实例数的修改操作。再次修改蜗杆头数，此时令 $z_1 = 6$，更新后的蜗杆螺旋体如图 8-185 所示。

图 8-182　蜗杆实体树状目录

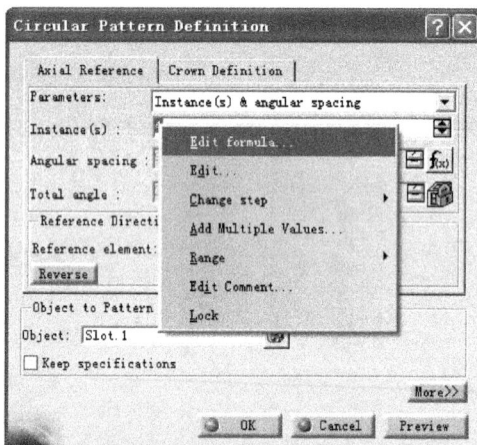

图 8-183　环形阵列定义对话框

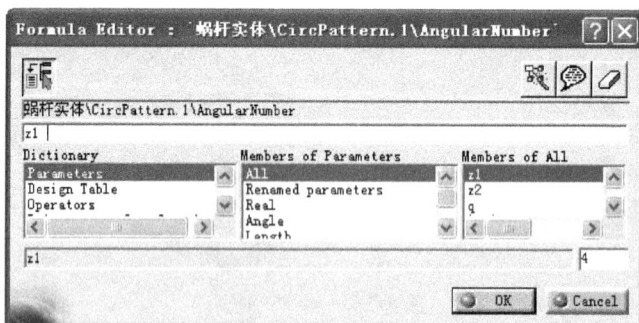

图 8-184　公式编辑器

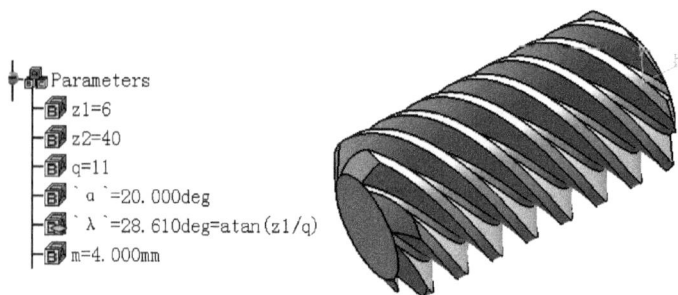

图 8-185　六头蜗杆

第9章

直齿锥齿轮参数化设计

直齿锥齿轮通常是用来传递两垂直相交轴之间运动的，两轴相交90°，由于锥齿轮的齿形是在圆锥面上加工而成的，所以齿顶圆、分度圆和齿根圆都形成了锥面，从大端到小端，其齿形由大逐渐变小，为了设计和制造方便，国家标准规定以大端模数为标准模数来确定其他部分尺寸。

9.1 参数设置

9.1.1 直齿锥齿轮参数设置

1）首先打开CATIA应用程序，单击【文件 File】→【新建...New...】，在系统弹出的新建对话框中选择【零件 Part】，创建一个新的零件。

2）在树状目录【零件.1 Part.1】上单击右键，然后在弹出的快捷菜单中选择"Properties"（属性），如图9-1所示。在系统自动弹出的【属性 Properties】对话框中【零件号 Part Number】文本框设为"bevel gear"，如图9-2所示，此时树状目录也被相应修改。继续在【几何图形集.1 Geometrical Set.1】上单击右键，同样在快捷菜单中选择"Properties"（属性），修改【特征属性 Feature Properties】选项卡中【特征名 Feature Name】文本框中值为"当量曲面"，如图9-3所示。

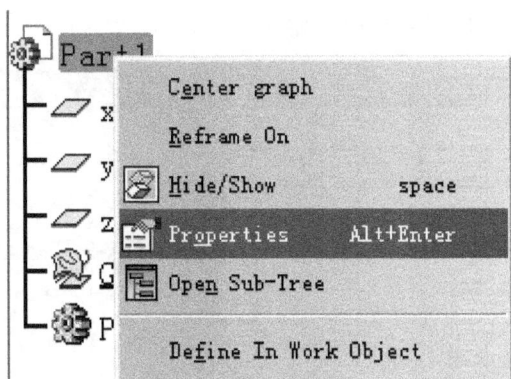

图9-1　属性快捷菜单（1）

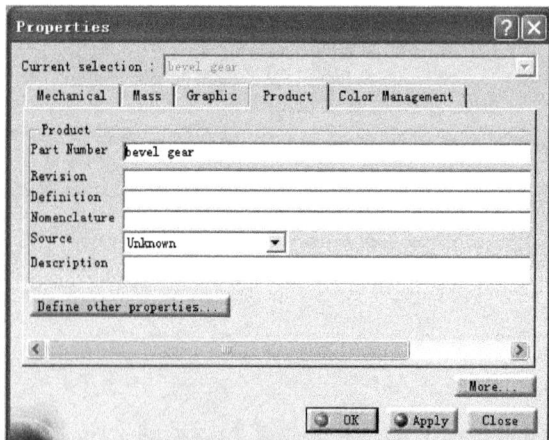

图 9-2　修改零件号

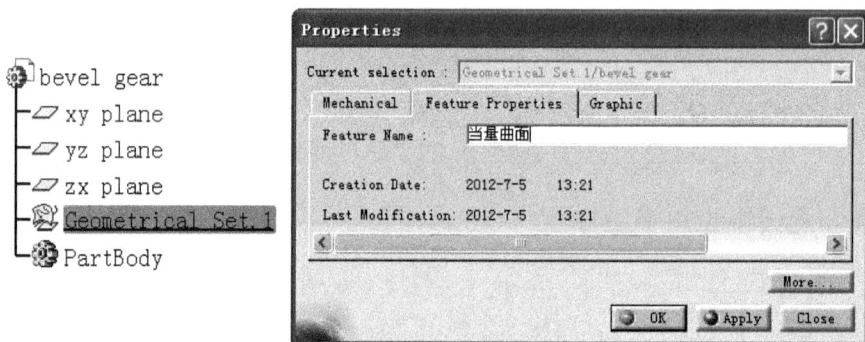

图 9-3　修改几何图形集名称（1）

3）在【插入 Insert】下拉菜单中选择【几何图形集 ... Geometrical Set. . . 】，如图 9-4 所示。在系统弹出的【插入几何图形集 Insert Geometrical Set】对话框中【名称 Name】文本框输入"锥齿轮曲面与线架"，单击【确定 OK】按钮，如图 9-5 所示。继续在树状目录【PartBody】上单击右键，然后在弹出的快捷菜单中选择"Properties"（属性），【特征属性 Feature Properties】选项卡上的【特征名称 Feature Name】文本框中改为"锥齿轮实体"，如图 9-6 和图 9-7 所示，此时树状目录也被相应修改。

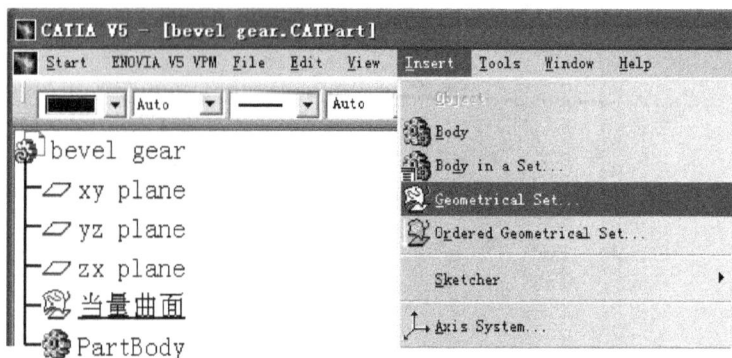

图 9-4　插入下拉菜单

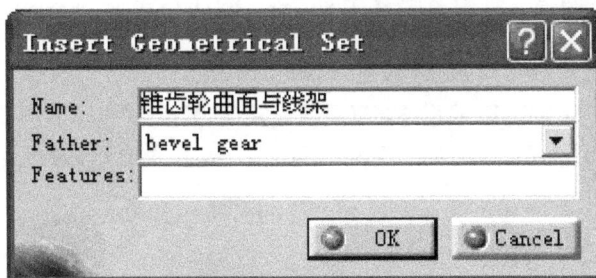

图 9-5 插入几何图形集

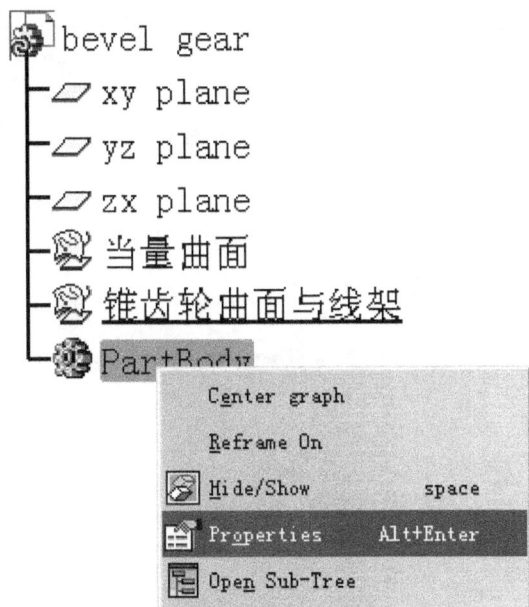

图 9-6 属性快捷菜单（2）

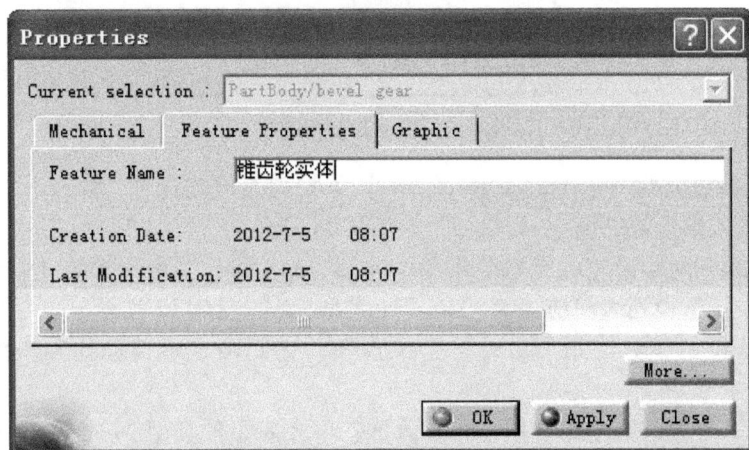

图 9-7 修改几何图形集名称（2）

4）下面进行参数设置，首先单击【工具 Tools】→【公式...Formula...】选项，或单击工具条中的公式图标，如图9-8所示。

图9-8　工具下拉菜单

5）系统自动弹出公式编辑对话框，在【新参数类型 New Parameter of type】下拉列表框中选为"Angle"（角度），如图9-9所示。单击【新参数类型 New Parameter of type】按钮，输入锥齿轮的压力角 $\alpha = 20°$，如图9-10所示。

图9-9　新参数类型列表

6）将【新参数类型 New Parameter of type】下拉列表框改选为"Length"（长度），然后按上面的步骤输入锥齿轮的模数 $m = 3.5$，如图9-11所示。

7）继续输入一对锥齿轮的齿数分别为 $z_1 = 15$、$z_2 = 15$，注意此时的【新参数类型 New Parameter of type】下拉列表框应该为"Real"（实型），如图9-12所示。z_1 是即将设计的锥齿轮齿数，z_2 是与之成对使用的另外一个锥齿轮，它们确定了传动比和锥齿轮的分度圆锥角。

8）锥齿轮的分度圆锥角需要用公式来设置，将【新参数类型 New Parameter of type】下拉列表框中设为"Angle"（角度），然后单击【新参数类型 New Parameter of type】按钮，输入第一个锥齿轮的分度圆锥角 δ_1，如图9-13所示。

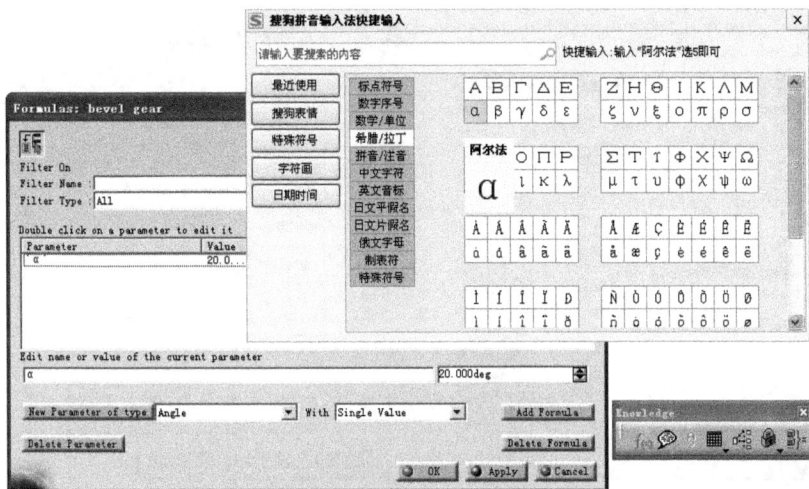

图 9-10　输入压力角参数

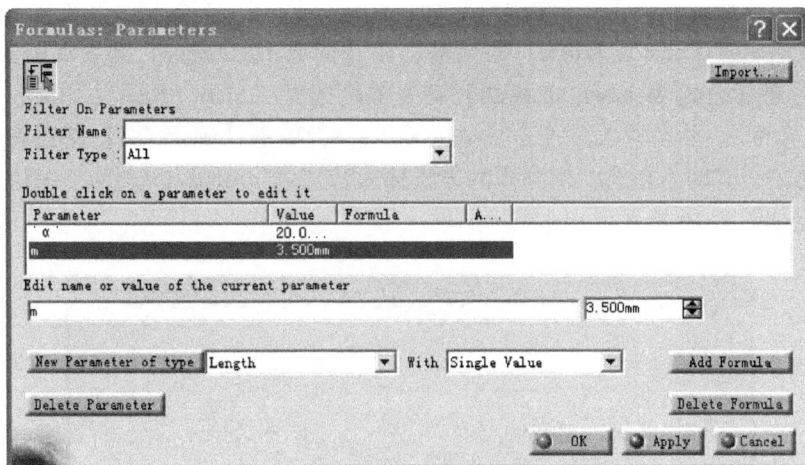

图 9-11　输入模数参数

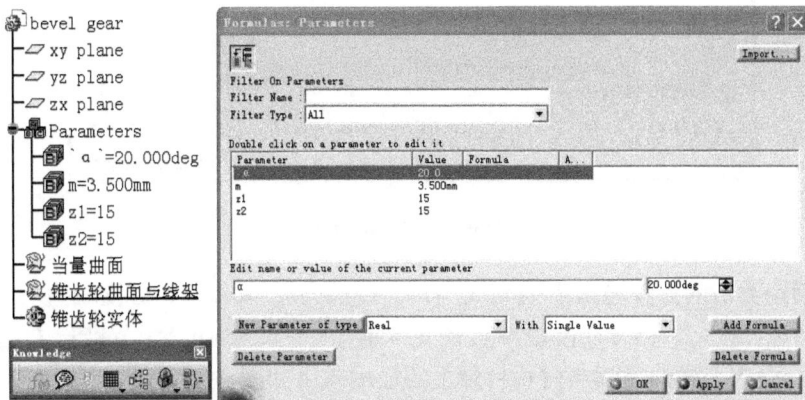

图 9-12　输入一对锥齿轮的齿数

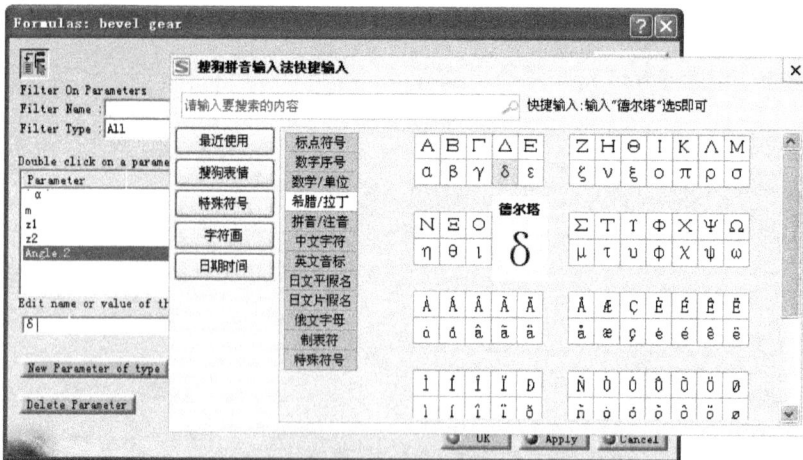

图 9-13　输入第一个锥齿轮的分度圆锥角

9）在图 9-14 所示的选项卡上单击【添加公式 Add Formula】按钮，系统自动弹出图 9-15 所示的【公式编辑器 Formula Editor】对话框，在【词典 Dictionary】列表框中选择"Math"（数学），在【数学公式 Members of Math】列表框中选择"αtan（Real）：Angle"（反正切函数（实型）：角度），然后输入公式 $\delta_1 = \alpha\tan(z_1/z_2)$，单击【确定 OK】按钮确认，注意此时公式编辑器的公式输入格式。用同样的方法输入公式 $\delta_2 = \alpha\tan(z_2/z_1)$，确认后树状目录和公式编辑器如图 9-16 所示。

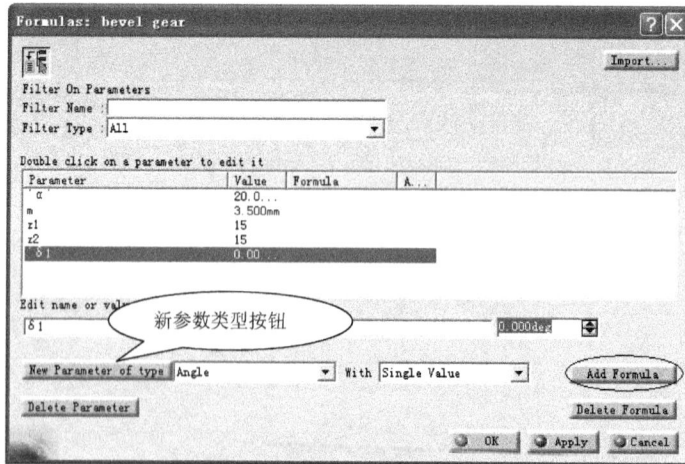

图 9-14　添加公式

10）继续用类似的方法输入齿顶高 $h_a = m$、齿根高 $h_f = 1.2m$、分度圆直径 $d = mz_1$、齿顶圆直径 $d_a = m(z_1 + 2\cos\delta_1)$、齿根圆直径 $d_f = m(z_1 - 2.4\cos\delta_1)$、节锥长 $L = mz_1/2\sin\delta_1$、齿宽 $B = L/3$。输入公式的过程与树状目录上的显示效果如图 9-17 所示，此时如果在树状目录上展开"Relations"（关系）节点，全部输入公式及格式如图 9-18 所示，可以在此处进行检查和修改。

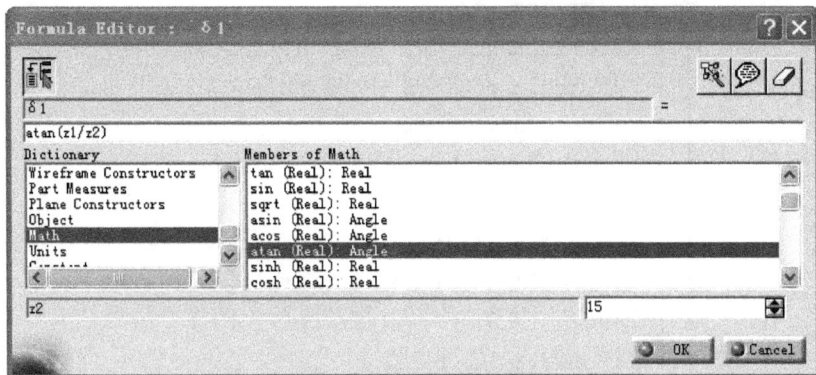

图 9-15 添加反正切函数

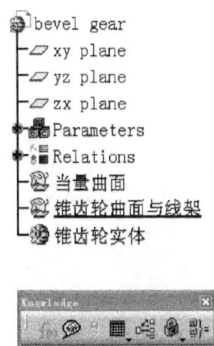

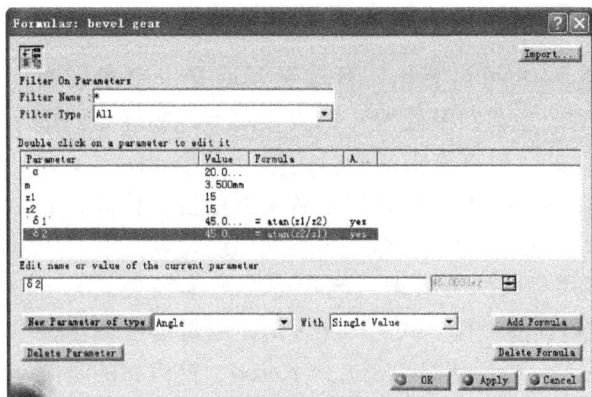

图 9-16 输入另一个锥齿轮的分度圆锥角

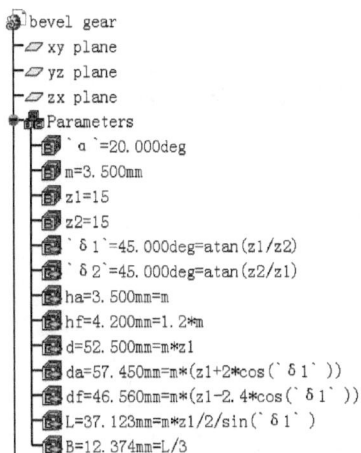

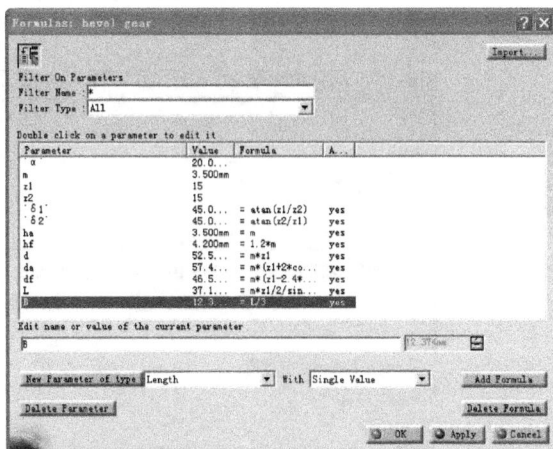

图 9-17 树状目录与公式编辑器

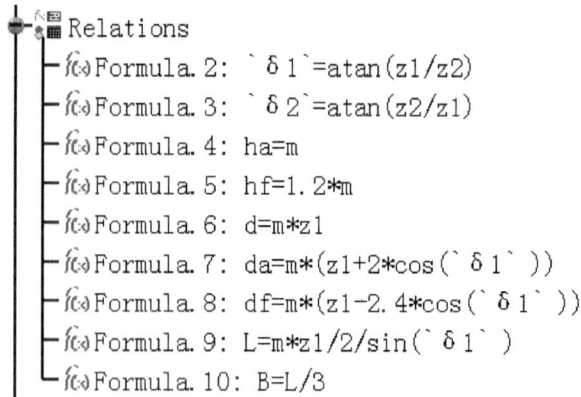

```
●─▣ Relations
 ├─ fᵪ⊙Formula.2: `δ1`=atan(z1/z2)
 ├─ fᵪ⊙Formula.3: `δ2`=atan(z2/z1)
 ├─ fᵪ⊙Formula.4: ha=m
 ├─ fᵪ⊙Formula.5: hf=1.2*m
 ├─ fᵪ⊙Formula.6: d=m*z1
 ├─ fᵪ⊙Formula.7: da=m*(z1+2*cos(`δ1`))
 ├─ fᵪ⊙Formula.8: df=m*(z1-2.4*cos(`δ1`))
 ├─ fᵪ⊙Formula.9: L=m*z1/2/sin(`δ1`)
 └─ fᵪ⊙Formula.10: B=L/3
```

图 9-18　关系树（1）

9.1.2　直齿锥齿轮当量齿廓参数设置

1）由图 9-19 可以看出，背锥展开后是一个扇形面（不完整的圆），应该在半径为 r_v 的当量圆上绘制标准的渐开线形齿形，并且要首先求出当量齿数（实型 Real）$z_v = z_1/\cos(\delta_1)$，然后按照前面的方法输入当量齿数公式，如图 9-20 所示。到此，基本参数和关系式已经设置完毕。

2）继续用类似的方法输入当量分度圆半径公式 $r_v = mz_v/2$、当量齿顶圆半径公式 $r_{av} = r_v + h_a$、当量齿根圆半径公式 $r_{fv} = r_v - h_f$、当量基圆半径 $r_{bv} = r_v\cos\alpha$、锥齿轮的基圆半径公式 $r_b = r_{bv}\cos\delta_1$，如图 9-21 所示。输入的公式与树状目录上的显示效果如图 9-22 所示。此时，如果在树状目录上展开"Relations"（关系）节点，当量齿轮参数输入公式及格式如图 9-23所示。

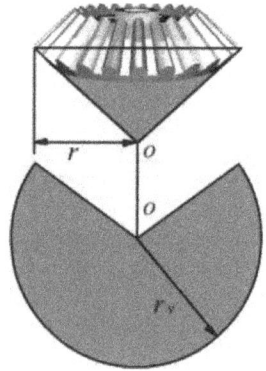

图 9-19　锥齿轮背锥及当量齿轮

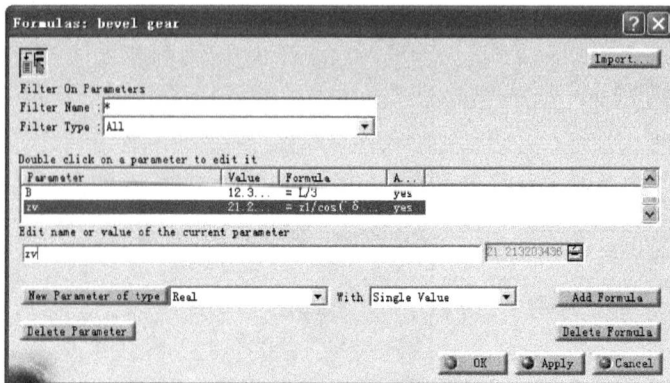

图 9-20　输入当量齿数

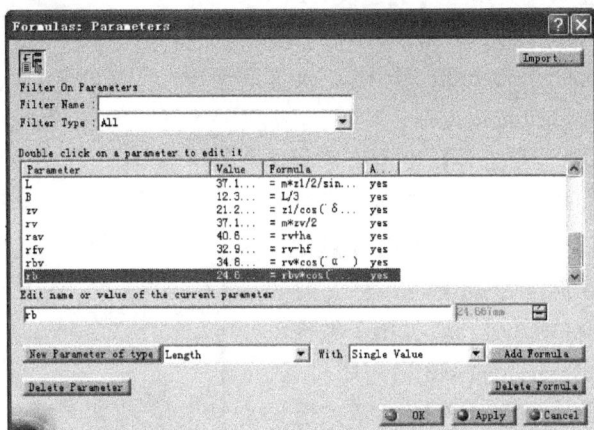

图 9-21　输入锥齿轮的基圆半径

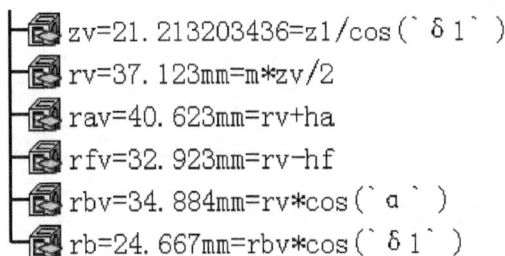

图 9-22　参数树

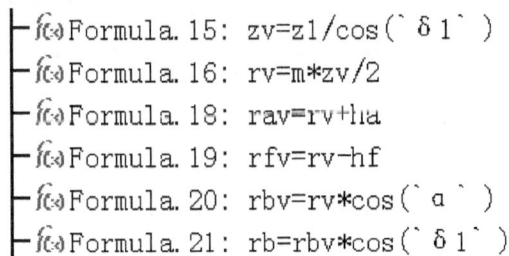

图 9-23　关系树（2）

9.2　直齿锥齿轮曲面设计

9.2.1　直齿锥齿轮当量齿廓设计

1）在树状目录的"当量曲面"上单击右键，然后在弹出的快捷菜单中选择"Define In Work Object"（定义工作对象），如图 9-24 所示。

2）此时的工作平台可能是零件设计平台或其他任意一个工作平台，单击【开始 Start】下拉菜单，然后进入【创成式曲面设计 Generative Shape Design】工作台，如图 9-25 所示。

单击【圆 Circle】按钮，系统弹出【圆定义 Circle Definition】对话框，在【圆类型 Circle type】下拉列表框中选择 "Center and radius"（中心和半径），在【圆的限制 Circle Limitations】中选整圆，如图 9-26 所示。在【中心 Center】文本框中单击右键，系统弹出快捷菜单，如图 9-27 所示。选择 "Create Point"（创建点），系统继续弹出【点定义 Point Definition】对话框，系统默认【点类型 Point type】为 "Coordinates"（坐标），由于要在原点上创建点，所以默认三个坐标值均为零即可，如图 9-28 所示。单击【确定 OK】按钮，返回【圆定义 Circle Definition】对话框。在【支持 Support】的文本框上单击右键，然后在弹出的快捷菜单上选 YZ 平面，如图 9-29 所示。

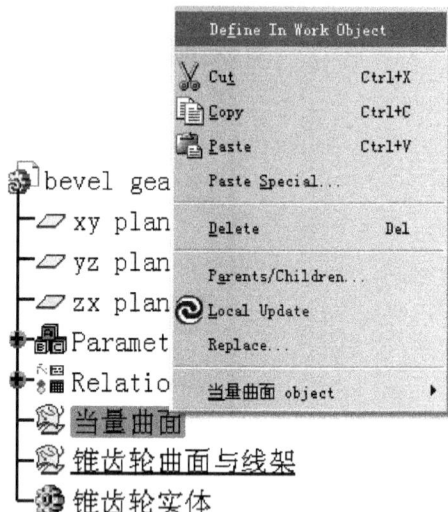

图 9-24　定义工作对象（1）

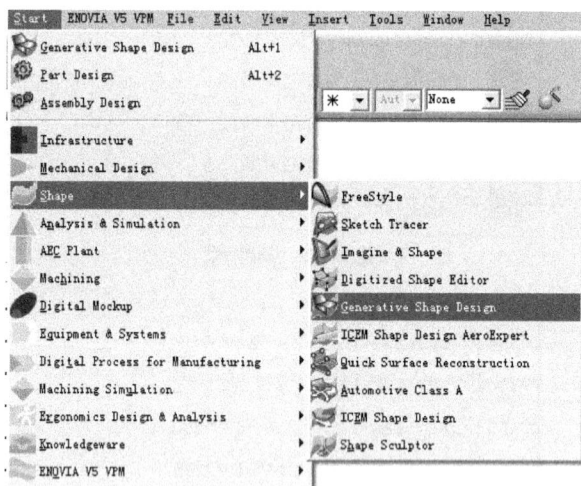

图 9-25　启动创成式曲面工作台

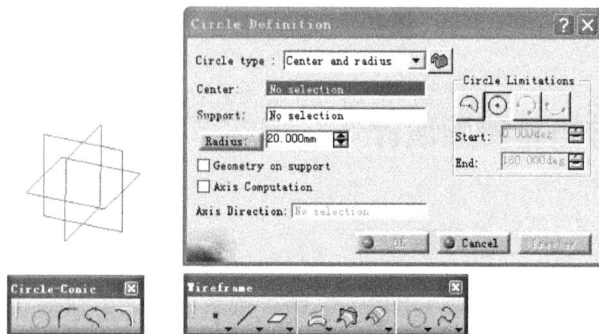

图 9-26　绘制整圆

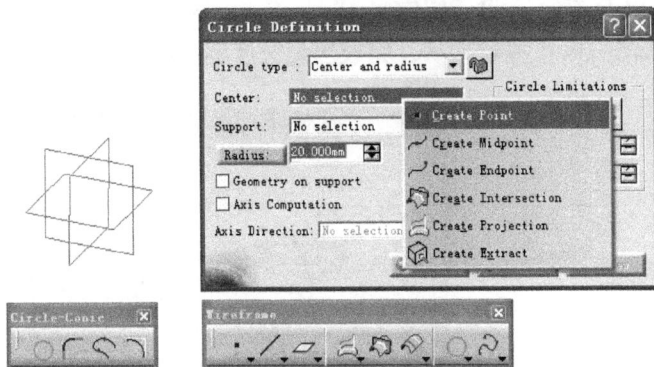

图 9-27　创建中心点

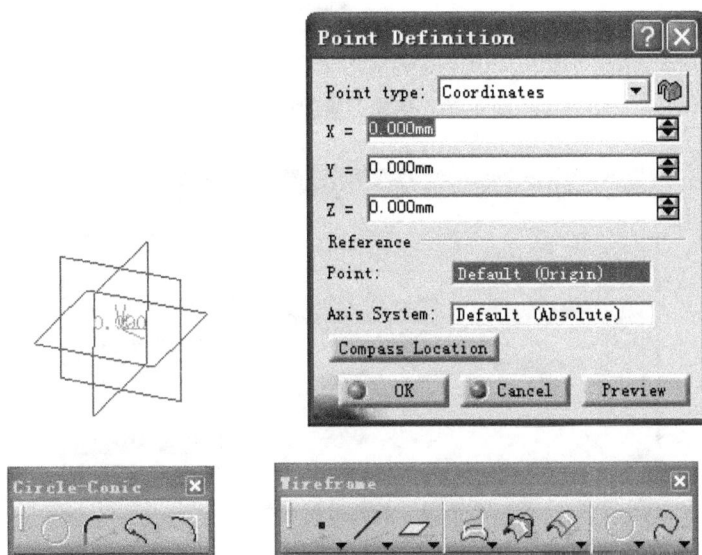

图 9-28　定义中心点坐标

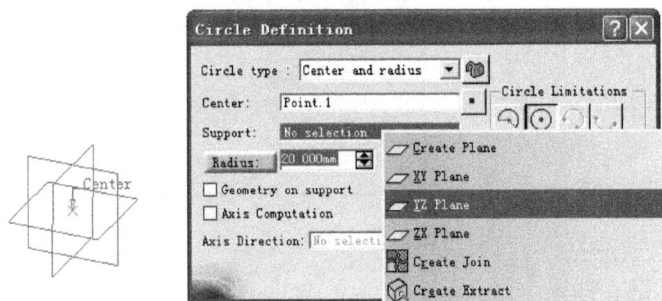

图 9-29　定义支持面

3）如图 9-30 所示，继续在【半径 Radius】微调框内的数字上单击右键，然后在弹出的快捷菜单中单击 "Edit formula"（编辑公式），系统弹出【公式编辑器 Formula Editor】对话框，输入分度圆半径 r_v，如图 9-31 所示。单击【确定 OK】按钮确认，此时当量分度圆半径值发生了变化，且与公式发生联系，返回【圆定义 Circle Definition】对话框，单击【预览 Preview】按钮，再次单击【确定 OK】按钮确认，完成当量分度圆的绘制，如图 9-32 所示。

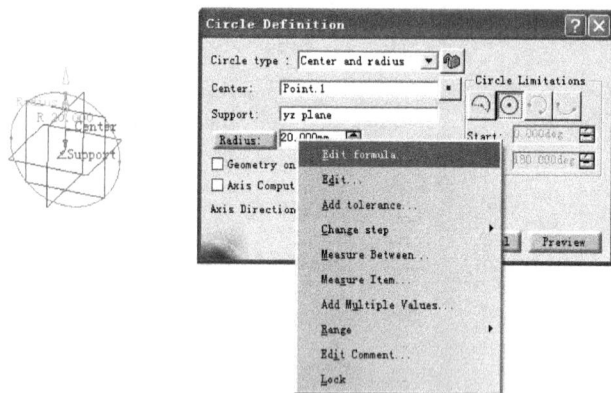

图 9-30　编辑分度圆半径公式

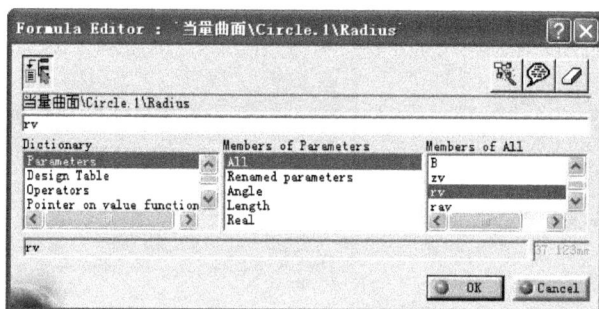

图 9-31　输入分度圆半径

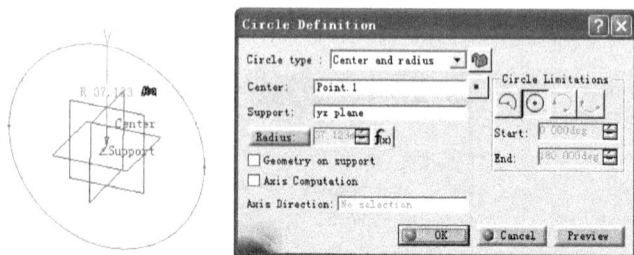

图 9-32　预览（1）

4）用与上述步骤相同的方法绘制另外三个同心圆，依次为当量齿顶圆、当量齿根圆和当量基圆，其半径分别为 r_{av}、r_{fv} 和 r_{bv}，图 9-33 所示为当量齿顶圆，图 9-34 为当量齿根圆，图 9-35 所示为当量基圆，最后绘制完成四个圆的效果如图 9-36 所示。

5）单击【点 Point】工具条上的【极点 Extremum】按钮，系统弹出【极点定义 Extremum Definition】对话框，将【元素 Element】设置为当量分度圆"Circle.1"（圆.1），在【方向 Direction】文本框内单击右键，然后在弹出的快捷菜单上选 Z 轴方向，选中【最大 Max】单选

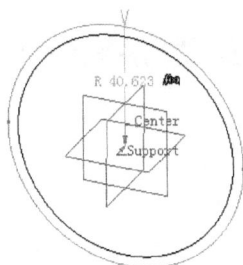

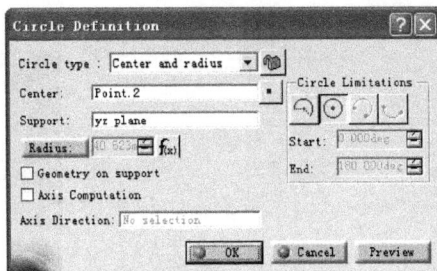

图 9-33　当量齿顶圆

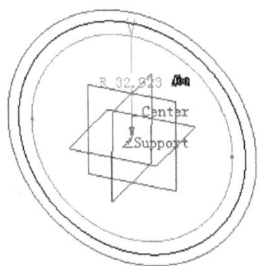

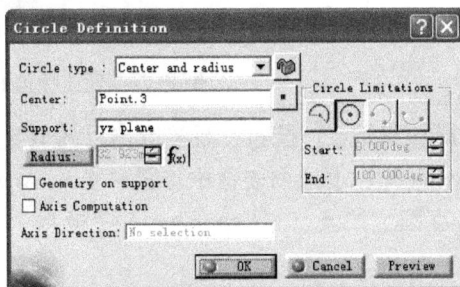

图 9-34　当量齿根圆

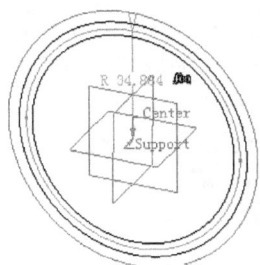

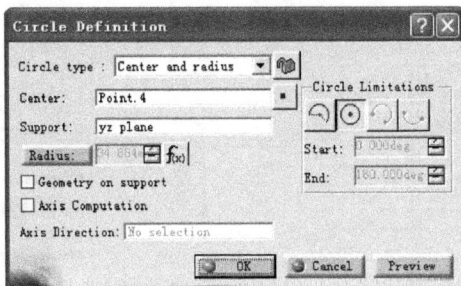

图 9-35　当量基圆

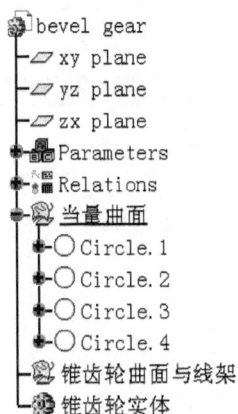

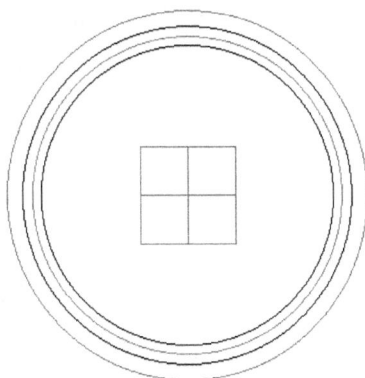

图 9-36　绘制四个圆

项，预览后单击【确定 OK】按钮，如图 9-37 所示，在分度圆上的 Z 轴方向创建一个极值点。

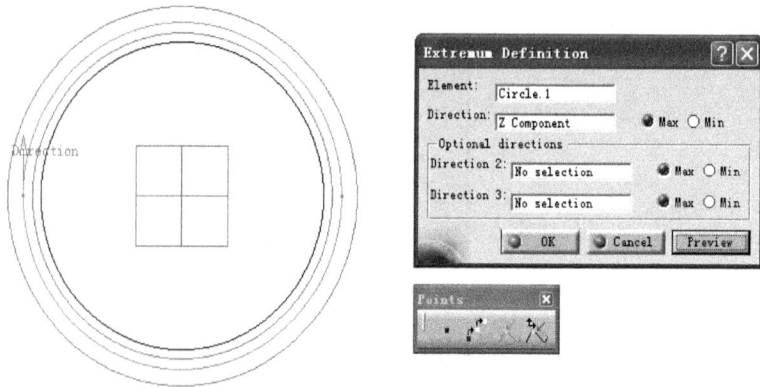

图9-37 创建极值点

6）单击【旋转 Rotate】按钮，系统弹出【旋转定义 Rotate Definition】对话框，在【定义模式 Definition Mode】下拉列表框中选择 "Axis-Angle"（轴线-角度），在【元素 Element】中选刚创建的分度圆上的极点 "Extremum.1"（极点.1），在【轴线 Axis】中选 X 轴，如图9-38 所示。

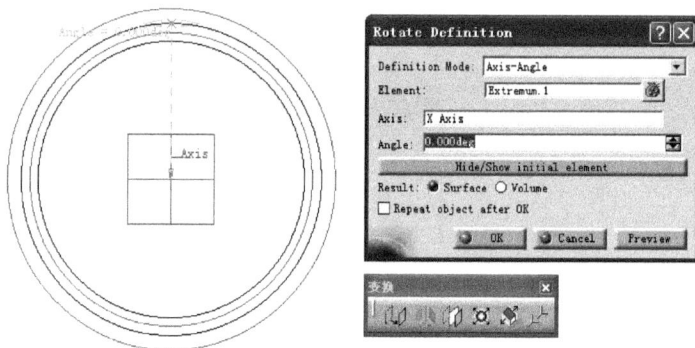

图9-38 选择定义

7）继续在【角度 Angle】微调框内单击右键，在弹出的快捷菜单中选 "Edit formula"（编辑公式），如图9-39 所示。系统弹出图9-40 所示的【公式编辑器 Formula Editor】对话

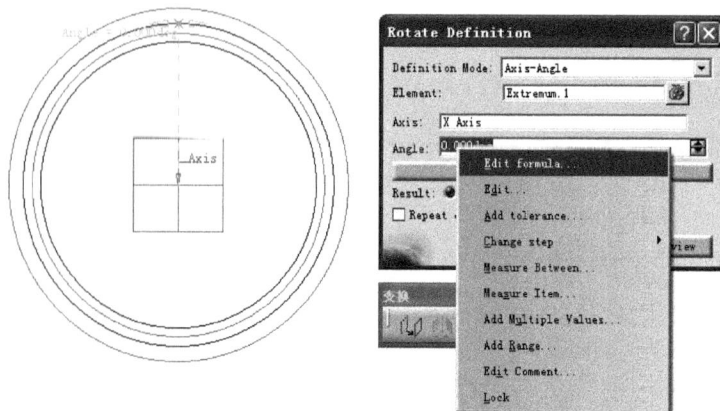

图9-39 编辑角度公式

框，输入旋转角度公式 $90°/z_v$，然后单击【确定 OK】按钮，返回【旋转定义 Rotate Definition】对话框，单击【预览 Preview】按钮，最后单击【确定 OK】按钮确认点的旋转操作，如图 9-41 所示。

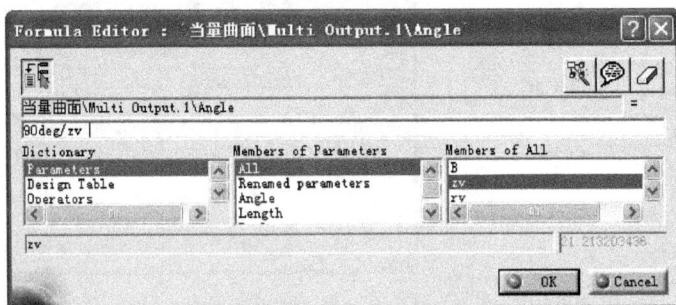

图 9-40　输入角度公式（1）

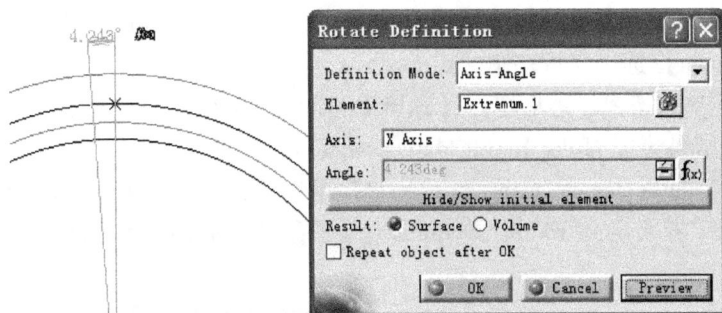

图 9-41　预览（2）

8）单击【圆 Circle】按钮，系统弹出【圆定义 Circle Definition】对话框，在【圆类型 Circle type】下拉列表框中选择"Center and radius"（中心和半径），在【圆的限制 Circle Limitations】中选择整圆，如图 9-42 所示。在【中心 Center】中选择"Rotate.1"（旋转.1），在【支持 Support】文本框内单击右键，然后在弹出的快捷菜单中选 yz 平面，在【半径 Radius】微调框单击右键，系统弹出快捷菜单，单击"Edit formula"（编辑公式）。

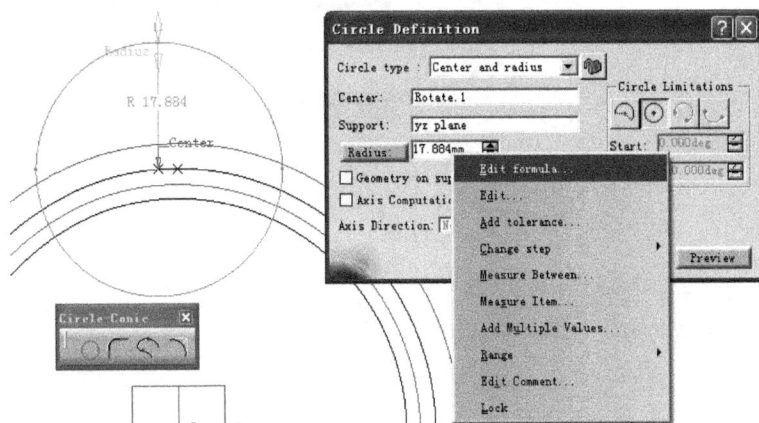

图 9-42　绘制圆

9）系统弹出【公式编辑器 Formula Editor】对话框，输入公式 $r_v/3$，如图 9-43 所示。单击【确定 OK】按钮确认，返回【圆定义 Circle Definition】对话框，再单击【确定 OK】按钮，完成了圆的创建。

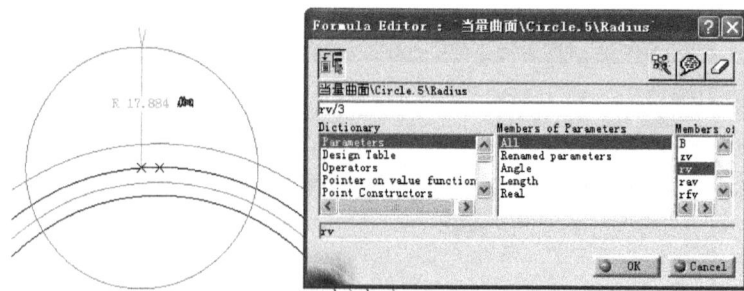

图 9-43　编辑圆的半径公式（1）

10）单击【相交 Intersection】按钮，系统弹出【相交定义 Intersection Definition】对话框，在【第一元素 First Element】文本框中选所绘制的小圆"Circle.5"（圆.5），在【第二元素 Second Element】选中当量基圆"Circle.4"（圆.4），如图 9-44 所示。在【结果 Result】中选【点 Point】单选按钮，然后单击【预览 Preview】按钮，不难看出交点不只一个，所以系统弹出【多重结果管理 Multi-Result Management】对话框，选中【只保留一个析取出的子元素 Keep only one sub-element using an Extract】单选项，如图 9-45 所示。单击【确定 OK】按钮，系统弹出【析取定义 Extract Definition】对话框，选中要保留的元素，如图 9-46 所示，选中右侧的交点。

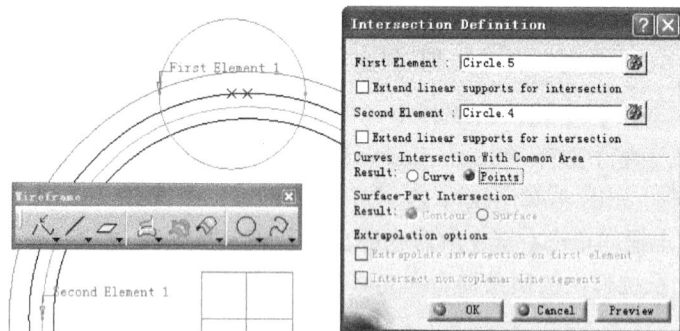

图 9-44　定义交点

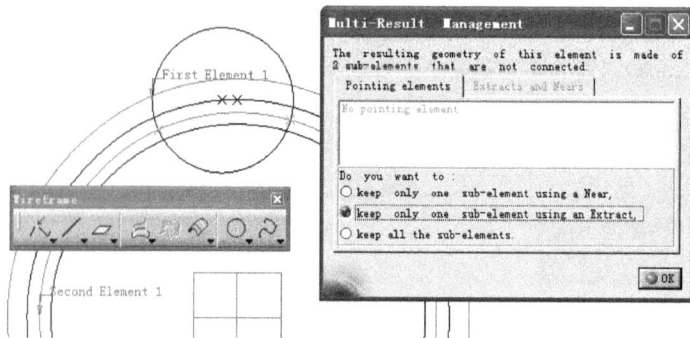

图 9-45　多重结果管理

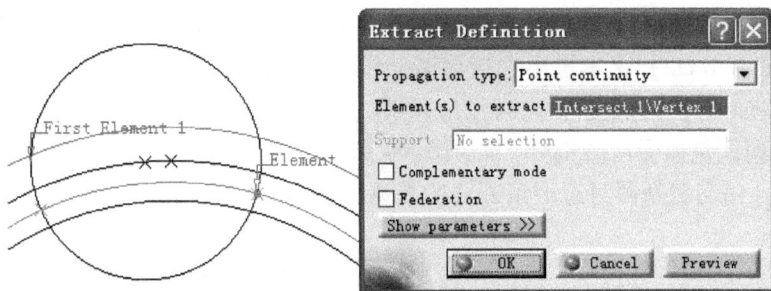

图 9-46　析取定义

11）单击【圆 Circle】按钮，系统弹出【圆定义 Circle Definition】对话框，在【圆的类型 Circle type】下拉列表框中选择 "Center and radius"（中心与半径），在【中心 Center】中选刚析取的点 "Extract.1"（析取.1），在【支持 Support】中选 yz 平面，在【圆的限制 Circle Limitation】中选 "Part arc"（部分弧），【起始角度 Start】选 90°，【结束角度 End】选 270°。在【半径 Radius】微调框内单击右键，在弹出的快捷菜单中单击 "Edit formula"（编辑公式），如图 9-47 所示。系统弹出【公式编辑器 Formula Editor】对话框，输入公式 $r_v/3$，如图 9-48 所示。单击【确定 OK】按钮确认，此时圆的半径值发生了变化，且与公式发生联系，返回【圆定义 Circle Definition】对话框后再单击【确定 OK】按钮，完成了圆弧的绘制。所绘制的圆弧用于近似代替齿形的渐开线。

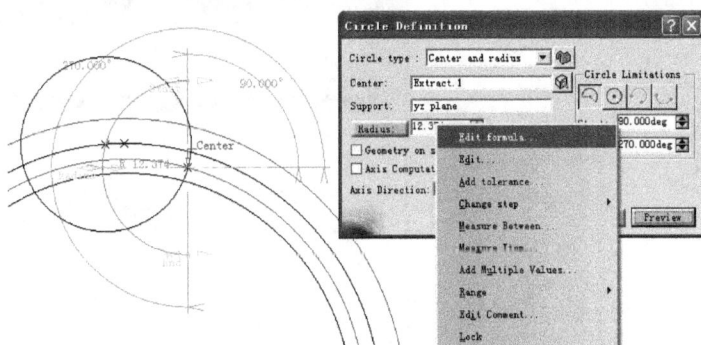

图 9-47　编辑圆的半径公式（2）

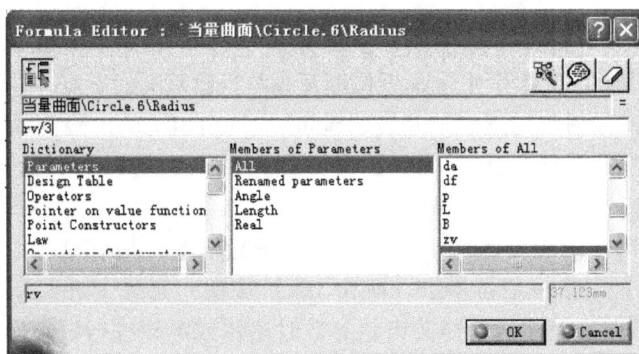

图 9-48　输入圆的半径公式

12）单击【分割 Split】按钮，系统弹出【分割定义 Split Definition】对话框，在【要切割的元素 Element to cut】文本框中选近似渐开线的替代圆 "Circle.6"（圆.6），在【切割元素 Cutting elements】列表框中选当量齿顶圆 "Circle.2"（圆.2），预览后，用【另一侧 Other side】按钮调整要保留的部分，如图9-49所示。最后单击【确定 OK】按钮，完成分割操作。同样，用当量基圆对近似渐开线的圆弧作如图9-50所示的分割。

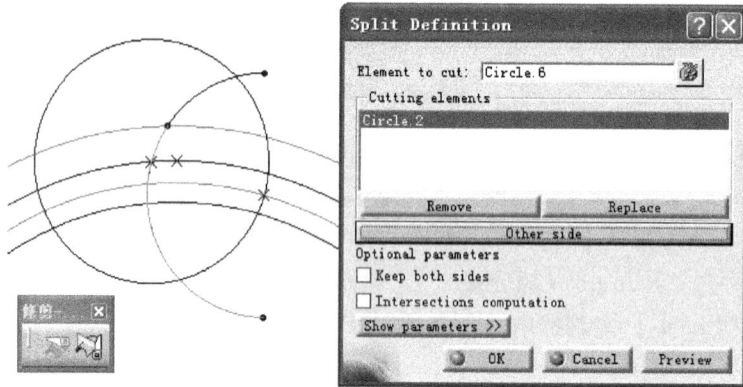

图 9-49 分割定义（1）

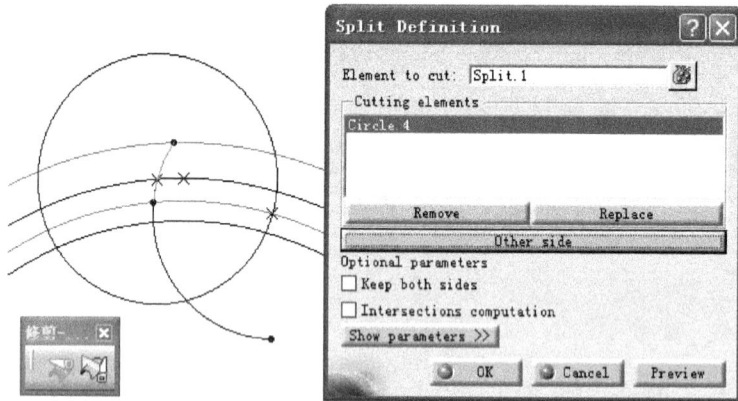

图 9-50 分割定义（2）

13）单击【外延 Extrapolate】按钮，系统弹出【外延定义 Extrapolate Definition】对话框，在【边界 Boundary】文本框中选择近似渐开线与当量基圆的交点，在【外延对象 Extrapolated】文本框中选择分割后的近似渐开线 "Split.2"（分割.2），限制的类型【Type】中选择 "Length"（长度），在【长度 Length】微调框内单击右键，在弹出的快捷菜单中单击 "Edit formula..."（编辑公式...），如图9-51所示。系统弹出【公式编辑器 Formula Editor】对话框，输入公式 h_f，如图9-52所示。单击【确定 OK】按钮确认，返回【外延定义 Extrapolate Definition】对话框后再单击【确定 OK】按钮，完成了近似渐开线向齿根方向的延伸，此处的操作可以避免在以后修改齿轮参数时出错或不能进行更新操作。

14）单击【相交 Intersection】按钮，系统弹出【相交定义 Intersection Definition】对话框，在【第一元素 First Element】文本框中选择延长后的近似渐开线 "Extrapol.1"

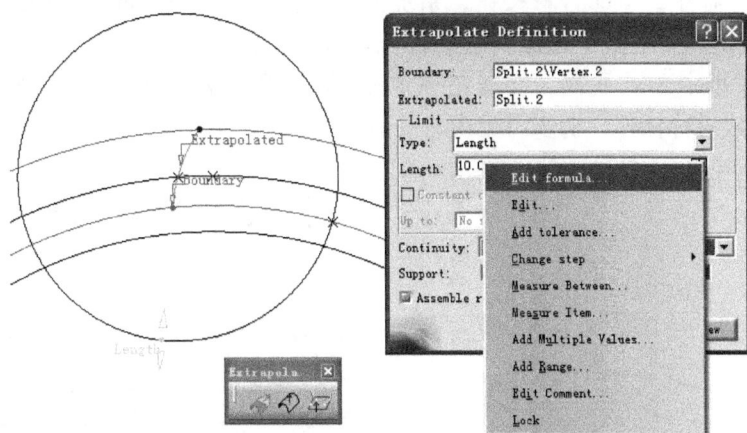

图 9-51　外延定义（1）

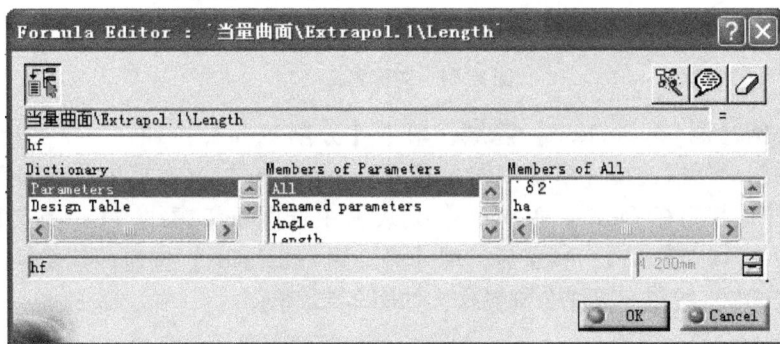

图 9-52　输入外延参数（1）

（外延.1），在【第二元素 Second Element】文本框选中当量基圆"Circle.4"（圆.4）。在【结果 Result】选中【点 Point】单选按钮，然后单击【预览 Preview】按钮，再单击【确定 OK】按钮，如图 9-53 所示。

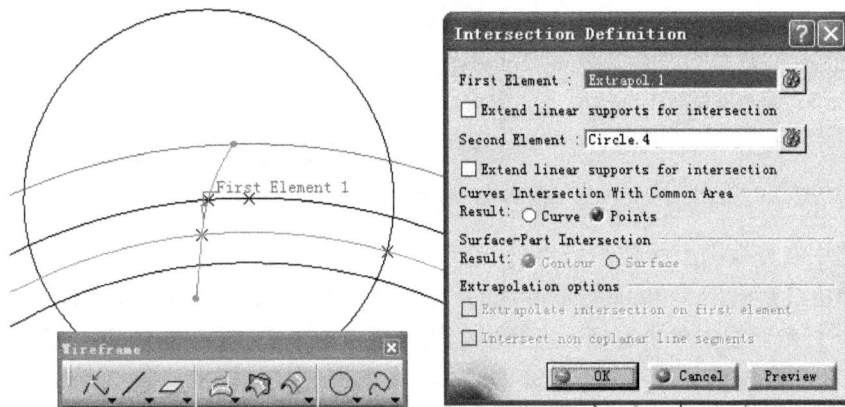

图 9-53　交点定义

15）单击【对称 Symmetry】按钮，系统弹出【对称定义 Symmetry Definition】对话框，在【元素 Element】文本框中选延长后的近似渐开线"Extrapol.1"（外延.1），在【参考 Reference】文本框中选 zx 平面，在【结果 Result】选中【表面 Surface】，最后单击【确定 OK】按钮，完成对称操作，初步可见齿轮的渐开线齿形，如图 9-54 所示。

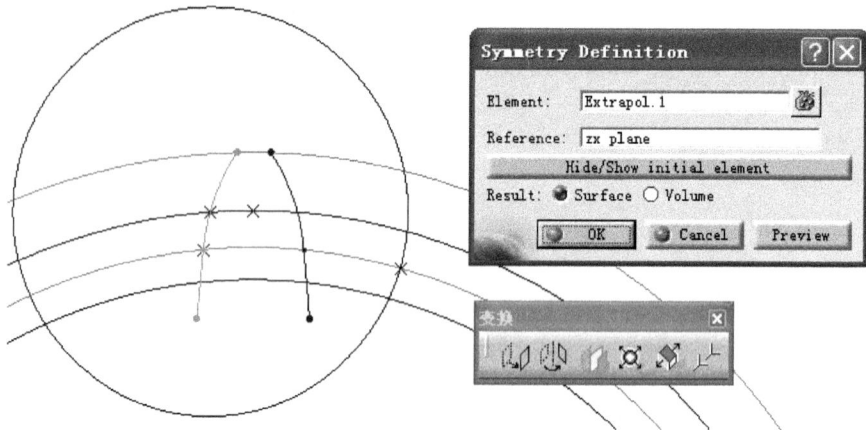

图 9-54 对称定义（1）

16）将小圆【圆.5 Circle.5】隐藏，单击【分割 Split】按钮，系统弹出【分割定义 Split Definition】对话框，在【要切割的元素 Element to cut】文本框中选齿顶圆"Circle.2"（圆.2），在【切割元素 Cutting elements】列表框中选两条齿廓线"Extrapol.1"（外延.1）和"Symmetry.1"（对称.1），预览后，用【另一侧 Other side】按钮调整要保留的部分，最后单击【确定 OK】按钮，完成分割操作，如图 9-55 所示。

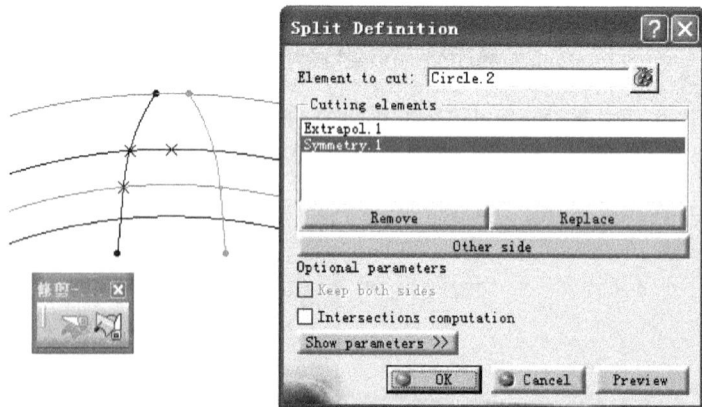

图 9-55 分割定义（3）

17）选中在分度圆上所作的极点【极点.1 Extremum.1】，然后单击【旋转 Rotate】按钮，系统弹出【旋转定义 Rotate Definition】对话框，在【轴线 Axis】文本框中选 X 轴，在【角度 Angle】微调框内单击右键，在弹出的快捷菜单中单击"Edit formula"（编辑公式），如图 9-56 所示。系统弹出【公式编辑器 Formula Editor】对话框，输入公式 $180°/z_v$，如图 9-57 所示。单击【确定 OK】按钮确认，返回【旋转定义 Rotate Definition】对话框，再次单击【确定 OK】按钮，完成点的旋转操作。

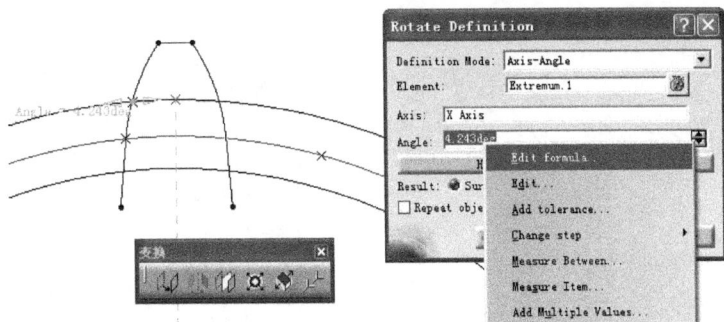

图 9-56 旋转定义（1）

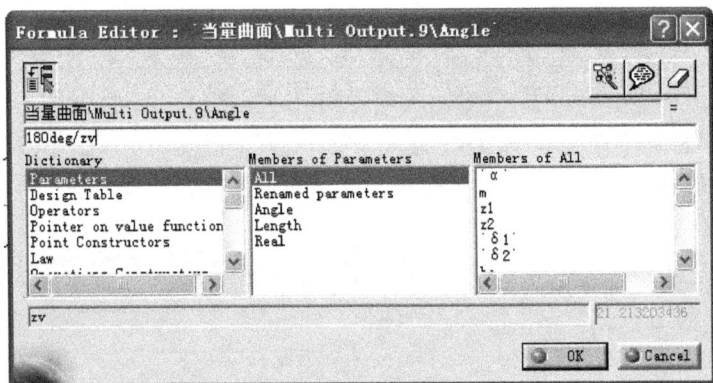

图 9-57 编辑旋转角度公式

18）单击【直线 Line】按钮，系统弹出【直线定义 Line Definition】对话框，在【直线类型 Line type】下拉列表框中选择"Point-Point"（点-点），在【点.1 Point.1】中选旋转点"Rotate.2"（旋转.2），在【点.2 Point.2】中单击右键，然后在弹出的快捷菜单中选"Create Point"（创建点），如图 9-58 所示。系统弹出【点定义 Point Definition】对话框，如图 9-59 所示。默认为在原点上创建点，单击【确定 OK】按钮确认，直到完成直线创建。

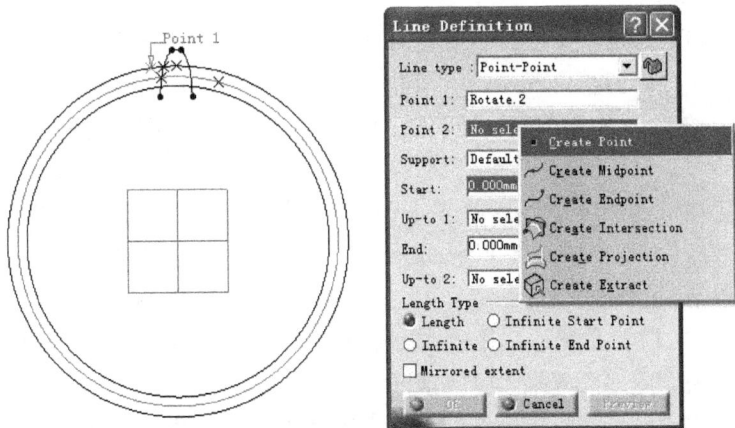

图 9-58 直线定义

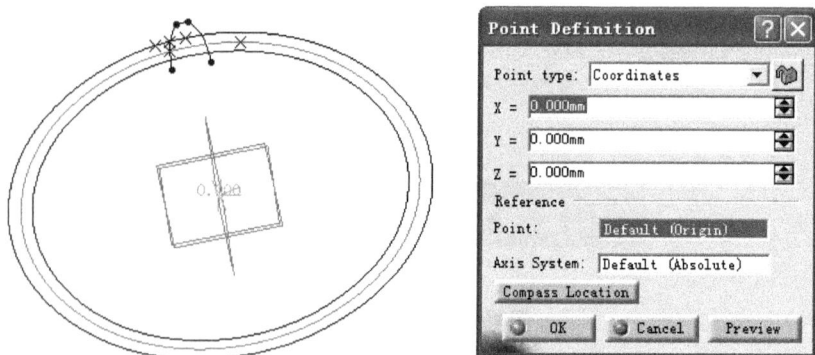

图9-59 定义点的坐标

19）单击【对称 Symmetry】按钮，系统弹出【对称定义 Symmetry Definition】对话框，在【元素 Element】文本框中选刚绘制的直线 "Line.1"（直线.1），在【参考 Reference】文本框中选 Z 轴，最后单击【确定 OK】按钮，完成对称操作，如图9-60 所示。

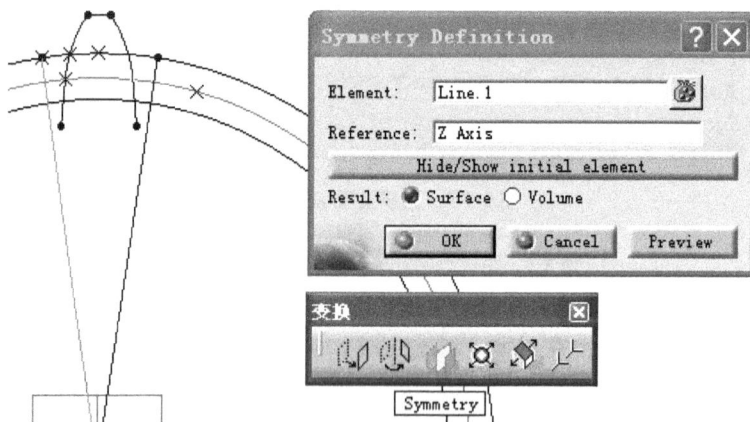

图9-60 对称定义（2）

20）单击【修剪 Trim】按钮，系统弹出【修剪定义 Trim Definition】对话框，对两条直线【直线.1 Line.1】【对称.2 Symmetry.2】和齿根圆【圆.3 Circle.3】进行修剪，用【另一侧 Other side】按钮调整要保留的部分，最后单击【确定 OK】按钮确认，如图9-61 所示。

21）隐藏不必要的线和点，然后单击【分割 Split】按钮，系统弹出【分割定义 Split Definition】对话框，在【要切割的元素 Element to cut】文本框中选中基圆 "Circle.4"（圆.4），在【切割元素 Cutting elements】列表框中选两条齿廓线 "Extrapol.1"（外延.1）和 "Symmetry.1"（对称.1），预览后，用【另一侧 Other side】按钮调整要保留的部分，最后单击【确定 OK】按钮，完成分割操作，如图9-62 所示。

22）如图9-63 所示，除圆角操作外，直齿锥齿轮的单个齿坯轮廓在当量曲面上的展开图已基本完成。

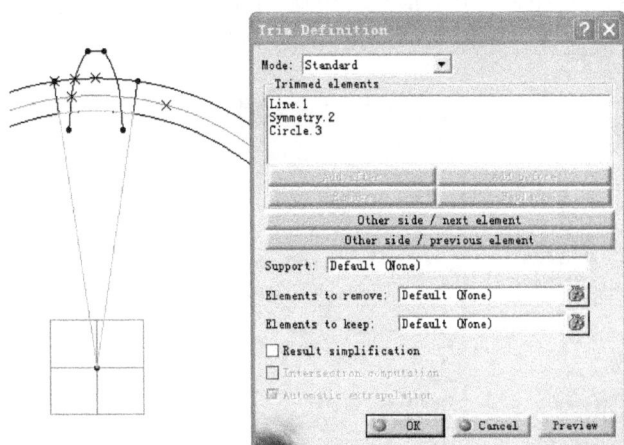

图 9-61　修剪定义（1）

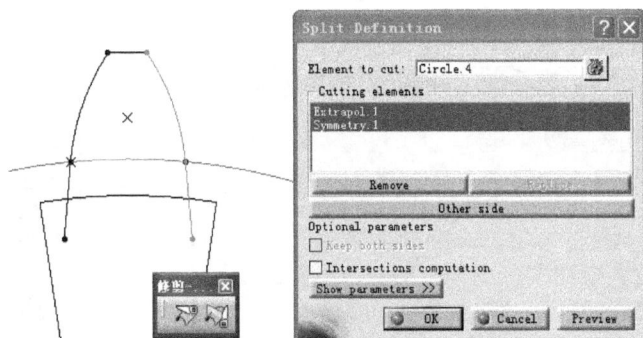

图 9-62　分割定义（4）

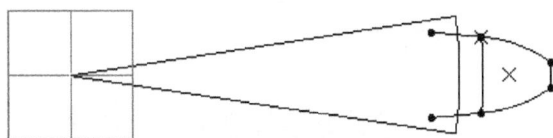

图 9-63　当量齿廓

23）首先选中保留下的当量齿顶圆弧，单击【测量 Measure】工具条上的【测量项 Measure Item】按钮，在【选择方式 1 Selection 1 mode】下拉列表框中选择"Any geometry"（任意几何图形），选中【保留测量 Keep measure】复选项，单击【确定 OK】按钮确认，如图 9-64 所示。同样对保留下的当量基圆弧进行测量，如图 9-65 所示。确认后可以看到树状目录上出现了所保留下测量记录，如图 9-66 所示。

24）单击【点 Point】工具条上的【极点 Extremum】按钮，系统弹出【极点定义 Extremum Definition】对话框，将【元素 Element】文本框设置为分割后的当量齿顶圆弧"Split.3"（分割.3），在【方向 Direction】文本框内单击右键，然后在弹出的快捷菜单中选 Z 方向，选中【最大 Max】单选按钮，如图 9-67 所示。预览后单击【确定 OK】按钮，在

当量齿顶圆上的 Z 轴方向创建一个极值点。继续用同样的方法创建当量基圆弧和当量齿根圆弧在 Z 轴方向上的极值点，如图 9-68 和图 9-69 所示。

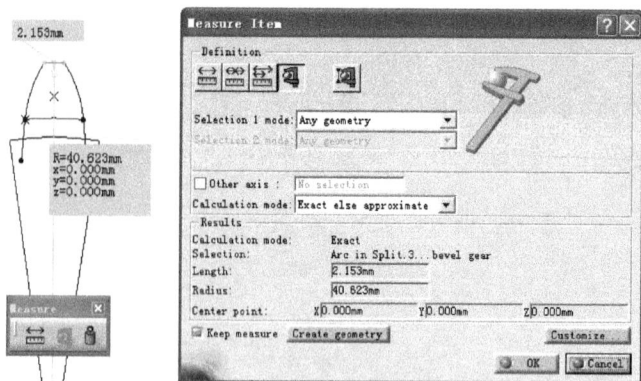

图 9-64　测量当量齿顶圆弧

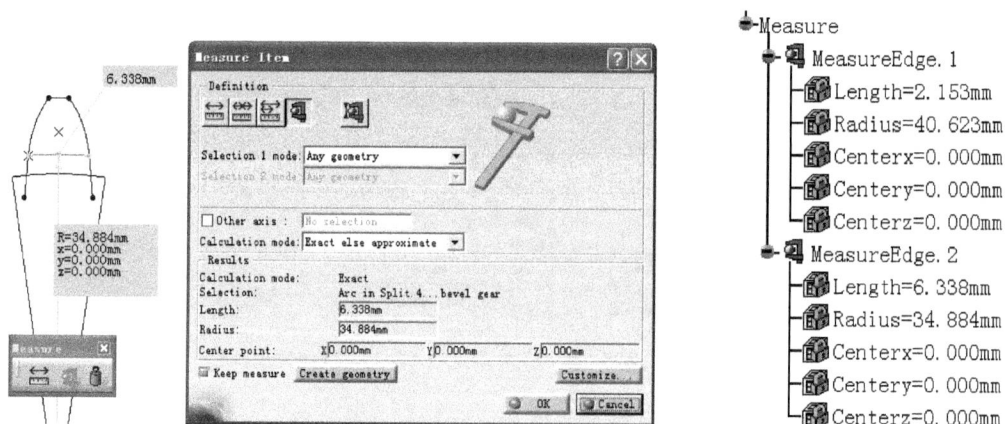

图 9-65　测量当量基圆弧

图 9-66　树状目录上的测量记录

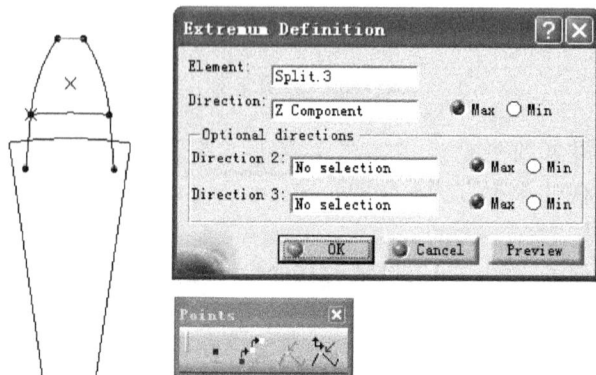

图 9-67　定义齿顶圆上的极值点

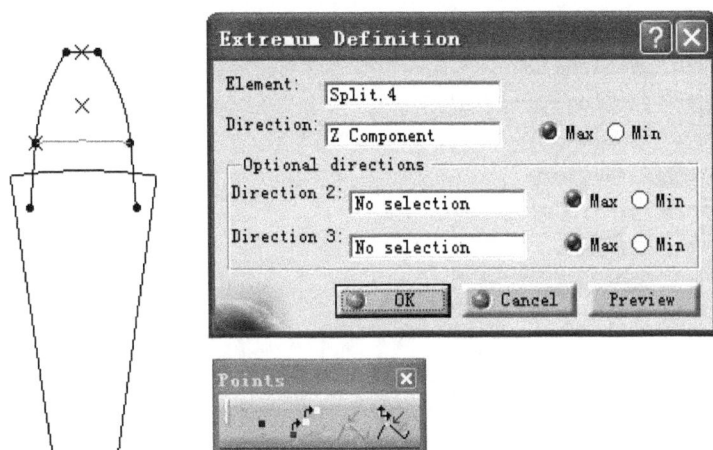

图 9-68　定义基圆上的极值点

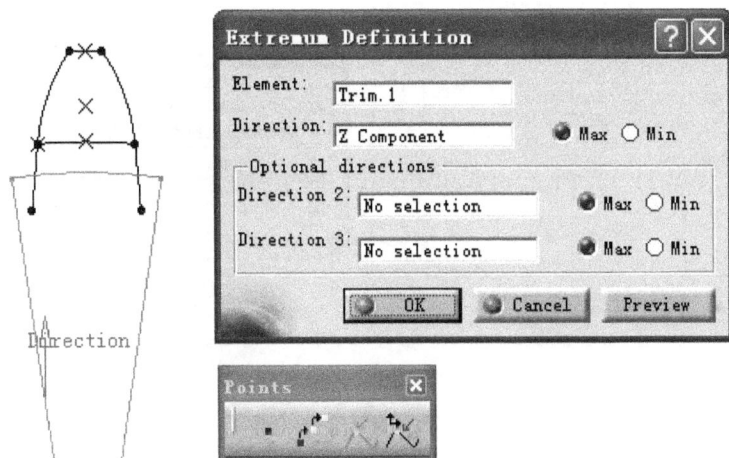

图 9-69　定义齿根圆上的极值点

9.2.2　直齿锥齿轮齿廓线架空间变换

1）在树状目录上的【锥齿轮曲面与线架】上单击右键，在弹出的快捷菜单中单击 "Define In Work Object"（定义工作对象），如图 9-70 所示。

2）单击【旋转 Rotate】按钮，弹出【旋转定义 Rotate Definition】对话框，在【定义模式 Definition Mode】下拉列表框中选择 "Axis-Angle"（轴线-角度），在【元素 Element】文本框中选当量分度圆上的 "Extremum.1"（极点.1），在【轴线 Axis】中选 Y 轴，然后在【角度 Angle】微调框中单击右键，在弹出的快捷菜单中选 "Edit formula"（编辑公式），如图 9-71 所示。系统自动弹出【公式编辑器 Formula Editor】对话框，输入公式 δ_1，连续两次单击【确定 OK】按钮确认，如图 9-72 所示。

3）在【线架 Wire frame】工具条上单击【投影 Projection】按钮，然后在弹出的对话框【投影类型 Projection type】的【投影类型 Projection type】下拉列表框中选择 "Normal"（法

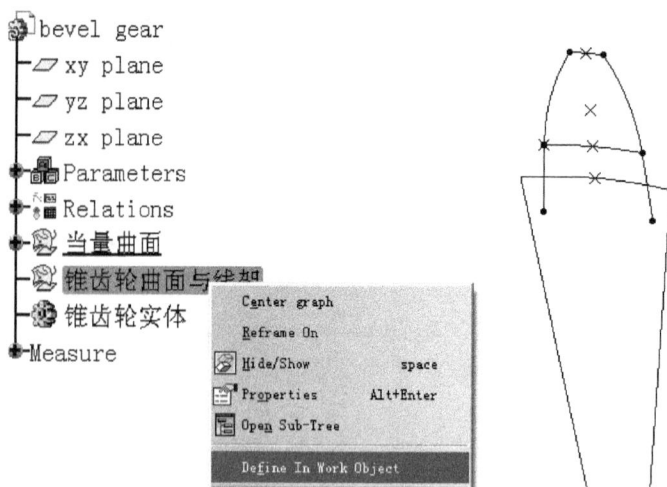

图 9-70　定义工作对象（2）

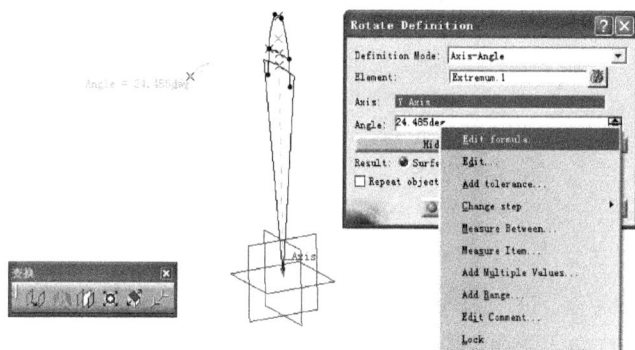

图 9-71　旋转定义（2）

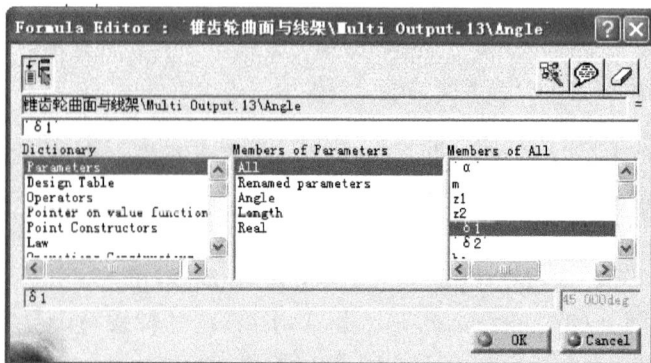

图 9-72　输入旋转角度（1）

向），在【投影 Projected】文本框中选择上一步骤所作的旋转点"Rotate.3"（旋转.3），在【支持 Support】文本框中选择 X 轴，则在 X 轴上得到一个投影点，如图 9-73 所示。

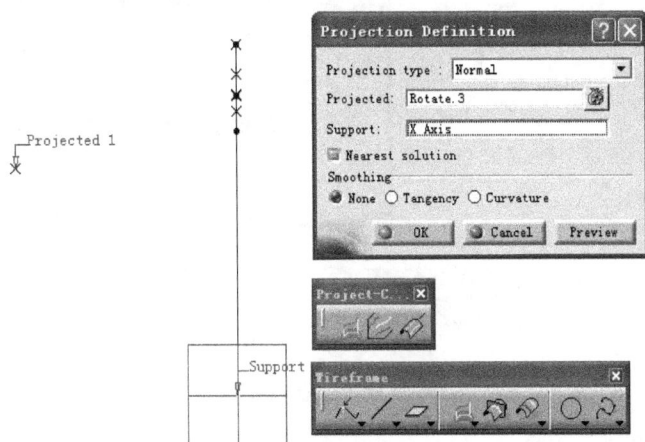

图9-73　投影定义（1）

4）首先选择上步所作的投影点，再在【线架 Wire frame】工具条上单击【平面 Plane】按钮，然后在弹出的对话框的【平面类型 Plane type】下拉列表框中选择"Parallel through point"（平行通过点），在【参考 Reference】文本框中选择 yz 平面，在【点 Point】文本框中选择"Project.1"（投影.1），单击【确定 OK】按钮确认创建直齿锥齿轮分度圆所在的平面，如图9-74所示。

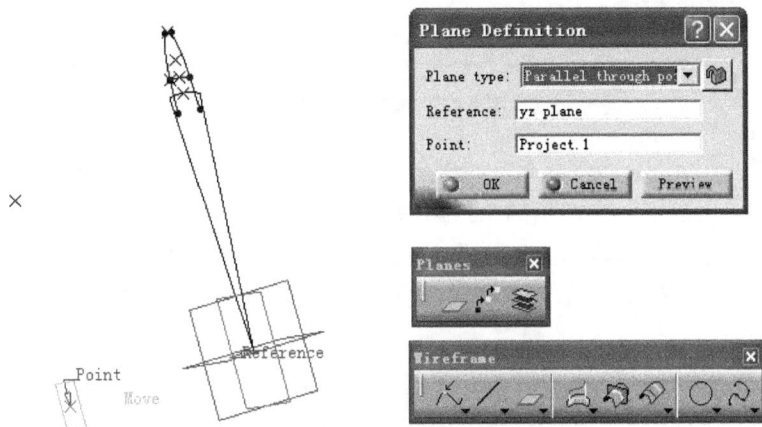

图9-74　定义平面（1）

5）单击【圆 Circle】按钮，系统弹出【圆定义 Circle Definition】对话框，在【圆的类型 Circle type】下拉列表框中选择"Center and radius"（中心与半径），在【中心 Center】文本框选择"Project.1"（投影.1），【支持 Support】文本框中选择"Plane.1"（平面.1），在【半径 Radius】微调框内单击右键，在弹出的快捷菜单中单击"Edit formula"（编辑公式），如图9-75所示。系统弹出【公式编辑器 Formula Editor】对话框，输入锥齿轮分度圆半径公式 d/2，如图9-76所示。单击【确定 OK】按钮，返回【圆定义 Circle Definition】对话框。

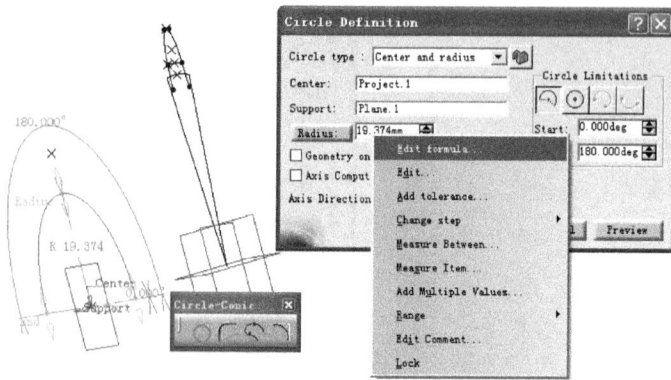

图 9-75　定义部分圆

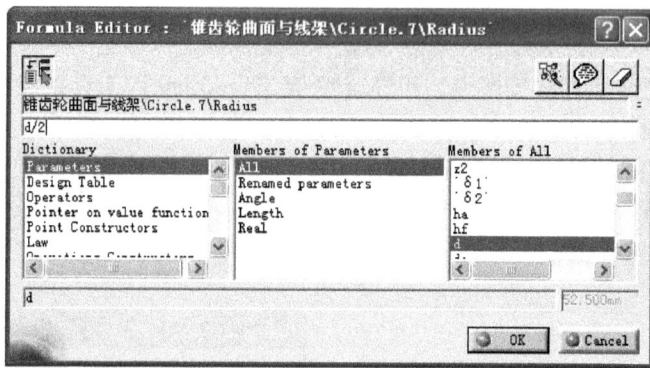

图 9-76　输入圆的半径

6) 在【圆的限制 Circle Limitations】选项区中选【部分弧 Part arc】，在【起始角度 Start】微调框内单击右键，在弹出的快捷菜单中单击 "Edit formula"（编辑公式），如图 9-77 所示。系统弹出【公式编辑器 Formula Editor】对话框，输入锥齿轮分度圆弧的起始角度公式 $90° - 90°/z_1$，如图 9-78 所示。单击【确定 OK】按钮，返回【圆定义 Circle Definition】对话框。

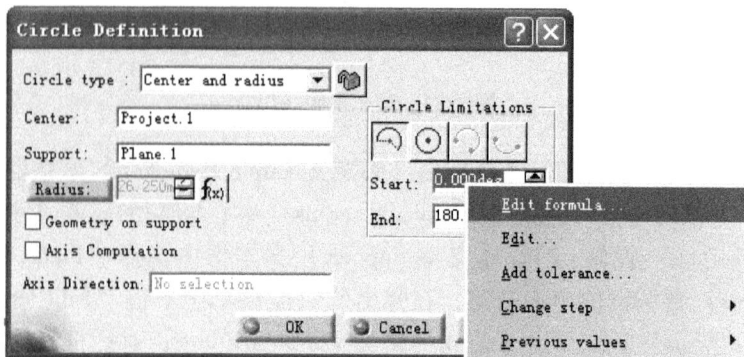

图 9-77　编辑圆弧的起点

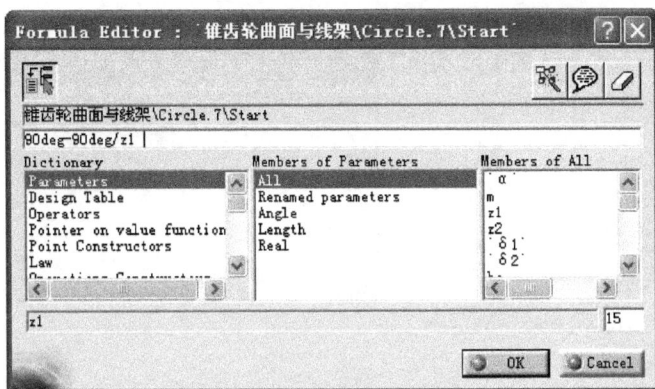

图 9-78 输入角度公式（2）

7）在【结束角度 End】微调框内单击右键，在弹出的快捷菜单中单击"Edit formula"（编辑公式），如图 9-79 所示。系统弹出【公式编辑器 Formula Editor】对话框，输入锥齿轮分度圆弧的起始角度公式 $90° + 90°/z_1$，如图 9-80 所示。单击【确定 OK】按钮，返回【圆定义 Circle Definition】对话框，如图 9-81 所示。再次单击【确定 OK】按钮，完成分度圆弧的绘制。

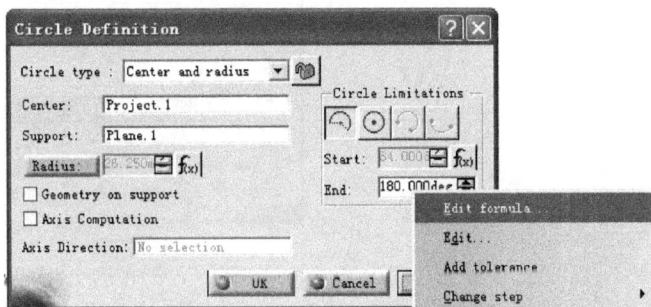

图 9-79 编辑圆弧终点（1）

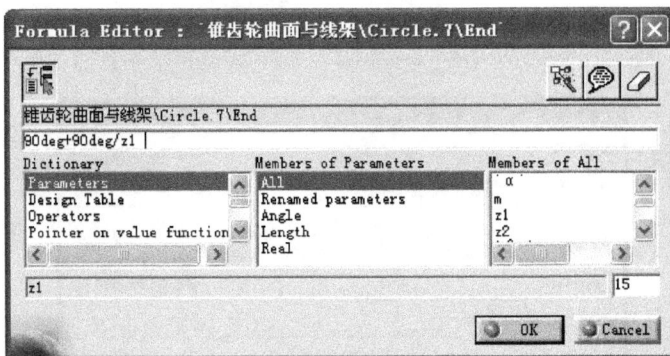

图 9-80 输入角度公式（3）

8）单击【旋转 Rotate】按钮，弹出【旋转定义 Rotate Definition】对话框，在【定义模

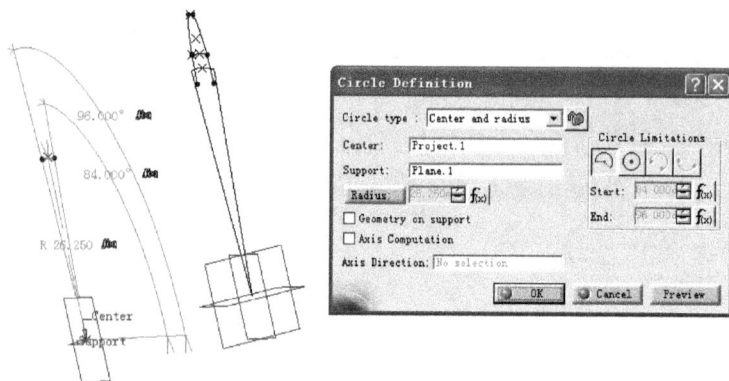

图 9-81　预览圆弧

式 Definition Mode】下拉列表框中选择 "Axis-Angle"（轴线-角度），在【元素 Element】文本框中选当量齿根圆上的 "Extremum. 4"（极点.4），在【轴线 Axis】中选 Y 轴，然后在【角度 Angle】微调框中单击右键，在弹出的快捷菜单中选择 "Edit formula"（编辑公式），如图 9-82 所示。系统自动弹出【公式编辑器 Formula Editor】对话框，输入公式 δ_1，连续两次单击【确定 OK】按钮确认，如图 9-83 所示。

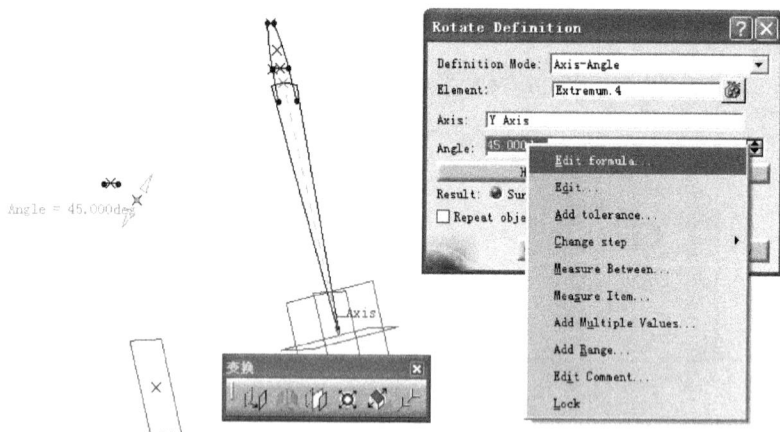

图 9-82　旋转定义（3）

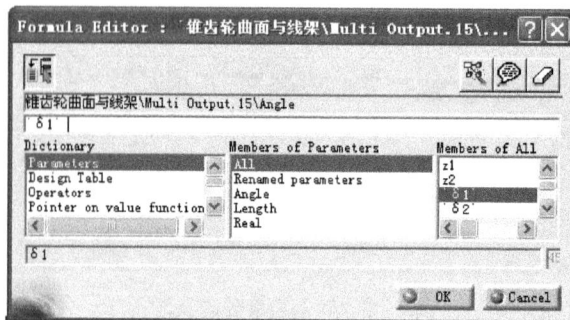

图 9-83　输入旋转角度（2）

9）在【线架 Wire frame】工具条上单击【投影 Projection】按钮，然后在弹出的对话框中的【投影类型 Projection type】下拉列表框中选择 "Normal"（法向），在【投影 Projected】文本框中选择上一步骤所作的旋转点 "Rotate.4"（旋转.4），在【支持 Support】文本框中选择 X 轴，则在 X 轴上得到一个投影点，如图 9-84 所示。

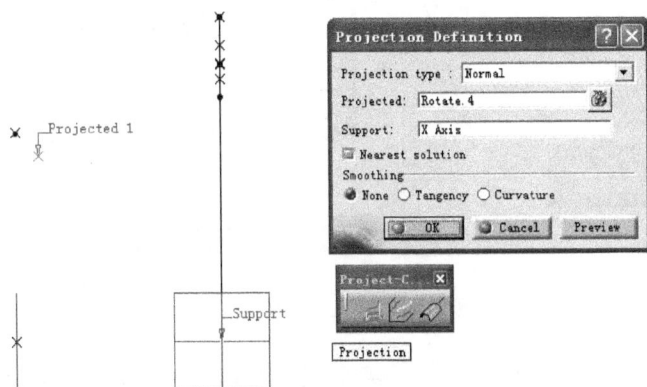

图 9-84　投影定义（2）

10）首先选择上步所作的投影点，再在【线架 Wire frame】工具条上单击【平面 Plane】按钮，然后在弹出的对话框的【平面类型 Plane type】下拉列表框中选择 "Parallel through point"（平行通过点），在【参考 Reference】文本框中选择 yz 平面，在【点 Point】文本框中选择 "Project.2"（投影.2），单击【确定 OK】按钮，确认创建直齿锥齿轮齿根圆所在的平面，如图 9-85 所示。

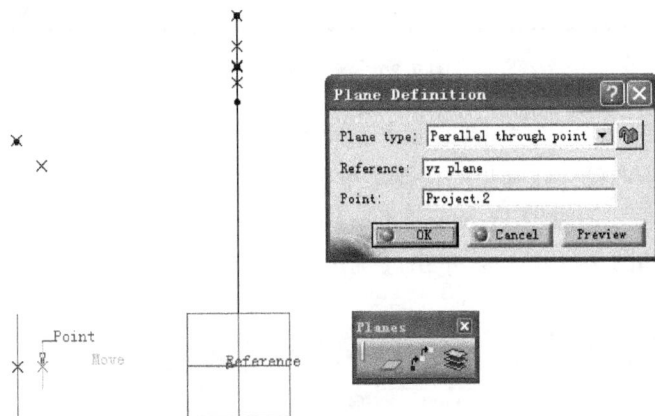

图 9-85　定义平面（2）

11）单击【圆 Circle】按钮，系统弹出【圆定义 Circle Definition】对话框，在【圆的类型 Circle type】下拉列表框中选 "Center and radius"（中心与半径），在【中心 Center】中选择 "Project.2"（投影.2），在【支持 Support】中选择 "Plane.2"（平面.2），在【半径 Radius】微调框内单击右键，在弹出的快捷菜单中单击 "Edit formula...（编辑公式...）"，如图 9-86 所示。系统弹出【公式编辑器 Formula Editor】对话框，输入锥齿轮齿根圆半径公

式 $d_f/2$，如图 9-87 所示。单击【确定 OK】按钮，返回【圆定义 Circle Definition】对话框。

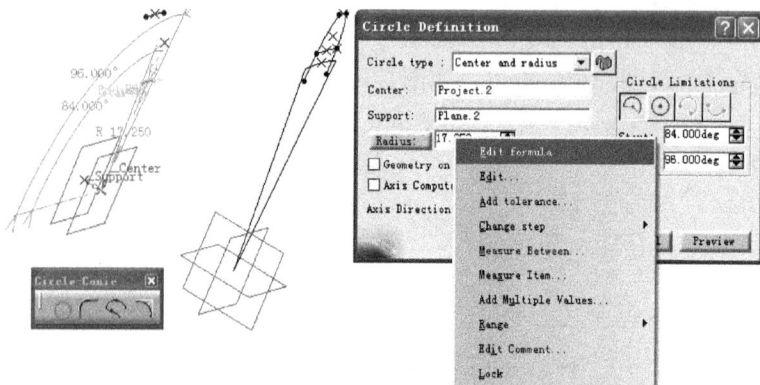

图 9-86　定义部分圆弧（1）

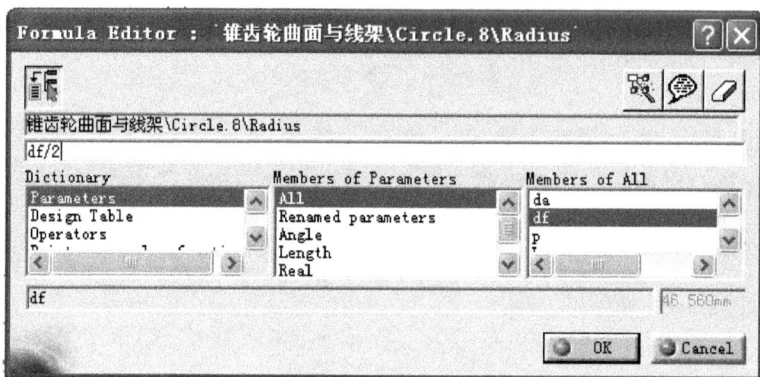

图 9-87　输入半径参数

12）在【圆的限制 Circle Limitations】选项区中选择【部分弧 Part arc】，在【起始角度 Start】微调框内单击右键，在弹出的快捷菜单中单击 "Edit formula"（编辑公式），如图 9-88 所示。系统弹出【公式编辑器 Formula Editor】对话框，输入锥齿轮分度圆弧的起始角度公式 $90° - 180°/z_1$，如图 9-89 所示。单击【确定 OK】按钮，返回【圆定义 Circle Definition】对话框。

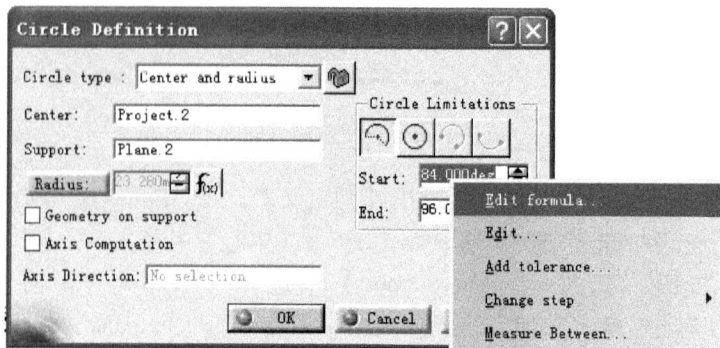

图 9-88　编辑圆弧起点

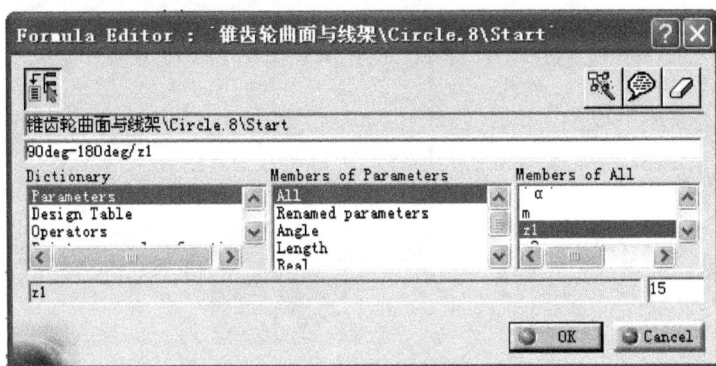

图 9-89 输入角度参数公式 (1)

13）在【结束角度 End】微调框内单击右键，在弹出的快捷菜单中单击"Edit formula…"（编辑公式…），如图 9-90 所示。系统弹出【公式编辑器 Formula Editor】对话框，输入锥齿轮分度圆弧的起始角度公式 $90° + 180°/z_1$，如图 9-91 所示。单击【确定 OK】按钮，返回【圆定义 Circle Definition】对话框，如图 9-92 所示。再次单击【确定 OK】按钮，完成分度圆弧的绘制。

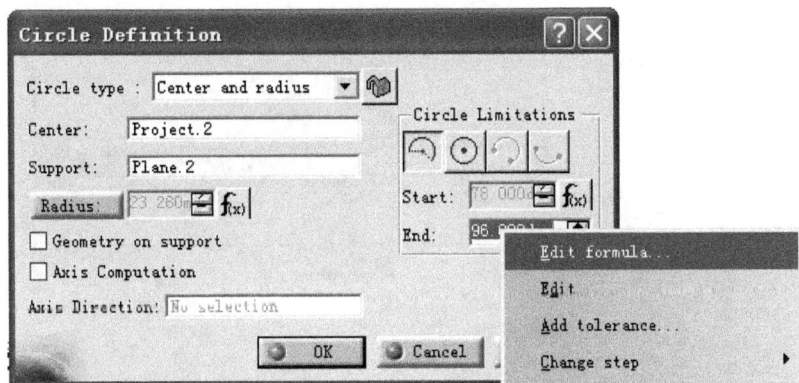

图 9-90 编辑圆弧终点 (2)

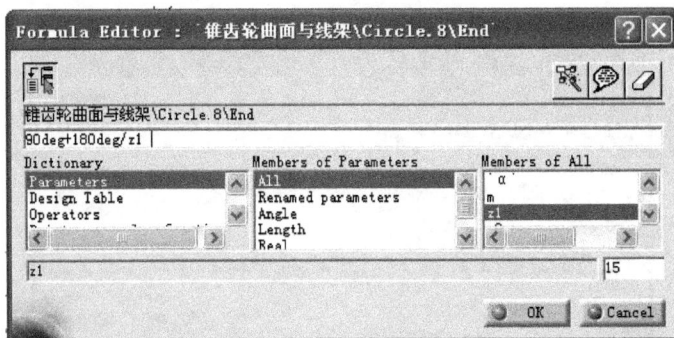

图 9-91 输入角度参数公式 (2)

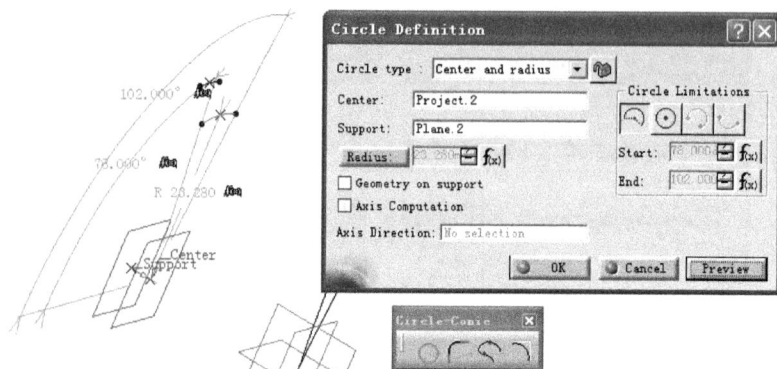

图 9-92　预览部分圆弧（1）

14）单击【旋转 Rotate】按钮，弹出【旋转定义 Rotate Definition】对话框，在【定义模式 Definition Mode】下拉列表框中选择"Axis-Angle"（轴线-角度），在【元素 Element】文本框中选当量齿顶圆上的"Extremum.2"（极点.2），在【轴线 Axis】中选 Y 轴，然后在【角度 Angle】微调框内单击右键，在弹出的快捷菜单中选择"Edit formula"（编辑公式），如图 9-93 所示。系统自动弹出【公式编辑器 Formula Editor】对话框，输入公式 δ_1，连续两次单击【确定 OK】按钮确认，如图 9-94 所示。

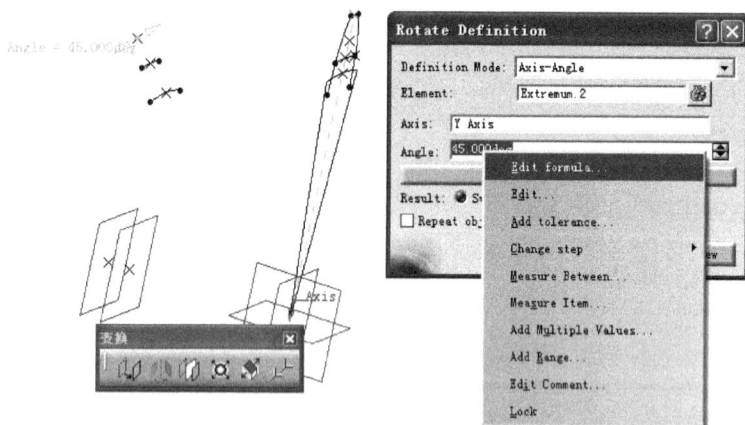

图 9-93　旋转定义（4）

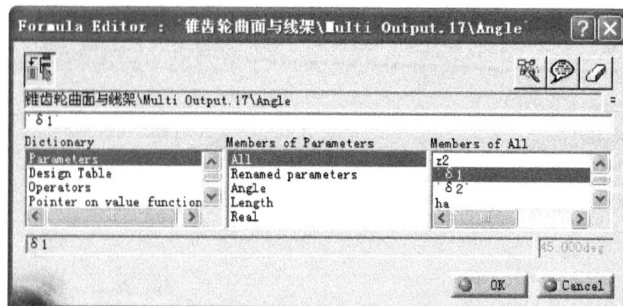

图 9-94　输入旋转角度（3）

15）在【线架 Wire frame】工具条上单击【投影 Projection】按钮，然后在弹出的对话框中的【投影类型 Projection type】下拉列表框中选择"Normal"（法向），在【投影 Projected】文本框中选择上一步骤所作的旋转点"Rotate.5"（旋转.5），在【支持 Support】文本框中选择 X 轴，如图 9-95 所示，则在 X 轴上得到一个投影点。

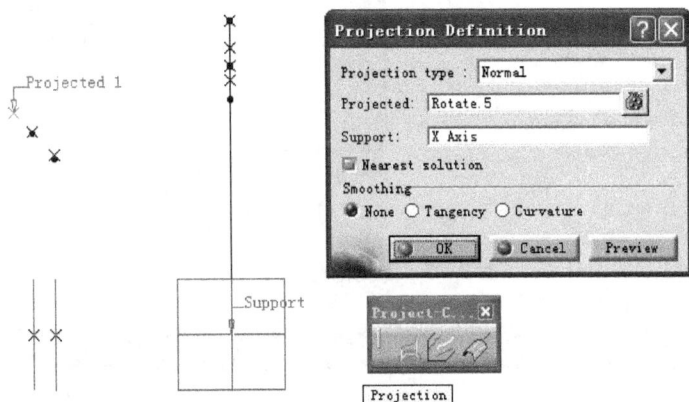

图 9-95 投影定义（3）

16）首先选择上步所作的投影点，再在【线架 Wire frame】工具条上单击【平面 Plane】按钮，然后在弹出的对话框中的【平面类型 Plane type】下拉列表框中选择"Parallel through point"（平行通过点），在【参考 Reference】文本框中选择 yz 平面，在【点 Point】文本框中选择"Project.3"（投影.3），单击【确定 OK】按钮确认创建直齿锥齿轮齿顶圆所在的平面，如图 9-96 所示。

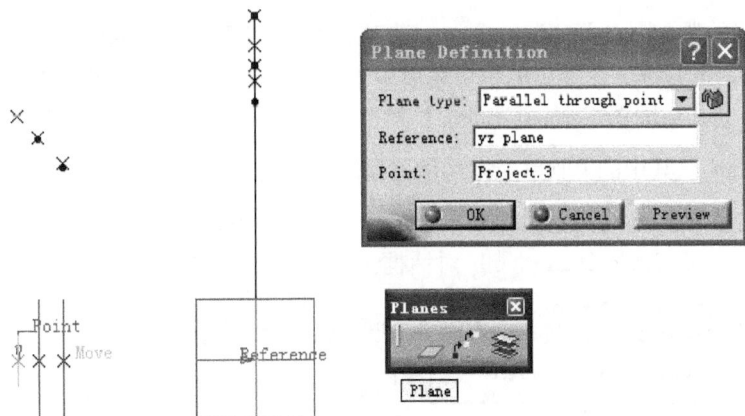

图 9-96 定义平面（3）

17）单击【圆 Circle】按钮，系统弹出【圆定义 Circle Definition】对话框，在【圆的类型 Circle type】下拉列表框中选"Center and radius"（中心与半径），在【中心 Center】文本框中选择"Project.3"（投影.3），【支持 Support】文本框选择"Plane.3"（平面.3），在【半径 Radius】微调框内单击右键，在弹出的快捷菜单中单击"Edit formula"（编辑公式），如图 9-97 所示。系统弹出【公式编辑器 Formula Editor】对话框，输入锥齿轮齿根圆半径公

式 $d_a/2$，如图9-98所示。单击【确定OK】按钮，返回【圆定义Circle Definition】对话框。

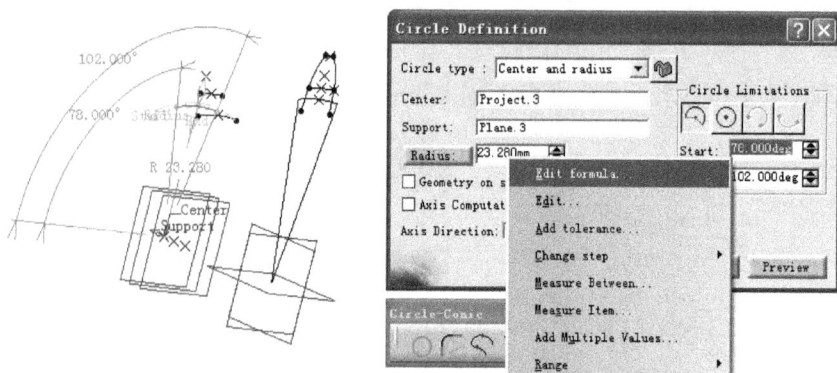

图9-97 定义部分圆弧（2）

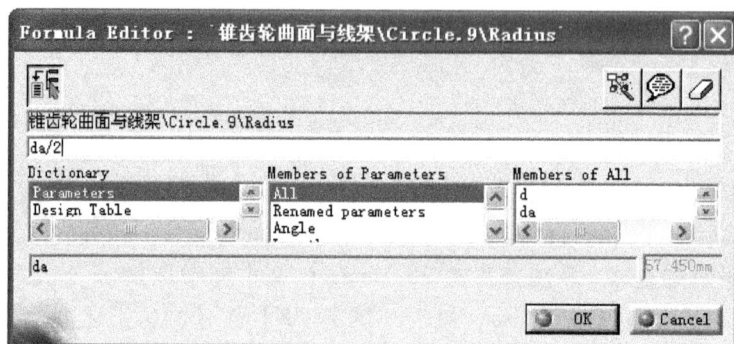

图9-98 输入圆弧半径

18）在【圆的限制 Circle Limitations】选项区中选【部分弧 Part arc】，在【起始角度 Start】微调框内单击右键，在弹出的快捷菜单中单击"Edit formula"（编辑公式），如图9-99所示。系统弹出【公式编辑器 Formula Editor】对话框，输入单个齿的齿顶圆弧所夹的角度一半的公式 $180° \times \hat{l}/\pi d_a$，其中的 $\hat{l}$ 取单个齿当量齿顶圆弧长的测量值，具体的输入公式要考虑绘图时齿廓所在的象限，此处调整为 $90° - 180° \times \hat{l}/\pi d_a$，如图9-100所示。单击【确定OK】按钮，返回【圆定义 Circle Definition】对话框。

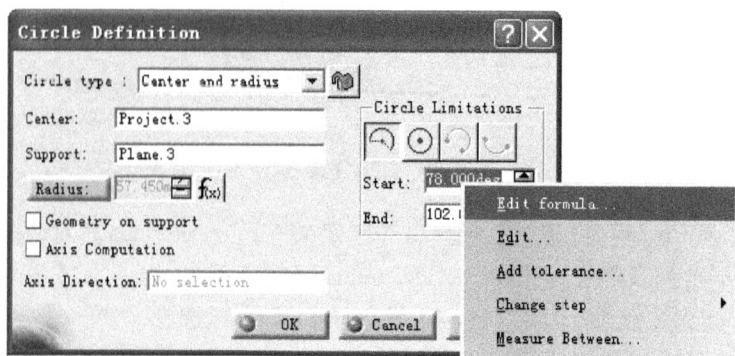

图9-99 定义圆弧起点（1）

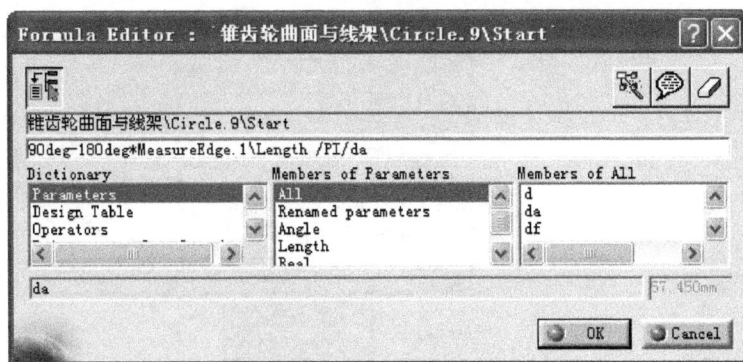

图 9-100 输入角度参数公式（3）

19）在【结束角度 End】微调框内单击右键，在弹出的快捷菜单中单击"Edit formula"（编辑公式），如图 9-101 所示。系统弹出【公式编辑器 Formula Editor】对话框，输入锥齿轮单个齿顶圆弧的结束角度公式 $90° + 180° \times \hat{l}/\pi d_a$，如图 9-102 所示。单击【确定 OK】按钮，返回【圆定义 Circle Definition】对话框，如图 9-103 所示。再次单击【确定 OK】按钮，完成齿顶圆弧的绘制。

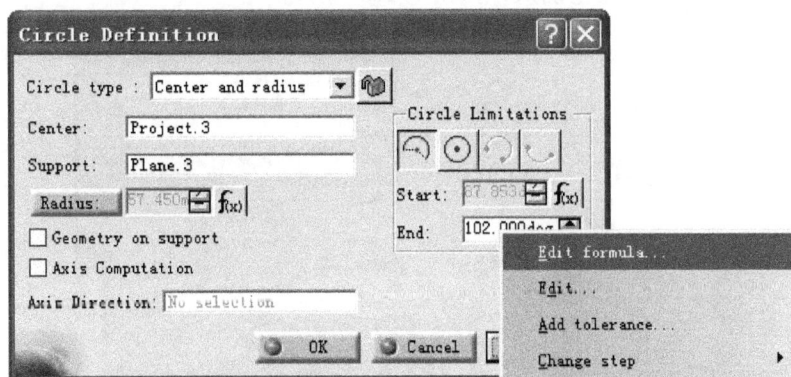

图 9-101 定义圆弧终点（1）

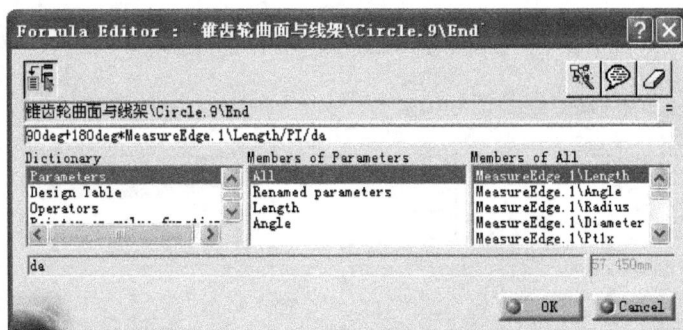

图 9-102 输入角度参数公式（4）

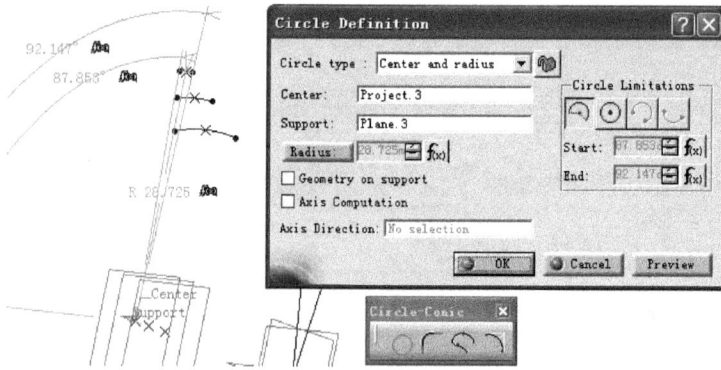

图9-103　预览部分圆弧（2）

20）单击【旋转 Rotate】按钮，弹出【旋转定义 Rotate Definition】对话框，在【定义模式 Definition Mode】下拉列表框中选择"Axis-Angle"（轴线-角度），在【元素 Element】文本框中选当量基圆上的"Extremum.3"（极点.3），在【轴线 Axis】文本框中选 Y 轴，然后在【角度 Angle】微调框内单击右键，在弹出的快捷菜单中选择"Edit formula"（编辑公式），如图9-104 所示。系统自动弹出【公式编辑器 Formula Editor】对话框，输入公式 δ_1，连续两次单击【确定 OK】按钮确认，如图9-105 所示。

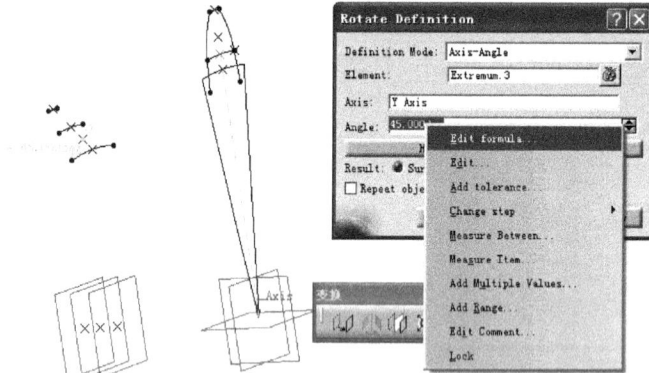

图9-104　旋转定义（5）

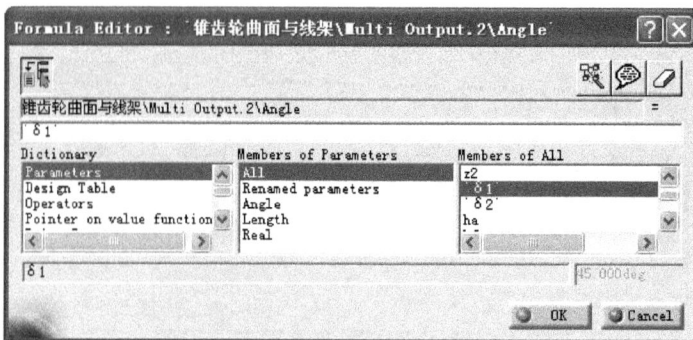

图9-105　输入旋转角度（4）

21）在【线架 Wire frame】工具条上单击【投影 Projection】按钮，然后在弹出的对话框中【投影类型 Projection type】下拉列表框中选择"Normal"（法向），在【投影 Projected】文本框中选择上一步骤所作的旋转点"Rotate.6"（旋转.6），在【支持 Support】文本框中选择 X 轴，则在 X 轴上得到一个投影点，如图 9-106 所示。

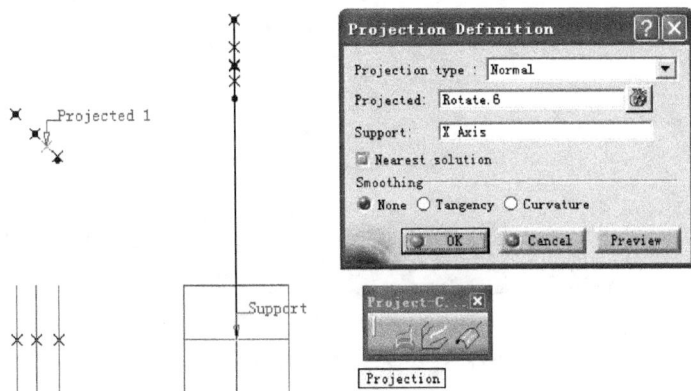

图 9-106　投影定义（4）

22）首先选择上步所作的投影点，再在【线架 Wire frame】工具条上单击【平面 Plane】按钮，然后在弹出的对话框中的【平面类型 Plane type】下拉列表框中选择"Parallel through point"（平行通过点），在【参考 Reference】文本框中选择 yz 平面，在【点 Point】文本框中选择"Project.4"（投影.4），单击【确定 OK】按钮确认创建直齿锥齿轮基圆所在的平面，如图 9-107 所示。

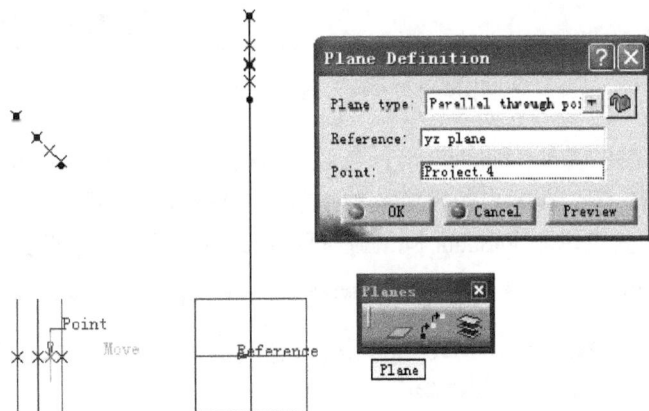

图 9-107　定义平面（4）

23）单击【圆 Circle】按钮，系统弹出【圆定义 Circle Definition】对话框，在【圆的类型 Circle type】下拉列表框中选"Center and radius"（中心与半径），在【中心 Center】中选择"Project.4"（投影.4），在【支持 Support】中选择"Plane.4"（平面.4），在【半径 Radius】微调框内单击右键，在弹出的快捷菜单中单击"Edit formula"（编辑公式），如图 9-108 所示。系统弹出【公式编辑器 Formula Editor】对话框，输入锥齿轮基圆半径公式 r_b，如图 9-109 所示。单击【确定 OK】按钮，返回【圆定义 Circle Definition】对话框。

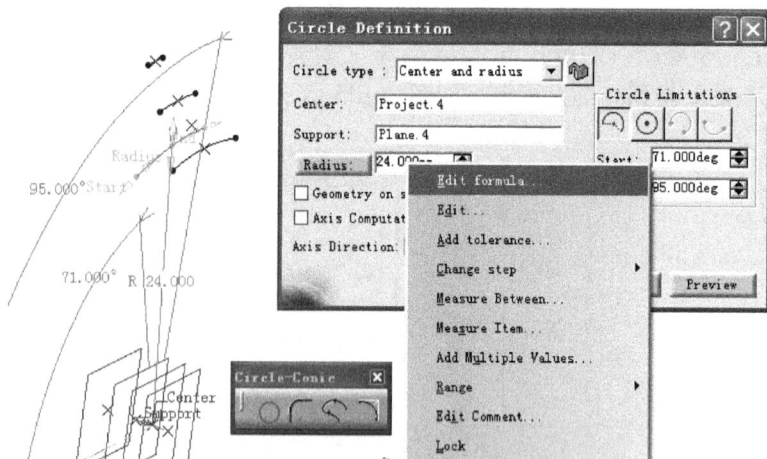

图 9-108 定义部分圆弧（3）

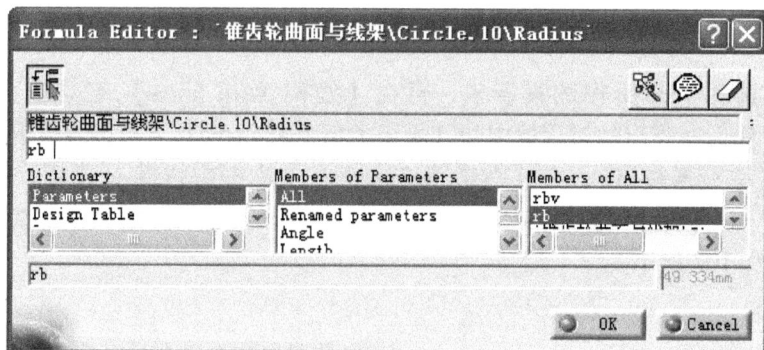

图 9-109 输入圆弧半径参数

24）在【圆的限制 Circle Limitations】选项区中选【部分弧 Part arc】，在【起始角度 Start】微调框内单击右键，在弹出的快捷菜单中单击 "Edit formula"（编辑公式），如图 9-110 所示。系统弹出【公式编辑器 Formula Editor】对话框，输入单个齿基圆弧所夹的角度一半的公式 $90° \times \hat{L}/\pi r_b$，其中 $\hat{L}$ 取单个齿当量齿顶圆弧长的测量值，具体的输入公式要考虑绘图时齿廓所在的象限，此处调整为 $90° - 90° \times \hat{L}/\pi r_b$，如图 9-111 所示。单击【确定 OK】按钮，返回【圆定义 Circle Definition】对话框。

25）在【结束角度 End】微调框内单击右键，在弹出的快捷菜单中单击 "Edit formula"（编辑公式），如图 9-112 所示。系统弹出【公式编辑器 Formula Editor】对话框，输入锥齿轮单个齿顶圆弧的结束角度公式 $90° + 90° \times \hat{L}/\pi r_b$，如图 9-113 所示。单击【确定 OK】按钮，返回【圆定义 Circle Definition】对话框，如图 9-114 所示。再次单击【确定 OK】按钮，完成基圆弧的绘制。

26）单击【点 Point】按钮，系统弹出【点定义 Point Definition】对话框，在【点类型 Point type】下拉列表框中选择 "Coordinates"（坐标），参考点为默认的原点，在 X 值的微调

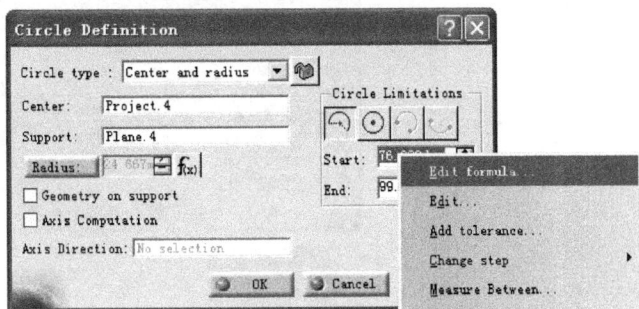

图 9-110 定义圆弧起点（2）

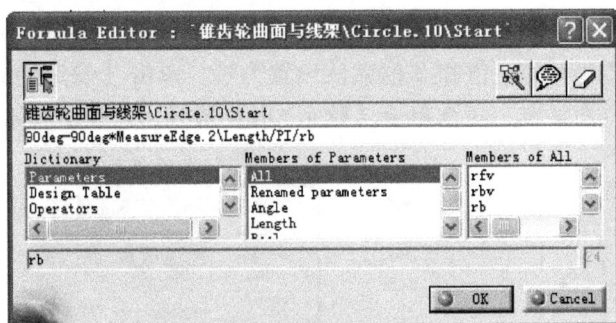

图 9-111 输入角度参数公式（5）

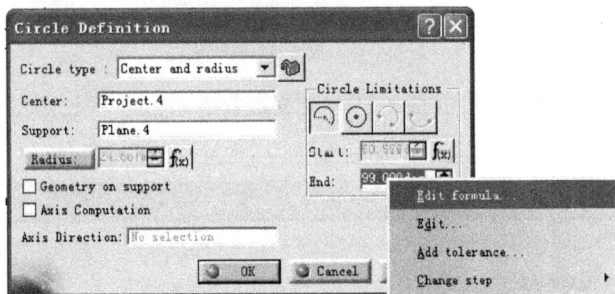

图 9-112 定义圆弧终点（2）

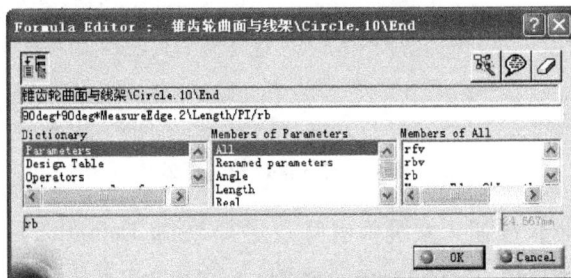

图 9-113 输入角度参数公式（6）

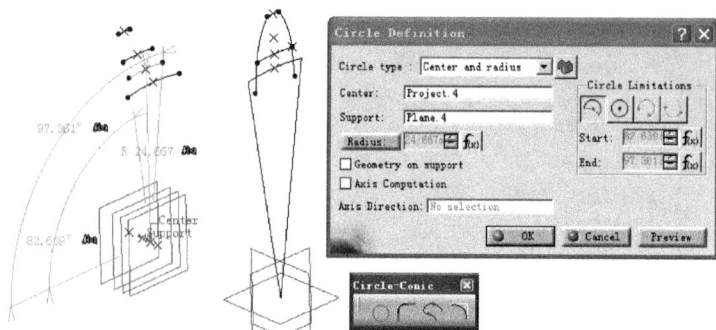

图 9-114　预览部分圆弧（3）

框内单击右键，然后在弹出的快捷菜单中单击"Edit formula"（编辑公式），如图 9-115 所示。系统弹出【公式编辑器 Formula Editor】对话框，输入锥齿轮顶点的公式 $d/2\sin(\delta_1)\cos(\delta_1)$，如图 9-116 所示。$Y$ 值和 Z 值默认设置为零，单击【确定 OK】按钮，返回【点定义 Point Definition】对话框，再次单击【确定 OK】按钮，完成顶点的绘制。

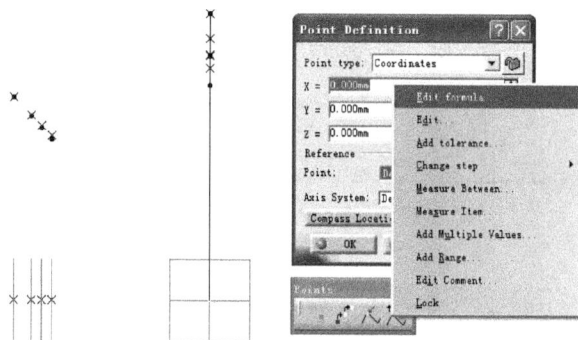

图 9-115　定义点坐标

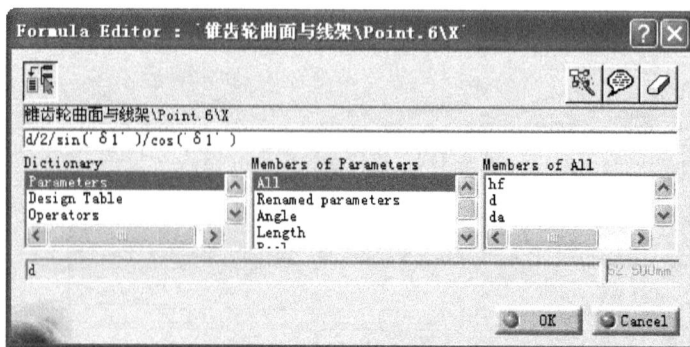

图 9-116　输入锥齿轮顶点公式

27）单击【点 Point】按钮，系统弹出【点定义 Point Definition】对话框，在【点类型 Point type】下拉列表框中选择"Coordinates"（坐标），参考点为默认的原点，X 值、Y 值和 Z 值默认设置为零，单击【确定 OK】按钮，完成背锥顶点（在坐标原点上）的绘制，如图 9-117 所示。

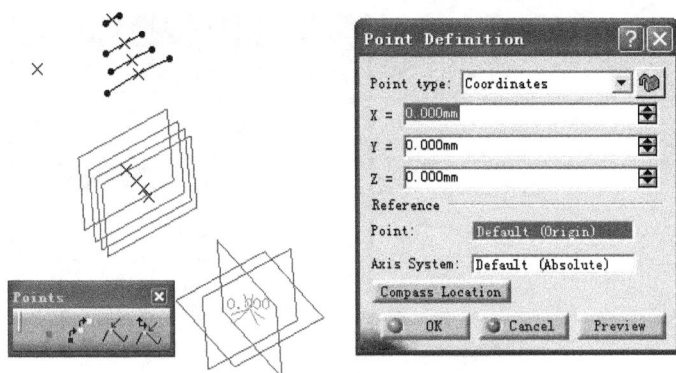

图 9-117　定义默认的背锥顶点

28）更新操作，然后隐藏不必要点线要素。单击【圆 Circle】按钮，系统弹出【圆定义 Circle Definition】对话框，在【圆的类型 Circle type】下拉列表框中选 "Three points"（三个点），在【点 1 Point 1】文本框中选择齿顶圆弧的一个端点，在【点 2 Point 2】文本框中选择同侧的分度圆弧上的一个端点，在【点 3 Point 3】文本框中选择同侧基圆弧上的一个端点，在【圆的限制 Circle Limitations】选项区中默认选择【部分弧 Part arc】，如图 9-118 所示。单击【确定 OK】按钮确认，完成近似渐开线齿廓设计。

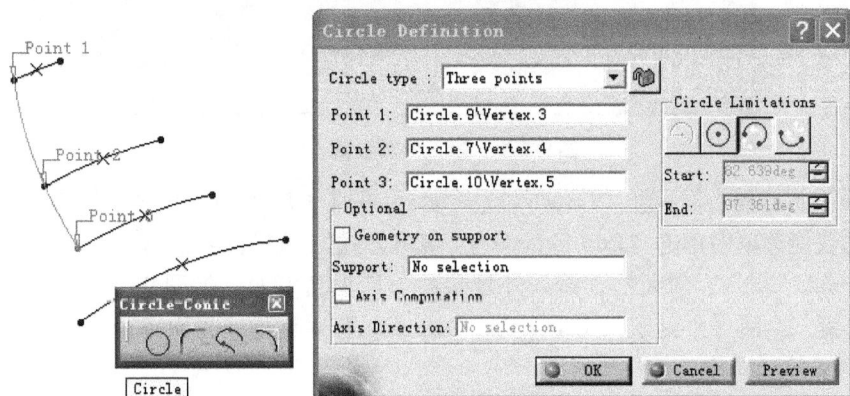

图 9-118　定义圆

29）单击【外延 Extrapolate】按钮，系统弹出【外延定义 Extrapolate Definition】对话框，在【边界 Boundary】文本框中选择齿顶圆弧的左端点，在【外延要素 Extrapolated】文本框中选择刚绘制的近似渐开线的替代圆弧 "Circle.11"（圆.11），外延的限制类型【Type】下拉列表框中选 "Length"（长度），在【长度 Length】微调框内单击右键，然后在弹出的快捷菜单中单击 "Edit formula"（编辑公式），如图 9-119 所示。系统弹出【公式编辑器 Formula Editor】对话框，输入外延参数为齿顶高值 h_a，如图 9-120 所示。单击【确定 OK】按钮，返回【外延定义 Extrapolate Definition】对话框，再次单击【确定 OK】按钮，完成齿廓向上外延操作。

30）继续做外延操作，单击【外延 Extrapolate】按钮，系统弹出【外延定义 Extrapolate Definition】对话框，在【边界 Boundary】文本框中选择基圆弧的左端点，在【外延要素 Extrapolated】文本框中选择外延操作后的近似渐开线的替代圆弧 "Extrapol.2"（外延.2），外延的限制

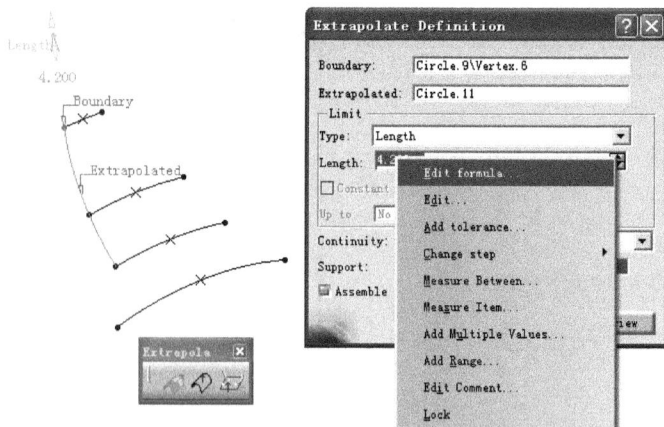

图 9-119　外延定义（2）

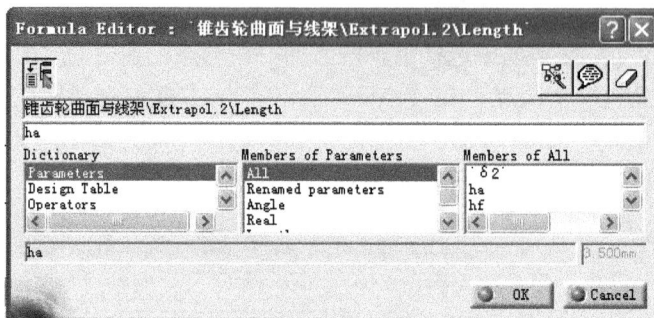

图 9-120　输入外延参数（2）

类型【Type】下拉列表框中选"Length"（长度），在【长度 Length】微调框内单击右键，然后在弹出的快捷菜单中单击"Edit formula"（编辑公式），如图 9-121 所示。系统弹出【公式编辑器 Formula Editor】对话框，输入外延参数为齿根高值 h_f，如图 9-122 所示。单击【确定 OK】按钮，返回【外延定义 Extrapolate Definition】对话框，再次单击【确定 OK】按钮，完成齿廓向下外延操作。

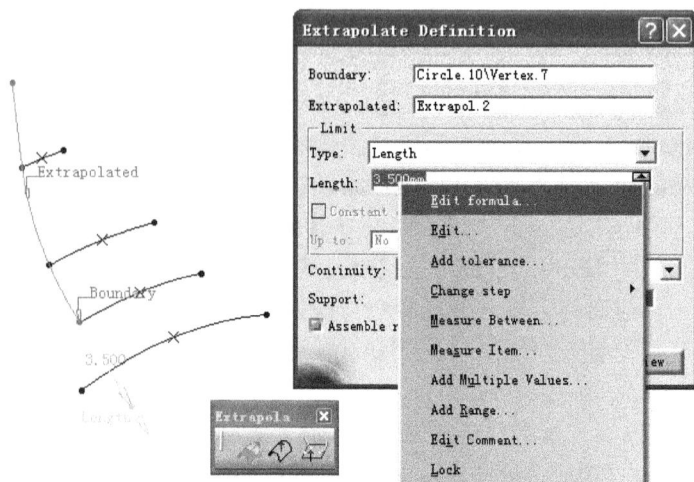

图 9-121　外延定义（3）

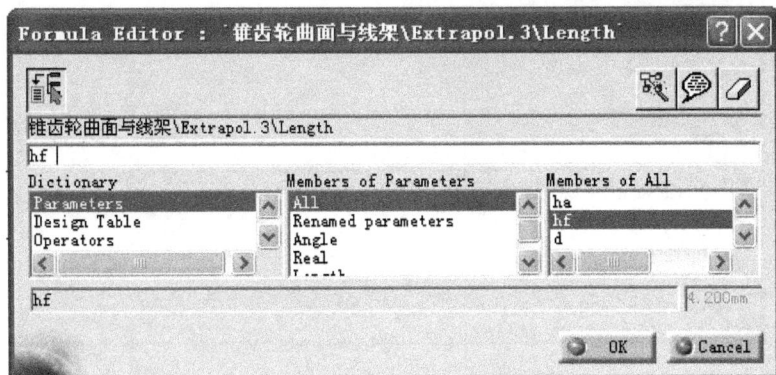

图 9-122　输入外延参数（3）

31）单击【直线 Line】按钮，系统弹出【直线定义 Line Definition】对话框，在【直线类型 Line type】下拉列表框中选择 "Point-Point"（点-点），在【点 1 Point 1】文本框中选择锥齿轮的顶点 "Point. 6"（点 . 6），在【点 2 Point 2】文本框中选择锥齿轮的背锥顶点 "Point. 7"（点 . 7），在直线的结束点【结束 End】微调框内单击右键，然后在弹出的快捷菜单中选 "Edit formula"（编辑公式），如图 9-123 所示。系统弹出【公式编辑器 Formula Editor】对话框，输入齿距 p，如图 9-124 所示。单击【确定 OK】按钮，返回【直线定义 Line Definition】对话框，再次单击【确定 OK】按钮完成直线创建。

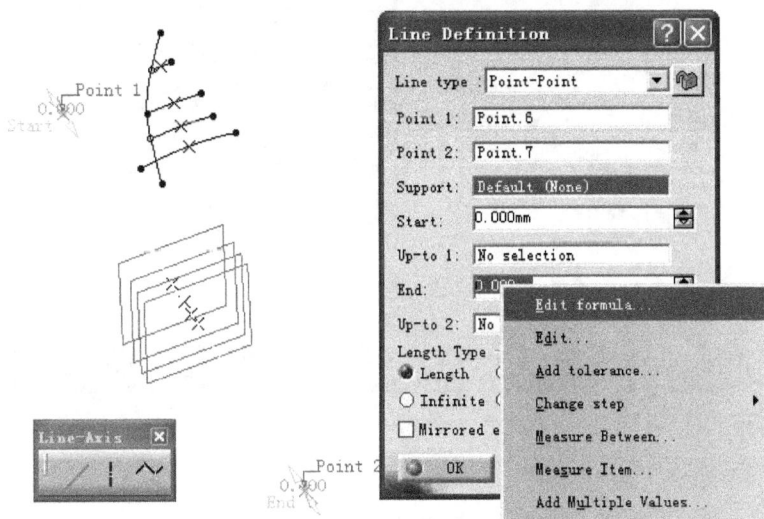

图 9-123　定义直线（1）

32）单击【直线 Line】按钮，系统弹出【直线定义 Line Definition】对话框，在【直线类型 Line type】下拉列表框中选择 "Point-Point"（点-点），在【点 1 Point 1】文本框中选择锥齿轮的顶点 "Point. 6"（点 . 6），在【点 2 Point 2】文本框中选择近似渐开线替代圆弧的开始点作为直线的结束点，在直线的结束点【结束 End】微调框内单击右键，然后在弹出的快捷菜单中选 "Edit formula..."（编辑公式...），如图 9-125 所示。系统弹出【公式编辑器 Formula Editor】对话框，输入齿距 p，如图 9-126 所示。单击【确定 OK】按钮，返

图 9-124 输入结束点参数（1）

回【直线定义 Line Definition】对话框，再次单击【确定 OK】按钮完成直线创建，该直线作为扫掠时的引导线。

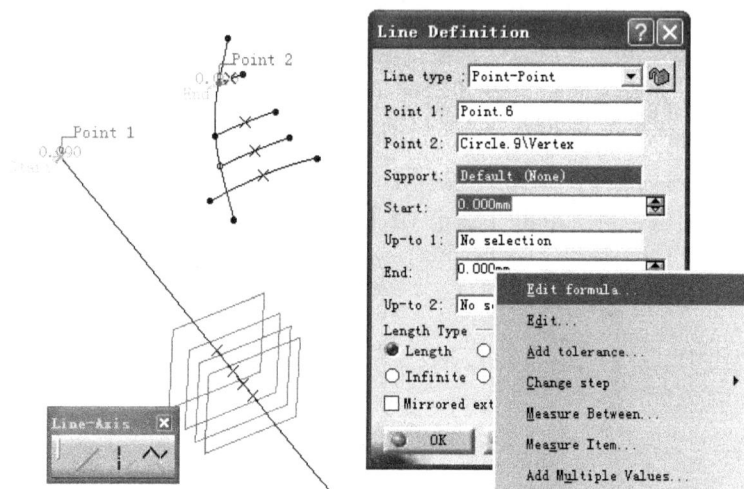

图 9-125 定义直线（2）

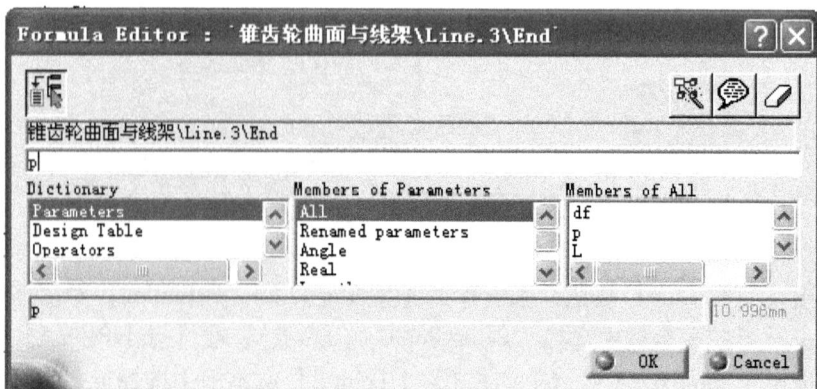

图 9-126 输入结束点参数（2）

33）单击【直线 Line】按钮，系统弹出【直线定义 Line Definition】对话框，在【直线类型 Line type】下拉列表框中选择"Point-Point"（点-点），在【点 1 Point 1】文本框中选择锥齿轮的顶点"Point. 6"（点.6），在【点 2 Point 2】文本框中选择近似渐开线替代圆弧的结束点作为直线的结束点，在直线的结束点【结束 End】微调框内单击右键，然后在弹出的快捷菜单中选"Edit formula..."（编辑公式...），如图 9-127 所示。系统弹出【公式编辑器 Formula Editor】对话框，输入齿距 p，如图 9-128 所示。单击【确定 OK】按钮，返回【直线定义 Line Definition】对话框，再次单击【确定 OK】按钮完成直线创建，该直线作为扫掠时的另一条引导线。

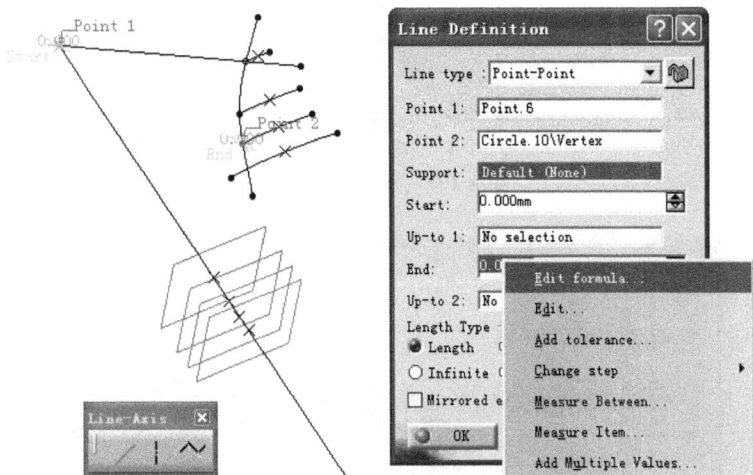

图 9-127 定义直线（3）

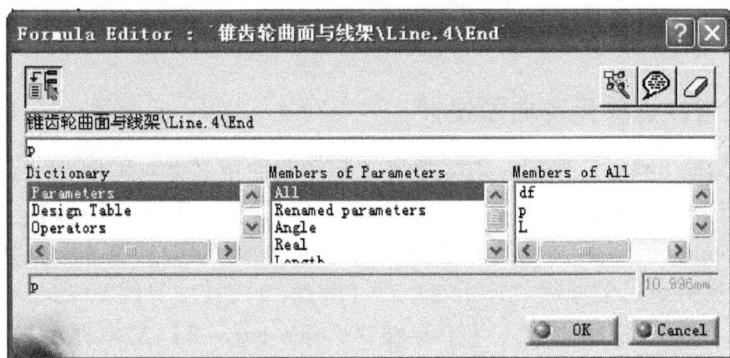

图 9-128 输入结束点参数（3）

34）单击【直线 Line】按钮，系统弹出【直线定义 Line Definition】对话框，在【直线类型 Line type】下拉列表框中选择"Point-Point"（点-点），在【点 1 Point 1】文本框中选择锥齿轮的顶点"Point. 6"（点.6），在【点 2 Point 2】文本框中选择"Rotate. 3"（旋转.3）点为直线的结束点，在直线的结束点【结束 End】微调框内单击右键，然后在弹出的快捷菜单中选"Edit formula"（编辑公式），如图 9-129 所示。系统弹出【公式编辑器 Formula Editor】对话框，输入齿距 p，如图 9-130 所示。单击【确定 OK】按钮，返回【直线定义 Line Definition】对话框，再次单击【确定 OK】按钮完成直线创建，该直线作为扫掠时的一条脊线。

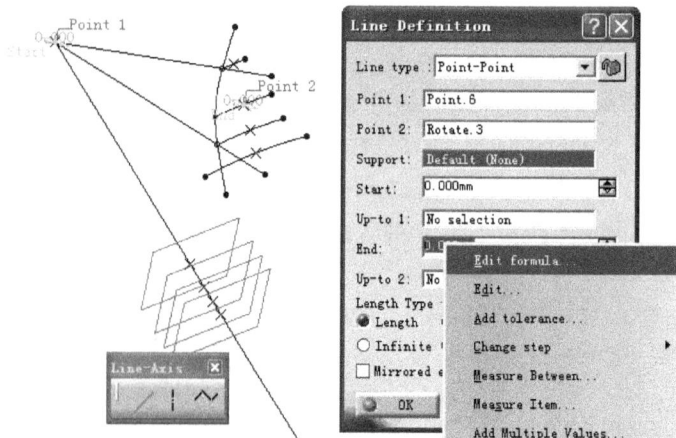

图 9-129 定义直线（4）

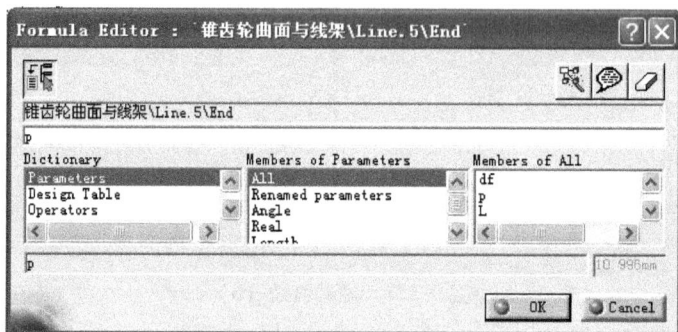

图 9-130 输入结束点参数（4）

9.2.3 直齿锥齿轮齿廓曲面设计

1）单击【扫掠 Sweep】按钮，系统弹出【扫掠曲面定义 Swept Surface Definition】对话框，【轮廓类型 Profile type】选择为【明确型 Explicit】，【子类型 Subtype】下拉列表框中选择为 "With two guide curves"（使用两条引导线），【轮廓 Profile】文本框中选择为近似渐开线齿廓的替代圆弧外延后的曲线 "Extrapol. 3"（外延.3），【引导线 1 Guide curve 1】文本框中选择为 "Line. 3"（直线.3），【引导线 2 Guide curve 2】文本框中选择为 "Line. 4"（直线.4），【脊线 Spine】文本框中选择为 "Line. 5"（直线.5），如图 9-131 所示。单击【预览 Preview】按钮进行观察，无误后单击【确定 OK】按钮确认。

2）单击【直线 Line】按钮，系统弹出【直线定义 Line Definition】对话框，在【直线类型 Line type】下拉列表框中选择 "Point-Point"（点-点），在【点 1 Point 1】文本框中选择锥齿轮的顶点 "Point. 6"（点.6），在【点 2 Point 2】文本框中选择齿根圆弧的端点 "Circle. 8\Vertex"（圆.8\顶点）为直线的结束点，在直线的结束点【结束 End】微调框内单击右键，然后在弹出的快捷菜单中选 "Edit formula"（编辑公式），如图 9-132 所示。系统弹出【公式编辑器 Formula Editor】对话框，输入齿距 p，如图 9-133 所示。单击【确定 OK】按钮，返回【直线定义 Line Definition】对话框，再次单击【确定 OK】按钮完成直线创建，该直线作为扫掠时的一条引导线。

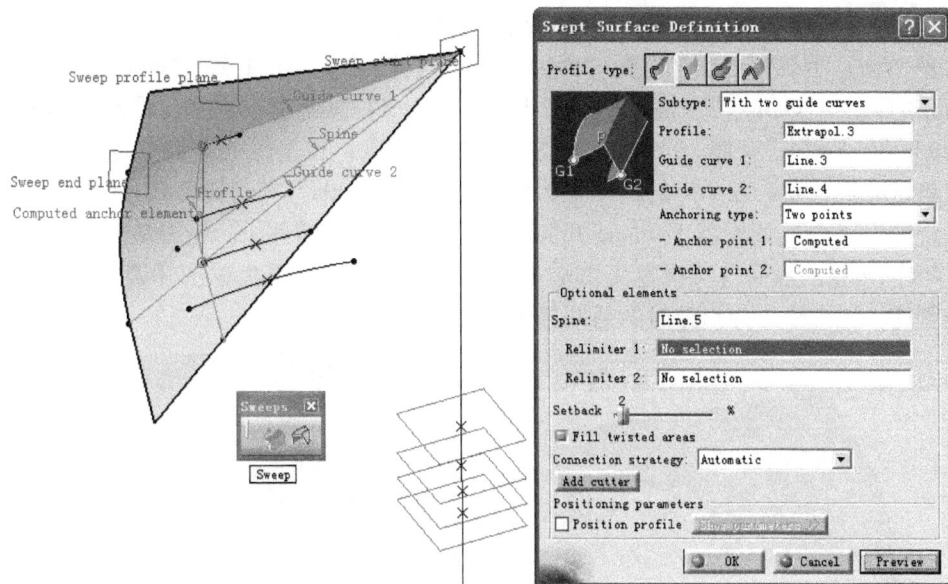

图 9-131　扫掠曲面定义（1）

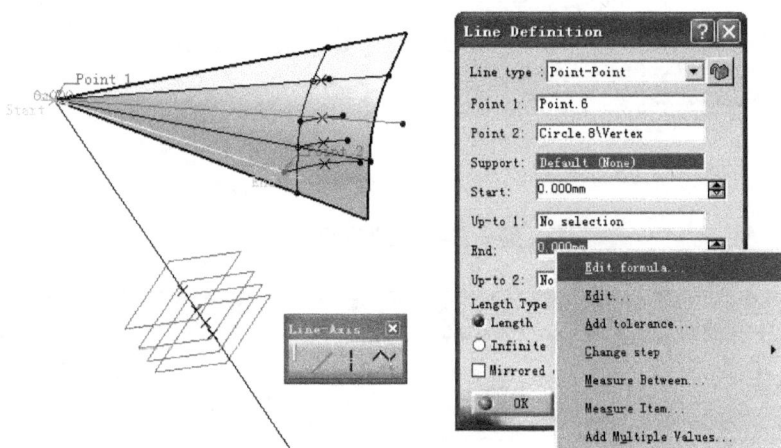

图 9-132　定义直线（5）

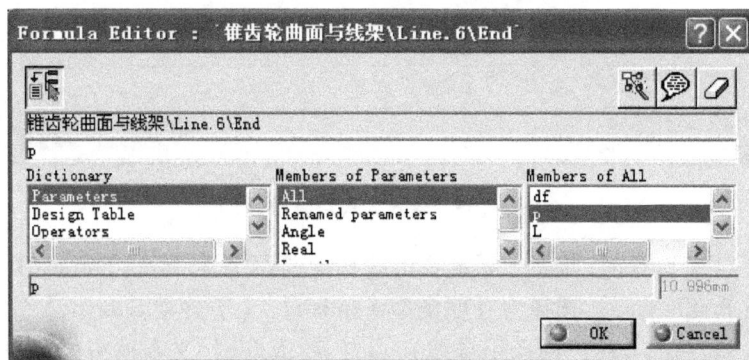

图 9-133　输入结束点参数（5）

3）单击【直线 Line】按钮，系统弹出【直线定义 Line Definition】对话框，在【直线类型 Line type】下拉列表框中选择"Point-Point"（点-点），在【点 1 Point 1】文本框中选择锥齿轮的顶点"Point.6"（点.6），在【点 2 Point 2】文本框中选择齿根圆弧的另一个端点"Circle.8 \ Vertex"（圆.8 \ 顶点）为直线的结束点，在直线的结束点【结束 End】微调框内单击右键，然后在弹出的快捷菜单中选"Edit formula"（编辑公式），如图 9-134 所示。系统弹出【公式编辑器 Formula Editor】对话框，输入节距 p，如图 9-135 所示。单击【确定 OK】按钮，返回【直线定义 Line Definition】对话框，再次单击【确定 OK】按钮完成直线创建，该直线作为扫掠时的另一条引导线。

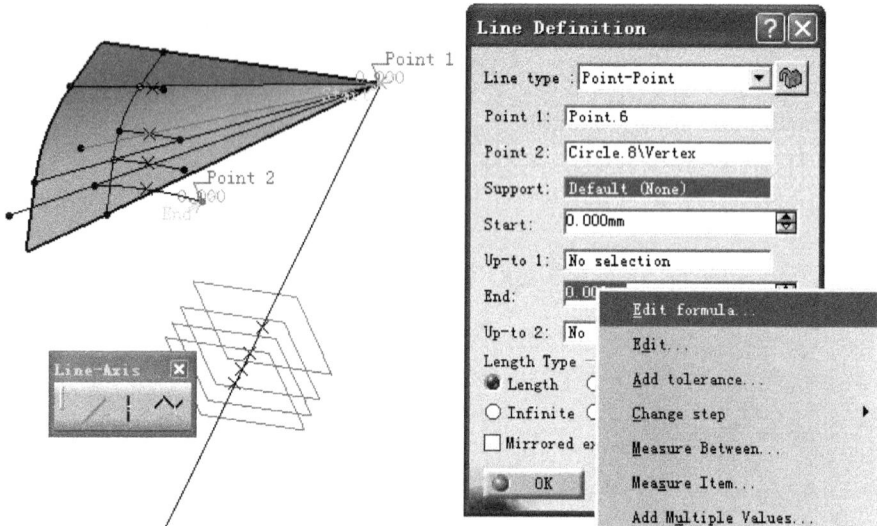

图 9-134　定义直线（6）

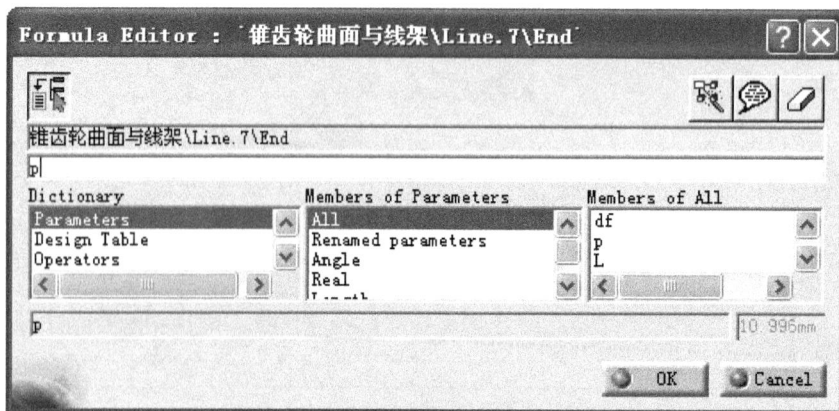

图 9-135　输入结束点参数（6）

4）单击【扫掠 Sweep】按钮，系统弹出【扫掠曲面定义 Swept Surface Definition】对话框，【轮廓类型 Profile type】选择为【明确型 Explicit】，【子类型 Subtype】文本框中选择为"With two guide curves"（使用两条引导线），【轮廓 Profile】文本框中选择为齿根圆弧曲线"Circle.8"（圆.8），【引导线 1 Guide curve 1】文本框中选择为"Line.6"（直线.6），【引

导线 2 Guide curve 2】文本框中选择为"Line.7"（直线.7），【脊线 Spine】文本框中仍选择为"Line.5"（直线.5），如图 9-136 所示。单击【预览 Preview】按钮进行观察，无误后单击【确定 OK】按钮确认。

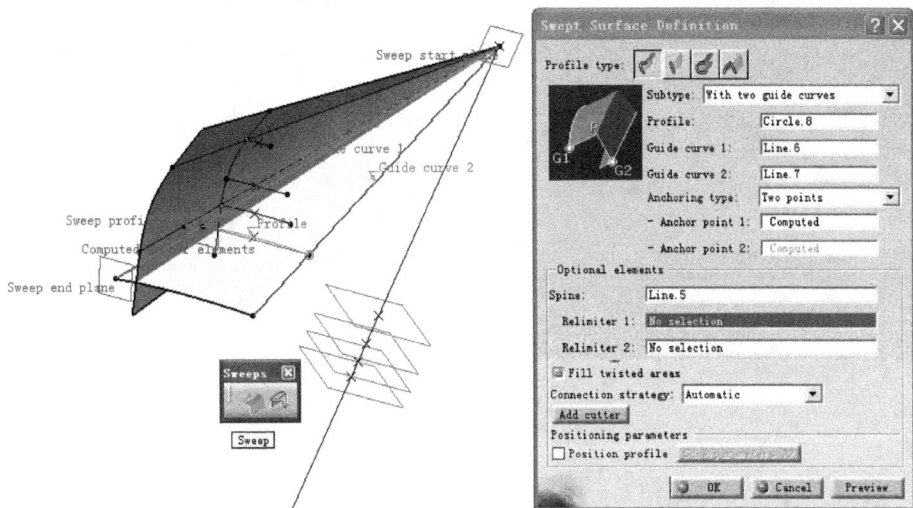

图 9-136　扫掠曲面定义（2）

5）单击【修剪 Trim】按钮，系统弹出【修剪定义 Trim Definition】对话框，选择前面所作的两个扫掠曲面"Sweep.1"（扫掠.1）和"Sweep.2"（扫掠.2），用【另一侧 Other side】按钮调整要保留地一侧曲面，如图 9-137 所示。单击【预览 Preview】按钮进行观察，无误后单击【确定 OK】按钮确认。

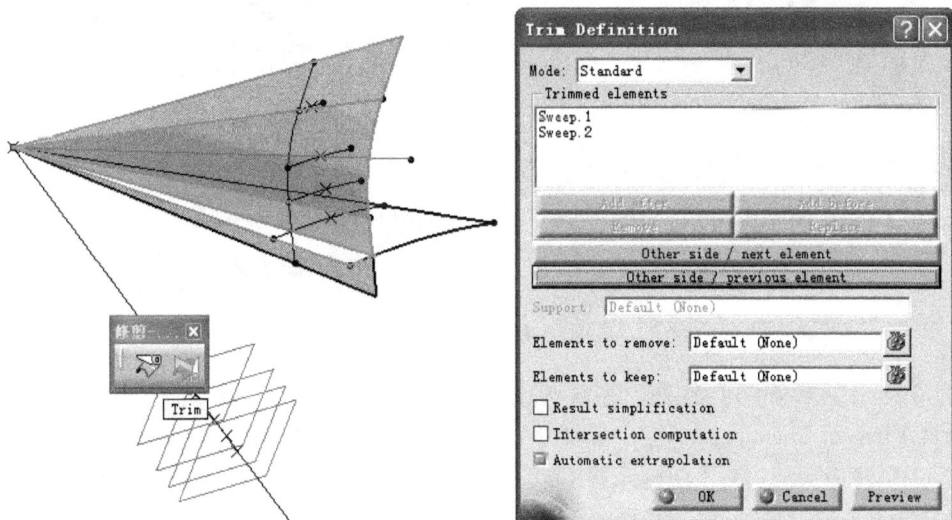

图 9-137　修剪定义（2）

6）单击【旋转 Revolve】按钮，系统弹出【旋转曲面定义 Revolution Surface Definition】对话框，在【轮廓 Profile】文本框中选择"Line.3"（直线.3），在【旋转轴 Revolution axis】文本框中选择 X 轴，【角度限制 Angle Limits】选项区中的两个微调框分别为 90°，单击【预览 Preview】按钮进行观察，无误后单击【确定 OK】按钮确认，如图 9-138 所示。

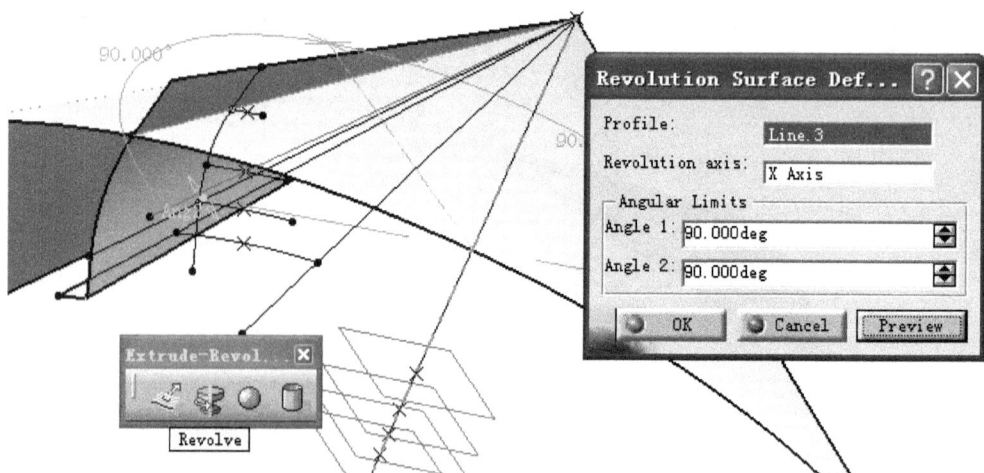

图 9-138　旋转曲面定义（1）

7）单击【相交 Intersection】按钮，系统弹出【相交定义 Intersection Definition】对话框，在【第一元素 First Element】文本框中选择"Trim.2"（修剪.2），在【第二元素 Second Element】文本框中选择"Revolute.1"（旋转.1），单击【预览 Preview】按钮进行观察，无误后单击【确定 OK】按钮确认，如图 9-139 所示。

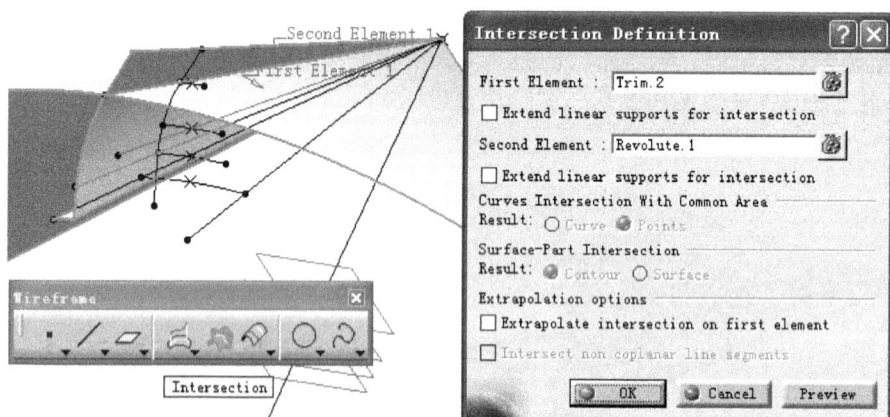

图 9-139　相交定义

8）单击【切割 Split】按钮，系统弹出【切割定义 Split Definition】对话框，在【要切割的元素 Element to cut】文本框中选择"Trim.2"（修剪.2）和"Revolute.1"（旋转.1）（与选择的顺序有关），在【切割元素 Cutting elements】列表框中选择上面所作的交线"Intersect.3"（相交.3），用【另一侧 Other side】按钮调整要保留的一侧曲面，单击【预览 Preview】按钮进行观察，无误后单击【确定 OK】按钮确认，如图 9-140 所示。

9）单击【接合 Join】按钮，系统弹出【接合定义 Join Definition】对话框，在【要接合的元素 Elements To Join】列表框中选择"Split.5"（切割.5）和"Split.6"（切割.6），如图 9-141 所示。预览后单击【确定 OK】按钮，完成接合操作。

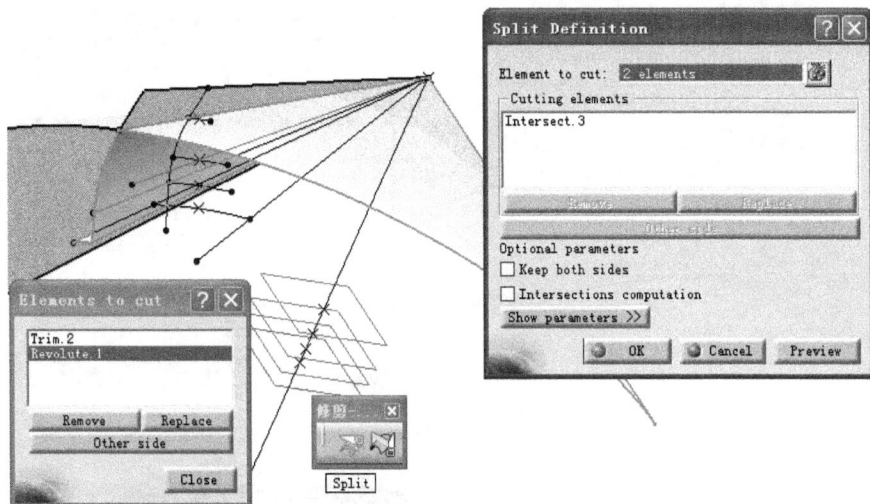

图 9-140　分割定义（5）

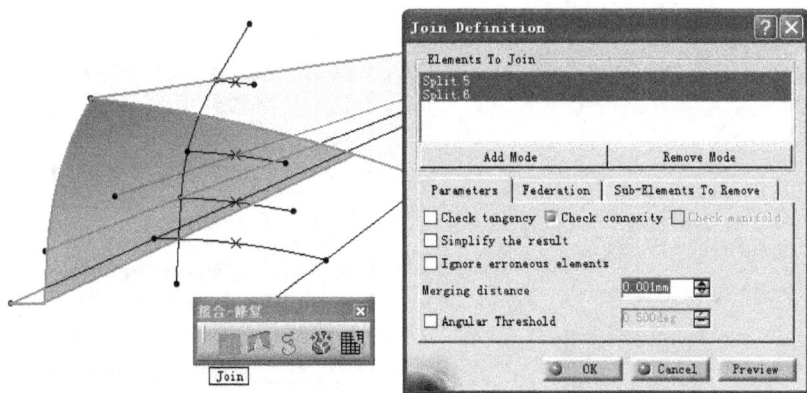

图 9-141　接合定义（1）

10）单击【切割 Split】按钮，系统弹出【切割定义 Split Definition】对话框，在【要切割的元素 Element to cut】文本框中选择 "Join. 1"（接合 . 1），在【切割元素 Cutting elements】列表框中选择 zx 平面，用【另一侧 Other side】按钮调整要保留的一侧曲面，单击【预览 Preview】按钮进行观察，无误后单击【确定 OK】按钮确认，如图 9-142 所示。

11）单击【直线 Line】按钮，系统弹出【直线定义 Line Definition】对话框，在【直线类型 Line type】下拉列表框中选择 "Point-Point"（点-点），在【点 1 Point 1】文本框中选择锥齿轮齿根圆弧引导线的顶点 "Line. 6 \ Vertex"（线 . 6 \ 顶点），在【点 2 Point 2】文本框中选择锥齿轮背锥的顶点 "Point. 7"（点 . 7）为直线的结束点，如图 9-143 所示。单击【确定 OK】按钮完成直线创建，该直线作为填充时的一条边界线。

12）单击【填充 Fill】按钮，系统弹出【填充曲面定义 Fill Surface Definition】对话框，在【边界 Boundary】列表框中选择 "Line. 6"（直线 . 6 ）、"Line. 2"（直线 . 2）和 "Line. 8"（直线 . 8），如图 9-144 所示。单击【确定 OK】按钮完成填充操作。

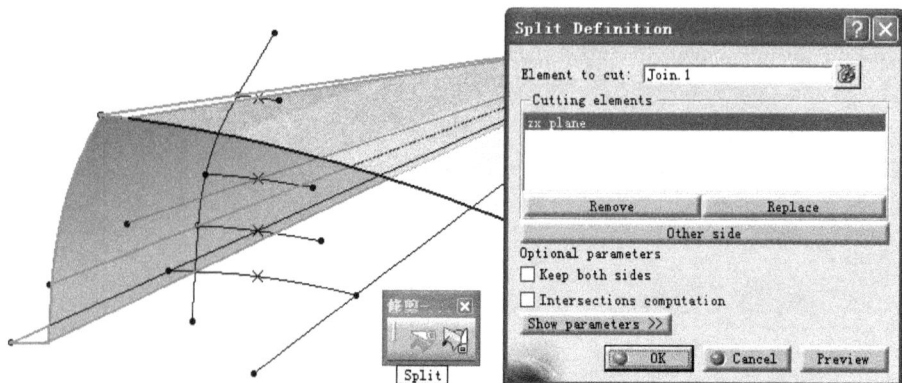

图 9-142　分割定义（6）

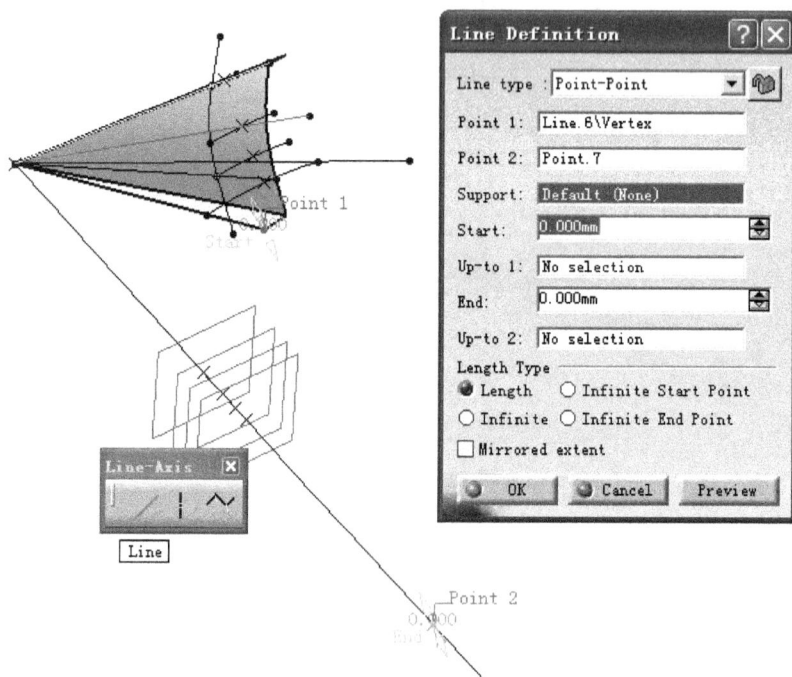

图 9-143　定义直线（7）

13）单击【接合 Join】按钮，系统弹出【接合定义 Join Definition】对话框，在【要接合的元素 Elemens To Join】列表框中选择"Split. 7"（切割 . 7）和"Fill. 1"（填充 . 1），如图 9-145 所示，预览后单击【确定 OK】按钮，完成接合操作。

14）在【工具 Tool】下拉菜单中单击【隐藏 Hide】工具后面的黑色三角符号，分别隐藏所有的点、直线和曲线，如图 9-146 所示。

15）单击【对称 Symmetry】按钮，系统弹出【对称定义 Symmetry Definition】对话框，在【元素 Element】文本框中选择"Join. 2"（接合 . 2），在【参考 Reference】文本框中选 *zx* 平面，在【结果 Result】选项区中选中【曲面 Surface】单选按钮，如图 9-147 所示。单击【预览 Preview】按钮，观察无误后单击【确定 OK】按钮确认。

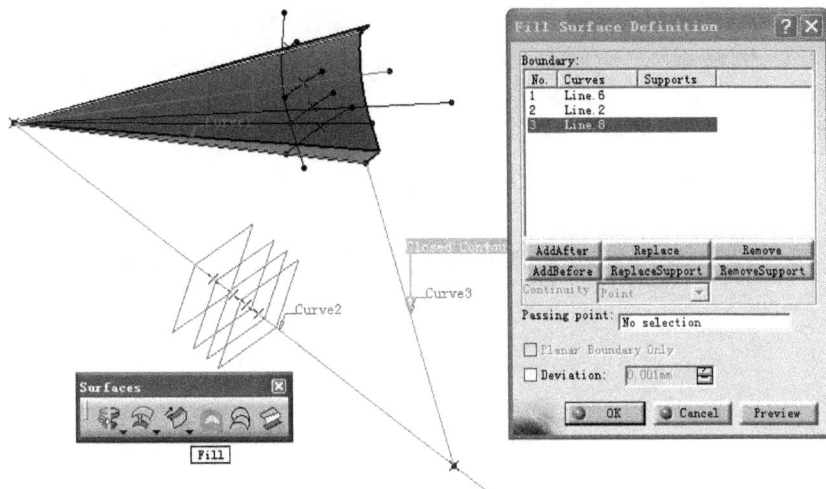

图9-144 填充定义

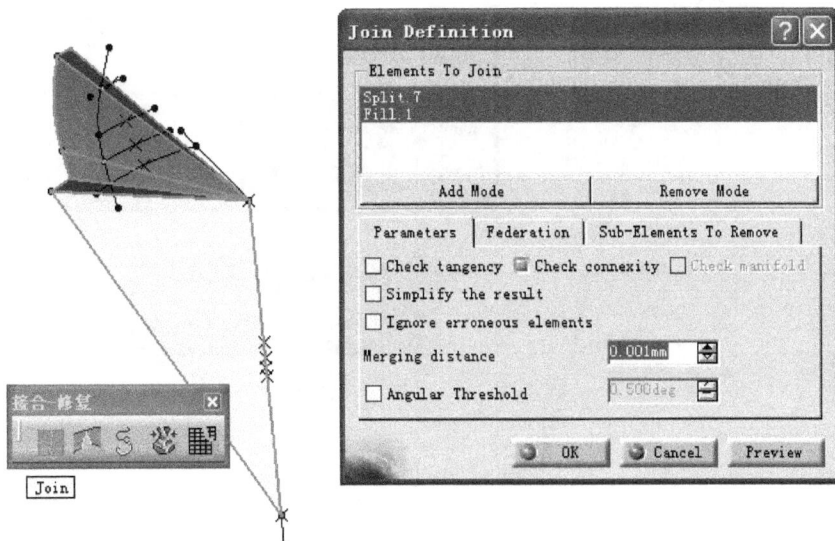

图9-145 接合定义（2）

16）单击【直线 Line】按钮，系统弹出【直线定义 Line Definition】对话框，在【直线类型 Line type】下拉列表框中选择"Point-Point"（点-点），在【点1 Point 1】文本框中选择锥齿轮背锥的顶点"Point.7"（点.7）作为起始点，在【点2 Point 2】文本框中选择锥齿轮齿顶圆弧的顶点"Rotate.5"（旋转.5）为直线的结束点，在【结束 End】微调框内单击右键，然后在弹出的快捷菜单中选"Edit formula"（编辑公式），如图9-148所示。系统弹出【公式编辑器 Formula Editor】对话框，输入齿距 p，如图9-149所示。单击【确定 OK】按钮，返回【直线定义 Line Definition】对话框，再次单击【确定 OK】按钮，完成直线创建。

17）单击【旋转 Revolve】按钮，系统弹出【旋转曲面定义 Revolution Surface Definition】对话框，在【轮廓 Profile】文本框中选择上面所作的"Line.9"（直线.9），在【旋转

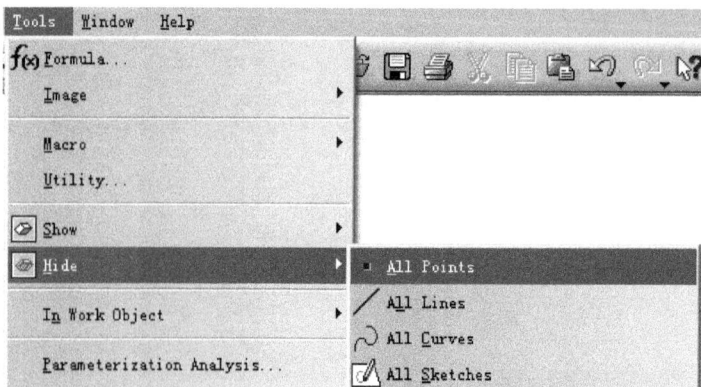

图 9-146 隐藏点和线

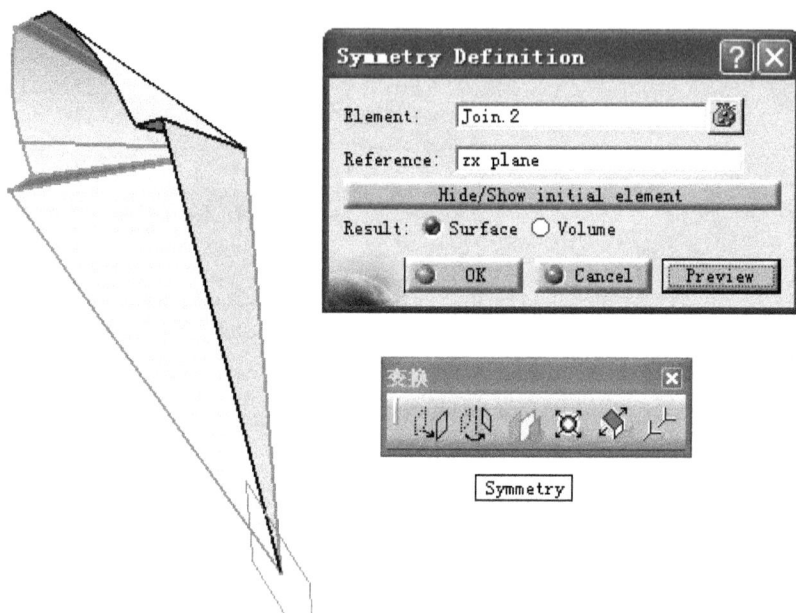

图 9-147 对称操作

轴 Revolution axis】文本框中选择 X 轴,【角度限制 Angular Limits】选项区中两个微调框分别为 90°,单击【预览 Preview】按钮,观察无误后单击【确定 OK】按钮确认,如图 9-150 所示。

18）单击【接合 Join】按钮,系统弹出【接合定义 Join Definition】对话框,在【要接合的元素 Elements To Join】列表框中选择 "Join.2"（接合.2）和 "Symmetry.3"（对称.3）,预览后单击【确定 OK】按钮,完成接合操作,如图 9-151 所示。

19）单击【修剪 Trim】按钮,系统弹出【修剪定义 Trim Definition】对话框,选择前面所作的两个扫掠曲面【旋转.2 Revolute.2】和【接合.3 Join.3】,用【另一侧 Other side】按钮调整要保留地一侧曲面,如图 9-152 所示,单击【预览 Preview】按钮进行观察,无误后单击【确定 OK】按钮确认。

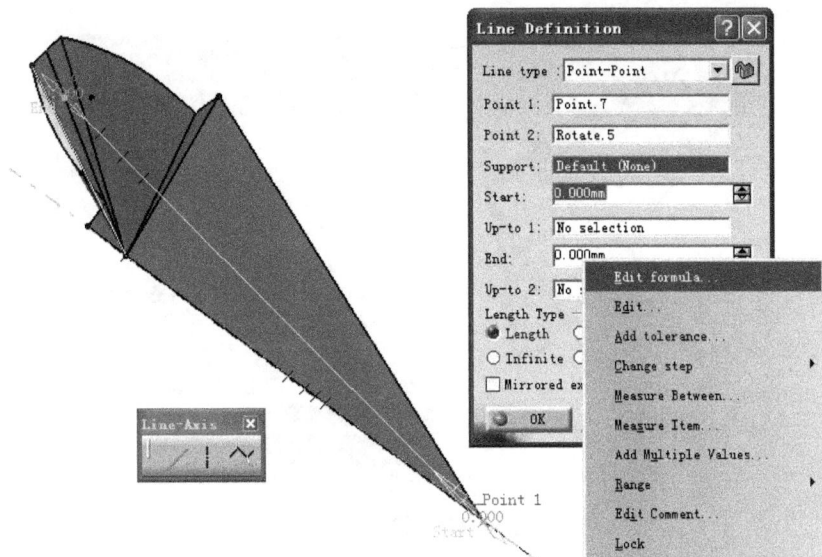

图 9-148　定义直线（8）

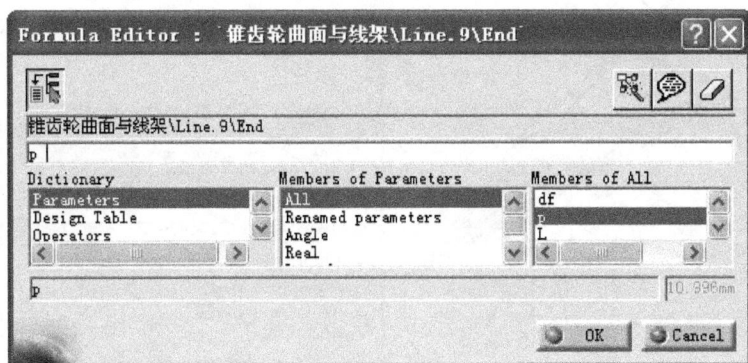

图 9-149　输入结束点参数（7）

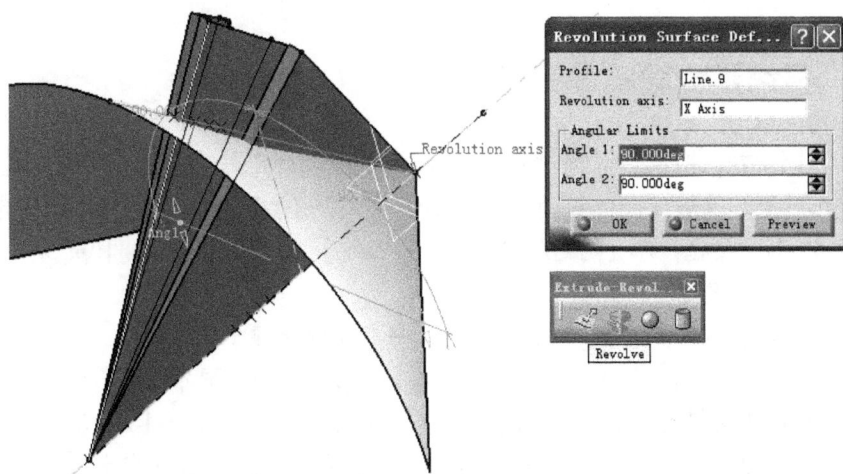

图 9-150　旋转曲面定义（2）

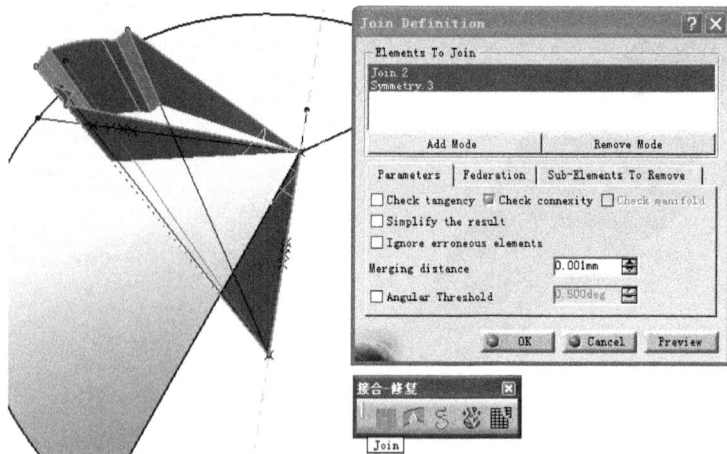

图 9-151　接合操作

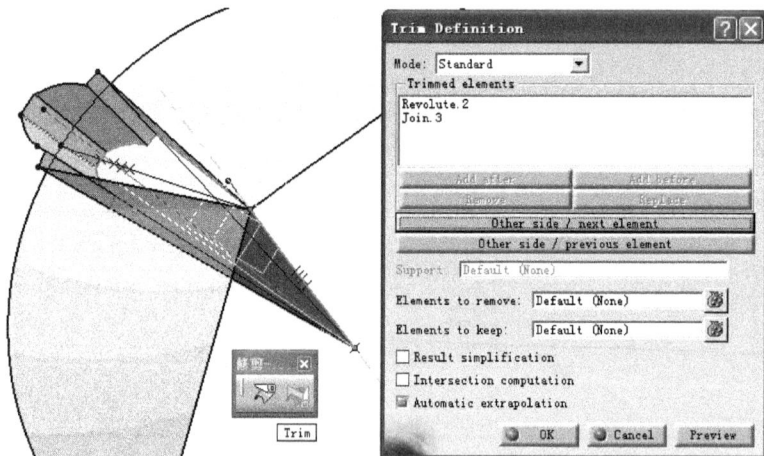

图 9-152　修剪定义（3）

9.3　直齿锥齿轮实体设计

1）退出【创成式曲面设计工作台】，进入【零件设计工作台】，将"锥齿轮实体"设置为当前工作对象，单击【曲面封闭 Close Surface】按钮，系统弹出【曲面封闭定义 Close-Surface Definition】对话框，在【封闭对象 Object to close】文本框中选择"Trim. 3"（修剪.3），单击【确定 OK】按钮确认，如图 9-153 所示。

2）隐藏【修剪.3 Trim. 3】，则曲面不见，只有实体被显示出来，单击 zx 平面，然后进入【草图绘制工作台】，将【点.6 Point. 6】和【线.9 line. 9】显示出来，如图 9-154 所示。

3）以构造元素绘制图 9-155 所示的直线，直线的下部端点要与【点.6 Point. 6】相合，然后约束其与水平轴 H 之间的角度。在所标注的角度值上双击，系统弹出【约束定义 Constraint Definition】对话框，在【数值 Value】微调框内单击右键，然后在弹出的快捷菜单

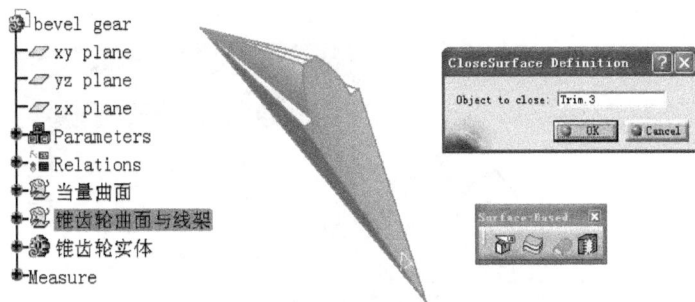

图 9-153 曲面封闭定义

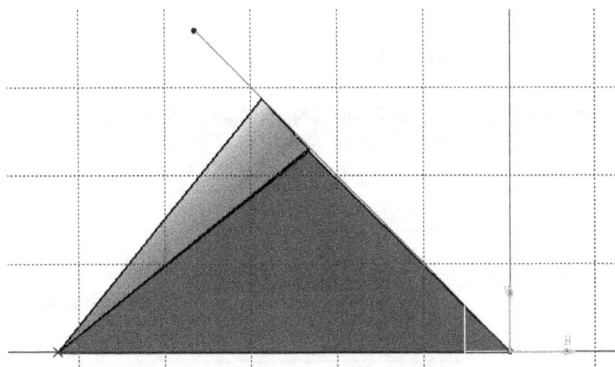

图 9-154 进入草图

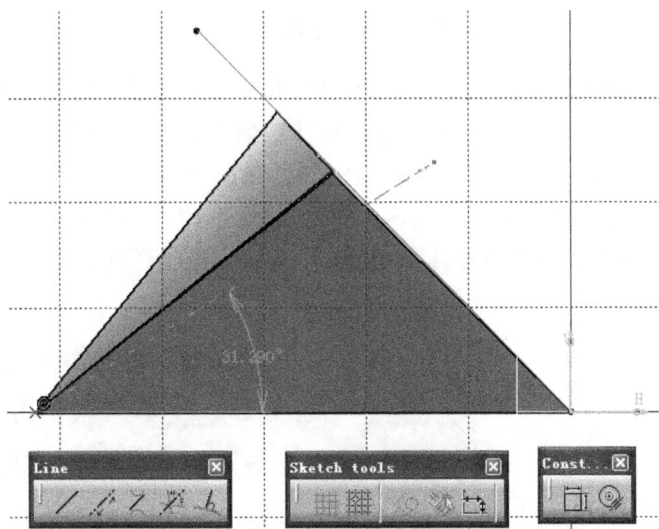

图 9-155 绘制构造线

中选"Edit formula"（编辑公式），如图 9-156 所示。系统弹出【公式编辑器 Formula Editor】对话框，输入公式 $\delta_1 - 2a\tan\ (h_f/L)$，如图 9-157 所示。单击【确定 OK】按钮，返回【约束定义 Constraint Definition】对话框，再次单击【确定 OK】按钮，完成角度参数的约束。

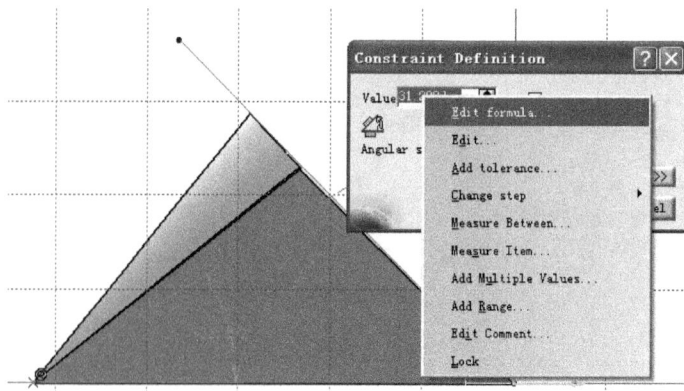

图 9-156　编辑构造线角度

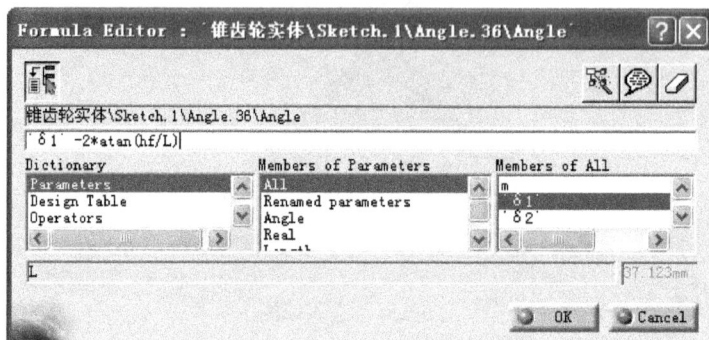

图 9-157　输入角度参数公式（7）

4）继续约束所绘制的直线长度，如图 9-158 所示。在所标注的长度值上双击，系统弹出【约束定义 Constraint Definition】对话框，在【数值 Value】微调框内单击右键，然后在弹出的快捷菜单中选 "Edit formula"（编辑公式），系统弹出【公式编辑器 Formula Editor】对话框，输入公式 $L+p$，如图 9-159 所示。单击【确定 OK】按钮，返回【约束定义 Constraint Definition】对话框，再次单击【确定 OK】按钮，完成直线长度的参数化约束。

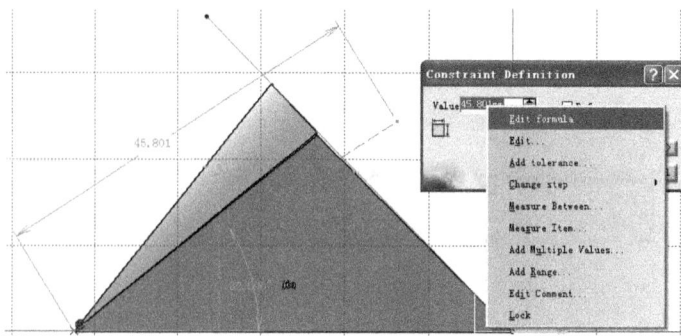

图 9-158　约束直线长度

5）用标准元素绘制图 9-160 所示的梯形，梯形的腰线与水平轴线 H 相合，长底线为铅垂线且下端点与【点.6 Point.6】相合，短底线也为铅垂线。

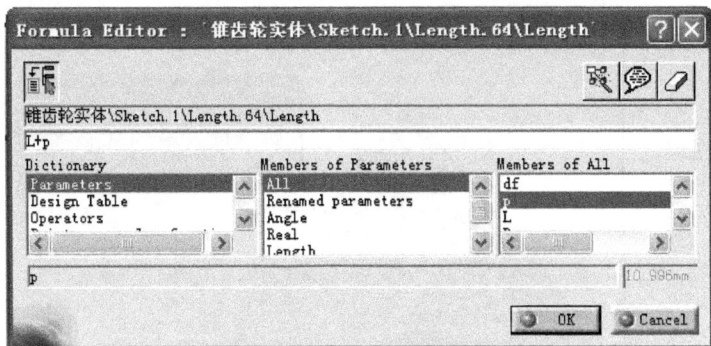

图 9-159　输入长度参数公式

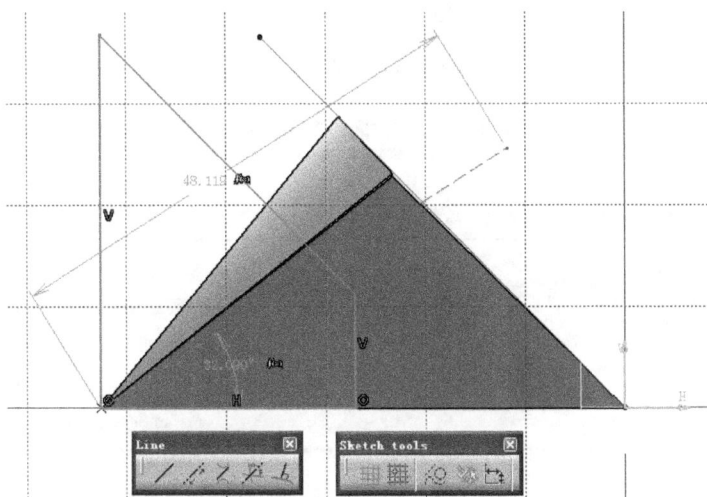

图 9-160　绘制梯形

6）约束梯形斜腰与【线 . 9 line. 9】之间的距离，如图 9-161 所示，在所标注的长度值上双击，系统弹出【约束定义 Constraint Definition】对话框，在【数值 Value】微调框内单击右键，然后在弹出的快捷菜单中选"Edit formula"（编辑公式），系统弹出【公式编辑器 Formula Editor】，输入锥齿轮的齿宽公式 B，如图 9-162 所示。单击【确定 OK】按钮，返回到【约束定义 Constraint Definition】对话框，再次单击【确定 OK】按钮，完成直线之间的距离参数约束。

7）按住 < Ctrl > 键的同时选中梯形的斜腰和【线 . 9 line. 9】，然后单击【在对话框中约束定义 Constraints Defined in Dialog Box】按钮，系统弹出【约束定义 Constraint Definition】对话框，选中【平行 Parallelism】复选框，然后单击【确定 OK】按钮，完成平行约束，如图 9-163 所示。

8）按住 < Ctrl > 键的同时选中梯形的斜腰和短底线的交点，再选中构造线，然后单击【在对话框中约束定义 Constraints Defined in Dialog Box】按钮，系统弹出【约束定义 Constraint Definition】对话框，选中【相合 Coincidence】复选框，然后单击【确定 OK】按钮，完成相合约束，如图 9-164 所示。同样，按住 < Ctrl > 键的同时选中梯形的腰线和长底线的

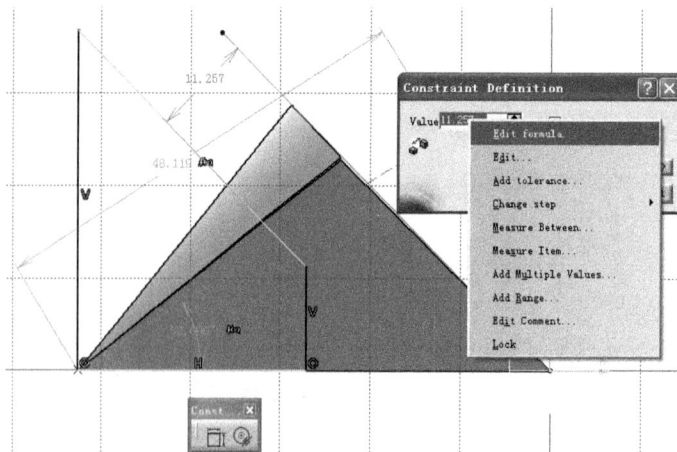

图 9-161   约束距离

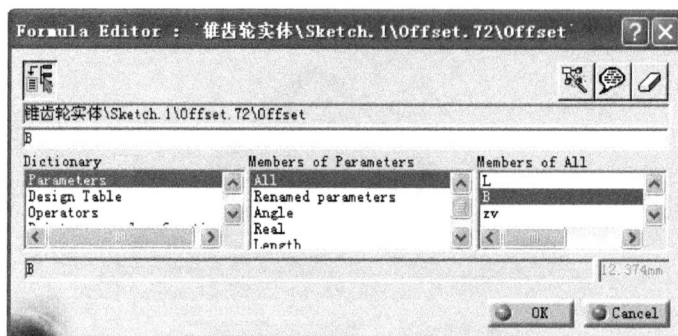

图 9-162   输入锥齿轮齿宽参数

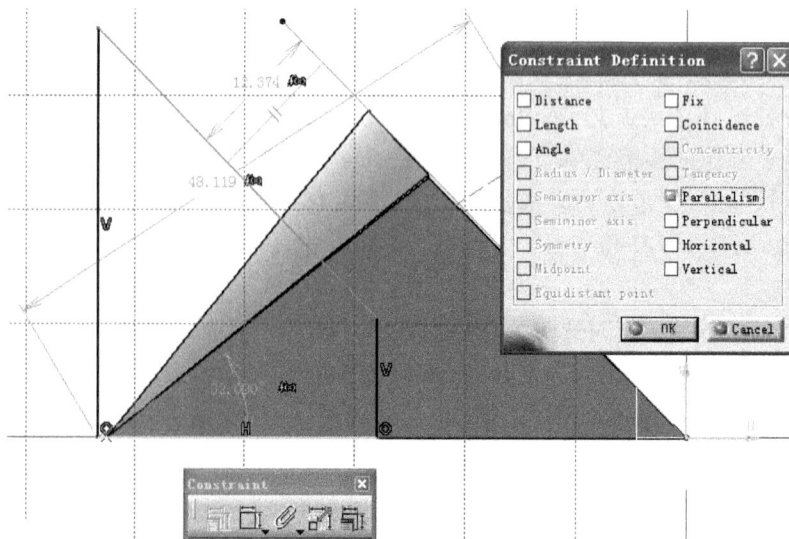

图 9-163   平行约束

交点，再选中【点.6 Point.6】，然后单击【在对话框中约束定义 Constraints Defined in Dialog Box】按钮，系统弹出【约束定义 Constraint Definition】对话框，选中【相合 Coincidence】复选框，然后单击【确定 OK】按钮，完成相合约束，如图 9-165 所示。

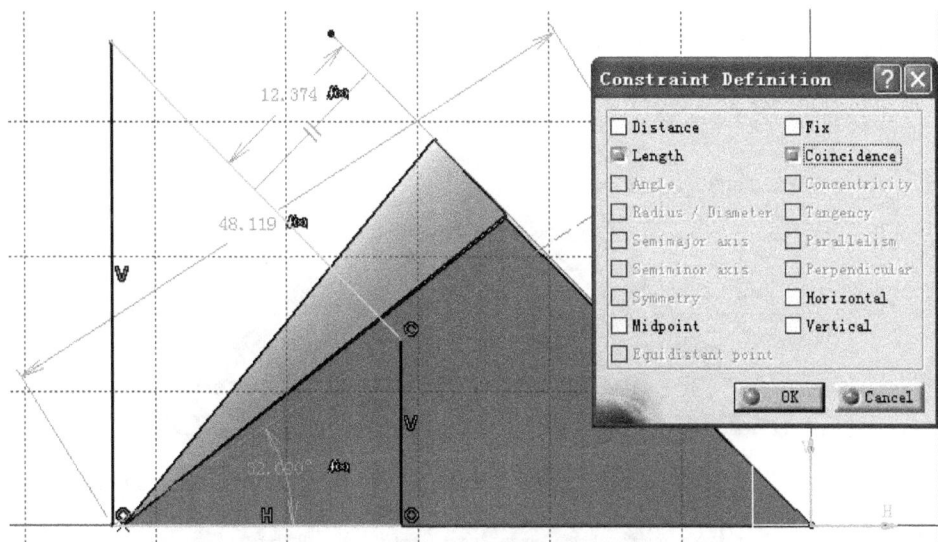

图 9-164　相合约束（1）

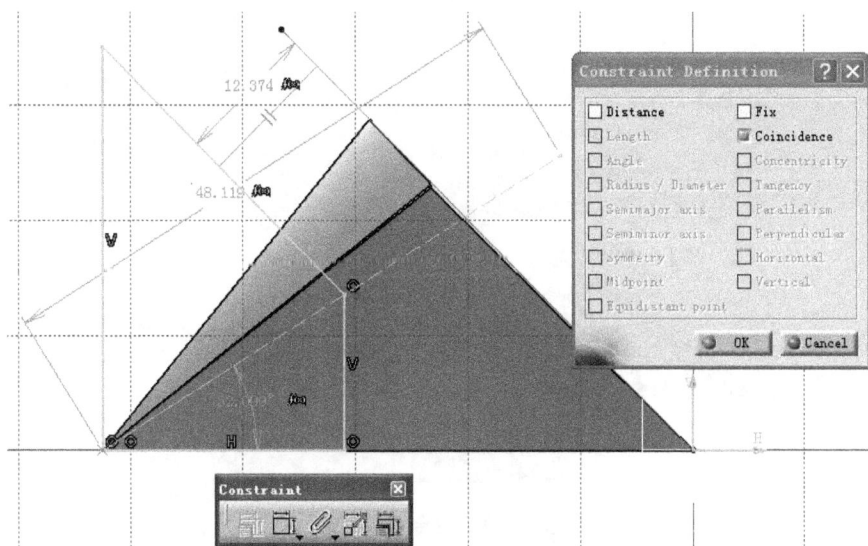

图 9-165　相合约束（2）

9）用标准元素绘制一个矩形，底边与水平轴线 *H* 相合，右下角点与锥齿轮的背锥顶点（即原点）相合，如图 9-166 所示。按住 < Ctrl > 键的同时选中矩形的左上角点，再选中【线.9 line.9】，然后单击【在对话框中约束定义 Constraints Defined in Dialog Box】按钮，系统弹出【约束定义 Constraint Definition】对话框，选中【相合 Coincidence】复选框，然后单击【确定 OK】按钮，完成相合约束，如图 9-167 所示。同样，按住 < Ctrl > 键的同时选中矩形的左上角点，再选中构造线，然后单击【在对话框中约束定义 Constraints Defined in

Dialog Box】按钮，系统弹出【约束定义 Constraint Definition】对话框，选中【相合 Coincidence】复选框，然后单击【确定 OK】按钮，完成相合约束，如图9-168所示。

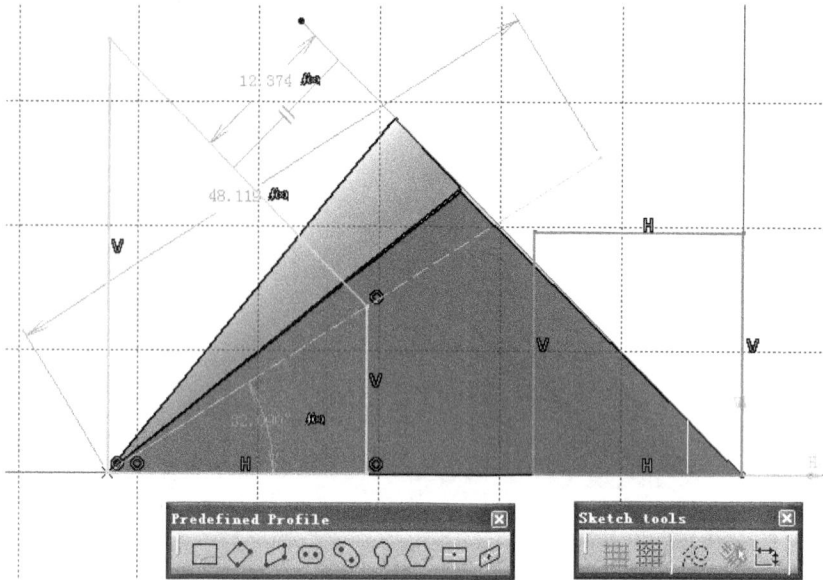

图9-166　绘制矩形

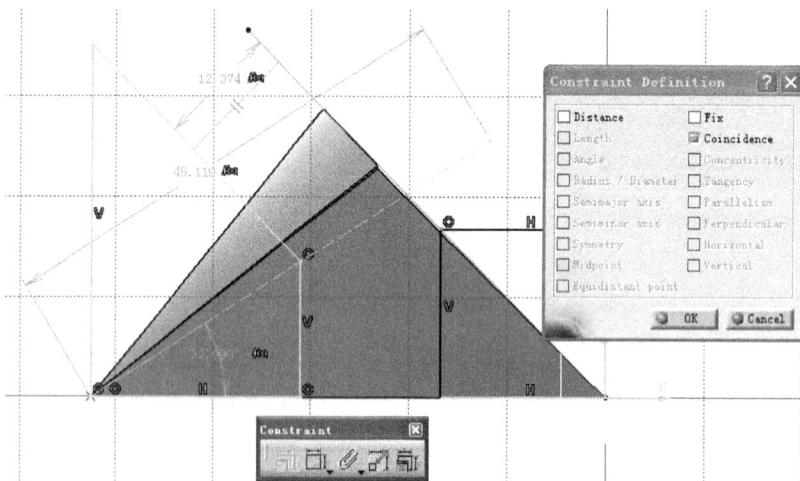

图9-167　相合约束（3）

10）退出【草图工作平台】，进入【零件设计平台】。单击【旋转槽 Groove】按钮，系统弹出【旋转槽定义 Groove Definition】，在【限制 Limits】选项区中选择整周回转（即360°），在轮廓的【选项 Selection】文本框中选择刚绘制的"Sketch.1"（草图.1），在【轴线 Axis】选择 *X* 轴，单击【预览 Preview】按钮进行观察，无误后单击【确定 OK】按钮确认，如图9-169所示。

11）完成单个齿坯的造型后，单击【边倒圆角 Edge Fillet】按钮，系统弹出【边倒圆角定义 Edge Fillet Definition】对话框，在【倒圆角对象 Object（s）to fillet】文本框中选中两

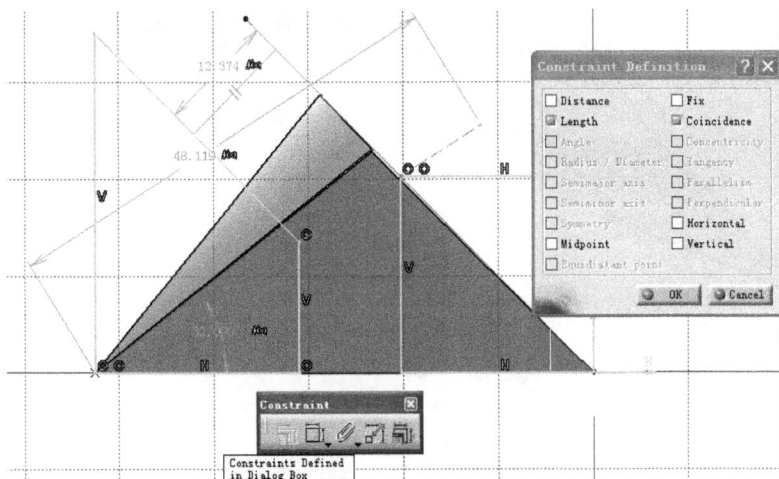

图 9-168 相合约束（4）

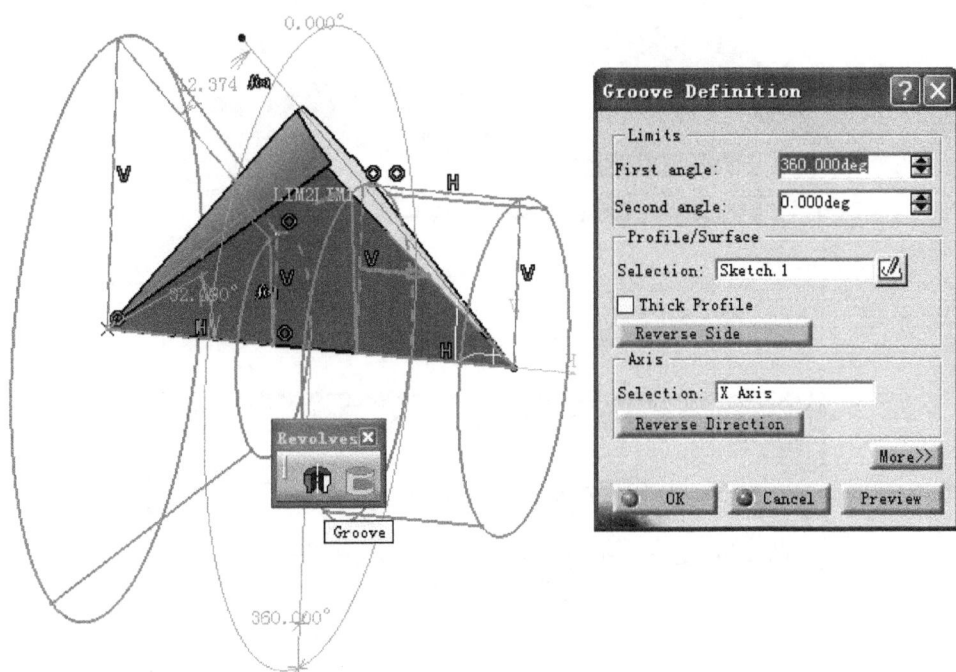

图 9-169 旋转切槽定义

条齿根处的交线，在【选择模式 Selection mode】下拉列表框中选择"Tangency"（相切），如图 9-170 所示。单击【预览 Preview】按钮进行观察，然后在【半径 Radius】微调框内单击右键，然后在弹出的快捷菜单中选"Edit formula"（编辑公式），如图 9-171 所示。系统弹出【公式编辑器 Formula Editor】对话框，输入锥齿轮的齿根圆角半径公式 0.38m，如图 9-172 所示。单击【确定 OK】按钮，返回【边倒圆角定义 Edge Fillet Definition】对话框，再次单击【确定 OK】按钮，完成齿根圆角的参数化约束。

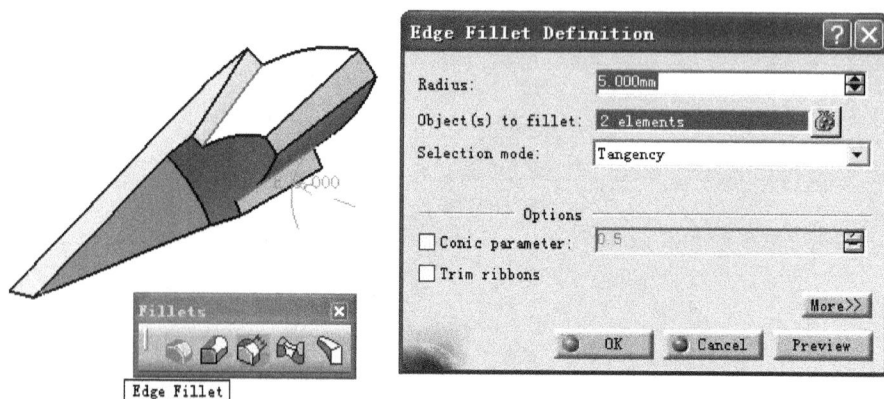

图 9-170　边倒圆角定义

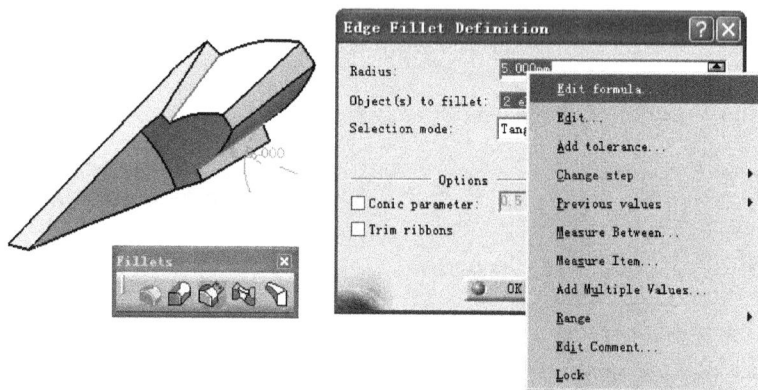

图 9-171　编辑圆角半径

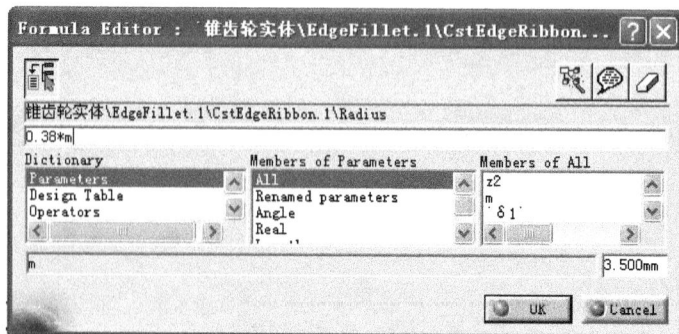

图 9-172　输入圆角半径参数

12）单击【圆环阵列 Circular Pattern】按钮，系统弹出【圆环阵列定义 Circular Pattern Definition】对话框，在【参考元素 Reference element】文本框中单击右键，然后在弹出的快捷菜单中选 X 轴，在【轴向参考 Axial Reference】选项卡上设置参数，在【参数 Parameters】中选择【圆周排列 Complete Crown】，如图 9-173 所示。在【实例 Instance（s）】微调框内单击右键，选择然后在弹出的快捷菜单中单击"Edit formula"（编辑公式），如图 9-174 所示。

系统弹出【公式编辑器 Formula Editor】对话框，输入齿轮的齿数 z_1，如图 9-175 所示。单击
【确定 OK】按钮确认，返回【圆环阵列定义 Circular Pattern Definition】对话框，如图 9-176
所示。

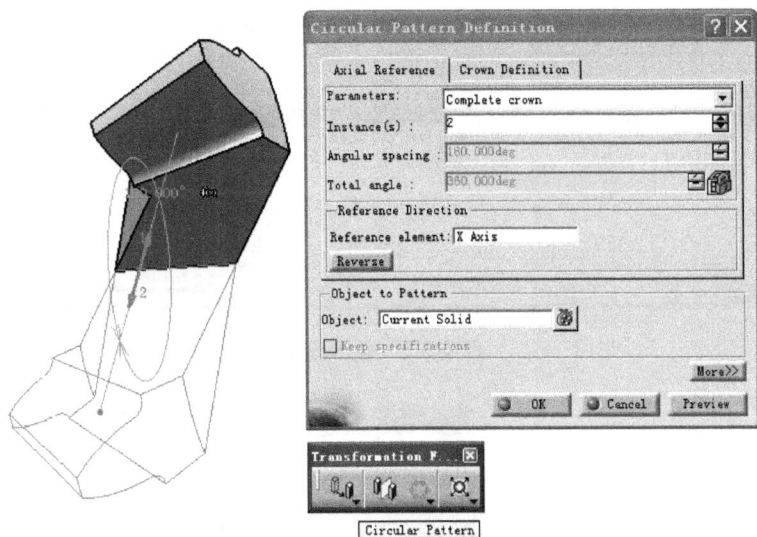

图 9-173　圆环阵列定义

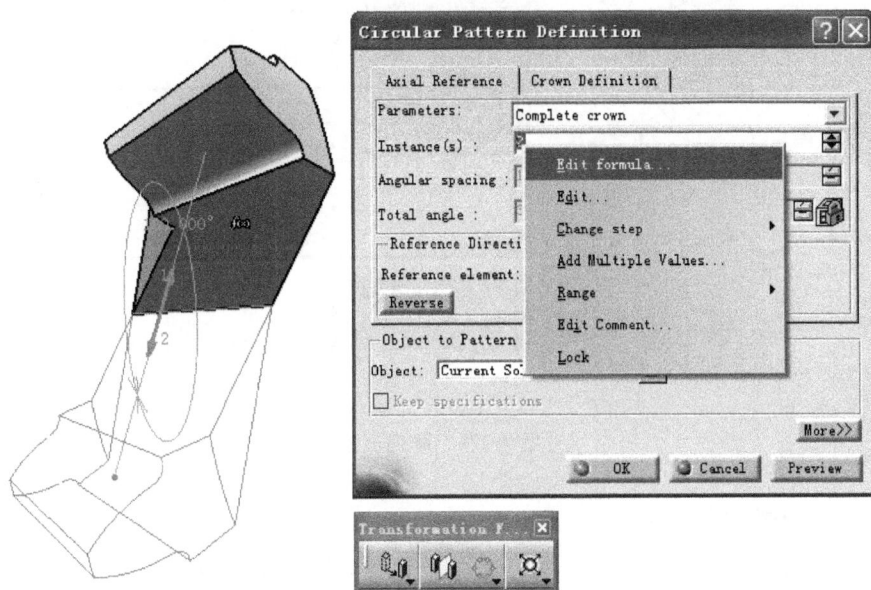

图 9-174　编辑圆环阵列参数

13）单击【预览 Preview】按钮进行观察，无误后单击【确定 OK】按钮确认，完成齿
形的阵列操作，如图 9-177 所示。

14）打开树状目录的参数节点，修改齿数，然后进行更新操作，得到传动比变化后的
直齿锥齿轮模型，并验证了建模的正确性，如图 9-178 所示。

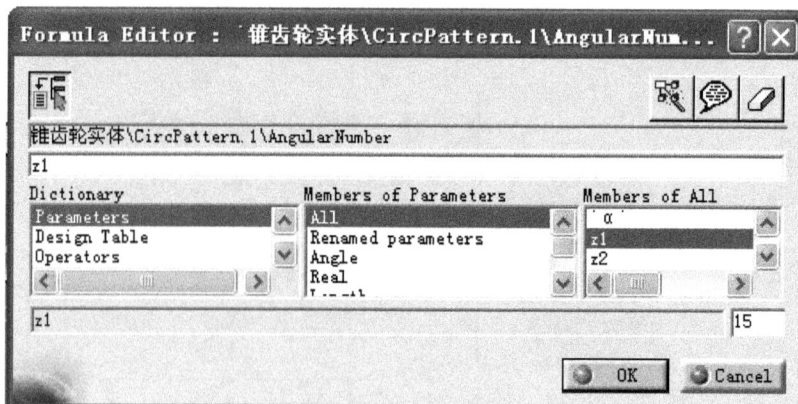

图 9-175　输入齿数

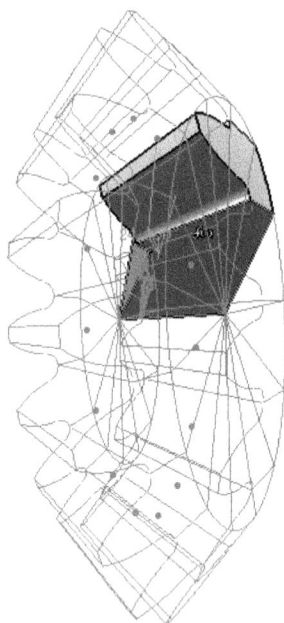

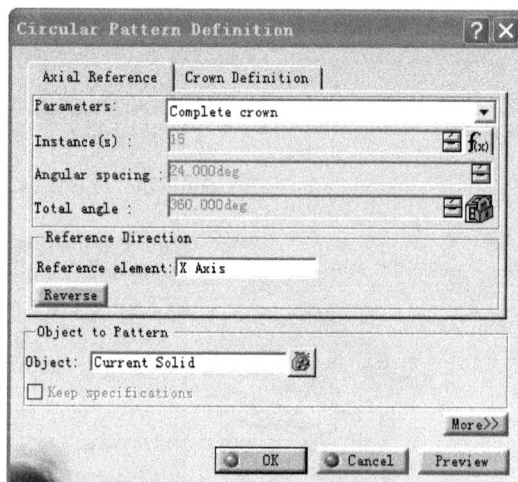

图 9-176　阵列预览

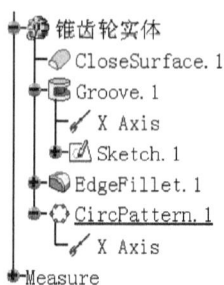

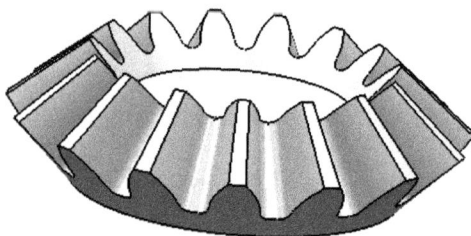

图 9-177　直齿锥齿轮

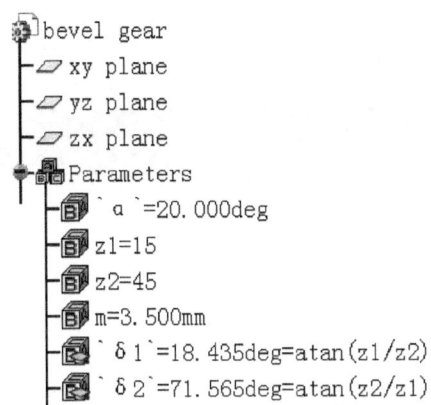

图 9-178 修改参数后的直齿圆锥齿轮

第10章

滚子链轮参数化设计

根据国家标准规定，滚子链轮的齿廓形状采用三圆弧-直线齿槽形状，其各部位尺寸参数如图 10-1 所示，所用的计算公式请用户自行查阅机械设计手册。

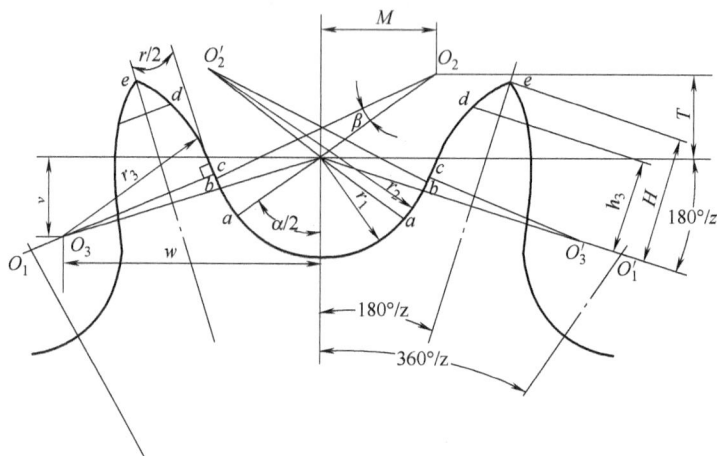

图 10-1　三圆弧-直线齿槽形状

10.1　滚子链轮参数设置

1）首先打开 CATIA 应用程序，然后在【文件 File】下拉菜单中选择【新建…New…】，在系统弹出的【新建】对话框中选择【零件 Part】，在树状目录【零件.1 Part.1】上单击右键，然后在弹出的快捷菜单中选择 "Properties"（属性），在弹出的【属性 Properties】对话框中修改【零件号 Part Number】为 "sprocket wheel"。继续在【几何图形集 Geometrical Set.1】上单击右键，同样在弹出的快捷菜单中选择 "Properties"（属性），修改【特征属性 Feature Properties】为 "链轮草图"。同理，在【零件几何体 PartBody】上单击右键，在弹出的快捷菜单中选择 "Properties"（属性），修改【特征属性 Feature Properties】为 "链轮实体"。

2）进行参数设置前要确认已经将选项设置中选中【参数 Parameters】【关系 Relations】【带值 With value】和【带公式 With formula】复选框。

3）先在【工具 Tools】下拉菜单中选中 "Formula"（公式）选项，或单击工具条中的公式图标，如图 10-2 所示。

图 10-2 工具下拉菜单

4）如图 10-3 所示，系统自动弹出公式编辑对话框，将【新参数类型 New Parameter of type】更改为"Real"（实型）。单击【新参数类型 New Parameter of type】按钮，输入链轮的排数 $i=1$，单击【应用 Apply】按钮。继续单击【新参数类型 New Parameter of type】按钮，输入链轮的齿数 $z=25$，单击【应用 Apply】按钮，如图 10-4 所示。

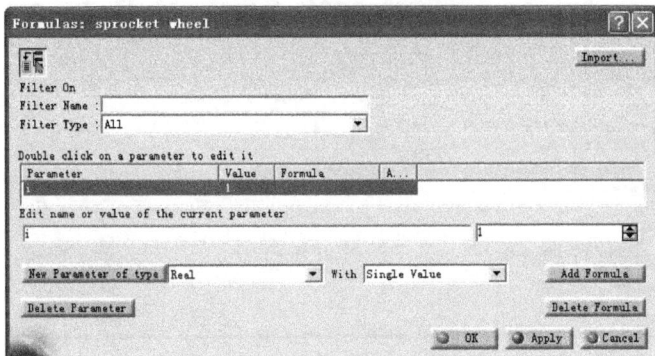

图 10-3 输入链轮排数参数

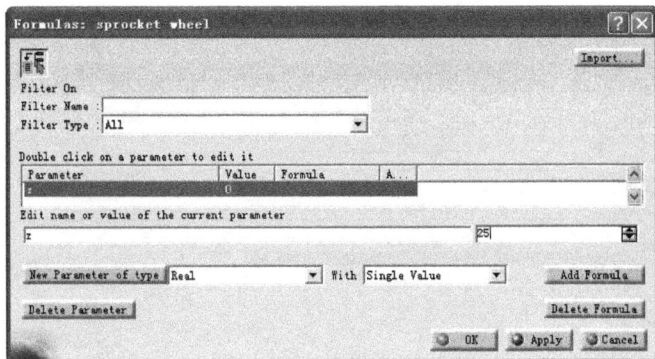

图 10-4 输入链轮齿数参数

5）将【新参数类型 New Parameter of type】更改为"Length"（长度）。单击【新参数类型 New Parameter of type】按钮，输入链轮的节距 $p=9.525$，单击【应用 Apply】按钮，如图 10-5 所示。继续单击【新参数类型 New Parameter of type】按钮，输入链轮的齿宽 $b=$

5.2，单击【应用 Apply】按钮，如图 10-6 所示。上述输入的四个参数供用户在设计链轮的初始阶段根据设计要求重新设置，细节待参数设置完毕后讲解。

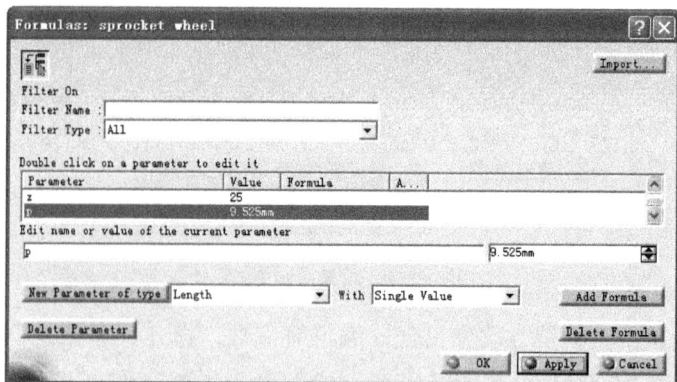

图 10-5　输入节距参数

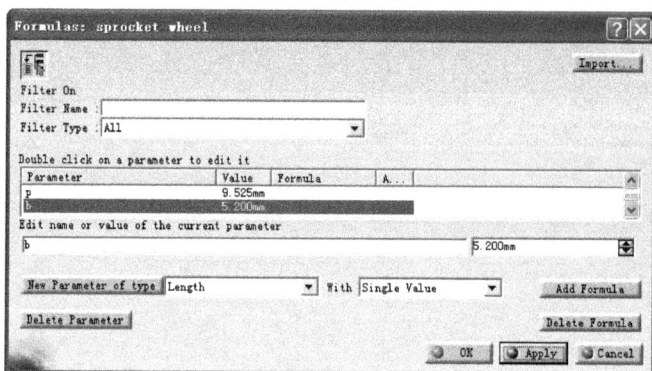

图 10-6　输入链轮的齿宽参数

6）继续输入链轮的滚子直径 $d_r = 6.350$，注意此时的【新参数类型 New Parameter of type】仍为"Length"（长度），单击【应用 Apply】按钮，如图 10-7 所示。

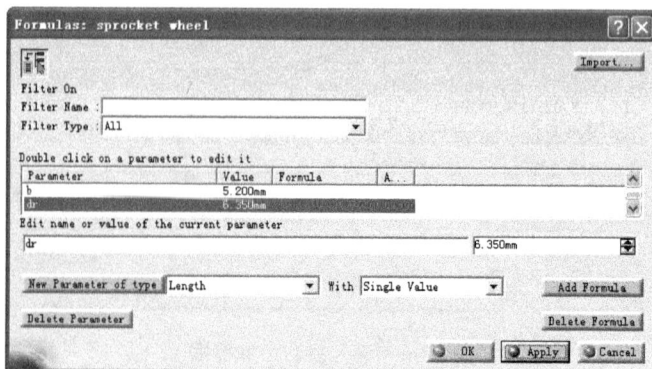

图 10-7　输入链轮的滚子直径参数

7）输入节圆直径公式 $d = p/\sin(180°/z)$，单击【新参数类型 New Parameter of type】按钮，输入 d，如图 10-8 所示。单击【添加公式 Add Formula】按钮，系统自动弹出图 10-9

所示的【公式编辑器 Formula Editor】对话框，然后输入公式 $p/\sin\,(180°/z)$，单击【确定 OK】按钮确认。确认后树状目录和公式编辑器如图 10-10 所示，注意此时公式编辑器的公式录入格式。

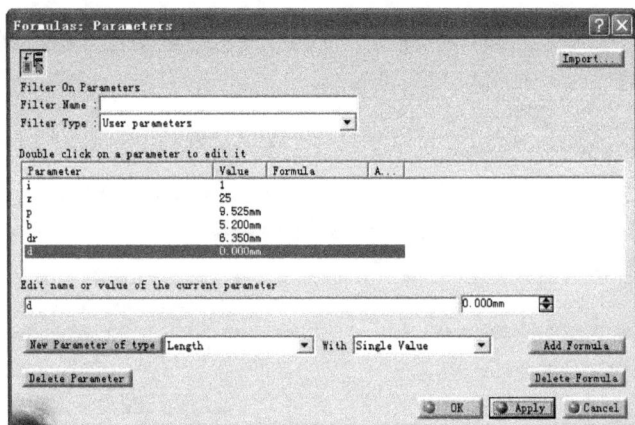

图 10-8　输入节圆直径参数

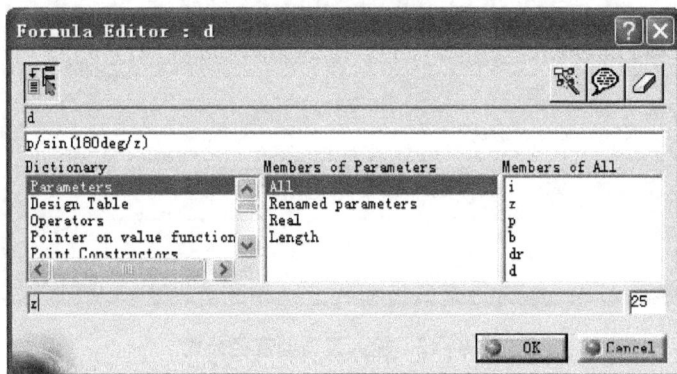

图 10-9　输入节圆直径公式

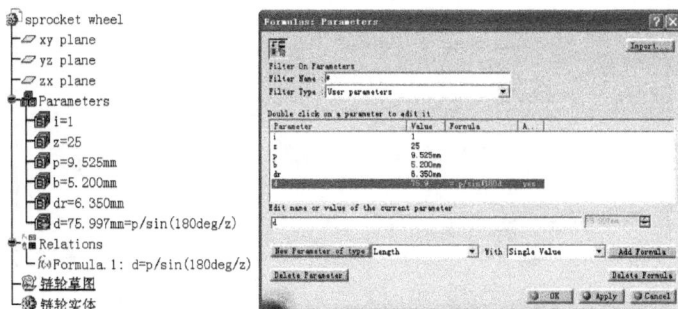

图 10-10　树状目录和公式编辑器

8）继续用类似的方法输入齿顶圆直径 $d_a = p\left[0.54 + 1/\tan(180°/z)\right]$，如图 10-11 和图 10-12所示；齿根圆直径 $d_f = d - d_r$，如图 10-13 和图 10-14 所示；齿沟圆弧半径 $r_1 =$

$0.5025d_r + 0.05$，如图 10-15 和图 10-16 所示。输入公式的显示效果及树状目录上展开 "Relations"（关系）节点，全部输入公式及格式如图 10-17 所示，可以在此处进行检查和修改。

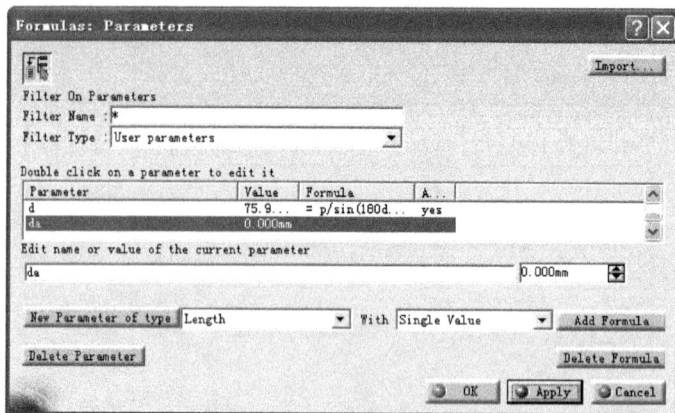

图 10-11　输入齿顶圆直径参数

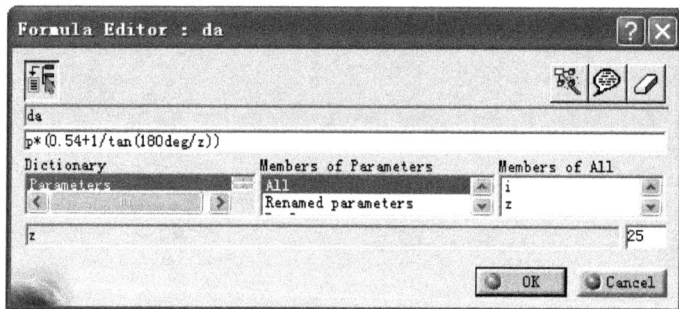

图 10-12　输入齿顶圆直径公式

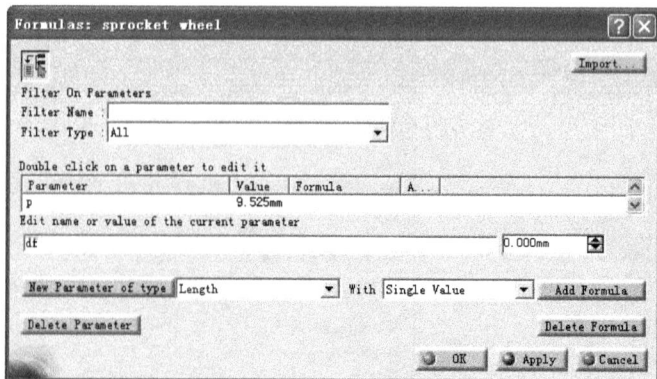

图 10-13　输入齿根圆直径参数

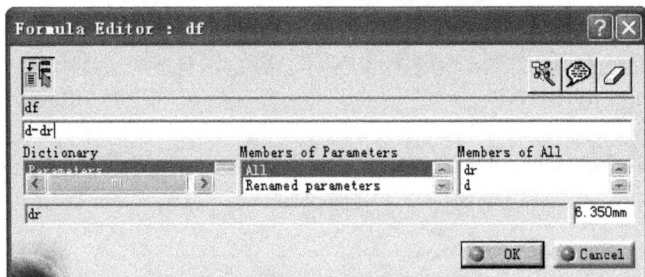

图 10-14　输入齿根圆直径公式

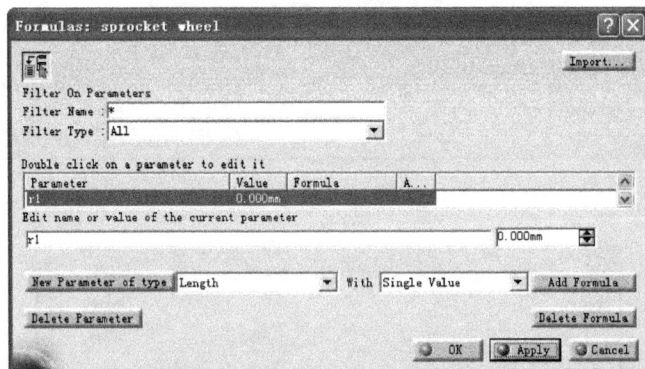

图 10-15　输入齿沟圆弧半径参数

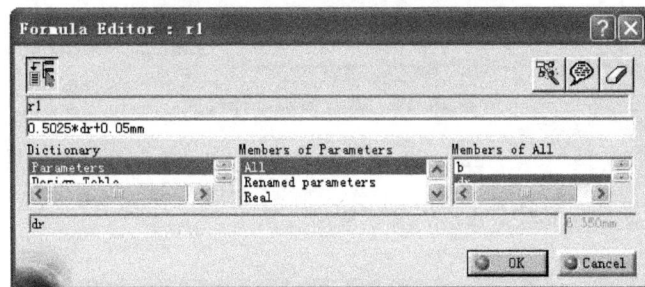

图 10-16　输入齿沟圆弧半径公式

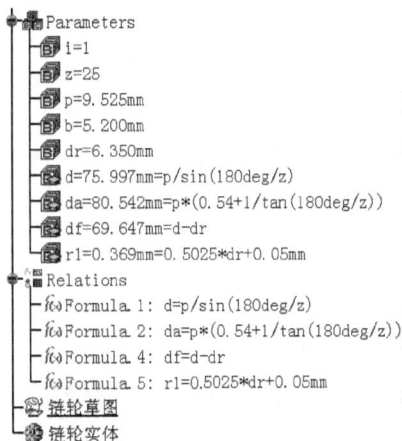

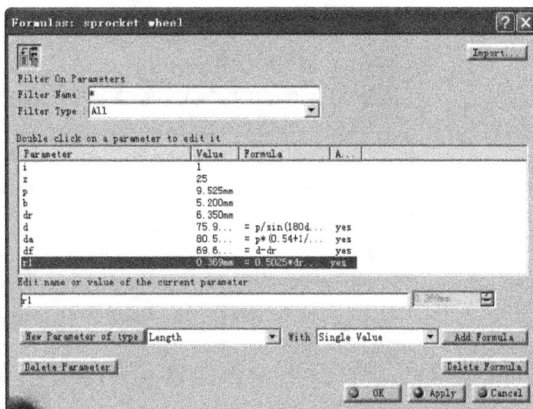

图 10-17　关系树及公式编辑器

9）将【新参数类型 New Parameter of type】更改为"Angle"（角度）。单击【新参数类型 New Parameter of type】按钮，输入链轮的齿沟半角公式 $\alpha = 55° - 60°/z$，单击【应用 Apply】按钮，如图 10-18 和图 10-19 所示。

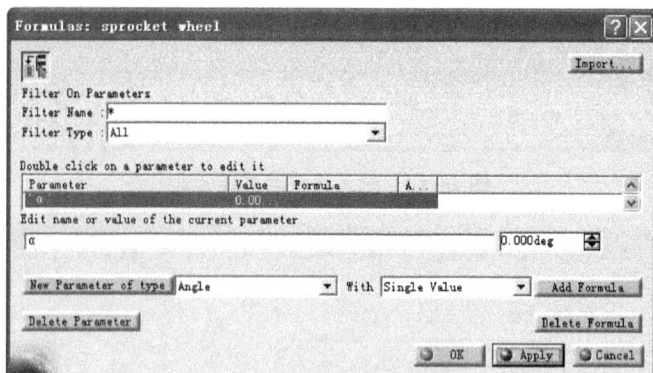

图 10-18　输入齿沟半角参数

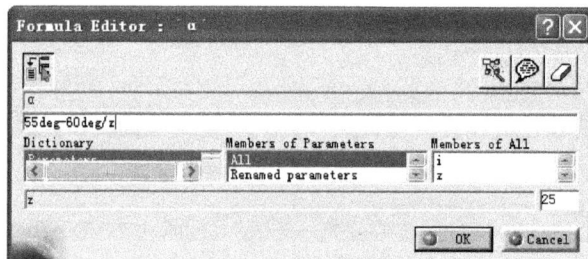

图 10-19　输入齿沟半角公式

10）将【新参数类型 New Parameter of type】更改为"Length"（长度）。单击【新参数类型 New Parameter of type】按钮，输入工作段圆弧半径公式 $r_2 = 0.8d_r + r_1$，如图 10-20 和图 10-21 所示。

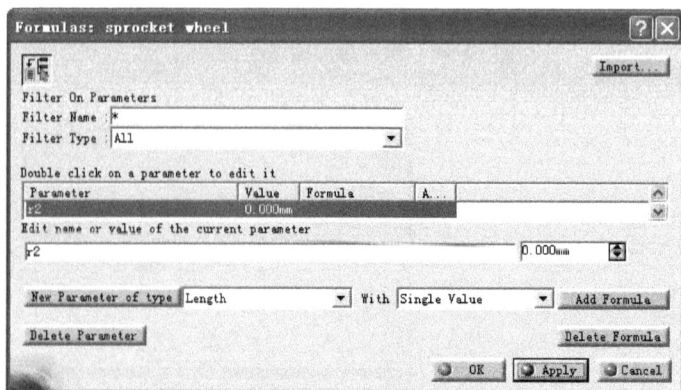

图 10-20　输入工作段圆弧半径参数

11）用同样的方法输入工作段圆弧的圆心坐标：$x_1 = 0.8d_r \sin\alpha$，$y_1 = 0.8d_r \cos\alpha$，如图 10-22 ~ 图 10-25 所示。

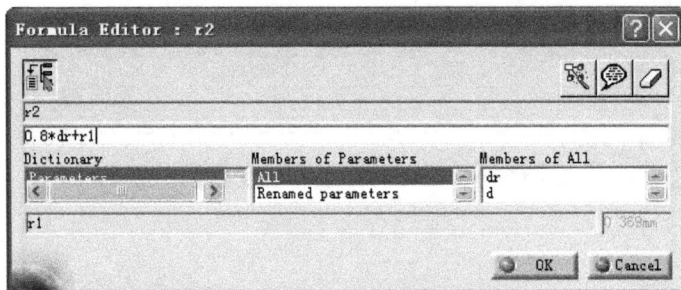

图 10-21　输入工作段圆弧半径公式

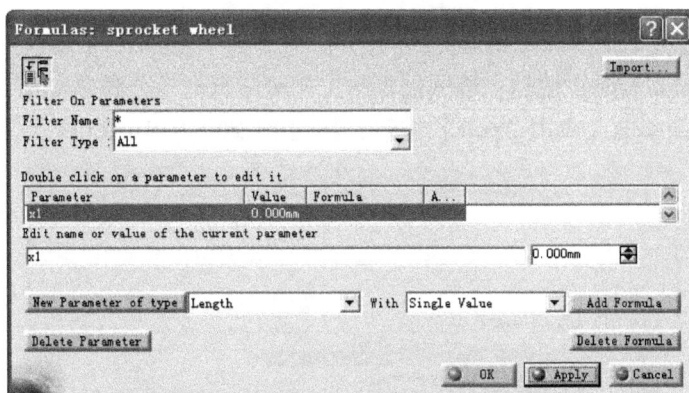

图 10-22　输入工作段圆弧的圆心坐标（1）

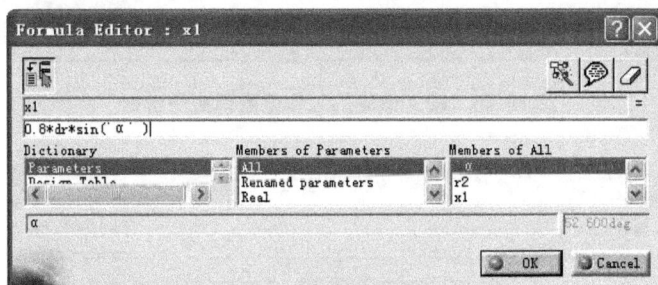

图 10-23　输入工作段圆弧的圆心坐标公式（1）

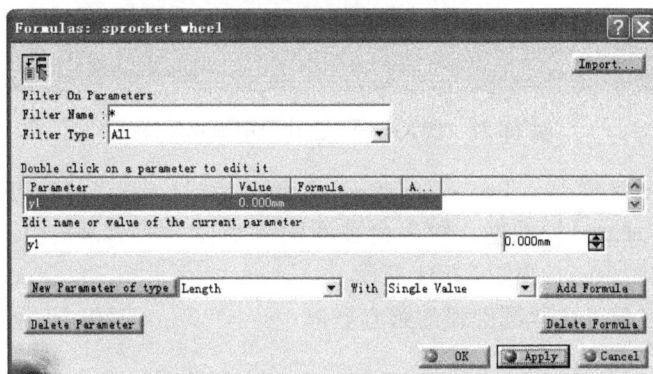

图 10-24　输入工作段圆弧的圆心坐标（2）

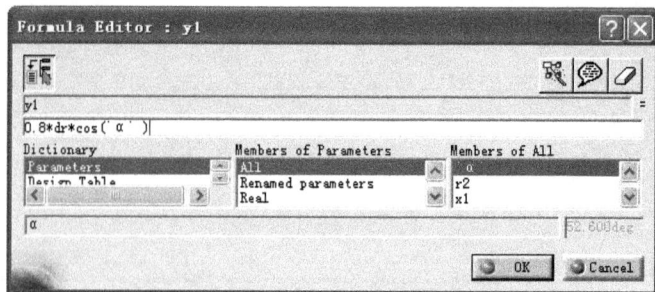

图 10-25　输入工作段圆弧的圆心坐标公式（2）

12）将【新参数类型 New Parameter of type】更改为 "Angle"（角度）。单击【新参数类型 New Parameter of type】按钮，输入链轮的工作段圆弧夹角公式 $\beta = 18° - 56°/z$ 和齿形半角 $\gamma = 17° - 64°/z$，单击【应用 Apply】按钮，如图 10-26 ~ 图 10-29 所示。

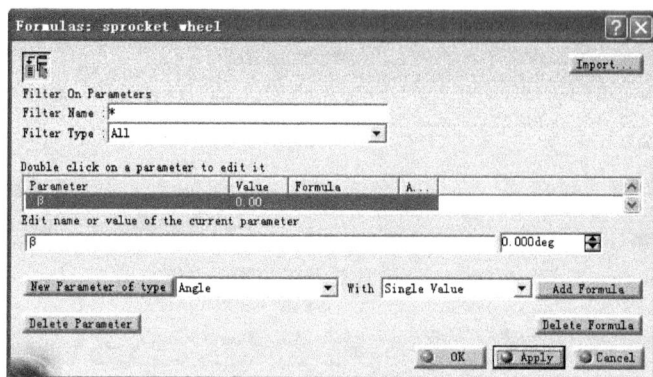

图 10-26　输入链轮的工作段圆弧夹角参数

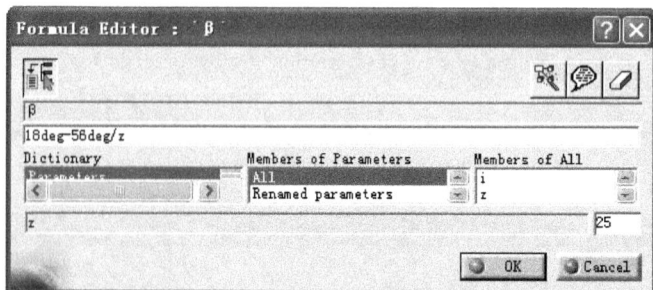

图 10-27　输入链轮的工作段圆弧夹角公式

13）将【新参数类型 New Parameter of type】更改为 "Length"（长度）。单击【新参数类型 New Parameter of type】按钮，输入齿顶圆圆弧半径公式 $r_3 = d_r(1.3\cos\gamma + 0.8\cos\beta - 1.3025) - 0.05$，如图 10-30 和图 10-31 所示。

14）用同样方法输入齿顶圆圆弧的圆心坐标：$x_2 = 1.3d_r\cos 180°/z$，$y_2 = 1.3d_r\sin 180°/z$，如图 10-32 ~ 图 10-35 所示。

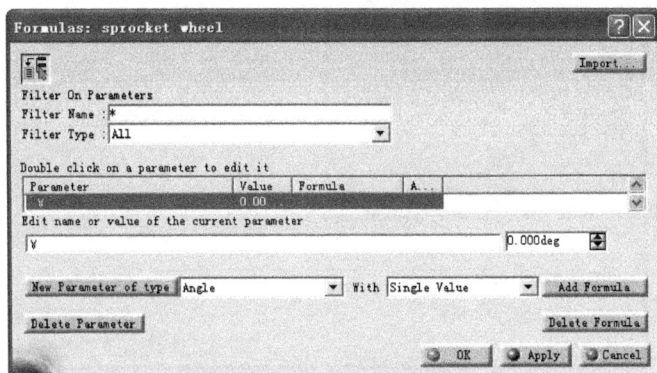

图 10-28 输入齿形半角参数

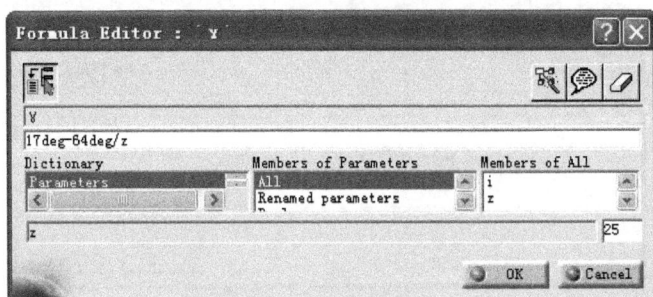

图 10-29 输入齿形半角公式

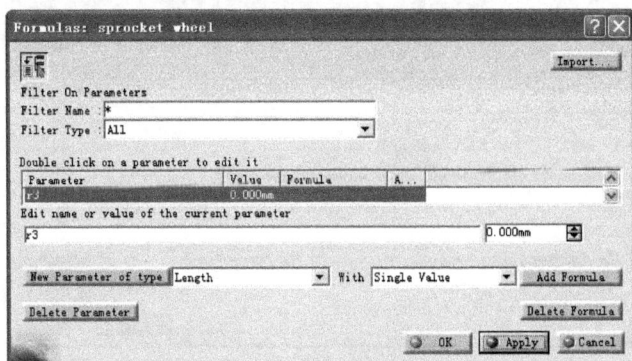

图 10-30 输入齿顶圆圆弧半径参数

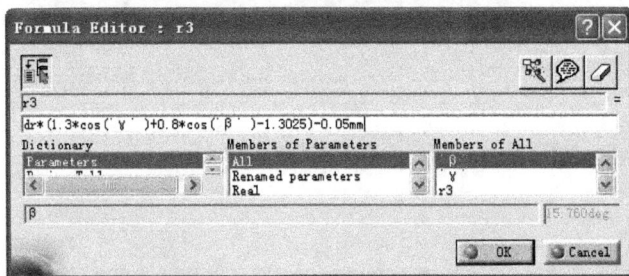

图 10-31 输入齿顶圆圆弧半径公式

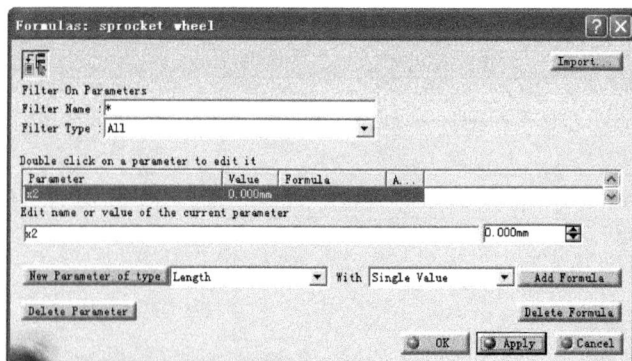

图 10-32　输入齿顶圆圆弧的圆心坐标（1）

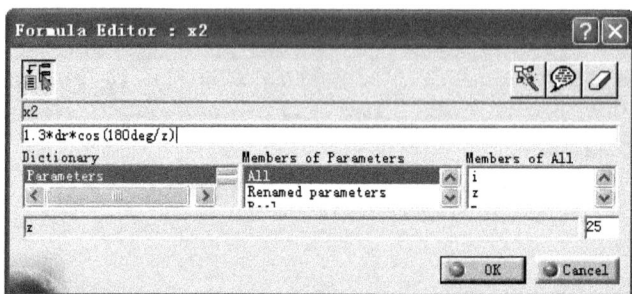

图 10-33　输入齿顶圆圆弧的圆心坐标公式（1）

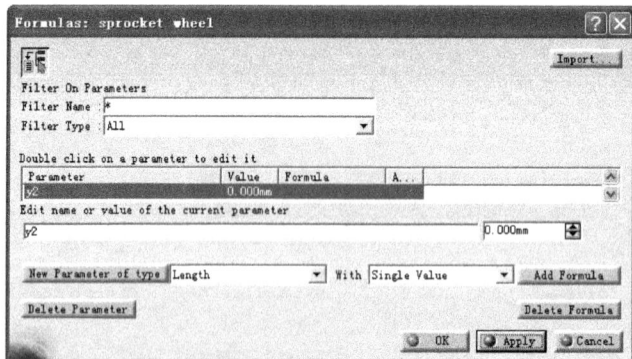

图 10-34　输入齿顶圆圆弧的圆心坐标（2）

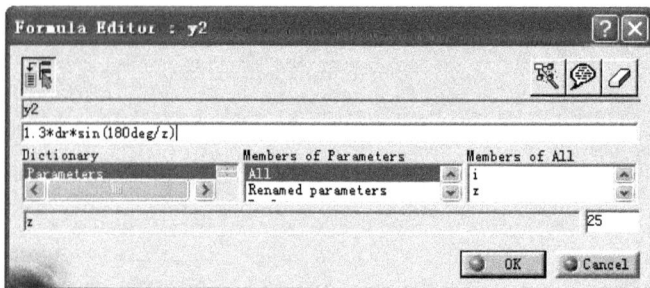

图 10-35　输入齿顶圆圆弧的圆心坐标公式（2）

15）输入齿侧凸缘最大直径公式 $d_H = p(\cot 180°/z - 1) - 0.80$，如图 10-36 和图 10-37 所示。输入多排链轮时的排距 p_p，此变量与节距有关，当节距 $p = 9.525$ 时，$p_p = 10.240$，如图 10-38 所示。

16）链轮的齿侧宽度与节距和排数有关，当节距相同时，齿宽有单排、2 排或 3 排、4 排以上三种，所以分别输入单排齿宽 $b_1 = 5.2$，2 排或 3 排齿宽 $b_{23} = 5.0$，4 排以上齿宽 $b_4 = 4.6$，如图 10-39 ~ 图 10-41 所示。

17）输入齿侧的倒角宽度 $g = 1.2$、倒角深度 $h = 4.8$、倒角圆弧半径 $r_4 = 10.1$ 及根部圆角半径 $r_5 = 0.5$，如图 10-42 ~ 图 10-45 所示。到此完成了全部参数的录入，单击【确定 OK】按钮。

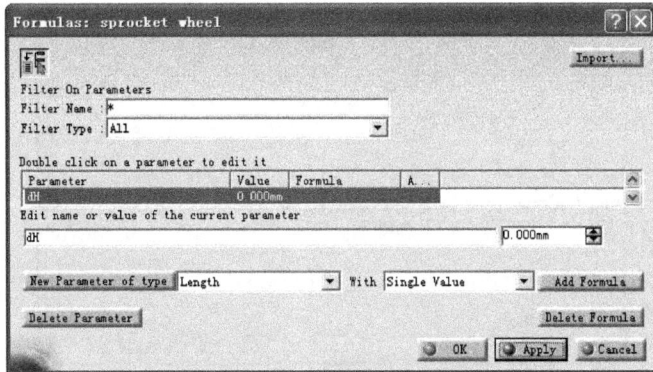

图 10-36　输入齿侧凸缘最大直径参数

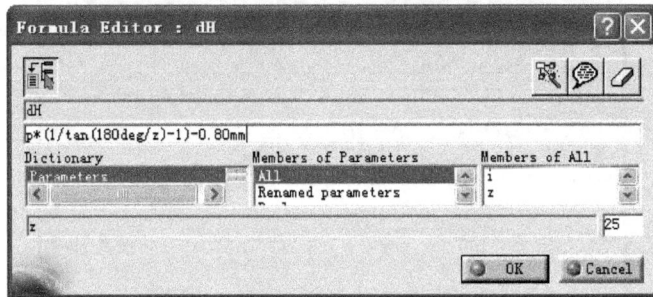

图 10-37　输入齿侧凸缘最大直径公式

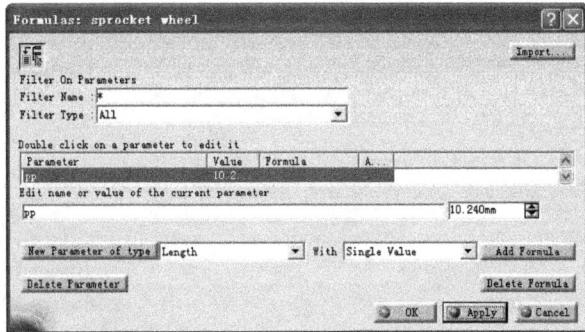

图 10-38　输入多排链轮时的排距（1）

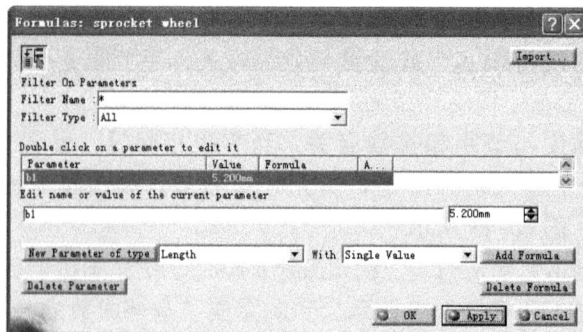

图 10-39　输入单排齿宽参数

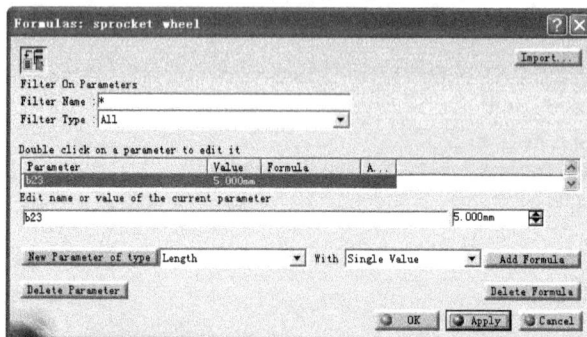

图 10-40　输入 2 排或 3 排齿宽参数

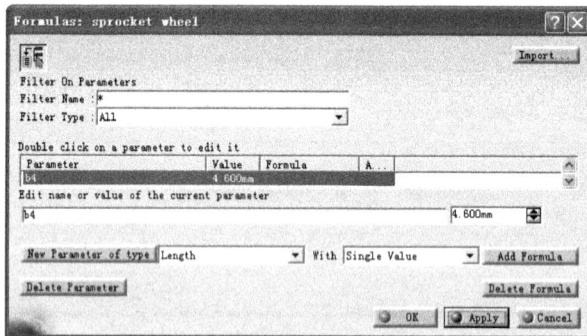

图 10-41　输入 4 排以上齿宽参数

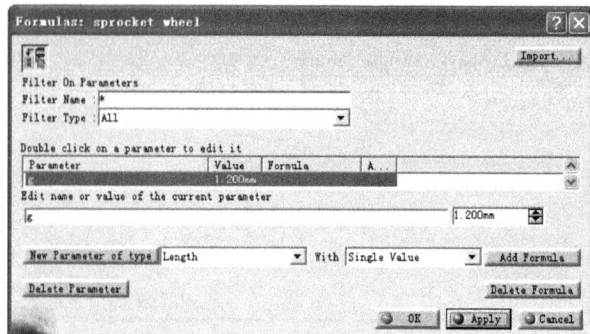

图 10-42　输入齿侧的倒角宽度

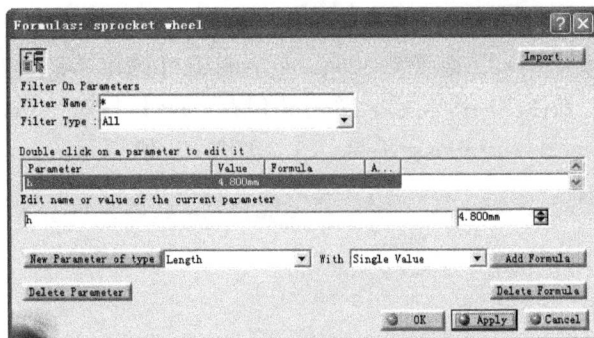

图 10-43　输入齿侧的倒角深度

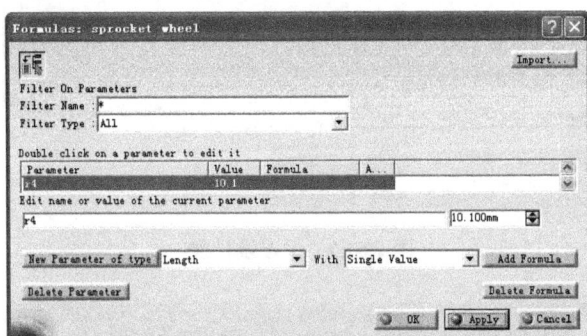

图 10-44　输入倒角圆弧半径

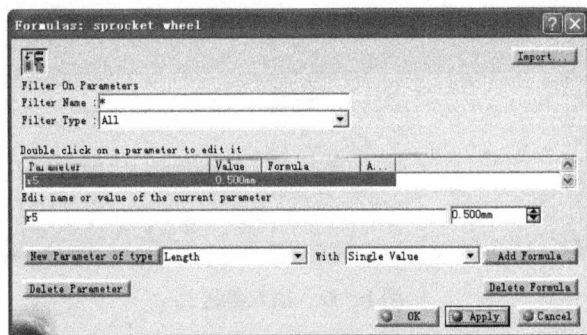

图 10-45　输入根部圆角半径

10.2　录入滚子链轮设计表

1）下面录入设计表，单击【设计表 Design Table】按钮，系统弹出【创建设计表 Creation of a Design Table】对话框，将【名称 Name】修改为"sprocketwheelDesignTable. 1"（链轮设计表 . 1），选中【用当前参数值创建设计表 Create a design table with current parameter values】单选按钮，如图 10-46 所示。单击【确定 OK】按钮，系统弹出【选择要插入的参数 Select parameters to insert】对话框，如图 10-47 所示。从左侧的【要插入的参数 Parameters to insert】列表框中选择节距 p、滚子直径 d_r、排距 p_p、倒角宽度 g、倒角深度 h、倒角圆弧半径 r_4、根部圆角半径 r_5、以及 b_1、b_{23}、b_4。单击【确定 OK】按钮，系统弹出 excel 文件保存路径对话框，如图 10-48 所示。单击【保存 Save】按钮，系统又弹出激活状态下的【链轮设计表.1 sprocketwheelDesignTable.1】，如图 10-49 所示。

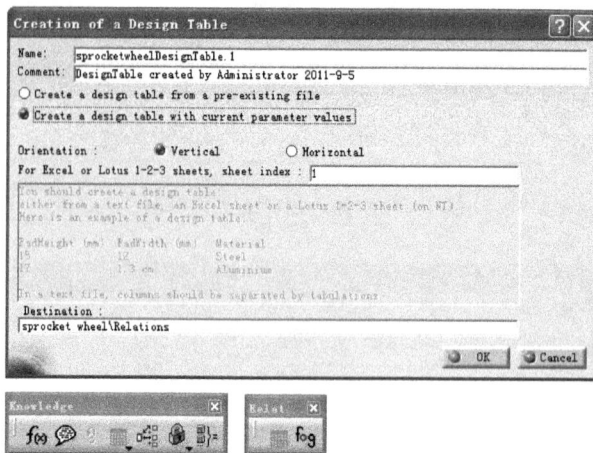

图 10-46　创建设计表

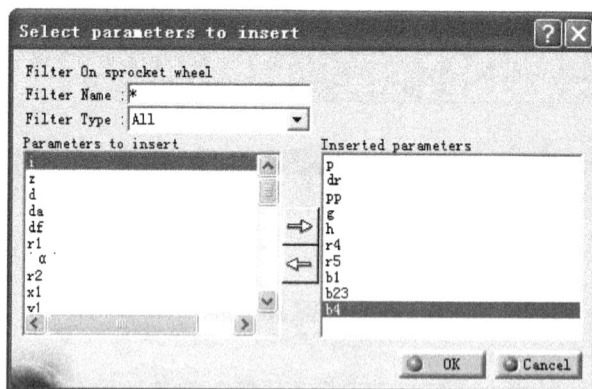

图 10-47　插入参数

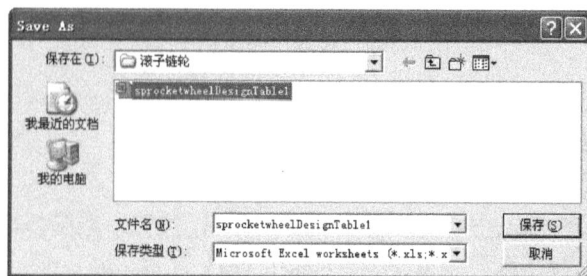

图 10-48　保存设计表

2）单击位于图 10-49 所示的对话框左下角处的【编辑表格 Edit table】按钮，系统弹出图 10-50 所示的 excel 表格，查阅机械设计手册，输入对应的数值。保存后关闭 excel 表格，

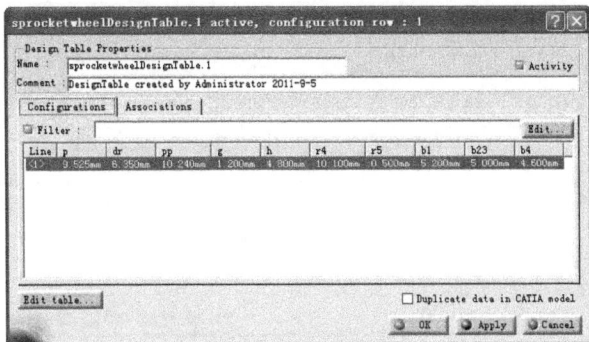

图 10-49　激活设计表

图 10-51 提示用户表格文件已经被修改，设计表与文件同步，关闭即可。

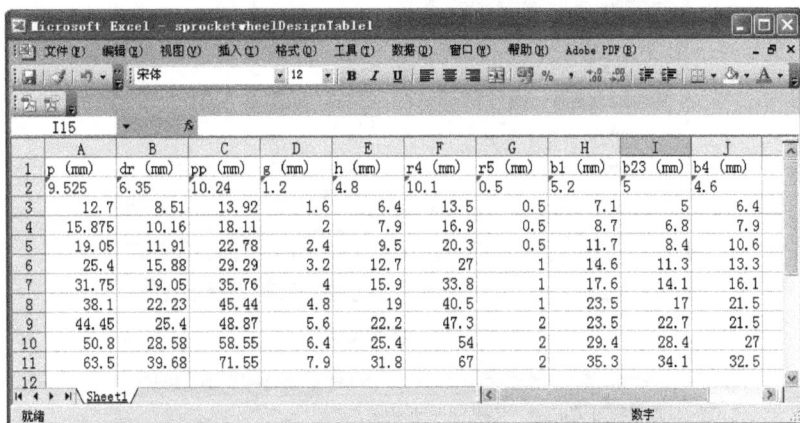

图 10-50　excel 表格

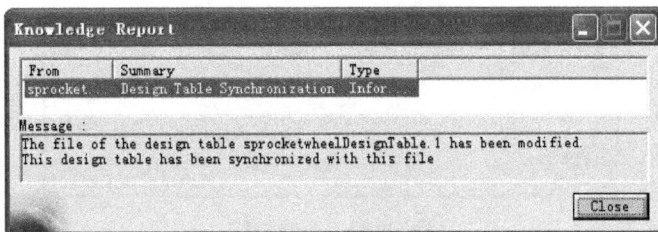

图 10-51　提示信息

3）表格录入后的【链轮设计表 . 1 sprocketwheelDesignTable. 1】如图 10-52 所示，打开【关联 Associations】选项卡，如图 10-53 所示。将右侧的【参数与竖栏关联 Associations between parameters and columns】列表框中的 b_1、b_{23}、b_4 解除关联，即逐项选中后单击【解除关联 Dissociate】按钮，解除关联后如图 10-54 所示。如所设计的链轮为单排的，则在图 10-55 所示的【参数 Parameters】列表框中选 b，在【竖栏 Columns】列表框中选 b_1，然后单击【关联 Associate】按钮，关联后如图 10-56 所示。如果所设计的链轮为双排或三排的，则解除 b 与 b_1 之间的关联，然后将 b 与 b_{23} 关联起来。同理，所设计的链轮为四排以上的，将 b 与 b_4 关联起来。

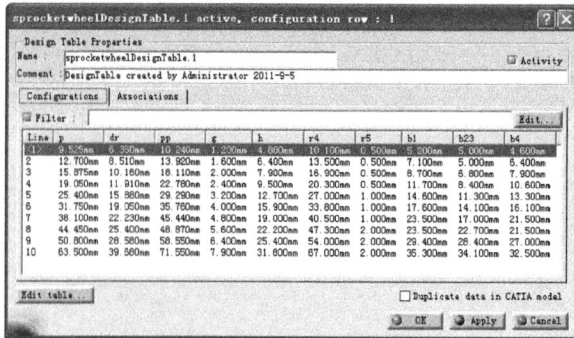

图 10-52　链轮设计表

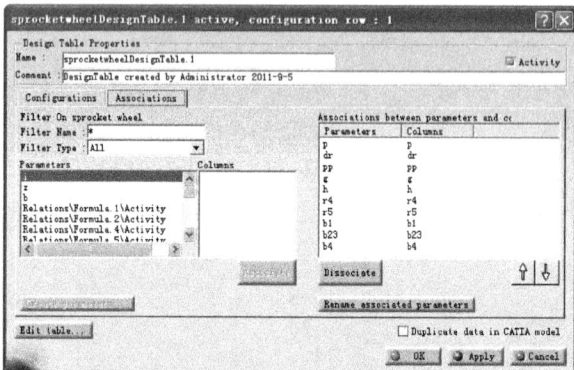

图 10-53　关联选项卡

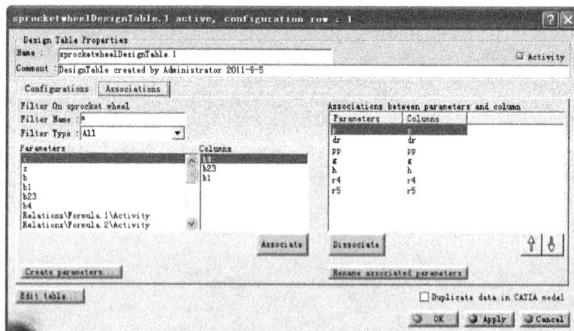

图 10-54　解除关联

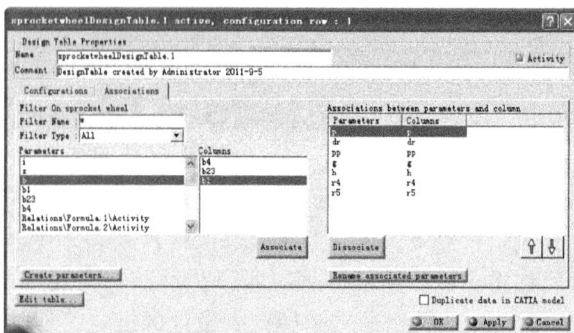

图 10-55　重新关联

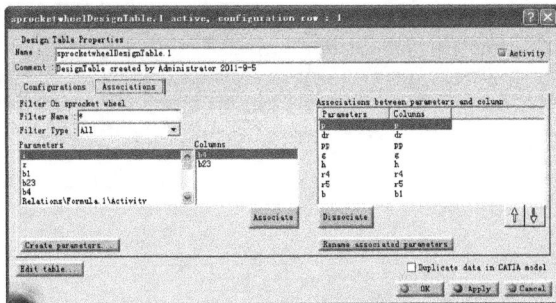

图 10-56　关联结果

10.3　滚子链轮草图设计

1）此时树状目录的【链轮草图】为当前工作对象（用下划线表示），如果不是当前工作对象，在其上单击右键，然后在弹出的快捷菜单中选择"Define In Work Object"（定义工作对象），如图 10-57 所示。

2）在【零件设计平台】选择 *yz* 平面，单击【草图 Sketcher】工具栏上的 按钮，进入【草图绘制工作台】，此时 *yz* 平面为当前的草图绘制平面。在【草图绘制工作台】中单击【点 Point】按钮，在 *V* 轴上绘制一个构造点，标注尺寸如图 10-58 所示。在所标注的尺寸数值上双击，系统自动弹出【约束定义 Constraint Definition】对话框，在【数值 Value】微调框内的数字上单击右键，在弹出的快捷菜单中单击"Edit formula"（编辑公式），如图 10-59 所示。系统弹出【公式编辑器 Formula Editor】对话框，输入分度圆半径 *d*/2，如图 10-60 所示。单击【确定 OK】按钮确认，此时构造点与分度圆半径值发生联系，返回【约束定义 Constraint Definition】对话框，再次单击【确定 OK】按钮确认，完成构造点的约束。

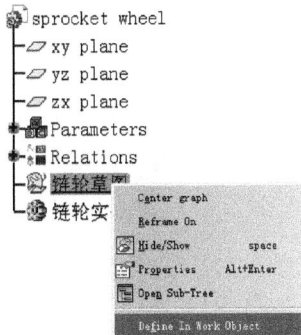

图 10-57　定义工作对象

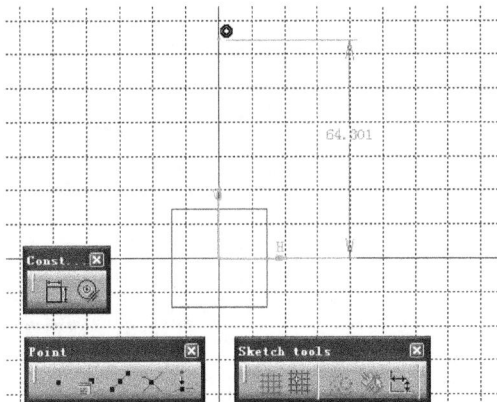

图 10-58　绘制一个构造点

3）单击【轮廓 Profile】工具条中的【圆 Circle】命令，绘制图 10-61 所示的标准圆，圆心与构造点重合，然后对所绘制的圆进行尺寸约束。在图 10-62 所示的尺寸约束上双击，系统自动弹出【约束定义 Constraint Definition】对话框，在【尺寸 Dimension】修改成

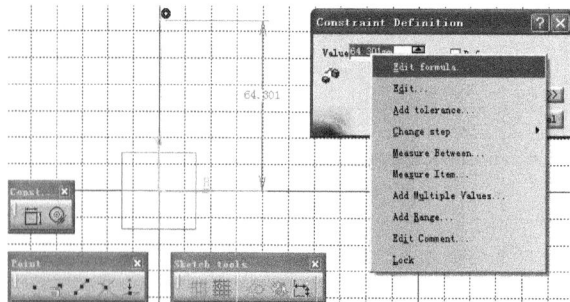

图 10-59   约束构造点（1）

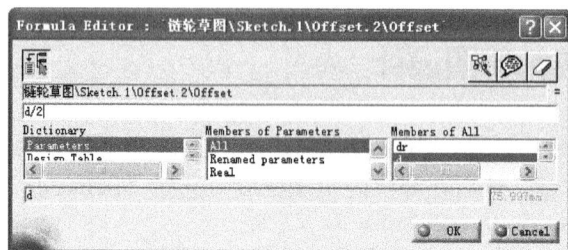

图 10-60   编辑构造点参数

"Radius"（半径），如图 10-63 所示。继续在【半径 Radius】微调整框内的数字上单击右键，在弹出的快捷菜单中单击"Edit formula"（编辑公式），系统弹出【公式编辑器 Formula Editor】对话框，输入滚子半径 $d_r/2$，如图 10-64 所示。单击【确定 OK】按钮确认，此时滚子半径值发生了变化，且与公式发生联系，返回【约束定义 Constraint Definition】对话框，再次单击【确定 OK】按钮确认，完成滚子圆的绘制。

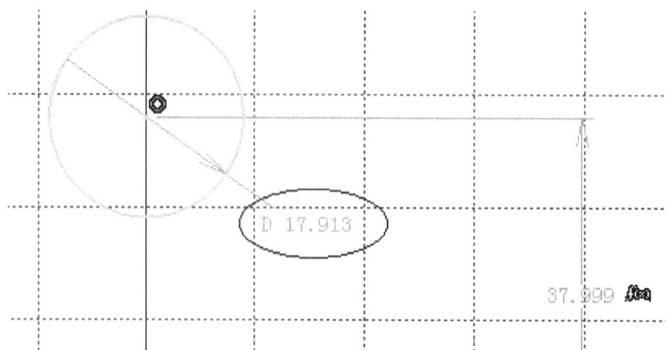

图 10-61   双击选中直径标注

4）单击【直线 Line】按钮，过构造点绘制两条构造线，其中一条与 V 轴重合，并标注另一条构造线与其夹角，如图 10-65 所示。在标注的角度值上双击，系统弹出【约束定义 Constraint Definition】对话框，在【数值 Value】微调框内的数值上单击右键，在弹出的快捷菜单中单击"Edit formula"（编辑公式），如图 10-66 所示。系统弹出【公式编辑器 Formula Editor】对话框，输入齿沟半角公式 α，如图 10-67 所示。单击【确定 OK】按钮确认，返回【约束定义 Constraint Definition】对话框后再单击【确定 OK】按钮，完成角度的约束。

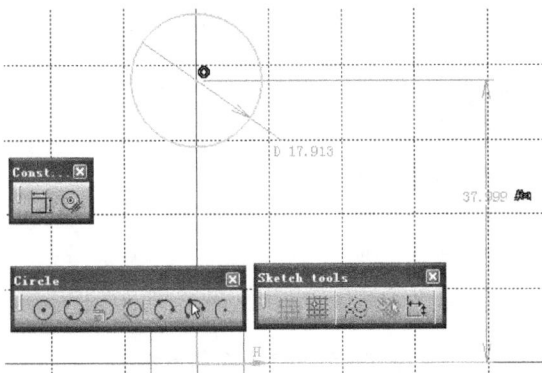

图 10-62　绘制标准圆（1）

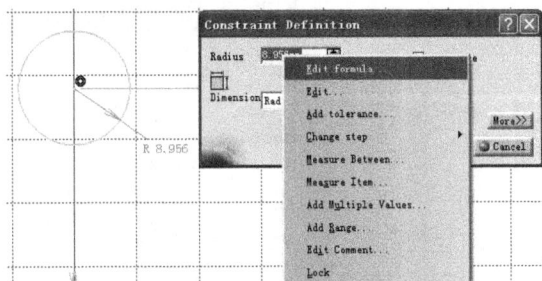

图 10-63　约束圆的半径（1）

图 10-64　编辑圆的半径参数（1）

5）同时选中构造线的一个端点和齿沟圆，然后单击【约束 Constraint】工具条中的【在对话框中约束定义 Constraints Defined in Dialog Box】按钮，在弹出的【约束定义 Constraint Definition】对话框中选中【相合 Coincidence】复选框，对两条构造线进行约束，单击【确定 OK】按钮确认创建的约束，如图 10-68 和图 10-69 所示。

6）单击【快速修剪 Quick Trim】按钮，修剪齿沟圆，保留齿沟半角所夹的部分圆弧，如图 10-70 所示。

7）绘制工作段圆弧中心点，单击【点 Point】按钮，在齿沟圆心的左上方绘制一个构造点，标注尺寸构造点距齿沟圆心的距离，如图 10-71 所示。在所标注的横向尺寸数值上双击，系统自动弹出【约束定义 Constraint Definition】对话框，在【数值 Value】微调框内的数字上单击右键，在弹出的快捷菜单中单击"Edit formula"（编辑公式），如图 10-72 所示。

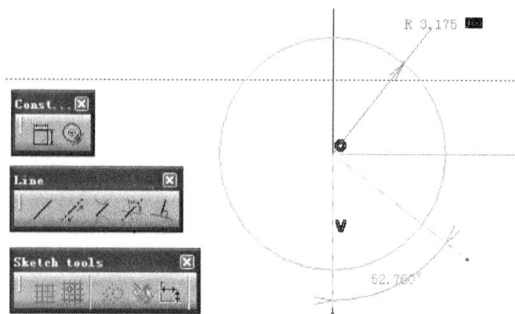

图 10-65 绘制两条构造线

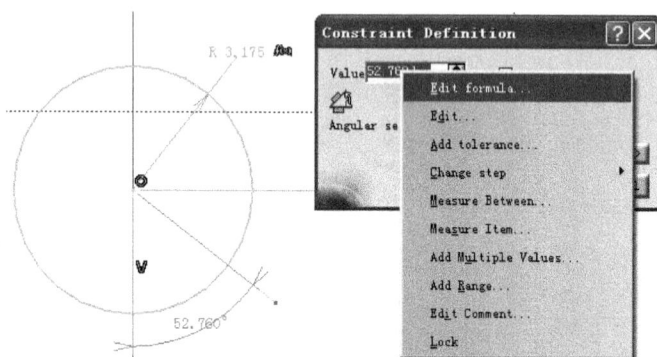

图 10-66 约束角度

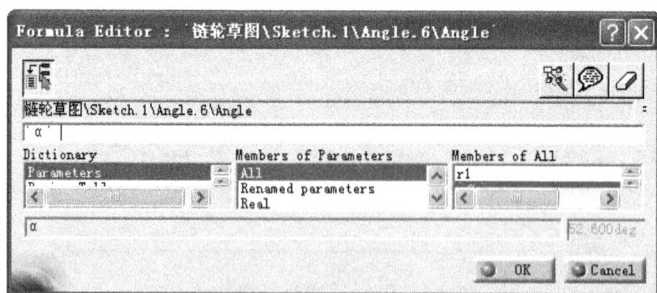

图 10-67 输入角度参数（1）

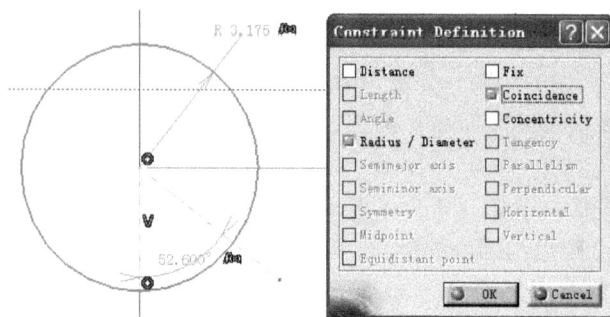

图 10-68 相合约束（1）

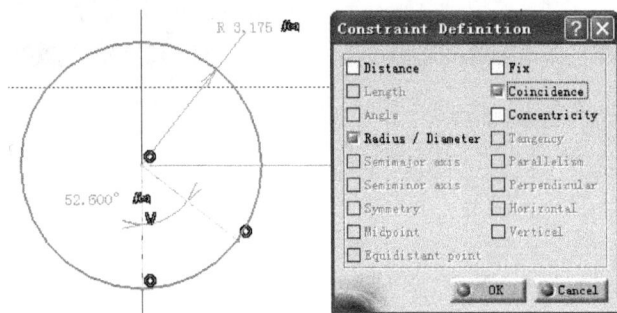

图 10-69　相合约束（2）

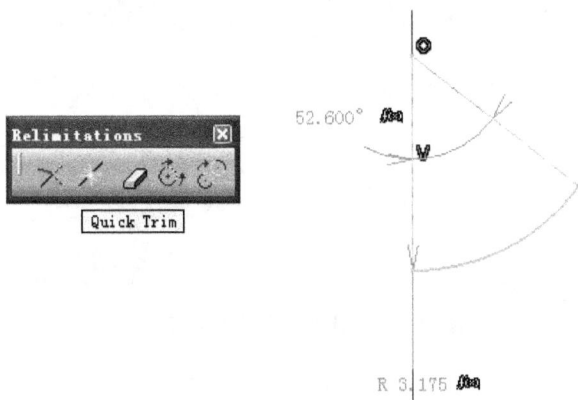

图 10-70　快速修剪圆

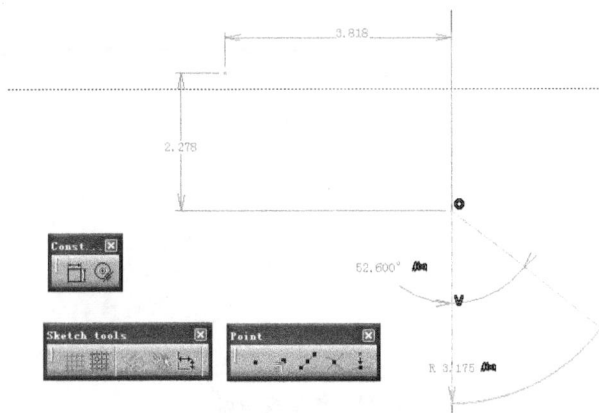

图 10-71　绘制构造点

系统弹出【公式编辑器 Formula Editor】对话框，输入工作段圆弧中心的水平坐标值公式 $x_1 = 0.8d_r\sin\alpha$，如图 10-73 所示。单击【确定 OK】按钮确认，返回【约束定义 Constraint Definition】对话框，再次单击【确定 OK】按钮确认。同样，在所标注的竖向尺寸数值上双击，系统自动弹出【约束定义 Constraint Definition】对话框，在【数值 Value】微调框内的数字上单击右键，在弹出的快捷菜单中单击"Edit formula"（编辑公式），如图 10-74 所示。

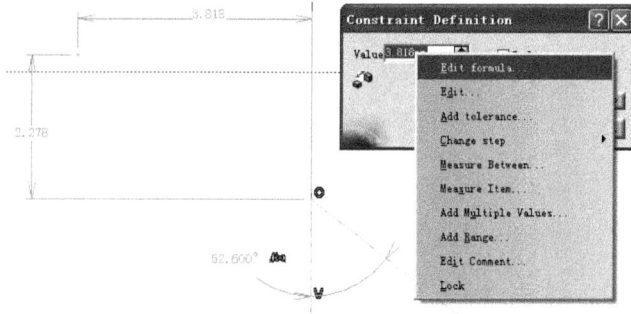

图 10-72　约束构造点（2）

图 10-73　编辑点的坐标参数（1）

系统弹出【公式编辑器 Formula Editor】对话框，输入工作段圆弧中心的垂直坐标值公式 $y_1 = 0.8d_r\cos\alpha$，如图 10-75 所示。单击【确定 OK】按钮确认，返回【约束定义 Constraint Definition】对话框，再次单击【确定 OK】按钮确认，完成点的参数化设置。

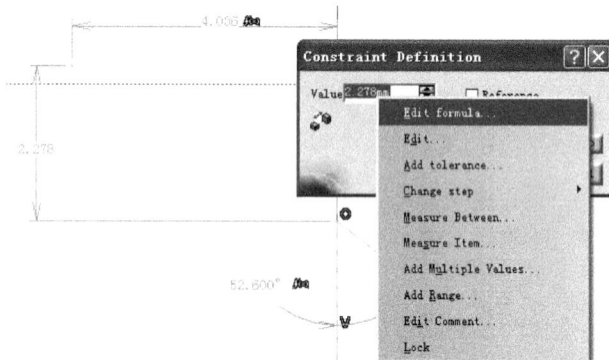

图 10-74　约束构造点（3）

8）以刚绘制的构造点为中心，绘制一个标准圆并标注尺寸，如图 10-76 所示。在直径尺寸约束上双击，系统自动弹出【约束定义 Constraint Definition】对话框，在【尺寸 Dimension】中修改成"Radius"（半径），如图 10-77 所示。继续在【半径 Radius】微调框内的数字中单击右键，在弹出的快捷菜单中单击"Edit formula"（编辑公式），系统弹出【公式编辑器 Formula Editor】对话框，输入工作段圆弧半径 r_2，如图 10-78 所示。单击【确定 OK】按钮确认，返回【约束定义 Constraint Definition】对话框，再次单击【确定 OK】按钮确认，完成圆的绘制。

图 10-75　编辑点的坐标参数（2）

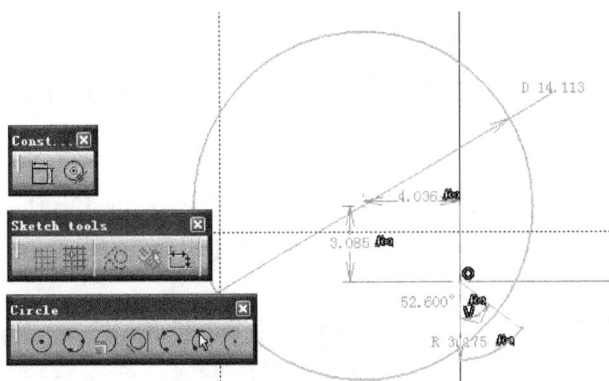

图 10-76　绘制标准圆（2）

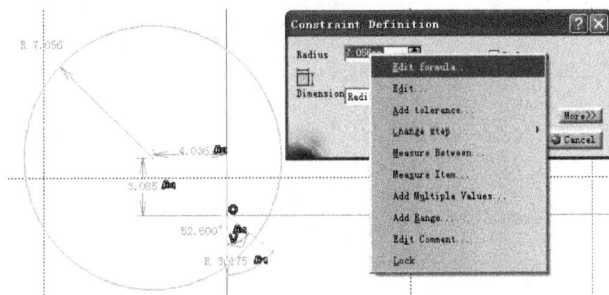

图 10-77　约束圆的半径（2）

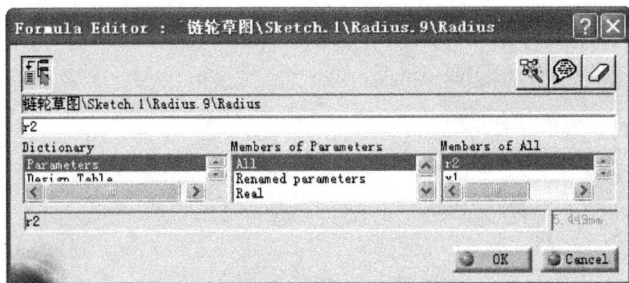

图 10-78　编辑圆的半径参数（2）

9）要绘制的工作段圆弧就在这个整圆上，如图 10-79 所示，且应该与齿沟圆弧相切，此方法是基于传统的三段圆弧一段直线绘制端面齿形的，并不精确。但是在实际工作中能够达到精度要求，将图形放大，观察两段圆弧之间的距离，亦可用测量工具检测两者之间的距离，如图 10-80 所示。

10）过工作段圆弧中心绘制一条构造线，如图 10-81 所示。按住 < Ctrl > 键，选中构造线的端点和工作段圆弧，然后单击【约束 Constraint】工具条中的【在对话框中约束定义 Constraints Defined in Dialog Box】按钮，在弹出的【约束定义 Constraint Definition】对话框中选中【相合 Coincidence】复选框，单击【确定 OK】按钮确认，如

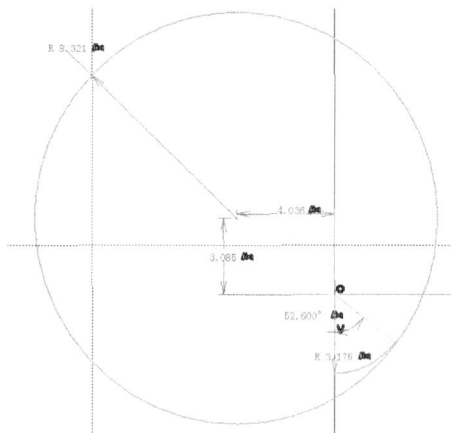

图 10-79　工作段圆弧所在的圆

图 10-82 所示。在按住 < Ctrl > 键的同时选中构造线和齿沟圆的一个端点，然后单击【约束 Constraint】工具条中的【在对话框中约束定义 Constraints Defined in Dialog Box】按钮，在弹出的【约束定义 Constraint Definition】对话框中选中【相合 Coincidence】复选框，单击【确定 OK】按钮确认，如图 10-83 所示。

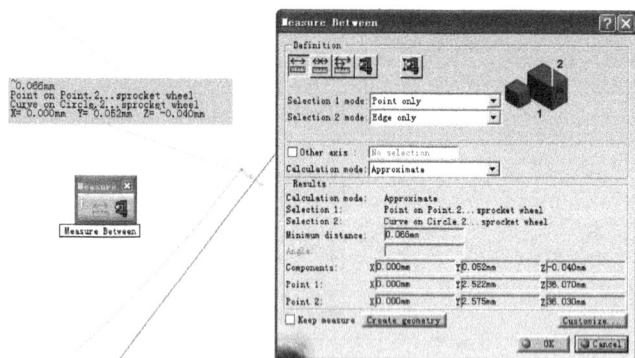

图 10-80　测量（1）

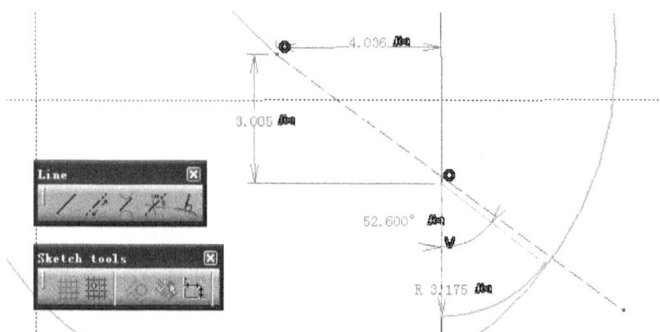

图 10-81　相合约束（3）

11）过工作段圆弧中心再绘制一条构造线，构造线的另一个端点与工作段圆弧相合，

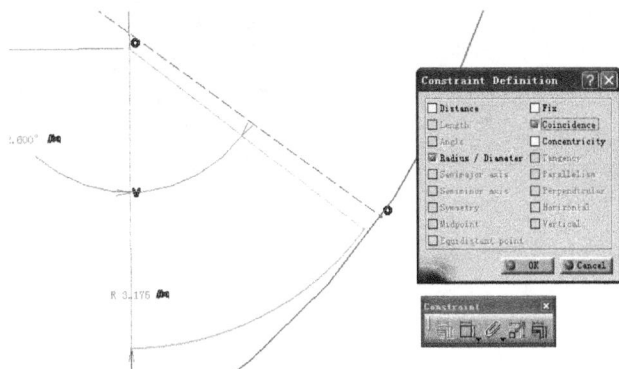

图 10-82 相合约束（4）

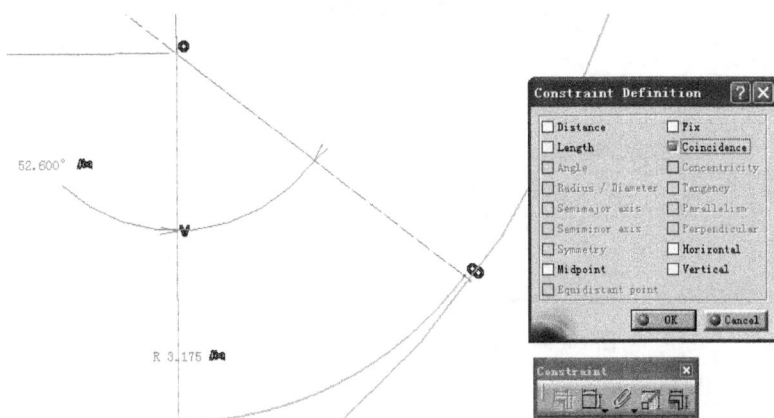

图 10-83 相合约束（5）

标注两条构造线之间的夹角，如图 10-84 所示。在标注的角度值上双击，如图 10-85 所示。

系统弹出【约束定义 Constraint Definition】对话框，【数值 Value】微调框内的数值上单击右键，在弹出的快捷菜单中单击"Edit formula"（编辑公式），系统弹出【公式编辑器 Formula Editor】对话框，输入工作段圆弧中心角公式 β，如图 10-86 所示。单击【确定 OK】按钮确认，此时角度值发生了变化，且与公式发生关联，返回【约束定义 Constraint Definition】对话框后再单击【确定 OK】按钮，完成角度的约束。

12）单击【快速修剪 Quick Trim】按钮，修剪工作段圆弧所在的圆，保留工作段圆弧中心角所夹的部分圆弧，如图 10-87 所示。

13）绘制齿顶圆弧中心点，单击【点 Point】

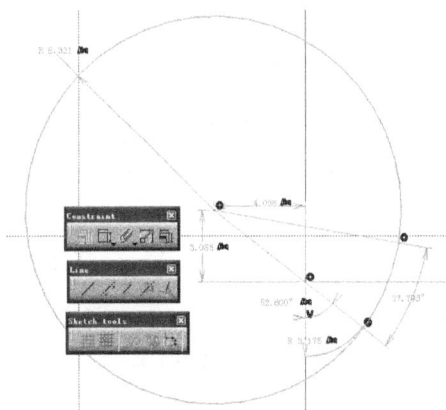

图 10-84 相合约束（6）

按钮，在齿沟圆心的右下方绘制一个构造点，标注尺寸构造点距齿沟圆心的距离，如图 10-88 所示。在所标注的横向尺寸数值上双击，系统自动弹出【约束定义 Constraint Definition】对

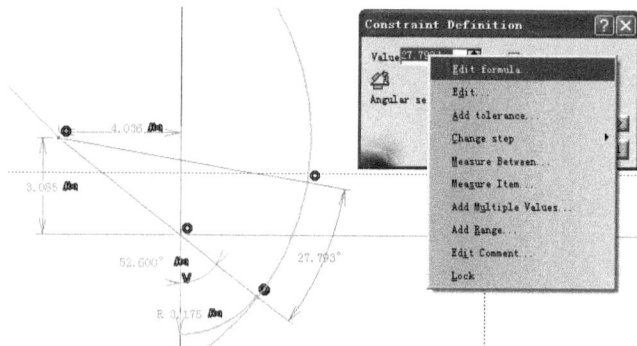

图 10-85 输入工作段圆弧中心角公式（1）

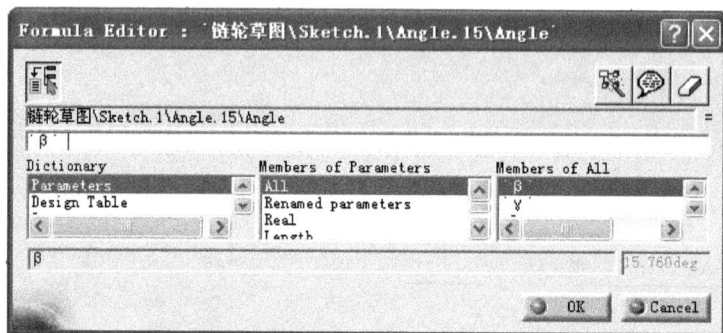

图 10-86 输入工作段圆弧中心角公式（2）

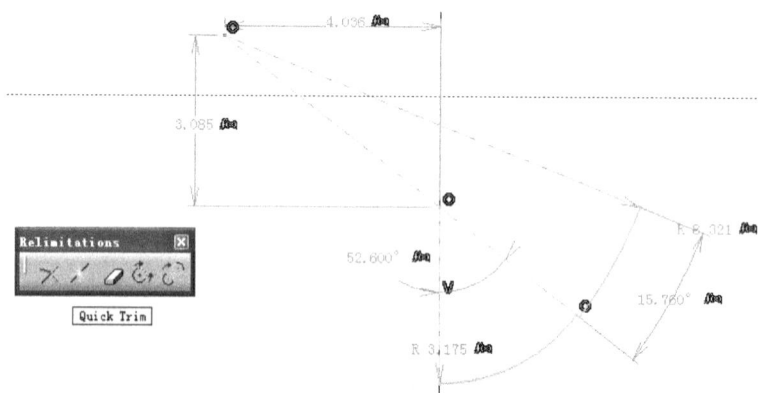

图 10-87 修剪部分圆弧

话框，在【数值 Value】微调框内的数字上单击右键，在弹出的快捷菜单中单击 "Edit formula"（编辑公式），如图 10-89 所示。系统弹出【公式编辑器 Formula Editor】对话框，输入齿顶圆弧中心的水平坐标值公式 $x_2 = 1.3 d_t \cos \dfrac{180°}{z}$，如图 10-90 所示。单击【确定 OK】按钮确认，返回【约束定义 Constraint Definition】对话框，再次单击【确定 OK】按钮确认。同样，在所标注的竖向尺寸数值上双击，系统自动弹出【约束定义 Constraint Definition】对话框，在【数值 Value】微调框内的数字上单击右键，在弹出的快捷菜单中单击 "Edit formula"（编辑公式），如图 10-91 所示。系统弹出【公式编辑器 Formula Editor】对话框，输入齿顶圆弧中心的垂直坐标值公式 $y_2 = 1.3d_r \sin\dfrac{180°}{z}$，如图 10-92 所示。单击【确定 OK】按钮确认，返回【约束定义 Constraint Definition】对话框，再次单击【确定 OK】按钮确认，完成点的参数设置。

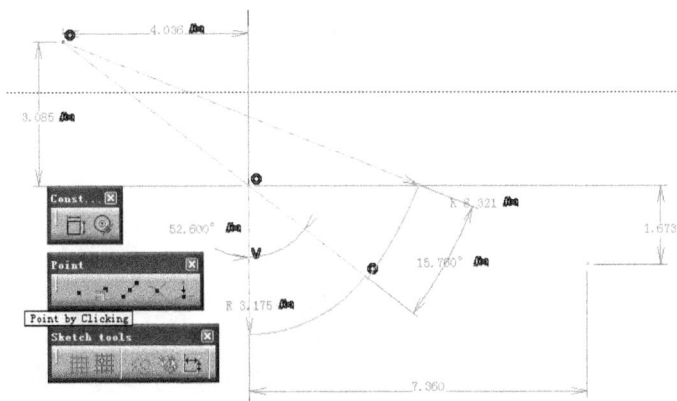

图 10-88　绘制齿顶圆弧中心点

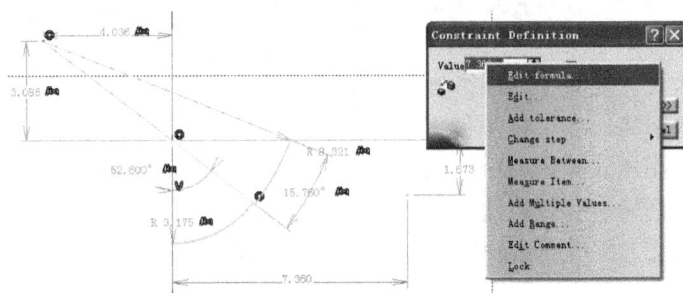

图 10-89　编辑点的坐标参数（3）

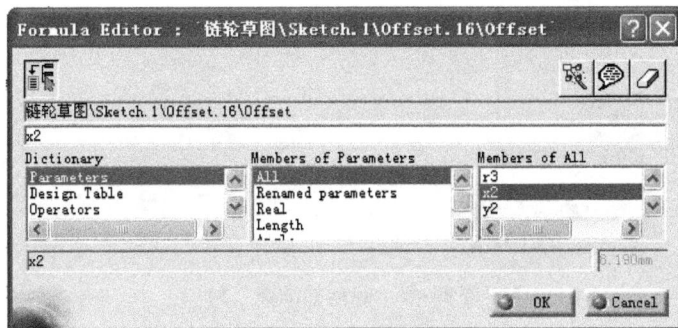

图 10-90　输入点的坐标（1）

14）以刚绘制的构造点为中心，绘制一个标准圆并标注尺寸，如图 10-93 所示。在直径尺寸约束上双击，系统自动弹出【约束定义 Constraint Definition】对话框，在【尺寸 Dimension】中修改成"Radius"（半径），如图 10-94 所示。在【半径 Radius】微调框内的数字上单击右键，在弹出的快捷菜单中单击"Edit formula"（编辑公式），系统弹出【公式编辑器

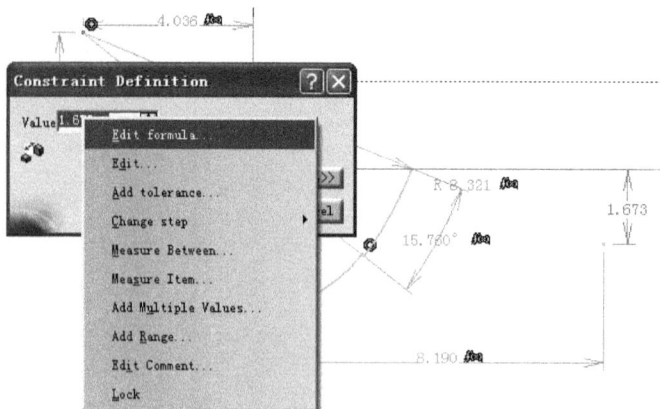

图10-91 编辑点的坐标参数（4）

Formula Editor】对话框，输入齿顶圆弧
半径 r_3，如图10-95所示。单击【确定
OK】按钮确认，返回【约束定义 Con-
straint Definition】对话框，再次单击
【确定 OK】按钮确认，完成圆的绘制。

15）将图形放大，观察工作段圆弧
和齿顶圆弧之间的距离，亦可用测量工
具检测两者之间的距离，如图10-96所
示。上述两段圆弧是通过一段直线连接

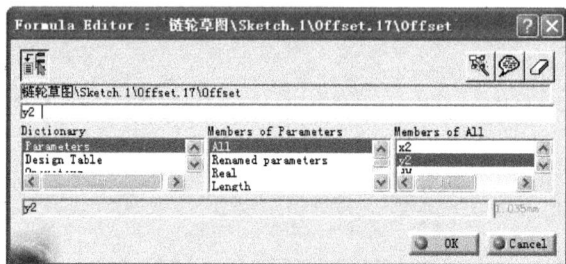

图10-92 输入点的坐标（2）

起来的，所以要经过工作段圆弧的端点向齿顶圆弧作切线，如图10-97所示。

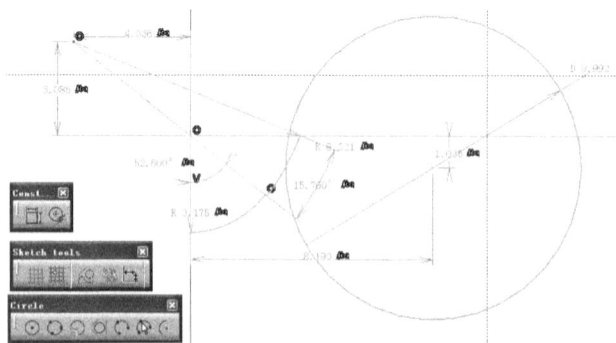

图10-93 绘制标准圆（3）

16）过原点绘制齿顶圆并标注半径尺寸，如图10-98所示。在半径尺寸约束上双击，系
统自动弹出【约束定义 Constraint Definition】对话框，如图10-99所示。在【半径 Radius】
微调框内的数字上单击右键，在弹出的快捷菜单中单击"Edit formula"（编辑公式），系统
弹出【公式编辑器 Formula Editor】对话框，输入齿顶圆半径 $d_a/2$，如图10-100所示。单击
【确定 OK】按钮确认，返回【约束定义 Constraint Definition】对话框，再次单击【确定 OK】
按钮确认，完成圆的绘制。

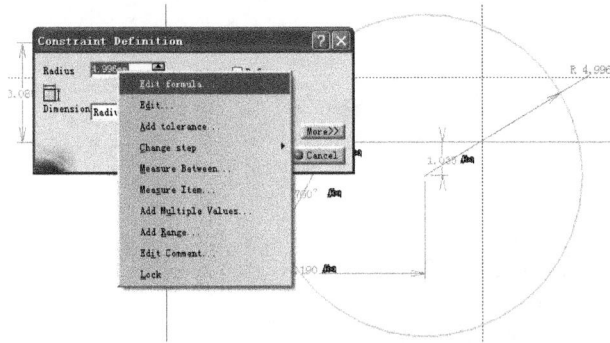

图 10-94　编辑半径

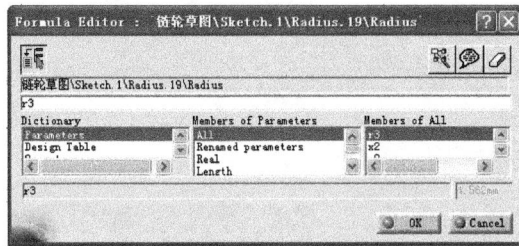

图 10-95　输入圆的半径参数

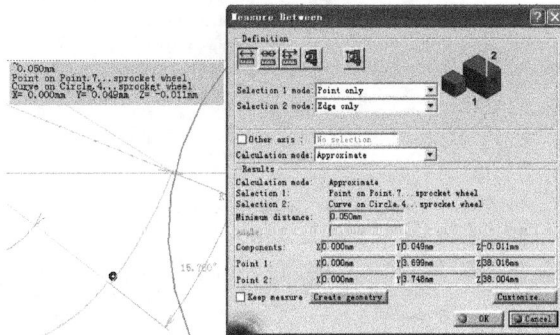

图 10-96　测量（2）

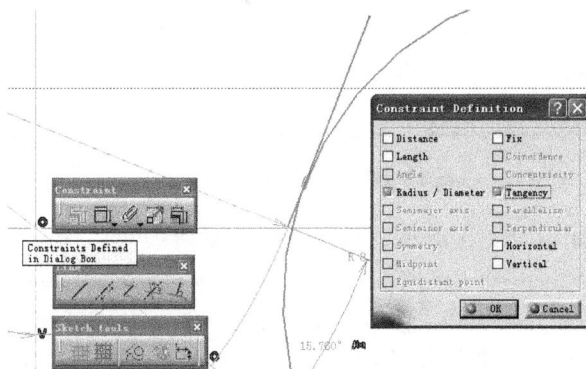

图 10-97　相切约束（1）

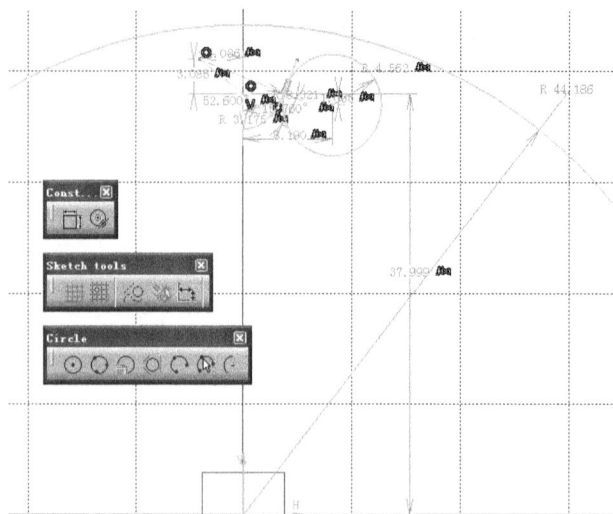

图 10-98　绘制齿顶圆

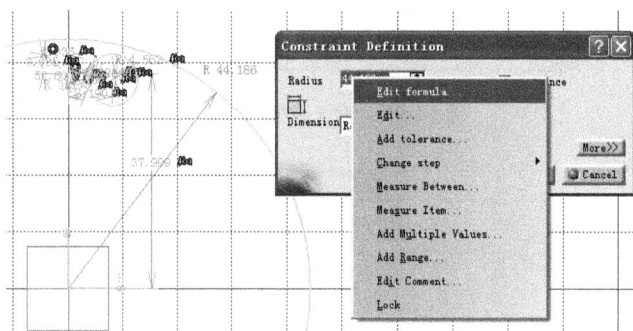

图 10-99　编辑半径约束

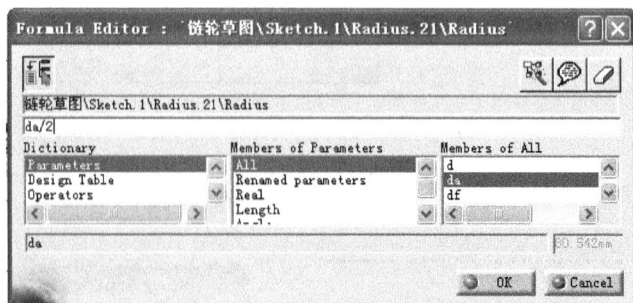

图 10-100　输入半径参数（1）

17）放大图形，如图 10-101 所示，双击【快速修剪 Quick Trim】按钮，修剪齿顶圆弧和直线，保留齿顶圆，如图 10-102 所示。

18）过原点绘制一条与齿顶圆相合的直线，标注直线与 V 轴之间的夹角，如图 10-103 所示。在标注的角度值上双击，如图 10-104 所示。系统弹出【约束定义 Constraint Definition】对话框，在【数值 Value】微调框内的数值上单击右键，在弹出的快捷菜单中单击"Edit formula..."

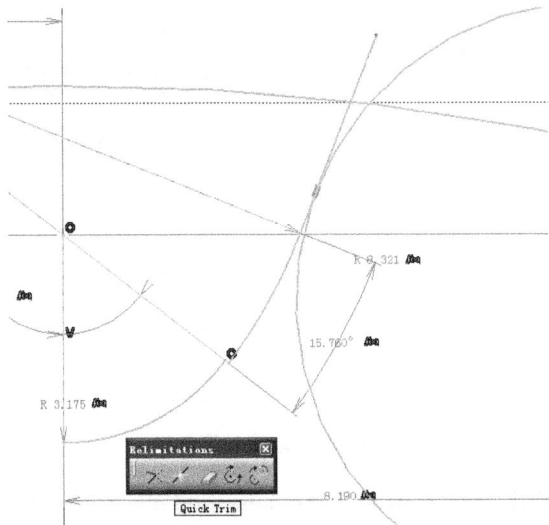

图 10-101 放大图形

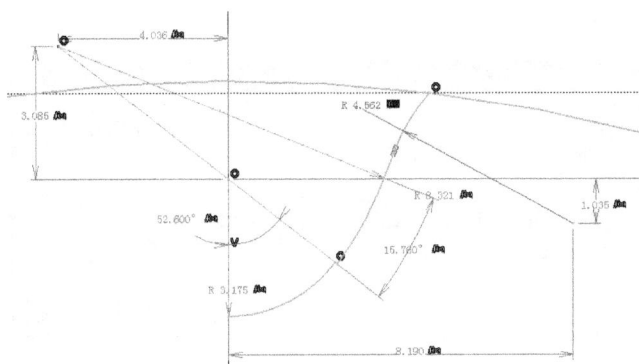

图 10-102 快速修剪（1）

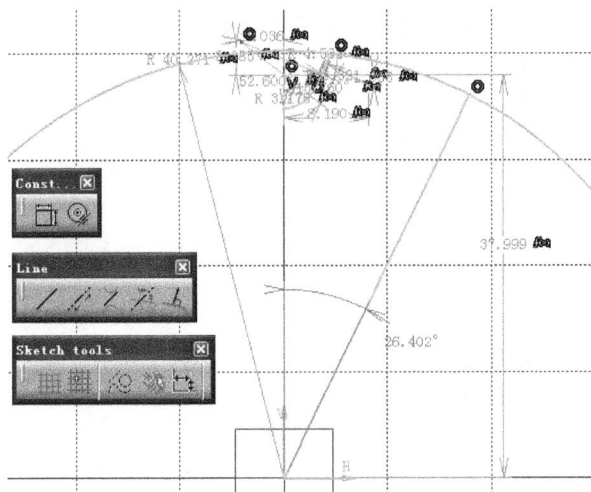

图 10-103 绘制直线

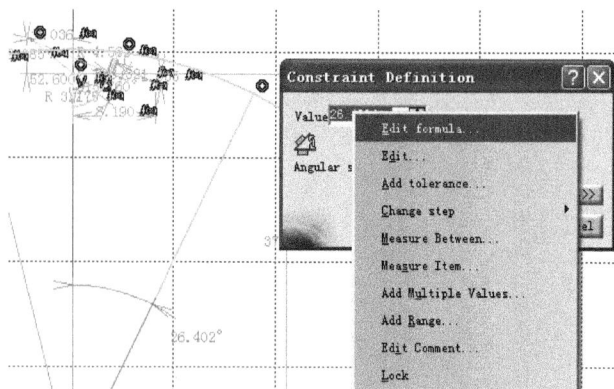

图 10-104 编辑角度约束

（编辑公式...），系统弹出【公式编辑器 Formula Editor】对话框，输入角度公式 180°/z，如图 10-105 所示。单击【确定 OK】按钮确认，此时角度值发生了变化，且与公式发生关联，返回【约束定义 Constraint Definition】对话框后再单击【确定 OK】按钮，完成角度的约束。

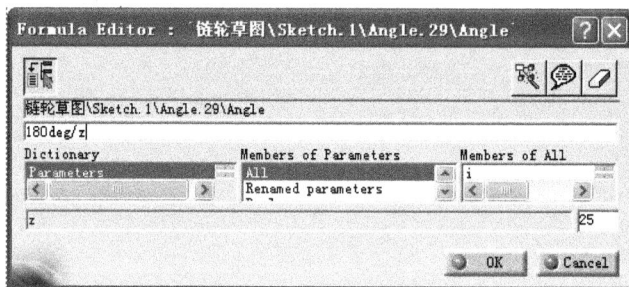

图 10-105 输入角度参数（2）

19）放大图形，双击【快速修剪 Quick Trim】按钮，以刚绘制的直线和齿顶圆弧为边界修剪齿顶圆，如图 10-106 所示。到此，完成了在草图中要绘制的图形，退出【草图工作台】，进入【创成式曲面设计工作台】。

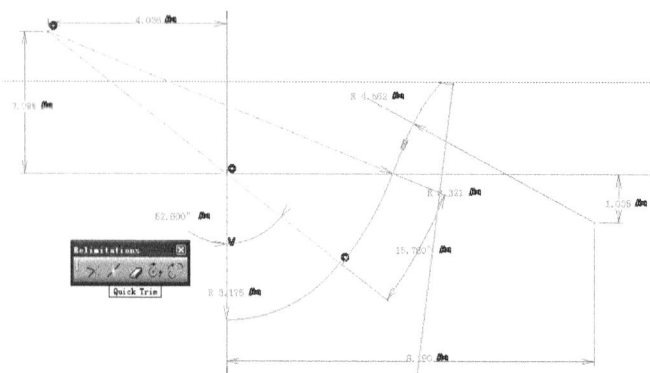

图 10-106 快速修剪（2）

10.4　滚子链轮曲面设计

1）单击【接合 Join】按钮，选中图 10-107 所示的全部轮廓，由于在前面作图的过程中已经测量了齿沟圆弧和工作段圆弧之间的距离，所以在这里要调节【合并距离 Merging distance】微调框中的数值，本例调整到 0.07mm 即可。但是考虑到以后在参数化设计过程中，可能对于大节距的链轮误差会更大，建议设置为 0.1mm，甚至更大。如果在修改参数后不能更新，首先应该想到修改这个合并距离的值。单击【预览 Preview】按钮，观察无误后单击【确定 OK】按钮完成接合操作。

2）单击【对称 Symmetry】按钮，系统弹出【对称定义 Symmetry Definition】对话框，在【元素 Element】文本框中选择"Join.1"（接合.1），【参考 Reference】设为 zx 平面，单击【确定 OK】按钮完成对称操作，如图 10-108 所示。单击【接合 Join】按钮，系统弹出【接合定义 Join Definition】对话框，在【要接合的元素 Elements To Join】列表框中选中"Join.1"（接合.1）和"Symmetry.1"（对称.1），单击【预览 Preview】按钮，观察无误后单击【确定 OK】按钮完成接合操作，如图 10-109 所示。

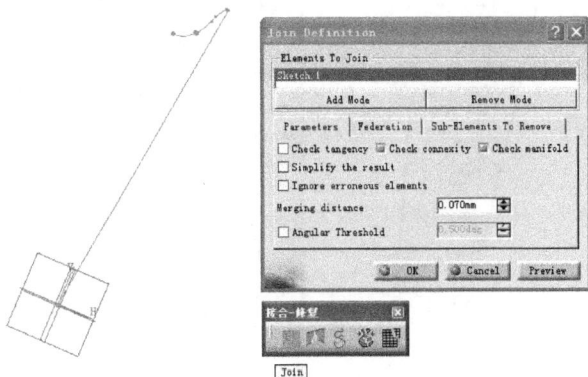

图 10-107　接合定义（1）

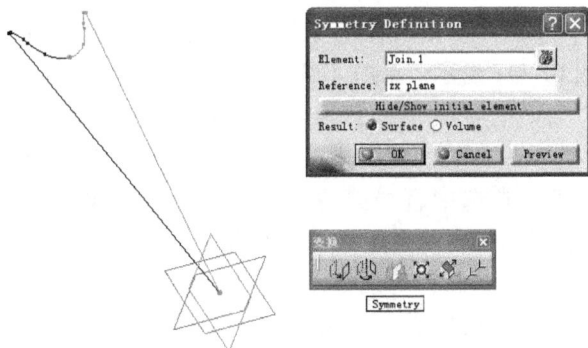

图 10-108　对称定义

3）单击【拉出 Extrude】按钮，系统弹出【拉出曲面定义 Extruded Surface Definition】对话框，在【轮廓 Profile】文本框选为"Join.2"（接合.2），【方向 Direction】设为 x 轴，

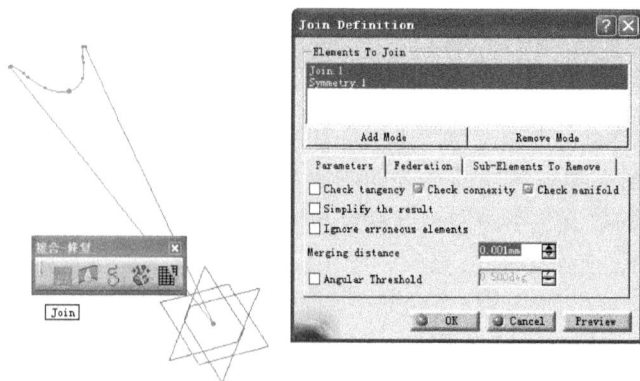

图 10-109　接合定义（2）

同时将【镜像 Mirrored Extent】复选框选中，如图 10-110 所示。

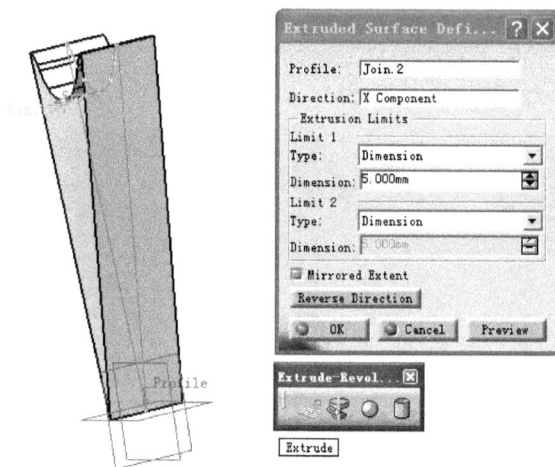

图 10-110　拉出曲面定义

4）在【尺寸 Dimension】微调框内单击右键，在弹出的快捷菜单中单击 "Edit formula"（编辑公式），如图 10-111 所示。系统弹出【公式编辑器 Formula Editor】对话框，输入链轮排距的一半 $p_p/2$，如图 10-112 所示。单击【确定 OK】按钮确认，返回【伸出曲面定义 Extruded Surface Definition】对话框后再单击【确定 OK】按钮，完成单个齿坯轮廓曲面操作。

5）在树状目录上选中 zx 平面，然后进入【草图绘制工作台】，绘制图 10-113 所示的水平直线，按住 < Ctrl > 键，先选中直线的两个端点，再选中 V 轴，然后单击【约束 Constraint】工具条中的【在对话框中约束定义 Constraints Defined in Dialog Box】按钮，在弹出的【约束定义 Constraint Definition】对话框中选中【对称 Symmetry】复选框，单击【确定 OK】按钮确认。标注水平直线的长度，然后在尺寸数值上双击，系统弹出【约束定义 Constraint Definition】对话框，在【数值 Value】微调框内的数值上单击右键，在弹出的快捷菜单中单击 "Edit formula..."（编辑公式...），系统弹出【公式编辑器 Formula Editor】对话框，输入齿宽公式 b，如图 10-114 所示。单击【确定 OK】按钮确认，返回【约束定义 Constraint Definition】对话框后再单击【确定 OK】按钮。

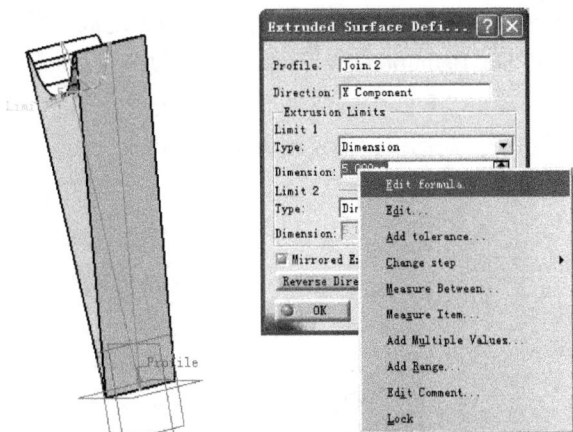

图 10-111 编辑拉出长度

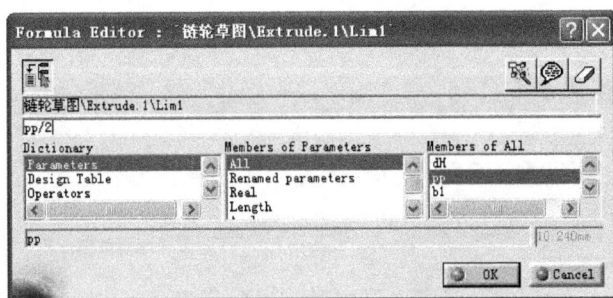

图 10-112 定义长度参数

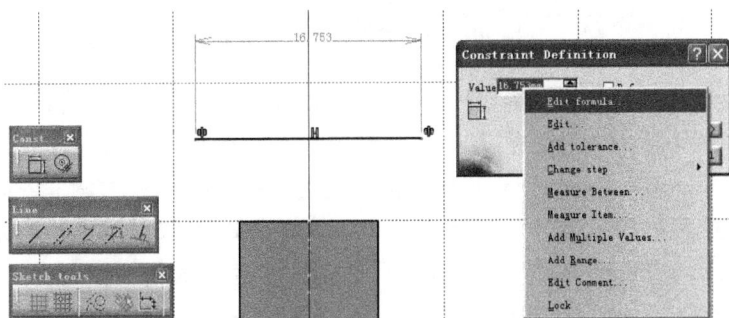

图 10-113 绘制水平线

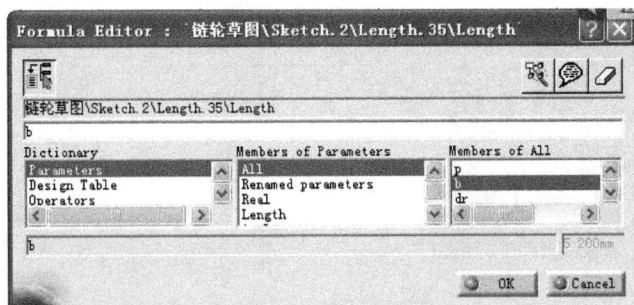

图 10-114 输入齿宽参数

6）在水平直线下再绘制一条水平构造线，标注两条直线之间的距离，在尺寸数值上双击，系统弹出【约束定义 Constraint Definition】对话框，在【数值 Value】微调框内的数值上单击右键，在弹出的快捷菜单中单击"Edit formula..."（编辑公式...），如图 10-115 所示。系统弹出【公式编辑器 Formula Editor】对话框，输入倒角深度公式 h，如图 10-116 所示。单击【确定OK】按钮确认，返回【约束定义 Constraint Definition】对话框后再单击【确定 OK】按钮。

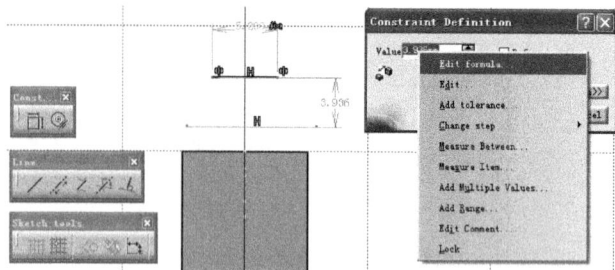

图 10-115 绘制构造线（1）

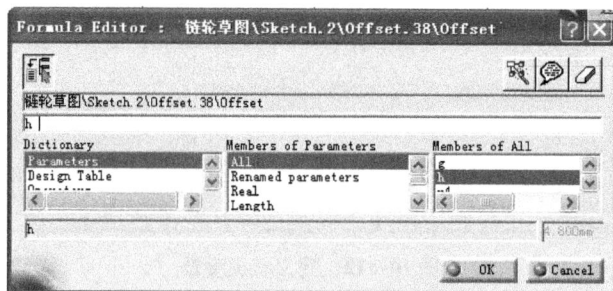

图 10-116 输入倒角深度参数

7）在两条水平直线的左侧端点作一条构造线，并约束构造线为垂直，如图 10-117 所示。绘制图 10-118 所示的标准圆，并标准其半径，然后在所标注的半径数值上双击，系统弹出【约束定义 Constraint Definition】对话框，在【半径 Radius】微调框内的数值上单击右键，在弹出的快捷菜单中单击"Edit formula"（编辑公式），如图 10-119 所示。系统弹出【公式编辑器 Formula Editor】对话框，输入倒角圆弧半径公式 r_4，如图 10-120 所示。单击【确定 OK】按钮确认，返回【约束定义 Constraint Definition】对话框后再单击【确定 OK】按钮。

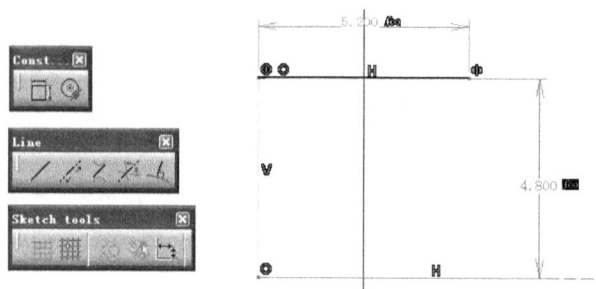

图 10-117 绘制构造线（2）

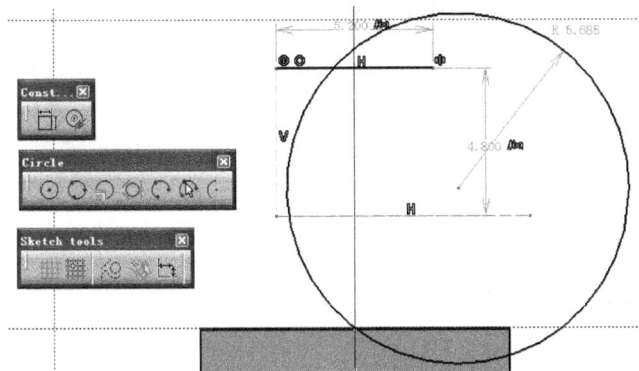

图 10-118 绘制标准圆 (4)

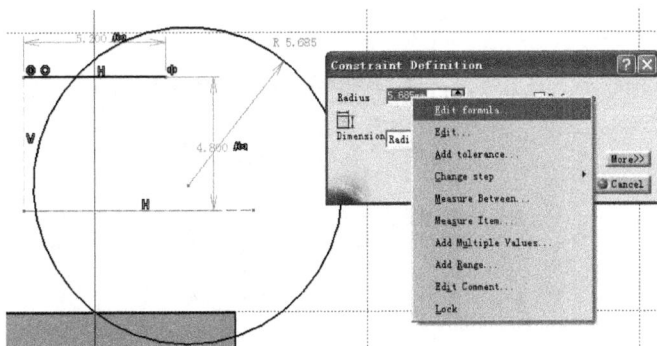

图 10-119 编辑圆的半径

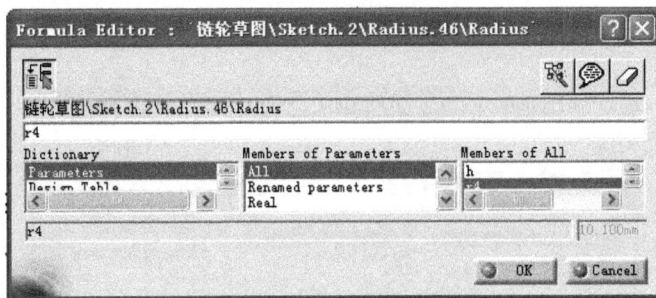

图 10-120 输入半径参数 (2)

8) 单击【交点 Intersection Point】按钮,然后选中圆和水平直线,求出两者的交点,如图 10-121 所示。标注交点到垂直构造线的距离,在尺寸数值上双击,系统弹出【约束定义 Constraint Definition】对话框,在【数值 Value】微调框内的数值上单击右键,在弹出的快捷菜单中单击 "Edit formula" (编辑公式),如图 10-122 所示。系统弹出【公式编辑器 Formula Editor】对话框,输入倒角宽度公式 g,如图 10-123 所示。单击【确定 OK】按钮确认,返回【约束定义 Constraint Definition】对话框后再单击【确定 OK】按钮。按住 <Ctrl> 键,同时选中垂直构造线和圆,然后单击【约束 Constraint】工具条中的【在对话框中约束定义 Constraints Defined in Dialog Box】按钮,在弹出的【约束定义 Constraint Definition】对话框中选中【相切 Tangency】复选框，单击【确定 OK】按钮确认，如图 10-124 所示。

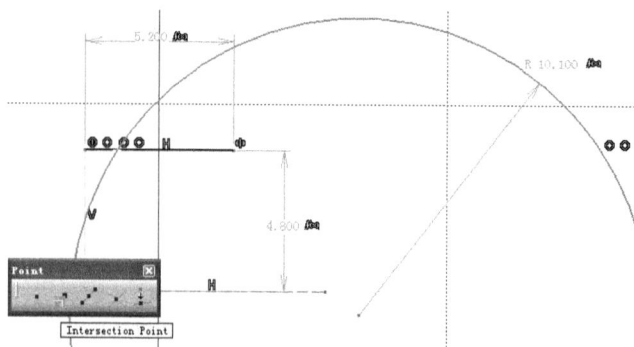

图 10-121　求交点

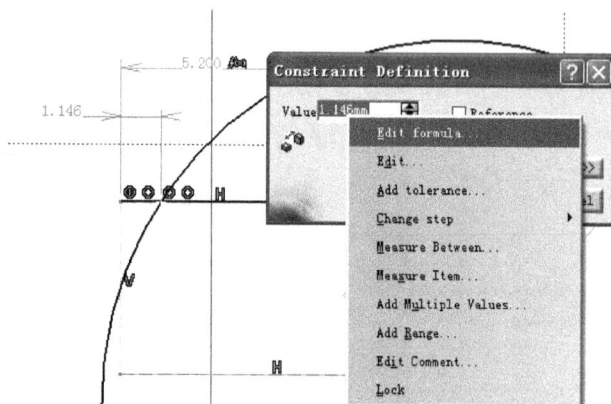

图 10-122　约束交点

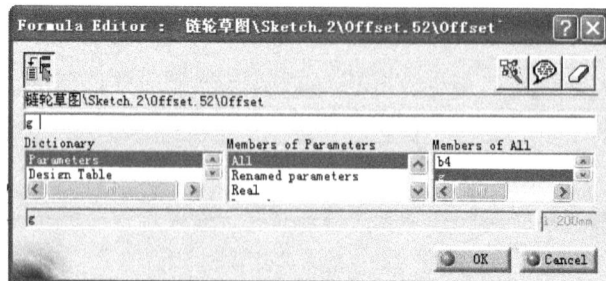

图 10-123　输入倒角宽度参数

9）标注水平直线（齿顶圆）到原点的距离，如图 10-125 所示。在尺寸数值上双击鼠标左键，系统弹出【约束定义 Constraint Definition】对话框，在【数值 Value】微调框内的数值上单击右键，在弹出的快捷菜单中单击 "Edit formula"（编辑公式）。系统弹出【公式编辑器 Formula Editor】对话框，输入齿顶圆半径公式 $d_a/2$，如图 10-126 所示。单击【确定 OK】按钮确认，返回【约束定义 Constraint Definition】对话框后再单击【确定 OK】按钮。

10）单击【快速修剪 Quick Trim】按钮，修剪倒角圆弧，如图 10-127 所示。绘制两条直线，一条为水平直线，另一条为经过切点的垂直线，如图 10-128 所示。然后同样单击

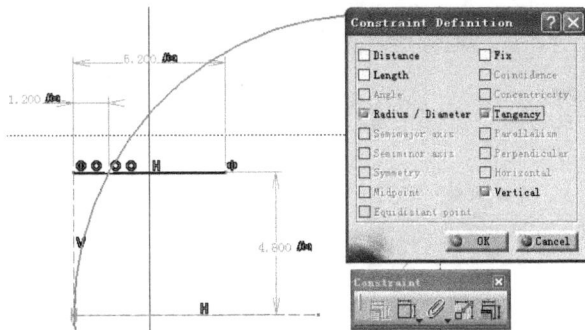

图 10-124　相切约束（2）

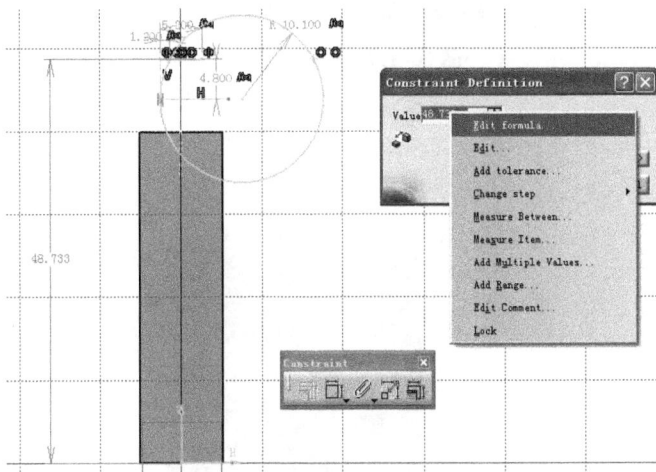

图 10-125　约束齿顶

图 10-126　输入齿顶圆半径参数

【快速修剪 Quick Trim】按钮进行修剪。如图 10-129 所示。

11）标注水平直线到原点的距离，如图 10-130 所示。在尺寸数值上双击，系统弹出【约束定义 Constraint Definition】对话框，在【数值 Value】微调框内的数值上单击右键，在弹出的快捷菜单中单击 "Edit formula..."（编辑公式...）。系统弹出【公式编辑器 Formula Editor】对话框，输入齿侧凸缘最大半径公式 $d_H/2$，如图 10-131 所示。单击【确定 OK】按钮确认，返回【约束定义 Constraint Definition】对话框后再单击【确定 OK】按钮。

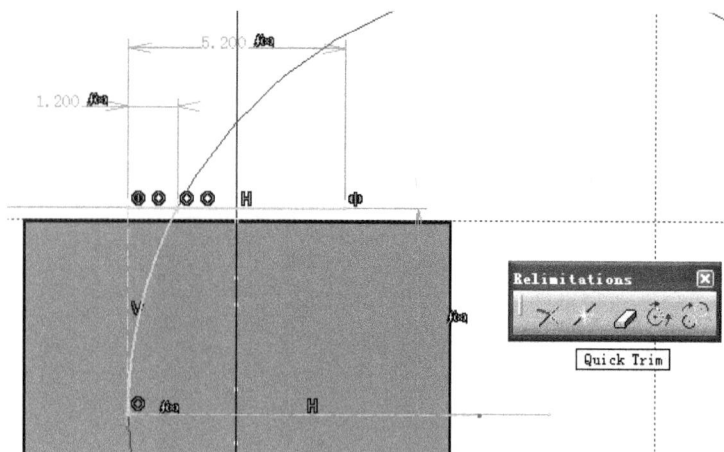

图 10-127　快速修剪（3）

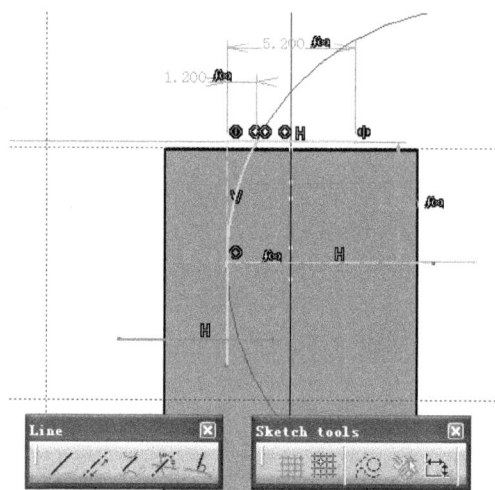

图 10-128　绘制两条直线

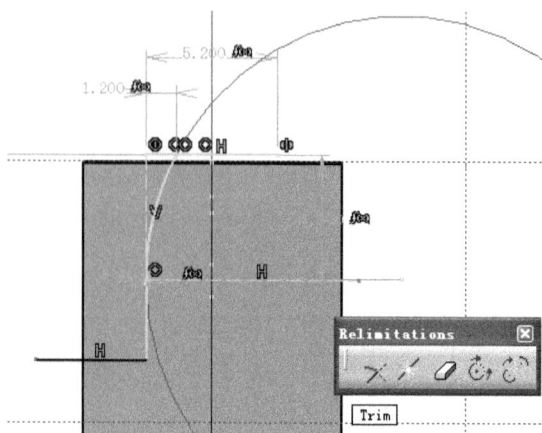

图 10-129　快速修剪（4）

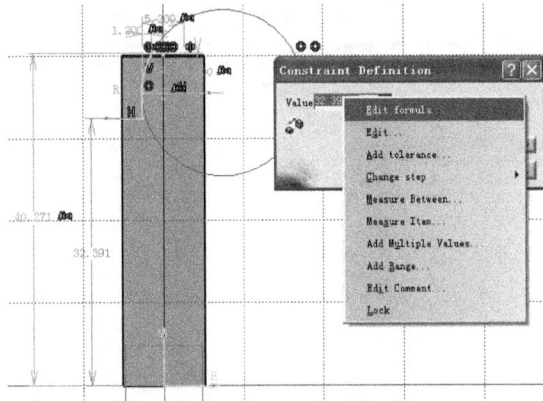

图 10-130 标注水平直线到原点的距离

图 10-131 输入齿侧凸缘最大半径参数

12）单击【镜像 Mirror】按钮，镜像操作如图 10-132 所示。然后单击【快速修剪 Quick Trim】按钮，修剪齿侧轮廓，如图 10-133 所示。

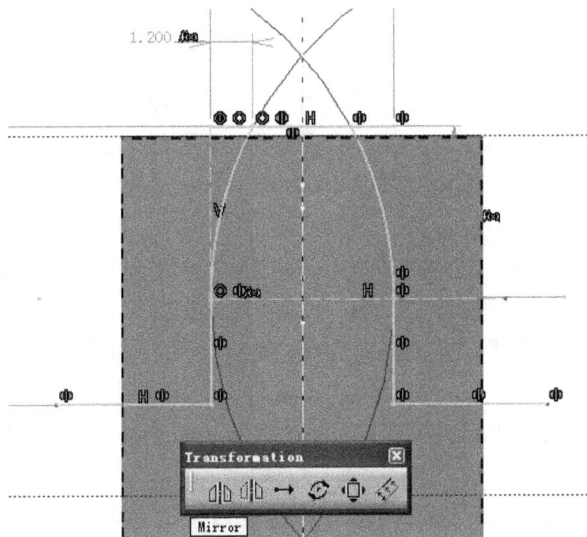

图 10-132 镜像操作

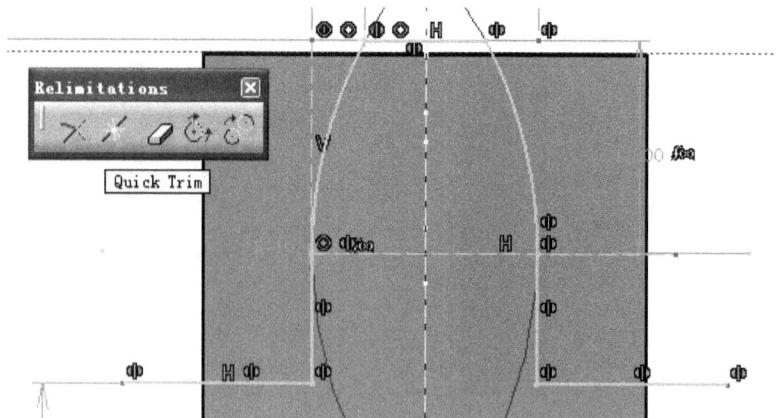

图 10-133 快速修剪（5）

13）退出【草图工作平台】，进入【创成式曲面设计工作台】。单击【接合 Join】按钮，系统弹出【接合定义 Join Definition】对话框，在【要接合的元素 Elements To Join】列表框中选中所有的齿侧轮廓曲线段，单击【确定 OK】按钮，如图 10-134 所示。

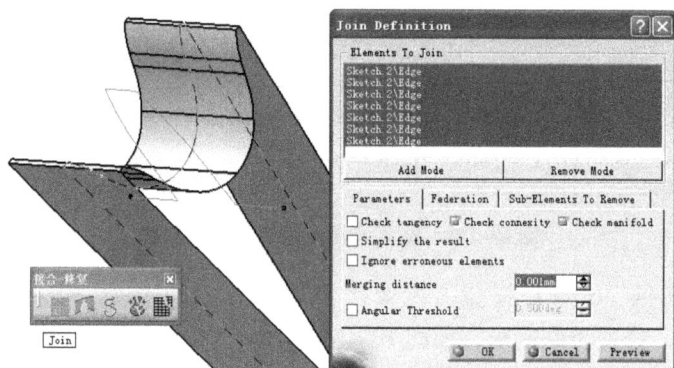

图 10-134 接合定义（3）

14）单击【旋转 Revolve】按钮，系统弹出【旋转曲面定义 Revolution Surface Definition】对话框，在【轮廓 Profile】文本框中选择齿侧轮廓线"Join. 3"（接合 . 3），【旋转轴线 Revolution axis】设为 X 轴，【角度限制 Angular Limits】选项区中的【角度 1 Angle 1】和【角度 2 Angle】均设为 30°，如图 10-135 所示。

15）单击【修剪 Trim】按钮，系统弹出【修剪定义 Trim Definition】对话框，在【要修剪的元素 Trimmed elements】列表框中选择"Extrude. 1"（伸出 . 1）和"Revolute. 1"（旋转 . 1），用【另一侧 Other side】按钮调整要保留的曲面部分，单击【确定 OK】按钮，如图 10-136 所示。

16）单击【填充 Fill】按钮，系统弹出【填充曲面定义 Fill Surface Definition】对话框，在【边界 Boundary】列表框中选择图 10-137 所示的三条曲线，单击【确定 OK】按钮。同样对另一侧做填充操作，如图 10-138 所示。

17）单击【接合 Join】按钮，系统弹出【接合定义 Join Definition】对话框，在【要接合的元素 Elements To Join】列表框中选中单个齿坯的所有的轮廓曲面，单击【确定 OK】按钮，如图 10-139 所示。

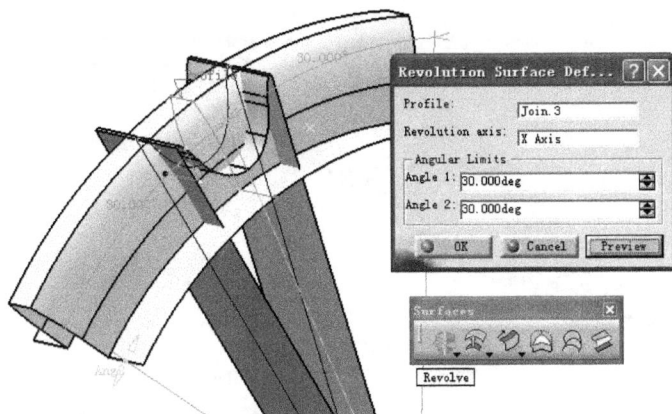

图 10-135　旋转曲面定义

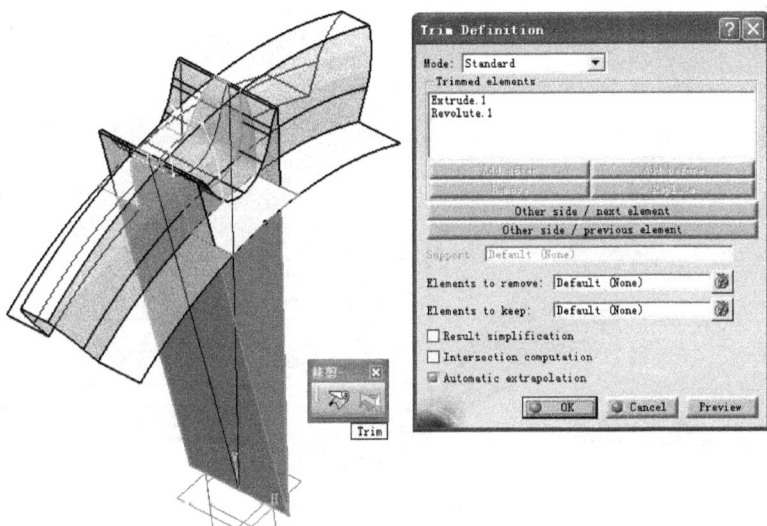

图 10-136　修剪定义

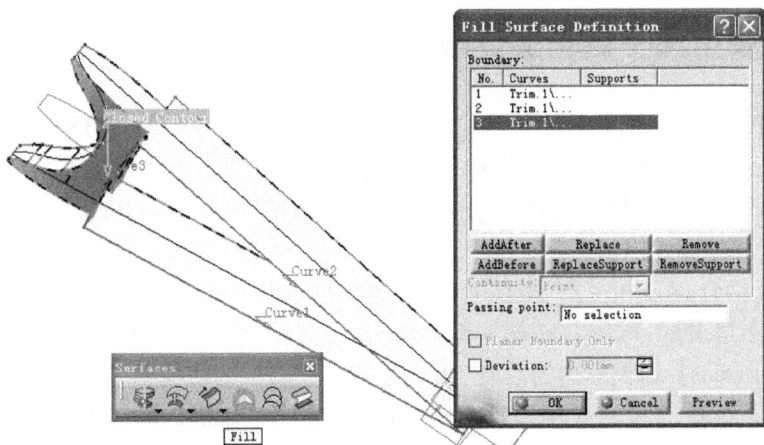

图 10-137　填充曲面定义

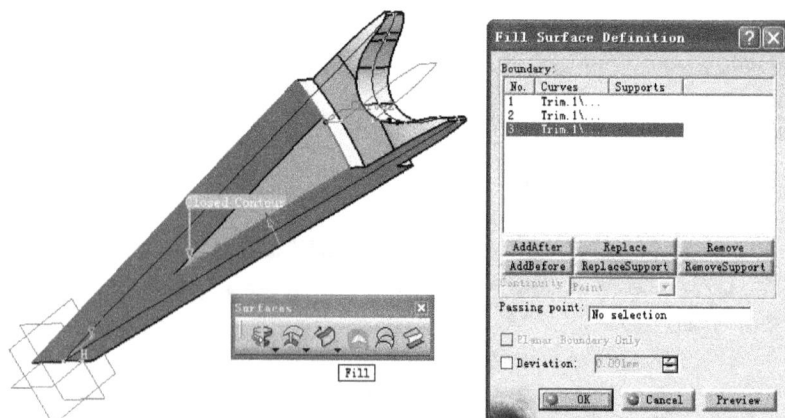

图 10-138　填充另一侧

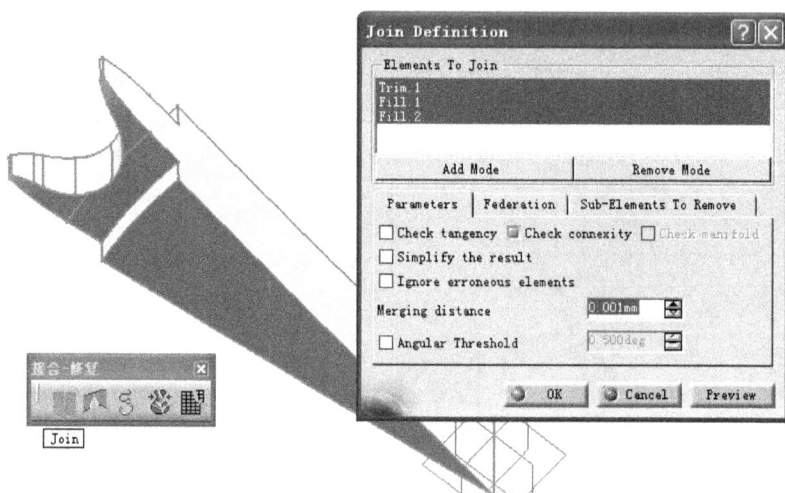

图 10-139　接合定义（4）

10.5　单排滚子链轮实体设计

1）退出【创成式曲面设计工作台】，进入【零件设计工作台】，将链轮实体定义为当前工作对象，单击【封闭曲面 Close Surface】按钮，系统弹出【封闭曲面定义 CloseSurface Definition】对话框，在【封闭对象 Object to close】文本框中选择"Join. 4"（接合. 4），单击【确定 OK】按钮，如图 10-140 所示。

2）隐藏【接合. 4 Join. 4】，按住 < Ctrl > 键，同时选中图 10-141 所示的两条交线，然后单击【边倒圆角 Edge Fillet】按钮，系统弹出【边倒圆角定义 Edge Fillet Definition】对话框，在【半径 Radius】微调框内的数值上单击右键，在弹出的快捷菜单中单击"Edit formula"（编辑公式），系统弹出【公式编辑器 Formula Editor】对话框，输入圆角半径公式 r_5，如图 10-142 所示。单击【确定 OK】按钮确认，返回【边倒圆角定义 Edge Fillet Definition】对话框后再单击【确定 OK】按钮。

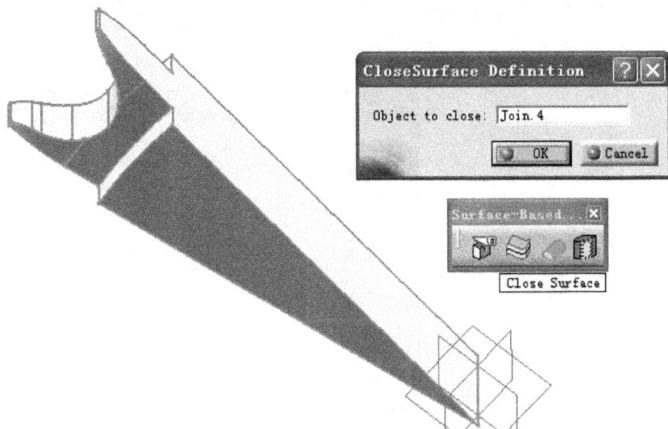

图 10-140　封闭曲面定义

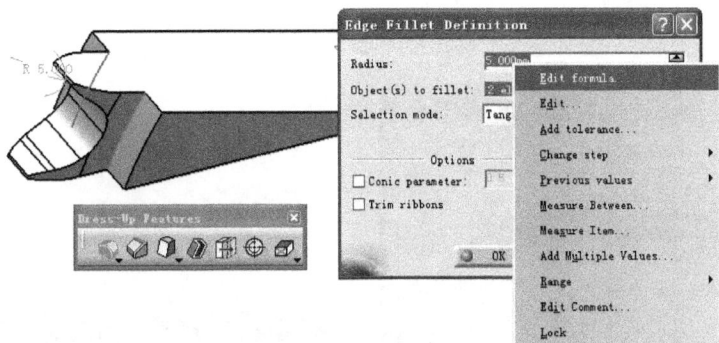

图 10-141　边倒圆角定义

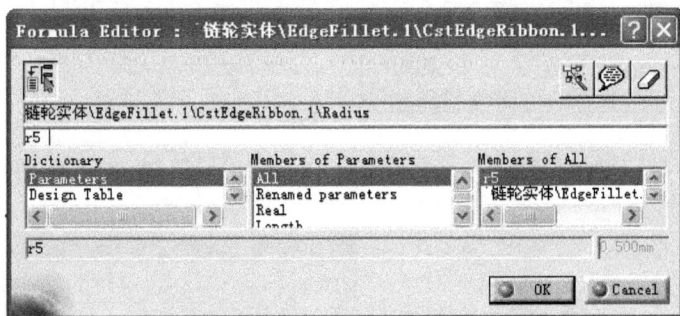

图 10-142　输入圆角半径参数

3）单击【圆环阵列 Circular Pattern】按钮，系统弹出【圆环阵列定义 Circular Pattern Definition】对话框，在【轴向参考 Axial Reference】选项卡上设置参数，在【参数 Parameters】下拉列表中选择"Complete crown"（圆周排列），在【参考元素 Reference element】文本框中单击右键，然后在弹出的快捷菜单中选 X 轴，如图 10-143 所示。在【实例 Instance（s）】微调框内单击右键，在弹出的快捷菜单中单击"Edit formula"（编辑公式），如图 10-144 所示。系统弹出【公式编辑器 Formula Editor】对话框，输入链轮的齿数 z，如图 10-145 所示。单击【确定 OK】按钮确认，返回【圆环阵列定义 Circular Pattern Definition】对话框。单击

【预览 Preview】按钮，如图 10-146 所示。最后单击【确定 OK】按钮，完成齿形的阵列操作，如图 10-147 所示。

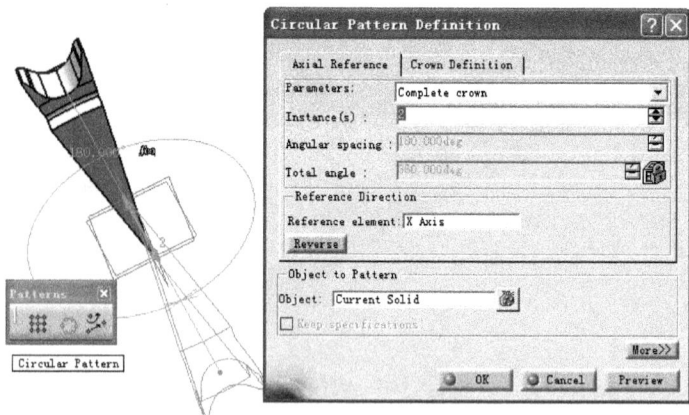

图 10-143　环形阵列

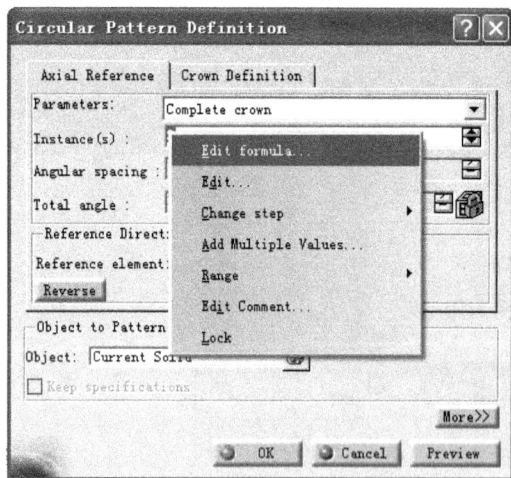

图 10-144　编辑阵列数

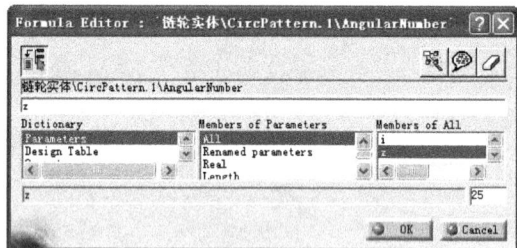

图 10-145　输入齿数参数

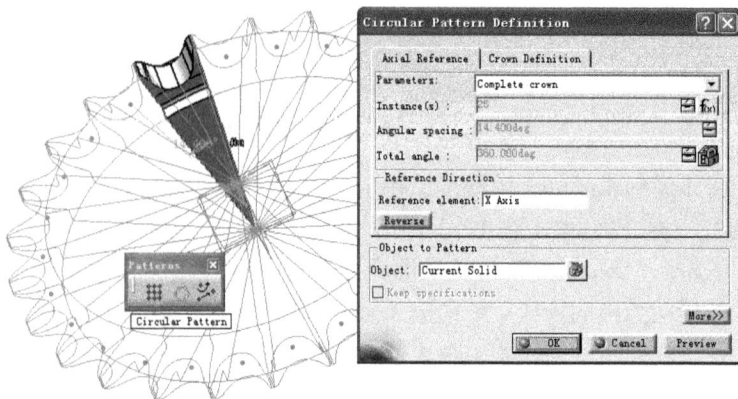

图 10-146　阵列预览

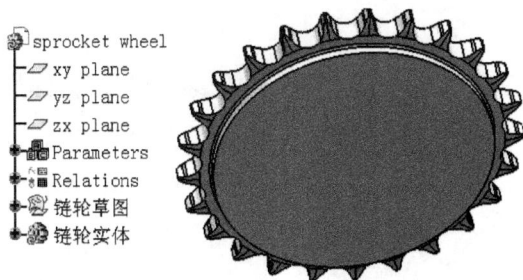

图 10-147　单排滚子链轮

10.6　多排滚子链轮实体设计

1）到此，单排链轮设计完毕，在树状目录上展开参数节点，将排数修改为 $i=3$，然后打开设计表，取消 b 与 b_1 的关联，然后将 b 与 b_{23} 关联起来，如图 10-148 所示。

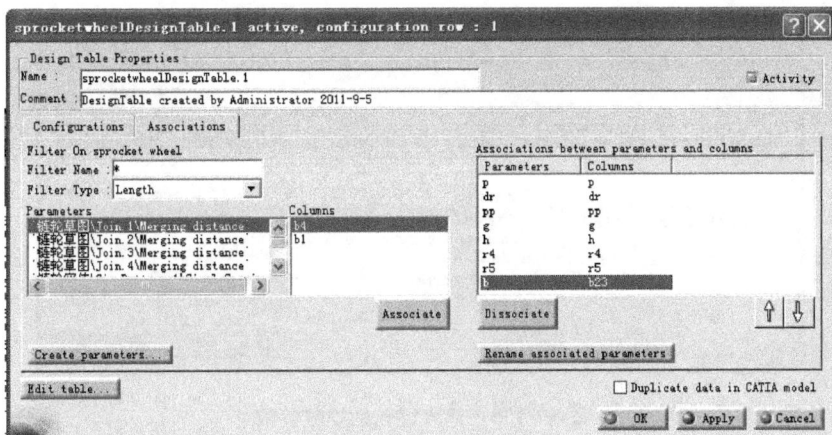

图 10-148　修改关联

2）单击【矩形阵列 Rectangular Pattern】按钮，系统弹出【矩形阵列定义 Rectangular Pattern Definition】对话框，在【第一方向 First Direction】选项卡上设置参数，在【参数 Parameters】下拉列表框中选择 "Instance（s）& Spacing"（实例与间隔），在【实例 Instance（s）】微调框内单击右键，在弹出的快捷菜单中单击 "Edit formula"（编辑公式），如图 10-149 所示。系统弹出【公式编辑器 Formula Editor】对话框，输入链轮的排数 i，如图 10-150 所示。单击【确定 OK】按钮确认，返回【矩形阵列定义 Rectangular Pattern Definition】对话框。在【间隔 Spacing】微调框内单击右键，在弹出的快捷菜单中单击 "Edit formula"（编辑公式），如图 10-151 所示。系统弹出【公式编辑器 Formula Editor】对话框，输入链轮的排距 p_p，如图 10-152 所示。在【参考元素 Reference element】文本框中单击右键，然后在弹出的快捷菜单中选 X 轴，如图 10-153 所示。单击【预览 Preview】按钮，最后单击【确定 OK】按钮，完成 3 排滚子链轮的阵列操作，如图 10-154 所示。

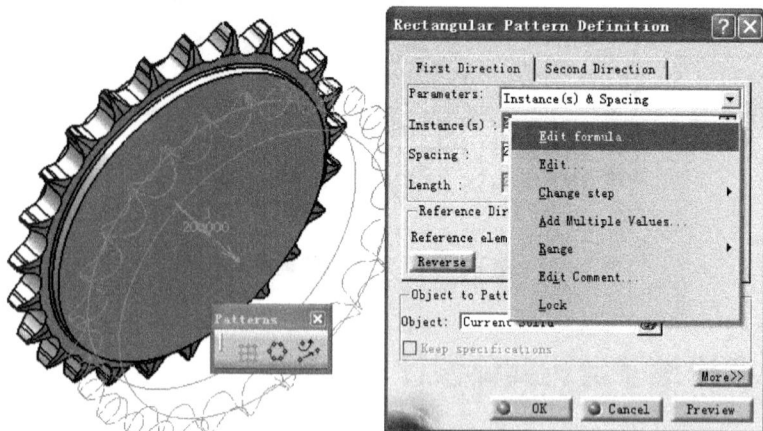

图 10-149　编辑阵列排数

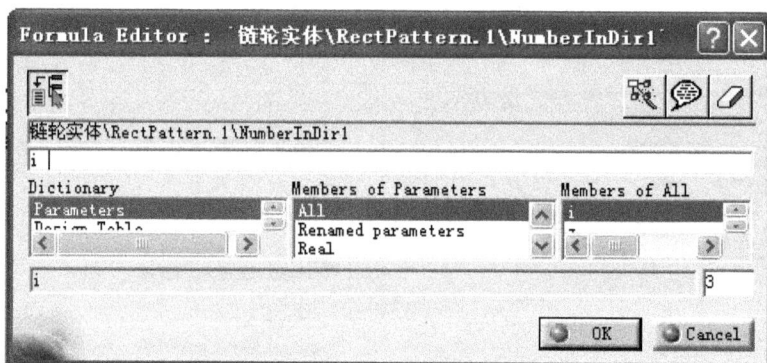

图 10-150　输入链轮的排数参数

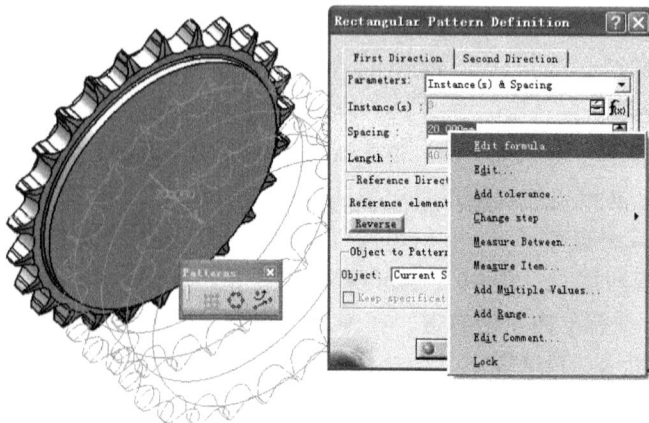

图 10-151　编辑阵列间距

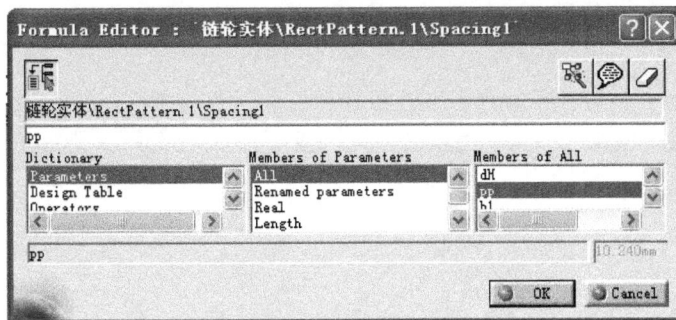

图 10-152　输入多排链轮时的排距（2）

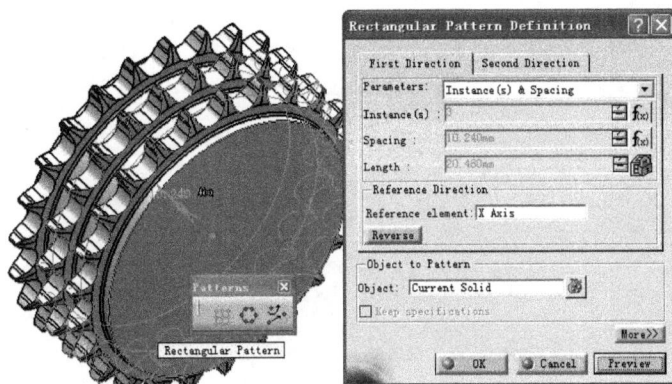

图 10-153　阵列方向

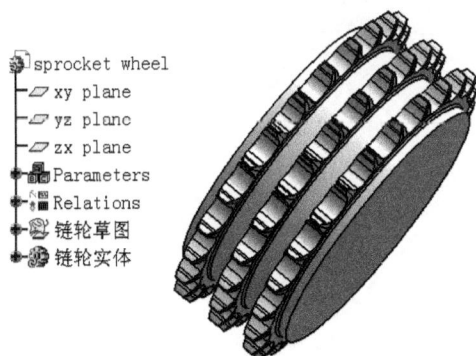

图 10-154　3 排链轮